Beck/dtv
Jahrbuch der Bundesrepublik Deutschland 1991/92

Beck/dtv:
Jahrbuch der Bundesrepublik Deutschland 1991/92

Von Dr. Emil Hübner, Akademischer Oberrat,
und Horst-Hennek Rohlfs, Diplom-Geograph

Stand: 31. März 1991; Chronik bis 30. 6. 1991

Mit 200 Tabellen, 7 Karten und 10 Abbildungen

Deutscher
Taschenbuch
Verlag

Redaktionelle Verantwortung: Verlag C. H. Beck, München
Umschlaggestaltung: Celestino Piatti
Umschlagbild: Klaus Bäulke
Gesamtherstellung: C. H. Beck'sche Buchdruckerei, Nördlignen
ISBN 3 423 03288 3 (dtv)
ISBN 3 406 34732 0 (C. H. Beck)
ISSN 0931-4938

Vorwort

Das „Jahrbuch der Bundesrepublik Deutschland" bietet mit der vorliegenden achten Ausgabe dem interessierten Leser Einblick in die wichtigsten Daten und Kontroversen der zurückliegenden Monate. In knapper Form werden ihm Informationen an die Hand gegeben, die zum Verständnis der herausragenden politischen, gesellschaftlichen und wirtschaftlichen Vorgänge und Entwicklungen unentbehrlich sind. Angesichts der schier unübersehbaren Flut von Informationen und Fakten hat es sich als ratsam erwiesen, bei der Darstellung der bisherigen Schwerpunkte zu bleiben und die Bearbeitung anderer – durchaus interessanter – Bereiche themenbezogenen Jahrbüchern zu überlassen.

Die Fülle des gebotenen Stoffes wird neben der Chronik und dem ausführlichen Inhaltsverzeichnis durch ein Verzeichnis der Tabellen, Karten und Abbildungen sowie durch ein Namens- und Sachregister erschlossen.

Dieses Jahrbuch erscheint jährlich, stets gewissenhaft überarbeitet und auf den neuesten Stand gebracht. Gesammelt wird es somit zu einem Nachschlagewerk für alle, die ein umfassendes Angebot aktueller Daten ständig benötigen. Die deutsche Wiedervereinigung ist nicht nur im Rahmen der Chronik und im Spiegel der Wahlergebnisse auf Bundes- und Landesebene berücksichtigt; trotz schwieriger Quellenlage können wir unseren Lesern auch bereits einiges statistische Material über die ostdeutschen Länder zugänglich machen.

Redaktionsschluß war der 31. März 1991. Die Chronik wurde jedoch bis Ende Juni 1991 fortgeführt; auch sind – soweit dies drucktechnisch möglich war – bis Mitte Juni in den restlichen Kapiteln noch die wichtigsten Veränderungen nachgetragen. Nachfolgende Ereignisse konnten jedoch keine Berücksichtigung mehr finden. Hinweise von Benutzerseite werden auch weiterhin dankbar entgegengenommen.

München/Herrsching, im August 1991
Emil Hübner
H.-H. Rohlfs

Inhaltsverzeichnis

Vorwort	V
Verzeichnis der Tabellen, Karten und Abbildungen	XV
Abkürzungsverzeichnis	XXII
Schrifttum	XXIII
I. Land und Leute	1
a) Bevölkerung	2
b) Erwerbstätigkeit	5
c) Allgemeines	8
II. Gesellschaft	19
1. Familie und Jugend	19
a) Familie	19
b) Jugend	33
2. Freizeit	36
a) Unterhaltung	36
b) Fremdenverkehr	36
3. Medien	45
a) Print-Medien	45
b) Neue Medien	45
4. Ausländer	54
a) Ausländische Wohnbevölkerung	54
b) Ausländerrecht	61
c) Asylanten	66
III. Infrastruktur	67
1. Verwaltungsraum	67
2. Planungsraum	73
3. Bildungswesen	77
a) Kindertagesstätten	78
b) Allgemeinbildende Schulen	80
c) Berufliche Bildung	83
d) Hochschulen	93
4. Wohnungswesen	103
a) Wohnungsbau	103
b) Wohnungsmarkt	103
c) Wohnbauförderung	110
5. Energie	114
6. Umwelt	128
a) Luftreinhaltung	128

    b) Gewässerschutz 134
    c) Bodenschutz 136
    d) Abfallbeseitigung 136
    e) Lärmschutz 139
7. Verteidigung 140
8. Verkehr 143
    a) Straßenverkehr 144
    b) Schienenverkehr 150
    c) Schiffahrt 150
    d) Luftverkehr 152

IV. *Wirtschaft* 155

1. Arbeitsmarkt 155
2. Gesamtwirtschaft 163
    a) Allgemeines 163
    b) Primärer Sektor 167
    c) Sekundärer Sektor 172
    d) Tertiärer Sektor 179
3. Rohstoffe 183
4. Außenwirtschaft 185
    a) Außenhandel 185
    b) Zahlungsbilanz 185

V. *Sozialsystem* 187

1. Ordnung der Arbeitswelt 187
    a) Arbeitnehmerschutz 187
    b) Betriebsverfassung 187
    c) Ordnung des Arbeitsmarkts 187
2. System der Sozialversicherung 191
    a) Rentenversicherung 191
    b) Krankenversicherung 194
    c) Arbeitslosenversicherung 197
    d) Gesetzliche Unfallversicherung 198
    e) Altershilfe für Landwirte 198
    f) Sonstige Sicherungen 199
3. System des sozialen Ausgleichs 200
    a) Sozialhilfe 200
    b) Kindergeld 200
    c) Jugendhilfe 202
    d) Ausbildungsförderung 202
    e) Wohngeld 203
    f) Vergünstigungen im Wohnungswesen 204
    g) Vermögensbildung 205
    h) Kriegsopferversorgung 205

Inhaltsverzeichnis

i) Behindertenversorgung 205
j) Kriegsfolgeentschädigungen 207
k) Sonstige Sozialleistungen........................... 207
4. Arbeitgeberleistungen 209
   a) Lohnfortzahlung im Krankheitsfall 209
   b) Betriebliche Altersversorgung 209
   c) Sonstige Leistungen 209

VI. Die politischen Institutionen der Bundesrepublik 211

1. Wahlen: Bund, Länder und Europa 211
   a) Die erste gesamtdeutsche Bundestagswahl vom 2. 12. 1990 ... 211
   b) Die Ergebnisse der Wahlen in den Bundesländern 221
      aa) Die Landtagswahl in Bayern am 14. 10. 1990 222
      bb) Die Wahl zum ersten Gesamtberliner Abgeordnetenhaus vom 2. 12. 1990 224
      cc) die Landtagswahl in Brandenburg vom 14. 10. 1990 227
      dd) Die Landtagswahl in Hessen vom 20. 1. 1991 230
      ee) Die Landtagswahl in Mecklenburg-Vorpommern vom 14. 10. 1990 233
      ff) Die Landtagswahl in Rheinland-Pfalz vom 21. 4. 1991 236
      gg) Die Landtagswahl in Sachsen vom 14. 10. 1990 239
      hh) Die Landtagswahl in Sachsen-Anhalt vom 14. 10. 1990 ... 241
      ii) Die Landtagswahl in Thüringen vom 14. 10. 1990 243
      jj) Die Ergebnisse der letzten Landtagswahlen in den übrigen Bundesländern 246
   c) Die Wahl zum Europäischen Parlament vom 18. 6. 1989 in der Bundesrepublik Deutschland 250
2. Die obersten Bundesorgane 252
   a) Bundestag und Bundesrat 252
      aa) Der Deutsche Bundestag 252
      bb) Diäten 256
      cc) Der Gemeinsame Ausschuß nach Art. 53a GG 256
      dd) Der Vermittlungsausschuß 258
      ee) Der Bundesrat 259
   b) Bundespräsident, Bundesregierung und Bundesverwaltung ... 261
      aa) Der Bundespräsident 261
      bb) Die Bundesregierung 261
      cc) Sonstige Behörden, Einrichtungen und Körperschaften im Geschäftsbereich der einzelnen Ministerien (Auswahl) ... 269
      dd) Der Bundesrechnungshof 272
      ee) Die Deutsche Bundesbank 273
   c) Die obersten Bundesgerichte 273
      aa) Das Bundesverfassungsgericht 273
      bb) Die weiteren obersten Gerichte des Bundes 276

Inhaltsverzeichnis

3. Die Institutionen der Bundesländer 277
   a) Baden-Württemberg 277
      aa) Der Landtag von Baden-Württemberg 277
      bb) Zusammensetzung der Landesregierung von Baden-Württemberg 278
      cc) Die obersten Gerichte Baden-Württembergs 279
   b) Bayern 279
      aa) Der Bayerische Landtag 279
      bb) Der Bayerische Senat 281
      cc) Zusammensetzung der Staatsregierung des Freistaates Bayern 281
      dd) Die obersten Gerichte Bayerns 283
   c) Berlin 283
      aa) Das Abgeordnetenhaus von Berlin 283
      bb) Zusammensetzung des Senates von Berlin 285
      cc) Die obersten Gerichte Berlins 286
   d) Brandenburg.................................. 287
      aa) Der Landtag von Brandenburg 287
      bb) Zusammensetzung der Landesregierung von Brandenburg 288
      cc) Die obersten Gerichte von Brandenburg 289
   e) Bremen 289
      aa) Die Bremische Bürgerschaft 289
      bb) Zusammensetzung des Senates der Freien Hansestadt Bremen 291
      cc) Die obersten Gerichte Bremens 292
   f) Hamburg 293
      aa) Bürgerschaft der Freien und Hansestadt Hamburg ... 293
      bb) Zusammensetzung des Senates der Freien und Hansestadt Hamburg 294
      cc) Die obersten Gerichte Hamburgs 295
   g) Hessen 296
      aa) Der Landtag von Hessen 296
      bb) Zusammensetzung der hessischen Landesregierung ... 297
      cc) Die obersten Gerichte Hessens 298
   h) Mecklenburg-Vorpommern 299
      aa) Der Landtag von Mecklenburg-Vorpommern 299
      bb) Die Landesregierung von Mecklenburg-Vorpommern.... 300
      cc) Die obersten Gerichte von Mecklenburg-Vorpommern... 300
   i) Niedersachsen................................. 301
      aa) Der Niedersächsische Landtag 301
      bb) Zusammensetzung der niedersächsischen Landesregierung 302
      cc) Die obersten Gerichte Niedersachsens 303
   j) Nordrhein-Westfalen 304
      aa) Der Landtag von Nordrhein-Westfalen............ 304

Inhaltsverzeichnis

bb) Zusammensetzung der Landesregierung von Nordrhein-Westfalen 305
cc) Die obersten Gerichte Nordrhein-Westfalens 306
k) Rheinland-Pfalz 307
aa) Der Landtag von Rheinland-Pfalz 307
bb) Zusammensetzung der Landesregierung von Rheinland-Pfalz 308
cc) Die obersten Gerichte von Rheinland-Pfalz 309
l) Saarland 310
aa) Der Landtag des Saarlandes 310
bb) Zusammensetzung der Landesregierung des Saarlandes ... 311
cc) Die obersten Gerichte des Saarlandes 312
m) Sachsen 312
aa) Der Sächsische Landtag 312
bb) Zusammensetzung der Landesregierung des Freistaates Sachsen 314
cc) Die obersten Gerichte von Sachsen 315
n) Sachsen-Anhalt 315
aa) Der Landtag von Sachsen-Anhalt 315
bb) Die Landesregierung von Sachsen-Anhalt 317
cc) Die obersten Gerichte von Sachsen-Anhalt 318
o) Schleswig-Holstein 318
aa) Der Landtag von Schleswig-Holstein 318
bb) Zusammensetzung der Landesregierung von Schleswig-Holstein 319
cc) Die obersten Gerichte Schleswig-Holsteins 320
p) Thüringen 320
aa) Der Thüringer Landtag 320
bb) Zusammensetzung der Landesregierung von Thüringen .. 321
cc) Die obersten Gerichte von Thüringen 322

VII. Parteien – Interessenverbände – Kirchen 323

1. Parteien 323
  a) Veränderungen und Ereignisse in der Parteienlandschaft ... 323
    aa) Bundesparteitage 323
    bb) Parteifinanzen 337
    cc) Mitgliederentwicklung der Parteien 340
  b) Präsidien, Vorstände, Arbeitsgemeinschaften und Adressen der im Bundestag vertretenen Parteien 342
  c) Adressen der übrigen Parteien und Organisationen 347
2. Interessenverbände 351
  a) Die wichtigsten Arbeitgeber- und Berufsverbände 351
  b) Der Deutsche Gewerkschaftsbund und die Einzelgewerkschaften 353

c) Weitere Arbeitnehmervereinigungen 356
d) Die kommunalen Spitzenverbände 357
e) Ausgewählte Sozial- und Umweltverbände 358
f) Adressen weiterer wichtiger Verbände und Organisationen ... 361
3. Kirchen 365
a) Evangelische Kirche in Deutschland 365
b) Katholische Kirche 367
c) Zentralrat der Juden in Deutschland 369
d) Bund freireligiöser Gemeinden Deutschlands 369

VIII. Wichtige innenpolitische Probleme, Kontroversen und Ereignisse 321

1. Wirtschafts- und Haushaltspolitik 371
   a) Verabschiedung des Bundeshaushaltes 1991 371
   b) Die Bemerkungen 1990 des Bundesrechnungshofes zur Haushalts- und Wirtschaftsführung 379
   c) Das Jahresgutachten des Sachverständigenrates 380
   d) Der Jahreswirtschaftsbericht 1991 der Bundesregierung 381
2. Sozialpolitik 383
   a) Das Renten-Überleitungsgesetz 383
3. Verteidigungs- und Sicherheitspolitik 386
   a) Die NATO-Gipfelkonferenz in London im Juli 1990 386
   b) Der Bericht des Wehrbeauftragten 1990 387
4. Umweltpolitische Kontroversen 389
   Die Debatte um den Etat des Bundesumweltministers ... 389
5. Datenschutz 392
   Der Datenschutzbericht 1990 392
6. Der Weg zur deutschen Einheit 393
   a) Chronik der Ereignisse in der DDR 393
   b) Die Erklärung der beiden deutschen Parlamente zur Oder-Neiße-Grenze und die Verabschiedung des Staatsvertrages zur Schaffung einer Währungs-, Wirtschafts- und Sozialunion 398
   c) Kohls Besuch bei Gorbatschow im Juli 1990 399
   d) Der Einigungsvertrag 401
   e) Die 2 + 4-Gespräche 405
   f) Die deutsche Einheit 408

IX. Schwerpunkte der Außenpolitik der Bundesrepublik 413

1. Die Bundesrepublik und die Europäische Gemeinschaft 413
   a) Der EG-Gipfel in Dublin im Juni 1990 413
   b) Der EG-Sondergipfel in Rom im Oktober 1990 414
   c) Der EG-Gipfel in Rom im Dezember 1990 415
   d) Der EG-Sondergipfel in Luxemburg im April 1991 416
2. Die Bundesrepublik in der Weltpolitik 417
   a) Der Weltwirtschaftsgipfel von Houston im Juni 1990 417

Inhaltsverzeichnis

    b) Gorbatschows Besuch in der Bundesrepublik im November 1990 418
    c) Der KSZE-Gipfel in Paris im November 1990 419

X. Chronik der wichtigsten Ereignisse in der Bundesrepublik (Juni 1990 bis Juni 1991) 423

1. Chronik Juni 1990 bis Dezember 1990 423
2. Chronik Januar 1991 bis Juni 1991 447

Namensregister 477
Sachregister 499

Verzeichnis der Tabellen, Karten und Abbildungen

Tabellen

I. Land und Leute

1 Wohnbevölkerung der Gemeinden über 100 000 Einwohner
2 Bevölkerung
3 Bevölkerungsentwicklung
4 Haushaltsgröße
5 Familienstand
6 Erwerbstätigkeit
7 Erwerbsquoten
8 Stellung im Beruf
9 Erwerbspersonen nach Schulabschluß
10 Erwerbstätige nach Wirtschaftsbereichen
11 Bevölkerung und Innenpolitik
12 Kriminalität
13 Politischer Extremismus
14 Selbstmorde
15 Aussiedler
16 Sichergestellte Rauschgiftmengen
17 Rauschgifttote
18 Übersiedler

II. Gesellschaft

19 Lebenshaltung
20 Haushalts-Ausstattung
21 Ersparnis der Privathaushalte
22 Privates Geldvermögen
23 Verfügbares Einkommen
24 Erwerbstätigkeit von Ehefrauen
25 Einstellungen ostdeutscher Frauen hinsichtlich der Wiedervereinigung
26 Frauen und Bildung
27 Frauen im Beruf
28 Frauen im öffentlichen Leben
29 Ehen
30 Schwangerschaftsabbrüche
31 Jugendliche und Computertechnik

32 Kulturelle Einrichtungen
33 Reiseziele
34 Reiseverkehrsmittel
35 Reiselust
36 Kur
37 Inlandsreiseverkehr
38 Übernachtungen
39 Reiseanalyse
40 Naturparke
41 Zeitungen und Zeitschriften
42 Buchproduktion
43 Auflagen ausgewählter Zeitungen und Zeitschriften
44 Telefon-Neuanschlüsse
45 Ausländische Wohnbevölkerung
46 Ausländer nach Bundesländern
47 Altersgliederung
48 Ausländische Schüler
49 Ausländische Berufsschüler
50 Ausländerbeschäftigung
51 Regionale Verteilung der beschäftigten Ausländer
52 Sektorale Verteilung der beschäftigten Ausländer
53 Ausländerkriminalität
54 Asylbewerber

III. Infrastruktur

55 Bodennutzung
56 Verwaltungsgliederung
57 Gemeinden nach Größenklassen
58 Steueraufkommen
59 Strukturdaten
60 Verschuldung
61 Strukturdaten nach Raumordnungsregionen
62 Kindertagesstätten
63 Allgemeinbildende Schulen (West)
64 Allgemeinbildende Schulen (Ost)
65 Schüler
66 Lehrer
67 Schulbildung
68 Berufliche Schulen
69 Berufsschüler
70 Auszubildende
71 Ausbildungsstellenmarkt
72 Ausbildungsberufe

Verzeichnis der Tabellen, Karten und Abbildungen XVII

73 Ausbildungsvergütung
74 Lösung von Ausbildungsverträgen
75 Studenten
76 Studenten nach Fächergruppen (West)
77 Studenten nach Fächergruppen (Ost)
78 Hochschulen
79 Studienwilligkeit der Abiturienten
80 Studienorganisation und Studiendauer
81 Weiterbildung
82 Wohnungen
83 Immobilienpreise
84 Baulandpreise
85 Mietwohnungen
86 Mietbelastung
87 Zwangsversteigerungen
88 Stromerzeugung
89 Primärenergieverbrauch
90 Mineralölverbrauch
91 Gasverbrauch
92 Kernkraftwerke
93 Umweltdelikte
94 Luftverschmutzung (Emission)
95 Waldschäden
96 Waldschäden nach Baumarten
97 Schadstoffreduzierte Autos
98 Abwasser
99 Belastung der Elbe
100 Abfall
101 Zusammensetzung des Hausmülls
102 Personalbestand der Bundeswehr 1995
103 Konventionelle Abrüstung
104 Meinungen zur Bedeutung der Bundeswehr
105 Personenverkehr
106 Güterverkehr
107 Verkehrsverhalten von Erwerbstätigen
108 Gesamtbestand an Kraftfahrzeugen
109 Erstzulassungen
110 Zulassung fabrikneuer Personenkraftwagen
111 Verkehrswege
112 Unfälle im Straßenverkehr
113 Unfallursachen
114 Getötete im Straßenverkehr
115 Energieverbrauch des Verkehrs
116 Eisenbahnverkehr

XVIII *Verzeichnis der Tabellen, Karten und Abbildungen*

117 Zivile Schiffahrt
118 Inländische Fluggesellschaften
119 Flughäfen
120 Luftrettung

IV. Wirtschaft

121 Erwerbstätige nach Wirtschaftsbereichen
122 Arbeitskräfteangebot und -nachfrage
123 Arbeitsmarkt
124 Struktur der Arbeitslosigkeit
125 Teilarbeitsmärkte
126 Ostdeutscher Arbeitsmarkt
127 Qualifikationsanforderungen
128 Langzeitarbeitslose
129 Arbeitslosenunterstützung
130 Ablehnung von Arbeitsvermittlungen
131 Bruttosozialprodukt
132 Berufsunfälle
133 Arbeitszeit
134 Wochenendarbeit
135 Arbeitseinkommen
136 Personalzusatzkosten
137 Strukturdaten der landwirtschaftlichen Betriebe
138 Verbrauchsgewohnheiten
139 Landwirtschaft (Ost)
140 Benachteiligte Gebiete
141 Sturmschäden
142 Fischfang
143 Standortbewertung
144 Industriegiganten
145 Beschäftigte und Umsatz in der Industrie
146 Rüstungsindustrie
147 Export von Hochtechnologien
148 Handwerk
149 Baugewerbe
150 Stahlindustrie
151 Werftindustrie
152 Steinkohle
153 Handel
154 Handelsunternehmen
155 Selbständige in Freien Berufen
156 Rohstoffe
157 Handelsbilanz
158 Zahlungsbilanz

Verzeichnis der Tabellen, Karten und Abbildungen XIX

V. *Sozialsystem*

159 Gesetzliche Krankenversicherung
160 Struktur der Rentenversicherung
161 Krankheitskosten
162 Gesetzliche Unfallversicherung
163 Sozialhilfe
164 Kindergeld
165 Ausbildungsförderung
166 Wohngeldempfänger
167 Schwerbehinderte
168 Pflegebedürftige

VI. *Politische Institutionen*

169 Ergebnis der ersten gesamtdeutschen Bundestagswahl vom 2. 12. 1990 (Zweitstimmen)
170 Ergebnis der ersten gesamtdeutschen Bundestagswahl vom 2. 12. 1990 (Erststimmen)
171 Die Mandatsverteilung am Beginn des 12. Deutschen Bundestages
172 Ergebnis der Landtagswahl in Bayern vom 14. 10. 1990
173 Ergebnis der ersten Gesamtberliner Abgeordnetenhauswahl vom 2. 12. 1990
174 Ergebnis der Landtagswahl in Brandenburg vom 14. 10. 1990
175 Ergebnis der letzten Landtagswahl in Hessen vom 20. 1. 1990
176 Ergebnis der Landtagswahl in Mecklenburg-Vorpommern vom 14. 10. 1990
177 Ergebnis der letzten Landtagswahl in Rheinland-Pfalz vom 21. 4. 1991
178 Ergebnis der Landtagswahl in Sachsen vom 14. 10. 1990
179 Ergebnis der Landtagswahl in Sachsen-Anhalt vom 14. 10. 1990
180 Ergebnis der Landtagswahl in Thüringen vom 14. 10. 1990
181 Ergebnis der letzten Landtagswahl in Baden-Württemberg vom 20. 3. 1988
182 Ergebnis der letzten Bürgerschaftswahl in Bremen vom 13. 9. 1987
183 Ergebnis der letzten Bürgerschaftswahl in Hamburg vom 2. 6. 1991
184 Ergebnis der letzten Landtagswahl in Niedersachsen vom 13. 5. 1990
185 Ergenbis der letzten Landtagswahl in Nordrhein-Westfalen vom 13. 5. 1990
186 Ergebnis der letzten Landtagswahl im Saarland vom 28. 1. 1990
187 Ergebnis der letzten Landtagswahl in Schleswig-Holstein vom 8. 5. 1988
188 Das Wahlergebnis der dritten Direktwahl zum Europäischen Parlament vom 18. 6. 1989 in der Bundesrepublik

XX Verzeichnis der Tabellen, Karten und Abbildungen

189 Die fraktionsmäßige Zusammensetzung des Europäischen Parlaments
190 Leistungsbilanz des 11. Deutschen Bundestages im Vergleich mit seinen Vorgängern
191 Die Diäten der Bonner Bundestagsabgeordneten
192 Übersicht über den Geschäftsanfall beim Bundesverfassungsgericht bis zum 31. 12. 1990

VII. Parteien – Interessenverbände – Kirchen

193 Aufschlüsselung der Einnahmen der Bundestagsparteien nach Einnahmearten im Jahre 1989
194 Aufschlüsselung der Ausgaben der Bundestagsparteien nach Ausgabearten im Jahre 1989
195 Mitgliederzahlen der derzeit im Bundestag vertretenen Parteien
196 Mitgliederentwicklung in den Einzelgewerkschaften des Deutschen Gewerkschaftsbundes
197 Mitgliederentwicklung seit 1970 (DBB)
198 Mitgliederentwicklung seit 1970 (DAG)
199 Mitgliederentwicklung seit 1970 (Christlicher Gewerkschaftsbund)

VIII. Wichtige innenpolitische Probleme

200 Einzelpläne des Bundeshaushalts 1991

Karten (Seitenzahl in Klammern)

1 Verwaltungsgliederung (68)
2 Raumordnungsregionen (76)
3 Hochschulen (West) (94)
4 Hochschulen (Ost) (95)
5 Kaufwerte für baureifes Land (107)
6 Kernkraftwerke und Versorgungsanlagen (122)
7 EC/IC-Netz (151)

Abbildungen
(Seitenzahl in Kammern)

1 Zivildienst (13)
2 Bildungssystem (West) (77)
3 Bildungssystem (Ost) (78)
4 Nach der hessischen Landtagswahl vom 20. 1. 1991 stellt Ministerpräsident Eichel sein geschlechterpartitätisch besetztes Kabinett vor (233)
5 Das erste aus gesamtdeutschen Wahlen hervorgegangene Bundeska-

binett nach der Vereidigung durch Bundespräsident von Weizsäcker (265)
6 Entwicklung der Einkünfte der Bundestagsparteien seit 1970 (339)
7 Feier der Wiedervereinigung vor dem Reichstagsgebäude in Berlin (409)
8 Genscher und Schewardnadse paraphieren in Moskau den deutsch-sowjetischen Nachbarschaftsvertrag (435)
9 Der türkische Präsident Özal begrüßt auf dem Stützpunkt Erhac Piloten der Bundesluftwaffe (448)
10 Der von RAF-Terroristen ermordete Präsident der Treuhandanstalt, Dr. Detlev Rohwedder (461)

Abkürzungsverzeichnis

BfLR	=	Bundesforschungsanstalt für Landeskunde und Raumordnung, Bonn
BIBB	=	Bundesinstitut für Berufsbildung, Berlin
BRT	=	Bruttoregistertonne
DIW	=	Deutsches Institut für Wirtschaftsforschung, Berlin
ev.	=	evanglisch
EW	=	Einwohner
GATT	=	General Agreement on Tariffs and Trade
HWWA	=	Institut für Wirtschaftsforschung, Hamburg
IAB	=	Institut für Arbeitsmarkt- und Berufsforschung, Nürnberg
Ifo	=	Ifo-Institut für Wirtschaftsforschung, München
IfW	=	Institut für Weltwirtschaft, Kiel
INF-Vertrag	=	Intermediate Range Nuclear Forces-Vertrag
IW	=	Institut der deutschen Wirtschaft, Köln
JD	=	Jahresdurchschnitt
JE	=	Jahresende
kath.	=	katholisch
KMK	=	Kultusministerkonferenz
LF	=	Landwirtschaftlich genutzte Fläche
LN	=	Landwirtschaftliche Nutzfläche
m	=	männlich
NATO	=	North Atlantic Treaty Organization
ÖPNV	=	öffentlicher Personennahverkehr
Ost	=	Gebiet der ehem. DDR
Pkm	=	Personenkilometer
Prognos	=	Prognos AG, Basel
RWI	=	Rheinisch-Westfälisches Institut für Wirtschaftsforschung, Essen
START	=	Strategic Arms Reduction Talks
tkm	=	Tonnenkilometer
VZ	=	Volkszählung
w	=	weiblich
West	=	Gebiet der alten BRD
∅	=	Durchschnitt
	=	Zahlenwert unbekannt

Schrifttum

Periodika

Allgemeines Statistisches Archtiv (Deutsche Statistische Gesellschaft)
Arbeit und Sozialpolitik (Nomos)
Aus Politik und Zeitgeschichte (Beilage zu „Das Parlament")
Außenhandelsdienst (VWD)
Börsenverein des Deutschen Buchhandels: „Buch und Buchhandel in Zahlen"
Bulletin des Presse- u. Informationsamtes der Bundesregierung
Bundesministerium für Arbeit und Sozialordnung (BMA): „Bundesarbeitsblatt"; „Sozialpolitische Informationen"; „Statistisches Taschenbuch"
Bundesministerium für Raumordnung, Bauwesen und Städtebau (BMBau): „Bundesbaublatt"; „Pressemitteilung"
Bundesministerium für Bildung und Wissenschaft (BMBW): „Grund- und Strukturdaten"; „Berufsbildungsbericht"; „Informationen"
Bundesministerium für Ernährung, Landwirtschaft und Forsten (BMELF): „Informationen"; „Waldzustandsbericht"
Bundesministerium für Forschung und Technologie (BMFT): „Unsere Umwelt schützen"; „Journal"
Bundesministerium des Innern (BMI): „betrifft: Innere Sicherheit"; „Mitteilungen"; „Informationen"; „Verfassungsschutzbericht"
Bundesministerium für Frauen und Jugend (BMFJ): „Pressemitteilung"
Bundesministerium für Post und Telekommunikation (BMPT): „Der Postbrief"; „Postmagazin"; „Post von der Post"
Bundesministerium für Umwelt, Naturschutz und Reaktorsicherheit (BMU): „Umwelt"
Bundesministerium für Verkehr (BMV): „Allgemeiner Statistischer Dienst"; „Verkehrsblatt"; „Verkehr in Zahlen"; „Verkehrsnachrichten"
Bundesministerium der Verteidigung (BMVg): „Bundeswehr"; „Weißbuch"
Bundesministerium für Wirtschaft (BMWI): „Tagesnachrichten"; „Leistung in Zahlen"; „Energiebericht"
Der Staatsbürger (Beilage der „Bayerischen Staatszeitung")
Deutscher Bundestag „Stenographische Berichte" und „Bundestagsdrucksachen"
Frankfurter Allgemeine Zeitung
Ifo-Institut für Wirtschaftsforschung, München: „Ifo-Studien"; „Ifo-Schnelldienst"; „Ifo-Spiegel der Wirtschaft"

Informationen zur Raumentwicklung (Bundesforschungsanstalt für Landeskunde und Raumordnung, Bonn)
Institut der deutschen Wirtschaft, Köln: „Zahlen zur wirtschaftlichen Entwicklung der Bundesrepublik Deutschland"
Media-Perspektiven
Mitteilungen aus der Arbeitsmarkt- und Berufsforschung (Bundesanstalt für Arbeit, Nürnberg)
Monatsbericht der Deutschen Bundesbank
Das Parlament
Presse- und Informationsamt der Bundesregierung (Hrsg.): „Gesellschaftliche Daten"
Statistisches Bundesamt, Wiesbaden: „Statistisches Jahrbuch"; „Wirtschaft und Statistik"; „Statistischer Wochendienst"
Süddeutsche Zeitung (auch: „Aktuelles Lexikon")
Woche im Bundestag
Zeitschrift für Ausländerrecht und Ausländerpolitik (Nomos)

Themenbezogene Literatur

Schindler, Peter (Bearb.): „Datenhandbuch zur Geschichte des Deutschen Bundestages 1949–1982" (1983)

I. Land und Leute

Tabelle 1: Wohnbevölkerung der Gemeinden über 100 000 Einwohner am 30. 6. 1988* und 31. 12. 1989** (in 1000)

Gemeinde	Einwohner	Gemeinde	Einwohner
Aachen	232,0	Köln	934,4
Augsburg	245,6	Krefeld	233,9
Bergisch Gladbach	101,5	Leipzig	530,0
Berlin	3 326,7	Leverkusen	155,8
Bielefeld	309,0	Ludwigshafen a. Rh.	158,0
Bochum	386,9	Lübeck	210,4
Bonn	279,7	Magdeburg	288,4
Bottrop	115,3	Mainz	173,7
Braunschweig	252,9	Mannheim	298,8
Bremen	533,8	Mönchengladbach	251,6
Bremerhaven	126,6	Moers	101,3
Chemnitz	301,9	Mülheim a. d. R.	175,2
Cottbus	128,9	München	1 206,4
Darmstadt	135,3	Münster	246,7
Dessau	101,3	Neuss	143,3
Dortmund	584,6	Nürnberg	477,0
Dresden	501,4	Oberhausen	220,4
Düsseldorf	564,4	Offenbach a. M.	111,9
Duisburg	525,1	Oldenburg (O.)	140,4
Erfurt	217,0	Osnabrück	151,2
Erlangen	100,0	Paderborn	112,9
Essen	620,0	Pforzheim	108,4
Frankfurt a. M.	623,7	Potsdam	141,4
Freiburg i. Br.	182,0	Recklinghausen	119,3
Gelsenkirchen	286,7	Regensburg	118,7
Gera	132,3	Remscheid	120,3
Göttingen	117,1	Rostock	253,0
Hagen	209,1	Saarbrücken	188,2
Halle (Saale)	230,7	Salzgitter	111,4
Hamburg	1 597,5	Schwerin	129,5
Hamm	172,0	Siegen	106,1
Hannover	497,2	Solingen	159,9
Heidelberg	129,6	Stuttgart	560,1
Heilbronn	111,9	Ulm	105,4
Herne	174,3	Wiesbaden	253,4
Hildesheim	103,2	Witten	103,2
Jena	105,8	Wolfsburg	125,4
Karlsruhe	263,1	Würzburg	125,0
Kassel	188,2	Wuppertal	368,2
Kiel	239,2	Zwickau	118,9
Koblenz	107,4		

* Gemeinden in Deutschland West   ** Gemeinden in Deutschland Ost

Quelle: Statistisches Jahrbuch 1990, S. 49/50, S. 639

a) Bevölkerung

Zum Zeitpunkt der Wiedervereinigung (3. 10. 1990) lebten in Gesamtdeutschland 79,67 Mio. Einwohner, davon 63,56 Mio. in West- und 16,11 Mio. in Ostdeutschland. Während die Geschlechterrelation zwischen Ost und West ausgeglichen ist, weist Ostdeutschland eine insgesamt jüngere Bevölkerung auf. Der Ausländeranteil liegt in Westdeutschland bei fast 8%, in Ostdeutschland dagegen nur bei 1%.

Tabelle 2: Bevölkerung

Art	Ost (JE 1989)	West (JE 1989)
Bevölkerung (in 1000)	16 434	62 679
davon männlich (%)	47,9	48,2
weiblich (%)	52,1	51,8
Ausländer (in 1000)	191,2	4845,9
Ausländeranteil (%)	1,2	7,8
Altersgruppen in %:*		
unter 18 Jahren	22,7	18,2
18–unter 40 J.	33,9	34,2
40–unter 60 J.	25,1	26,7
60–unter 65 J.	5,0	5,5
65 und älter	13,3	15,4
*1988		

Quelle: Statistisches Jahrbuch 1990; Wirtschaft und Statistik 2/1991

Bevölkerungsentwicklung. Zu den Bestimmungsgrößen der Bevölkerungsentwicklung gehören im wesentlichen die natürliche (Geburten, Sterbefälle) und die räumliche (Zuzüge, Fortzüge) Bevölkerungsbewegung, medizinischer Fortschritt (Säuglingssterblichkeit), Altersstruktur (Fruchtbarkeitsziffer der Frauen im gebärfähigen Alter) und nicht zuletzt das generative Verhalten (Kinderzahl).

Läßt man einmal die Wanderungsbewegungen (Zu-/Abwanderungen) außer Betracht, müßten je 1000 Frauen im Laufe ihres Lebens 2100 Kinder gebären, um den Bestand der Bevölkerung

Tabelle 3: Bevölkerungsentwicklung (1989)

Bestimmungsgröße	Ost	West
Lebendgeborene		
Anzahl	198 922	681 537
je 1000 EW	12,0	11,0
Gestorbene		
Anzahl	205 711	697 730
je 1000 EW	12,4	11,2
Zuzüge	.	1 522 190
Fortzüge	.	544 967
Eheschließungen		
Anzahl	130 989	398 608
je 1000 EW	7,9	6,4
Heiratsalter (Jahre)		
Männer	29,2	31,2
Frauen	26,5	28,2
Ehescheidungen		
Anzahl	50 063	126 628
je 10000 EW	30,1	20,4
Lebenserwartung von Neugeborenen (Jahre)		
Männer	69,8	72,1
Frauen	75,9	78,7
Geburtenziffer (Kinder je Frau)	1,7	1,4

Quelle: Wirtschaft und Statistik 12/1990 u. 1/1991

zu erhalten. Dazu ist die deutsche Bevölkerung derzeit aus eigener Kraft nicht in der Lage. Dank der Wanderungsgewinne früherer Jahre aus dem Ausland, die uns eine reproduktionsstarke ausländische Bevölkerung mit heute noch hohen Geburtenüberschüssen brachte, sinkt daher die Bevölkerung unseres Landes nur relativ langsam. Derzeit ist jedes zehnte in unserem Land geborene Kind ausländischer Nationalität.

Haushaltsgröße. War vor gut 30 Jahren jeder fünfte Haushalt ein Ein-Personen-Haushalt, so ist es heute schon jeder dritte. Dahinter stehen Einflußfaktoren wie der gesellschaftliche Strukturwandel von der Agrar- über die Industrie- zur Dienstleistungsgesellschaft, die damit verbundene Konzentration der Bevölkerung auf Verdichtungsräume bei gleichzeitiger Entleerung ländlicher Räume, die noch heute größere Haushaltsdurchschnitte aufweisen als die städtischen Gebiete. Insgesamt beläuft sich die durchschnittliche Haushaltsgröße in der westlichen Bundesrepublik auf etwa 2,3 Personen (1987) und in den östlichen Bundesländern auf 2,5 Personen (1988).

Tabelle 4: Haushaltsgröße

Anzahl der Personen im Haushalt	Private Haushalte (in %)	
	West (1987)	Ost (1981)
1	33,4	26,6
2	28,4	27,1
3	17,7	22,5
4	13,7	17,2
5 u. mehr	6,7	6,6

Quelle: Wirtschaft und Statistik 5/1989, S. 274; Statistisches Taschenbuch der DDR 1989

Familienstand. Einfluß auf die Entwicklung unserer Bevölkerung übt auch der Anteil der verheirateten Bevölkerung aus, denn neun von zehn Kindern entstammen heute ehelichen Verbindun-

Tabelle 5: Familienstand

	Bevölkerungsanteil in %			
	Ost (1989)		West (1987)	
Familienstand	m	w	m	w
ledig	41,2	33,3	42,8	34,4
verheiratet	51,3	47,2	51,1	46,6
verwitwet	2,5	12,3	2,7	14,6
geschieden	5,0	6,9	3,4	4,4

Quelle: Statistisches Jahrbuch 1989, S. 54; Wirschaft und Statistik 12/1988; Statistisches Jahrbuch 1990, S. 640

gen. Die Zahl der Ledigen sinkt, allerdings ist hierbei die Abnahme der unter 15jährigen zu berücksichtigen. Zwischen Ost- und Westdeutschland gibt es keine bedeutenden Unterschiede beim Familienstand.

b) Erwerbstätigkeit

Zu den Erwerbspersonen zählen alle Bundesbürger, die eine auf Erwerb gerichtete Tätigkeit auszuüben pflegen, egal ob sie tatsächlich beschäftigt oder zeitweilig ohne Arbeit sind. Die richtige Abgrenzung bedeutender Erhebungsmerkmale aus der Erwerbstätigenstatistik wird nicht immer beachtet, so daß an dieser Stelle einige wichtige Definitionen vorangestellt werden sollen.

Erwerbspersonen: alle Erwerbstätigen und Erwerbslosen
Erwerbstätige: alle abhängig Beschäftigten, Selbständigen, Freiberufler und mithelfenden Familienangehörigen
Erwerbslose: alle Nichtbeschäftigten, die sich um eine Arbeitsstelle bemühen
Arbeitslose: alle Personen ohne längerfristiges Arbeitsverhältnis, die beim Arbeitsamt arbeitslos gemeldet sind
Erwerbsquote: Anteil der Erwerbspersonen an der Wohnbevölkerung
Arbeitslosenquote: Anteil der Arbeitslosen an 1.) den Erwerbspersonen bzw. 2.) abhängigen Erwerbspersonen ohne Soldaten (Arbeitsamtsstatistik)

Tabelle 6: Erwerbstätigkeit (1989)

Art	Ost	West
Erwerbspersonen (in 1000)	·	29 889
Erwerbstätige (in 1000)	8547	27 742
Erwerbslose (in 1000)	·	2 147
Arbeitslose (in 1000)	142	2 038
Erwerbsquote (in %)	·	48,4
Arbeitslosenquote in % (nach Arbeitsamtstatistik)	·	7,9

Quelle: Wirtschaft und Statistik 7/1990

Erwerbsquote. Die Erwerbsquote ist in den vergangenen drei Jahrzehnten relativ stabil geblieben, obwohl sich die Ausbildungszeiten verlängert haben und immer mehr Erwerbspersonen früher (z. B. durch Inanspruchnahme der flexiblen Altersgrenze) aus dem Arbeitsleben ausscheiden. Die dadurch bedingte Abnahme der Erwerbspersonen wurde vor allem durch Hineinwachsen geburtenstarker Jahrgänge ins Erwerbsleben ausgeglichen. In Westdeutschland liegt die Erwerbsquote der Männer im erwerbsfähigen Alter (15–65 Jahre) bei 83% und der Frauen bei 55%. In Ostdeutschland arbeiten rund 80% aller Frauen und 85% aller Männer im erwerbsfähigen Alter.

Tabelle 7: Erwerbsquoten 1988 (West)

Gruppe	Erwerbsquoten (in %)				
	15- bis unter 20jährige	20- bis unter 25jährige	25- bis unter 60jährige	60- bis unter 65jährige	15- bis unter 65jährige
Männer	45,5	81,4	79,8	34,5	82,5
Frauen	39,5	75,4	41,1	11,1	55,0

Quelle: Institut der deutschen Wirtschaft „Zahlen 1990", S. 9

Stellung im Beruf. Fast neun von zehn Erwerbstätigen stehen im Westen als Arbeiter, Angestellte oder Beamte in einem abhängigen Arbeitsverhältnis, nur gut 10% sind selbständig oder helfen in der Familie mit (gegenüber drei von zehn im Jahre 1950). Die starke Abnahme der Selbständigen und mithelfenden Familienan-

Tabelle 8: Stellung im Beruf (1990)

Erwerbstätige	Anteil in %	
	Ost	West
Selbständige	4	9
Angestellte	47	47
Arbeiter	39	35
Sonstige	10	9

Quelle: DIW, Berlin 1990

gehörigen findet ihre Erklärung im Strukturwandel der Landwirtschaft mit ihrem hohen Selbständigenanteil und im Wandel unserer Wirtschafts- und Gesellschaftsstruktur zur Dienstleistungsgesellschaft mit ihrem großen Bedarf an Büroberufen (Angestellten).

Im Juni 1990 untersuchte das DIW, Berlin, in einer Repräsentativerhebung die Situation der Erwerbstätigen in der damaligen DDR. Es wurde festgestellt, daß die offizielle Statistik dort bisher den Anteil der Angestellten wesentlich niedriger und den Anteil der Arbeiter wesentlich höher als in Wirklichkeit auswies.

Erwerbspersonen nach Schulabschluß. Bei den Erwerbspersonen ergibt sich ein deutlicher Trend zum höheren allgemeinbildenden Schulabschluß, bei den weiblichen Erwerbspersonen wesentlich stärker als bei den männlichen.

Tabelle 9: Erwerbspersonen nach Schulabschluß 1989 (West)

Erwerbspersonen	Volks- oder Hauptschulabschluß	Realschul- oder gleichwertiger Abschluß (in %)	Fachhochschul-, Hochschulreife
Insgesamt	57,8	23,8	17,5
Männlich	60,8	19,7	18,7
Weiblich	53,4	30,0	15,8

Quelle: BMBW „Grund- und Strukturdaten 1990/91", S. 286/287.

Erwerbstätige nach Wirtschaftsbereichen. Die Statistik gliedert die Erwerbstätigkeit in drei Wirtschaftsbereiche:

Primärer Sektor: Land- und Forstwirtschaft, Fischerei, Tierhaltung

Sekundärer Sektor: Produzierendes Gewerbe (Industrie, Handwerk, Baugewerbe, Bergbau)

Tertiärer Sektor: Dienstleistungen (Handel, Verkehr, Dienstleistungen)

Tabelle 10: Erwerbstätige nach Wirtschaftsbereichen

Wirtschaftssektor	Anzahl (in 1000)	
	Ost (30. 9. 1989)	West (JD 1989)
Primärsektor	960	1063
Sekundärsektor	4221	10737
Tertiärsektor	3705	15929

Quelle: Statistisches Jahrbuch 1990, S. 93 u. 643

c) Allgemeines

Bevölkerung und Innenpolitik. Zu aktuellen Themen der Innenpolitik wurde auch 1990 im Auftrag des Bundesinnenministe-

Tabelle 11: Bevölkerung und Innenpolitik
(Umfrage 1990 vor der Wiedervereinigung)

Merkmalsausprägung	Anteil der Befragten (in %)	
	Ost	West
Zufriedenheit mit:		
Wiedervereinigung	94	76
Gleichberechtigung von Mann und Frau	79	71
Rechtsordnung	33	69
Wirtschaftslage	14	87
Demokratie (alte BRD)	–	85
Als „sehr wichtig" eingestufte Politikziele:		
Aufbau eines sozialen Netzes	83	–
Aufbau einer leistungsfähigen Marktwirtschaft	76	–
Verbesserung des Lebensstandards	69	–
Stadterneuerung	69	–
Wirksamer Umweltschutz	–	74
Kampf gegen Rauschgift	–	71
Renten sichern	–	68
Arbeitsplätze schaffen	–	64
Verbesserung der Wohnungsmarktlage	–	63

Quelle: BMI „Innenpolitik" Nr. V/1990

I. Land und Leute

riums eine Umfrage durchgeführt. Erstmals wurden auch zu einem Teil der Fragen die Einstellungen von DDR-Bürgern (vor der Wiedervereinigung) vom Institut für praxisorientierte Sozialforschung in Mannheim erhoben.

Kurz nach der Wiedervereinigung legte das Institut für Demoskopie in Allensbach folgendes Umfrageergebnis vor:

Im Hinblick auf die allgemeine wirtschaftliche Lage zeigen sich unter der Bevölkerung in den fünf neuen Bundesländern Ansätze zu einer positiveren Beurteilung. Die unmittelbare persönliche Situation wird von den Bürgern in den neuen Bundesländern deutlich besser bewertet als die allgemeine Wirtschaftslage: Zum Zeitpunkt der Wiedervereinigung bezeichnen 30% der Bevölkerung im neuen Bundesgebiet ihre eigene wirtschaftliche Lage als gut, 49% bezeichnen sie als teils gut, teils schlecht, nur 20% bewerten sie als schlecht.

Unter den verschiedenen politischen Aufgaben und Zielen hat in den neuen Bundesländern die Schaffung von neuen Arbeitsplätzen absoluten Vorrang: 77% der Befragten bezeichnen dies als sehr wichtige politische Aufgabe, im Westen tun dies nur 58%. An zweiter Stelle mit 62% steht in den neuen Bundesländern die Sorge um eine wirksame Verbrechensbekämpfung, eine Aufgabe, die in den bisherigen Bundesländern deutlich weniger Gewicht hat.

Der Tag der Vereinigung Deutschlands am 3. Oktober 1990 war für die überwiegende Mehrheit der Deutschen ein großes historisches Ereignis, das sie persönlich mit großer Freude erfüllt hat.

67% der Bürger im östlichen Teil der Bundesrepublik Deutschland bezeichnen diesen Tag im Rückblick als ein bewegendes historisches Ereignis, im Westen sind es 58%.

Die wiedergewonnene Freiheit nennen die meisten Menschen in den neuen Bundesländern (63%) spontan als die wichtigste Errungenschaft seit dem Sturz des SED-Regimes. Erst an zweiter Stelle, mit 38% der Nennungen, werden die verbesserten Einkaufs- und Konsummöglichkeiten genannt.

(*Quelle:* BMI „Innenpolitik" Nr. VI/1990)

Kriminalität. Die Polizeiliche Kriminalstatistik erfaßt rechtswidrige Taten mit Ausnahme der Ordnungswidrigkeiten; Verkehrsdelikte bleiben unberücksichtigt. Gegenstand der Nachweisung sind Tatverdächtige. Die größte Straftatendichte findet sich in Großstädten mit mehr als 500 000 Einwohnern. Die Kriminalität ist dort dreimal so hoch wie in Gemeinden mit weniger als 20 000 Einwohnern.

Tabelle 12: Kriminalität 1989 (West)

Straftaten (Auswahl)	Registrierte Fälle	Aufklärungsquote (%)
Diebstahl unter erschwerenden Umständen	1 518 929	15,3
Diebstahl ohne erschwerende Umstände	1 052 319	48,6
Sachbeschädigung	393 284	23,9
Betrug	401 352	91,2
(Vors. leichte) Körperverletzung	126 339	90,4
Widerstand gegen die Staatsgewalt und Straftaten gegen die öffentliche Ordnung	75 537	86,8
Gefährliche und schwere Körperverletzung sowie Vergiftung	64 840	83,5
Beleidigung	81 027	87,9
Rauschgiftdelikte	94 000	94,6
Straftaten gegen die persönliche Freiheit	62 090	88,6
Unterschlagung	51 121	75,2
Straftaten gegen die sexuelle Selbstbestimmung	36 327	62,6
Urkundenfälschung	49 809	95,4
Raub, räuberische Erpressung und räuberischer Angriff auf Kraftfahrer	30 152	43,8
Begünstigung, Strafvereitelung und Hehlerei	24 516	99,1
Brandstiftung	17 409	49,7
Wohnungseinbrüche	156 917	17,0
Mord und Totschlag	2 385	94,6

Quelle: Presse- und Informationsamt der Bundesregierung „Bulletin" Nr. 62/S. 485, 1990

Rund zwei Drittel aller registrierten Straftaten in Westdeutschland (1989 insgesamt 4358573 Straftaten) sind Diebstähle. In diesem Bereich ist die Aufklärungsquote am geringsten, wodurch das Bild der Gesamtaufklärungsquote (1989: 47,2% = 2055896 Fälle) erheblich verzerrt wird. Im Bereich der Straftaten gegen das Leben werden nämlich immerhin fast alle Delikte (1989: 94,6%) aufgeklärt.

Extremismus. Der jährlich veröffentlichte Verfassungsschutzbericht enthält eine Zusammenfassung der Aktivitäten und politischen Ziele extremistischer und sicherheitsgefährdender Organisationen.

Tabelle 13: Politischer Extremismus (West)

Organisation	Anzahl		
	1983	1987	1989
Linksextremisten:			
Gewalttaten	1540	1497	837
Mitglieder	61000	62000	41000
Periodische Publikationen			
Jahresauflage (in Mio. Exemplare)	39,6	40,0	32,0
Rechtsextremisten:			
Gewalttaten	81	76	103
Mitglieder	20300	25200	35900
Periodische Publikationen			
Jahresauflage (in Mio. Exemplare)	8,0	9,3	9,0
Ausländische Extremisten:			
Gewalttaten	92	123	93
Mitglieder	114300	108600	97250
Linksextremisten	·	73300	67450
Rechtsextremisten	·	15000	12350
Islamische Extremisten	·	20300	17450

Quelle: Verfassungsschutzbericht 1989

Selbstmorde. Die meisten Selbstmorde in der Bundesrepublik begehen Männer über 70 Jahre. Bei den etwa zehn- bis zwanzigmal so hoch geschätzten Selbstmordversuchen dominieren die Jugendlichen zwischen 15 und 19 Jahren. Sucht, Psychosen oder Depressionen sind die Ursachen von etwa einem Viertel der jährlichen Selbsttötungen. Risikofaktoren in den häufigsten Fällen sind soziale Isolation, fehlende Einbindung und die Unfähigkeit, mit Problemen fertig zu werden. Im Westen der Bundesrepublik begingen 10252 Personen in 1989 Selbstmord, im Osten 4294 Personen.

Tabelle 14: Selbstmorde (1989)

Merkmal	West	Ost
Selbstmorde insg.	10252	4294
Männer	7037	2875
Frauen	3215	1419

Quelle: Wirtschaft und Statistik 1/1991

Aussiedler. Insgesamt 397073 deutschstämmige Aussiedler sind 1990 aus osteuropäischen Staaten in die Bundesrepublik gekommen. Damit sind seit Führung der Aussiedlerstatistik im Jahr 1950 rund 2,4 Millionen Menschen übergesiedelt.

Tabelle 15: Aussiedler

Herkunftsland	Anzahl der Aussiedler 1990
Rumänien	111150
Polen	133872
Sowjetunion	147950
Tschechoslowakei	1708
Jugoslawien	961
Ungarn	1336
Sonstige Gebiete	96
insgesamt	397073

Quelle: BMI „Innenpolitik" Nr. I/1991

Zivildienst. Die Zahl der Zivildienstleistenden lag im Westen im Juli 1990 bei 89000, in Gesamtdeutschland im April 1991 bei 100000. Mehr als die Hälfte der Zivildienstleistenden arbeitet in der Pflegehilfe, in den sozialen Betreuungsdiensten oder in der individuellen Schwerstbehindertenbetreuung. Viele Zivildienstleistende verrichten handwerkliche, gärtnerische oder landwirtschaftliche Tätigkeiten oder arbeiten im Krankentransport und Rettungswesen. Größter Arbeitgeber für Zivildienstleistende ist das Diakonische Werk. Seit 1. 1. 1991 dauert der Zivildienst 15 Monate.

Abbildung 1: Zivildienst

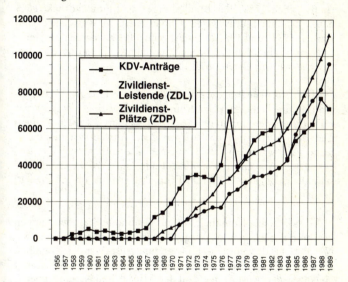

Quelle: IAP, Heft 10/11, 1990

Krebserkrankungen. Rund 170 500 Menschen starben 1989 im Westen an Krebs, 34 800 im Osten. In einem 1986 veröffentlichten Bericht über die Gesundheit der Nation wird festgestellt, daß bei den Frauen das Krebsrisiko zurückgeht, bei den Männern jedoch noch langsam ansteigt. Bei den Krebstodesfällen dominiert beim Mann der Lungenkrebs (26%), gefolgt vom Darmkrebs (12%), Magenkrebs (9%), Prostatakarzinom (10%) sowie Malignomen der Harnorgane (7%). Bei Frauen stehen Brustkrebs (17%) und Darmkrebs (16%) an den ersten Stellen, gefolgt von Magenkrebs (8%) und mit 7% Gebärmutterkrebs einschl. Gebärmutterhalskrebs. Ein hohes Lungenkrebsrisiko weist das Ruhrgebiet auf, von Atemwegserkrankungen am stärksten betroffen ist der Nordosten Bayerns. Ebenfalls in Bayern am höchsten ist das Magenkrebsrisiko.

Herz-Kreislauf-Erkrankungen. Nach wie vor sind Herz-Kreislauf-Erkrankungen die Volkskrankheit Nummer eins in der Bundesrepublik. Nach einer Studie des Bundesforschungsministeriums leiden 17% aller Bundesbürger an Bluthochdruck, 60% haben erhöhte Blutfettwerte (Cholesterin). In Westdeutschland starben 1989 rund 196 700 Frauen und 146 100 Männer an Herz-Kreislauf-Erkrankungen, wobei Herzinfarkt die häufigste Todesursache war (im Osten: insg. 118 300).

AIDS. Als neue Infektionskrankheit wurde 1981 AIDS (Acquired Immune Deficiency Syndrome) bekannt. Erreger ist das Virus HIV (Humanes Immundefekt Virus). Dadurch wird bei einem Teil der Betroffenen das körpereigene Abwehrsystem zunehmend geschwächt, so daß es zu einem Zusammenbruch der körpereigenen Abwehrkraft kommt. Ende Juni 1990 waren im Westen Deutschlands 4922 AIDS-Erkrankungen (davon 366 Frauen) gemeldet.

AIDS ist keine Krankheit, die auf bestimmte Personengruppen beschränkt bleiben muß. Wegen der langen Latenzzeit von zwei bis zu mehr als zehn Jahren bis es zum Ausbruch der Krankheit kommt, ist auf Grund der gemeldeten Infektionen weiter mit einem starken Anstieg der Zahl der AIDS-Kranken zu rechnen.
Nach einer Basisresearch-Studie (1990) gibt über ein Viertel (28%) der sexuell aktiven westdeutschen Bevölkerung im Alter zwischen 16 und 59 Jahren an, heute wegen AIDS Sexualverkehr nur noch mit Kondom auszuüben. Dieser überraschend hohe Anteil ist aber wohl eher als Absichtserklärung zu verstehen und zeigt den guten Willen und die Richtung von Verhaltensänderungen auf. Sorge hinsichtlich einer Infizierung kommt in der Bereitschaft, sich einem HIV-Test zu unterziehen, zum Ausdruck. Etwa 14% der Befragten haben sich einem solchen Test unterzogen, weitere 6% haben dies nach ihrem eigenen Bekunden vor.
Das Sexualverhalten homosexueller Männer wurde von der Universität Frankfurt/M. untersucht (1990): Die Zahl der Sexu-

alpartner homosexueller Männer hat sich seit dem Auftreten von AIDS deutlich verringert. Darüber hinaus werden sexuelle Kontakte, die mit einem hohen Ansteckungsrisiko verbunden sind, stärker vermieden und seit 1987 Kondome von etwas mehr als der Hälfte der Befragten regelmäßig benutzt. Zum Vergleich verwendeten noch 1981 weniger als 2% Präservative.

80% der Befragten gaben Veränderungen ihrer sexuellen Praktiken an, die sich erheblich risikomindernd auswirken. Mehr als die Hälfte der Befragten hatte sich einem HIV-Antikörpertest unterzogen. Als Motive werden am häufigsten der Wunsch nach Gewißheit über den eigenen Infektionsstatus sowie die Betonung der Verantwortung gegenüber Dritten genannt.

Drogensucht. Etwa 10% (= 1,1 Mio.) der jungen Menschen bis 24 Jahre haben im westlichen Deutschland irgendwann einmal eine Droge genommen. Gegenwärtig gilt eine Gesamtzahl von weniger als 50000 Drogenabhängigen und schwer Gefährdeten mit leicht abnehmender Tendenz als wahrscheinlich. Harte Drogen nehmen etwa 70000 Personen. Die Zahl der Rauschgifttoten lag 1990 in Westdeutschland bei 1479. Die Zahl der erkannten Erstkonsumenten harter Drogen ist auf 10013 nach 9837 im Jahr 1989 gestiegen. Differenziert nach Art der Drogen entfallen auf Heroin 6735 (1989: 6473), auf Kokain 2120 (1989: 2438) und auf Amphetamin 1494 (1989: 67) Erstkonsumenten. Für die neuen Bundesländer lag für 1990 noch keine Rauschgift-Statistik vor.

Insgesamt zeichnet sich ab, daß Drogenkonsumenten und Drogenabhängige eher älter werden und mehr in die Altersgruppe der

Tabelle 16: Sichergestellte Rauschgiftmengen 1990 (West)

Rauschgift	Einheit	Anzahl
Canabis-Harz	kg	2682
Canabis-Kraut	kg	8967
Rohopium	kg	44
Heroin	kg	833
Kokain	kg	2462
Amphetamin	kg	84
LSD	Trips	.

Quelle: BMI „Innere Sicherheit" Nr. 1, 1991

jungen Erwachsenen bzw. der Erwachsenen überhaupt hineinwachsen. So zeigte die Altersstruktur der polizeilich erfaßten Erstkonsumenten harter Drogen 1987, daß die am stärksten belastete Altersgruppe die 21–25jährigen mit 33,6% darstellten.

Tabelle 17: Rauschgifttote 1990

Bundesland	Anzahl
Baden-Württemberg	197
Bayern	125
Berlin (West)	143
Brandenburg	.
Bremen	77
Hamburg	132
Hessen	209
Mecklenburg-Vorpommern	.
Niedersachsen	155
Nordrhein-Westfalen	346
Rheinl.-Pfalz	43
Saarland	22
Sachsen	.
Sachsen-Anhalt	.
Schleswig-Holstein	30
Thüringen	.
Deutschland (West) insg.	1479

Quelle: BMI „Innere Sicherheit" Nr. 1, 1991

Medikamentensucht. Von dem westdeutschen Arzneimittelmarkt mit insgesamt 126 000 Präparaten entfallen 80 000–90 000 auf die sogenannten besonderen Therapieeinrichtungen: Es gibt ca. 70 000 phytotherapeutische Arzneimittel, d.h. Arzneimittel auf pflanzlicher Basis. Hinzu kommen ca. 24 000 homöopathische Arzneimittel und ca. 3000 anthroposophische Arzneimittel. Zwischen diesen drei Arzneimittelgruppen gibt es Überschneidungen. Die Größenordnung des Gebrauchs an Medikamenten geht aus folgenden Zahlen hervor: Jeder Westdeutsche konsumiert jährlich im Durchschnitt 1137 Tabletten, 17% der Bevölkerung nehmen fast täglich und 23% gelegentlich Arzneimittel ein. Zu den am häufigsten mißbrauchten Arzneimitteln gehören die Psychopharmaka. Die Bundesregierung rechnet mit 300000–500000 Medikamentenabhängigen, die Deutsche Hauptstelle gegen die Suchtgefahren mit 800000 Personen.

Wie eine Erhebung zum Arzneimittelkonsum bei 25 bis 69jährigen Frauen und Männern in der westlichen Bundesrepublik im Rahmen der Studie „Leben und Gesundheit in Deutschland" ergeben hat, nimmt der Verbrauch von Schmerzmitteln einen Spitzenplatz ein. Frauen verbrauchen in nahezu allen untersuchten Altersklassen ca. doppelt so viele Schmerzmittel wie Männer. Ungefähr 9% der 25 bis 69jährigen Frauen und 4% der 25 bis 69jährigen Männer nehmen nach eigener Einschätzung mindestens wöchentlich einmal Schmerzmittel ein.

Alkoholkonsum. In der westlichen Bundesrepublik trinken 56% aller Männer und 21% aller Frauen täglich Alkohol. Zwei bis drei Prozent der Bevölkerung sind als Alkoholiker zu bezeichnen. Nach Erkenntnissen des Bundesgesundheitsamtes in Berlin konsumieren in der Altersgruppe der 25–69jährigen die Hälfte der Männer und 14% der Frauen fast täglich oder mehrmals in der Woche Bier, 13% der Männer und 10% der Frauen ebenso oft Wein, 7% der Männer und 2% der Frauen fast täglich Spirituosen. Der Pro-Kopf-Verbrauch reinen Alkohols lag 1989 bei 11,8 Litern, in der Welt übertroffen nur noch von den Franzosen mit rund 13 Litern. In den ostdeutschen Ländern ist nach Ansicht der Hauptstelle gegen die Suchtgefahren etwa eine halbe Million Menschen wegen Alkoholproblemen behandlungsbedürftig.

Armut. Nach einer gemeinsamen Studie des Paritätischen Wohlfahrtsverbandes und des Deutschen Gewerkschaftsbundes lebt derzeit (1990) jeder zehnte Westdeutsche an oder unter der Armutsschwelle. Als arm gilt, wer weniger als die Hälfte des durchschnittlichen Einkommens zur Verfügung hat, also etwa nur 2000 DM im Monat für eine vierköpfige Familie. Besonders betroffen von der „Armut im Wohlstand" sind Dauerarbeitslose, alleinerziehende Frauen, kinderreiche Familien, Behinderte und Ausländer.

Verletzung von Unterhaltspflichten. Nach Angaben des Deutschen Kinderschutzbundes lassen in Westdeutschland jährlich 20000 bis 30000 Väter ihre Familien im Stich.

Während der Übersiedlungswelle zur Zeit der Wende in der früheren DDR wurden zahlreiche Beziehungen zerrissen und Familien getrennt. Seit Öffnung der ungarischen Grenze im August 1989 bis heute (März 1991) hat der Suchdienst München des Deutschen Roten Kreuzes insgesamt 39000 Suchanfragen aus Ostdeutschland erhalten.

Davon betrafen 19000 Anfragen überwiegend Väter, die sich durch die Übersiedlung ihren Unterhaltsverpflichtungen entzogen haben. Bisher konnten insgesamt 6000 Kontakte wieder hergestellt werden. Die Anzahl derer, die sich selbst wieder bei ihren Familien gemeldet haben, ist nicht bekannt. Die meisten Trennungsfälle stammen aus der Aufbruchzeit von August bis Dezember 1989.

Tabelle 18: Übersiedler (1989)

Alter von ... bis unter ... Jahren	Aus der ehemaligen DDR zugezogene Personen	
	(Anzahl)	(%)
unter 6	33527	8,6
6–18	64280	16,6
18–25	85691	22,1
25–45	163933	42,2
45–60	30213	7,8
60–65	4192	1,1
65 und älter	6560	1,7
insgesamt	388396	100,0

Quelle: Wirtschaft und Statistik 2/1991

II. Gesellschaft

1. Familie und Jugend

a) Familie

Situation der Familien. Im Auftrag des BMJFFG hat das Deutsche Jugendinstitut in München eine Repräsentativerhebung zur Situation der Familien in Westdeutschland durchgeführt.

94% der Befragten sagten, Kinder würden das Leben intensiver und erfüllter machen und einem das Gefühl geben, gebraucht zu werden. Bei den Erziehungszielen zeigt sich, daß Selbstvertrauen und Selbständigkeit der Kinder die am meisten angestrebten Ziele sind. Mit Verantwortungslosigkeit oder Egoismus hat dies jedoch nichts zu tun: 85% fordern Verantwortungsbewußtsein und Verständnis für andere und 74% halten Pflichtbewußtsein für ein wichtiges Erziehungsziel.

Im lebenslangen Hausfrauendasein wird nur noch von wenigen die alleinige Sinnerfüllung für das Leben einer Frau gesehen. Zwar plädieren 75% der Befragten dafür, daß die Mutter (63%) oder ein Elternteil (12%) bei einem Kind unter 3 Jahren im Hause bleibt, aber zwei Drittel halten die Erwerbstätigkeit beider Eltern von schulpflichtigen Kindern für mit der Wahrnehmung der Elternpflichten vereinbar. Bevorzugt wird die Teilzeitbeschäftigung der Mütter.

Die weitgehende Akzeptanz der Berufstätigkeit von Frauen auch mit kleineren Kindern hat jedoch nicht zu einer Neuverteilung der Familienaufgaben geführt. Hausarbeit wie Putzen und Kochen ist fast alleinige Domäne der Frau, Verschönerungsarbeiten und Reparaturen sind die Domäne des Mannes. Auch die Betreuung der Kinder wird weitestgehend der Frau zugeordnet, während das „Spielen mit Kindern" als Angelegenheit beider Elternteile gesehen wird.

Lebenshaltung. Für Essen und Trinken waren 1989 in einem westdeutschen Vier-Personen-Arbeitnehmer-Haushalt mit mittlerem Einkommen knapp ein Viertel des Haushaltsgeldes erfor-

Tabelle 19: Lebenshaltung (1989)

West*	DM/Monat	DM/Monat	Ost**
Lebenshaltungskosten	3325	2078	Haushaltsnettoeinkommen
Davon verbraucht für (in %):			Davon verbraucht für (in %):
Essen und Trinken	23,9	21,9	Nahrungsmittel
Miete, Heizung, Strom	26,3	5,3	Miete, Heizung, Strom, Verkehr
Bekleidung	8,0	12,5	Bekleidung
Verkehr, Nachrichten	15,5	9,9	Beiträge, Gebühren, Steuern
Körper, Gesundheit	3,3	8,7	Genußmittel
Bildung, Unterhaltung	10,7	7,3	Bildung, Unterhaltung, Reparaturen
Persönl. Ausstattung, Sonstiges	3,6	11,4	Sonstiges
Sonst. Haushaltsgüter	8,7	23,0	Möbel, Haushaltsgeräte

* Vierpersonen-Arbeitnehmer-Haushalt mit mittlerem Einkommen
** Haushalte von Arbeitern und Angestellten

Quelle: BMWI „Leistung in Zahlen '89", S. 16; Statistisches Amt der DDR (Haushaltsbefragung)

derlich. Etwas mehr mußte für die „Warm"-Miete (26,3%) ausgegeben werden, während in Ostdeutschland die Miete den monatlichen Haushaltsetat nur mit gut 5% belastete. Im Jahre 1990 hat sich die Lebenshaltung in Westdeutschland um 2,7% (Inflationsrate) verteuert.

Haushalts-Ausstattung. Gebrauchsgegenstände, die einst zu den Luxusgütern zählten, stehen heute schon fast in jedem Haushalt. So wird in Westdeutschland bald jeder Haushalt ein Telefon besitzen oder über eine eigene Waschmaschine verfügen. Bereits neun von zehn Haushalten haben sich einen Farbfernseher geleistet. Das Videogerät ist stark im Kommen.

Tabelle 20: Haushalts-Ausstattung (1989)

Art der Ausstattung	West*	Ost**
	(Anteil in % der Haushalte)	
Waschmaschine	97	.
Telefon	99	17
PKW	96	54
Farbfernseher	95	57
Kühlschrank	81	.
Gefriergerät	75	48
Geschirrspüler	53	.
Videorecorder	49	.
Mikrowellengerät	27	.

* Private Haushalte von Arbeitnehmern mit mittlerem Einkommen
** alle privaten Haushalte

Quelle: Div. Presseunterlagen

Ersparnis. Nach Unterlagen des IW, Köln, haben 1988 die westdeutschen Privathaushalte 181,5 Mrd. DM von den verfügbaren Einkommen in Höhe von 1338,8 Mrd. DM gespart, das entspricht einer Sparquote von 13,6%.

Geldvermögen. Nach Angaben des Bundesverbandes deutscher Banken ist das Geldvermögen der privaten Haushalte 1989 auf 2,805 Billionen DM angewachsen. Rein rechnerisch verfügte da-

II. Gesellschaft

Tabelle 21: Ersparnis der Privathaushalte (West)

Merkmal	1970	1980	1988
Verfügbares Einkommen (Mrd. DM)	432,3	978,1	1338,8
Verbrauchsausgaben (Mrd. DM)	368,9	840,8	1157,2
Ersparnis (Mrd. DM)	63,4	137,3	181,5
Sparquote (Ersparnis in % des verfügbaren Einkommens)	14,7	14,0	13,6

Quelle: IW „Zahlen 1990", S. 32

mit jeder Westdeutsche über rund 45000 DM, jeder Privathaushalt (West) über rund 100000 DM Geldvermögen.

Tabelle 22: Privates Geldvermögen 1989 (West)

Art	DM
Privates Geldvermögen	2805 Mrd.
Einnahmen aus Zinsen u. Dividenden	117 Mrd.
Einnahmen je Privathaushalt	4774
Private Verschuldung	247 Mrd.
Ausgaben für Zinsen	21 Mrd.
Ausgaben je Privathaushalt	748
Aufwendungen für privaten Versicherungsschutz:	
je Privathaushalt	3700
je Einwohner	1670

Quelle: Bundesverband deutscher Banken; Gesamtverband der Deutschen Versicherungswirtschaft, 1990

Verfügbares Einkommen. In der früheren DDR lag 1988 das durchschnittliche Haushaltseinkommen nur halb so hoch wie in der alten Bundesrepublik. Bei den Einkommen der Selbständigen ist zu beachten, daß z.B. Ärzte und Rechtsanwälte in der ehem. DDR keine überdurchschnittlichen Einkünfte hatten und ihre Kollegen im Westen für die Altersversorgung selbst aufkommen müssen.

Tabelle 23: Verfügbares Einkommen (1988)

Privathaushalt	Verfügbares Einkommen (DM/Monat)	
	Ost	West
Arbeiter	2129	3474
Angestellte	2177	4457
Landwirte	2494	4665
Selbständige	3158	13618
Rentner	820	2743
Privathaushalte insg.	1900	4024

Quelle: DIW, Berlin 1990

Familie und Bevölkerung. Seit Mitte der 60er Jahre haben sich vor allem vier Ereignisse auf Struktur und Größe der Familie ausgewirkt:
- der anhaltende Geburtenrückgang
- das Absinken des Heiratsalters
- die Auflösung der Ehe durch Tod und Scheidung
- die Veränderungen in der Sterblichkeit

Ein Drittel des Geburtenrückgangs geht vor allem auf Änderungen der Altersstruktur zurück, zwei Drittel dagegen auf Veränderungen im generativen Verhalten.

Untersuchungen zufolge wünschen sich junge Frauen und Ehepaare nach wie vor Kinder und zwar im Durchschnitt mehr als zwei. Der größte Einfluß auf die Kinderzahl wird allgemein der Erwerbstätigkeit der Frau zugemessen.

Erwerbstätigkeit von Ehefrauen. Mehr als doppelt so häufig wie in der alten Bundesrepublik sind Ehefrauen mit Kindern in den neuen Bundesländern berufstätig.

Einstellungen ostdeutscher Frauen hinsichtlich der Wiedervereinigung.

Nur jede vierte Frau in der alten Bundesrepublik will ununterbrochen erwerbstätig sein und gleich viele könnten sich vorstellen, sich ausschließlich auf die Familienarbeit zu konzentrieren. In den neuen Bundesländern ist für die übergroße Mehrheit der

Tabelle 24: Erwerbstätigkeit von Ehefrauen

Gruppe	Anteil der Berufstätigen (in %)	
	Ost	West
Ehefrauen:		
mit 1 Kind	94	47
mit 2 Kindern	91	40
mit 3 u. mehr Kindern	83	35

Quelle: DIW, Berlin 1990

Frauen die Erwerbstätigkeit selbstverständlich und unverzichtbar – nicht nur aus wirtschaftlichen Gründen. Nur 3% sehen in der Hausfrauenrolle eine Lebensperspektive. 45% der befragten Mütter in den neuen Bundesländern macht sich ernsthafte Sorgen um die Betreuung ihrer noch nicht schulpflichtigen Kinder.

INFAS befragte im Herbst 1990 repräsentativ Frauen zwischen 16 und 60 Jahren in der ehemaligen DDR nach ihrer gegenwärtigen Situation, ihren Einstellungen und zu ihren Erwartungen und Einschätzungen hinsichtlich der deutschen Vereinigung.

In allen Bereichen werden durch die Einheit relativ viele Veränderungen erwartet. Verbesserungen werden insgesamt häufiger genannt als Verschlechterungen. Am positivsten ist der Gewinn an persönlicher Lebensqualität, d.h. Reisemöglichkeiten, aber auch die Versorgung mit Gütern und Dienstleistungen.

Hauptsächliche Befürchtung ist eine geringe Arbeitsplatzsicherheit und unzureichender Kündigungsschutz. An zweiter Stelle steht der eventuelle Wegfall der Kinderbetreuungsmöglichkeiten und das ungute Gefühl, daß die berufstätige Frau künftig weniger Rechte und Anerkennung genießen könnte.

Frauen und Bildung. Frauen sind immer weniger bereit, sich auf die traditionelle Rolle in der Familie festlegen zu lassen oder sich dorthin zurückzuziehen. Sie machen ihren Anspruch, Familie und Beruf miteinander zu vereinbaren, zunehmend geltend. Allerdings unterliegen die Berufschancen von Frauen und Mädchen Einschränkungen, die sich schon anhand der Verteilung von

Tabelle 25: Einstellungen ostdeutscher Frauen hinsichtlich der Wiedervereinigung

Merkmal/Meinung	Anteil der befragten Frauen (in %)
Eine Lebensperspektive in der Hausfrauenrolle sehen	3
Erwerbstätig sein würden, auch wenn das Haushaltsgeld reicht	65
Eine berufstätige Mutter ist eine ebenso gute Mutter wie eine nicht berufstätige	58
Unterbrechung der Erwerbstätigkeit zur Kindererziehung, danach Rückkehr ins Berufsleben	47
Beibehaltung der Berufstätigkeit während der Kindererziehung	50
Erwartungen ostdeutscher Frauen im vereinten Deutschland:	
– es wird besser gehen	31
– es wird gleich gut gehen	21
– skeptisch sind	38
– eine gleich schlechte Situation erwarten	7

Quelle: BMFJ „Pressemitteilung" Nr. 3, 1991

Mädchen auf die Ausbildungsberufe nachweisen lassen. Obwohl von den etwa 430 anerkannten Ausbildungsberufen nur 33 aufgrund von Arbeitsschutzbestimmungen Frauen nicht zugänglich sind, konzentrieren sich drei Viertel der Mädchen auf nur 20 Ausbildungsberufe. Diese Verengung des Berufsspektrums von Mädchen und Frauen wird auch dadurch gefördert, daß Arbeitgeber nach wie vor 50% der Ausbildungsberufe ausschließlich Jungen anbieten, 25% ausschließlich Mädchen und nur 25% Mädchen ebenso wie Jungen.

Frauen im Beruf. Von den 10,25 Mio. erwerbstätigen Frauen in Westdeutschland waren 1987 (VZ) 57,9% Angestellte, 27,7% Arbeiterinnen, 5% Beamtinnen, 5,7% selbständig und 3,8% mithelfende Familienangehörige. Nach Berechnungen des Instituts für Arbeitsmarkt- und Berufsforschung, Nürnberg, kehren jährlich rund 320000 Frauen auf den Arbeitsmarkt zurück, von denen

Tabelle 26: Frauen und Bildung (West)

Bereich	Weiblicher Anteil (in %)
Schulabgänger:	
Hauptschule	44
Realschule	53
Mit Hochschulreife	46
Hauptamtliche Lehrer an allgemeinbildenden Schulen	56
an beruflichen Schulen	31
Studierende	
Universitäten	41
Kunsthochschulen	50
Fachhochschulen	30
Insgesamt	38
Wissenschaftliches Hochschulpersonal	20
Hochschulassistenten	14
Professoren	5
Wissenschaftliches Personal außeruniversitärer Forschungseinrichtungen	14
Studienabsolventen (Universitäten)	37
Studienabsolventen (Fachhochschulen)	31
Lehramtsprüfungen (Universitäten)	66
Abgeschlossene Promotionen	26
Abgeschlossene Habilitationen	9

Quelle: BMJFFG „Frauen in der Bundesrepublik Deutschland", Bonn 1989; BMBW „Grund- und Strukturdaten 1990/91"

etwa 70% jünger als 40 Jahre sind. Die Rückkehr erfolgt nach durchschnittlich sieben Jahren. Heute streben über 40% der Frauen, die sich vornehmlich aus Gründen der Kindererziehung aus dem Erwerbsleben zurückgezogen haben, nach einer vorübergehenden Unterbrechung eine neue Erwerbstätigkeit an, bei den 30–40jährigen Frauen liegt der Anteil sogar bei 60%. Sechs von zehn Berufsrückkehrerinnen nehmen eine Teilzeitbeschäftigung an.

Frauen im öffentlichen Leben. Frauen und Männer sind im öffentlichen Leben sehr ungleich vertreten: Viele Frauen arbeiten im Ehrenamt, die Karriere machen jedoch durchweg die Männer.

Tabelle 27: Frauen im Beruf

Merkmal/Bereich	Anzahl	(davon) Frauen Anteil (in %)
Erwerbstätige nach Berufsgruppen (1987)		
Büroberufe		67,3
Warenkaufleute		62,2
Gesundheitsdienste		85,7
Reinigungsberufe		84,3
Lehrer		48,2
Sozialpflege		79,0
Bank-, Versicherungskaufleute		43,5
Gastgewerbe		62,4
Insgesamt		39,0
Arbeitslose (1988)	1,043 Mio.	46,5
Sozialversicherungspflichtig Beschäftigte	8,63 Mio.	
Ehrenamtlich Tätige im sozialen Bereich	1,6 Mio.	
Berufsrückkehrerinnen/Jahr nach Familienphase	320 000	
Sozialversicherungspflichtig beschäftigte Teilzeitarbeitnehmer		93
Mütter mit Kindern		
unter 18 Jahren	7,1 Mio.	
davon erwerbstätig	3,0 Mio.	

Quelle: Nach div. Presseunterlagen 1989/90: BMJFFG „Frauen in der Bundesrepublik Deutschland", Bonn 1989

Frauen leisten den weitaus größten Teil der sozialen und einen beachtlichen Teil der politischen und gewerkschaftlichen ehrenamtlichen Arbeit, in den öffentlichen Führungspositionen sind sie jedoch nur eine verschwindende Minderheit.

Mutter-Kind-Einrichtungen. 167 000 Kinder unter 3 Jahren wachsen in Familien mit nur einem Elternteil auf. Das sind ca. 9% aller Kinder unter 3 Jahren.

Im Westen der Bundesrepublik gab es 1987 insgesamt 70 Mutter-Kind-Einrichtungen mit rd. 1100 Plätzen für Frauen und etwa gleich viel für Kinder. Bei einer durchschnittlichen Aufenthaltsdauer von 9–11 Monaten waren die Mutter-Kind-Einrichtungen im Durchschnitt zu 87% ausgelastet. Mehr als ein Drittel der

Tabelle 28: Frauen im öffentlichen Leben

Merkmal/Bereich	(davon) Frauen Anzahl	Anteil (in %)
Mitglieder (1988):		
Deutscher Gewerkschaftsbund	1,83 Mio.	23,4
Deutsche Angestelltengewerkschaft	0,22 Mio.	44,1
Deutscher Beamtenbund	0,21 Mio.	26,3
Betriebsräte		20,5
Mitglieder der fünf Bundestagsparteien	447 000	23
Mitglieder im Deutschen Sportbund	7 Mio.	37
Bundestagsabgeordnete (11. Wahlperiode)		15,4
Landtagsabgeordnete (1988/89)		
Baden-Württemberg		9,6
Bayern		13,7
Hessen		18,7
Nordrhein-Westfalen		11,5
Schleswig-Holstein		24,3
Hamburg		29,1
Stadträte (1988)		16,6
Freiburg		33,3
München		33,7
Göttingen		30,6
Wahlberechtigte	24 Mio.	53,4
Parteimitglieder (1988)		
CDU		22,5
CSU		14,2
SPD		25,6
FDP		24,0
Grüne		37,5
Ehrenamtlich tätige Frauen im sozialen Bereich	1,6 Mio.	

Quelle: Nach div. Presseunterlagen 1989/90; BMJFFG „Frauen in der Bundesrepublik Deutschland", Bonn 1989

Bewohnerinnen (36,3%) sind 25 Jahre und älter, gefolgt von der Gruppe der 18–21jährigen (28,2%) und der Gruppe der 22–24jährigen (19,2%). Die Gruppe der minderjährigen Frauen von 14–17 Jahren ist die zahlenmäßig kleinste mit 16,3%.

Nahezu 60% der Frauen verfügen über eine abgeschlossene Schulausbildung. Knapp 19% der Bewohnerinnen haben ihre

Schulausbildung abgebrochen. Zum Zeitpunkt der Befragung befanden sich 21,6% der Mädchen und Frauen noch in einer Schulausbildung. Ein Drittel der Bewohnerinnen ist ohne berufliche Ausbildung. Ein Drittel (34,1%) verfügt über eine abgeschlossene Berufsausbildung, noch in Berufsausbildung befinden sich 16,5% der Mädchen und Frauen.

Nach Verlassen der Mutter-Kind-Einrichtung ging die Mehrheit (44%) der Mädchen und Frauen in eine eigene Wohnung. Nahezu 20% bezogen mit dem Vater des Kindes, ein kleinerer Teil mit einem neuen Partner eine gemeinsame Wohnung. Ins Elternhaus zurück gingen 7,9%, insgesamt 7,3% wechselten in eine andere stationäre Einrichtung.

(*Quelle:* BMJFFG „Pressemitteilung" Nr. 155, 1990)

Ehen. Das durchschnittliche Heiratsalter lag 1989 in Westdeutschland bei den Männern bei 31,2 Jahren, bei den Frauen bei 28,2 Jahren. In Ostdeutschland heirateten die Männer durchschnittlich mit 29,2 Jahren und die Frauen mit 26,5 Jahren. Auf je 10000 Einwohner wurden im Westen 64, im Osten 79 Ehen geschlossen.

Bei der Geburt haben in Westdeutschland Jungen eine durchschnittliche Lebenserwartung von 72,1 Jahren, Mädchen von 78,7 Jahren. In Ostdeutschland dagegen werden im Durchschnitt Männer nur 69,8 Jahre und Frauen 75,9 Jahre alt.

Ehescheidungen sind im Osten Deutschlands häufiger als im Westen: Auf je 10000 Einwohner kamen 1989 im Osten 30 Ehescheidungen, im Westen dagegen nur 20. Die weitaus meisten Ehen jedoch werden durch den Tod eines Ehepartners gelöst: sieben von zehn Ehen im Westen und sechs von zehn im Osten.

Tabelle 29: Ehen (1989)

	Ost	West
Eheschließungen	130989	398608
Ehescheidungen	50063	126628
Lebendgeborene	198922	681537

Quelle: Wirtschaft und Statistik 12/1990 und 1/1991

Ursache von Ehescheidungen. Den Anstieg der Ehescheidungen in Westdeutschland zu erklären, hat sich eine Studie (im BMJFFG-Auftrag) des „Instituts Frau und Gesellschaft" zum Ziel gesetzt. Seit 1890 haben sich die Ehescheidungen von damals 0,7 Scheidungen je 1000 bestehende Ehen auf 8,7 Scheidungen im Jahre 1987 mehr als verzehnfacht.

Jedes Jahr sind über 90 000 Kinder von den Folgen der Trennung und Scheidung ihrer Eltern betroffen.

Ehen sind nach dieser Studie nicht etwa durch den Bedeutungsverlust der Ehe als Institution gefährdet, sondern im Gegenteil durch idealisierte Vorstellungen und überhöhte, unrealistische Anforderungen an die Qualität der Beziehung, die zu einer Überforderung und damit zu einem Scheitern der Beziehung führen können.

Ehen werden zwar durch äußere Faktoren wie z. B. Arbeitslosigkeit oder Schichtarbeit beeinflußt. Derartige Faktoren werden aber in den einzelnen Ehen unterschiedlich verarbeitet: Sie können im Sinne von Stressoren als „Verstärker" schon vorhandener Spannungen wirken, aber kaum ein einzelner von ihnen als Ursache einer Eheauflösung.

Als wesentliches Element für die Stabilität von Ehen hat sich die Art des Umgangs mit Konflikten gezeigt. Ihr Austragen – und zwar in sprachlicher Form – kann eher zur Stabilität einer Ehe beitragen als ihre Unterdrückung, die eher zur Gefährdung einer Ehe führt.

Familienlastenausgleich. Familienlastenausgleich soll in erster Linie durch Kindergeld, familiengerechte Besteuerung und beitragslose Absicherung in der gesetzlichen Krankenversicherung verwirklicht werden:

- Für Kinder über 18 Jahre, die im Haushalt des Steuerpflichtigen leben, beträgt seit 1. 1. 1988 der Ausbildungsfreibetrag 2400 DM, bei auswärtiger Unterbringung 4200 DM, bei Kindern unter 18 Jahren (auswärts wohnhaft) 1800 DM.
- Alleinstehenden mit Kindern steht seit 1. 1. 1990 ein Haushaltsfreibetrag von jährlich 5616 DM zu.
- Alleinerziehende Mütter und Väter können seit 1984 Kinderbetreuungskosten von 4000 DM für das erste Kind und je 2000 DM ab dem zweiten Kind, mindestens aber einen Pauschbetrag von 480 DM von der Steuer absetzen.

1. Familie und Jugend

- Seit 1. 1. 1990 können Familien und Alleinerziehende einen steuerlichen Sonderausgabenabzug bis zu 12 000 DM geltend machen, wenn sie schwer- oder schwerstpflegebedürftige Angehörige haben und sie mittels sozialversicherungspflichtigem Arbeitsvertrag eine Haushaltshilfe anstellen. Alleinerziehenden mit mindestens einem Kind unter zehn Jahren und Ehepaaren mit mindestens zwei Kindern unter zehn Jahren – die zu Hause betreut werden – steht diese Steuervergünstigung ebenfalls zu.
- Unterhaltsleistungen an bedürftige Angehörige (soweit nicht Ehegatte und nicht bei Inanspruchnahme des Kinderfreibetrages) können seit 1. 1. 1990 jährlich mit höchstens 5400 DM steuerlich geltend gemacht werden. Die persönliche Pflege von Schwerpflegebedürftigen kann seit 1. 1. 1990 mit 1800 DM angesetzt werden. Die häusliche Pflege eines Pflegebedürftigen wird seit 1. 1. 1991 von der Krankenkasse mit 400 DM im Monat gefördert, alternativ bis 750 DM für eine Ersatzkraft.
- Vollwaisen, für die keiner anderen Person Kindergeld zusteht, können seit Anfang 1986 für sich selbst Kindergeld wie für ein 1. Kind beantragen.
- Kinderfreibeträge bei der Lohn- und Einkommensteuer wurden am 1. 1. 1990 auf 3024 DM pro Kind jährlich angehoben.
- Für Familien, die wegen eines zu geringen Einkommens von den Kinderfreibeträgen nicht oder nicht voll profitieren können, wird ein monatlicher Kindergeldzuschlag bis zu 48 DM pro Kind gezahlt.
- Seit 1987 können alle Eltern, die eine Wohnung oder ein Haus kaufen oder bauen und selbst bewohnen, bis zu acht Jahre lang jährlich 600 DM auch für das erste Kind von der Steuer abziehen, das sogenannte Baukindergeld. 1990 wurde das Baukindergeld um 150 DM auf 750 DM je Kind aufgestockt.
- Ein Erziehungsgeld („Babygeld") in Höhe von 600 DM gibt es seit 1. 1. 1986 in Westdeutschland, seit dem 1. 1. 1991 auch in Ostdeutschland (dort für Geburten ab dem Stichtag). Es wird (im Anschluß an den Mutterschutz und den Bezug von Mutterschaftsgeld) achtzehn Monate lang an alle erwerbstätigen (aber auch nichterwerbstätigen) Mütter und Väter gezahlt, wenn sie nach der Geburt eines Kindes während dieser Zeit auf volle Erwerbstätigkeit verzichten, um sich ihrem Kind zu widmen („Erziehungsurlaub"). Der Erziehungsurlaub wird durch eine Arbeitsplatzgarantie ergänzt, für die allerdings etliche

Ausnahmen zugelassen sind. In den ersten sechs Monaten wird das Erziehungsgeld unabhängig von der Höhe des Einkommens, ab dem siebten Monat einkommensabhängig gezahlt werden. Ab 1. 1. 1993 soll die Bezugsdauer auf zwei, der Erziehungsurlaub ab 1. 1. 1992 auf drei Jahre verlängert werden.

Das Erziehungsgeld nehmen im Westen 96% der Berechtigten in Anspruch (Inanspruchnahmequote durch Männer: 1,5%), den Erziehungsurlaub 98% (Inanspruchnahmequote durch Männer: 0,6%).

- Als Ausgleich für die Zeiten der Kindererziehung wird seit 1. 1. 1986 allen Müttern oder Vätern (Wahlmöglichkeit für Erziehungszeiten ab 1986), die nach diesem Datum 65 Jahre alt werden, pro Kind ein Jahr („Baby-Jahr", „Erziehungsjahr") in der gesetzlichen Rentenversicherung mit 75 Prozent des Durchschnittseinkommens angerechnet werden, und zwar mit Begründung eines eigenen Rentenanspruchs und mit Steigerung eines schon bestehenden Anspruchs. Danach wird sich die Rente je Kind monatlich 28,80 DM (1989) erhöhen.
- Ziel der Mitte 1984 eingerichteten Bundesstiftung „Mutter und Kind – Schutz des ungeborenen Lebens" ist die wirtschaftliche Unterstützung werdender Mütter, um die Fortsetzung der Schwangerschaft zu erleichtern. Nach den Richtlinien ist die Feststellung einer Notlage Voraussetzung für die Vergabe von Mitteln. Danach werden Alleinstehende oder Haushaltsvorstände Geld erhalten, falls ihr Einkommen das Fünffache des Regelsatzes der Sozialhilfe nicht übersteigt. Die Mittel werden in der Regel für ein Jahr, in Ausnahmefällen bis zu drei Jahren gewährt. Der Antrag kann auch nach dem dritten Schwangerschaftsmonat noch gestellt werden. Zuwendungen aus Stiftungsmitteln erhält man allerdings nur, wenn zuvor andere gesetzliche Leistungen (Sozialhilfe, Wohngeld usw.) ausgeschöpft worden sind. Von 1984 bis 1989 haben etwa 250 000 werdende Mütter Hilfen erhalten.

Schwangerschaftsabbrüche. Im Jahre 1989 wurden im Westen Deutschlands 75 297 legale Schwangerschaftsabbrüche gemeldet (in Ostdeutschland: 73 899). Die Dunkelziffer der Abbrüche dürfte jedoch höher liegen wegen nicht gemeldeter und illegaler Schwangerschaftsabbrüche im In- und Ausland. 1990 stiegen im Westen die gemeldeten Schwangerschaftsabbrüche auf 78 808.

Tabelle 30: Schwangerschaftsabbrüche 1989 (West)

Merkmal	Anteil in % aller Abbrüche
Alter der Frauen:	
unter 18 Jahre	2,3
18 – unter 30 J.	53,6
30 – unter 40 J.	35,7
40 J. und älter	7,5
unbekannt	0,9
Familienstand:	
verheiratet	47,6
ledig	43,7
geschieden	5,8
verwitwet	0,4
unbekannt	2,5
Indikation:	
Medizinische	7,8
Eugenische	1,2
Kriminologische	0,1
Sonstige schwere Notlage	88,2
Übrige bzw. unbekannt	2,7

Quelle: Statistisches Jahrbuch 1990, S. 399

b) Jugend

Jugendliche und Computertechnik. Von Anfang 1985 bis zum Frühjahr 1988 wurde in elf Regionen der westlichen Bundesrepublik im Auftrag des Bundesministeriums für Bildung und Wissenschaft eine Untersuchung zur Klärung der Voraussetzungen und Auswirkungen informationstechnischer Bildung in der Schule durchgeführt. Befragt wurden annähernd 3000 Jugendliche im Alter von 13 bis 15 Jahren sowie jeweils 1000 Mütter und Väter.

Jugendkriminalität. Nach der Polizeilichen Kriminalstatistik werden junge Menschen häufiger straffällig als ältere. Die absolute Zahl der tatverdächtigen Jugendlichen (14 bis unter 18 Jahre) ist

1989 gegenüber dem Vorjahr gestiegen. Die Zahl der tatverdächtigen Heranwachsenden (18 bis unter 21 Jahre) stagniert:
- Jugendliche: 124618 registrierte Tatverdächtige
- Heranwachsende: 141454 registrierte Tatverdächtige.

Jugendliche und Medien. Im Rahmen des vom Bundesfamilienministerium geförderten Forschungsprojekts „Medienwelten Jugendlicher" wurden Jugendliche zwischen 13 und 19 Jahren repräsentativ befragt.

Befragt nach dem für sie wichtigsten Medium votieren die Jugendlichen in der Rangskala: Fernsehen (33,0%), Tonträger (Schallplatte/Cassette/CD) (20,8%), Buch (19,3%), Radio (12,8%), Zeitung (4,9%), Computer (4,0%), Video (3,5%), Zeitschriften (2,7%).

Tabelle 31: Jugendliche* und Computertechnik

Merkmal	Anteil an den Befragten (in %)		
	Jungen	Mädchen	Alle
Einen eigenen Computer besitzen	43	13	.
Praktische Erfahrung mit dem Computer haben	89	68	.
Einstellung zur Computertechnik:			
Überwiegend Vorteile erkennen	27	10	20
Überwiegend Nachteile erkennen	.	.	10
Vor- und Nachteile halten sich die Waage	.	.	45
Wissen über Anwendung und Folgen der Computertechnik:			
Wissen zur Anwendung gering	14	43	.
Wissen zu den Folgen gering	21	42	.
Sehr großes Interesse an Computertechnik äußern	63	28	.
Hauptberufswunsch „Computerfach"	13	2	7
Eignung für Berufe, die Computer-Spezialwissen verlangen:			
Für geeignet halten sich	29	7	.
Für ungeeignet halten sich	41	76	.

(* 13–15 Jahre)

Quelle: BMBW „Informationen" Nr. 9, 1988, S. 125/126

Schon die Jugendlichen unter 14 Jahren sind im persönlichen Besitz reichhaltig ausgestattet mit Fernseher (42%), Radio (90%), Walkman (50%) und neuen Medien wie dem Computer (20%). Der Computer repräsentiert besonders deutlich die generellen Besitzunterschiede zwischen Jungen (36%) und Mädchen (7%). Jungen verfügen insgesamt über mehr Medien als Mädchen und erweisen sich als Trendsetter im Besitz neuer Medien wie Computer oder Video (12% zu 5% Mädchen).

Die Faszination Jugendlicher für Bildschirmmedien und neue Medien wird von Eltern und Erziehern häufig mit der Sorge verfolgt, Bücherlesen oder direkte Erfahrungsschätze würden damit eingeschränkt. Die Ergebnisse der Studie bestätigen das jedoch nicht. Vielmehr gilt, daß Interesse und aktiver Umgang mit vielen Medien genau bei den Jugendlichen vorzufinden sind, die sich auch mit anderen Dingen (Schreiben, Basteln, Sport etc.) beschäftigen, Kontakte zu Gleichaltrigen pflegen, in Jugendgruppen mitarbeiten oder in Vereinen sind.

2. Freizeit

a) Unterhaltung

Die öffentlichen Theater haben besonders in der Zeit zwischen 1965 und 1972 viel ihrer Attraktivität eingebüßt; seither bleibt die Zahl der Theaterbesucher etwa konstant. Dagegen verzeichneten die Filmtheater von 1977 bis 1980 vorübergehend steigende Besucherzahlen, die seit 1981 wieder sinken.

Tabelle 32: Kulturelle Einrichtungen

Einrichtung	Ost (1989)	West (1988/89)
Öffentliche Theater		
Anzahl	217	319
Besucher (in 1000)	8 973	15 394*
Filmtheater		
Anzahl	805	3 246
Besucher (in 1000)	64 681	108 900
Museen		
Anzahl	751	2 107
Besucher (in 1000)	32 170	66 377

* am Ort

Quelle: Statistisches Amt der DDR „Sozialstatistik 1990"; Statistisches Jahrbuch 1990, S. 383–390

b) Fremdenverkehr

Steigende Einkommen, wachsende arbeitsfreie Zeit und zunehmende Wertschätzung innerhalb der Verwendungsmöglichkeiten des privaten Einkommens verleihen der Reisetätigkeit der Bundesbürger starken Auftrieb. Förderlich auf eine positive Entwicklung der Reiseintensität werden sich auch in Zukunft folgende Wachstumselemente auswirken:

– geburtenstarke Jahrgänge werden zunehmend auf dem Touristikmarkt wirksam

- steigendes Bildungsniveau der Bevölkerung weckt die Lust zum Reisen
- zunehmende Reiseerfahrung erweitert die Möglichkeit der Planung, Realisierung und Gestaltung einer Reise
- mehr arbeitsfreie Zeit wird die Reisehäufigkeit erhöhen.

Reiseintensität. Nach der Reiseanalyse 1990 des Studienkreises für Tourismus, Starnberg, haben 43,2 Mio. Bundesbürger (über 14 Jahre) 1990 eine oder mehrere Urlaubsreisen gemacht, die fünf Tage oder länger dauerten. Von ihnen kamen 33,4 Mio. (= 68,2% Reiseintensität) aus den alten und 9,8 Mio. (= 73,2% Reiseintensität) aus den neuen Bundesländern. Für Gesamtdeutschland entspricht das einer Reiseintensität von 69,2%, gemessen an 62,4 Mio. Einwohnern über 14 Jahre.

Reiseziele. Die Bürger im Osten und Westen Deutschlands unternahmen 1990 insgesamt 53,9 Mio. Urlaubsreisen von mind. fünf Tagen Dauer (Ost: 13,2 Mio./West: 40,7 Mio.), davon rund ein Drittel als fremdorganisierte Pauschalreisen und zwei Drittel als selbstorganisierte Individualreisen. Die ostdeutschen Bürger blieben dabei zu 75% im eigenen Land, während die Westdeutschen 68% ihrer Urlaubsreisen (1.–3. Urlaubsreise) im Ausland verbrachten.

Tabelle 33: Reiseziele 1990

Reiseziel (Auswahl)	Urlaubsreisen (in Mio.)	
	Ost	West
Inland	9,9	12,9
Italien	0,3	4,2
Spanien	0,4	4,8
Österreich	0,6	3,2
Frankreich	0,2	2,4
Jugoslawien	0,1	1,9
Schweiz	0,1	0,9
Griechenland	0,1	1,4
Insgesamt	13,2	40,7

Quelle: Studienkreis für Tourismus, Starnberg 1991

Reiseverkehrsmittel. Die mit Abstand meisten Urlaubsreisen werden mit dem eigenen Auto unternommen. Die Benutzung des Flugzeugs dominiert danach bei den Westbürgern und die der Bahn bei den Ostdeutschen.

Tabelle 34: Reiseverkehrsmittel 1990

Verkehrsmittel	Urlaubsreisen (in Mio.)	
	Ost	West
Pkw	8,2	24,1
Flugzeug	0,2	9,3
Bahn	3,7	3,3
Bus	1,0	3,4
Sonstige	0,1	0,6
Insgesamt	13,2	40,7

Quelle: Studienkreis für Tourismus, Starnberg 1991

Reiseverkehrsbilanz. Deutsche Urlauber und Geschäftsreisende zahlten 1990 für ihre Auslandsreisen rund 49 Mrd. DM, gleichzeitig flossen durch ausländische Touristen nur rund 17 Mrd. DM in die Bundesrepublik, so daß sich das Defizit in der Reiseverkehrsbilanz auf 32 Mrd. DM belief. Nach Angaben der Deutschen Bundesbank betragen die Ausgaben deutscher Urlauber und Geschäftsreisenden etwa ein Fünftel der gesamten Reiseverkehrsausgaben der westlichen Industrieländer.

Rund 14,5 Mio. Ausländer haben 1989 eine Reise in die Bundesrepublik unternommen, 87% von ihnen kamen dabei aus westeuropäischen Ländern, 3% aus Osteuropa und 10% aus Übersee. Durchschnittlich hielten sich die ausländischen Gäste fünf Tage auf. Etwa zwei Drittel ihrer Übernachtungen entfielen auf reine Urlaubsreisen, ein Drittel auf Geschäfts- und Transitreisen. Mit dem Auto kamen 57%, mit dem Flugzeug 18% der ausländischen Gäste in unser Land, wie der European Travel Monitor in Luxemburg in einer Studie festgestellt hat.

Reiselust. Nach einer Repräsentativumfrage des BAT-Freizeitforschungsinstituts, Hamburg, im vereinten Deutschland wollen 42% der westdeutschen und 19% der ostdeutschen Bundesbürger grundsätzlich nicht mehr in Urlaub fahren.

2. Freizeit

Tabelle 35: Reiselust (1990)

Altersgruppe der Befragten (Jahre)	Nicht mehr verreisen wollen (Anteil in %)	
	Ost	West
20–29	6	29
30–39	10	34
40–49	10	41
50–64	24	48
65 u. älter	60	56

Quelle: BAT-Freizeitforschungsinstitut, Hamburg 1990

Kur. Regelmäßig zur Kur fahren 3% aller Westdeutschen (über 14 Jahre) und immerhin fast 22% gelegentlich. Am häufigsten in Kurorten anzutreffen ist die Altersgruppe der über 60jährigen.

Tabelle 36: Kur (West)

Altersgruppe (Jahre)	Gelegentlich zur Kur fahren (Anteil in %)
30–39	12,9
40–49	23,3
50–59	34,2
60 u. älter	39,7
Westdeutsche insg.	21,7

Quelle: Verband Deutscher Heilbäder und Kurorte, 1990

Fremdenverkehrsgewerbe. Die westdeutsche Fremdenverkehrsbranche erzielte 1989 mit rund 1,5 Mio. Beschäftigten bei 243 Mio. Übernachtungen einen Inlandsumsatz von 72 Mrd. DM (Gaststätten: 50 Mrd. DM, Beherbergungsbetriebe: 22 Mrd. DM), hinzu kommen 20 Mrd. DM Umsatz durch Abschlüsse im Ausland. Das entspricht 4,6% des Bruttosozialprodukts. Die durchschnittliche Aufenthaltsdauer in Beherbergungsstätten beträgt 3,5 Tage. In rund 48 000 Beherbergungsbetrieben stehen 1,8 Mio. Gästebetten zur Verfügung. Das Gastgewerbe der damaligen DDR erreichte 1989 bei stark subventionierten Preisen einen

II. Gesellschaft

Tabelle 37: Inlandsreiseverkehr 1989 (West)

Merkmal	Anzahl
Beherbergungsbetriebe*	47 985
Betten (in 1000)	1 801
Ankünfte (in 1000):	
Beherbergungsstätten	69 624
Campingplätze	4 354
Übernachtungen (in 1000):	
Beherbergungsstätten	243 394
Campingplätze	17 468

* mit 9 und mehr Betten

Quelle: Statistisches Jahrbuch 1990, S. 244f

Umsatz von 11 Mrd. Mark. Auswärts zum Essen gingen DDR-Bürger 40–45mal im Jahr, der BRD-Bürger dagegen nur 8–10mal.

Übernachtungen. Bayern ist das mit Abstand beliebteste Reiseland in der Bundesrepublik, auch wenn man berücksichtigen

Tabelle 38: Übernachtungen (West)

Bundesland	Anzahl der Übernachtungen			
	Winterhalbjahr 1988/89		Sommerhalbjahr 1989	
	(1000)	(%)	(1000)	(%)
Schleswig-Holstein	3 798,1	4,4	13 706,1	8,8
Hamburg	1 527,3	1,8	2 178,8	1,4
Niedersachsen	8 623,1	9,9	18 945,3	12,2
Bremen	374,0	0,4	543,1	0,3
Nordrhein-Westfalen	13 763,0	15,9	18 558,8	12,0
Hessen	10 685,0	12,4	15 910,6	10,3
Rheinland-Pfalz	5 665,6	6,6	11 489,5	7,4
Baden-Württemberg	14 127,5	16,4	23 940,3	15,4
Bayern	24 563,3	28,4	45 435,8	29,3
Saarland	631,2	0,7	803,5	0,5
Berlin (West)	2 610,7	3,0	3 737,3	2,4
Bundesgebiet	86 368,9	100,0	155 249,0	100,0

Quelle: Statistisches Jahrbuch 1990, S. 244 (eigene Berechnungen)

Tabelle 39: Reiseanalyse 1990

Merkmal	Ost	West	Gesamt-deutschland
		(Anzahl/Anteil)	
Bevölkerung über 14 Jahre (in Mio.)	13,4	49,0	62,4
Anteil der Personen mit mind. einer Urlaubsreise von 5 Tagen Dauer (in %)	73,2	68,2	69,2
Eine oder mehrere Urlaubsreisen haben gemacht (in Mio.)	9,8	33,4	43,2
Keine Urlaubsreise haben gemacht (in Mio.)	3,6	15,6	19,2
Eine Kurzreise von 2–4 Tagen Dauer haben gemacht (in Mio.)	6,9	18,1	25,0
Anzahl der (1.–3.) Urlaubsreisen (in Mio.)	13,2	40,7	53,9
Ziel der Urlaubsreisen (in Mio.):			
Deutschland	9,9	12,9	22,8
Ausland	3,3	27,8	31,1
davon Spanien	0,4	4,8	5,2
Italien	0,3	4,2	4,5
Österreich	0,6	3,2	3,8
Frankreich	0,2	2,4	2,6
Jugoslawien	0,1	1,9	2,0
Griechenland	0,1	1,4	1,5
Verkehrsmittel für die Urlaubsreisen (in %):			
Pkw	62,0	59,2	.
Flugzeug	1,7	23,0	.
Bus	7,6	8,3	.
Bahn	28,0	8,0	.
Sonstige	0,7	1,5	.
Organisationsform der Urlaubsreisen (in %):			
Pauschalreise	32,4	37,0	.
Individualreise	67,6	63,0	.

Quelle: Studienkreis für Tourismus, Starnberg 1991

muß, daß Übernachtungszahlen auch den Geschäftsreiseverkehr einbeziehen. Und noch eines ist festzustellen: in Bayern ist immer Saison, denn der hohe Anteil an Übernachtungen bleibt im Sommer wie im Winter etwa gleich. Dagegen lassen die Übernachtungszahlen erkennen, daß die Küstenländer Schleswig-Holstein und Niedersachsen als typische Sommerurlaubsländer einzustufen sind.

In Ostdeutschland wurden 1989 insgesamt 75,243 Mio. Übernachtungen gezählt, davon allein gut 40% im Bundesland Mecklenburg-Vorpommern, gefolgt vom Bundesland Brandenburg mit einem Anteil von 21%. Die durchschnittliche Aufenthaltsdauer betrug dabei 12,2 Tage in betrieblichen Erholungseinrichtungen und 8,7 Tage auf Campingplätzen (ohne Dauercamper).

Naturparke sind großräumige Gebiete, die überwiegend unter Landschafts- oder Naturschutz stehen und sich wegen ihrer landschaftlichen Voraussetzungen besonders für die Erholung eignen. Sie überdecken mit ihren 5,5 Mio. ha Fläche über 22% der Bundesrepublik. **Nationalparke** sind Gebiete, die sich in einem vom Menschen nicht oder wenig beeinflußten Zustand befinden und vornehmlich der Erhaltung eines möglichst artenreichen heimischen Pflanzen- und Tierbestandes dienen. **Naturschutzgebiete** sind Gebiete, in denen Natur und Landschaft in ihrer Ganzheit oder in einzelnen Teilen gegen Zerstörung, Beschädigung, Veränderung oder nachhaltige Störung geschützt werden. **Feuchtgebiete** sind der Lebensraum vieler von starkem Bestandsrückgang betroffener Tier- und Pflanzenarten.

Tabelle 40: Naturparke 1990 (West)

Naturpark	Fläche (km²)
Baden-Württemberg:	
Neckartal-Odenwald	1300
Obere Donau	840
Schönbuch	155
Schwäbisch-Fränkischer Wald	900
Stromberg-Heuchelberg	330
Bayern:	
Altmühltal (Südl. Frankenalb)	2967
Augsburg Westl. Wälder	1175
Bayerische Rhön	1240
Bayerischer Spessart	1710
Bayerischer Wald	2060
Fichtelgebirge	1004
Fränkische Schweiz – Veldensteiner Forst	2346
Frankenhöhe	1104
Frankenwald	971
Haßberge	804
Hessenreuther und Mantler Wald mit Parkstein/Opf.	270
Nördl. Oberpfälzer Wald	643
Oberer Bayerischer Wald	1801
Oberpfälzer Wald	723
Steigerwald	1280
Steinwald	233
Hamburg:	
Harburger Berge	38
Hessen:	
Bergstraße-Odenwald	1628
Diemelsee	334
Habichtswald	476
Hessische Rhön	700
Hessischer Spessart	729
Hochtaunus	1201
Hoher Vogelsberg	384
Meißner-Kaufunger Wald	400
Rhein-Taunus	807
Niedersachsen:	
Dümmer	472
Elbufer-Drawehn	750
Elm-Lappwald	470

Naturpark	Fläche (km²)
Harz	950
Naturschutzgebiet Lüneburger Heide	200
Münden	378
Nördlicher Teutoburger Wald-Wiehengebirge	1220
Solling-Vogler	527
Steinhuder Meer	310
Südheide	500
Weserbergland, Schaumburg-Hameln	1116
Wildeshauser Geest	965
Nordrhein-Westfalen:	
Arnsberger Wald	482
Bergisches Land	1916
Ebbegebirge	777
Eggegebirge und südl. Teutoburger Wald	593
Hohe Mark	1009
Homert	550
Kottenforst-Ville	770
Nordeifel	1767
Rothaargebirge	1355
Siebengebirge	42
Schwalm-Nette	435
Rheinland-Pfalz:	
Nassau	590
Pfälzerwald	1793
Rhein-Westerwald	446
Saar-Hunsrück	948
Südeifel	426
Saarland:	
Saar-Hunsrück	1672
Schleswig-Holstein:	
Aukrug	380
Holsteinische Schweiz	523
Hüttener Berge, Wittensee	260
Lauenburgische Seen	444
Westensee	260

Quelle: Verband Deutscher Naturparke, Bispingen 1991

3. Medien

a) Print-Medien

Zeitungen und Zeitschriften. Neben Rundfunk und Fernsehen gehören Zeitungen und Zeitschriften zu den wichtigsten Trägern der öffentlichen Meinungsbildung. Etwa zwei Drittel des Zeitungsumsatzes stammen aus dem Anzeigengeschäft, nur ein Drittel aus dem Vertrieb.

Tabelle 41: Zeitungen und Zeitschriften (West)

Art*	1970	1980	1989
Tageszeitungen			
Anzahl	443	407	391
Verkaufte Auflage**	20379	24089	24416
Wochenzeitungen			
Anzahl	66	48	37
Verkaufte Auflage**	1467	1799	1813
Publikumszeitschriften			
Anzahl	237	271	529
Verkaufte Auflage**	60372	84562	106800
Fachzeitschriften			
Anzahl	666	745	866
Verkaufte Auflage**	19310	14945	14443
(* jeweils 4. Quartal ** in 1000)			

Quelle: Institut der deutschen Wirtschaft „Zahlen 1990", S. 138

Buchproduktion. Seit 1960 hat sich die Buchproduktion in der Bundesrepublik mehr als verdoppelt. Die Erst- und Neuauflagen beliefen sich 1988 auf 68611 Titel.

b) Neue Medien

Der Einsatz neuer elektronischer Informations- und Kommunikationstechniken ermöglicht neue Formen der Individual- und

Tabelle 42: Buchproduktion 1988 (West)

Art	Anzahl der Titel
Erstauflage	50786
Neuauflage	17825
Gesamtauflage	68611
davon Taschenbücher	12396

Quelle: Statistisches Jahrbuch 1990, S. 384

Massenkommunikation wie Bildschirmtext, Videotext, Bildtelefon, Kabelfernsehen, Satellitenrundfunk, um nur einige zu nennen. Diese Anwendungsformen werden zumeist unscharf als „Neue Medien" bezeichnet.

Digitaltechnik. Die Mikroelektronik, verbunden mit der Digitalisierung, beschert der Nachrichtenübertragung eine neue Zukunft: die Zusammenfassung der Übermittlungssysteme. Gibt es jetzt gesonderte Netze für Telefon, Fernsehen oder Telex, so werden diese Dienste bei ISDN über eine gemeinsame Leitung ins Haus übertragen. Insgesamt können bis zu acht Endgeräte an eine einzige Rufnummer angeschlossen werden. Die ISDN-Übertragungsgeschwindigkeit ist mehr als zehnmal so hoch wie beim herkömmlichen Fernsprechnetz (so dauert z.B. die Übertragung einer DIN-A4-Seite über Telefax statt 60 Sekunden nur noch 10 Sekunden). Digital ist die Bezeichnung einer modernen Aufzeichnungstechnik, bei der die Wirklichkeit der Sprache, Bilder, Helligkeit, Farbe usw. in einem elektro-magnetischen Feld mit fast unvorstellbarer Schnelligkeit abgetastet, in Zeichen (statt Schwingungen) umgewandelt und weitergegeben werden. Die Digitaltechnik, die weitaus weniger störanfällig ist als die „analoge" Übertragung (= Übertragung von Tönen oder Bildern in elektrischer Form, bei der sich beide Schwingungsarten, Schall- und Lichtwellen, in ihrem zeitlichen Verlauf entsprechen) und selbst über sehr weite Entfernungen einwandfreie Verständigung gewährleistet, bietet die Voraussetzung für die Weiterentwicklung des Fernsprechnetzes zu einem dienstintegrierten digitalen Fernmeldenetz „ISDN" (Integrated Services Digital Network),

3. Medien

Tabelle 43: Auflagen ausgewählter Zeitungen und Zeitschriften (West)

Zeitung/Zeitschrift	Verkaufte Auflage* (in 1000)		
	1970	1980	1989
Bild-Zeitung	3391	4710	4328
Süddeutsche Zeitung	259	331	380
Frankfurter Allgemeine	255	312	361
Die Welt	226	204	222
Frankfurter Rundschau	147	184	195
Handelsblatt	55	83	140
Bild am Sonntag	2169	2463	2346
Die Zeit	262	389	496
Welt am Sonntag	340	326	368
Bayernkurier	121	179	159
Dt. Allg. Sonntagsblatt	113	125	105
Rheinischer Merkur**	50	141	101
Der Spiegel	890	948	1046
Capital	165	228	251
Wirtschaftswoche	41	110	135
Stern	1634	1741	1306
Bunte	1702	1425	969
Neue Revue	1761	1238	953
Quick	1432	974	721

(* jeweils 4. Quartal ** ab 1980 mit „Christ und Welt")

Quelle: Nach Institut der deutschen Wirtschaft „Zahlen 1990", S. 139

dem einheitlichen Nachrichtennetz der Zukunft, das in einem digitalen Teilnehmeranschluß alle Telekommunikationsdienste für Sprache, Daten, Text und Bild zusammenfaßt. Bis 1995 soll das ISDN mit Hilfe der Glasfasertechnik auf Dienste der Breitbandkommunikation, wie etwa das Bildtelefon, erweitert werden. Die vollständige Digitalisierung soll im Jahre 2020 erreicht sein.

Breitbandtechnik. Diese Kabeltechnik dient der Übertragung von Informationen auf traditionellen Koaxialkabeln (Kupfer) oder neuartigen Lichtwellenträgern (Glasfaser), die eine große Zahl von Übermittlung (Telefon, Rundfunk, Fernsehen) gleichzeitig erlauben, eine Voraussetzung beispielsweise für „Bigfon"

(„Breitbandiges Integriertes Glasfaser-Fernmelde-Orts-Netz").
„Bigfon" ist als Sammelbegriff für das Telefon der Zukunft in der Anwendungsform als Einrichtung zum Fernsprechen (Telefon), Fernschreiben (Telex), Fernkopieren (Telefax), Büroschreiben (Teletex), Fernlesen (Bildschirmtext) und Bildtelefonieren.

Glasfasertechnik. Die künftige Telekommunikationsinfrastruktur wird auf der Glasfasertechnik beruhen. Allerdings behält das herkömmliche Kupferkoaxialkabel bis in die 90er Jahre seinen Stellenwert, da es derzeit noch wesentlich billiger ist als das Glasfaserkabel und in ausgereifter Technik zur Verfügung steht. Herstellung und Montage eines Glasfaserkabels sind dagegen sehr kompliziert und wegen noch begrenzter Produktion entsprechend teuer.

Das Glasfaserkabel besteht aus haarfeinen Fasern, die aus sehr reinem Quarzsand (Glas) hergestellt werden und dem Transport von Lichtwellen für die Übermittlung vor allem digitaler elektronischer Frequenzen dienen. Die Lichtwellen werden von Lasern erzeugt und mit einer Geschwindigkeit von derzeit bis zu 140 Millionen Lichtimpulsen pro Sekunde durch die Glasfaser geschickt.

Eine Weiterentwicklung der Glasfasertechnik, die Monomodefaser, soll in Berlin erprobt werden. In diesem Lichtleiterkabel schießt der Laserstrahl als Träger der elektronischen Impulse gradlinig und nahezu ohne störende Reflektionen durch die haarfeine Faser.

Satellitentechnik. In der für Laien nicht leicht überschaubaren neuen Medienlandschaft müssen beim Einsatz von Satelliten zwei Techniken unterschieden werden: die seit mehr als zwanzig Jahren eingesetzten Fernmeldesatelliten und die Rundfunksatelliten, deren Zukunft im wesentlichen erst beginnt.

1. „Fernmeldesatelliten" senden relativ schwache Signale aus, die von großen Parabolspiegeln aufgefangen, verstärkt und über Kabel oder Richtfunkstrecken weitergeleitet werden. So werden beispielsweise die Fernseh-Signale einer Erdfunkstelle (Raisting, Fuchsstadt, Usingen) vom Satelliten in Orbitalstation auf die Antennen (Parabolantennen) der Empfangs-Erdfunkstellen weitergeleitet, dort verstärkt und an die angeschlossenen Haushalte über Kabel weitergegeben oder von

größeren Parabolantennen (ca. 90 cm) direkt in den Haushalten empfangen (PAL-Norm).
- Zum Programm gehören „Kopernikus 1" (Start im Juni 1989) und „Kopernikus 2" (Start im Juli 1990).
2. „Rundfunksatelliten", eine neue Satelliten-Generation, strahlen Hörfunk- und Fernsehprogramme aus, die mit relativ kleinen Antennen empfangen werden können, so daß schon kleine Parabolantennen (ca. 50–60 cm) auf dem eigenen Hausdach genügen. Ein Anschluß ans Breitband-Kabelnetz ist dann nicht erforderlich.
- Der deutsche „TV-Sat 1" konnte nach seiner im November 1987 erfolgten Stationierung im Orbit seinen Versuchsbetrieb für den Direktempfang von Hörfunk- und Fernsehsendungen nicht aufnehmen, da sich ein für die Stromversorgung des Satelliten vorgesehenes „Sonnensegel" nicht entfaltete. Die (nicht erfüllten) Aufgaben von „TV-Sat 1" hat der im August 1989 erfolgreich im Orbit stationierte Rundfunksatellit „TV-Sat 2" übernommen, der in der neuen D2-MAC-Norm sendet.

Bildschirmtext. Beim Bildschirmtext (Btx) werden Informationen als Einzelmitteilungen oder als Mitteilungen für mehrere oder alle Teilnehmer unter Benutzung von Fernmeldenetzen in Rechnern elektronisch gespeichert und zum Abruf bereitgestellt. Sie können über das Fernsprechnetz individuell abgerufen und als Texte und Graphiken auf dem Bildschirm des teilnehmereigenen Fernsehgerätes sichtbar gemacht werden. Das handelsübliche Farbfernsehgerät ist um einen Decoder erweitert, der die Signale speichert und in Bildschirmtextseiten umwandelt. Über einen Modem der Datenübertragungseinrichtung ist das Gerät an das Fernsprechnetz angeschlossen. Die Bedienung durch den Teilnehmer erfolgt mittels einer Tastatur (z.B. TV-Fernbedienung). Der Benutzer kann unmittelbar mit den Systemen von Anbietern Verbindung aufnehmen und buchen, bestellen, reservieren oder Daten abfragen. Mit Bildschirmtext haben auch Klein- und Mittelbetriebe mit geringem Verkehrsaufkommen erstmals Zugang zur Datenfernverarbeitung. Bildschirmtext bietet mittelfristig die Möglichkeit zur Auslagerung von Arbeitsplätzen aus zentralen Büros von Unternehmen in die Wohnungen der Beschäftigten.
Pro Verbindung können vom Teilnehmer von einer bis zu be-

liebig viele Btx-Seiten zu Nahbereichsgebühren abgerufen werden. Im Schnitt ruft der Btx-Teilnehmer das System täglich 22mal an und nutzt es dabei 16 bis 22 Minuten lang. Die Entwicklung der Btx-Teilnehmerzahl liegt weit unter den Erwartungen, so daß Btx vorerst hauptsächlich ein Kommunikationssystem für die Wirtschaft bleibt. Einer breiteren Akzeptanz durch private Interessenten stand dabei auch im Wege, daß sich die Einführung des internationalen Btx-Standards CEPT verzögerte. Der CEPT-Standard ermöglicht bei der Übertragung von Graphiken und Bildern eine fein gerasterte Auflösung und Farben in verschiedensten Nuancen, außerdem unterschiedliche Schriftgrößen, Unterstreichungen und durch die Aufnahme aller lateinischer Buchstaben sowie auch anderer Schriftarten (z.B. griechisch und kyrillisch) eine Kommunikation über Ländergrenzen hinweg. Die erste internationale Btx-Verbindung wurde auf der Internationalen Funkausstellung von Berlin nach Basel geschaltet.

Videokonferenz. Seit 1984 steht als erste konkrete Anwendung der künftigen Breitband-Individualkommunikation der Videokonferenz-Dienst zur Verfügung. Dieser Dienst bietet Ton- und Bildverbindungen zwischen Gesprächspartnern, die an verschiedenen Orten der Bundesrepublik in von der Post gemieteten Spezialstudios (mit Telefax-Kopierer) sitzen.

Erstmals sind auch Mehrpunkt-Videokonferenzen möglich. National und international können bis zu fünf teilnehmende Studios zusammengeschaltet werden. Bei einer neuen Form der Videokonferenz können die Gesprächspartner an ihrem Arbeitsplatz sitzen bleiben und sind trotzdem über Kabel durch Bild und Ton miteinander verbunden. Alle Teilnehmer erscheinen jeweils auf einem Bildschirm, freilich entsprechend verkleinert und – ein Novum dieser Technik – mit ihrem Namen. Als besonders günstig hat sich die Aufteilung herausgestellt, bei der neben einem Hauptbild vier Kleinbilder dargestellt werden. Jeder Arbeitsplatz ist mit einem speziellen Telefonapparat mit zusätzlichen Tasten, einem Mikrofon, zwei Lautsprechern, einem Monitor mit einer darüber angebrachten Videokamera sowie einer Dokumentenkamera ausgestattet. Jeder Platz ist über einen Hin- und Rückkanal mit der Zentrale verbunden, der Verbindungsaufbau erfolgt durch Selbstwahl wie beim normalen Telefon. Jeder kann aktiv werden und zunächst seinen Partner über den Spezial-Telefonapparat anrufen. Bis zum Aufbau eines bundesweiten Glasfaserfernverkehrsnetzes wird diese Technik über die vorhandenen Übertragungswege (Koaxialkabel- und Richtfunkstrecken) oder über den Fernmeldesatelliten „ECS 2" geleitet.

Videotext. Bei Videotext wird die Information zusammen mit dem Fernsehsignal vom Fernsehsender aus über die Antenne bis zum Heimempfänger übertragen, wobei ein Decoder beim Teilnehmer erforderlich ist. Für die Signalübertragung wird die sogenannte Austastlücke, also die leeren Abtastzeilen im schwarzen Balken zwischen zwei Fernsehbildern, genutzt. Videotext wird von den öffentlich-rechtlichen Fernsehanstalten angeboten, um z.B. für Hörgeschädigte Textzeilen einzublenden. Die Übertragungskapazität ist auf etwa 150 Tafeln mit je 24 Zeilen (zu 40 Anschlägen) begrenzt. Auch kann Videotext nur in Richtung Sender-Empfänger verbreitet werden. Durch Ausweitung der Zeilenzahl (von insgesamt 25 Zeilen) in der Austastlücke kann die Kapazität ständig vergrößert und die Zugriffszeit verringert werden. Außerdem ermöglichen mit speicherfähigen Decodern ausgestattete Fernsehgeräte, Einzelinformationen abzurufen, zu speichern und somit beliebig verfügbar zu halten.

Kabelfernsehen (Privatfernsehen). Kabelfernsehen verteilt Rundfunk- und Fernsehprogramme über breitbandige Netze. Voraussetzung zur Nutzung der Möglichkeiten der Breitbandkommunikation ist die Schaffung eines Kabelfernsehnetzes. Damit wird durch zusätzliche Kanäle die Verteilung weiterer Programme ermöglicht und auch die Möglichkeit zu einem lokalen Fernsehprogramm geschaffen. Darüber hinaus ermöglichen Rückkanäle dem Teilnehmer, sich selbst aktiv am Programm zu beteiligen.

Bildtelefon. Jeder Bildtelefonteilnehmer kann seinen Gesprächspartner nicht nur hören, sondern auch sehen – sofern dieser ebenfalls ein Bildtelefon besitzt. Voraussetzung für die Benutzung eines Bildtelefons wird ein ISDN-Anschluß sein.

Mobilfunk. Nach den bereits seit Jahren bestehenden A-, B- und C-Netzen für das tragbare Fernsprechgerät (Funktelefon, Mobiltelefon) werden seit 1991 zwei neue Netze (D1 durch Bundespost und D2 durch Privatgesellschaft) bundesweit ausgebaut. Beim Mobilfunk wird das Gespräch von dem mobilen Apparat drahtlos zur nächstgelegenen Funkfeststation übertragen und von dort entweder über normale Telefonleitung oder ebenfalls per Funk zum Empfänger weitergeleitet. D1 ging Ende August 1991 in Betrieb. Es bedient vorerst nur das Rhein-Ruhr- und Rhein-Main-Gebiet, die Städte Hamburg, Hannover, Bremen, Berlin, Nürnberg, München und Stuttgart sowie die Autobahnen zwischen Hamburg, Bremen und Hannover und zwischen dem Rhein-Ruhr und dem Rhein-Main-Gebiet. Bis Ende 1993 sollen 90 Prozent der Bevölkerung in den alten Bundesländern erreicht sein. Bis Ende 1994 wird mit 500 000 Anschlüssen gerechnet; im Jahr 2000 sollen es dann 3,5 Millionen sein.

D2 bedient die Ballungsräume Hamburg, Bremen, Hannover, Bielefeld, Rhein-Ruhr-Gebiet, Rhein-Main-Region, Stuttgart, München und Berlin sowie wichtige Fernstraßen. Ende 1992 will D2 80% der deutschen Bevölkerung erreichen. Die Kapazität des Netzes ist auf 2,5 Millionen Teilnehmer ausgelegt.

Telefax. Mit Telekopieren können Dokumente in Sekundenschnelle von einem Teilnehmer zum anderen „gefaxt" werden. Das Prinzip besteht darin, daß die schwarzen und die weißen Teile des Dokuments, bei ganz modernen Geräten auch die Grauwerte, in elektronische Impulse aufgelöst werden, die durch das Telephonnetz geschickt werden und am anderen Ende wieder in schwarze, weiße oder graue Bildteile umgewandelt werden.

Telefon-Neuanschlüsse (Ost). Über 500 000 neue Telefonanschlüsse (bei 630 000 zusätzlichen Beschaltungseinheiten) werden 1991 in den östlichen Bundesländern installiert.

Tabelle 44: Telefon-Neuanschlüsse 1991 (Ost)

Bundesland	Anzahl der Neuanschlüsse*	
	Regelausbau	Zusatzprogramm
Berlin-Ost	27 210	–
Brandenburg	46 660	74 000
Mecklenburg-Vorpommern	68 230	42 000
Sachsen	227 696	35 000
Sachsen-Anhalt	37 000	24 000
Thüringen	28 070	51 000

* Beschaltungseinheiten

Quelle: BMPT „Post Politische Information" Nr. 4, 1990

4. Ausländer

a) Ausländische Wohnbevölkerung

Zum Zeitpunkt der Wiedervereinigung gab es in Deutschland über 5 Mio. Ausländer. In Ostdeutschland waren 70% der ausländischen Bevölkerung männlichen Geschlechts, während sich in Westdeutschland die Geschlechterrelation – hauptsächlich als Folge des Nachzugs von Ehegatten – ausgewogener zeigte.

Tabelle 45: Ausländische Wohnbevölkerung

Nationalität	Anteil an der ausländischen Wohnbevölkerung (in %)		Nationalität
	West 1989	Ost 1989	
Türken	33,3	31,4	Vietnamesen
Griechen	6,1	27,1	Polen
Jugoslawen	12,6	8,1	Mosambikaner
Italiener	10,7	7,8	Russen
Spanier	2,6	7,0	Ungarn
Übrige	34,7	18,6	Übrige
Ausländer (in 1000)	4845,9	191,2	Ausländer (in 1000)

Quelle: Wirtschaft und Statistik 8/1990

Regionale Verteilung. Seit über zehn Jahren verteilt sich die ausländische Wohnbevölkerung unverändert auf die einzelnen westlichen Bundesländer. Auch ihr Anteil an der Gesamtbevölkerung hat sich im letzten Jahrzehnt nicht gravierend verändert.

Altersgliederung. Als Folge der auf Erwerb gerichteten Zuwanderung unterscheidet sich die Altersstruktur der Ausländer wesentlich von der Gesamtbevölkerung. Es überwiegen im Westen Personen jüngeren und mittleren Alters, deren Anteil auch der verstärkte Familiennachzug der letzten Jahre nicht wesentlich veränderte.

Tabelle 46: Ausländer nach Bundesländern Ende 1989 (West)

Bundesland		Ausländer	
	(in 1000)	Anteil in % aller Ausländer	Anteil in % der Gesamtbevölkerung
Schleswig-Holstein	90,8	1,9	3,5
Hamburg	166,2	3,4	10,2
Niedersachsen	310,8	6,4	4,3
Bremen	56,8	1,2	8,4
Nordrhein-Westfalen	1453,7	30,0	8,5
Hessen	552,4	11,4	9,8
Rheinland-Pfalz	182,8	3,8	4,9
Baden-Württemberg	968,6	20,0	10,1
Bayern	736,7	15,2	6,6
Saarland	50,8	1,0	4,8
Berlin (West)	276,4	5,7	13,0
Bundesrepublik (West)	4845,9	100,0	7,8

Quelle: Wirtschaft und Statistik 8/1990

Der vergleichsweise geringe Anteil ausländischer Kinder und Jugendlicher in der ehem. DDR und ebenso der außerordentlich niedrige Frauenanteil dürften darauf zurückzuführen sein, daß der weitaus größte Teil der Ausländer zu Erwerbszwecken und meistens ohne Familienangehörige in die ehem. DDR gekommen ist.

Ausländer-Mehrthemenuntersuchung. Nur wenige Ausländer im westlichen Deutschland tragen sich mit der Absicht, in ihr Heimatland zurückzukehren. Lediglich 11% verfolgen konkrete Pläne bzw. Vorbereitungen für eine Rückkehr in ihr Heimatland. Nur 9% beabsichtigen, innerhalb der nächsten 5 Jahre zurückzukehren. Die übrigen wollen auf Dauer bleiben oder haben keine genaueren Vorstellungen. Das geht aus einer vom Bundesminister des Innern in Auftrag gegebenen Untersuchung der MARPLAN Forschungsgesellschaft (Offenbach) hervor. Die im Frühjahr 1989 durchgeführte Studie ist repräsentativ für die im Bundesgebiet lebenden Personen mit griechischer, italienischer, spanischer, jugoslawischer und türkischer Nationalität. Sie stellen mit 2,4

Tabelle 47: Altersgliederung (Ende 1989)

Altersgruppe (von ... bis unter ... Jahren)	Ausländer			
	(in 1000)		(in %)	
	West	Ost	West	Ost
unter 18	1229,5	11,5	25,4	6,0
18–20	178,0	2,7	3,7	1,4
20–25	488,9	39,9	10,1	20,9
25–30	504,2	41,1	10,4	21,5
30–40	904,6	61,2	18,7	32,0
40–50	841,5	22,0	17,4	11,5
50–60	465,0	7,9	9,6	4,1
60–65	100,3	1,8	2,1	0,9
65 und älter	133,9	3,1	2,8	1,6
Insgesamt	4845,9	191,2	100,0	100,0

Quelle: Wirtschaft und Statistik 8/1990

Millionen Menschen 68% aller im westlichen Deutschland lebenden Ausländer.

Obwohl die meisten Ausländer auf Dauer in der Bundesrepublik Deutschland bleiben wollen, ist das Interesse am Erwerb der deutschen Staatsangehörigkeit insgesamt eher mäßig ausgeprägt. Immerhin äußerten 44% der befragten Ausländer ein prinzipielles Interesse an der Einbürgerung (unter Aufgabe ihrer bisherigen Staatsbürgerschaft: 39%).

Relativ hoch liegt das grundsätzliche Interesse an einer Einbürgerung unter den jüngeren Ausländern (60%), Ausländern mit guten oder perfekten Deutschkenntnissen (50% bzw. 64%) sowie solchen mit türkischer Nationalität (49%).

Als bedeutsame Hindernisse für den Erwerb der deutschen Staatsangehörigkeit nennen 41% der Befragten das Aufgeben von Rechten im Heimatland, 30% meinen, man würde sich von der Familie in der Heimat trennen, 26% scheuen das komplizierte Verfahren, 16% nennen zu hohe Kosten.

Der Verlust von Rechten im Heimatland wird insbesondere unter den befragten Spaniern und Italienern als Haupthindernis angesehen, bei Türken ist vor allem die Trennung von der Familie in der Heimat ein häufig genanntes Problem. Die Probleme des Verfahrens und der Kosten werden von Jugoslawen, von jüngeren Ausländern und von Ausländern mit perfekten Deutschkenntnissen relativ häufig genannt.

Besondere Sorgen oder Schwierigkeiten bereitet die fehlende deutsche Staatsangehörigkeit nur 11% der befragten Ausländer. Aus einer Liste möglicher Problemfelder nennen dagegen 37% der in der Bundesrepublik Deutschland lebenden Ausländer „Ausländerfeindlichkeit". Über eine schlechte Behandlung durch die Deutschen im Alltag klagen allerdings nur 17% der Ausländer, von Ärger mit Kollegen am Arbeitsplatz berichten nur 11%, und die Behandlung der Kinder in der Schule bereitet nur 8% von ihnen Sorge. Zwischen der eigenen, konkret erfahrenen Lebenssituation und dem in der Öffentlichkeit verbreiteten Meinungsklima besteht insofern eine nicht unerhebliche Diskrepanz.

Weitere häufig genannte Sorgen und Schwierigkeiten sind eine zu teure Wohnung (31%) und die Unsicherheit, ob man in Deutschland bleiben kann (30%). (*Quelle:* BMI „Innenpolitik" Nr. IV/1989).

Ausländische Schüler. Aufgrund der demographischen Entwicklung ist mit weiter wachsendem Anteil ausländischer Schüler vor allem in den Kernstädten der Verdichtungsräume zu rechnen, denn rund 60% der ausländischen Kinder und Jugendlichen leben in Ballungsgebieten. Insbesondere die Altersgruppe der 10–19jährigen Ausländer wird rasch zunehmen.

Tabelle 48: Ausländische Schüler (West)

Schulart	Ausländische Schüler (in 1000)		
	1970	1980	1989
Schulartunabhängige Orientierungsstufe	.	.	23,6
Grund-/Hauptschulen	137,7	526,6	497,8
Sonderschulen	3,9	27,7	42,7
Realschulen	4,8	29,0	67,1
Gymnasien	12,5	40,1	73,5
Gesamtschulen	–	10,5	38,8
Abendschulen/Kollegs	0,2	1,2	3,7

Quelle: Bundesministerium für Bildung und Wissenschaft „Grund- und Strukturdaten 1990/91", S. 66

Ausländische Berufsschüler. Ausländische Jugendliche stehen bei der Berufswahl, Berufsvorbereitung und Berufsausbildung vor erheblichen Schwierigkeiten. Ihnen fehlen oft hinreichende Informationen über die Möglichkeiten der beruflichen Bildung, ausreichende deutsche Sprachkenntnisse und der Nachweis eines deutschen Schulabschlusses. Vor allem spät eingereiste Jugendliche erfüllen nicht die Anforderungen, die Betriebe an Bewerber um Ausbildungsplätze stellen. Zu oft machen auch ausländische Jugendliche von der Möglichkeit der Befreiung von der Berufsschulpflicht Gebrauch. Ihre Eingliederung ins Beschäftigungssystem gestaltet sich auch deswegen schwierig, weil in den nächsten Jahren noch geburtenstarke Jahrgänge deutscher Jugendlicher ins Berufsleben treten. Jährlich wachsen über 100 000 ausländische Jugendliche ins Erwerbsfähigenalter hinein. Etwa jeder 20. Lehrling (5,4%) in den alten Bundesländern ist Ausländer.

Tabelle 49: Ausländische Berufsschüler (West)

Schulart (Auswahl)	Ausländische Schüler (in 1000)		
	1970	1980	1989
Berufsschulen	20,8	69,6	109,6
Berufsgrundbildungsjahr	0,4	14,1	19,5
Berufsaufbauschulen	0,3	0,4	0,4
Berufsfachschulen	1,7	10,7	24,7
Fachoberschulen	0,6	1,9	3,8
Fachgymnasien	0,04	0,8	3,3
Fachschulen	2,0	2,2	2,3

Quelle: Bundesministerium für Bildung und Wissenschaft „Grund- und Strukturdaten 1990/91", S. 67

Ausländerbeschäftigung. Seit Anfang der 60er Jahre deckte das inländische Erwerbspotential vor allem wegen ungünstiger Altersstruktur der Bevölkerung, verkürzter Arbeitszeiten und verlängerter Ausbildungszeiten nicht mehr den Arbeitskräftebedarf der expansiven Wirtschaft, so daß Arbeitskräfte im Ausland angeworben werden mußten. In zunehmendem Maße mußten auch schlecht bezahlte und mit einem Negativimage belastete Arbeitsplätze, die von deutschen Arbeitnehmern abgelehnt wurden, von Ausländern besetzt werden. Der anfangs ungehemmte Zustrom ausländischer Arbeitskräfte führte mit Beginn der 70er Jahre zu ersten sozialen und beschäftigungspolitischen Problemen, so daß 1973 ein Anwerbestop verfügt wurde, der bis auf den heutigen Tag in Kraft ist.

Tabelle 50: Ausländerbeschäftigung (West)

Ausländer	1961	1970	30. 6. 1989
Wohnbevölkerung (in 1000)	686,2	2976,5	4845,9**
Beschäftigte* (in 1000)	548,9	1949,0	1689,3
davon (in %):			
Griechen	9,5	12,4	6,0
Italiener	40,9	19,6	10,6
Jugoslawen	–	21,7	17,8
Spanier	11,3	8,8	3,6
Türken	–	18,2	33,3
* Sozialversicherungspflichtig	** JE 1989		

Quelle: Statistisches Jahrbuch 1990, S. 109

Regionale Verteilung. Zwei Drittel aller beschäftigten Ausländer arbeiten in Baden-Württemberg, Bayern und Nordrhein-Westfalen. Die in Ostdeutschland lebenden ausländischen Arbeitskräfte werden durch Vertragslösung und Prämien zur Rückkehr in ihre überwiegend sozialistischen Heimatländer angehalten.

Sektorale Verteilung. Überdurchschnittlich zahlreich sind Ausländer im Steinkohlebergbau, in Gießereien, im Fahrzeug- und Schiffbau, in der Kunststoffverarbeitung und Zellstoffproduktion und im Baugewerbe beschäftigt, obwohl insbesondere im Baugewerbe die Ausländerbeschäftigung sehr stark abgenommen hat. Wie sehr unsere Wirtschaft in Teilbereichen auf die Beschäftigung von Ausländern angewiesen ist, zeigen Erfahrungswerte aus dem Bergbau, wo jeder vierte unter Tage Beschäftigte Ausländer ist, aus der Automobilindustrie mit einem Ausländeranteil bis zu 35% unter den Lohnempfängern und nicht zuletzt aus der Eisen- und Stahlindustrie, in der Ausländer bis zu zwei Dritteln des Stammpersonals stellen.

II. Gesellschaft

Tabelle 51: Regionale Verteilung der beschäftigten Ausländer Juni 1989 (West)

Bundesland	Beschäftigte Ausländer* (insgesamt)	(in %)
Schleswig-Holstein	26346	1,6
Hamburg	52698	3,1
Niedersachsen	90157	5,3
Bremen	14797	0,9
Nordrhein-Westfalen	436871	25,9
Hessen	194956	11,5
Rheinland-Pfalz	56791	3,4
Baden-Württemberg	395377	23,4
Bayern	305783	18,1
Saarland	19043	1,1
Berlin (West)	96480	5,7
Bundesgebiet (West)	1689299	100,0

* Sozialversicherungspflichtig beschäftigte Arbeitnehmer

Quelle: Statistisches Jahrbuch 1990, S. 109 (eigene Berechnung)

Tabelle 52: Sektorale Verteilung der beschäftigten Ausländer Juni 1989 (West)

Wirtschaftsgruppe	Beschäftigte Ausländer* (in 1000)	(in %)
Verarbeitendes Gewerbe	885,2	52,4
Dienstleistungen	341,1	20,2
Baugewerbe	140,1	8,3
Handel	125,5	7,4
Verkehr, Nachrichten	67,6	4,0
Gebietskörperschaften, Sozialversicherungen	48,5	2,9
Bergbau, Energie	32,6	1,9
Land- u. Forstwirtschaft, Fischerei	14,7	0,9
Organisationen o. E.	20,2	1,2
Kreditinstitute, Versicherungsgewerbe	13,9	0,8
insgesamt	1689,3	100,0

* Sozialversicherungspflichtig beschäftigte Arbeitnehmer

Quelle: Statistisches Jahrbuch 1990, S. 108 (eigene Berechnung)

Ausländerkriminalität. Im Jahr 1989 wurden in der Polizeilichen Kriminalstatistik 336011 nichtdeutsche Tatverdächtige registriert, das entspricht einem Ausländeranteil an allen Tatverdächtigen von 24,5% (ausländischer Bevölkerungsanteil: 7,8%). Wegen der unterschiedlichen Alters-, Geschlechts- und Sozialstruktur der Ausländer ist ein Vergleich mit der deutschen Bevölkerung allerdings nur bedingt möglich. Dennoch ist ein überproportionaler Ausländeranteil (bei jedoch kleiner Täterzahl) bei bestimmten Straftaten unverkennbar.

Tabelle 53: Ausländerkriminalität 1989 (West)

Straftat (Auswahl)	Anteil nichtdeutscher Tatverdächtiger (in %)
Einschleppen und Einschleusen	81,5
Glücksspiel	50,9
Geld- und Wertzeichenfälschung	33,1
Taschendiebstahl	69,8
Menschenhandel	51,9
Urkundenfälschung	55,6
Illegaler Handel und Schmuggel von Heroin	37,8
Sonstige Raubüberfälle auf Straßen, Wegen oder Plätzen	36,8

Quelle: Presse- und Informationsamt der Bundesregierung „Bulletin" Nr. 62, 1990

b) Ausländerrecht

Am 1. Januar 1991 ist das Gesetz zur Neuregelung des Ausländerrechts in Kraft getreten.

Bedeutung von „Aufenthaltserlaubnis" und „Aufenthaltsberechtigung". Wenn ein Ausländer erstmals in die Bundesrepublik Deutschland einreist, kann er zunächst nur eine befristete Aufenthaltserlaubnis erhalten. Bei erstmaliger Einreise in die Bundesrepublik Deutschland ist die Aufenthaltsgenehmigung in der Regel als Visum zu beantragen. Bisher waren ausländische Kinder, die jünger als 16 Jahre sind, von der Aufenthaltsgenehmigungspflicht und damit auch von der Visumspflicht befreit; das neue Ausländergesetz hat diese Regelung nicht übernommen.

Kinder und Jugendliche aus Jugoslawien, Marokko, der Türkei und Tunesien waren davon allerdings nicht betroffen, wenn sie sich nicht länger als drei Monate in der Bundesrepublik Deutschland aufhalten oder solange ein Elternteil eine Aufenthaltsgenehmigung besitzt. Ihr Aufenthalt bleibt auch künftig genehmigungsfrei. Läuft die befristete Aufenthaltserlaubnis ab, muß eine Verlängerung beantragt werden. Ausländer, die schon längere Zeit in Deutschland leben, bekommen – wenn sie die gesetzlichen Voraussetzungen erfüllen – eine unbefristete Aufenthaltserlaubnis oder eine Aufenthaltsberechtigung.

Aufenthaltserlaubnis. Der Ausländer erhält eine unbefristete Aufenthaltserlaubnis, wenn er
- seit fünf Jahren eine Aufenthaltserlaubnis hat,
- die besondere Arbeitsplatzerlaubnis besitzt, die nicht auf eine bestimmte berufliche Tätigkeit in einem bestimmten Betrieb beschränkt ist,
- sich auf einfache Art in deutscher Sprache mündlich verständigen kann und
- über ausreichenden Wohnraum für sich und seine Familie verfügt.

Natürlich darf kein Ausweisungsgrund vorliegen. Für Angehörige der EG-Mitgliedstaaten gilt: Sie erhalten im Regelfall eine „Aufenthaltserlaubnis-EG" für fünf Jahre. Sie wird unbefristet verlängert, wenn der Angehörige des EG-Staates
- sich auf einfache Art in deutscher Sprache mündlich verständigen kann,
- über ausreichenden Wohnraum verfügt und
- in gesicherten wirtschaftlichen Verhältnissen lebt.

Liegen diese Voraussetzungen nicht vor, wird die „Aufenthaltserlaubnis-EG" um weitere fünf Jahre verlängert.

Die unbefristete „Aufenthaltserlaubnis-EG" entspricht der Aufenthaltsberechtigung für Angehörige von Staaten außerhalb der Europäischen Gemeinschaft.

Aufenthaltsberechtigung. Eine Aufenthaltsberechtigung wird erteilt, wenn der Ausländer
- seit acht Jahren eine Aufenthaltserlaubnis besitzt,

- seinen Lebensunterhalt aus eigener Erwerbstätigkeit, eigenem Vermögen oder sonstigen eigenen Mitteln sichern kann,
- mindestens 60 Monate Beiträge zur gesetzlichen Rentenversicherung geleistet hat oder über andere Renten- oder Versorgungsanwartschaften verfügt,
- in den letzten drei Jahren nicht wegen einer vorsätzlichen Straftat zu einer Freiheitsstrafe von sechs Monaten oder einer Geldstrafe von 180 Tagessätzen oder zu einer höheren Strafe verurteilt worden ist und
- die Voraussetzungen für die Erteilung einer unbefristeten Aufenthaltserlaubnis erfüllt.

Familiennachzug. Allgemeine Voraussetzung für den Familiennachzug ist, daß
- der bereits hier lebende Ausländer eine Aufenthaltserlaubnis oder Aufenthaltsberechtigung besitzt,
- ausreichender Wohnraum für die Familie zur Verfügung steht und
- der Lebensunterhalt des Familienangehörigen aus eigener Erwerbstätigkeit des Ausländers, aus eigenem Vermögen oder sonstigen eigenen Mitteln gesichert ist.

Ehegattennachzug. Einen Rechtsanspruch auf Nachzug haben die Ehegatten
- von Ausländern der ersten (angeworbenen) Generation, die eine Aufenthaltsberechtigung besitzen, oder die bereits bei Inkrafttreten des neuen Gesetzes am 1. Januar 1991 in der Bundesrepublik Deutschland leben und eine Aufenthaltserlaubnis besitzen, oder die künftig eine Aufenthaltserlaubnis erhalten, wenn die Ehe bei der Einreise bereits bestand und angegeben wurde
- von Ausländern der zweiten und folgenden (hier geborenen/ aufgewachsenen) Generationen, wenn der Ausländer eine unbefristete Aufenthaltserlaubnis oder eine Aufenthaltsberechtigung besitzt, acht Jahre hier gelebt hat und volljährig ist.

Wenn kein derartiger Rechtsanspruch auf Ehegattennachzug besteht, kann er im Wege des Ermessens zugelassen werden. Voraussetzung: Der Ausländer hat eine Aufenthaltserlaubnis und es liegen die allgemeinen Voraussetzungen für den Familiennachzug vor.

Ehegatten von Arbeitnehmern aus EG-Mitgliedstaaten genießen für die Familienzusammenführung dieselbe Freizügigkeit wie die Arbeitnehmer selbst.

Kindernachzug. Ledige Kinder aus Staaten, die nicht zur EG gehören, erhalten bis zur Vollendung ihres 16. Lebensjahres einen Rechtsanspruch auf Nachzug zu ihren in der Bundesrepublik Deutschland lebenden Eltern.

Beide Elternteile müssen sich rechtmäßig hier aufhalten.

In besonderen Fällen kann auch der Nachzug lediger Kinder bis zur Vollendung des 18. Lebensjahres sowie der Nachzug zu nur einem Elternteil zugelassen werden. Für Angehörige der EG-Mitgliedstaaten gilt: Kinder dürfen bis zur Vollendung des 21. Lebensjahres nachziehen, auch zu nur einem Elternteil.

Eigenständiges Aufenthaltsrecht. Das Aufenthaltsrecht eines Ausländers, der im Wege des Familiennachzuges eingereist oder hier geboren ist, hängt zunächst vom Aufenthaltsrecht des bereits hier lebenden Familienangehörigen ab. Ehegatten erhalten ein eigenständiges Aufenthaltsrecht mit der unbefristeten Verlängerung ihrer Aufenthaltserlaubnis (in der Regel nach fünf Jahren). Bei Aufhebung der ehelichen Lebensgemeinschaft erhalten Ehegatten ein eigenständiges Aufenthaltsrecht, wenn
- die eheliche Lebensgemeinschaft seit mindestens vier Jahren (in Härtefällen seit mindestens drei Jahren) in der Bundesrepublik Deutschland bestanden hat oder
- der andere Ehegatte während der hier bestehenden ehelichen Lebensgemeinschaft verstorben ist.

Kinder erhalten ein eigenständiges Aufenthaltsrecht,
- sobald sie volljährig (18 Jahre) werden oder
- wenn sie 15 oder 16 Jahre alt sind und schon acht Jahre hier leben.

Recht auf Wiederkehr. Ausländer, die sich als Minderjährige rechtmäßig in der Bundesrepublik Deutschland aufgehalten haben, haben einen gesetzlichen Anspruch auf Wiederkehr, wenn
- sie acht Jahre hier gelebt und während dieser Zeit sechs Jahre eine Schule besucht haben,
- ihr Lebensunterhalt aus eigener Erwerbstätigkeit oder durch

die Unterhaltsverpflichtung eines Dritten für fünf Jahre gesichert ist und
- sie den Antrag nach Vollendung ihres 15. und vor Vollendung ihres 21. Lebensjahres sowie vor Ablauf von fünf Jahren seit ihrer Ausreise aus der Bundesrepublik Deutschland stellen.

Einbürgerung. Das neue Ausländergesetz macht es leichter, die deutsche Staatsangehörigkeit zu erwerben und damit deutscher Staatsbürger mit allen Rechten und Pflichten zu werden. Das gilt gleichermaßen für junge Ausländer und für Ausländer, die sich schon viele Jahre in der Bundesrepublik Deutschland aufhalten. Junge Ausländer werden auf ihren Wunsch hin in der Regel eingebürgert, wenn sie
- sich seit mindestens acht Jahren rechtmäßig hier aufhalten,
- davon sechs Jahre eine Schule, mindestens vier Jahre eine allgemeinbildende Schule, besucht haben und
- den Einbürgerungsantrag nach Vollendung des 16. und vor Vollendung des 23. Lebensjahres stellen.

Ausländer, die sich seit 15 Jahren rechtmäßig in der Bundesrepublik Deutschland aufhalten, werden in der Regel eingebürgert,

Tabelle 54: Asylbewerber (West)

Merkmal	1990
Anzahl der Asylbewerber	193 000
Anerkennungsquote (in %)	4,4
Hauptherkunftsländer (Anzahl):	
Rumänien	35 345
Jugoslawien	22 114
Türkei	22 082
Libanon	16 229
Vietnam	9 428
Polen	9 155
Bulgarien	8 341
Afghanistan	7 348
Iran	7 271
Palästinenser	5 723

Quelle: BMI „Innenpolitik" Nr. I/1991

wenn sie dies vor dem 31. Dezember 1995 beantragen. Dies gilt auch für Ehegatten und minderjährige Kinder, die noch nicht 15 Jahre hier leben. Eingebürgert werden kann aber nur, wer nicht straffällig geworden ist und wer seine bisherige Staatsangehörigkeit aufgibt oder verliert.

(Quelle: BMI „Das neue Ausländergesetz", Bonn 1991)

c) Asylanten

Nach einer Umfrage des Mannheimer Instituts für praxisorientierte Sozialforschung bejahen 70% der Bürger in den alten Bundesländern das Asylrecht für politisch Verfolgte. Nur 28% befürworten, daß grundsätzlich jeder Verfolgte Asyl erhält, während 58% dieses Recht nur einer bestimmten Anzahl (Quote) politisch Verfolgter zugestehen wollen.

III. Infrastruktur

1. Verwaltungsraum

Bodennutzung. Zum Zeitpunkt der Wiedervereinigung umschloß das Staatsgebiet von Gesamtdeutschland eine Fläche von 356 954 km². Davon entfielen auf Westdeutschland 248 621 km² und auf Ostdeutschland 108 333 km².

Tabelle 55: Bodennutzung 1989 (West)

Nutzungsart	Anteil an der Gesamtfläche (in %)
Gebäude- und Freifläche	6,2
Betriebsfläche	0,6
Erholungsfläche	0,7
Verkehrsfläche	5,0
Landwirtschaftsfläche	53,7
Waldfläche	29,8
Wasserfläche	1,8
Flächen anderer Nutzung	2,2

Quelle: Statistisches Bundesamt „Umwelt in Zahlen 1990"

Verwaltungsgliederung. Innerhalb eines Jahrzehnts (1968–1978) hat sich die Zahl der Gemeinden im westlichen Bundesgebiet auf ein Drittel verringert, die kreisfreien Städte sind von 137 auf 91 und die Landkreise von 414 auf 237 zurückgegangen. Am deutlichsten fiel die kommunale Neugliederung in Nordrhein-Westfalen, Hessen und dem Saarland aus, am geringsten in Schleswig-Holstein und Rheinland Pfalz, wo drei Viertel der Gemeinden noch weniger als 1000 Einwohner zählen. In Ostdeutschland dominieren eindeutig die Gemeinden mit weniger als 500 Einwohnern.

Karte 1: Verwaltungsgliederung

Quelle: Datenreport 1989 (aktualisiert)

Tabelle 56: Verwaltungsgliederung (1990)

Bundesland	Ge-meinden	Kreisfreie Städte* (Anzahl)	Land-kreise
Baden-Württemberg	1111	9	35
Bayern	2051	25	71
Berlin (Ost)	1	11	–
Berlin (West)	1	1	–
Brandenburg	1775	6	38
Bremen	2	2	–
Hamburg	1	1	–
Hessen	426	5	21
Mecklenburg-Vorpommern	1117	6	31
Niedersachsen	1031	9	38
Nordrhein-Westfalen	396	23	31
Rheinl.-Pfalz	2304	12	24
Saarland	52	–	6
Sachsen	1623	6	48
Sachsen-Anhalt	1350	4	37
Schleswig-Holstein	1131	4	11
Thüringen	1699	5	35
Deutschland Ost	7565	38	189
Deutschland West	8506	91	237

* (Ost: Stadtkreise)

Quelle: Statistisches Jahrbuch 1990; Statistisches Amt der DDR „Statistische Daten 1989 über die Länder der DDR"

Tabelle 57: Gemeinden nach Größenklassen

| Größenklasse | Anzahl der Gemeinden | |
(Einwohner)	Ost (1989)	West (1988)
unter 500	3611	1713
500–u. 1 000	1941	1368
1 000–u. 5 000	1628	3301
5 000–u. 20 000	268	1617
20 000–u. 100 000	102	437
100 000–u. 500 000	15*	54
500 000 und mehr	–	12
Insgesamt	7565	8502

* 100 000 und mehr

Quelle: Nach Statistisches Jahrbuch 1988, S. 60 und 1990, S. 639

Tabelle 58: Steueraufkommen (West)

| Steuerart | 1980 | 1985 | 1989 |
		(in Mrd. DM)	
Lohn- u. Einkommensteuer	148,4	176,2	218,2
Körperschaftsteuer	21,3	31,8	34,3
Gewerbesteuer	27,1	30,8	36,6
Umsatzsteuer	93,5	109,8	131,0
Mineralölsteuer	21,4	24,5	32,8
Übrige Steuern	53,3	64,1	80,7
Steuern insgesamt	365,0	437,2	533,6

Quelle: IW ‚Zahlen 1990', S. 40

Steueraufkommen. Die öffentlichen Haushalte (des Bundes, der Länder und Gemeinden) werden im wesentlichen aus dem Steueraufkommen finanziert. Nach einem Verteilungsschlüssel wird dieses Aufkommen anteilsmäßig auf die öffentlichen Haushalte umgelegt.

Tabelle 59: Strukturdaten

Bundesland	Fläche (km^2)	Einwohner* (in 1000)	Erwerbstätige** (in 1000)
Baden-Württemberg	35 751	9 619	4 447
Bayern	70 553	11 221	5 416
Berlin (West)	480	2 131	995
(Ost)	403	1 279	697
Brandenburg	29 059	2 641	1 321
Bremen	404	674	276
Hamburg	755	1 626	741
Hessen	21 114	5 661	2 561
Mecklenburg-Vorpommern	23 838	1 964	992
Niedersachsen	47 439	7 284	3 112
Nordrhein-Westfalen	34 068	17 104	6 973
Rheinl.-Pfalz	19 848	3 702	1 629
Saarland	2 569	1 065	428
Sachsen	18 337	4 901	2 566
Sachsen-Anhalt	20 445	2 965	1 563
Schleswig-Holstein	15 728	2 595	1 166
Thüringen	16 251	2 684	1 407
Deutschland Ost	108 333	16 434	8 547
West	248 709	62 679	27 742

* JE 1989
** (West: April 1989/Ost: Sept. 1989)

Quelle: Statistisches Jahrbuch 1990, S. 98; Wirtschaft und Statistik, 2/1991, Statistisches Amt der DDR „Statistische Daten 1989 über die Länder der DDR"

Verschuldung. Die unterschiedliche Wirtschaftsentwicklung in den einzelnen westlichen Bundesländern hat nach Erkenntnissen des DIW, Berlin, seit 1975 dazu geführt, daß sich die wachstumsschwachen Länder des Nordens wesentlich höher verschulden mußten als die des Südens. So erreichte die Pro-Kopf-Verschuldung 1987 in Schleswig-Holstein den Stand von 7036 DM (1975: 2350 DM), während sie in Bayern nur 3566 DM (1975: 1664 DM) ausmachte.

Tabelle 60: Verschuldung (West)

	Schulden (Mrd. DM)			
	1970	1980	1988	1989
Bund	56,5	232,3	481,4	490,5
Länder	27,8	137,8	302,6	307,7
Gemeinden	40,3	95,2	119,3	110,4
Pro-Kopf-Verschuldung (DM)	2076	7611	14 632	

Quelle: Institut der deutschen Wirtschaft, ‚Zahlen 1990', S. 43; Statistisches Bundesamt, Wiesbaden 1990

2. Planungsraum

Auf der Grundlage des Bundesraumordnungsgesetzes vom 8. 4. 1965 wurde von der Bundesregierung am 23. 4. 1975 das Bundesraumordnungsprogramm beschlossen. Es enthält für Bund und Länder den Auftrag, in allen Gebieten der Bundesrepublik gesunde Lebens- und Arbeitsbedingungen sowie ausgewogene wirtschaftliche, soziale und kulturelle Verhältnisse zu schaffen, zu sichern und weiterzuentwickeln. Die Länder wirken durch eigene Raumordnungsprogramme und -pläne auf dieses gemeinsame Ziel hin. Die Zielvorstellungen des Bundesraumordnungsprogramms sollen verwirklicht werden durch

- Verbesserung der Infrastruktur
- Verbesserung der Umweltqualität
- Verbesserung der regionalen Wirtschaftsstruktur.

Den räumlichen Bezugsrahmen dafür bilden 75 Raumordnungsregionen. Diese 75 Raumordnungsregionen gleichen sich Kreisgrenzen an und decken sich weitgehend mit dem oberzentralörtlichen Standortsystem und den entsprechenden Einzugsbereichen sowie mit den Planungsregionen der einzelnen Bundesländer.

Tabelle 61: Strukturdaten nach Raumordnungsregionen (West)

Raumordnungsregion		Bevölkerungsdichte (Ew/km²) 1987	Ausländer/ 100 Einwohner 1987	Arbeitslose/ 100 Arbeitnehmer 1988	Baulandpreis in DM/m² ⌀ 1986/87
1	Schleswig	103	2,4	15,1	100
2	Mittelholstein	190	3,3	12,8	108
3	Dithmarschen	103	1,8	12,9	56
4	Ostholstein	252	4,0	14,0	108
5	Hamburg	378	8,1	12,1	109
6	Lüneburg	74	1,8	12,6	40
7	Bremerhaven	146	4,6	14,4	52
8	Wilhelmshaven	178	2,5	16,0	63

III. Infrastruktur

Raumordnungsregion		Bevölkerungsdichte (Ew/km²) 1987	Ausländer/ 100 Einwohner 1987	Arbeitslose/ 100 Arbeitnehmer 1988	Baulandpreis in DM/m² ⌀ 1986/87
9	Ostfriesland	146	1,7	19,7	45
10	Oldenburg	142	2,8	16,0	63
11	Emsland	95	3,3	15,3	38
12	Osnabrück	179	4,4	12,7	68
13	Bremen	176	4,7	14,2	71
14	Hannover	202	5,5	12,9	100
15	Braunschweig	215	5,2	11,9	68
16	Göttingen	165	3,8	13,5	79
17	Münster	234	4,2	11,7	110
18	Bielefeld	348	6,4	10,2	90
19	Paderborn	153	4,5	12,3	63
20	Dortmund-Sauerland	382	7,5	14,6	117
21	Bochum	2807	8,0	17,2	253
22	Essen	1503	7,5	15,6	217
23	Duisburg	729	10,8	15,4	212
24	Krefeld	352	8,6	12,5	122
25	Mönchengladbach	708	7,1	11,2	154
26	Aachen	432	7,5	11,4	111
27	Düsseldorf	1210	12,4	11,6	285
28	Wuppertal	1967	11,7	10,1	224
29	Hagen	587	9,2	11,7	154
30	Siegen	218	6,0	9,6	77
31	Köln	564	10,9	12,7	161
32	Bonn	602	7,7	9,2	189
33	Nordhessen	142	4,2	10,4	35
34	Mittelhessen	223	5,9	8,4	58
35	Osthessen	105	3,1	8,2	34
36	Untermain	531	14,7	6,8	252
37	Starkenburg	367	10,4	6,2	200
38	Rhein-Main-Taunus	336	8,2	7,1	131
39	Mittelrhein-Westerwald	173	3,9	9,5	66
40	Trier	95	2,3	12,5	38
41	Rheinhessen-Nahe	246	5,8	8,6	132
42	Rheinpfalz	326	7,1	8,1	152
43	Westpfalz	165	3,9	11,4	54
44	Saar	405	4,6	15,1	66
45	Unterer Neckar	425	9,9	7,5	138

2. Planungsraum

Raumordnungsregion		Bevölkerungsdichte (Ew/km²) 1987	Ausländer/ 100 Einwohner 1987	Arbeitslose/ 100 Arbeitnehmer 1988	Baulandpreis in DM/m² ⌀ 1986/87
46	Franken	152	7,1	5,7	100
47	Mittlerer Oberrhein	410	7,8	6,2	177
48	Nordschwarzwald	219	9,5	4,9	168
49	Mittlerer Neckar	653	13,8	4,4	398
50	Ostwürttemberg	188	7,4	5,9	72
51	Donau-Iller (BW)	144	7,6	6,1	83
52	Neckar-Alb	238	9,7	5,4	135
53	Schwarzwald-Baar-Heuberg	171	8,6	5,5	68
54	Südlicher Oberrhein	219	5,1	6,9	171
55	Hochrhein-Bodensee	209	8,7	5,4	140
56	Bodensee-Oberschwaben	151	6,6	5,4	136
57	Bayerischer Untermain	220	6,8	6,4	128
58	Würzburg	153	2,9	8,6	107
59	Main-Rhön	103	2,2	10,2	42
60	Oberfranken-West	150	2,6	7,9	91
61	Oberfranken-Ost	136	3,4	9,9	59
62	Oberpfalz-Nord	88	1,7	13,1	50
63	Mittelfranken	398	9,0	8,5	160
64	Westmittelfranken	84	2,8	8,3	58
65	Augsburg	181	6,8	7,0	139
66	Ingolstadt	125	5,4	8,7	156
67	Regensburg	107	2,7	11,4	74
68	Donau-Wald	103	1,8	14,5	63
69	Landshut	98	2,9	8,6	107
70	München	429	12,8	6,2	303
71	Donau-Iller (BY)	157	6,5	7,0	88
72	Allgäu	124	6,1	6,7	166
73	Oberland	96	5,5	7,1	236
74	Südostoberbayern	129	5,2	8,7	233
75	Berlin (West)	3951	13,5	11,0	483
	Bundesgebiet	247	7,6	10,2	119

Quelle: Bundesforschungsanstalt für Landeskunde und Raumordnung „Informationen zur Raumentwicklung", H. 11/12, 1989, Bonn 1990
(vgl. Karte „Raumordnungsregionen")

Karte 2: Raumordnungsregionen

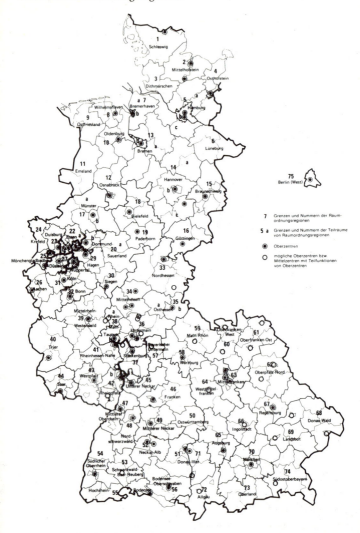

Quelle: Raumordnungsbericht 1986 der Bundesregierung

3. Bildungswesen

Abbildung 2: Bildungssystem 1989 (West)

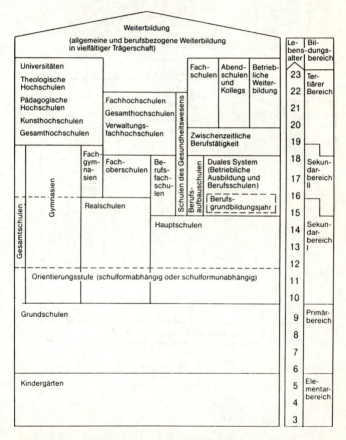

Quelle: Bundesministerium für Bildung und Wissenschaft „Grund- und Strukturdaten"

Abbildung 3: Bildungssystem 1989 (Ost)

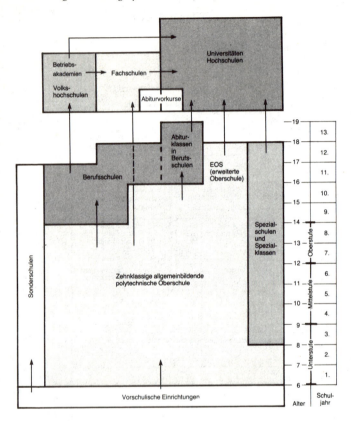

Quelle: BMBW „Grund- und Strukturdaten"

a) Kindertagesstätten

Den Bedarf an Kindertagesstätten (Kindergärten, Kinderhorte u.a.) beeinflussen im wesentlichen die Entwicklung der Geburten, die Berufstätigkeit der Eltern sowie die Zahl der Einelternfamilien. Im Kindergartenbereich kann derzeit statistisch von einer

Bedarfsdeckung ausgegangen werden, so daß rückläufige Geburtenzahlen insgesamt zu Überkapazitäten führen werden. Dagegen wird sich die Unterversorgung mit Kinderhorten durch die Geburtenentwicklung allmählich in Richtung Bedarfsdeckung bewegen. Insgesamt steigt die Nachfrage nach Plätzen in Kindertagesstätten durch Zunahme der Einelternfamilien (wegen Anstieg der Scheidungen) und der Berufstätigkeit beider Elternteile; rückläufige Jahrgangsstärken wirken jedoch dämpfend auf die Bedarfsentwicklung. 1986 standen in der westlichen Bundesrepublik Deutschland nur für 1,6% der Kinder unter 3 Jahren Krippenplätze, nur für 1,9% der 6–15jährigen Hortplätze und für drei Viertel der 3–6jährigen Kindergartenplätze zur Verfügung.

Tabelle 62: Kindertagesstätten (West)

	1980	1982	1986	1989
Kindergärten und Sonderkindergärten	24 011	22 648	24 476	
darin Plätze (in 1000)	1 393,7	1 333,8	1 438,4	1 440,0
Plätze je 1000 Kinder (3–unter 6 J.)	788	767	790	790
Kinderhorte	3 026	2 407	3 041	.
darin Plätze (in 1000)	105,7	86,8	102,9	107,0
Plätze je 1000 Grundschüler	38	37	44	44

Quelle: Bundesministerium für Bildung und Wissenschaft „Grund- und Strukturdaten 1990/91", S. 31

Kindergärten sind Einrichtungen, in denen Kleinkinder im Alter von 3 bis unter 6 Jahren tagsüber betreut werden. In **Sonderkindergärten** werden insbesondere geistig und körperlich behinderte Kinder betreut. In **Kinderhorten** werden schulpflichtige Kinder halb- oder ganztags pflegerisch und erzieherisch versorgt. **Schulkindergärten** sind den Grund- oder Sonderschulen angegliedert. In ihnen werden schulpflichtige, aber noch nicht schulreife Kinder auf den Eintritt in diese Schule vorbereitet. Hierzu zählen auch noch nicht schulpflichtige, aber bereits schulfähige Kinder sog. Vor- oder Eingangsklassen an Grundschulen.

b) Allgemeinbildende Schulen

Seit 1960 erfolgte im Grund- und Hauptschulbereich Westdeutschlands eine starke räumliche Konzentration. Die Zahl der Schulstandorte sank um fast 12 000 auf 19 280 (1985); entsprechend stieg der durchschnittliche Einzugsbereich von 8 km^2 auf

Tabelle 63: Allgemeinbildende Schulen (West)

Schulart	1970	Anzahl 1980	1989
Grund-/Hauptschulen	21 504	18 411	19 483
Sonderschulen	2 381	2 856	2 763
Realschulen	2 116	2 623	2 577
Gymnasien	2 311	2 477	2 464
Gesamtschulen (integr.)	–	255	430
Abendschulen/Kollegs	178	218	249

Quelle: Bundesministerium für Bildung und Wissenschaft „Grund- und Strukturdaten 1990/91", S. 38

Tabelle 64: Allgemeinbildende Schulen 1989 (Ost)

Art	Anzahl
Vorschulen:	
Einrichtungen	13 452
Erzieher	73 383
Betreute Kinder	747 140
Zehnklassige u. erweiterte, polytechnische Oberschulen u. Sonderschulen:	
Schulen	5 928
Schüler	2 089 554
Lehrer	167 794
Schulabgänger	345 646
Berufsschulen:	
Schulen	951
Schüler	314 234
Lehrer	16 034

Quelle: BMBW „Grund- und Strukturdaten 1990/91", S. 360–366

knapp 13 km². Umgekehrt fand bei Realschulen und Gymnasien eine räumliche Dezentralisierung statt. Im erwähnten Zeitraum stieg die Zahl der Realschulen um 1500 auf 2600, wobei sich ihr Einzugsbereich von 221 km² auf 95 km² verringerte. Bei Gymnasien, deren Zahl sich von 1800 auf 2500 erhöhte, sank entsprechend der Einzugsbereich von 136 km² auf 100 km². Damit verbesserte sich auch das Bildungsangebot vor allem in ländlichen Gebieten der westlichen Bundesrepublik. Allgemein stiegen seit 1960 die durchschnittlichen Schülerzahlen je Schuleinheit, seit 1984 ist die durchschnittliche Schulstärke rückläufig.

Tabelle 65: Schüler (West)

Bildungsbereich/ Schulart	Schülerzahl (in 1000)		
	1970	1980	1989
Primarbereich			
Grundschulen	3977,3	2772,8	2448,2
Sekundarbereich I			
Schulartunabhängige Orientierungsstufe	–	337,9	210,1
Hauptschulen	2370,2	1933,7	1044,3
Realschulen	863,5	1351,1	857,8
Gymnasien (Unter- und Mittelstufe)	1062,1	1495,5	1022,7
Sekundarbereich II			
Gymnasien (Oberstufe)	317,4	623,5	523,9
Sonderschulen	322,0	354,3	246,2
Gesamtschulen	–	220,2	272,3
Abendschulen/Kollegs	25,1	35,2	41,1

Quelle: Bundesministerium für Bildung und Wissenschaft „Grund- und Strukturdaten" 1990/91", S. 40/41

Grundschulen umfassen die ersten vier (Berlin: sechs) Schuljahre; sie bereiten auf den Besuch weiterführender Schulen vor. **Hauptschulen** umfassen als weiterführende Schulen die Klassenstufen 5 bis 9 (10 in einigen Bundesländern), für Berlin (West) und zweijährige schulformunabhängige Orientierungsstufen die Klassenstufen 7 bis 9. Sie vermitteln eine allgemeine Bildung als Grundlage für eine praktische Berufsausbildung. **Sonderschulen**

Tabelle 66: Lehrer (West)

Schulart	Lehrer (in 1000)		
	1970	1980	1989
Schulartunabhängige Orientierungsstufe	–	–	14,4
Grund-/Hauptschule	201,5	232,9	196,0
Sonderschulen	21,0	41,0	38,9
Realschulen	37,8	62,7	53,7
Gymnasien (Unter-/Mittelstufe)	76,9	73,5	66,7
Gymnasien (Oberstufe)		48,3	49,4
Gesamtschulen	–	16,4	22,1
Abendschulen/Kollegs	1,5	2,3	3,3

Quelle: Bundesministerium für Bildung und Wissenschaft „Grund- und Strukturdaten 1990/91", S. 86/87

fördern und betreuen mit Vollzeitschulpflicht körperlich, geistig, seelisch benachteiligte und sozial gefährdete Kinder, die nicht mit ausreichendem Erfolg in normalen Schulen unterrichtet werden können. **Realschulen** werden als weiterführende Schulen (Klassenstufen 5 (7) bis 10) im Anschluß an die Grundschule oder an Klassenstufe 6 der Hauptschule besucht. Realschulabschluß berechtigt zum Besuch der Fachoberschule (-gymnasiums) oder zum Übergang auf ein Aufbaugymnasium. Das **Gymnasium** schließt als weiterführende Schule im Regelfall an die Grundschule (oder Klassenstufe 6 der Hauptschule) an und dauert 9 Jahre (Klassenstufen 5–13) bzw. 7 Jahre (Klassenstufen 7–13). Gymnasialabschluß berechtigt zum Hochschulstudium. Reformvorschläge zielen darauf ab, das Abitur bereits nach 12 Schuljahren zu vergeben, um diejenigen Abiturienten, die ohne Studium ins Berufsleben eintreten wollen, von den Absolventen zu trennen, die studieren wollen. Diese sollen ein weiteres Jahr auf dem Gymnasium verbleiben, um sich speziell auf das Studium vorzubereiten. Integrierte **Gesamtschulen** unterrichten alle Schüler ohne Zuordnung zu einer bestimmten Schulart. In additiven und kooperativen Gesamtschulen bestehen dagegen die verschiedenen Schularten in einer gemeinsamen Schulanlage weiter (statistisch sind sie daher den jeweiligen Schularten zugeordnet). **Abendrealschulen** führen Berufstätige in Abendkursen (4–6 Semester) zum

Realschulabschluß, **Abendgymnasien** in etwa 3 Jahren zur Hochschulreife. Besucher von Abendgymnasien müssen eine abgeschlossene Berufsausbildung oder eine dreijährige Berufstätigkeit nachweisen, mind. 19 Jahre alt sein, im Regelfall vor Eintritt in den Hauptkurs einen einsemestrigen Vorkurs abschließen und berufstätig sein (ausgenommen die letzten 3 Semester). Abendrealschulen und Abendgymnasien werden unter dem Oberbegriff „Abendschulen" zusammengefaßt. **Kollegs** sind Vollzeitschulen zur Erlangung der Hochschulreife. Die Teilnehmer dürfen nicht berufstätig sein, ansonsten gelten die gleichen Aufnahmebedingungen wie bei den Abendgymnasien.

Schulbildung. Nach einer repräsentativen Umfrage des Instituts für Schulentwicklungsforschung, Dortmund, wünschen sich immer mehr Eltern in Westdeutschland für ihre Kinder eine höhere Schulbildung. Gleichzeitig erwarten sie dabei einen größeren finanziellen Einsatz des Staates für die Bildung.

Tabelle 67: Schulbildung (West)

Einstellung	Anteil der Befragten (in %)
Eltern wünschen für ihr(e) Kind(er):	
Hauptschulabschluß	10
Abitur	56
Eltern glauben, daß sich ein Studium später finanziell auszahlt:	50
Gegen eine Verkürzung der Gymnasialzeit sind:	57
Auf Zensuren kann in den ersten drei Grundschuljahren verzichtet werden:	56
Gemeinsamer Unterricht von Mädchen und Jungen hat sich bewährt:	90

Quelle: Institut für Schulentwicklungsforschung, Dortmund, 1990

c) Berufliche Bildung

Ausbildungsqualifikationen und berufliche Tätigkeiten im Rück- und Ausblick. Im Auftrag des Bundesministers für Bildung und Wissenschaft wurden Ausbildungsqualifikationen und berufliche Tätigkeiten von Erwerbstätigen untersucht. Die Ergebnisse des Forschungsprojekts „Wachstum, Qualifikation und Berufstätigkeit in der Bundesrepublik Deutschland" wurden Ende 1989 vorgelegt und beziehen sich nur auf Westdeutschland.

Die Beschäftigungsaussichten für Absolventen mit einer abgeschlossenen beruflichen Ausbildung werden sich in den kommenden Jahren nachhaltig verbessern und im nächsten Jahrzehnt gut sein. Auch für Hoch- und Fachhochschulabsolventen dürfte eine weitere Verbesserung der Beschäftigungsmöglichkeiten eintreten, wenn sich die bisher festgestellte Entwicklung zugunsten einer höheren Ausbildungsqualifikation in den einzelnen beruflichen Tätigkeiten fortsetzt und insbesondere auch die Entwicklung in Richtung einer stärkeren Dienstleistungsorientierung der Wirtschaft anhält. Die Beschäftigungsaussichten für Abgänger aus dem Bildungssystem ohne einen beruflichen Abschluß werden sich in Zukunft dagegen weiter verschlechtern und kaum eine dauerhafte Beschäftigung gewährleisten.

Strukturen in der Vergangenheit. Der Anteil der Erwerbstätigen mit einem Hoch- oder Fachhochschulabschluß hat sich zwischen 1978 und 1985 von rd. 6,7% auf rd. 8,6% erhöht. Der Anteil der Erwerbstätigen mit einer abgeschlossenen Berufsausbildung stieg im gleichen Zeitraum von 55,0% auf 58,0%. Der Anteil der Erwerbstätigen ohne eine abgeschlossene Berufsausbildung sank demgegenüber von 32,8% auf 26,5%. Diese Entwicklung hat sich auch in letzter Zeit fortgesetzt.

Für die Erwerbstätigen mit einem Hoch- oder Fachhochschulabschluß ist der „Staat" ein wichtiger Arbeitgeber. Rd. 46,1% waren hier 1985 beschäftigt. Eine ähnliche Bedeutung kommt dem „Produzierenden Gewerbe" für die Erwerbstätigen mit einer abgeschlossenen Berufsausbildung (rd. 44,6%), eine noch größere für die Erwerbstätigen ohne eine abgeschlossene Berufsausbildung (55,2%) zu.

Wandel der Anforderungen. Die Veränderungen der Qualifikationsstruktur in den einzelnen Tätigkeiten waren aufgrund des Wandels in den Tätigkeits- bzw. Arbeitsplatzanforderungen erheblich:

Die Erwerbstätigkeit von Hoch- bzw. Fachhochschulabsolventen erhöhte sich insbesondere im öffentlichen Sektor. Hier nahmen die Beamtentätigkeiten zu. Darüber hinaus wurden mehr

Hoch- und Fachhochschulabsolventen als Werbefachleute, Unternehmensberater, Wirtschaftsprüfer, Publizisten, Dolmetscher (andere Unternehmensdienste), als Ingenieure, Architekten, Chemiker, Physiker, Techniker (Technische Dienste) sowie in den Leitenden Verwaltungsdiensten (z. B. Geschäftsführer, Verbandsleiter, Verwaltungsfachleute) beschäftigt. Der Anteil der Erwerbstätigen mit abgeschlossener Berufsausbildung sank. Dies weist auf einen Austausch der Beschäftigung zugunsten von Hoch- bzw. Fachhochschulabsolventen hin, der zu Lasten der Erwerbstätigen mit einer abgeschlossenen Berufsausbildung ging.

Bei den Beschäftigten mit einer abgeschlossenen Berufsausbildung erhöhte sich der Anteil der Erwerbstätigkeit insbesondere bei den Tätigkeiten als Landwirte, Bergleute und Mineralgewinner sowie bei den Bau- und Ernährungsberufen und den übrigen Fertigungsberufen (z.B. Chemiearbeiter, Baustoffhersteller, Drucker). Diese Entwicklung wiederum wurde von einem Rückgang des Anteils der Erwerbstätigen ohne eine berufliche Bildung begleitet. Darüber hinaus waren für die Erwerbstätigen ohne eine abgeschlossene Berufsausbildung auch in den meisten anderen beruflichen Tätigkeiten Beschäftigungsverluste zu verzeichnen.

Arbeitskräftebedarf bis zum Jahre 2000. Nach der Untersuchung wird – unter der Voraussetzung eines mittleren wirtschaftlichen Wachstums (rd. 2,6% jährlich) sowie einer Fortsetzung der bisher bei der Besetzung von Arbeitsplätzen beobachteten Substitution zwischen den unterschiedlichen Ausbildungsniveaus, die das Bildungswesen vermittelt – der Bedarf an Hochschulabsolventen und Absolventen mit einer abgeschlossenen beruflichen Ausbildung weiter steigen. Demgegenüber wird der Bedarf an Abgängern, die das Bildungswesen ohne beruflichen Abschluß verlassen, weiter stark rückläufig sein. Im einzelnen:

Der Bedarf an Erwerbstätigen mit einem Hoch- oder Fachhochschulabschluß dürfte bis zum Jahre 2000 bei rd. 900 000 Personen liegen. Hierbei fällt der Bedarf an Fachhochschulabsolventen (rd. 430 000 Personen) nahezu ebenso hoch aus wie der Bedarf an Hochschulabsolventen (rd. 460 000 Personen).

Der Bedarf an Erwerbstätigen mit einer abgeschlossenen Berufsausbildung dürfte um rd. 2,2 Mio. Personen wachsen.

Der Bedarf an Erwerbstätigen ohne eine abgeschlossene Berufsausbildung wird demgegenüber um rd. 2,7 Mio. Personen zurückgehen.

Veränderung der Tätigkeiten. Die Veränderung der beruflichen Tätigkeiten nach den vom Bildungswesen vermittelten Ausbildungsqualifikationen läßt sich nach der Untersuchung wie folgt kennzeichnen:

Die Ausweitung der Erwerbstätigkeit von Hoch- und Fachhochschulabsolventen wird auch künftig in erheblichem Maße durch den Anstieg der Beschäftigung im öffentlichen Sektor (Beamte) bestimmt. Daneben wird ein wesentlicher Anstieg der Selbständigen erwartet. Im Rahmen eines abhängigen Beschäftigungsverhältnisses erhöht sich der Bedarf insbesondere bei Ingenieuren, Chemikern, Physikern, Mathematikern, Technikern und Technischen Sonderkräften (Technische Dienste).

Der Schwerpunkt des künftigen Bedarfs an Erwerbstätigen mit einer abgeschlossenen Berufsausbildung liegt bei den beruflichen Tätigkeiten als Krankenschwester, -pfleger, -helfer, Masseur, Sprechstundenhelfer bzw. -helferin (übrige Gesundheitsdienste). Des weiteren erstreckt sich der künftige Bedarf auf ausgebildete Bürohilfskräfte, Stenotypisten, Telefonisten sowie Buchhalter (übrige Verwaltungsdienste). Vergleichbares gilt für die kaufmännischen Dienste. Darüber hinaus ist auch hier eine erhebliche Ausweitung der Tätigkeiten als Selbständige zu erwarten.

Der Rückgang des Bedarfs an Erwerbstätigen ohne eine abgeschlossene Berufsausbildung wird in den Haus- und Gastwirtschaftsberufen, den Wachberufen sowie den Reinigungsberufen (übrige Dienste) am ausgeprägtesten sein. Ähnliches gilt für die Lager- und Verkehrsberufe sowie die beruflichen Tätigkeiten als Chemiearbeiter, Drucker, Baustoff- und Papierhersteller (übrige Fertigungsberufe).

Arbeitskräftebedarf und -angebot bis zum Jahre 2000. Der Arbeitskräftebedarf an Erwerbstätigen mit einer abgeschlossenen Berufsausbildung fällt höher als das entsprechende Arbeitskräfteangebot aus. Diese Diskrepanz wird sich noch dadurch verschärfen, daß in Zukunft zahlreiche Ausbildungsplätze wegen fehlender Auszubildender kaum besetzt werden können.

Der Arbeitskräftebedarf an Erwerbstätigen ohne eine abgeschlossene Berufsausbildung wird dagegen deutlich unter dem voraussichtlichen Angebot an Erwerbspersonen liegen.

Der Arbeitskräftebedarf an Erwerbstätigen mit einem Hoch- oder Fachhochschulabschluß nimmt zwar erheblich zu. Er reicht jedoch nicht vollständig aus, um alle Hochschulabsolventen am

Arbeitsmarkt aufzunehmen. Dies wird zu einem noch stärkeren Wettbewerb um die Besetzung von Arbeitsplätzen führen. Hiervon wird insbesondere der Arbeitskräftebedarf an Erwerbstätigen mit einer abgeschlossenen Berufsausbildung berührt sein. Wie viele Hoch- und Fachhochschulabsolventen der Arbeitsmarkt aufnehmen kann, ist wesentlich von dem erreichbaren Wirtschaftswachstum und der Aufnahmebereitschaft des öffentlichen Sektors abhängig. Ein relativ hohes jährliches Wirtschaftswachstum und ein auch in Zukunft kontinuierliches Einstellungsverhalten des öffentlichen Dienstes sind wichtige Voraussetzungen für eine möglichst reibungsfreie berufliche Eingliederung der Hoch- und Fachhochschulabsolventen, die im nächsten Jahrzehnt die Hochschulen verlassen werden. (*Quelle:* BMBW „Informationen" Nr. 12, 1989)

Schulische Berufsausbildung (West). Berufsschulen vermitteln die für den Beruf erforderliche fachtheoretische Grundausbildung. Sie werden in Teilzeitform in der Regel pflichtgemäß nach Erfüllen der neun- bzw. zehnjährigen Vollzeitschulpflicht von Jugendlichen besucht, die in der beruflichen Erstausbildung mit Ausbildungsvertrag oder in einem anderen Arbeitsverhältnis stehen und das 18. Lebensjahr noch nicht vollendet haben. Der Unterricht erfolgt in Teilzeitform an einem oder mehreren Wochentagen oder in zusammenhängenden Teilabschnitten (Blockunterricht). Den Berufsschulen werden auch die Berufssonderschulen zugeordnet, die der beruflichen Förderung körperlich, geistig und seelisch benachteiligter oder sozial gefährdeter Jugendlicher dienen.

Im **Berufsgrundbildungsjahr** wird in Vollzeitform seit 1972 eine allgemeine und berufsbezogene Grundbildung vermittelt. **Berufsaufbauschulen** sind meist nach Fachrichtungen gegliedert und werden von Jugendlichen in Berufsausbildung oder im Beruf neben (nach mind. halbjährigem Berufsschulbesuch) oder nach erfüllter Berufsschulpflicht besucht, und zwar ein bis eineinhalb Jahre lang bei Vollzeit-, drei bis dreieinhalb Jahre bei Teilzeitschulen. Der erfolgreiche Abschluß vermittelt die dem Realschulabschluß gleichgestellte Fachschulreife. **Berufsfachschulen** bereiten in Vollzeitform (Abschlußprüfung nach mind. einjährigem Besuch) nach erfüllter Vollzeitschulpflicht auf den Beruf vor oder bilden ohne vorherige praktische Berufsausbildung voll im Beruf aus. Bei zweijährigem Besuch entspricht der erfolgreiche Abschluß der Fachschulreife. Sonderformen: Berufskollegs (Baden-Württemberg) für berufliche Erstqualifikation nach 1–3 Jahren (unter bestimmten Voraussetzungen auch Fachhochschulreife)

Tabelle 68: Berufliche Schulen (West)

Schulart (Auswahl)	Anzahl		
	1970	1980	1989
Berufsschulen	1702	1583	1478
Berufsgrundbildungsjahr	–	1210	1201
Berufsaufbauschulen	595	493	276
Berufsfachschulen	2603	2788	2365
Fachoberschulen/ Fachgymnasien	821	991	975
Fachschulen	1162	1146	1151

Quelle: Bundesministerium für Bildung und Wissenschaft „Grund- und Strukturdaten 1990/91", S. 39

Tabelle 69: Berufsschüler (West)

Schulart (Auswahl)	Schülerzahl (in 1000)		
	1970	1980	1989
Berufsschulen	1599,4	1847,5	1556,2
Berufsgrundbildungsjahr	–	80,5	81,0
Berufsaufbauschulen			
Vollzeit	13,4	16,1	7,5
Teilzeit	27,0	5,7	0,7
Berufsfachschulen	182,7	325,6	263,0
Fachoberschulen/ Fachgymnasien			
Vollzeit	58,4	110,0	118,5
Teilzeit	–	23,8	22,2
Fachschulen			
Vollzeit	–	73,6	79,7
Teilzeit	–	11,3	32,2

Quelle: Bundesministerium für Bildung und Wissenschaft „Grund- und Strukturdaten 1990/91", S. 42/43

und Kollegschulen (Nordrhein-Westfalen) mit allgemeinem und beruflichem Abschluß oder beruflicher Qualifikation. **Fachoberschulen** (in der Regel nach Realschulabschluß) führen nach zwei Jahren zur Fachhochschulreife, **Fachgymnasien** (in der Regel nach Realschulabschluß) nach drei Jahren zur Hochschulreife. **Fachschulen** vermitteln begabten, berufsausgebildeten und berufserfahrenen Interessenten eine weitergehende fachberufliche Ausbildung (z.B. Technikerschulen, Meisterschulen) in Vollzeitform (½–3 Jahre) und Teilzeitform (6–8 Halbjahre). Sonderformen: Berufsakademie (Schleswig-Holstein), Fachakademie (Bayern), Wirtschaftsakademie (Hamburg), Akademie für Wirtschafts- und Sozialwesen (Saarland). Diese Akademien bereiten als berufliche Bildungseinrichtungen auf gehobene Berufslaufbahnen vor (teilweise auch mit einem dem Hochschulabschluß vergleichbaren wissenschaftlichen und beruflichen Abschluß). Die Schulen des Gesundheitswesens bilden für den Gesundheitsdienst aus (z.B. Hebamme, Masseur).

Auszubildende. Gut 1,5 Mio. junge Menschen standen 1990 bei abnehmender Tendenz in Westdeutschland in Ausbildung, etwa die Hälfte (= 756 100) allein im Bereich Industrie und Handel.

Tabelle 70: Auszubildende (West)

Ausbildungsbereich	Auszubildende (in 1000)			Neuabgeschlossene Ausbildungsverträge
	1970	1980	1989	1990
Industrie u. Handel	724,9	786,9	783,3	284 281
Handwerk	419,5	702,3	532,5	173 983
Landwirtschaft	38,1	46,8	33,8	12 125
Öffentlicher Dienst	20,2	53,8	62,6	21 359
Freie Berufe, Hauswirtschaft, Seeschiffahrt	66,0	125,6	140,8	53 442
insgesamt	1268,7	1715,5	1552,5	545 190

Quelle: Bundesministerium für Bildung und Wissenschaft „Grund- und Strukturdaten 1990/91"; BMBW-Informationen 3/90, S. 35; Berufsbildungsbericht 1991

Mehr als eine halbe Million neue Ausbildungsverträge wurden zu diesem Zeitpunkt abgeschlossen, die weitaus meisten davon in Handel und Industrie.

Tabelle 71: Ausbildungsstellenmarkt 1990 (30. 9.)

	West 1989	West 1990	Ost 1990
Neu abgeschlossene Ausbildungsverhältnisse	583 700	545 190	122 953
Ausbildungsstellen			
Angebotene	668 600	659 063	.
Nachgefragte	602 000	559 159	140 000
Unbesetzte Ausbildungsstellen	84 600	114 000	.
Unvermittelte Bewerber	18 300	13 969	.

Quelle: Bundesministerium für Bildung und Wissenschaft „Grund- und Strukturdaten 1990/91", S. 118; div. Pressemitteilungen; Berufsbildungsbericht 1991

Tabelle 72: Ausbildungsberufe 1990 (West)

Ausbildungsbereich	Anzahl der Bewerber auf 100 Lehrstellen*
Drucker	176
Technische Berufe	144
Sozialberufe	126
Verwaltungsberufe	122
Elektriker	86
Textil, Bekleidung	75
Reinigungsberufe	55
Bauberufe, Tischler	46
Ernährungsberufe	28
Bergleute	20
* Angebot der Arbeitsämter	

Quelle: Bundesanstalt für Arbeit, Nürnberg 1990

3. Bildungswesen

Ausbildungsstellenmarkt 1990. In den alten Bundesländern überstieg das Angebot an Ausbildungsplätzen die Nachfrage um über 18%, d.h. auf 100 Bewerber kamen 118 gemeldete Ausbildungsplätze. Rund 114 000 Lehrstellen waren am Ende des Berufsbildungsjahres (30. 9.) unbesetzt.

Dagegen konnte in den neuen Bundesländern die Nachfrage von 140 000 Lehrstellenbewerbern nicht gedeckt werden. Wie der „Berufsbildungsbericht 1991" weiter ausführt, ist für 1991 in Ostdeutschland mit einem gravierenden Mangel an Ausbildungsplätzen zu rechnen, so daß von 120 000 Bewerbern rund 67 000 Jugendliche keinen Ausbildungsplatz finden werden.

Ausbildungsberufe. Im graphischen Gewerbe und in technischen Berufen herrschte 1990 in Westdeutschland ein starker Andrang von Bewerbern auf das Lehrstellenangebot. Auch bei So-

Tabelle 73: Ausbildungsvergütung (West)

Ausbildungsberuf	DM/Monat (1989)	(1990)
Bauberufe (Maurer)	1100	1235
Bergbaumechaniker	1057	1120
Versicherungen (kaufm.)	1053	1094
Einzelhandelskaufleute	762	797
Industriekaufleute	761	830
Arzthelferinnen	743	743
Verwaltungsangestellte	737	779
Installateure (Gas, Wasser)	656	682
Köche	644	700
Automechaniker	610	629
Gärtner	589	641
Maler, Lackierer	581	691
Hauswirtschafterinnen	579	622
Elektriker	572	649
Bäcker	567	567
Friseuse	442	453
Damenschneider	265	–

Quelle: Bundesinstitut für Berufsbildung, Berlin 1990/91

zial- und Verwaltungsberufen registrierte die Bundesanstalt für Arbeit mehr Interessenten als vorhandene Ausbildungsplätze. In vielen handwerklichen Berufen (Elektriker, Maurer, Tischler u.a.) herrschte dagegen Lehrlingsmangel.

Ausbildungsvergütung. Die Auszubildenden in den alten Bundesländern erhielten 1989 (1.10.) im Durchschnitt eine Vergütung von 702 DM. Im Handwerk wurden dabei 608 DM gezahlt, während Industrie und Handel ihre Lehrlinge mit durchschnittlich 768 DM im Monat entlohnen konnten.

Lösung von Ausbildungsverträgen. In den vergangenen zehn Jahren hat sich die Zahl der Jugendlichen, die ihre Ausbildung wechseln oder nicht beenden, fast verdoppelt. Köche, Maler, Lackierer und Friseure brechen besonders häufig die Ausbildung ab, sehr selten kaufmännische Berufe im Bankwesen und in der Industrie. Nicht selten ist die vorzeitige Vertragslösung das Sprungbrett für eine berufliche Karriere.

Nach Angaben des Statistischen Bundesamtes haben 1989 in Westdeutschland 129 300 Auszubildende vorzeitig aufgegeben, das bedeutet eine Lösung von 8,3% aller Ausbildungsverträge.

Tabelle 74: Lösung von Ausbildungsverträgen 1988 (West)

Branchen	Anteil der vorzeitig gelösten Ausbildungsverträge (in %)
Industrie, Handel	5,6
Handwerk	ca. 10
Freie Berufe	7,1
Landwirtschaft	7,3
Öffentlicher Dienst	1,9
Neu abgeschlossene Ausbildungsverträge	20,5
Ausbildungsverträge insg.	7,5

Quelle: Industrie- und Handelskammern; Bundesverband der deutschen Arbeitgeber, 1990

d) Hochschulen

Studenten. Aufgrund der demographischen Entwicklung wird ab 1995 die Nachfrage nach Studienplätzen stark sinken, wenn auch die Studentenzahl das Angebot an Studienplätzen weiterhin übersteigen wird. Die geburtenstarken Jahrgänge der 50er und 60er Jahre sowie die gestiegene Bildungsbeteiligung in den zur Hochschulberechtigung führenden Bildungsgängen haben zu einer explosionsartigen Zunahme der Zahl der Hochschulberechtigten geführt. In Westdeutschland ist mit 1 zu 15 das Verhältnis von wissenschaftlichem Personal und Studierenden ungünstig. Mit 21 Jahren betritt der Durchschnittsstudent die Hochschule, mit 28 Jahren verläßt er sie wieder. Nur jeder zehnte Student schafft den Abschluß in der Regelstudienzeit. Die zukünftige Nachfrageentwicklung hängt im wesentlichen von der Zahl und vom Übergangsverhalten der Hochschulberechtigten ab. Bis Mitte der 70er Jahre betrug der Anteil der westdeutschen Studienanfänger an den Hochschulberechtigten (Übergangsquote) zeitweilig über 90 Prozent. 1988 lag die Übergangsquote bei 73%; sie wird sich voraussichtlich bei 75–80% einpendeln.

Tabelle 75: Studenten (1989)

Hochschulart	Studenten (in 1000)	
	West	Ost
Wissenschaftliche Hochschulen		
Studienanfänger	171,9	.
Studenten insg.	1128,3	.
Kunsthochschulen		
Studienanfänger	2,9	.
Studenten insg.	23,4	.
Fachhochschulen		
Studienanfänger	77,8	.
Studenten insg.	357,3	.
insgesamt		
Studienanfänger	252,6	31,5
Studenten insg.	1509,0	131,2

Quelle: Bundesministerium für Bildung und Wissenschaft „Grund- und Strukturdaten 1990/91", S. 138/139; BMBW „Informationen" 12/1990

Im Wintersemester 1990/91 waren in Gesamtdeutschland über 1,715 Mio. Studenten eingeschrieben. Von ihnen waren 316 000 Studienanfänger.

Karte 3: Hochschulen 1989 (West)

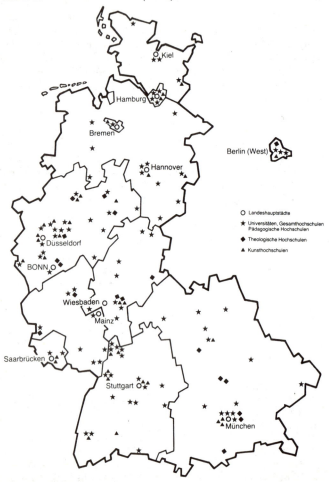

Quelle: BMBW „Grund- und Strukturdaten"

Karte 4: Hochschulen 1989 (Ost)

Quelle: BMBW „Grund- und Strukturdaten"

Tabelle 76: Studenten nach Fächergruppen 1989 (West)

Fächergruppe	Studenten
Sprach-, Kulturwissenschaften, Sport	307213
Rechts-, Wirtschafts- und Sozialwissenschaften	424391
Mathematik, Naturwissenschaften	245869
Ingenieurwissenschaften	319954
Medizin	105866
Agrar-, Forst- und Ernährungswissenschaften	35736
Kunst, Kunstwissenschaft	68995
Insgesamt	1509036

Quelle: BMBW „Grund- und Strukturdaten 1990/91", S. 150/151

Tabelle 77: Studenten nach Fächergruppen 1989 (Ost)

Fächergruppe (Hochschulen)	Studenten	Neuzulassungen (Anzahl)	Absolventen
Mathematik, Naturwissenschaften	7850	1997	1201
Techn. Wissenschaften	42340	10990	7220
Medizin	12574	2187	2151
Agrarwissenschaften	6887	1234	1246
Wirtschaftswissenschaften	16962	4451	3668
Philosoph.-histor. Wiss., Staats- u. Rechtswissenschaften	7840	1535	1524
Kultur-, Kunst- und Sportwissenschaften	7514	1761	1494
Pädagogik	29221	7376	5663
Insgesamt	131188	31531	24167

Quelle: BMBW „Grund- und Strukturdaten 1990/91", S. 373

Hochschulen. Im alten Bundesgebiet der elf Länder studieren derzeit mehr als 1,5 Millionen Studenten auf 850000 Studienplätzen.

In den ostdeutschen Ländern gibt es überwiegend Spezialhochschulen mit einem schmalen Fächerspektrum. Zwei Drittel aller

Fachrichtungen in der ehemaligen DDR existieren jeweils nur an einer einzigen Hochschule. In den im Norden gelegenen Hochschulen fehlen kultur- und kunstwissenschaftliche Fachrichtungen völlig. Im industriell stark entwickelten Süden dagegen mangelt es an philosophisch-historischen, rechtswissenschaftlichen, kultur- und kunstwissenschaftlichen sowie literatur- und sprachwissenschaftlichen Fachrichtungen.

Tabelle 78: Hochschulen (1989)

Hochschulart	Anzahl	
	West	Ost
Gesamthochschulen	1	.
Universitäten	68	9
Pädagog. Hochschulen	8	9
Theolog. Hochschulen	16	.
Kunsthochschulen	30	12
Fachhochschulen	121	.
insgesamt	244	54

Quelle: Bundesministerium für Bildung und Wissenschaft „Grund- und Strukturdaten 1990/91", S. 136; „Informationen" 12/1990

Studienwilligkeit der Abiturienten. Die Abiturientenbefragung 1990 in den alten Bundesländern erbrachte einen Anstieg der Studienwilligkeit gegenüber dem Vorjahr. So wollten 73% der Abiturienten und 60% der Abiturientinnen nach der Schule ein Studium beginnen.

Tabelle 79: Studienwilligkeit der Abiturienten 1990 (West)

Merkmal	Anteil der Befragten (in %)		
	w	m	insg.
Studienwillige	60,0	72,9	67,0
Unentschlossene	22,8	19,9	21,2
Keine Studienabsicht	17,2	7,2	11,8

Quelle: BMBW „Grund- und Strukturdaten 1990/91", S. 70

Soziale Situation der Studenten. 62% der westdeutschen Hochschulbesucher finanzieren ihr Studium ganz oder teilweise durch Werkarbeit; dabei „jobben" während des Semesters fast ebensoviele (54%) wie in den Semesterferien (55%). Knapp 23% aller Studierenden erhielten im Sommersemester 1988, dem Zeitpunkt der Erhebung, Ausbildungsförderung nach dem Bundesausbildungsförderungsgesetz (BAföG). 69% bekommen von ihren Eltern Geld, 53% unbare Leistungen. Noch im Jahre 1985 verfügte ein „Normalstudent" monatlich über 895 DM, heute haben Studenten 1032 DM, Studentinnen 961 DM in der Monatskasse.

Der „Normalstudent" widmet sich 12 Stunden in der Semesterwoche nicht seinem Studium, sondern dem Broterwerb. 36 Stunden wöchentlich verbringt er damit, Hochschulveranstaltungen vor- und nachzubereiten oder zu besuchen. Demgegenüber widmen sich die nichterwerbstätigen Studierenden mit durchschnittlich 43 Stunden ihrem Pensum.

8% der Studierenden sind verheiratet, 6% haben Kinder. Der „Normalstudent" gibt für Miete im Durchschnitt 302 DM aus. 60% der männlichen Studenten besitzen ein eigenes Auto, lediglich 40% der Studentinnen haben einen eigenen fahrbaren Untersatz. 39% der Fachhochschulstudenten und 27% der Universitätsstudenten leben noch zu Hause bei ihren Eltern. Mehr als ein Drittel aller Studierenden hat eine eigene Mietwohnung; in Untermietverhältnissen leben nur noch 6 bzw. 7%. Während 11% der Hochschulbesucher einen Platz in einem Studentenwohnheim bekommen konnten, wünschen sich diese Wohnform 22%. 21% bevorzugen eine Wohngemeinschaft. (*Quelle:* 12. Sozialerhebung des Deutschen Studentenwerkes)

Studienanfänger. Von den westdeutschen Studienanfängern des Studienjahres 1988/89 verfügt nach einer vom Bundesbildungsminister in Auftrag gegebenen Studie fast jeder dritte (31%) über eine abgeschlossene Berufsausbildung. Zumeist wurde eine betriebliche Ausbildung absolviert (26%). Dieser Anteil ist in den vergangenen Jahren ständig gewachsen. Unterschiedliche Gründe wie Voraussetzung zum Erwerb der Fachhochschulreife, Verbesserung der späteren Berufsaussichten, Ergänzung zum Studium, aber auch Überbrückung von Wartezeiten u.a. waren für die Wahl der Berufsausbildung ausschlaggebend. Rund 6% aller Studienanfänger, die eine Berufsausbildung begonnen hatten, haben diese abgebrochen. Insgesamt 17% haben ihre Berufsausbildung nach dem Erwerb der Hochschulreife begonnen und auch abgeschlossen. Männer haben zu 50% in Fertigungsberufen und zu 30% in kaufmännischen und Verwaltungsberufen ihre Ausbildung abgeschlossen, während Frauen zu knapp 50% kaufmännische und Verwaltungsberufe gewählt haben und zu 20% Gesundheitsdienst-, Sozial- und Erziehungsberufe.

Wahl des Studienortes. Die Studierenden in der westlichen Bundesrepublik konzentrieren sich bei der Wahl ihres Studienortes besonders stark auf nur 10 von insgesamt 60 Universitäten.

Die „Hit-Liste" der fünf beliebtesten Universitätsstädten mit jeweils mehr als 40000 Studierenden wird traditionell von der Ludwig-Maximilian-Universität München (63500) angeführt, gefolgt von der Freien Universität Berlin (59200) sowie den Universitäten Köln (49300), Münster (44500) und Hamburg (41600 Studierende). An der Spitze der Gruppe der „30000er" rangieren die Universitäten Bonn (38400) und – als größte Technische Hochschule im Bundesgebiet – Aachen (35800 Studierende). Zu den zehn größten Hochschulen zählen weiterhin die Universitäten Bochum (33000) und Frankfurt (31200) sowie die Technische Universität Berlin (30900 Studierende).

Im Fachhochschul-Bereich mit seinen insgesamt 350000 Studierenden gibt es eine nicht so starke Bevorzugung bestimmter Hochschulen und demzufolge auch eine breitere Verteilung der Studentenströme auf das gesamte System dieses Hochschultyps mit seinen vielfältigen praxisbezogenen Angeboten in allen Bundesländern (123 Fachhochschulen).

Gemessen am Anteil der Studierenden an der jeweiligen Bevölkerung waren Gießen und Tübingen die „studentenstärksten" Hochschulstädte (mit einem jeweils 31prozentigen Studentenanteil). Auch Erlangen, Göttingen, Heidelberg und Münster sind mit jeweils mehr als 20% Studenten-Anteil an der Gesamtbevölkerung besonders belastete Hochschulstädte. Ähnliche Relationen gelten für Aachen, Darmstadt und Marburg (Studenten-Anteil 17 bis 19%).

Studienorganisation und Studiendauer. Im Auftrag des Bundesministeriums für Bildung und Wissenschaft wurden 1988 an neun westdeutschen Universitäten 4500 Hochschulabsolventen aus elf Studiengängen befragt, um Informationen über studienzeitverlängernde Faktoren im Studium und in der Abschlußprüfung zu gewinnen. So konnte festgestellt werden, daß ein gutes Drittel der Studenten durchschnittlich 0,7 Semester durch die Wiederholung von Übungsscheinen verliert. Der Zeitverlust durch die Wiederholung nicht bestandener Prüfungen beträgt im

Tabelle 80: Studienorganisation und Studiendauer (1988)

Merkmal (Durchschnitt)	Anzahl Anteil
Hochschulabsolventen (in 1000)	159
Alter der Studienanfänger (Jahre)	21,9
Anzahl der Semester bis Studienabschluß	12,4
Alter der Studienabsolventen (Jahre)	27,8
Wiederholung von Pflichtscheinen*:	
Grundstudium	26,6%
Hauptstudium	18,4%
Wiederholung nicht bestandener Prüfungen*:	
Vordiplom	30%
Hauptdiplom	18%
Erwerbstätigkeit*:	
gelegentlich erwerbstätig	52%
regelmäßig erwerbstätig	35%
Effektive Bearbeitungsdauer der Diplomarbeit (Monate)	9
Studiendauer (Semester):	
Universität	14,7
Maschinenbau	12,5
Elektrotechnik	12,3
Informatik	12,7
Betriebswirtschaft	11,0
Fachhochschule	9,3
Maschinenbau	8,6
Elektrotechnik	8,6
Informatik	8,3
Betriebswirtschaft	8,4
* Anteil an den Befragten	

Quelle: BMBW „Informationen" 10/88; Wissenschaftsrat, Bonn 1990

Vordiplom 1 Semester, im Hauptdiplom 1,5 Semester. Durch gelegentliche Erwerbstätigkeit während der Vorlesungszeit erhöht sich die Studienzeit um 0,5 Semester, durch regelmäßige Erwerbstätigkeit um 0,8 Semester.

Weiterbildung. Bei der Beteiligung an Weiterbildung gibt es deutliche gruppenspezifische Unterschiede. Am stärksten wird die Weiterbildungsteilnahme von der schulischen und beruflichen Vorbildung beeinflußt. So hat sich zum Beispiel im Jahr 1988 von den Personen mit (Fach-)Hochschulabschluß etwa jede zweite an Weiterbildung beteiligt, während es bei den Personen ohne abgeschlossene Berufsausbildung etwa jede fünfte war.

Zentrales Weiterbildungsmotiv ist das Interesse an der Anpassung an neuere Entwicklungen und Anforderungen im Beruf gefolgt von dem Wunsch, berufliche Kenntnisse zu erweitern und damit zusätzliche Tätigkeiten übernehmen zu können. Dagegen wird der Wunsch nach Umschulung oder dem Nachholen von Berufsabschlüssen deutlich seltener geäußert.

Teilnehmer und auch Nicht-Teilnehmer äußern sich überwiegend positiv zur Weiterbildung. Als stärkste Weiterbildungsbarrieren, die trotzdem eine Teilnahme verhindern, erweisen sich mangelnde Weiterbildungsangebote „vor Ort".

Das Weiterbildungsangebot wird von einer Vielzahl von Trägern erbracht, wobei die Trägerstrukturen regional sehr unterschiedlich sind. Während bei der allgemeinen Weiterbildung die Volkshochschulen größte Anbieter sind, dominieren bei der beruflichen Weiterbildung eindeutig die Arbeitgeber/Betriebe. Auf sie entfallen fast die Hälfte der Teilnahmefälle und ein Drittel des aufgewandten Zeitvolumens für Weiterbildung. Die Kategorie „Arbeitgeber/Betriebe" umfaßt neben Betrieben der Privatwirtschaft auch den öffentlichen Dienst. Die Weiterbildungsbeteiligung liegt bei Beschäftigten im öffentlichen Dienst deutlich höher als bei Erwerbstätigen in der Privatwirtschaft. Allerdings nehmen im öffentlichen Dienst Beschäftigte durchschnittlich an kürzeren Maßnahmen teil.

Betriebliche Weiterbildung ist überwiegend Anpassungsweiterbildung und konzentriert sich eher auf besser qualifizierte Personen. Thematisch liegt ein starker Akzent auf der Anwendung der neuen Technologien.

(*Quelle:* BMBW „Berichtssystem Weiterbildung")

Tabelle 81: Weiterbildung 1989 (West)

Art der Maßnahme	Teilnehmer
Fernunterrichtslehrgänge	94 574
Prüfungen der Volkshochschulen für Schulabschlüsse	11 095
Weiterbildungsveranstaltungen der Industrie- u. Handelskammern sowie Handwerkskammern	537 087
Berufliche Förderung der Bundesanstalt für Arbeit (Eintritte)	449 100
Bestandene Fortbildungsprüfungen:	
Industrie und Handel	49 340
Handwerk	48 259
Landwirtschaft	3 876
Öffentlicher Dienst	1 869
Freie Berufe, Hauswirtschaft, Seeschiffahrt	1 556

Quelle: BMBW „Grund- und Strukturdaten 1990/91", S. 243–253

4. Wohnungswesen

a) Wohnungsbau

Nach Schätzungen des Deutschen Mieterbundes fehlen in ganz Deutschland fast 2,5 Mio Wohnungen, davon allein 1,5 Mio in den alten Bundesländern.

Baugenehmigungen. Nach Angaben des Bundesbauministeriums wurden 1990 rund 387000 Wohnungen in den alten Bundesländern neu zum Bau genehmigt. Die Zahl der fertiggestellten Wohnungen lag 1990 knapp unter 300000 Einheiten.

In den neuen Bundesländern wurden 1990 insgesamt 62468 Wohnungen fertiggestellt, davon 60055 neue, der Rest rekonstruierte Wohnungen.

b) Wohnungsmarkt

Wohnraum. Durch die Vereinigung der beiden deutschen Staaten haben sich einige statistische Durchschnittswerte wesentlich verändert. So liegt jetzt die Wohnungsgröße durchschnittlich bei 75 qm, d.h. für jeden Einwohner stehen 31 qm Wohnraum zur Verfügung. Die Wohneigentumsquote liegt bei 36%: im Westen bei 40% (mit 115 m^2 Wohnfläche) und im Osten bei 24% (mit 84 m^2 Wohnfläche). Statistisch gesehen ist in ganz Deutschland mit 430 Wohnungen je 1000 Einwohner die Wohnraumversorgung ausgeglichen. Jeder Privathaushalt verfügt also über eine Wohnung, nur befindet sich der Wohnungsbestand in den fünf neuen Bundesländern in einem stark erneuerungsbedürftigen Zustand:

Lediglich 9 Prozent der in traditioneller Bauweise errichteten Mehrfamilienhäuser und 30 Prozent der Ein- und Zweifamilienhäuser sind gut erhalten. 40 Prozent der Mehrfamilienhäuser und 50 Prozent der Ein- und Zweifamilienhäuser haben geringe Schäden und über 50 Prozent der in traditioneller Bauweise errichteten Mehrfamilienhäuser weisen heute schwerwiegende Mängel auf oder sind teilweise für Wohnzwecke bereits unbrauchbar geworden. Der entsprechende Anteil im Ein- und Zweifamilienhausbestand erreicht 20 Prozent.

Zwei Drittel des Wohnungsbestandes stammen aus der Vorkriegszeit, der größte Teil davon sogar noch aus der Zeit vor 1914. In jeder vierten Wohnung befindet sich kein WC, fast jede fünfte Wohnung ist heute noch ohne Bad bzw. Dusche und mehr als die Hälfte aller Wohnungen ist mit veralteten, stark umweltbelastenden Heizungssystemen ausgestattet. Häufig wird noch in Einzelöfen mit Braunkohle geheizt.

Immobilienpreise. Das statistische Durchschnittshaus in mittlerer Wohnlage kostete in Norddeutschland 1990 um 300000 DM, in süddeutschen Städten um 600000 DM. Diese Durchschnitts-

Tabelle 82: Wohnungen

Bundesland	Wohnungen* (in 1000)
Baden-Württemberg	3854,7
Bayern	4589,1
Berlin (Ost)	631,4
Berlin (West)	1083,9
Brandenburg	1081,9
Bremen	325,4
Hamburg	791,5
Hessen	2362,9
Mecklenburg-Vorpommern	754,7
Niedersachsen	2961,3
Nordrhein-Westfalen	7228,7
Rheinl.-Pfalz	1516,0
Saarland	437,7
Sachsen	2197,6
Sachsen-Anhalt	1239,6
Schleswig-Holstein	1128,8
Thüringen	1097,4
Deutschland Ost	7002,5
Deutschland West	26279,5

* (Ost: JE 1989/West: VZ 1987)

Quelle: Statistisches Jahrbuch 1990; Statistisches Amt der DDR „Statistische Daten 1989 über die Länder der DDR"

preise ermittelt der Ring Deutschler Markler (RDM) in Hamburg jährlich für das typische Einfamilienhaus mit ortsüblichem Grundstück und einer Wohnfläche von 125 Quadratmetern.

Baulandpreise. Mitte 1990 lag im westlichen Deutschland der durchschnittliche Quadratmeterpreis für alle Baulandarten bei 87,85 DM. Baureifes Land kostete 127,08 DM/qm, Rohbauland 54,93 DM/qm und sonstiges Bauland 33,18 DM pro qm.

Tabelle 83: Immobilienpreise (1989/90)

Raum (Auswahl)	Wohnform	Qualität*	Marktpreis (in 1000 DM)
Frankfurt	Einfamilienhaus	freistehend	bis 1500
	Einfamilienhaus	Reihenhaus	.
	Eigentumswohnung	–	2,5–6,0**
Hamburg	Einfamilienhaus	freistehend	um 400
	Einfamilienhaus	Reihenhaus	
	Eigentumswohnung	–	um 2,7**
München	Einfamilienhaus	freistehend	ab 700
	Einfamilienhaus	Reihenhaus	bis 1200
	Eigentumswohnung	–	3,0–8,0**
Düsseldorf	Einfamilienhaus	freistehend	ab 280
	Einfamilienhaus	Reihenhaus	.
	Eigentumswohnung	–	1,5–6,0**
Stuttgart	Einfamilienhaus	freistehend	ab 450
	Einfamilienhaus	Reihenhaus	bis 1100

Raum (Auswahl)	Wohnform	Qualität*	Marktpreis (in 1000 DM)
	Eigentumswohnung	–	2,3–8,0**
Berlin	Einfamilienhaus	freistehend	350–680
	Einfamilienhaus	Reihenhaus	280–450
	Eigentumswohnung	–	bis 3,6**
Garmisch-Partenkirchen	Einfamilienhaus	freistehend	um 825
	Einfamilienhaus	Reihenhaus	.
	Eigentumswohnung	–	um 4,2**
Sylt	Einfamilienhaus	freistehend	500–750
	Einfamilienhaus	Reihenhaus	.
	Eigentumswohnung	–	um 4,0**

* mittlere bis gute Ausstattung
** pro qm Wohnfläche

Quelle: BfLR „Information zur Raumentwicklung", Heft 6/7, 1989; Ring Deutscher Makler; Verband Deutscher Makler, 1990/91

Mietwohnungen. Die Entwicklung der Mieten hat sich auch 1989 beschleunigt (Altbauwohnungen: + 3,4%, freifinanzierte Neubauwohnungen: + 2,7%, Sozialwohnungen: + 3,9%, Mieten insg.: + 3,0%). Nach Erkenntnissen des Bundesbauministeriums läßt die Mietentwicklung in der Bundesrepublik aufgeschlüsselt nach der Größe der Gemeinden keine großen Abweichungen erkennen. Mieter in Verdichtungsräumen sind danach also vom Mietanstieg nicht stärker betroffen als Mieter in ländlichen Gebieten. Nach Berechnungen des DIW, Berlin, müssen bundesdeutsche Mieter durchschnittlich 19% ihres Haushaltsnettoeinkommens für die Kaltmiete zahlen, bei Umzug in eine neue Wohnung sogar 24%. In den neuen Bundesländern sind für alle

4. Wohnungswesen

Karte 5: Kaufwerte für baureifes Land (1985/87)

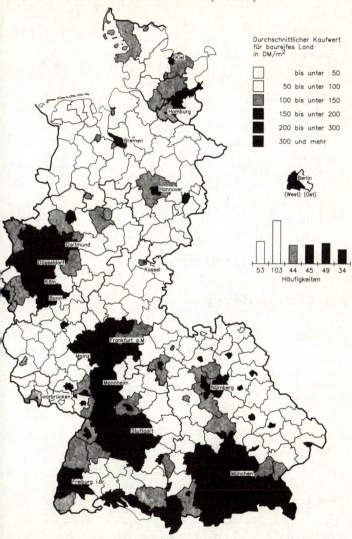

Quelle: BfLR „Informationen zur Raumentwicklung" Heft 6/7, 1989

Tabelle 84: Baulandpreise (Anfang 1990)

Gebiet (Auswahl)	Marktpreis* (DM/m²)
Stuttgart	875
München	800
Berlin	590
Frankfurt	500
Nürnberg	475
Düsseldorf	350
Bonn	340
Köln	300
Hannover	250
Saarbrücken	200
Hamburg	300
Bremen	160
Kiel	150
Oldenburg	115

* Grundstückspreis für Einfamilienhausbebauung in mittlerer Wohnlage

Quelle: Ring Deutscher Makler, 1990

Tabelle 85: Mietwohnungen

Stadt (Auswahl)	Mietwohnungen[1] (Anteil in % aller Wohnungen)	Mietpreis[1] (DM/m²)	Mietpreis[2] (DM/m²)
Berlin (West)	89	6,39	4–10
Bremen	68	7,63	7,30
Dortmund	81	6,50	7,50
Düsseldorf	85	8,17	10,90
Duisburg	85	6,63	.
Essen	83	6,87	7,90
Frankfurt	88	8,34	9,50
Hamburg	83	8,25	9–12
Hannover	84	7,20	7,80
Köln	83	7,65	8,30
München	82	10,00	bis 20,00
Stuttgart	77	7,36	8,20

Quelle: 1) Gebäude- und Wohnungszählung 1987;
2) div. Pressemitteilungen

vor dem 3. 10. 1990 fertiggestellten Wohnungen bis zum 31. 12. 1991 die preisrechtlichen DDR-Vorschriften in Kraft. Danach liegt der Mietpreis zwischen 0,80 DM und 1,25 DM pro qm, das sind 3–5% Mietkostenbelastung des Einkommens.

Ab dem 1. 10. 1991 gilt in den ostdeutschen Ländern folgende Rechtsverordnung zur Mietanpassung:

- Die Grundmiete erhöht sich um durchschnittlich 1,– DM pro Quadratmeter Wohnfläche.
- Die Betriebskosten ohne Heizung und Warmwasser werden auf die Mieten umgelegt: ca. 1,– DM pro Quadratermeter Wohnfläche.
- Die Kosten für Heizung und Warmwasser werden bis zu höchstens 3,– DM auf die Mieten umgelegt. Die tatsächlichen Kosten hierfür liegen jedoch im Durchschnitt aller Mieterhaushalte deutlich darunter: bei ca. 2,– DM pro Quadratmeter Wohnfläche.

Mietbelastung. Das Statistische Bundesamt in Wiesbaden läßt jährlich 1000 Haushalte ein Haushaltsbuch über die monatlichen Einnahmen und Ausgaben führen. Nach den Ergebnissen, die nicht für alle Privathaushalte repräsentativ sind, müssen Haushalte mit niedrigem Einkommen bereits mehr als ein Drittel ihres verfügbaren Monatseinkommens für Heizung und Miete ausgeben.

Tabelle 86: Mietbelastung 1989 (West)

Haushaltstyp	Verfügbares Monats-einkommen (in DM)	Davon Ausgaben für Heizung u. Miete (in %)
Zweipersonen-Rentnerhaushalt	2027	35,0
Vierpersonenhaushalt mit mittl. Einkommen	4246	26,3
Vierpersonenhaushalt mit höherem Einkommen	7058	25,0

Quelle: Nach Satistisches Bundesamt, Wiesbaden 1990

Zwangsversteigerungen. In zunehmendem Maße wird der Kauf von Häusern, Eigentumswohnungen und Grundstücken durch den Erwerb zwangsversteigerter Immobilien getätigt. Im Durchschnitt wechselt dabei im westlichen Deutschland die versteigerte Immobilie für 292 400 DM den Besitzer.

Tabelle 87: Zwangsversteigerungen (West)

Gebiet	Anzahl der Zwangsversteigerungen (absolut)	Verkehrswert (∅) je Immobilie (in DM)
Bayern	3 373	354 200
Baden-Württemberg	2 301	346 800
Nordrhein-Westfalen	9 398	283 300
Westdeutschland insg.	28 100	292 400

Quelle: Argetra-Zwangsversteigerungskalender, Ratingen 1990

c) Wohnbauförderung

Die steuerlichen Abschreibungsbedingungen im Einkommensteuergesetz wurden verbessert:
- Die Abschreibungsfrist für Wohngebäude wird von 50 auf 40 Jahre verkürzt;
- die degressive Abschreibung wird verstärkt: In den ersten 4 Jahren können 7 Prozent der Herstellungskosten abgesetzt werden, in den folgenden 6 Jahren 5 Prozent, danach noch einmal 2 Prozent in den folgenden 6 Jahren und in den letzten 24 Jahren 1,25 Prozent;
- als Stichtag für die Abschreibung gilt der 28. Februar 1989. Alle Objekte, für die nach dem Stichtag eine Baugenehmigung beantragt worden ist oder wird, können mit den neuen Sätzen abgeschrieben werden.

Unter dem Eindruck des starken Zuzugs von Aus- und Übersiedlern wurden etliche Wohnbauförderungsmaßnahmen erweitert oder neu ins Leben gerufen, so z. B. für Bauanträge nach dem 2. Oktober 1989 als „Steuerliche Abschreibung für zusätzliche Wohnungen im Bestand" oder nach dem „Wohnungsbaupro-

gramm der Kreditanstalt für Wiederaufbau (KfW)". Danach werden folgende Baumaßnahmen gefördert:
- der Umbau von bisher gewerblich oder landwirtschaftlich genutzten Gebäuden zu Wohngebäuden,
- der Ausbau von Unter- oder Dachgeschossen,
- die Erweiterung durch Aufstockung oder Anbau sowie
- die Aufteilung von selbstgenutzten Eigenheimen oder Eigentumswohnungen.

Fast 80% der Westbürger möchten in eigenen vier Wänden wohnen, bei 42% liegt jedoch erst die Wohneigentumsquote, die jährlich um knapp 1% steigt. Das sind rund 250 000 Familien, die jährlich den Schritt vom Mieter zum Eigentümer schaffen. Eine geringe Eigentumsquote weisen die Einpersonenhaushalte auf. Diese Haushaltsgruppe (etwa ein Drittel aller Haushalte) möchte mobil bleiben und wohnt daher zu 80% zur Miete. Eine vom Bundesbauministerium in Auftrag gegebene Studie kommt zu dem Ergebnis, daß die Wohneigentumsquote mit der Haushaltsgröße steigt. Im einzelnen liegt die Eigentumsquote
- bei den 3-Personen-Haushalten inzwischen bei 49% und damit um über 7% höher als 1978,
- bei den 4-Personen-Haushalten bei über 54% und damit um rund 3,5% höher als 1978 und
- bei den Haushalten mit 5 und mehr Personen bei 72% und damit um rund 9% höher als 1978.

In immer größerem Maße rückt dabei der Erwerb von Wohnungen und Eigenheimen aus dem Bestand in den Vordergrund. Nur noch in 50 Prozent der Fälle geschieht die Eigentumsbildung auf dem Weg über den Neubau. Die übrigen Fälle der Eigentumsbildung vollziehen sich über den Gebrauchtwohnungsmarkt. Nach Erkenntnissen des DIW, Berlin, wenden Eigentümer renovierungsbedürftiger Immobilien durchschnittlich 30% ihrer Einkommen für den Immobilienbesitz auf. Nur jede vierte Immobilie ist von ihren derzeitigen Besitzern geerbt worden, alle anderen haben sie sich selbst erarbeitet.

Eigentumsförderung. Am 1. 1. 1987 trat eine Neuregelung der steuerlichen Förderung selbstgenutzten Wohneigentums in Kraft. Die Neuordnung gilt für Häuser und Eigentumswohnungen, die nach dem 31. 12. 1986 hergestellt oder angeschafft werden. Bauherren und Erwerber von Wohneigentum, die bis zum Inkrafttreten der Neuregelung mit den erhöhten Absetzungen nach § 7b oder anderen Vorschriften des Einkommensteuergesetzes beginnen, können diese Vergünstigung bis zu ihrem Ablauf in Anspruch nehmen. Dies gilt auch für die Möglichkeit es erweiterten Schuldzinsenabzugs im Rahmen des Sofortprogramms zur Wiederbelebung des Wohnungsbaus vom Herbst 1982. Im einzelnen sieht die steuerliche Förderung selbstgenutzten Wohneigentums folgende Neuregelungen vor:

- Grundförderung: Erster Baustein der Neuordnung ist eine der heute geltenden 7b-Regelung entsprechende Grundförderung. Der berücksichtigungsfähige Betrag für die Herstellung- oder Anschaffungskosten des Gebäudes sowie für die Hälfte der Grundstückskosten ist auf 300 000 DM (vorgesehen: 330 000 DM) angehoben. Damit können Bauherren und Erwerber selbstgenutzten Wohneigentums künftig 8 Jahre lang bis zu 15 000 DM (= 5%) pro Jahr als Sonderausgaben vom zu versteuernden Einkommen absetzen („Bauherrenparagraph 10e").
- Baukindergeld: Für jedes im Haushalt des Steuerpflichtigen lebende Kind wird seit 1. 1. 1990 zusätzlich zur Grundförderung acht Jahre lang eine Entlastung von jährlich 750 DM gewährt, eine Erhöhung auf 1000 DM ist vorgesehen.
- Wohneigentum aus dem Bestand: Der Erwerb von Wohneigentum aus dem Bestand zur Selbstnutzung wird ebenso wie die Herstellung eines selbstgenutzten Neubaus gefördert.
- Steuerliche Gleichbehandlung: Bauherren und Erwerber von selbstgenutztem Wohneigentum werden steuerlich gleichbehandelt, unabhängig davon, ob sie ein Ein-, Zwei- oder Mehrfamilienhaus gebaut oder erworben haben. Bauherren von Zwei- oder Mehrfamilienhäusern können nicht mehr wie bisher im Rahmen der Normalbesteuerung Werbungskosten, insbesondere Schuldzinsen, in voller Höhe, sondern nur noch für den vermieteten Teil, steuermindernd geltend machen. Für teilweise selbstgenutzte Zwei- oder Mehrfamilienhäuser, die vor dem 1. 1. 1987 fertiggestellt oder angeschafft wurden, gilt bis einschließlich 1988 eine Übergangsregelung (Wahlmöglichkeit).
- Nutzungswertbesteuerung: Die Nutzungswertbesteuerung entfällt für alle selbstgenutzten Wohnungen
- Aus- und Erweiterungsbauten: Künftig kann auch der Besitzer

4. Wohnungswesen

oder Erwerber eines Altbaus den neuen Bauherrenparagraphen 10e für Erweiterungs- und Ausbauten nutzen.

Daneben gibt es folgende Förderung für Ostdeutschland (Auswahl):

- Ein Zuschuß (20 % des Kaufpreises, max. 7000 DM für den Haushaltsvorstand und 1000 DM für jedes weitere Familienmitglied) für Mieter zum Kauf selbstgenutzer Wohnungen aus dem Bestand der 2,9 Mio. „volkseigener" Mietwohnungen (in Kommunalbesitz).
- Hilfen für Instandsetzungs- und Modernisierungsmaßnahmen: Wer Haus oder Wohnung selbst nutzt, kann künftig jeglichen Erhaltungsaufwand, der zwischen 1991 und 1994 entsteht, mit jeweils 10 Prozent über 10 Jahre steuerlich absetzen. Begünstigungsfähig sind Aufwendungen bis zu insgesamt 20000 DM.
- Mittel (Zuschüsse) für die Fertigstellung von Mietwohnungen, mit deren Bau vor dem 3. Oktober 1990 begonnen wurde. Mit den Fördergeldern kann ein Zuschuß von höchstens 10 Prozent der nachgewiesenen Baukosten (ohne Grundstückskosten) gewährt werden.
- Mittel zur Fertigstellung von Eigentumsmaßnahmen für selbstgenutzte Eigenheime, deren Bau durch den Antragsteller vor dem 30. Juni 1990 begonnen aber noch nicht beendet war (Eigenheimerbeihilfe). Die Eigenheimerbeihilfe beträgt 75 Prozent des Kapitaldienstes bis zu bestimmten Höchstbeträgen. Beihilfefähig sind Höchstbeträge für den Kapitaldienst beim 1-Personen-Haushalt in Höhe von 760 DM und beim 2-Personen-Haushalt in Höhe von 980 DM. Für jede weitere zum Haushalt zählende Person erhöht sich der Höchstbetrag um 190 DM.

5. Energie

Stromerzeugung. In den neuen Bundesländer werden rund 85% des Stroms in Braunkohlekraftwerken erzeugt. Die stark schwefelhaltigen Emissionen bei der Stromerzeugung in Ostdeutschland führen dazu, daß dort je Einwohner jährlich 320 kg Schwefeldioxid in die Luft abgegeben werden, in Westdeutschland sind es nur 30 kg. Zur westdeutschen Stromerzeugung tragen die erneuerbaren Energien (wie Wasser, Wind, Sonne) etwa 6% bei.

Tabelle 88: Stromerzeugung

Art	West 1989	Ost 1988
Stromerzeugung (in Mrd. kWh)	440,9	
Anteil (in %):		
Kernenergie	34,0	9,9
Steinkohle	29,9	0,2
Braunkohle	18,8	85,0
Erdgas	7,3	–
Wasserkraft	4,4	1,5
Heizöl	2,4	0,5
Sonstige	3,2	2,9

Quelle: Bundesministerium für Wirtschaft „Leistung in Zahlen 1989", Bonn 1990; div. Presseunterlagen

Primärenergieverbrauch. Bei der Wandlung der Primärenergie in die dem Verbrauch angemessene Form müssen gegenwärtig für die Stromerzeugung die höchsten Verluste, nämlich über zwei Drittel der eingesetzten Energie, hingenommen werden. So werden heute nur 36% der in der Kohle steckenden Energie in Strom umgewandelt, fast zwei Drittel gehen als Wärme ins Wasser oder in die Luft. Beim Pro-Kopf-Energieverbrauch liegen die Deutschen mit an der Weltspitze. So wurden nach einer UN-Erhebung 1987 in Deutschland Ost 7,9 t SKE und in Deutschland West 5,6 t SKE je Einwohner an Energie verbraucht.

5. Energie

Tabelle 89: Primärenergieverbrauch

Energieträger	Ost 1988	Ost 1990	West 1989	West 1990
Gesamtverbrauch (in Mio. t SKE*)	127,5	105	383,5	389
davon (Anteil in %):				
Mineralöl	13	17,1	40,3	40,9
Steinkohle	5	3,1	19,2	18,9
Braunkohle	68	68,6	8,5	8,2
Erdgas	10	8,6	16,9	17,5
Kernenergie	3	2,1	12,5	12,2
Sonstige**	1	0,5	2,6	2,3

* SKE = Steinkohleneinheit (1 t SKE entspricht dem Heizwert von 1 t Steinkohle = 8140 kWh oder 1 SKE von 1 kg Steinkohle = 7000 kcal/kg)
** Wind-, Wasser-, Sonnenkraft u. a.

Quelle: Arbeitsgemeinschaft Energiebilanzen, Essen 1991; BMWI „Energiesparen aktuell", Bonn 1990.

Steinkohle. Die Steinkohlevorräte auf der Erde sind außerordentlich groß. In der westlichen Bundesrepublik werden die technisch gewinnbaren Vorräte mit 24 Mrd. Tonnen angegeben, von denen aber nur etwa 10 Mrd. Tonnen zu heutigen technisch-wirtschaftlichen Bedingungen abbaubar sind. Diese 24 Mrd. t Steinkohle würden bei gleichbleibend angenommener Förderung noch etwa 260 Jahre reichen, die insgesamt geschätzten Vorräte noch gut 2500 Jahre. Der größte Teil der nachgewiesenen Steinkohlevorkommen in der Bundesrepublik liegt in Teufen, die mit konventionellen bergmännischen Methoden nicht erschlossen werden können. Nur über neue Gewinnungsformen wie das Untertage-Umwandlungsverfahren werden sie erschließbar sein. Bei der Untertage-Umwandlung von Kohle entsteht durch die chemische Umsetzung der Kohle ein brennbares Produktgas, das an die Oberfläche gefördert wird. Ein Großteil der heimischen Steinkohle wird für die Stahlindustrie zu Koks veredelt oder in Kraftwerken verstromt, der Rest geht an Hütten in EG-Partnerländern oder wird auf dem inländischen Wärmemarkt abgesetzt.

Die Herstellung von Treibstoffen und Heizölen aus deutscher Steinkohle ist immer noch zu teuer; technisch möglich ist heute die Gewinnung von gut einer halben Million t Kohleöl aus

1 Mio. t Steinkohle (Pilotanlage in Bottrop). Um unseren Verbrauch an Treibstoffen und Heizölen zu decken, müßten 190 Mio t Steinkohle hydriert werden.

Braunkohle. Im Westen der Bundesrepublik werden die Vorräte auf knapp 17 Mrd. t Steinkohleneinheiten (SKE) geschätzt, wobei 1 t Braunkohle gleich 0,28 t SKE gesetzt wird. 1990 wurden in den alten Bundesländern 108 Mio. t und in den neuen Bundesländer 249 Mio. t Braunkohle gefördert. Die Braunkohle wird nahezu vollständig in Kraftwerken zur Stormerzeugung eingesetzt, ein kleiner Rest wird zu Briketts umgewandelt. Die Umwandlung von Braunkohle in gasförmige oder flüssige Produkte ist noch sehr kostspielig. In Berrenrath bei Köln ging 1986 eine Demonstrationsanlage zur Gewinnung von Synthesegas aus Braunkohle in Betrieb. Die Weiterverarbeitung zu Methanol (als Treibstoff geeignet) erfolgt in der Raffinerie Wesseling.

Mineralöl. Die Mineralölvorräte auf der Erde sind wesentlich geringer als die Kohlevorräte. Trotzdem hat das Erdöl die Kohle verdrängt und ist trotz Ölkrisen die Basis der Energieversorgung der Industrieländer geblieben. In der Bundesrepublik ist die Mineralölförderung gering. Bei einem geschätzten Vorrat in Westdeutschland von etwa 100 Mio. t Rohöl (1988) und einer jährlichen Fördermenge von rund 3,8 Mio. t stoßen die Rohölreserven im eigenen Land bald an ihre Grenzen. Daher ist die Bundesrepublik noch in einem hohen Maße von der Einfuhr ausländischer Mineralöle abhängig (Rohöl-Einfuhr im Westen 1990: 71,9 Mio. t). Mineralölprodukte werden nur in kleinerem Umfang in Kraftwerken zur Stromerzeugung eingesetzt; der weitaus überwiegende Teil geht (als Heizöl, Benzin u.a) in den Endenergieverbrauch.

Nach einer Prognose der Esso AG, Hamburg, wird sich der Mineralölverbrauch aufgrund der Zunahme des Heizölverbrauchs in den neuen Bundesländern vorübergehend erhöhen. Wurden 1990 in Gesamtdeutschland rund 125 Mio. t Mineralölprodukte verbraucht, sollen es zur Jahrtausendwende 132 Mio. t und zehn Jahre später (2010) wieder etwa 126 Mio. t sein. Unterstellt wird dabei eine Zunahme des Pkw-Bestandes in den alten Bundesländern über 34,3 Mio. (2000) auf 34,7 Mio (2010) und in den neuen Ländern auf rund 9 Mio. bis zum Jahr 2010.

Das Institut für Wirtschaftswissenschaften (IWW) in Berlin hat errechnet, daß in Ostdeutschland bis zum Jahr 2000 das derzeit kaum zum Heizen verwendete Öl etwa 27% aller Wohnungen beheizen wird. Gas wird dabei seinen Anteil von 9% auf 30% steigern, Fernwärme von 25% auf 30%, während die Verwendung von Einzelöfen mit festen Brennstoffen von 50% auf etwa 4% Marktanteil an der Heizungsart zurückgehen wird.

Tabelle 90: Mineralölverbrauch (West)

Mineralölprodukt	1977	Inlandsabsatz 1983	1988	1989	1990
Mineralölprodukte insgesamt (in Mio. t)	123,7	100,4	106,3	99,0	103,3
davon (Anteil in %):					
Motorenbenzin	17,6	22,9	24,5	26,2	26,1
Dieselkraftstoff	9,5	13,8	15,4	17,3	17,5
Leichtes Heizöl	38,0	33,3	34,2	28,7	·
Schweres Heizöl	17,9	11,4	7,5	6,8	6,5
Sonstige Produkte	17,0	18,6	18,4	21,0	·

Quelle: Bundesministerium für Wirtschaft „Leistung in Zahlen 1989", Bonn 1990; Esso AG, Hamburg 1991

Erdgas. Erdgas gehört zu den Primärenergieträgern, deren Verbrauch in den nächsten Jahren zunehmen wird. Dies bisher erschlossenen Erdgasvorräte der westlichen Bundesrepublik von 564 Mrd m^3 waren durch Förderung von 298 Mrd. m^3 bis Ende 1984 bereits zu mehr als der Hälfte erschöpft. Vom Gesamtver-

Tabelle 91: Gasverbrauch (West)

	1989
Gasverbrauch (in Mrd. m^3)	76,5
Verbrauchsanteil (in %):	
Produzierendes Gewerbe	66,1
Übrige Endabnehmer	33,9

Quelle: Bundesministerium für Wirtschaft „Leistung in Zahlen 1989", Bonn 1990, S. 46

brauch an Erdgas geht rd. ein Zehntel zur Stromerzeugung in die Kraftwerke, der weitaus größere Teil steht dem Endenergieverbrauch zur Verfügung. Beiträge zur Gasversorgung leisten auch die hergestellten Gase (Kokerei- und Hochofengas aus Kohle, Raffinerie- und Flüssiggas aus Mineralölen).

Abfall. Die Gewinnung von Energie aus Abfällen leistet mit einem Anteil von 1% wohl auch künftig nur einen bescheidenen Beitrag zum Primärenergieverbrauch in der Bundesrepublik, doch kommt der Beseitigung von Haus-, Sperr- und Gewerbemüll in Abfallverbrennungsanlagen schon allein deswegen eine hohe volkswirtschaftliche Bedeutung zu, weil die Abfälle ohnehin gesammelt und ordnungsgemäß beseitigt werden müssen.

Eine spezielle Form der Energiegewinnung aus Abfällen ist die Nutzung von Biomasse. So kann durch Verbrennung von Biomasse (z.B. Holz, Torf) Strom erzeugt werden, schonender jedoch wandeln Bakterien Biomasse in Energie um. Bei der bakteriellen Zersetzung von organischen Abfällen entsteht beispielsweise Biogas, das sich besonders zur Energieversorgung landwirtschaftlicher Betriebe eignet, da hier verwertbare Biomasse ausreichend anfällt.

1988 wurden 5,5 Mrd. kWh Strom aus Müll und Biomasse in Westdeutschland gewonnen.

Windkraft. Für die westliche Bundesrepublik wird ein wirtschaftliches Potential an Windenergie von etwa 12 Mio. t. Steinkohleeinheiten (SKE) angenommen, das entspricht ungefähr 3% des heutigen Primärenergieverbrauchs. Für eine Windenergieanlage ist eine Windgeschwindigkeit von fünf Meter pro Sekunde erforderlich: Als Standorte kommen außer der Küste auch Schnee-Eifel, Rhön, Schwarzwald und Vogelsberg in Frage. Je nach Windgeschwindigkeit können in der Bundesrepublik pro Quadratmeter überstrichene Rotorfläche 500 bis 1500 kWh Energie pro Jahr maximal gewonnen werden.

Mit jeder aus Windenergie erzeugten Kilowattstunde Strom wird der Umwelt rund ein Kilogramm Kohlendioxid erspart. Weitere Schadstoffe wie Schwefeldioxid, Stickstoff und Flugasche brauchen nicht kostenaufwendig herausgefiltert werden. Auf Helgoland entstand 1990 eine 1,2 MW-Anlage zur Deckung von einem Viertel des Strombedarfs der Insel (jährlich 4 Mio. kWh), außerdem ging im Herbst 1987 auf dem ehemaligen Growian-Gelände in Dithmarschen der erste deutsche „Windpark" in Betrieb. Er soll mit seinen 33 Windmühlen jährlich rund 2 Mio. kWh Strom liefern. Ein zweiter Windpark steht südwestlich von Cuxhaven, ein dritter ist in Schleswig-Holstein vor der Insel Sylt („Friedrich-Wilhelm-Lübke-Koog") im Bau. In Mecklenburg-Vorpommern ist ein Windpark bei Rostock geplant. Nach dem erfolglosen Betrieb der ersten Großwindanlage „Growian" in Dithmarschen ist eine zweite Anlage („Monopteros") bei Bremerhaven geplant. Weiterhin sind vorgesehen ein Windenergiekraftwerk bei Wilhelmshaven (6 Mio. kWh/Jahr) und ein Energiepark am hessischen Vogelsberg. Um ein Kraftwerk mit 1300 MW zu ersetzen, müßten Windkraftanlagen mit einer Spitzenhöhe von 185 m auf einer Fläche von 40 km^2 dicht gestaffelt angeordnet werden.

Sonnenkraft. Die Nutzung solarer Strahlungsenergie wird durch die tages- und jahreszeitlichen Schwankungen des Energieangebots erschwert. Außerdem sind die auf die Erdoberfläche eingestrahlten Energiemengen mit rund 100 Watt/m^2 so gering, daß zu ihrer Nutzung ein großer Flächenbedarf erforderlich wird. Die daher erforderliche Erhöhung der Energiedichte wird derzeit an unterschiedlichen Demonstrationsobjekten erprobt, unter deutscher Beteiligung beispielsweise in Almeria (Spanien) die Systeme „Solarfarm" (dezentrale Energiesammlung, geringe Konzentration der Sonnenstrahlung) und „Solarturm" (zentrale Energiesammlung, hohe Konzentration der Sonnenstrahlung). Nach dem heutigen Entwicklungsstand liegen die Kosten für die Stromgewinnung aus Sonnenenergie bei 2,00 DM pro Kilowattstunde, während bei herkömmlicher Stromgewinnung 0,24 DM bis 0,84 DM (je nach Abnehmerart) gezahlt werden müssen.

Kleinere Anlagen für die private Energiegewinnung sind technisch bereits so weit ausgereift, daß Sonnenkollektoren für Heizzwecke („solarthermische Nutzung") und mit Solarzellen arbeitende Solargeneratoren für die Stromerzeugung („Photovoltaik") Verwendung finden. Diese Anlagen können meist auch bei tagsüber bedecktem Himmel Energie liefern. Auf der Insel Pellworm ist eine Versuchsanlage zur Erzeugung von 300 kW elektrischer Energie mittels Solarzellen in Betrieb. Die Leistung einer Solarzelle ist zwangsläufig von der Sonneneinstrahlung abhängig.

Während im Sommer bis zu 1000 Watt je Quadratmeter gemessen werden, sinkt dieser Wert im Winter auf etwa 200 Watt. Bei Neunburg vorm Wald in der Oberpfalz (Bayern) wird beispielsweise seit 1989 in einer Solar-Wasserstoff-Anlage erforscht, wie man Sonnenenergie speichern, transportieren und sogar als Treibstoff nutzen kann. Die Formel heißt Wasserstoff – mit Sonnenstrom durch Elektrolyse aus Wasser gewonnen. Auf einer Fläche von über 5000 m^2 sollen Solarzellen bis zu 500 kW Strom erzeugen, der dann Wasser in seine Bestandteile Wasserstoff und Sauerstoff zerlegt. Wasserstoff hat viele günstige Eigenschaften als Speichermedium für Energie: Er ist ungiftig, läßt sich flüssig oder gasförmig transportieren und in Motoren und Öfen praktisch rückstandsfrei verbrennen.

Wasserkraft. In der westlichen Bundesrepublik wird die Wasserkraft nur noch zur Erzeugung von Strom genutzt. Derzeit erzeugen Wasserkraftwerke 5% der Elektrizität, das sind ungefähr 2% der Endenergie. Alle bundesdeutschen Wasserkraftwerke erzeugten 1988 rund 18,4 Mrd. kWh Strom für die öffentliche Versorgung, etwa 86% davon stammten aus Laufwasser- und Speicherkraftwerken mit natürlichem Zufluß.

Knapp 5 Terawattstunden (TWh) der Wasserenergie sind noch ungenutzt, ein weiterer Ausbau erscheint aber angesichts des relativ geringen Beitrags der Wasserkraft zur Stromerzeugung nicht sinnvoll und ist auch im großen Stil nicht vorgesehen.

Geothermische Energie. Im Laufe der erdgeschichtlichen Entwicklung hat sich in der Erdkruste ein Temperaturfeld („geothermische Energie") ausgebildet, aus dem fortwährend sich ständig erneuernde Wärme zur Erdoberfläche abfließt. In der Bundesrepublik wird im Mittel ein Erdwärmestrom von ungefähr 65 Milliwatt/m^2 gemessen. Aus diesen durch Vulkanismus und Grundwasserzirkulation verursachten geothermischen Lagerstätten können erhitztes Wasser oder sogar Dampf gefördert werden. Die dafür erforderlichen günstigen geologischen Bedingungen sind im Bundesgebiet vor allem im Bereich des Rheingrabens gegeben, wo im Tiefenbereich von 2 km Wasserhorizonte vorhanden sind, die Temperaturen von annähernd 200°C aufweisen. Die geothermischen Gegebenheiten in der Bundesrepublik erlauben allerdings selbst für die günstigsten Lagerstätten noch keine wirtschaftliche Nutzung der Erdwärme zur Stromerzeugung oder Wärmeversorgung. Aktivitäten auf diesem Gebiet beschränken sich daher auf einige wenige Demonstrationsprodukte (z.B. Bühl, Saulgau, Urach und Weingarten in Baden-Württemberg, Falkenberg in der Oberpfalz, Ochtendung in der Eifel).

Zu einem Pilotprojekt HDR (Hot Dry Rock) zur technologischen Erschließung und wirtschaftlichen Nutzung geothermischer Energie will sich eine deutsch-französische Arbeitsgemeinschaft zusammenschließen. Bei Soultz im Elsaß sollen in 2000 m Tiefe bei Gesteinstemperaturen über 150°C Experimente zur HDR-Technik durchgeführt werden.

Meeresenergie. Die Nutzung von Wellen- und Gezeitenenergie sowie der Energie aus Meeresströmung und -wärme spielt in der Bundesrepublik keine Rolle.

Kernkraft. Nicht nur bei der Spaltung sehr schwerer, sondern auch bei der Verschmelzung (Fusion) leichter Atomkerne zu schweren werden große Mengen Energie freigesetzt. Bisher ist es bei der Kernfusion noch nicht gelungen, eine Anordnung zu finden, die mehr elektrische Energie erzeugt als verbraucht. Der Brennstoff (Deuterium und Lithium, aus dem Tritium hergestellt wird) ist praktisch überall zugänglich und für sehr lange Zeiträume ausreichend. Mit dem Einsatz von Fusionsreaktoren zur Energiegewinnung ist daher nach dem heutigen Stand der Wissenschaft frühestens um das Jahr 2020 zu rechnen.

Die Nutzung der Kernkraft zur Energiegewinnung beruht derzeit allein auf dem Prinzip der Spaltung von Atomkernen. Aus der bei dieser Kernspaltung freigesetzten Energie wird in Kernkraftwerken Strom und Wärme erzeugt. Der zum Antrieb der Turbinen und Generatoren erforderliche Dampf wird durch die bei der Kernspaltung im Reaktor erzeugte Energie gewonnen. Die für die Stromerzeugung gebräuchlichsten Reaktortypen sind die Leichtwasserreaktoren (Druckwasser- oder Siedewasser), die nur angereichertes Uran für den Spaltungsprozeß verwenden. Reaktoren dieser Art können allerdings nur die Energie von 1% des eingesetzten Urans nutzen, während der technisch fortgeschrittene Brutreaktor („Schneller Brüter") u. a. bis zu 60% des Urans zu nutzen vermag. Ein solcher Brutreaktor, der auch mehr Spaltstoff liefert als verbraucht, ist als Forschungsreaktor im Kernfor-

Karte 6: Kernkraftwerke und Versorgungsanlagen (1991)

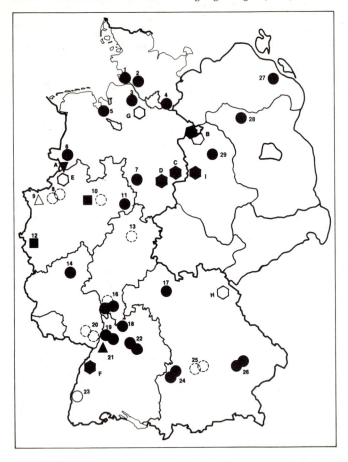

schungszentrum Karlsruhe in Betrieb und wurde in zweiter Ausführung als „Schneller natriumgekühler Reaktor (SNR-300)" bei Kalkar am Niederrhein gebaut. Das endgültige „Aus" für den Schnellen Brüter in Kalkar wurde im März 1991 verfügt. Einen weiteren fortgeschrittenen Reaktortyp stellt der Hochtempera-

5. Energie

Versorgungsanlagen

- ⬢ Endlager
- ⬡ Zwischenlager
- ⬢ vorhandene ⎫
- ⬡ geplante ⎬ Wiederaufarbeitungsanlage
- ▼ Urananreicherungsanlage

A Gronau
B Gorleben
C Wolfenbüttel (Konrad)
D Salzgitter (Asse)
E Ahaus
F Karlsruhe
G Stade
H Mitterteich
I Morsleben

Kernkraftwerke	in Betrieb	im Bau	geplant bzw. im Genehmigungsverfahren
Leichtwasserreaktor	●	○	○ (gestrichelt)
Hochtemperaturreaktor	■	□	
Schneller Brutreaktor	▲	△	

1 Brunsbüttel
2 Brokdorf
3 Stade
4 Krümmel
5 Esensham (Unterweser)
6 Lingen (Emsland)
7 Grohnde
8 Vahnum
9 Kalkar (aufgegeben)
10 Hamm-Uentrop (Schmehausen)
11 Würgassen
12 Jülich
13 Borken
14 Mülheim-Kärlich
15 Kahl (stillgelegt)
16 Biblis
17 Grafenrheinfeld
18 Obrigheim
19 Philippsburg
20 Neupotz
21 Karlsruhe
22 Neckarwestheim
23 Wyhl
24 Gundremmingen
25 Pfaffenhofen a. d. Zusam
26 Ohu (Isar)
27 Lubmin (Greifswald)
28 Rheinsberg
29 Stendal

turreaktor (HTR) dar, der u. a. ermöglichen soll, das als Kühlmittel verwendete Helium zur Gewinnung von Wasserdampf für Turbinenantrieb und von Prozeßwärme einzusetzen, die beispielsweise für die Kohleveredelung oder andere chemische Verfahren (Herstellung von flüssigen Kohlenwasserstoffen, Spaltung von Wasser und Luft zur Erzeugung von billigem Wasserstoff) verwendet werden kann. Technisch verwirklicht wurde dieser Reaktortyp bereits in der Kernforschungsanlage Jülich (AVR), ein weiterer (THTR 300) befindet sich in Hamm-Uentrop (Stillegung geplant). Im Gegensatz zu den üblichen Leichtwasserreaktoren, die mit Brennstäben bestückt sind, werden in Hochtemperaturreaktoren tennisballgroße Graphitkugeln verwendet, die das spaltbare Material in Form winziger Partikel enthalten und zu einem Haufen aufgeschüttet werden. Ein Hochtemperaturreaktor kann kontinuierlich betrieben werden. Herkömmliche Reaktortypen müssen abgeschaltet werden, um die abgebrannten Brennelemente auszutauschen. Die Kugeln mit dem Brennstoff aus einem Uran-Plutonium-Gemisch der Uran-Thorium hingegen werden in einem Kreislauf ständig durch unverbrauchte ersetzt. Die durch die kontrollierte Kettenreaktion erzeugte Hitze wird nicht mit Wasser, sondern durch Helium abgeführt. Das Edelgas als Kühlmittel erreicht knapp 1000 Grad. Die Wärme wird über einen sekundären Wasser-Dampf-Kreislauf an die Turbine weitergegeben. Der Wirkungsgrad ist höher als in herkömmlichen Atomkraftwerken.

Tabelle 92: Kernkraftwerke (1991)

Standort	Reaktortyp	Leistung (MW*)	Betriebsbeginn
1 Brunsbüttel	SWR	806	1976
2 Brokdorf	DWR	1365	1986
3 Stade	DWR	662	1972
4 Krümmel	SWR	1316	1983
5 Esensham (Unterweser)	DWR	1300	1978
6 Lingen (Emsland)	DWR	1300	1988
7 Grohnde	DWR	1361	1984
8 Vahnum (I/II)	DWR	je 1300	?
9 Kalkar (keine Inbetriebnahme)	Brutreaktor	327	–
10 Hamm-Uentrop	DWR	1300	?
(Schmehausen)	HTR	308	–
11 Würgassen	SWR	670	1971
12 Jülich	HTR	15	1966
13 Borken	DWR	1300	?
14 Mülheim-Kärlich (abgeschaltet)	DWR	1308	1986
15 Kahl (stillgelegt)	SWR	17	1960
16 Biblis A	DWR	1204	1974
B	DWR	1300	1976
C	DWR	1314	?

Standort	Reaktor-typ	Leistung (MW*)	Betriebs-beginn
17 Grafenrheinfeld	DWR	1300	1981
18 Obrigheim (abgeschaltet)	DWR	345	1968
19 Philippsburg I	SWR	900	1979
II	DWR	1349	1984
20 Neupotz (I/II)	DWR	je 1330	?
21 Karlsruhe	Brutreaktor	21	1977
22 Neckarwestheim I	DWR	855	1976
II	DWR	1300	1989
23 Wyhl	DWR	1362	?
24 Gundremmingen B	SWR	1310	1984
C	SWR	1310	1984
25 Pfaffenhofen/Zusam (A/B)	DWR	je 1368	?
26 Ohu (Isar) I	SWR	907	1977
II	DWR	1350	1988
27 Lubmin I–IV (abgeschaltet)	DWR	je 420	1974–80
28 Rheinsberg (stillgelegt)	DWR	80	1966
29 Stendal I–VIII	DWR	je 420	?

* brutto

(SWR = Siedewasserreaktor, DWR = Druckwasserreaktor,
HTR = Hochtemperaturreaktor)

Quelle: Bundesumweltministerium „Umwelt", Nr. 3, 1987 (aktualisiert)

Störfälle. In den Kernkraftwerken der westlichen Bundesrepublik sind 1989 nach dem BMU-Störfallbericht 302 Störfälle gemeldet worden.

Versorgungsstandorte

Gorleben: Der Salzstock in Gorleben (Niedersachsen) wird derzeit als Endlager für hochradioaktive Abfälle erkundet. Außerdem ist Gorleben seit 1985 Zwischenlager für abgebrannte Brennelemente (1500 t Uran) und für schwachradioaktive Abfälle (35 000 Fässer).

Gronau: Im westmünsterländischen Gronau ist seit August 1985 die erste Urananreicherungsanlage in Betrieb, die bis zur zweiten Hälfte der 90er Jahre eine Kapazität von jährlich 1000 t Urantrennarbeit erreichen soll. Bei der Urananreicherung wird der im Natururan nur zu 0,7% enthaltene Anteil des spaltbaren Uran-235 künstlich auf 3% erhöht, weil nur so in den heutigen Leichtwasserreaktoren eine Kernspaltungs-Kettenreaktion zur Energieerzeugung in Gang gesetzt werden kann.

Konrad: In der Schachtanlage Konrad, einem ehemaligen Eisenerzbergwerk zwischen Wolfenbüttel und Salzgitter, liegen günstige geologische Voraussetzungen für die Endeinlagerung schwachradioaktiver Abfälle vor. Bei Normalbetrieb mit einer jährlichen Einlagerung von ungefähr 12 500 m^3 Atommüll reichen die erstellbaren Hohlraumkapazitäten für eine Betriebszeit von etwa 40 Jahren aus. Mit der Einlagerung des Abfalls soll Mitte der 90er Jahre begonnen werden.

Asse: Das Salzbergwerk Asse liegt zwischen Salzgitter und Wolfenbüttel; die Salzförderung wurde 1964 eingestellt. Seit 1965 werden hier Forschungs- und Entwicklungsarbeiten für die Endlagerung radioaktiver Abfälle in Salzformationen durchgeführt. Derzeit lagern im Salzstock Asse 125 000 Fässer mit schwachradioaktivem Atommüll; eine weitere Endeinlagerung mit Inbetriebnahme gegen Ende der 80er Jahre ist im Gespräch.

Ahaus: In Ahaus nordwestlich von Münster in Westfalen soll ein Zwischenlager für abgebrannte Brennelemente entstehen. Der Bau des Lagers mit einer Kapazität für 1500 t Uran wurde Anfang Oktober 1983 genehmigt; im Dezember 1986 wurde die Baugenehmigung gerichtlich aufgehoben und im Oktober 1987 wieder für rechtens erklärt. Das 18 ha große Lagergelände liegt 3 km östlich der Stadt Ahaus.

Wackersdorf: Für eine Wiederaufarbeitungsanlage abgebrannter Brennelemente (Jahreskapazität: 350t) in Wackersdorf bei Schwandorf (Bayern) hatte sich Anfang Februar 1985 die Deutsche Gesellschaft für Wiederaufarbeitung von Kernbrennstäben (DWK) entschieden. Inbetriebnahme der Anlage sollte 1996 sein. Im Frühjahr 1989 kam der Verzicht auf die Anlage ins Gespräch, das endgültige „Aus" fiel Ende Mai 1989.

Karlsruhe: In der Wiederaufarbeitungsanlage Karlsruhe, einer Pilotanlage mit einer Kapazität von 35 t Brennstoff im Jahr, werden seit 1971 Brennelemente verschiedenster Versuchs- und Leistungsreaktoren aufgearbeitet. Mitte Januar 1987 wurde ein neues Zwischenlager für flüssige hochaktive Abfälle in Betrieb genommen.

Mitterteich: Das Zwischenlager für schwach- und mittelradioaktive Abfälle ist seit 1987 in Betrieb.

Stade: Über die Verwirklichung eines Zwischenlagers ist noch nicht endgültig entschieden.

Morsleben: Endlager für niedrig- und mittelradioaktive Abfälle in Sachsen-Anhalt. Der derzeitge Ausbau des Endlagers umfaßt Grubenräume mit einem Volumen von ca. 300 000 m³, wovon zur Zeit ca. 75 000 m³ technologisch erschlossen sind. Dem letztgenannten Hohlraumvolumen entspricht ein Abfallvolumen von ca. 30 000 m³ mit Anteilen von 12 000 m³ für fest niedrigradioaktive, von 8 000 m³ für feste mittelradioaktive und 10 000 m³ für flüssige niedrigradioaktive Abfälle, die im Endlagerungsraum verfestigt werden.

6. Umwelt

Abgas, Abwasser und Abfall belasten unsere Umwelt am nachhaltigsten. Häufiger Grund für Schädigung der Luft, des Wassers und des Bodens sind unsere Verbrauchsgewohnheiten sowie Arbeits- und Produktionsverfahren in Industrie, Gewerbe und Landwirtschaft.

Umweltdelikte. Durch das 18. Strafrechtsänderungesetz wurde 1980 der 28. Abschnitt „Straftaten gegen die Umwelt" in das Strafgesetzbuch (§§ 324–330d) eingefügt. Seither erfaßt die polizeiliche Kriminalstatistik – mit steigender Tendenz – auch Umweltdelikte. Allerdings liegt die Dunkelziffer wohl weit über den bekanntgewordenen Fällen.

Tabelle 93: Umweltdelikte 1989 (West)

Delikt	Erfaßte Fälle
Straftaten gegen die Umwelt insgesamt	22 816
davon: Verunreinigung eines Gewässers	11 827
Luftverunreinigung	466
Lärmverursachung	66
Umweltgefährdende Abfallbeseitigung	8 559
Unerlaubtes Betreiben von Anlagen	1 590
Unerlaubter Umgang mit Kernbrennstoffen	2
Gefährdung schutzbedürftiger Gebiete	35
Schwere Umweltgefährdung	227
Schwere Gefährdung durch Freisetzung von Giften	44

Quelle: Presse- und Informationsamt der Bundesregierung „Bulletin" Nr. 62/1990

a) Luftreinhaltung

Das Problem der Luftverschmutzung ist in der Bundesrepublik noch längst nicht zufriedenstellend gelöst. Kohlenmonoxid und Stickoxide, besonders aus dem Verkehr, und Schwefeldioxid, vor allem aus Industrie und Kraftwerken, gelten als Hauptursache unserer Luftverschmutzung.

Kohlenmonoxid, Schwefeldioxid und Stickoxide wirken in höherer Konzentration als Gifte. Schwefeldioxid und Stickstoffoxide verbinden sich mit Wasser und Luft zu Schwefelsäure, einem Schadstoff, der sich in Kombination mit anderen Schadstoffen als sog. „saure Deposition" auf unsere Wälder niederschlägt.

Tabelle 94: Luftverschmutzung (Emission)

Schadstoff	Ost (1988)		West (1989)	
	Mio. t	kg/EW	Mio. t	kg/EW
Kohlenmonoxid	2,9	171	8,5	136
Schwefeldioxid	5,2	312	1,1	17
Stickoxide	0,4	24	2,7	44
Staub	2,2	132	0,5	9

Quelle: BMFT-Journal 4/1990, div. Presseunterlagen

Belastungs- und Smog-Gebiete. Die ständige Kontrolle von Immissionen ist Aufgabe der Länder. Für die Belastungsgebiete müssen die zuständigen Behörden ein Emissionskataster aufstellen. Wenn sich bei der Auswertung der Emissionskataster ergibt, daß im gesamten Belastungsgebiet oder in Teilen schädliche Luftverschmutzungen zu erwarten sind, soll die zuständige Landesbehörde für dieses Gebiet einen Luftreinhalteplan aufstellen. Der Plan muß Art und Umfang dieser Luftverunreinigungen und die möglichen Schadwirkungen feststellen und Schutzmaßnahmen vorsehen.

Das Bundes-Immissionsschutzgesetz (BImSchG) ermächtigt die Länder auch, Smog-Gebiete festzulegen und für diese Gebiete Smog-Verordnungen zu erlassen. Diese Smog-Verordnungen legen zunächst Smog-Gebiete fest, d.h. Gebiete, in denen während austauscharmer Wetterlagen (Inversion) in besonderem Maße schädliche Umwelteinwirkungen durch Luftverunreinigungen zu befürchten sind. In diesen Smog-Gebieten werden Sperrbezirke festgelegt und erhöhten Beschränkungen unterworfen. Außerdem regeln die Smog-Verordnungen, wann eine austauscharme Wetterlage vorliegt und welche Alarmstufen bei Überschreitung bestimmter Belastungen bekanntgegeben werden. Durch Bekanntgabe der unterschiedlichen Alarmstufen – in der Regel drei

– werden abgestufte Beschränkungen wirksam für den Kraftfahrzeugverkehr und für den Betrieb von Anlagen, insbesondere für die Verwendung bestimmter Brennstoffe.

Neuartige Waldschäden. Nach bisher vorliegenden Erkenntnissen dürften mehrere Einflußfaktoren bei der Entstehung der Waldschäden zusammenwirken. Bodenchemische Prozesse und Einflüsse spielen offensichtlich an allen Standorten eine wesentliche Rolle. Verstärkte Auswaschung von Nährstoffen (Kalzium, Magnesium) und eine Mobilisierung von Aluminium, Kadmium, Kupfer und Zink führen zu einer schlechteren Nährstoffversorgung der Bäume, die dann erhebliche Mangelsymptome aufweisen. Natürliche Einflüsse wie Trockenheit, Nährstoffarmut, Frost und Schädlingsbefall werden in ihrer schädigenden Wirkung durch die Schadstoffe in der Luft verstärkt. Die Luftschadstoffe, die als „saure Deposition" auf unsere Wälder fallen, schwächen den Baum und vermindern seine Widerstandskraft. Vor allem Schwefeldioxid und seine in der Atmosphäre entstehenden Folgeprodukte (Säurebildner) fallen als nasse (Regen) oder trockene (Staub) „saure" Niederschläge zu Boden, wo ihre schädlichen Wirkungen vornehmlich in drei Bereichen einsetzen:

1. Blätter und Nadeln der Pflanzen werden vergiftet
2. Pflanzenwurzeln werden geschädigt
3. Nährelemente werden aus Pflanze und Boden entfernt.

Luftschadstoffe. Als Hauptfeind unserer Wälder gilt **Schwefeldioxid** (SO_2), ein Schadstoff, der hauptsächlich aus der Kohleverbrennung stammt. SO_2 verbindet sich mit Wasser zu schwefliger Säure (H_2SO_3); daraus wiederum entsteht teilweise Schwefelsäure (H_2SO_4), die zu den stärksten Säuren zählt. Fast zwei Drittel des jährlichen Ausstoßes an Schwefeldioxid wird von Kraft- und Heizwerken emittiert (= ausgestoßen). Allerdings wird die gesamte SO_2-Belastung in der Bundesrepublik etwa zur Hälfte von ausländischen Emittenten verursacht, weil über hohe Schornsteine die Schadstoffe über weite Gebiete verwirbelt werden. Beim Verbrennungsprozeß werden aber auch **Stickstoffoxide** (NO_x) erzeugt, die über die Hälfte aus dem Verkehr und zu gut einem Viertel aus Kraftwerken stammen. Sie wirken bei hoher Konzentration als Pflanzengifte, sind aber für den Wald vor allem durch ihre Mitwirkung bei der Bildung von Photooxidantien (besonders

Ozon) gefährlich, außerdem führt ein übermäßiger Stickstoffeintrag in den Waldboden zur Überdüngung und damit zur Schädigung.

Tabelle 95: Waldschäden 1990

Bundesland	Waldfläche (1000 ha)	Schadfläche* (%)
Baden-Württemberg	1303	63
Bayern	2446	.
Berlin Ost	.	.
Berlin West	7	53
Brandenburg	796	59
Bremen	0,5	45
Hamburg	4	52
Hessen	828	60
Mecklenburg-Vorpommern	445	58
Niedersachsen	962	54
Nordrhein-Westfalen	854	42
Rheinl.-Pfalz	770	50
Saarland	74	.
Sachsen	349	49
Sachsen-Anhalt	443	77
Schleswig-Holstein	140	46
Thüringen	435	66
(* alle Schadstufen)		

Quelle: BMELF „Waldzustandsbericht 1990"

Im Hochgebirge kommt **Ozon** (Stickstoffdioxid wird von kurzwelligem Sonnenlicht zu Stickstoffmonoxid und Ozon zerlegt) als vorrangige Schadensursache in Frage. Man vermutet, daß bereits 50% der alpenländischen Bergwälder unter den Folgen photochemischer Prozesse leiden. Auspuffgase von Verbrennungsmotoren enthalten bis zu 10% **Kohlenmonoxid** (CO), ein giftiges Gas, das bei unvollständiger Verbrennung kohlenstoffhaltiger Substanzen (Kohle, Öl, Gas, Benzin u.a.) entsteht. Kohlenmonoxid ist für Vegetation und Materialien ungefährlich, kann bei hoher Konzentration auf Mensch und Tier jedoch tödlich wirken. Kohlendioxid (CO_2) entsteht bei der Verbrennung von Kohle und Erdöl. Eine Steigerung des CO_2-Gehalts könnte langfristig zu einer Erwärmung der Erdoberfläche führen, da die langwellige Ausstrahlung der Erde von den CO_2-Molekülen zunehmend in der Luft absorbiert und als langwellige Gegenstrahlung der Erdoberfläche wieder zugeführt wird (Treibhauseffekt). Der bundesdeutsche Beitrag zur weltweiten CO_2-Emission beträgt 3,6%; pro Einwohner wird täglich etwa die Hälfte von dessen Körpergewicht emittiert. Zwei Drittel der CO-Belastung in der Bundesrepublik verursacht der Verkehr, der auch fast die Hälfte zur Gesamtbelastung der Luft durch mehr oder weniger giftige Schadstoffe beiträgt. **Organische Verbindungen** werden vor allem von der chemischen Industrie, vom Verkehr und von Kleinverbrauchern in Form von Kohlenwasserstoffen emittiert, die wesentlich zur Bildung der waldschädigenden Photooxidantien beitragen und teilweise krebserregend wirken (z. B. Benzopyren, Vinylchlorid). Eine Hauptrolle bei der Zerstörung der Ozonschicht und der Erwärmung der Erde (Treibhauseffekt) spielen die Fluorchlorkohlenwasserstoffe (FCKW), die in der Atmosphäre eine Lebensdauer von ca. 100 Jahren haben. In der Bundesrepublik werden jährlich rund 300000 t Halogen-Kohlenwasserstoffe verbraucht und fast vollständig in die Atmosphäre emittiert, darunter 90000 t FCKW. Allerdings haben die FCKW nur einen Anteil von 17% als Verursacher des Treibhauseffektes, mit 50 % tragen noch Kohlendioxid, mit 19% Methan, mit 8% Ozon und 6% sonstige Verursacher dazu bei. Während die FCKW ein ausschließliches Industrieprodukt sind und durch Umstellen auf andere Produkte z.T. ersetzt werden können, entsteht Methan bei der Erdöl- und -gasförderung, bei der Massentierhaltung und dem Reisanbau. Kohlendioxid entsteht beim Heizen, Kochen und Autofahren, in Industriebetrieben und Heizkraftwerken genauso wie bei der Brandrodung. **Staub** (Asbest, Cadmium, Blei u.a.) entstammt hauptsächlich aus Verbrennungsvorgängen des Energiesektors und des Verkehrs. So kann verbleites Benzin mittelbar die Gesundheit schädigen, Cadmium gelangt vor allem über die Nahrung in den menschlichen Körper.

Schadstoffreduzierte Autos. Während erst Mitte 1985 die freiwillige Einführungsphase schadstoffarmer Autos begonnen und von steuerlichen Förderungsmaßnahmen flankiert wurde, stellt

Tabelle 96: Waldschäden 1990 nach Baumarten

Baumart	Gesamtbestand (1000 ha)		Schadfläche* (in %)	
	Ost	West	Ost	West
Fichte	516	2883	30,4	13,5
Kiefer	1260	1473	30,4	11,1
Sonst. Nadelbäume	73	.	56,9	5,1
Buche	183	1249	53,4	21,7
Eiche	103	627	68,6	25,7
Sonst. Laubbäume	333	.	40,6	15,7
Alle Baumarten	2468	7388	35,9	15,9

* Schadstufen 2–4 (deutliche Schäden) (wegen unterschiedlicher Erhebungsmethoden sind die Ergebnisse in den alten (West) und neuen (Ost) Bundesländern nicht miteinander vergleichbar)

Quelle: BMELF „Waldzustandsbericht 1990"

sich die Situation gegenwärtig bereits wie folgt dar: Zum 30. 6. 1990 waren in Westdeutschland von den insgesamt 30,7 Mio. Pkw 13,7 Mio. schadstoffreduziert, 9,5 Mio. schadstoffarm und 5,3 Mio. wurden von einem Dreiwegekatalysator geregelt.

Tabelle 97: Schadstoffreduzierte Autos (West)

	Anteil in % des Pkw-Gesamtbestandes			
	31. 12. 1987	31. 12. 1988	31. 12. 1989	30. 06. 1990
Pkw ingesamt:	100,0	100,0	100,0	100,0
darunter				
– schadstoffreduziert	24,2	32,5	40,2	44,8
– schadstoffarm	13,1	19,4	26,0	30,8
– mit geregeltem Dreiwegekatalysator	4,4*	9,1*	15,4*	20,0*

* bezogen auf Pkw mit Ottomotor

Quelle: BMU „Umwelt" Nr. 12/1990

b) Gewässerschutz

Wasserverbrauch. Das westliche Deutschland ist ein wasserreiches Land. Die mittlere Niederschlagsmenge beträgt 200 Mrd. m^3, von denen rund die Hälfte über die Pflanzen, den Boden und die Oberflächengewässer in die Atmosphäre verdunstet; knapp die andere Hälfte fließt – teils nach einer Nutzung – zum Meer ab. Die öffentlichen Wasserwerke fördern für die Trinkwasserversorgung 4 Mrd. m^3 Wasser, die Industrie benötigt etwa 12 Mrd. m^3 Prozeßwasser und die Kraftwerke brauchen etwa 24 Mrd. m^3 Kühlwasser.

Insgesamt erhalten rund 8 Millionen Bürger in den fünf neuen Bundesländern derzeit Trinkwasser, welches dauernd oder zeitweise nicht den Qualitätsanforderungen der Trinkwasserverordnung entspricht.

Große Gebiete der ehemaligen DDR sind durch äußerst intensive landwirtschaftliche Bewirtschaftung (Agrochemikalien, Gülle, Jauche, Silosickersäfte) hoch nitratbelastet. Das spiegelt sich besonders in Oberflächenwässern, aber auch zunehmend im Grundwasser wider. Da entsprechende Oberflächenwässer zur Trinkwassergewinnung genutzt werden müssen – sie tragen zu 30% des Gesamtbedarfs bei – viele öffentliche Wasserversorgungsanlagen aber keine Nitrateliminierungsstufen besitzen, erhalten zur Zeit etwa 1 Million Bürger ein nitratüberlastetes Trinkwasser. Der gültige Grenzwert beträgt nach westdeutschem Standard 50 mg/l.

Abwasser. Mit der Ableitung des verbrauchten Wassers (Abwasser) gelangen trotz fortschreitender mechanischer, biologischer und chemischer Klärung auf unterschiedliche Weise immer noch Schadstoffe in unsere Gewässer. Diese Schadstoffe lassen sich nach ihrer Wirkungsweise einteilen in:
- auch in kleinen Mengen giftige Stoffe (Cadmium, Quecksilber u. a.)
- oberhalb bestimmter Konzentration schädliche Stoffe (Säuren, Laugen, Salze u. a.)
- bei der Wasseraufbereitung schadstoffbildende Stoffe (Bromid, Huminstoffe u. a.)

Etwa drei Viertel der jährlichen Abwassermenge von rund 46 Mrd. m^3 (1987) werden unbehandelt (überwiegend Kühlwasser) abgeleitet. Fast 90% der Westbürger sind heute an das öffentliche Kanalnetz angeschlossen.

Viele Umweltchemikalien wie Düngemittel, Pflanzenschutzmittel, Arzneimittel, Anstrichmittel, Wasch- und Reinigungsmittel sind für unsere Gesundheit, unsere Ernährung, für die Erleichterung des täglichen Lebens generell von hohem Nutzen; gleichzeitig aber belasten sie unsere Umwelt, in welcher Form auch immer sie in den Boden, in die Luft oder ins Wasser gelangen.

Tabelle 98: Abwasser 1987 (West)

Art	Anzahl/Anteil
Abwasseranfall insg. (Mio. m^3):	46 306
Davon Kühlwasser	35 805
Produktionsabwasser	1 779
Abwasser des privaten Verbrauchs	3 471
Sonstige Abwasser	5 251
Abwassereinleitung (Mio. m^3):	46 306
– unbehandelt (zu 98% Kühlwasser)	35 773
– behandelt	10 533
davon (Anteil in %):	
mechanisch	7,9
biologisch	60,2
biologisch und chemisch	29,6
chemisch-physikalisch	2,3

Quelle: Statistisches Bundesamt „Umwelt in Zahlen 1990"

Belastung der Elbe. Mit 1140 km Länge und einem Gesamteinzugsgebiet (Niederschlagsgebiet) von 148 268 km^2 ist die Elbe eines der größten Flußgebiete Westeuropas, aber auch eines der am meisten belasteten.

Zum Schutz der Elbe vereinbarten die Bundesrepublik, die ČSFR und die EG am 8. 10. 1990 in Magdeburg die Schaffung einer Internationalen Kommission, deren Aufgabenschwerpunkt darin bestehen soll, anspruchsvolle Gewässernutzung im Elbeeinzugsgebiet wieder zu ermöglichen, ein möglichst naturnahes aquatisches Ökosystem zu erreichen und die Belastung der Nordsee aus dem Elbegebiet nachhaltig zu verringern.

Tabelle 99: Belastung der Elbe

Kriterium	Anteil an der Gesamtbelastung (in %)		
	ČSFR	Ehem. DDR	Alte BRD
Ammonium	22,5	60,0	17,5
Phosphor	25,0	59,0	16,0
Stickstoff	25,0	68,0	7,0
Quecksilber	14,0	85,3	0,7
Cadmium	41,1	56,7	2,2

Quelle: BMU „Umwelt" Nr. 10, 1990

c) Bodenschutz

In den vergangenen 30 Jahren wurden im westlichen Bundesgebiet 10 500 km² überbaut, 2800 km² Wald aufgeforstet, dafür die landschaftliche Fläche um 5600 km² und die naturnahen Flächen (Moor, Ödland, Gewässer) um 7700 km² verringert. Allein die Nachfrage nach Bauland beansprucht jährlich etwa 285 km², der Verkehrsausbau hat der Bundesrepublik mit 1,89 Straßenkilometern je km² die vierthöchste Straßennetzdichte der Welt beschert. In der Landwirtschaft werden jährlich 30 000 t Pflanzenschutzmittel und 3,5 Mio. t Industriedünger eingesetzt. Diese Intensivnutzung führte bereits zu einem Rückgang der Pflanzen- und Tierarten um bis zu 90 Prozent.

d) Abfallbeseitigung

Nach Erkenntnissen des Statistischen Bundesamtes produzierte jeder Westbürger 1987 durchschnittlich 375 kg Hausmüll und hausmüllähnliche Abfälle (incl. Sperrmüll).

Die Bürger im Osten Deutschlands produzierten 1989 wegen des niedrigeren Konsumniveaus und des Sekundär-Rohstoff-Systems dagegen nur 174 kg Hausmüll pro Einwohner.

Der Ertrag unserer täglichen Arbeit kommt mit unterschiedlicher Verzögerung als Abfall wieder auf uns zurück. Die Methoden, sich seiner zu entledigen, sind vielfältig:

– **Deponierung.** Die billigste und technisch einfachste Art der Müllbeseitigung ist die Lagerung auf einer Deponie. Äußerst

problematisch ist allerdings dabei die mögliche Auswaschung umweltgefährlicher Stoffe durch Regenwasser und deren Versickerung in das Grund- und Oberflächenwasser.
- **Verbrennung:** Diese Art der Abfallbeseitigung erhöht über Abgase die Schadstoffe in der Luft, besonders bei der Verbrennung von Klärschlamm können sich schädliche Schwermetalle niederschlagen. Die Verbrennungsrückstände selbst (etwa 30–50 Gewichtsprozente des Ausgangsmülls) müssen wiederum beseitigt werden (Deponierung, Schrottverwertung, Bauhilfsmaterial u. a.).
- **Kompostierung:** Bei dieser Methode müssen Kunststoffe, Glas, Blech und andere unverrottbare Bestandteile zuvor aussortiert werden. Unter Zusatz von Klärschlamm verrottet der kompostierte Abfall zu Humusdünger, der jedoch mit Schwermetallen wie Cadmium angereichert ist. Durch den Einsatz neuer technischer Verfahren muß dieser Schwermetallanteil auf zulässige Grenzwerte reduziert werden. Weiterhin ist dieser Kategorie die Gewinnung von Gas und Wärme auf Biomasse (pflanzliche und tierische Abfälle) zuzuordnen.
- **Pyrolyse:** Hierbei werden Abfälle in einem thermischen Prozeß ohne Zufuhr von Sauerstoff („unvollständige Verbrennung") vergast bzw. entgast und chemische Substanzen bei hohen Temperaturen (unter Luftausschluß) abgebaut. Es entstehen feste, flüssige und gasförmige Stoffe, die in der Industrie Verwendung finden.
- **Recycling:** Diese Methode gilt als rohstoffschonend und umweltfreundlich, weil gebrauchte Stoffe wiederverwendet werden. Im Hausmüll sind im wesentlichen vier Stoffgruppen, deren Verwertung wirtschaftlich sinnvoll erscheint. *Papier* und *Pappe* (Pro-Kopf-Verbrauch 1989 im Westen: 210 kg) werden bereits zu 47% aus Altpapier hergestellt. Insgesamt wurden 1990 etwa 6,2 Mio. t Altpapier gesammelt, allerdings nur 5,6 Mio. t davon auch verbraucht. Eine ähnlich hohe Recyclingquote erreicht das *Glas* (1988 wurden 1,3 Mio. t Altglas zur Wiederverwertung gesammelt), während *Eisenmetalle* auf 90 bis 95 Prozent kommen. Für *Kunststoffe* gibt es dagegen noch kein befriedigend funktionierendes Verfahren zur Rückgewinnung aus Hausmüll. Insgesamt wird das Potential der Rückgewinnung auf vier bis fünf Millionen Tonnen Wertstoffe pro Jahr veranschlagt.

Abfall. In der früheren DDR lag 1988 das Pro-Kopf-Aufkommen an Hausmüll bei 180 kg. Insgesamt fielen 94,9 Mio. t Abfälle an, wobei im Vergleich zum Westen der dortige hohe Anteil der industriellen Abfälle auffällt.

Tabelle 100: Abfall

Abfallart	Abfallmenge (Mio. t)	
	Ost 1988	West 1987
Feste Siedlungsabfälle	3,6	135,5
davon Hausmüll und Sperrmüll	3,5	27,1
Industrielle Abfälle	91,3	107,1
Abfallmenge insg.	94,9	242,6

Quelle: BMU „Umwelt", Nr. 11, 1990; Statistisches Bundesamt „Umwelt in Zahlen 1990"

Zusammensetzung des Hausmülls. Obwohl fast die Hälfte des Hausmülls aus recyclebaren Wertstoffen wie Glas, Metallen, Kunststoffen und Papier besteht, wird bisher nur ein Fünftel des Hausmülls wiederverwertet. Die andere Hälfte aus organischen Abfällen ist zum größten Teil kompostierbar.

Tabelle 101: Zusammensetzung des Hausmülls (West)

Art	Anteil in %
Zusammensetzung:	
Organische Abfälle	43
Papier/Pappe	21
Glas	12
Kunststoffe	5
Metalle	5
Nicht verwertbare Abfälle u. a.	14
Anteil der verwerteten Abfallstoffe	20

Quelle: Nach div. Presseunterlagen, 1990/91

e) Lärmschutz

Der Sachverständigenrat für Umweltfragen beim Bundesinnenministerium hat herausgefunden, daß sich rund 20 bis 25 Mio. Bundesbürger im Westen durch Lärm belästigt fühlen:
- 9,6 Mio. bundesdeutsche Haushalte sind in der Umgebung ihrer Wohnung durch Straßenverkehrslärm belastet
- Fast 4 Mio. Bundesbürger fühlen sich zeitweise oder dauernd von Fluglärm gestört
- 6,4 Mio. Arbeitnehmer sind in ihren Betrieben häufig starken Geräuschbelästigungen ausgesetzt (die Lärmschwerhörigkeit liegt an der Spitze aller Berufskrankheiten).

7. Verteidigung

(Anmerkung: Bei Redaktionsschluß lagen für die gesamtdeutschen Streitkräfte noch keine quantifizierbaren Materialien nach dem gewohnten Darstellungsmuster vor).

Struktur der Teilstreitkräfte (Ost). Nach Abschluß der Umgliederung sieht die *Struktur des Heeres* für den östlichen Teil Deutschlands die Aufstellung eines Heereskommandos Ost vor, das zugleich die Führungsaufgaben eines Korps übernehmen wird. Ihm nachgeordnet werden zwei Wehrbereichskommandos mit der Führungsverantwortung von Divisionen in Leipzig und Neubrandenburg. Diesen werden sechs Heimatschutzbrigaden, vier Heimatschutzregimenter, Führungs-, Kampfunterstützungs-, Logistik- und Sanitätstruppen sowie 15 Verteidigungsbezirkskommandos einschließlich der Standortkommandatur Berlin unterstellt. Dabei werden die Brigaden nach entsprechender Umgliederung aus den Divisionen der ehem. NVA-Landstreitkräfte gebildet. Für die Heeresstruktur Ost ist nach Einnahme der endgültigen Strukturen eine Personalstärke von 39400 Berufs- und Zeitsoldaten sowie Grundwehrdienstleistenden vorgesehen.

Die Grundgliederung der *Luftwaffenstruktur* sieht unter der Führung der aufzustellenden 5. Luftwaffendivision in Eggersdorf ein Radarführungskommando in Fürstenwalde mit vier Radarführungsabteilungen, zwei Flugsicherungssektoren sowie Versorgungs-, Ausbildungs- und Fernmeldeeinheiten vor. Über die Zahl der fliegenden Verbände ist noch nicht abschließend entschieden. Zu ihnen wird eine Staffel des mit 25 MIG-29 ausgerüsteten jetzigen Jagdgeschwaders 3 in Preschen gehören; die MIG-29 ist als einziges Kampfflugzeug der bisherigen NVA-Luftstreitkräfte für einen vorläufigen Einsatz in der Bundeswehr vorgesehen. In einstweilen etwa 70 Einheiten und Dienststellen werden insgesamt knapp 4500 Berufs- und Zeitsoldaten der Luftwaffe Dienst tun.

Die *Marine* hat als Grundstruktur für ihren Bereich unter Führung eines Marineabschnittskommandos in Rostock ein Marinestützpunktkommando mit Stützpunkten in Warnemünde und Peenemünde sowie Unterstützungseinheiten für Führungsdienste und Logistik vorgesehen. Darüber hinaus wird zeitlich begrenzt ein Küstenwachgeschwader mit bis zu 12 Booten in Dienst gehalten. In insgesamt etwa 60 Einheiten/Dienststellen werden bis zu 2000 längerdienende Soldaten Dienst tun.

Truppenreduzierung. Im Jahr 1995 soll die zwischen Deutschland und der Sowjetunion vereinbarte Truppenreduzierung auf eine Obergrenze von 370 000 Soldaten der Bundeswehr abgeschlossen sein.

Tabelle 102: Personalbestand der Bundeswehr 1995

Teilstreitkräfte	Personalstärke (Anzahl)		
	Ost	West	insgesamt
Heer	40 000	217 400	257 400
Luftwaffe	8 500	73 100	81 600
Marine	1 500	29 500	31 000
Bundeswehr insg.	50 000	320 000	370 000

Quelle: Nach Bundesministerium der Verteidigung (Planungsstand: Oktober 1990)

Konventionelle Abrüstung. Im Rahmen des „Vertrages über konventionelle Streitkräfte in Europa" muß die Bundeswehr ihr Waffenarsenal (Ist) auf vertraglich vereinbarte Bestände (Soll) reduzieren.

Tabelle 103: Konventionelle Abrüstung

Waffenart (Auswahl)	Anzahl	
	Ist*	Soll
Panzer	7093	4166
Gepanzerte Fahrzeuge	9598	3446
Artilleriegeschütze	4644	2689
Kampfflugzeuge	1064	900
Kampfhubschrauber	357	306

* ohne Bestände der ehem. NVA

Quelle: Presseunterlagen

Meinungen zur Bedeutung der Bundeswehr während des Golfkrieges. Das EMNID-Institut hat im Januar und Februar 1991 eine repräsentative Umfrage in den alten Bundesländern durchgeführt, um Einstellungen der Gesamtbevölkerung zur Bedeutung der Bundeswehr unter den Bedingungen des Golfkrieges zu ermitteln.

54 Prozent der Bevölkerung in den alten Bundesländern waren der Meinung, daß die Bundeswehr angesichts des Krieges am Golf eher an Bedeutung gewonnen hat.

Den Einsatz von Bundeswehrtruppen im Rahmen der NATO zur Verteidigung der Türkei befürworteten 56 Prozent aller Befragten.

Tabelle 104: Meinungen zur Bedeutung der Bundeswehr (West)

Merkmal/Meinung	Anteil in % der Gesamtbevölkerung
Bedeutung der Bundeswehr durch den Golfkrieg:	
– eher an Bedeutung gewonnen	54
– eher an Bedeutung verloren	22
– keine Angabe	24
Bedeutung der Bundeswehr allgemein:	
– sehr wichtig	16
– wichtig	58
– nicht so wichtig	12
– unwichtig	3
– überflüssig	3
– schädlich/gefährlich	4
– weiß nicht	4
NATO-Einsatz von Bundeswehrsoldaten in der Türkei:	
– bin sehr dafür	27
– bin eher dafür	29
– bin eher dagegen	16
– bin sehr dagegen	19
– weiß nicht	9

Quelle: BMVg „Mitteilungen an die Presse" XXVIII/7 (8. 2. 91)

8. Verkehr

Verkehr spielt eine entscheidende Vermittlerrolle zwischen den Grunddaseinsfunktionen Wohnen, Arbeiten, Versorgen und Erholen, d. h. er ist das Bindeglied zwischen Wohnort und Arbeitsplatz, Einkaufs- und Freizeitstätte, besonders in unserer stark arbeitsteilig orientierten Gesellschaft. Die Befriedigung dieser täglichen Bedürfnisse hat zu einem ständig steigenden Verkehrsaufkommen und damit verbundenem Ausbau der Infrastruktur im Verkehrswesen geführt.

Personenverkehr. Im Laufe der Jahre hat sich die Haltung der Bevölkerung zu den verschiedenen Verkehrsmitteln infolge der ökonomischen, technischen und sozialen Rahmenbedingungen stark verändert. Lange Jahre waren Eisenbahn und öffentlicher Verkehr die Verkehrsmittel schlechthin. Doch dann begann der Siegeszug des Automobils. Mehr als 80% der beförderten Personen bedienen sich im Westen und 55% im Osten Deutschlands des Individualverkehrs.

Tabelle 105: Personenverkehr (1989)

Verkehrsarten	Beförderte Personen (in Millionen)	
	Ost	West
Öffentlicher Personenverkehr	4023	6898
– Schienenverkehr	592	1145
– Straßenverkehr	3429	5697
– Luftverkehr	2	56
Individualverkehr	4980	32340
Gesamter Personenverkehr	9003	39238

Quelle: BMV „Verkehr in Zahlen 1990", S. 177, 286

Güterverkehr. Das Transportaufkommen auf den Güterverkehrsmärkten wird zu etwa drei Viertel auf der Straße abgewik-

Tabelle 106: Güterverkehr (1989)

Verkehrszweige	Beförderte Tonnen (in Millionen)	
	Ost	West
Eisenbahnen	339	307
Binnenschiffahrt	20	235
Straßengüterfernverkehr	28	414
Luftfrachtverkehr	–	1
Rohrfernleitungen	38	68
Seeschiffahrt	25	141
Straßengüternahverkehr	513	2300

Quelle: BMV „Verkehr in Zahlen 1990", S. 197, 287

kelt. Auf dem Schienen- und Wasserweg werden je ein Zehntel des gesamten Güterverkehrsaufkommens transportiert, die Luft- und Leitungswege spielen nur eine untergeordnete Rolle.

Verkehrsverhalten von Erwerbstätigen. Der tägliche Weg zur Arbeit ist für viele Erwerbstätige mit einem hohen Wege- und Zeitaufwand verbunden. Die Hälfte aller Erwerbstätigen legt dabei unter zehn Kilometern zurück, das Auto ist das häufigste benutzte Verkehrsmittel, der Zeitaufwand für den Weg zur Arbeit liegt bei den meisten zwischen 10 und 30 Minuten (nicht berücksichtigt sind die sog. „gebrochenen" Verkehrsbeziehungen, d.h. die Kombination verschiedener Verkehrsmittel auf dem Weg zur Arbeit).

a) Straßenverkehr

Die Straßenverkehrsordnung gilt zwar seit 1. 1. 1991 auch in den neuen Ländern. Ausgenommen sind davon jedoch die Höchstgeschwindigkeits-Regelungen und die Promillegrenze. Bis 1993 gilt weiterhin die 0,0-Promille-Regelung. Bis Ende 1991 bleibt die Geschwindigkeitsbegrenzung von 100 Stundenkilometern auf Autobahnen und 80 Stundenkilometern auf Landstraßen bestehen.

8. Verkehr

Tabelle 107: Verkehrsverhalten von Erwerbstätigen 1988 (West)

Merkmal	Anzahl (in 1000)	(in %)
Erwerbstätige insgesamt	27366	100,0
davon fahren zur Arbeit überwiegend mit:		
Bus	1775	6,5
U-/S-Bahn, Straßenbahn	1620	5,9
Eisenbahn	460	1,7
Pkw	15074	55,1
Krad, Moped, Mofa	351	1,3
Fahrrad	1722	6,3
Zu Fuß	2281	8,3
davon benötigen für den einfachen Weg zur Arbeit (von ... bis unter ...):		
unter 10 Minuten	5912	21,6
10–30 Minuten	12606	46,1
30–60 Minuten	4085	14,9
60 und mehr Minuten	934	3,4
davon legen für den einfachen Arbeitsweg zurück (von ... bis unter ...):		
unter 10 km	13318	48,7
10–25 km	7298	26,7
25–50 km	2138	7,8
50 und mehr km	779	2,8
(Der Rest arbeitet auf dem gleichen Grundstück)		

Quelle: BMV „Verkehr in Zahlen 1990", S. 94–97

Tabelle 108: Gesamtbestand an Kraftfahrzeugen

Art	West (1.1.1991)	Ost (1989)
Personenkraftwagen/Kombi	30695082	3899000
Krafträder	1396083	1327000
Lastkraftwagen	1408952	240000
Sattelschlepper/Traktoren	1755032	263000
Omnibusse	70258	63000
übrige Kfz	444000	166000
insgesamt	35769407	5958000

Quelle: Statistische Mitteilungen des Kraftfahrt-Bundesamtes Nr. 1, 1991; BMV „Verkehr in Zahlen 1990", S. 285

Tabelle 109: Erstzulassungen 1990 (West)

Art	Anzahl der Erstzulassungen
Personenkraftwagen/Kombi	3 040 783
Krafträder	111 208
Lastkraftwagen	157 782
Zugmaschinen	41 690
Omnibusse	4 565
übrige Kfz	30 504
insgesamt	3 386 532

Quelle: Statistische Mitteilungen des Kraftfahrt-Bundesamtes Nr. 1, 1991

Tabelle 110: Zulassung fabrikneuer Personenkraftwagen (West)

Herstellungsland bzw. Hersteller	Erstzugelassene Personenwagen (1990)
Inland	1 982 763
davon VW	609 521
Opel	455 590
Ford	292 394
Mercedes	256 780
Audi	167 548
BMW	190 665
Porsche	9 292
Ausland	1 058 020
davon Japan	467 862
Frankreich	238 364
Italien	151 880
Schweden	15 717
England	24 427
Insgesamt	3 040 783

Quelle: Statistische Mitteilungen des Kraftfahrt-Bundesamtes Nr. 1, 1991

Auf 1000 Bundesbürger entfielen zum 1.1.1990 im Durchschnitt 570 Kraftfahrzeuge aller Art oder 490 Personenkraftwagen (DDR 1989: 235 Pkw je 1000 EW). Nach einer Prognose des DIW, Berlin, wird sich die Pkw-Dichte (Motorisierungsgrad) in der westlichen Bundesrepublik bis zur Jahrhundertwende so entwickeln, daß 556 Personenkraftwagen (in 2010: 593) auf 1000 Einwohner entfallen.

Diesen Schätzungen zufolge werden also zur Jahrhundertwende zwei Westbürger statistisch über einen Personenkraftwagen verfügen. Im gleichen Zeitraum wird etwa die Hälfte des Güterverkehrs auf der Straße abgewickelt, zumal das Leistungsangebot auf dem Verkehrsträger „Schiene" zusehends eingeschränkt wird. Dieser Entwicklung wird mit dem Ausbau vor allem überörtlicher Straßen Rechnung getragen.

Tabelle 111: Verkehrswege

Verkehrsweg	Länge (in 1000 km) West 1990	Ost 1989	Verkehrsweg
Bundesautobahnen	8,8	1,9	Autobahnen
Bundesstraßen	31,1	11,3	Fernstraßen
Landesstraßen	63,3	34,0	Bezirksstraßen
Kreisstraßen	70,7		
Gemeindestraßen	325,0	77,4	Kommunale Straßen*
* 1985			

Quelle: Bundesministerium für Verkehr „Verkehr in Zahlen 1990", S. 98, 277

Über einige Jahre hinweg ging die Zahl der Straßenverkehrsunfälle vor allem mit Todesfolgen drastisch zurück, wohl zweifellos dank verstärkter Verkehrssicherheitsmaßnahmen (Sicherheitsgurt, Verkehrsaufklärung, Ausbau des Rettungswesens, Beseitigung von Unfallschwerpunkten u.a). Gut zwei Drittel der Unfälle mit Personenschaden ereignen sich innerhalb von Ortschaften, wo die Gefährdung von Fußgängern und Radfahrern eine besondere Rolle spielt. Die Gefährdung von Kindern durch motorisierten Verkehr zeigt steigende Tendenz. So fanden in Westdeutschland 1989 von den 43 473 im Straßenverkehr verunglückten Kindern unter 15 Jahren 388 dabei den Tod.

Tabelle 112: Unfälle im Straßenverkehr

Unfallfolge	West 1989	West 1990	Ost 1989	Ost 1990
Unfälle mit Personen- schaden (in 1000)	343,6	·	·	·
Tote	7995	7909	1624	3130
Verletzte (in 1000)	449,4	·	41,2	·

Quelle: Bundesministerium für Verkehr „Verkehr in Zahlen 1990", S. 142/143; Statistisches Bundesamt, Wiesbaden 1991

Tabelle: 113: Unfallursachen (1989)

Unfallursache*	Anteil in % West	Ost
Ursachen bei Fahrern	85,3	·
Zu schnelles Fahren	17,4	24,2
Vorfahrt mißachtet u. ä.	12,0	19,2
Überholvorgänge u. ä.	11,0	4,2
Alkoholeinfluß	6,0	8,5
Fahrtrichtungsänderung	12,1	·
Zu dichtes Auffahren	8,5	3,9
Falschverhalten gegenüber Fußgängern	4,0	·
Sonstiges	14,3	·
Ursachen bei Fahrzeugen	1,1	·
Ursachen bei Fußgängern	6,0	·
Straßenverhältnisse	5,6	·
Sonstige Ursachen	2,0	·
Insgesamt	100,0	·

* bei Unfällen mit Personenschaden

Quelle: Bundesministerium für Verkehr „Verkehr in Zahlen 1990", Bonn 1990, S. 149, 285

An Wochenenden steigt die Zahl der Unfälle mit Todesfolge sprunghaft an. Nach einer ADAC-Studie kommen von Montag

Tabelle 114: Getötete im Straßenverkehr 1989 (West)

Art der Verkehrsbeteiligung/Altersgruppen	Anzahl/Anteil
Getötete insgesamt	7 995
davon (Anteil in %):	
Mopedfahrer	2,6
Motorradfahrer	9,3
Autofahrer	54,5
Radfahrer	10,1
Fußgänger	20,7
davon im Alter von	
bis unter ..... Jahren (Anteil in %):	
– 6	1,9
6–15	3,0
15–25	30,4
25–65	43,4
65 und mehr	21,3

Quelle: BMV „Verkehr in Zahlen 1990", S. 147/150

bis Freitag 28 Tote auf 1000 Unfälle, am Samstag und Sonntag sind es bereits 40 Unfalltote. Der höhere Anteil ungeübter oder alkoholisierter Autofahrer an Wochenenden dürfte dafür die Hauptursache sein.

Anschaffung und Unterhaltung eines Kraftfahrzeugs haben sich in den vergangenen zehn Jahren etwa in gleichem Maße verteuert wie der allgemeine Lebensunterhalt. Die durchschnittliche jährliche Fahrleistung lag 1989 bei 16 600 km. Pro Pkw/Kombi wurden im gleichen Zeitraum 1,12 Instandsetzungsarbeiten durchgeführt und für die Verschleißreparaturen insgesamt 350 DM aufgewendet, das sind 2,1 Pfennig/km. Der westdeutsche Autofahrer steht durchschnittlich 65 Stunden jährlich im Stau.

Energieverbrauch des Verkehrs. Im Verkehrssektor gehen fast neun Zehntel des Energieverbrauchs auf das Konto des Autos im Straßenverkehr. Der hohe Einsatz von Dieselkraftstoffen als Energieträger wird vor allem auch durch den Schienenverkehr und die Binnenschiffahrt verursacht.

Tabelle 115: Energieverbrauch des Verkehrs 1989 (West)

Art	Anteil in % des Endenergieverbrauchs
Nach Verkehrsart:	
Straßenverkehr	87,2
Luftverkehr	8,6
Schienenverkehr	2,9
Binnenschiffahrt	1,3
Nach Energieträgern:	
Motorenbenzin	56,5
Dieselkraftstoff	33,2
Turbinenkraftstoff	8,4
Strom	1,9

Quelle: BMWI „Energiesparen aktuell", Bonn 1990

b) Schienenverkehr

Neben der Deutschen Bundesbahn waren 1988 noch 103 Unternehmen der nichtbundeseigenen Eisenbahnen (NE-Eisenbahnen) am öffentlichen Schienenverkehr beteiligt. Statistisch hat 1989 jeder Westdeutsche 926 km und jeder Ostdeutsche 1432 km mit der Eisenbahn zurückgelegt.

EC-/IC-Netz (1991/92). Zum ersten Mal in diesem Jahrhundert wurden mit der durchgehenden Inbetriebnahme der beiden Neubaustrecken Hannover-Würzburg und Mannheim-Stuttgart am 2. 6. 1991 neue Eisenbahnstrecken für den Fernverkehr fertiggestellt. Zum ersten Mal wird mit neuen InterCity-Express-Zügen (ICE) Hochgeschwindigkeitsverkehr gefahren. Die neuen Strecken und die neuen Fahrzeuge werden für eine Geschwindigkeit von 280 km/h zugelassen.

c) Schiffahrt

Nach Alter und technischer Ausrüstung gehört die westdeutsche Handelsflotte zu den jüngsten und modernsten der Welt. 30% der Schiffe sind weniger als fünf Jahre alt (Welt: 16%). Bei 40% liegt das Alter unter 10 Jahren (Welt: 20%). Besonders

8. Verkehr

Karte 7: EC/IC-Netz (1991/92)

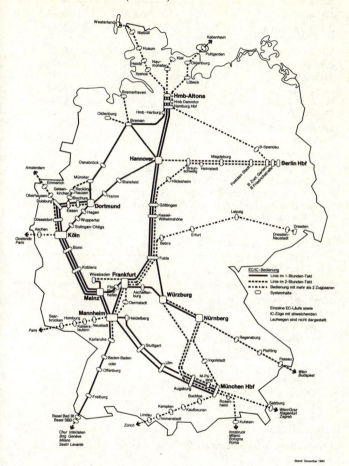

Quelle: BMV „Verkehrsnachrichten", Heft 1/2, 1991

durch die Expansion der Tankschiffahrt ist die Durchschnittsgröße ihrer Frachter ständig gestiegen. Im Zeichen sinkender Rohölabsätze und unter dem Konkurrenzdruck sog. „Billigflaggen" gerät die deutsche Handelsschiffahrt zunehmend in Bedrängnis.

Tabelle 116: Eisenbahnverkehr (1989)

Gegenstand der Nachweisung	Einheit	Deutsche Bundesbahn	Deutsche Reichsbahn
Streckenlänge*	km	27 000	14 035
dar.: elektrifiziert	km	11 700	3 829
Elektroloks	Anzahl	2 535	1 212
Dieselloks	Anzahl	1 815	4 064
Personenwagen	Anzahl	11 814	8 098
Sitzplätze	1000	862	581
Güterwagen	1000	209	173
Beförderte Personen	Mio.	1 048*	592
Beförderte Güter	Mio. t.	288*	339
Beschäftigte	1000	257	256

* Schienenverkehr

Quelle: Bundesministerium für Verkehr „Verkehr in Zahlen 1990", Bonn 1990, S. 49–61, 276 ff.

Tabelle 117: Zivile Schiffahrt (1989)

Art	West	Ost
Binnenschiffahrt:		
Frachtschiffe	2990	1228
Fahrgastschiffe	479	.
Erwerbstätige (in 1000)	9	8
Wasserstraßen (1000 km)	4,5	2,3
Seeschiffahrt:		
Handelsschiffe	903	163
Tonnage (1000 BRT)	4002	1293
davon Fahrgastschiffe	113	.
Erwerbstätige (in 1000)	15	24

Quelle: Bundesministerium für Verkehr „Verkehr in Zahlen 1990", Bonn 1990, S. 62–71, 104, 276 ff.

d) Luftverkehr

In Westdeutschland waren 1988 insgesamt 188 inländische und 160 ausländische Unternehmen an der gewerblichen Luftfahrt beteiligt. Das Luftfahrt-Bundesamt in Braunschweig zählte für 1989 täglich 10 413 Flugzeugstarts, jährlich 388 000 Flüge in der Verkehrsluftfahrt und 3,4 Mio. Privatflüge. Im gleichen Jahr wurden 72,4 Mio. Fluggäste im Linienverkehr und 16,2 Mio. Passagiere im Charterverkehr befördert, das Luftfrachtaufkommen lag bei 1,5 Mio. t. Im Luftraum der alten Bundesrepublik kam es 1990 zu 92 Beinahe-Zusammenstößen.

Tabelle 118: Inländische Fluggesellschaften (1989)

Art	West	Ost
Flugzeuge	627*	40
Hubschrauber	164*	.
Beförderte Personen (1000)	32 016	1616
Beförderte Güter (1000 t)	1 021	9
Erwerbstätige (1000)	48	8

* 1988

Quelle: Bundesministerium für Verkehr „Verkehr in Zahlen 1990", Bonn 1990, S. 85, 284

Tabelle 119: Flughäfen

Flughafen	Starts und Landungen		Fluggäste	
	1980	1989	1980	1989
		(in 1000)		
Bremen	15	29	675	1 067
Düsseldorf	88	135	7 226	10 783
Frankfurt	212	301	17 605	26 568
Hamburg	65	106	4 554	6 305
Hannover	32	48	2 066	2 615
Köln-Bonn	34	71	2 009	2 691
München	86	152	6 037	10 410
Nürnberg	16	34	806	1 304
Stuttgart	50	78	2 767	3 919
Berlin-West	56	96	4 480	5 939
Berlin-Schönefeld	33	36	2 002	2 898
Dresden	4	1	229	29
Leipzig	2	6	104	442
Erfurt	1	1	52	48

Quelle: Bundesministerium für Verkehr „Verkehr in Zahlen 1990", Bonn 1990, S. 87, 284

Luftrettung. In den alten Bundesländern waren 1990 insgesamt 36 Rettungshubschrauber stationiert, in den neuen Ländern starteten von neun Basen Rettungshubschrauber des sowjetischen Typs MI 2.

Tabelle 120: Luftrettung (1990)

Gebiet	Rettungs-stationen	Geflogene Einsätze	Versorgte Patienten
Ostdeutschland	9	1 000	
Westdeutschland	36	41 000	35 000

Quelle: Nach Presseunterlagen

IV. Wirtschaft

1. Arbeitsmarkt

Erwerbstätigkeit. Nach Berechnungen des Statistischen Bundesamtes stieg die Zahl der Erwerbstätigen durch den Zustrom

Tabelle 121: Erwerbstätige nach Wirtschaftsbereichen (1989)

	Erwerbstätige (in 1000)	
	West	Ost
Land- und Forstwirtschaft, Fischerei	1066	960
Produzierendes Gewerbe	10950	4481
Handel und Verkehr	5159	1581
Dienstleistungen	10448	1864
Insgesamt	27623	8886

Quelle: Wirtschaft und Statistik 4/1990; Statistisches Bundesamt, Wiesbaden 1990

Tabelle 122: Arbeitskräfteangebot und -nachfrage 1989 (West)

Arbeitskräfte	Anzahl (in 1000)
Arbeitskräfteangebot:	
Erwerbspersonen insgesamt	31096
davon Deutsche	28351
Männer	17000
Frauen	11351
davon Ausländer	2745
Arbeitskräftenachfrage:	
Erwerbstätige insgesamt	27623
davon abhängig Beschäftigte	24607
Saldo:	
Registrierte Arbeitslose	2038
Stille Reserve	1435

Quelle: Ifo-Spiegel der Wirtschaft 1990/91, 02

von Aus- und Übersiedlern und wegen der guten konjunkturellen Entwicklung auf insgesamt 27,775 Mio. zum Jahresanfang 1990.

Arbeitsmarktbilanz. Im Jahr 1990 gab es in Westdeutschland insgesamt 3 703 412 neue Arbeitslose, gleichzeitig lag die Zahl der Vermittlungen durch die Arbeitsämter bei 2 366 924. Von Kurzarbeit betroffen waren 56 000 Arbeitnehmer, während den Arbeitsämtern insgesamt 2 296 930 offene Stellen von Wirtschaft und Verwaltung gemeldet wurden.

Tabelle 123: Arbeitsmarkt (März 1991)

Art	Ost	West
Arbeitslose (in 1000)	808	1731
Arbeislosenquote (%)	9,2	6,5
Kurzarbeiter (in 1000)	2002	139
Gemeldete Stellen (in 1000)	21	341

Quelle: Amtliche Nachrichten der Bundesanstalt für Arbeit, Nr. 4/1991

Das Institut für Arbeitsmarkt- und Berufsforschung, Nürnberg, ist im Rahmen seiner laufenden Marktbeobachtung zu der Erkenntnis gelangt, daß die heutige Massenarbeitslosigkeit zur Hälfte auf den Anstieg des Arbeitskräftepotentials und zur anderen Hälfte auf Arbeitsplatzverluste seit 1974 zurückzuführen ist.

Teilarbeitsmärkte. Auf den Teilarbeitsmärkten hat sich Ende März 1991 die Beschäftigungssituation unterschiedlich gezeigt. Im Durchschnitt aller Berufe gab es eine offene Stelle für fünf Arbeitslose.

Ostdeutscher Arbeitsmarkt 1991. Nach Schätzungen des IAB, Nürnberg, wird sich 1991 in den neuen Bundesländern die Arbeitslosigkeit „nur" um 1,1 Mio. Arbeitslose bewegen, obwohl die Zahl der Beschäftigten um etwa 1,7 Mio. sinken wird. Zur Entlastung des ostdeutschen Arbeitsmarktes tragen Faktoren bei wie das tägliche oder wöchentliche Pendeln gen Westen, der Umzug in westdeutsche Arbeitsmarktregionen mit Wachstum, die

Rückwanderung von Ausländern, aber auch arbeitsmarktpolitische Maßnahmen wie Vorruhestandsregelungen und Arbeitsbeschaffungsmaßnahmen.

Tabelle 124: Struktur der Arbeitslosigkeit (West)

Merkmal	Anzahl Anteil
Arbeitsförderung 1990 (Anzahl):	
Vermittelte Arbeitnehmer	2 366 924
Zugang an Arbeitslosen	3 703 412
Arbeitsbeschaffungsmaßnahmen (Dezember)	80 164
Maßnahmen der beruflichen Bildung (Dezember)	363 387
Leistungen September 1989 (Arbeitslose in %):	
Arbeitslosengeld erhielten	31,6
Arbeitslosenhilfe erhielten	18,6
Arbeitslosenunterstützung beantragt hatten	27,6
Keine Leistung erhielten	22,2
Ausbildungsstand der Arbeitslosen Sept. 1990 (in %):	
Fachschule/Berufsfachschule	5,5
Universität	5,0
Fachhochschule	2,0
Betriebliche Ausbildung	40,8
ohne abgeschlossene Berufsausbildung	46,8
Struktur der Arbeitslosen September 1990 (Anteil in %):	
Jugendliche (unter 20 J.)	3,5
Teilzeitarbeitsuchende	11,9
ohne Berufserfahrung	15,7
Arbeitslose nach Dauer der Arbeitslosigkeit Sept. 1990 (in %):	
bis unter 12 Monate	70,2
12 bis unter 24 Monate	13,8
24 und mehr Monate	15,9
Kosten der Arbeitslosigkeit 1989 (in Mrd. DM):	
Wohngeld, Sozialhilfe, entgangene öffentl. Einnahmen	26,9
Arbeitslosenunterstützung	19,4
Renten- u. Krankenversicherungsbeiträge	12,8

Quelle: Amtliche Nachrichten der BfA

Tabelle 125: Teilarbeitsmärkte März 1991 (West)

Branche (Auswahl)	Anzahl Arbeitslose	Offene Stellen
Bauberufe	93 600	22 533
Metallberufe, Elektriker, Montierer	249 575	49 813
Kaufleute, Büro- und Verwaltungsangestellte	240 550	39 347
Warenkaufleute	131 518	24 423
Gesundheitsdienstberufe	48 400	21 089
Erziehungs- u. Sozialberufe	86 645	14 964
Textil- u. Bekleidungsberufe	41 608	4 276

Quelle: Amtliche Nachrichten der BfA 4/1991, S. 476

Tabelle 126: Ostdeutscher Arbeitsmarkt 1991

Entlastungsfaktor	Entlastung des Arbeitsmarktes (in Personen)
Pendler nach Westen	200 000
Umzüge nach Westen	160 000
Rückwanderung von Ausländern	60 000
Vorruhestandsregelung	145 000
Altersübergangsgeld	80 000
Fortbildungs-, Umschulungsmaßnahmen	175 000

Quelle: IAB, Nürnberg 1991 (Schätzung)

Qualifikationsanforderungen. Einen Wandel bei den Qualifikationen der Erwerbstätigen sehen das IAB, Nürnberg, und Prognos, Basel, für die kommenden zwei Jahrzehnte voraus. Sie ließen sich dabei von 2,3% jährlichem Wirtschaftswachstum (mittlere Annahme) leiten. Ungelernte haben in unserer künftigen Arbeitswelt immer weniger Beschäftigungschancen.

Altersteilzeitgesetz. Das bis zum 31. 12. 1988 befristete Vorruhestandsgesetz wurde am 1. 1. 1989 durch das Altersteilzeitgesetz abgelöst, wonach ältere Arbeitnehmer zugunsten von Arbeitslosen auf einen Teil ihrer Arbeit verzichten und dafür Leistungen

Tabelle 127: Qualifikationsanforderungen (West)

Art der Tätigkeit	Anteil an allen Tätigkeiten	
	1985	2010
	(in %)	
Höherqualifizierte Tätigkeiten	28	39
Einfache Tätigkeiten	27	18
Handelstätigkeiten	11	11
Bürotätigkeiten	17	12
Übrige	17	20

Quelle: IAB, Nürnberg; Prognos, Basel 1990

des Arbeitsamtes unter folgenden Voraussetzungen beanspruchen können: Der Arbeitnehmer muß
- mindestens 58 Jahre alt sein,
- der Reduzierung seiner Arbeitszeit auf die Hälfte der tariflichen regelmäßigen Arbeitszeit (mindestens aber auf 18 Stunden in der Woche) zugestimmt haben und
- in den letzten fünf Jahren wenigstens drei Jahre lang Beiträge in die Arbeitslosenversicherung eingezahlt haben.

In den ostdeutschen Ländern können seit 1. 7. 1991 arbeitslose Männer und Frauen vom 55. Lebensjahr an fünf Jahre lang Altersübergangsgeld (65% des letzten durchschnittlichen Nettoeinkommens) in Anspruch nehmen (Regelung gültig bis Ende 1991).

Nach dem „Gesetz zur Förderung der Einstellung der landwirtschaftlichen Erwerbstätigkeit" können Landwirte ab 58 Jahre, die sich in den Jahren 1989 bis 1991 bereiterklären, ihre Flächen stillzulegen, Rente in Höhe der bereits erreichten Altersgeldanwartschaft erhalten. Arbeitnehmer in der Landwirtschaft erhalten ebenfalls eine Rente. Der Bund übernimmt die vollen Sozialversicherungsbeiträge. Entschließt sich der Landwirt zur Flächenstillegung, so wird ihm außerdem als Ausgleich für die entgangene Pacht ein Flächenzuschlag zwischen 150 und 600 Mark je Hektar und Jahr gezahlt. Die Höhe des Flächenzuschlages ist abhängig von der Bodengüte.

Langzeitarbeitslosigkeit. Arbeitsmarktpolitisch gilt nach wie vor die These, daß Arbeitnehmer ohne Berufsausbildung überdurchschnittlich von Arbeitslosigkeit betroffen werden. So hatten von den Ende September 1990 über 1,728 Mio. gemeldeten Arbeitslosen fast die Hälfte (46,8%) keine abgeschlossene Berufsausbildung.

Tabelle 128: Langzeitarbeitslose (1988)

Strukturmerkmal	Anzahl	%
Langzeitarbeitslose* insgesamt	684670	100,0
Männer		51,7
Frauen		48,3
ohne abgeschlossene Berufsausbildung	380992	55,6
Arbeiter	441856	64,5
Facharbeiter	105968	15,5
unter 20 Jahre alt	6591	1,0
* länger als 1 Jahr arbeitslos		

Quelle: Bundesanstalt für Arbeit, Nürnberg 1989

Arbeitslosenunterstützung. Ende September 1989 erhielten nur 31,6% der zu diesem Erhebungszeitpunkt über 1,88 Mio. Arbeitslosen Unterstützung in Form von Arbeitslosengeld, 18,6% mußten sich mit der Arbeitslosenhilfe begnügen und 49,8% erhielten keine Unterstützung, weil sie keinen Anspruch hatten, ihr Anspruch erschöpft oder darüber noch nicht entschieden war.

Tabelle 129: Arbeitslosenunterstützung (1989*)

Gruppe	DM/Monat	
	Arbeitslosengeld	Arbeitslosenhilfe
Empfänger insgesamt	1059	845
Männer, verheiratet	1443	982
Männer, unverheiratet	1059	853
Frauen, verheiratet	816	637
Frauen, unverheiratet	908	731
* Oktober		

Quelle: Amtliche Nachrichten der BfA 4/1990, S. 570–578

1. Arbeitsmarkt

Ablehnung von Arbeitsvermittlungen. Im Sommer 1989 führte das IAB, Nürnberg, eine Befragung zur Arbeitsvermittlung bei 388 Betrieben in 23 westdeutschen Arbeitsamtsbezirken durch. Wie die Studie ergab, lagen bei knapp der Hälfte aller Stellenangebote erschwerte Arbeitsbedingungen vor, vor allem ungünstige Lagen und Arbeitszeiten sowie schlechte Bezahlung. Es liege also nicht immer an der mangelnden Qualifikation oder an der Arbeitsunwilligkeit der Bewerber, wenn eine freie Stelle nicht besetzt werden könne.

Bewerber werden nach der Studie hauptsächlich wegen mangelnden Fachwissens oder fehlender Berufserfahrung zurückgewiesen. Bewerber schlagen aber auch von sich aus Angebote aus: nach Angaben der befragten Unternehmen bei 60% aller angebotenen Stellen.

Tabelle 130: Ablehnung von Arbeitsvermittlungen (West)

Merkmal/Motiv (Auswahl)	Ablehnungsfälle (Anteil in %)
Ablehnung durch den Arbeitsplatzbewerber:	
– Wunsch u. Wirklichkeit des Arbeitsplatzes stimmten nicht überein	17
– Bezahlung zu niedrig	14
– zu langer Anfahrtsweg/ zu schlechte Arbeitsbedingungen	9
Ablehnung durch den Arbeitsplatzanbieter:	
– zu häufiger Stellenwechsel	11
– zu hohe Bezahlung gefordert	13
– Bewerber war leistungsgemindert	9
– Bewerber war zu alt	8
– Bewerber persönlich nicht zuverlässig/ offenbar an Arbeit nicht interessiert	46
(Mehrfachnennungen möglich)	

Quelle: IAB, Nürnberg 1990

Schwarzarbeit und Leistungsmißbrauch. Nach Angaben der Bundesanstalt für Arbeit, Nürnberg, ist 1990 in Westdeutschland durch illegale Beschäftigung und Mißbrauch von Sozialleistungen ein volkswirtschaftlicher Schaden von etwa 164 Mio. DM verursacht worden. Rund 315 000 Verdachtsfällen mußten die Arbeitsämter nachgehen und 274 000 Verfahren wegen unrechtmäßigen Bezugs von Arbeitslosenunterstützung bearbeiten. Wegen des Verdachts illegaler Ausländerbeschäftigung wurde in 28 800 Fällen ermittelt, in 16 000 Fällen wurden Geldbußen in Höhe von insgesamt 4 Mio. DM verhängt.

2. Gesamtwirtschaft

a) Allgemeines

Produktion und Beschäftigung in unserer Gesellschaft verlagern sich zusehends von der Landwirtschaft über Industrie und Handwerk zum Dienstleistungsbereich. So tragen die Dienstleistungen schon mehr als die Hälfte zur Bruttowertschöpfung (= Produktionswert von Waren und Diensten abzüglich Vorleistungen) bei; jeder zweite Erwerbstätige verdient heute schon sein Geld mit Dienstleistungen.

Bruttosozialprodukt. Im Wert des Bruttosozialprodukts sind alle in einem Jahr erbrachten Dienstleistungen und produzierten Waren erfaßt. Seine Verteilung erfolgt zu etwa zwei Dritteln über Löhne und Gehälter und zu einem Drittel über Gewinne und Vermögenserträge.

Das Pro-Kopf-Bruttosozialprodukt (umgerechnet in DM mit Kaufkraftparitäten) belief sich 1990 in der alten Bundesrepublik auf 38 690 DM, in der ehemaligen DDR auf 14 990 DM und für Gesamtdeutschland auf 33 820 DM.

Tabelle 131: Bruttosozialprodukt (1990)

Merkmal	Anzahl Anteil
Bruttosozialprodukt (in Mrd. DM)	2 448
davon erarbeitet (Anteil in %)	
in Industrie und Handwerk	41
im Dienstleistungsbereich	29
in Handel und Verkehr	15
beim Staat u. a.	13
in der Landwirtschaft	2
davon verwendet (Anteil in %):	
für privaten Verbrauch	53
für Investitionen	22
für Staatsverbrauch	18
für Sonstiges	7

Quelle: Nach Wirtschaft und Statistik 1/1991, S. 20

Berufsunfälle. Die Zahl der anmeldepflichtigen Berufsunfälle (Ausfallzeit: mehr als 3 Tage) sinkt, insbesondere die Unfälle mit tödlichem Ausgang (2257 in 1989 gegenüber 6683 in 1971). Gründe des Rückgangs sind vor allem die Automatisierung schwerer Arbeit und der Einsatz von Sicherheitsfachkräften, die das Gesetz vorschreibt.

Tabelle 132: Berufsunfälle 1989 (West)

Art	Anzahl
Angezeigte Unfälle	1 775 132
davon (Anteil in %)	
Arbeitsunfälle	90
Wegeunfälle	10
Todesfälle	2 257
davon (Anteil in %)	
Arbeitsunfälle	67
Wegeunfälle	33
Berufskrankheiten	
Verdachtsanzeigen	54 467

Quelle: Nach Unfallverhütungsbericht 1989, Bonn 1990

Tabelle 133: Arbeitszeit (1989)

	je Arbeitnehmer	
Art	West*	Ost*
Tariflicher Jahresurlaub (in Tagen)	30,6	21,9
Tarifliche Wochenarbeitszeit (Stunden)	38,9	42,9
Ausfallstunden/Jahr	170,4	.
Effektive Arbeitszeit (in Stunden)		
im Jahr	1607,0	.
in der Woche	30,9	.
* vorläufig		

Quelle: Institut der deutschen Wirtschaft „Zahlen 1990"; div. Pressenunterlagen

2. Gesamtwirtschaft

Arbeitszeit. Bereits jeder fünfte (21,3%) westdeutsche Arbeitnehmer arbeitet nur noch 35 Stunden in der Woche, während jeder Zehnte (9,3%) noch 40 Stunden und länger arbeiten muß.

Wegen Krankheit, Unfall, Kur oder Mutterschutz fehlen nach Erkenntnissen des Instituts der deutschen Wirtschaft, Köln, westdeutsche Arbeitnehmer durchschnittlich 17 Arbeitstage im Jahr.

Wochenendarbeit. Trotz immer kürzerer Arbeitszeiten und zunehmender Freizeit müssen zwei von zehn Westdeutschen an Sonn- und Feiertagen, am Samstag sogar vier von zehn Erwerbstätigen in den alten Bundesländern arbeiten.

Tabelle 134: Wochenendarbeit (West)

Häufigkeit der Wochenendarbeit	Anteil in % aller Erwerbstätigen	
	Samstagarbeit	Sonn- und Feiertagarbeit
Ständig	12	5
In regelmäßigen Abständen	13	7
Gelegentlich	17	10
Nie	58	78

Quelle: Statistisches Bundesamt, Wiesbaden 1990

Tabelle 135: Arbeitseinkommen 1989 (West)

Stellung im Beruf/ Geschlecht	Bruttojahresverdienste* (in DM)	
	Handel, Banken Versicherungen	Industrie
Weibliche Angestellte	38 625	46 414
Männliche Angestellte	55 972	71 053
Arbeiterinnen	–	32 113
Arbeiter	–	46 433

* einschl. Sonderzahlungen

Quelle: Statistisches Bundesamt, Wiesbaden 1990

Arbeitseinkommen. Nach Berechnungen des Statistischen Bundesamtes verdiente im Juli 1990 ein Lohn- oder Gehaltsempfänger in den neuen Bundesländern monatlich im Durchschnitt 1393 DM brutto, in den alten Ländern dagegen 3983 DM. Im Oktober 1990 lag das Bruttomonatseinkommen im Osten bei 1609 DM, das waren etwa 40% des westdeutschen Verdienstes. Nach einem Bericht des IAB, Nürnberg, verdienten 1990 die ostdeutschen Frauen 16%, die westdeutschen Frauen sogar 30% im Durchschnitt weniger als die Männer.

Personalzusatzkosten. Die Personalkosten sind von gesetzlichen, tariflichen oder betrieblichen Sonderzahlungen belastet. Das Institut der deutschen Wirtschaft in Köln errechnete für 1989, daß in Industrie und Baugewerbe durchschnittlich 82,80 DM Sonderleistungen je 100 DM für tatsächlich geleistete Arbeit zugezahlt werden mußten.

Tabelle 136: Personalzusatzkosten 1988 (West)

Art	Zusatzkosten in % des Arbeitsentgelts		
	Produz. Gewerbe	Einzel- handel	Bank- gewerbe
Gesetzliche Personalzusatzkosten:	36,0	33,5	34,3
Sozialversicherungsbeiträge der Arbeitgeber	22,7	22,7	23,5
Bezahlte Feiertage	5,3	4,7	5,6
Entgeltfortzahlung im Krankheitsfall	5,3	4,8	4,3
Sonstiges (Mutterschutz u. a.)	2,7	1,3	0,9
Tarifliche und betriebliche Personalzusatzkosten:	47,6	38,4	66,0
Urlaub	20,6	18,5	15,5
Sonderzahlungen (13. Gehalt u. a.)	9,9	8,1	21,4
Betriebliche Altersversorgung	9,4	3,9	15,9
Vermögensbildungsgesetz	1,5	1,0	1,6
Sonstiges (Familienbeihilfe u. a.)	6,2	6,9	11,6
Personalzusatzkosten insg.	83,6	71,9	100,3

Quelle: Institut der deutschen Wirtschaft „Zahlen 1990", S. 83/84

Unternehmensgründungen. Rund 202 000 Arbeitsplätze sind 1990 nach Creditreform, Neuß, in den alten Bundesländern durch Unternehmensneugründungen entstanden, davon im Dienstleistungsbereich allein 72 000, im Handel 69 000 und im verarbeitenden Gewerbe 34 000. Ins Handelsregister wurden 63 500 neue Unternehmen eingetragen, zusätzlich 355 000 Gewerbebetriebe und Freie Berufe neu registriert. Dem standen 250 000 Gewerbe- und 27 000 Handelsregisterlöschungen gegenüber. In den neuen Bundesländern wurden zur gleichen Zeit nach Statistischem Bundesamt 281 096 Gewerbeanzeigen und 29 694 Gewerbeabmeldungen registriert, jeweils die Hälfte davon im Bereich Handel und Gaststätten.

Insolvenzen. Wegen Zahlungsunfähigkeit oder Überschuldung gab es in Westdeutschland 14 643 Konkurse und Vergleichsverfahren in 1989, darunter 9590 Unternehmensinsolvenzen, die sich anteilig wie folgt verteilten: Dienstleistungen (29%), Handel (25%), Baugewerbe (22%), Verarbeitendes Gewerbe (17%) und Übrige (7%). Je Insolvenz gingen durchschnittlich 5,4 Arbeitsplätze verloren.

b) Primärer Sektor

Landwirtschaft (West). Im Zuge des Strukturwandels in der Landwirtschaft ging 1990 die Anzahl der Betriebe (ab 1 ha LF) um weitere 19 063 auf 629 740 in Westdeutschland zurück. Der Trend zu größeren Betriebseinheiten hält an, da vor allem kleinere Höfe aufgegeben werden. Die durchschnittliche Betriebsgröße lag 1990 bei 18,7 ha; etwa die Hälfte aller landwirtschaftlichen Betriebe ist kleiner als 10 ha.

Durch den Trend zu größeren Betrieben hat der Anteil der Vollerwerbsbetriebe (Einkommen ausschließlich aus Landwirtschaft) auf 49% zugenommen. Im Zuerwerb (Einkommen überwiegend aus Landwirtschaft) werden noch 9%, im Nebenerwerb (Einkommen überwiegend aus außerlandwirtschaftlicher Tätigkeit) 42% der Betriebe bewirtschaftet.

Landwirtschaft (Ost). Im zweiten Halbjahr 1990 setzte der Prozeß der Umstrukturierung der landwirtschaftlichen Betriebe in Ostdeutschland ein. Es kam zu Zusammenlegungen von Ge-

Tabelle 137: Strukturdaten der landwirtschaftlichen Betriebe* 1990 (West)

Merkmal	Vollerwerbsbetriebe	Zuerwerbsbetriebe	Nebenerwerbsbetriebe	Insgesamt
Betriebe (in 1000)	308,3	55,1	266,3	629,7
LF (in 1000 ha)	9 220,3	1 003,0	1 550,0	11 773,4
Arbeitskräfte (in 1000)	479,0	75,0	161,0	715,0
Betriebsgröße (ha LF)	29,9	18,2	5,8	18,7
Gewinn (DM/Unternehmen)	54 515	39 140	11 026	
Gesamteinkommen (brutto in DM)	59 526	69 112	62 867	
(* ab 1 ha LF)				

Quelle: Agrarbericht 1991

Tabelle 138: Verbrauchsgewohnheiten

Nahrungs-/Genußmittel	Jahresverbrauch West 1989/90	Ost 1989/90
(kg/Ew):		
Rindfleisch/Kalbfleisch	21,9	20,3
Schweinefleisch	58,4	68,4
Geflügelfleisch	12,3	9,1
Käse	18,1	16,7
Butter	6,7	11,5
Eier	14,8	17,6
Frischobst	69,3	62,2
(ltr./Ew):		
Bier	144	143
Wein	26,1	12,1
Bohnenkaffee (kg/Ew)	6,7	3,7
Tee (g/Ew)	227	136

Quelle: Agrarbericht 1991; BMWI „Leistung in Zahlen '89"

nossenschaften der Pflanzenproduktion und der Tierproduktion mit einer teilweise nachfolgenden Verkleinerungen der Genossenschaften sowie zur Änderung der Rechtsform. In der Mehrzahl wurden LPGen in eingetragene Genossenschaften (eG) umgewandelt. Vereinzelt entstanden durch Betriebsneugründungen einzelbäuerliche Betriebe. Einrichtungen der Nebenproduktion wie Baubrigaden, technische Dienste bzw. Werkstätten wurden aus den Genossenschaften ausgegliedert und zu selbständigen Unternehmungen entwickelt. Die Zahl der Beschäftigten in der Landwirtschaft ging deutlich zurück.

Tabelle 139: Landwirtschaft 1989 (Ost)

Art	Genossenschafts-, volkseigene Betriebe	Private, Kirchengüter	Landwirtschaft insgesamt
Anzahl der Betriebe	5110	3558	8668
Beschäftigte (in 1000)	819,7	5,5	825,2
Landw. Nutzfläche (in 1000 ha)	5539	335*	6171
Betriebsgröße (in ha)	1084	94	.

* ohne persönliche Nutzung (= ca. 375 000 Betriebe mit insg. 297 000 ha LN)

Quelle: Agrarbericht 1991

Ökologische Landwirtschaft. Auf insgesamt 59 734 ha LF betreiben (nach dem Agrarbericht 1991) rund 3028 landwirtschaftliche Betriebe in Westdeutschland ökologischen Landbau. Die durchschnittliche Betriebsgröße liegt bei 19,7 ha.

Benachteiligte Gebiete. Rund die Hälfte der landwirtschaftlich genutzten Fläche Westdeutschlands fällt unter die benachteiligten Gebiete. In diesen Gebieten sind die *Berggebiete* (367 472 ha LF) charakterisiert durch schwierige klimatische Verhältnisse aufgrund der Höhenlage und durch starke Hangneigung, die *benachteiligten Agrarzonen* (5 790 600 ha LF) durch unterdurch-

Tabelle 140: Benachteiligte Gebiete (1989)

Land	Landwirt-schaftlich genutzte Fläche = LF (in ha)	Benachteiligte Gebiete (in ha)	(in % der LF)
Schleswig-Holstein	1 091 003	429 100	39,3
Hamburg	15 577	4 100	26,4
Niedersachsen	2 739 744	1 561 400	57,0
Bremen	10 510	5 600	53,6
Nordrhein-Westfalen	1 626 907	399 100	24,5
Hessen	773 401	401 100	51,9
Rheinland-Pfalz	731 576	468 700	64,1
Baden-Württemberg	1 519 909	915 700	60,2
Bayern	3 466 784	2 118 700	61,1
Saarland	67 542	43 300	64,2
Berlin	1 415	1 400	100,0
Deutschland West	12 044 368	6 348 200	52,7

Quelle: Agrarbericht 1990 (Materialband)

schnittliche wirtschaftliche Verhältnisse in der Landwirtschaft und durch relativ geringe Bevölkerungsdichte. In den *Kleinen Gebieten* (190 200 ha LF) wird die Landwirtschaft nur noch aus touristischen und ökologischen Gründen aufrechterhalten.

Forstwirtschaft. Es gab 1990 in Westdeutschland insgesamt 330 763 landwirtschaftliche Betriebe mit einer Waldfläche von 1,538 Mio ha und 113 065 Forstbetriebe mit einer Waldfläche von 5,364 Mio. ha. Sie erwirtschafteten jährlich einen Betrag von 85 Milliarden DM. Das sind rund 6 Prozent vom Bruttosozialprodukt. Der Holzverbrauch liegt jedoch darüber, denn die deutsche Forstwirtschaft deckt derzeit nur knapp 45 Prozent der Nachfrage. Der überwiegende Teil wird eingeführt. Vom deutschen Wald direkt oder indirekt abhängig sind insgesamt 790 000 Arbeitsplätze, davon entfällt der Löwenanteil, nämlich 700 000, auf die weiterverarbeitende Industrie. In Ostdeutschland umfaßte 1989 die Waldfläche rund 2,98 Mio. ha, die von 55 000 Beschäftigten bewirtschaftet wurden.

2. Gesamtwirtschaft

Sturmschäden. Die Orkane zu Anfang des Jahres 1990, insbesondere die Wirbelstürme „Vivian" (26. 2. 1990) und „Wiebke" (28. 02./01. 03. 1990), führten zu den größten Sturmschäden in Deutschland seit Menschengedenken. Insgesamt sind dabei rund 72 Mio. m^3 Holz (davon rund 2 Mio. m^3 im Gebiet der neuen Länder) angefallen. Diese Situation wurde dadurch verschärft, daß zum Zeitpunkt der Stürme der für das Forstwirtschaftsjahr 1990 vorgesehene Einschlag bereits sehr weit fortgeschritten war, so daß diese Holzmengen zusätzlich zur Aufarbeitung bzw. Verwertung anstanden.

Tabelle 141: Sturmschäden 1990

Bundesland	Sturmschadensbedingter Holzanfall (in Mio. m^3)
Baden-Württemberg	14,914
Bayern	23,000
Berlin	0,001
Brandenburg	0,051
Bremen	0,002
Hamburg	0,010
Hessen	14,152
Mecklenburg-Vorpommern	0,304
Niedersachsen	1,413
Nordrhein-Westfalen	2,867
Rheinl.-Pfalz	12,205
Saarland	1,600
Sachsen	0,335
Sachsen-Anhalt	0,250
Schleswig-Holstein	0,326
Thüringen	1,052
Deutschland insg.	72,482

Quelle: BMELF „Waldzustandsbericht 1990"

Fischerei. Der Fangertrag der deutschen Fischereiwirtschaft hat sich in den vergangenen zwei Jahrzehnten mehr als halbiert. Maßlose Überfischung vieler Fanggebiete führte zu einem dramati-

Tabelle 142: Fischfang 1989 (West)

Fanggebiet (Auswahl)	Hering	Kabeljau	Seelachs	Rotbarsch	Sonstige
Nordsee	38654	11429	14339	112	49566
Ostsee	5777	14638	–	–	1691
Westbritische Gewässer	4401	282	1146	1	28407
Färöer	48	7	20	1191	164
Norwegische Küste	–	698	610	2144	177
Grönland	–	24841	–	3002	1239
insgesamt	48880	54795	16129	6533	81419

Quelle: Statistisches Jahrbuch 1990, S. 170

schen Rückgang der Fischbestände, so daß man 1973 dazu überging, für bestimmte Fischgründe Fangquoten festzulegen. Auch dehnten verschiedene Staaten ihre nationalen Fischereizonen aus oder untersagten gänzlich die Fischerei in ihren Gewässern (z. B. Island seit 1978). Im Zuge der allgemeinen Seerechtsentwicklung errichteten 1977 auch die Länder der Europäischen Gemeinschaft eine 200-Seemeilen-Fischereizone, das sog. EG-Meer.

Der Pro-Kopf-Jahresverbrauch der Westdeutschen lag 1989 bei 13,4 kg Fisch mit einem deutlichen Nord-Süd-Gefälle: Während die Bewohner der norddeutschen Küstenländer jährlich durchschnittlich über 30 kg Fisch essen, sind es in Nordrhein-Westfalen 11 kg und in Bayern 5 kg. Die westdeutsche Fangflotte setzte sich Ende 1989 aus 15 Fahrzeugen der Großen Hochseefischerei und rund 600 Kuttern mit insgesamt 48000 BRT zusammen. Die ostdeutschen Bürger konsumierten 1989 jeder 7,6 kg Fisch. Ihre Seefischereiflotte (mit 76000 BRT und 5300 Beschäftigen an Bord) landete 150000 t Fisch an, während die westdeutsche Fangflotte mit weit weniger Schiffstonnage und Besatzung 208000 t Anlandungen verzeichnen konnte.

c) Sekundärer Sektor

Standortbewertung. Innerhalb der Europäischen Gemeinschaft (EG) wird die alte Bundesrepublik als Standort für Investitionen am günstigsten eingeschätzt. Daran können selbst hohe Steuern und Produktionskosten sowie immer kürzere Arbeitszeiten nichts ändern.

Tabelle 143: Standortbewertung (West)

Standortfaktor	Bewertung durch Investoren*	
	Vorteil	Nachteil
Kaufkraft des Marktes	208	
Soziale und politische Stabilität	134	
Infrastruktur	120	
Qualität der Arbeitskräfte	118	
Produktivität	117	
Wirtschaftsklima	109	
Arbeitszeit		93
Steuern		90
Produktionskosten		87
* EG-Durchschnitt = 100		

Quelle: Prognos, Basel 1990

Industrie. Innerhalb des Produzierenden Gewerbes stellt die Investitionsgüterindustrie nicht nur die meisten Arbeitsplätze zur Verfügung, sondern erzielt auch wertmäßig den größten Umsatz, einen Großteil davon allerdings im Ausland. In Abhängigkeit von der Auslandsnachfrage reagiert das Investitionsgüter produzierende Gewerbe mitunter empfindlich auf wirtschaftliche oder politische Krisen in den Abnehmerländern. Die Arbeitskosten in der westdeutschen Industrie beliefen sich nach Angaben des IW, Köln, 1990 auf 37,88 DM pro Stunde, wovon 20,43 DM auf den Stundenlohn und 17,45 DM auf Lohnnebenkosten entfielen. Bei 2,5% (= 2,50 DM je 100 DM Umsatz) lag 1987 die Umsatzrendite in der Industrie nach Abzug aller Kosten und Steuern (Unternehmensgewinn). Mitte des Jahres 1989 lag die Auslastung der Produktionskapazität im verarbeitenden Gewerbe (ohne Nahrungs- und Genußmittelindustrie) bei 89 Prozent, dem höchsten Wert seit 20 Jahren.

Tabelle 144: Industriegiganten (1989)

Firma (Auswahl)	Sitz	Umsatz (Mio. DM)	Beschäftigte (1000)
VEBA	Düsseldorf	49208	94,5
Siemens	München	61128	373,0
Daimler Benz	Stuttgart	76392	368,2
VW	Wolfsburg	65352	251,0
Hoechst	Frankfurt	45898	169,3
BASF	Ludwigshafen	47617	137,0
Bayer	Leverkusen	43299	170,2
Thyssen	Duisburg	34249	136,1
Deutsche BP	Hamburg	12780	5,9
RWE	Essen	44200	98,0
Deutsche Shell	Hamburg	16906	3,3
Esso	Hamburg	14686	2,5
MAN	München	17054	64,3
Ruhrkohle	Essen	23364	124,8
Fried. Krupp	Essen	17684	63,6
Mannesmann	Düsseldorf	22330	122,3
Ruhrgas	Essen	10950	8,6
Bosch	Stuttgart	30588	178,2
Opel	Rüsselsheim	20806	54,6
Mobil Oil	Hamburg	6828	2,1
Ford	Köln	19806	48,2
BMW	München	26515	66,3
Preussag	Hannover	16357	25,7
Metallgesellsch.	Frankfurt	20126	24,5
Salzgitter	Salzgitter	10757	39,0
IBM Dtld.	Stuttgart	12391	31,1
Feldmühle Nobel	Düsseldorf	9508	35,4
Degussa	Frankfurt	14357	33,7
Dt. Unilever	Hamburg	8969	25,3
Henkel-Gruppe	Düsseldorf	11639	38,1
Ph. Holzmann	Frankfurt	7872	28,7
Hoesch	Dortmund	10679	44,5
Klöckner	Duisburg	7728	30,1
VIAG	–	10434	34,7
Saarberg	Saarbrücken	5306	24,1
Dt. Philips	Hamburg	7640	30,4
VEW	–	6159	8,1
MBB	Ottobrunn	6271	24,1

Quelle: Süddeutsche Zeitung Nr. 188, 1990

2. Gesamtwirtschaft

Tabelle 145: Beschäftigte und Umsatz in der Industrie 1989 (West)

Industriebranche	Beschäftigte (1000)	Umsatz (Mrd. DM)
Ernährungsgewerbe	426,1	165,23
Bergbau	183,3	28,75
Eisenschaffende Industrie	182,8	53,68
Chemie	580,7	192,35
Maschinenbau	1006,1	191,49
Automobilbau	864,9	233,64
Elektrotechnik	1007,6	185,53
Textil/Bekleidung	377,6	63,31
Feinmechanik/Optik	141,2	21,73
EBM-Warenherstellung	311,8	56,40
Büromaschinenherstellung	83,3	17,37

Quelle: Institut der deutschen Wirtschaft „Zahlen 1990", S. 69

Rüstungsindustrie. Unter dem Eindruck des Golfkrieges (Januar/Februar 1991) geriet eine Anzahl deutscher Industrieunternehmen in den Verdacht illegaler Waffenexporte in Spannungsgebie-

Tabelle 146: Rüstungsindustrie (1988)

Unternehmen	Anteil der Waffen- und Wehrtechnik am Gesamtumsatz (in %)
Krupp Atlas Elektronik	81
Krauss-Maffei	53
MTU	52
Dornier	52
MBB	49
Diehl	45
Rheinmetall	35
AEG	18
SEL	14
Thyssen	12
Siemens	2
Mercedes-Benz	1

Quelle: Internationales Friedensforschungsinstitut (SIPRI), Stockholm

te. In den Mittelpunkt des öffentlichen Interesses rückten dabei auch die Umsätze, die deutsche Unternehmen generell mit Waffen- und Wehrtechnik machen.

Export von Hochtechnologien. Die Lieferanten von hochtechnologischen Industriewaren in den westdeutschen Ländern (1988) haben Weltniveau. Mit ihren Anteilen am Export von Computertechnik, Präzisionsinstrumenten, Werkzeugmaschinen u.a. liegen sie in der Spitzengruppe.

Tabelle 147: Export von Hochtechnologien 1988 (West)

Hochtechnologische Industriewaren	Anteil am Weltexport (in %)
Werkzeugmaschinen, Roboter	22,3
Präzisions- u. Wissenschaftsinstrumente	20,5
Organische Chemie	18,5
Medizin u. Biologie	16,6
Telekommunikation	11,2
Luft- und Raumfahrt	9,5
Computertechnik	8,5

Quelle: BMFT-Journal, 1990

Handwerk. Das bundesdeutsche Handwerk ist ein erheblicher Wirtschaftsfaktor: Es erarbeitet etwa ein Zehntel des Bruttoso-

Tabelle 148: Handwerk 1990

Art	Ost	West
Betriebe (in 1000)	110	611
Beschäftigte (in 1000)	515	4100
Umsatz (in Mrd. DM)	35	519
Auszubildende (in 1000)	32	487
Neue Lehrverträge (in 1000)	.	.
Unbesetzte Lehrstellen (in 1000)	.	200

Quelle: Zentralverband des Deutschen Handwerks, Bonn 1991

2. Gesamtwirtschaft

zialprodukts, beschäftigt jeden sechsten Erwerbstätigen, ernährt jeden fünften Selbständigen, stellt knapp ein Viertel aller Unternehmen und bildet jeden dritten Lehrling aus.

Baugewerbe. Der Baubereich trägt rund 12% zum Bruttosozialprodukt bei und etwa 60% aller volkswirtschaftlichen Investitionen. Insgesamt sind 3,6 Mio. Erwerbstätige von der Bauwirtschaft abhängig, davon 1,8 Mio. direkt im Baubereich tätig.

Tabelle 149: Baugewerbe 1990 (West)

Vorgang Merkmal	Anzahl/ Anteil
Umsatz (Mrd. DM)	115
Neue Lehrverträge	.
Beschäftigte im Bauhauptgewerbe	994 000
Beschäftigte im Baugewerbe insg.	1 800 000
Arbeitslose	.

Quelle: Nach Presseunterlagen; Statistisches Bundesamt, Wiesbaden 1991

Krisenbranchen. Seit Jahren zählen die eisenschaffende Industrie, der Steinkohlebergbau und die Werftindustrien zu den Sorgenkindern der deutschen Wirtschaft. Die Steinkohle wurde als Energieträger vom billigeren Erdöl verdrängt, der deutsche Stahlmarkt von Billigimporten überflutet und die einstmals gefragte deutsche Werftindustrie von fernöstlichen Konkurrenten (Japan, Korea) überflügelt.

Stahl. Vor dem Zweiten Weltkrieg wurde der weltweite Stahlbedarf aus 36 Ländern gedeckt, heute beliefern mehr als 70 Staaten den Weltmarkt mit Stahl. Die Stahlproduktion in bundesdeutschen Hüttenwerken unterliegt den Bedingungen des Montanunion-Vertrages aus dem Jahre 1952, die Subventionen untersagen und die Auswahl der Produktionsstätten nach der Gunst des Standortes vorschreiben. Aufgrund dieser Vertragsbedingungen wäre die deutsche Stahlindustrie ohne Zweifel wettbewerbsfähig, hielten sich die übrigen Vertragspartner an diese Abmachungen.

Tabelle 150: Stahlindustrie (1989)

Merkmal	Einheit	Ost	West
Vorhandene Kapazität zur Stahlerzeugung	Mio. t	.	45
Tatsächliche Rohstahlerzeugung	Mio. t	8,8	41,1
Beschäftigte	1000	.	.

Quelle: Eigene Zusammenstellung

Schiffbau. In Westdeutschland gibt es derzeit 40 Seeschiffswerften, davon 5 Großwerften, mit etwa 30 000 Beschäftigten. Sie liegen in der Weltrangliste der Schiffbauländer nach Bruttoregistertonnen der Schiffsneubauten an vierter, nach gewichteten Bruttoregistertonnen an dritter Stelle. Für die fünf See- und Binnenschiffswerften in Ostdeutschland arbeiteten Anfang 1991 noch 45 000 Beschäftigte, davon 25 000 in den Werften selbst. Zum Zeitpunkt der Wiedervereinigung hatte die ostdeutsche Werftindustrie mit bedeutenden strukturellen Schwierigkeiten zu kämpfen: zu hoher Personalbestand, veralteter Maschinenpark, geringere Produktivität gegenüber den westdeutschen Betrieben, Zahlungsprobleme mit osteuropäischen Auftraggebern u.a.m.

Tabelle 151: Werftindustrie (West)

Neubauten	1960	1970	1980	1989
Seeschiffe:				
Anzahl	209	195	132	58
Tonnage (1000 BRT)	1144	1423	384	505
Binnenschiffe:				
Anzahl	144	84	92	54
Tonnage (1000 LT)	95	116	121	30

Quelle: Bundesministerium für Wirtschaft „Leistung in Zahlen '89", Bonn 1990, S. 40/41

Steinkohle. Größte Abnehmer heimischer Steinkohle waren 1989 in Westdeutschland die Kraftwerke (45 Mio. t), die Stahlindustrie (22 Mio. t) und der Wärmemarkt (4 Mio. t). Auf Halde liegen 16–17 Mio. t Steinkohle. Allein die deutschen Stromerzeuger haben sich in einem bis 1995 laufenden Abnahmeabkommen („Jahrhundertvertrag") verpflichtet, trotz billiger Importkohle jährlich 41 Mio. t deutsche Steinkohle zu verstromen. Das ist rund die Hälfte der gesamten deutschen Kohleförderung in einem Jahr. Weil aber deutsche Steinkohle sehr viel teurer ist als importierte Kohle (Förderkosten für deutsche Steinkohle: 270 DM pro Tonne, für Importkohle: 100 DM/t), erhalten die Stromerzeuger einen Preisausgleich über den Kohlepfennig, der den Verbrauchern automatisch in Rechnung gestellt wird. Auch die deutsche Stahlindustrie hat sich im sog. „Hüttenvertrag" auf die Abnahme bestimmter Kontingente heimischer Steinkohle festgelegt. Damit ist der Absatz von über 80% fast bis zur Jahrhundertwende gesichert.

Tabelle 152: Steinkohle (West)

Art	1970	1980	1982	1989
Beschäftigte im Steinkohlebergbau (in 1000)	249,7	184,1	185,7	142,8
Arbeiter unter Tage (in 1000)	137,7	98,2	100,7	78,3
Geförderte Steinkohle (in Mio. t)	111,3	86,6	88,4	71,0
Inlandsverbrauch deutscher Steinkohle (in Mio. t)	85,5	66,0	63,0	71,0
Anteil am Primärenergieverbrauch (%)	28,8	19,8	21,2	19,2
Anteil an der Stromerzeugung (%)	–	–	27,4	29,9

Quelle: Bundesministerium für Wirtschaft „Leistung in Zahlen '89", S. 44; div. Presseunterlagen

d) Tertiärer Sektor

Handel. Im Bereich des Handels hat sich in den vergangenen drei Jahrzehnten ein tiefgreifender Wandel vollzogen. Nahm bis 1960 die Zahl der Betriebe und Arbeitskräfte kontinuierlich zu, so ging danach die Zahl der Unternehmen bei allerdings steigender Beschäftigtenzahl zurück. Verbrauchermärkte mit einem breiten und preisgünstigen Warenangebot verdrängten zunehmend kleinere Betriebe des Einzelhandels vom Markt, ein Konzentrationsprozeß, der heute noch nicht abgeschlossen ist.

Tabelle 153: Handel (West)

Handel	1983	1988	1989
Großhandel:			
Beschäftigte (1000)	1100	1100	.
Umsatz (Mrd. DM)	756	801	870
Einzelhandel:			
Beschäftigte (1000)	2359	.	.
Umsatz (Mrd. DM)	449	574	601

Quelle: Institut der deutschen Wirtschaft „Zahlen 1990", S. 90/91

Im Lebensmitteleinzelhandel entfallen in Ostdeutschland 660 Einwohner und in Westdeutschland 930 Einwohner auf ein Geschäft. Allerdings liegt die durchschnittliche Verkaufsfläche im Osten bei nur 128 m² und im Westen bei 274 m².

Tabelle 154: Handelsunternehmen (1989)

Firma (Auswahl)	Beschäftigte (1000)	Umsatz (Mio. DM)
Stinnes	21,2	15 363
Thyssen	18,5	14 202
Aral	1,9	13 647
Raab Karcher	15,0	8 057
Karstadt	66,1	12 961
Edeka	0,8	8 795
Klöckner	8,3	11 495
Rewe-Zentrale	0,6	15 140
A. Toepfer Intern.	0,7	11 208
Asko	32,5	9 490
Co op	46,2	10 815
Tengelmann	58,6	15 588
Quelle	33,5	10 652

Firma (Auswahl)	Beschäftigte (1000)	Umsatz (Mio. DM)
Rewe-Leibbrand	55,3	16 776
Kaufhof	50,8	11 278
Otto-Versand	34,0	14 400
Haniel	23,8	13 796
Gedelfi	0,2	8 722
BayWa	10,9	5 218
C & A	.	6 480
Hertie	25,0	5 466
allkauf	9,0	4 831
Schickedanz-Holding	40,0	12 642
Massa	11,9	4 586
Spar	16,5	7 762
Metro	25,5	12 084

Quelle: Nach Süddeutsche Zeitung Nr. 188, 1990

Freie Berufe. An der Studentenzahl von derzeit 1,5 Mio. (in Westdeutschland) läßt sich ablesen, daß sich der Arbeitsmarkt der freien Berufe bis zur Jahrtausendwende boomartig entwickeln

Tabelle 155: Selbständige in Freien Berufen (Oktober 1990)

Beruf	Anzahl Ost	Anzahl West
Ärzte	650	76 000
Freie Kulturberufe	2500	65 000
Rechtsanwälte	1600	50 000
Steuerberater o. ä.	350	40 000
Architekten	350	34 000
Apotheker	50	18 000
Beratende Ingenieure	2850	16 000
Wirtschaftsprüfer o. ä.	450	8 000
Tierärzte	20	6 000
Notare (Nur-)	250	1 000
Sonst. freie Heilberufe	20	40 000

Quelle: Institut für Freie Berufe, Nürnberg 1990

wird. Für das Jahr 2000 wird mit 2,8 Mio. Jungakademikern gerechnet, denen ein Arbeitsplatzangebot von nur 800 000 bis 900 000 freien Stellen gegenübersteht. Der Überhang von etwa 2 Mio. Hoch- und Fachhochschulabsolventen wird sich verstärkt um einen Einstieg in die freien Berufe bemühen.

3. Rohstoffe

Die rohstoffarme Bundesrepublik kann nur bei Steinkohle, Braunkohle, Kali und Steinsalz den eigenen Bedarf decken, obwohl aufgrund der Vielfalt ihres geologischen Unterbaus eine Vielzahl mineralischer Rohstoffe in allerdings begrenztem Umfang zur Verfügung steht. Die Steinkohle steht hauptsächlich im Oberkarbon an, die Braunkohle in tertiären Ton- und Sandschichten, Kali und Steinsalz vornehmlich im Zechstein, Eisenerz in Sedimenten der Unteren Kreide und des Oberen Jura, Erdöl und Erdgas vorwiegend in Jura- und Kreideschichten (Norddeutschland) sowie in tertiären Schichten (Süddeutschland).

Tabelle 156: Rohstoffe 1989 (West)

Rohstoff (Auswahl)	Förderung (in 1000 t)
Steinkohle	71 428
Braunkohle	109 811
Erdöl	3 772
Erdgas (Mio. m^3)	

Quelle: Wirtschaft und Statistik 1/1991

Bei 16 Mrd. m^3 lag 1990 die westdeutsche Erdgasförderung; das entspricht einem Viertel des heimischen Verbrauchs. Die Reserven betrugen Ende 1990 rund 293 Mrd. m^3. In Ostdeutschland wurden 6 Mrd. m^3 – allerdings sehr stickstoffhaltiges – Erdgas gefördert.

Der Abbau von Uranerzen in Deutschland wurde 1991 eingestellt. Sowohl die Grube in Menzenschwand/Südschwarzwald als auch die sächsisch-thüringischen Förderfelder „Wismut" wurden geschlossen.

Nachwachsende Rohstoffe. Der Anbau von Pflanzen als nachwachsende Rohstoffe kann die Probleme der landwirtschaftlichen Überproduktion nicht lösen. Sie können jedoch einen wichtigen Lösungsbeitrag leisten zu den agrarwirtschaftlichen Problemen, zur Verbreiterung der Rohstoffbasis für unsere Industrie und zur Verbesserung der Umwelt. Nachwachsende Rohstoffe sind Zukker und Stärke aus Zuckerrübe, Kartoffel, Mais und Erbse, pflanzliche Öle und Fette aus Raps oder Cellulose aus Holz. Fachleute schätzen, daß in etwa 15 Jahren auf rund 1 Million ha Pflanzen für industrielle Zwecke in der Bundesrepublik Deutschland angebaut werden können.

4. Außenwirtschaft

a) Außenhandel

Die Bundesrepublik Deutschland war 1990 wieder größter Exporteur der Welt. Nach einer GATT-Studie hatte sie damit einen Anteil von 12,1% am Welthandel.

Tabelle 157: Handelsbilanz (1990)

Art	Gesamtwert (in Mrd. DM)		
	Ost	West	gesamt
Ausfuhr	38,1	642,7	680,7
Einfuhr	22,9	550,6	573,4
Überschuß	15,2	92,1	107,3

Quelle: Statistisches Bundesamt, Wiesbaden 1991

In der Warenstruktur der Einfuhr dominieren die gewerblichen Fertigwaren vor den gewerblichen Halbwaren, etwa gleichauf folgen die gewerblichen Rohstoffe und die Güter der Ernährungswirtschaft. In der Warenstruktur der Ausfuhr führen mit weitem Abstand die gewerblichen Fertigwaren vor den gewerblichen Halbwaren, den Gütern der Ernährungswirtschaft und den gewerblichen Rohstoffen.

In der Regionalstruktur des deutschen Außenhandels verdeutlicht sich die starke Verflechtung mit den westlichen Industrieländern, auf die in beiden Handelsrichtungen etwa vier Fünftel aller Ein- und Ausfuhren entfallen, die Hälfte davon allein mit EG-Ländern.

b) Zahlungsbilanz

Zur vollständigen Darstellung der außenwirtschaftlichen Verflechtungen muß die Bilanz aus dem Außenhandel (Handelsbilanz) um die Dienstleistungs-, Übertragungs- und Kapitalbilanz ergänzt werden. In der Dienstleistungsbilanz schlagen insbesondere die Ausgaben deutscher Urlauber im Ausland zu Buche, die

Übertragungsbilanz erfaßt vor allem die Überweisungen der Gastarbeiter in ihre Heimatländer und die Leistungen für internationale Organisationen (UN, EG u.a.). Handels-, Dienstleistungs- und Übertragungsbilanz zusammen ergeben die Leistungsbilanz. Der Kapitalfluß (z.B. Kredite, Zinszahlungen, Direktinvestitionen im Ausland) ins oder aus dem Ausland schlägt sich in der Kapitalbilanz nieder.

Der Geldstrom, der dem Güterstrom jeweils entgegenfließt, kommt in der Devisenbilanz zum Ausdruck. Die Leistungen aus der Leistungs- und Kapitalbilanz müßten den Zahlungen aus der Devisenbilanz entsprechen. Allerdings ergibt sich immer eine Differenz, der sog. Restposten, wegen nicht erfaßter Posten, statistischer Ermittlungsfehler und Schwankungen vor allem durch Veränderungen in den Zahlungsgewohnheiten. Die Ergänzung der Leistungs- und Kapitalbilanz um diesen Restposten ergibt den Saldo aller Transaktionen, das eigentliche Ergebnis der Zahlungsbilanz. Dazwischen ist allerdings noch der Ausgleichsposten zu den Währungsreserven zu berücksichtigen.

Tabelle 158: Zahlungsbilanz (West)

Art	1980	1985	1989
		(in Mrd. DM)	
Handelsbilanz	+ 8,95	+73,35	+134,70
Ergänzungen zum Warenverkehr	− 0,05	− 0,67	− 3,29
Dienstleistungsbilanz	−12,90	− 3,04	− 2,49
davon Reiseverkehr	−25,07	−25,62	− 29,58
Übertragungsbilanz	−24,54	−46,82	− 34,80
davon Gastarbeiterüberweisungen	− 7,45	− 7,80	− 7,40
Saldo der Leistungsbilanz	−28,54	+38,82	+ 99,09
Saldo der Kapitalbilanz	+ 3,85	−46,82	−117,63
Restposten (der Zahlungsbilanz)	− 3,20	+ 9,84	− 0,46
Ausgleichsposten	+ 2,16	− 3,10	− 2,56
Saldo der Devisenbilanz	−25,73	− 1,26	− 21,56

Quelle: Institut der deutschen Wirtschaft „Zahlen 1990", S. 112

V. Sozialsystem

Das System der sozialen Sicherung in der Bundesrepublik Deutschland ruht – folgt man z.B der Gliederung von W. Wellner – auf vier Grundpfeilern:
- Ordnung der Arbeitswelt: Arbeitnehmerschutz, Betriebsverfassung, Ordnung des Arbeitsmarkts;
- System der Sozialversicherung: Rentenversicherung, Krankenversicherung, Arbeitslosenversicherung, Unfallversicherung, Altershilfe für Landwirte usw.
- System des sozialen Ausgleichs: Sozialhilfe, Kindergeld, Jugendhilfe, Kriegsopferversorgung, Lastenausgleich, Wohngeld, Ausbildungsförderung, Vermögensbildung usw.
- Arbeitgeberleistungen: Lohnfortzahlung im Krankheitsfall, betriebliche Altersversorgung usw.

1. Ordnung der Arbeitswelt

a) Arbeitnehmerschutz

Dem Schutz des Arbeitnehmers dienen Regelungen des Gefahrenschutzes am Arbeitsplatz, Gesetze zum Schutz der Arbeitszeit (8-Stunden-Tag, jährlicher Mindesturlaub, Arbeitsverbot an Sonn- und Feiertagen usw.) sowie vor allem Gesetze zum Schutz des Arbeitsverhältnisses (Kündigungsschutz, Jugendschutz, Mutterschutz, Schwerbeschädigtenschutz).

b) Betriebsverfassung

(Vgl. Ausgabe 1990/91.)

c) Ordnung des Arbeitsmarkts

(Vgl. Ausgabe 1990/91.)

Beschäftigungsförderung. Um den Zugang zum Arbeitsmarkt zu erleichtern, traten am 1. 5. 1985 Regelungen des „Beschäftigungsförderungsgesetzes" in Kraft, deren Geltung jedoch bis zum 31. 12. 1989 begrenzt war.

Folgende sonst auslaufende gesetzliche Maßnahmen werden bis zum 31. Dezember 1995 verlängert:

1. Im Gesetz über arbeitsrechtliche Vorschriften zur Beschäftigungsförderung, das Teil des Beschäftigungsförderungsgesetzes 1985 ist, die Erleichterungen beim Abschluß befristeter Arbeitsverträge (In Westdeutschland arbeiteten 1988 bereits 5,8% aller Beschäftigten in einem befristeten Arbeitsverhältnis; 1990 erfolgte in der Privatwirtschaft jede dritte Neueinstellung auf Zeit).
2. Im Arbeitsförderungsgesetz

- die unentgeltliche Vermittlung in berufliche Ausbildungsstellen im Auftrag der Bundesanstalt für Arbeit,
- die Förderung von Arbeitslosen unter 25 Jahren in berufsvorbereitenden Bildungsmaßnahmen ohne Anrechnung von Einkommen bereits nach vier Monaten beitragspflichtiger Beschäftigung,
- die Förderung der Teilnahme von Arbeitslosen unter 25 Jahren an Vorbereitungslehrgängen zum nachträglichen Erwerb des Hauptschulabschlusses und an allgemeinbildenden Kursen zum Abbau von beruflich schwerwiegenden Bildungsdefiziten,
- die Förderung der Teilnahme Jugendlicher unter 25 Jahren an beruflichen Bildungsmaßnahmen in Teilzeitunterricht durch Teil-Unterhaltsgeld,
- die Förderung der Teilnahme an beruflichen Bildungsmaßnahmen für Arbeitnehmer nach der Betreuung und Erziehung eines Kindes durch ein Teil-Unterhaltsgeld,
- die Zahlung von Kurzarbeitergeld an Arbeitnehmer in sogenannten „Personal-Einsatzbetrieben". Die bislang auf die Stahlindustrie beschränkte Regelung wird insbesondere mit Blick auf den Steinkohlenbergbau auch für die soziale Flankierung unerläßlicher Personalanpassungsmaßnahmen in anderen Wirtschaftszweigen geöffnet,
- die Senkung des Mindestalters für die Zuweisung in Maßnahmen zur Arbeitsbeschaffung für ältere Arbeitnehmer auf 50 Jahre,
- der erleichterte Bezug von Arbeitslosengeld für Arbeitslose,

die das 58. Lebensjahr vollendet haben und sich verpflichten, zum frühestmöglichen Zeitpunkt Altersruhegeld zu beantragen,
- die Verlängerung der Sperrzeit wegen Arbeitsaufgabe.
3. Im Arbeitnehmerüberlassungsgesetz die Verlängerung der zulässigen Höchstdauer für die Arbeitnehmerüberlassung auf sechs Monate.
4. Im Schwerbehindertengesetz die Nichtzählung der Ausbildungsplätze bei der Abgrenzung der beschäftigungspflichtigen Arbeitgeber und der Zahl der zu beschäftigenden Schwerbehinderten sowie die Doppel- und Mehrfachanrechnung von schwerbehinderten Auszubildenden auf Pflichtplätze.

Arbeitsförderung. Wichtige Regelungen des Arbeitsförderungsgesetzes:
– Ältere Arbeitnehmer können ab dem 50. (bisher 55.) Lebensjahr in Arbeitsbeschaffungsmaßnahmen für ältere Arbeitnehmer beschäftigt werden.
– Eingliederungsbeihilfe für schwervermittelbare Arbeitslose kann bis zu zwei Jahren geleistet werden. Seit 1. 7. 1989 erhalten Arbeitgeber, die einen unbefristeten Arbeitsvertrag mit einem Langzeitarbeitslosen abschließen, je nach Dauer der Arbeitslosigkeit Lohnkostenzuschüsse in Höhe von 60–80% im ersten und von 40–60% im zweiten Halbjahr der Beschäftigung.
– Arbeitslose, die eine Form selbständiger Beschäftigung anstreben, können in den ersten sechs Monaten der Existenzgründung ein Überbrückungsgeld in Höhe der zuvor bezogenen Leistung zur Einkommenssicherung erhalten.
– Die Höchstdauer des Bezugs von Arbeitslosengeld ist seit 1. 7. 1987 für Arbeitslose ab vollendetem 42. Lebensjahr auf 18 Monate, ab vollendetem 44. Lebensjahr auf 22 Monaten, ab vollendetem 49. Lebensjahr auf 26 Monate und ab vollendetem 54. Lebensjahr auf 32 Monate erhöht. Nach Erfüllung der Mindestbeschäftigungszeit von 12 Monaten kann sechs Monate lang Arbeitslosengeld beansprucht werden.

Kern der 9. Novelle des „Arbeitsförderungsgesetzes" war der gleitende Übergang älterer Arbeitnehmer in den Ruhestand:
– Das Altersteilzeitgesetz regelt seit 1. 1. 1989 die Voraussetzungen für die Gewährung von Leistungen der Bundesanstalt für

Arbeit zur Förderung der Altersteilzeitarbeit von Arbeitnehmern ab 58 Jahren. Die Bundesanstalt für Arbeit erstattet dem Arbeitgeber folgende von ihm an den teilzeitarbeitenden älteren Arbeitnehmern zu zahlende Leistungen: Einen Aufstockungsbetrag in Höhe von 20% des Arbeitsentgelts für die Teilzeitarbeit, sowie die Beiträge zur Höherversicherung in der gesetzlichen Rentenversicherung im Werte der Differenz zu 90% des letzten Bruttoarbeitsentgelts des teilzeitarbeitenden älteren Arbeitnehmers.

Die Erstattung dieser Leistungen des Arbeitgebers setzt voraus, daß der freiwerdende Teilzeitarbeitsplatz mit einem arbeitslosen Arbeitnehmer wiederbesetzt wird.

– Der ältere Arbeitnehmer, der von der Altersteilzeit Gebrauch macht, erhält also den Arbeitslohn für die Teilzeitarbeit sowie einen Aufstockungsbetrag in Höhe von 20% dieses Teilzeitarbeitsentgelts. Daneben wird gewährleistet, daß seine künftige Rente in fast unveränderter Höhe gezahlt wird. Der Aufstockungsbetrag ist steuer- und sozialabgabenfrei, so daß der altersteilzeitarbeitende Arbeitnehmer fast 70% seines ehemaligen Vollzeitnettoarbeitsentgelts erhält.

2. Das System der Sozialversicherung

Der Grundstein der Sozialversicherung wurde im Jahre 1881 – angeregt von Bismarck – gelegt. Er sollte sich nicht nur für Deutschland, sondern auch für die anderen westlichen Industriestaaten als von weitreichender Bedeutung erweisen.

a) Rentenversicherung

Die Rentenversicherung bildet die größte Leistungseinheit im System der sozialen Sicherung. Sie stellt eine Pflichtversicherung für alle Arbeitnehmer dar, unabhängig von der Höhe ihres Gehaltes bzw. Lohnes. Darüber hinaus können sich auch Selbständige und Hausfrauen über freiwillige Beiträge in der Rentenversicherung absichern. Die Leistungen der Rentenversicherung werden durch den sog. „Solidarvertrag der Generationen" gesichert, dh. die Renten werden aus den Beiträgen der heute Erwerbstätigen finanziert. Die Höhe der Rente richtet sich im wesentlichen nach der Zahl der Versicherungsjahre (Beitragszahlungen früher für mindestens 15 Jahre, seit 1. 1. 1984 mindestens 5 Jahre) und nach der Höhe der bezahlten Beiträge.

Die jüngste Rentenanpassung zum 1. 1. 1991 brachte in Ostdeutschland eine durchschnittliche Rentenerhöhung von 15%, in Westdeutschland von 5,08% zum 1. 7. 1991. Damit lag die Durchschnittsrente nach 45 Versicherungsjahren im Westen bei 1752 DM und im Osten bei 820 DM.

Die Beiträge zur Rentenversicherung, die von Arbeitgebern und Arbeitnehmern je zur Hälfte zu tragen sind, betragen zum 1. 1. 1991 in Gesamtdeutschland 18,7% des Bruttoeinkommens (zum 1. 4. 1991: 17,7%), die Beitragsbemessungsgrenze liegt im Westen bei 6500, im Osten bei 3000 DM (höhere Verdienste sind sozialabgabenfrei). Wochenarbeitszeiten unter 15 Stunden sind versicherungsfrei, ebenfalls Monatseinkommen bis 480 DM (West) und 220 DM (Ost).

Selbständige können auf Antrag rentenversicherungspflichtig werden oder aber der (Angestellten- bzw. Arbeiter-)Rentenversicherung freiwillig beitreten. Der „Versicherungspflichtige" entrichtet regelmäßig entsprechend seinem Einkommen (= Bruttoeinkommen minus Betriebsausgaben) Beiträge und kann damit – im Falle der sog. Halbbelegung, d. h. die Hälfte der Rentenversicherungszeit muß mit Pflichtbeiträgen belegt sein – erreichen, daß Ersatz-, Ausfall- und Zurechnungszeiten rentensteigernd berücksichtigt werden. Der Selbständige muß sich innerhalb zwei Jahren entscheiden, ein einmal gestellter Antrag auf Pflichtversicherung kann nicht widerrufen werden. Der „Freiwillige" kann Beiträge nach Belieben leisten. Nachteile der freiwilligen Rentenversicherung: keine Rente wegen Berufs- oder Erwerbsunfähigkeit, Anspruch auf Heilverfahren (Kuren) erst nach 180 Beitragsmonaten. Günstig auf die spätere Rentenberechnung wirkt sich für den freiwillig Versicherten die Entrichtung von wenigstens zwölf Mindestbeiträgen in einem jeweils drei Jahre umfassenden Zeitraum aus.

Hinterbliebenenrente. Für künftige Rentenfälle trat zum 1. 1. 1986 eine neue Regelung in Kraft, nach der Hinterbliebene von der Rente des verstorbenen Ehegatten 60% als Hinterbliebenenrente erhalten. Wenn das eigene Erwerbseinkommen (z. B. aus selbständiger Tätigkeit, Vorruhestandsgeld) und Erwerbsersatzeinkommen (z. B. Krankengeld, Unterhaltsgeld) höher als 900 DM netto sind, wird der überschießende Betrag mit 40% bei der Hinterbliebenenrente berücksichtigt, d. h. dieser Teil der Rente ruht. Die Rentenansprüche, die aus aus eigener Erwerbsarbeit entstanden sind, bleiben völlig unberührt. Der Freibetrag von 900 DM ist dynamisch, er soll also steigen, wenn die Renten steigen. Um Härten der Neuregelung zu vermeiden, ist eine zehnjährige Übergangszeit vorgesehen.

Kindererziehungszeiten. Zum 1. 1. 1986 wurde eine Regelung wirksam, nach der Frauen oder Männer, die nach diesem Stichtag 65 Jahre alt werden (also ab Jahrgang 1921) und seit 1. 10. 1990 alle Geburtsjahrgänge vor 1921, je Kind zwölf Monate als Kindererziehungszeit auf der Basis von 75% des durchschnittlichen Einkommens aller Versicherten (als Pflichtversicherungszeit) bei der eigenen Rente angerechnet bekommen, sofern sie während der Kindererziehung nicht erwerbstätig waren. Dieses „Babygeld" darf nicht mit anderen Sozialleistungen (wie Wohngeld oder Sozialhilfe) verrechnet werden, steht also immer als zusätzliches Einkommen zur Verfügung.

Rentenreform 1992. Das Rentenreformgesetz 1992 hat folgende Schwerpunkte:
- Teilrente:
Die Altersgrenzen sollen dadurch flexibilisiert werden, daß die Versicherten ab 1992 auch Teilrenten in Anspruch nehmen können. Eine Teilrente kann von dem Zeitpunkt beansprucht werden, zu dem die Voraussetzungen für eine volle Altersrente erfüllt sind, also z.B. die Frauen oder Schwerbehinderten ab dem vollendeten 60. Lebensjahr, bei langjährig Versicherten ab dem vollendeten 63. Lebensjahr.
- Altersgrenzen:
Von dem Jahre 2001 an werden die Altersgrenzen von 60 und 63 Jahren gleichzeitig bis zur Regelaltersgrenze von 65 Jahren angehoben. Bis zum Jahre 2004 erfolgt die Anhebung in jährlichen Stufen von drei Monaten, anschließend in jährlichen Stufen von sechs Monaten. Für Frauen und Arbeitslose wird die Regelarbeitsgrenze von 65 Jahren im Jahre 2012 und für die langjährig versicherten Männer im Jahre 2006 erreicht.
- Beitragsfreie und beitragsgeminderte Zeiten:
Zeiten des Bezugs von Lohnersatzleistungen (z.B. Krankengeld, Arbeitslosengeld) werden ab 1995 wie Beitragszeiten behandelt.

Die Zurechnungszeit, die bei Frühinvaliden und Hinterbliebenen von jüngeren Versicherten als beitragsfreie Zeit bei der Rentenberechnung berücksichtigt wird, wird verlängert.

Die Anrechnung und Bewertung von beitragsfreien Zeiten soll künftig nach der Gesamtleistungsbewertung erfolgen, d.h. nach dem durchschnittlichen Beitragswert des gesamten Versicherungslebens unter Einbeziehung von versicherungsrechtlichen Lücken.

Zeiten der Kindererziehung oder der Pflege sollen sich unter bestimmten Voraussetzungen als besondere „Berücksichtigungszeiten" auch bei der Gesamtleistungsbewertung positiv wie Beitragszeiten nach 75% des Durchschnittsentgelts auswirken. Die im Jahre 1986 eingeführten Kindererziehungszeiten werden für Geburten ab 1992 von bisher einem Jahr auf drei Jahre verlängert.

Ausbildungszeiten: Zeiten der Ausbildung an einer Schule, Fachschule oder Hochschule nach dem vollendeten 16. Lebensjahr werden künftig nur bis zur Gesamtdauer von sieben Jahren berücksichtigt.

b) Krankenversicherung

Heute sind in der gesetzlichen Krankenversicherung, die 1983 ihr 100jähriges Bestehen feiern konnte und die die Hauptsäule des Krankenversicherungssystems der Bundesrepublik darstellt, rund 90% der Bevölkerung direkt oder indirekt versichert. Seit 1. 1. 1991 gilt das westdeutsche Leistungsrecht (mit einigen vorübergehenden Besonderheiten) auch in Ostdeutschland.

Versicherungspflicht besteht für alle Arbeiter, Angestellten (mit einem Einkommen unterhalb der Beitragsbemessungsgrenze von monatlich 4875 DM in Westdeutschland und 2250 DM in Ostdeutschland in 1991), selbständigen Landwirte, Rentner, Auszubildenden, Behinderten in geschützten Werkstätten, Studenten (sofern nicht anderweitig versichert), Arbeitslosen (während des Bezugs von Arbeitslosengeld) sowie alle Bezieher von Arbeitslosenhilfe. In den letzten Jahren wurden die Möglichkeiten einer freiwilligen Versicherung für verschiedene Bevölkerungsgruppen eröffnet; das Recht zum Beitritt ist durch die Gesundheitsreform seit 1. 1. 1989 wieder stark eingeschränkt.

Tabelle 159: Gesetzliche Krankenversicherung (West)

	1970	1980	1989
		(in Mio.)	
Pflichtmitglieder	17,8	20,6	22,0
Sonstige Mitglieder	12,8	14,8	15,2
Mitglieder insg.	30,6	35,4	37,2

Quelle: Institut der deutschen Wirtschaft „Zahlen 1990", S. 49

Die nicht durch die gesetzlichen Krankenversicherungen versicherten Bundesbürger sind annähernd vollständig über private Krankenkassen versichert.

Für die Beamten besteht eine Sonderregelung. Sie erhalten nicht – wie die anderen Arbeitnehmer – Zuschüsse für die Krankenversicherungsbeiträge, sondern der jeweilige Dienstherr übernimmt direkt einen Teil der anfallenden Krankenkosten (sog. Beihilfesystem). Die restlichen Kosten können dann über private Krankenkassen abgesichert werden.

Die gesetzliche Krankenversicherung erbringt Leistungen für

Tabelle 160: Struktur der Rentenversicherung (West)

Merkmal	Anzahl/Anteil
Rentenbestand Juli 1990 (in Mio.):	
Versichertenrenten	10,28
Hinterbliebenenrenten	4,62
Durchschnittsrenten 1989 (DM/Monat):	
a) Arbeiterrentenversicherung	
Versichertenrenten insg.	920
Flexible Altersrenten ab 63 Jahren	1 748
Erwerbsunfähigkeitsrenten	791
Witwenrenten	786
b) Angestelltenrentenversicherung	
Versichertenrenten insg.	1 315
Flexible Altersrenten ab 63 Jahren	2 177
Erwerbsunfähigkeitsrenten	970
Witwenrenten	1 091
Rentenbezugsdauer 1989 (in Jahren):	
a) Arbeiterrentenversicherung (Versichertenrenten)	
Männer	13,3
Frauen	17,2
b) Angestelltenrentenversicherung (Versichertenrenten)	
Männer	13,2
Frauen	15,1
Nettorentenniveau 1989 (in %):	
40 Versicherungsjahre	64
45 Versicherungsjahre	72
Wohnbevölkerung über 60 Jahre (in Mio.):	
1990	13,0
2030	18,5
Lebenserwartung 1985/87 (in Jahren):	
60jährige Männer	17,3
60jährige Frauen	21,7
Hinzuverdienst 1991 (bis ... DM/Monat):	
Erwerbsunfähigkeitsrentner: Rentenbeginn vor 1984	625
Rentenbeginn nach 1983	480
Altersrenten unter 63 Jahren	480
Erwerbsgeminderte „flexible" Altersrenten ab 62 Jahren	1 000
Alle „flexiblen" Altersrentner ab 63 Jahren	1 000

Quelle: IW „Zahlen 1990", S. 53; BMA „Rentenreform '92"

die Versicherten selbst und als Familienhilfe für unterhaltsberechtigte Angehörige. Die umfassende Krankenhilfe wird überwiegend als Sachleistung gewährt: ärztliche Behandlung, Heilmittelversorgung, Vorsorgeuntersuchungen, Krankenhauspflege. In Form von Geldleistungen werden erbracht: Sterbegeld, Krankengeld (wenn der Lohnfortzahlungsanspruch nach der 6. Krankheitswoche erlischt) u. ä. m. In Westdeutschland praktizierten Ende 1989 insgesamt 188 225 Ärzte, in Ostdeutschland 40 143 (Zahnärzte: 12 011). Die Ärztedichte lag dabei im Westen bei 330 Einwohnern je Arzt, im Osten bei 410.

Beitragssätze. Die Beiträge zur gesetzlichen Krankenversicherung werden von den Arbeitgebern und -nehmern je zur Hälfte bezahlt (bis 610 DM Monatsverdienst im Westen und 280 DM im Osten übernimmt der Arbeitgeber allein die Beiträge); der Beitragssatz beträgt seit 1. 1. 1991 ca. 12,3% vom Bruttoverdienst im Westen und 12,8% im Osten.

Krankheitskosten. Medizinischer Fortschritt, verbesserte Leistungen, gestiegene Arzneikosten und ein größeres Gesundheitsbewußtsein in der Bevölkerung haben in den zurückliegenden Jahren zu einem steilen Anstieg der Ausgaben im Gesundheitswesen geführt.

Tabelle 161: Krankheitskosten (West)

Ausgaben der gesetzlichen Krankenversicherung	1970	1980	1989
Gesamtausgaben (in Mrd. DM)	25,2	89,8	129,9
davon für (in %):			
Ärztliche Behandlung	21,7	17,1	17,5
Zahnärztl. Behandlung	6,8	6,1	5,9
Zahnersatz	3,3	8,2	3,8
Arzneien u. a.	19,5	19,4	21,6
Krankenhaus	23,9	28,3	31,5
Krankengeld	9,8	7,4	6,6
Sonstige Leistungen	9,7	9,2	8,0
Verwaltungskosten u. a.	5,3	4,3	5,1

Quelle: Institut der deutschen Wirtschaft „Zahlen 1990", S. 50.

c) Arbeitslosenversicherung

Die Arbeitslosenversicherung geht auf das Jahr 1927 zurück. Heute bildet das Arbeitsförderungsgesetz von 1969 die wesentliche Grundlage für Regelungen in diesem Bereich.

Versicherungspflichtig sind alle krankenversicherungspflichtigen Arbeitnehmer incl. derjenigen, die wegen des Überschreitens der Versicherungspflichtgrenze von der Mitgliedschaft in der gesetzlichen Krankenversicherung befreit sind.

Die Beitragsbemessungsgrenze beläuft sich seit Anfang 1991 in Westdeutschland auf 6500 DM und in Ostdeutschland auf 3000 DM im Monat. Der Beitragssatz, der von Arbeitgebern und -nehmern je zur Häfte zu zahlen ist, beträgt 4,3% des Bruttoverdienstes (seit 1. 4. 1991: 6,8%).

Die wichtigsten Leistungen der Arbeitslosenversicherung bestehen in Zahlung von Arbeitslosengeld, Arbeitslosenhilfe, Kurzarbeiter- und Schlechtwettergeld. Anspruch auf **Arbeitslosengeld** haben Arbeitslose, die die Anwartschaftszeit (mind. 360 Tage versicherungspflichtige Beschäftigung in den letzten 3 Jahren) erfüllen, sich arbeitslos melden und Arbeitslosengeld beantragen, das 68% (63% bei Kinderlosen) des letzten Nettoverdienstes beträgt. Vgl. dazu Kap. V. 1. c („Arbeitsförderung"). Eine Sperrzeit von zwölf (bisher: acht) Wochen beim Leistungsbezug erhalten Arbeitslose, die ihre Arbeitslosigkeit schuldhaft selbst herbeigeführt haben. Nach einem Urteil des Bundesverfassungsgerichts vom 12. 2. 1987 haben unter bestimmten Voraussetzungen nun auch Studenten Anspruch auf Arbeitslosengeld, sofern sie vor dem Studium erwerbstätig waren oder Wehr- bzw. Zivildienst geleistet haben. **Arbeitslosenhilfe** wird bei länger andauernder Arbeitslosigkeit gewährt und steht auch jenen zu, die bei eintretender Arbeitslosigkeit die Anwartschaft auf Arbeitslosengeld noch nicht erfüllt haben. Die Hilfe beträgt 58% (56% bei Kinderlosen) des letzten Nettoverdienstes und wird bei Vorliegen bestimmter Voraussetzungen (Bedürftigkeit, vorher mind. 150 Tage Arbeit und Bezug von Arbeitslosengeld usw.) unbefristet gewährt (bei jährlicher Überprüfung der Bedingungen). **Kurzarbeitergeld** wird zur Überbrückung vorübergehenden Arbeitsausfalls gezahlt. In Schlechtwetterzeiten wird Angehörigen des Baugewerbes **Schlechtwettergeld** gewährt. Die Leistungen sind dieselben wie beim Kurzarbeitergeld. Unter bestimmten Voraussetzungen erhalten Arbeitnehmer bei Zusammenbruch ihres Unternehmens steuerfreies **Konkursausfallgeld** für drei Monate in Höhe des letzten Nettoverdienstes, weiterhin zahlt das Arbeitsamt entsprechende Beiträge zur Sozialversicherung.

d) Gesetzliche Unfallversicherung

Die gesetzliche Unfallversicherung ist eine Haftpflichtversicherung – im wesentlichen – der Arbeitgeber zugunsten der Arbeitnehmer. Der Schutz der gesetzlichen Unfallversicherung erstreckt sich auf alle Arbeitnehmer (ohne die Beamten), auf Kleingewerbetreibende und Landwirte (Kinder, Schüler und Studenten s. unten). Dieser Personenkreis ist pflichtversichert. Der Versicherungsschutz umfaßt Leistungen aufgrund von Arbeitsunfällen (einschließlich der Berufskrankheiten) und Wegeunfällen – z.B. Maßnahmen zur Unfallverhütung, Renten, Heilbehandlung und Krankengeld u.ä.m.

Tabelle 162: Gesetzliche Unfallversicherung (West)

	1980	1982 (in 1000)	1988
Versicherte	27857	28542	39721
Renten	1005	992	939
Arbeitsunfälle	1917	1593	1579
Wegeunfälle	196	176	174
Berufskrankheiten	45	37	52

Quelle: Statistisches Jahrbuch 1990, S. 419

e) Altershilfe für Landwirte

Infolge des Strukturwandels der Landwirtschaft konzentrieren sich die sozialpolitischen Initiativen nicht mehr nur auf die landwirtschaftlichen Arbeitnehmer, sondern verstärkt auch auf die selbständigen Landwirte. Der Bund übernimmt die Finanzierung der Beiträge, die an die Alterskassen der landwirtschaftlichen Berufsgenossenschaften abgeführt werden, zu gut 80% (1991 wurde der Beitrag zur Altershilfe im Westen auf monatlich 250 DM erhöht). Darüber hinaus zahlt der Bund bei den Bauern wesentliche Zuschüsse für die Kranken- und Unfallversicherung, die Landabgaberente, die Arbeitnehmer-Zusatzversorgung sowie weitere Zuschüsse zur Altersversorgung der Landwirte. Derzeit (1988) beträgt das Altersgeld 589,30 DM für Verheiratete und 393,10 DM für Unverheiratete im Monat.

f) Sonstige Sicherungen

Pensionen. Die Altersversorgung der Beamten, Richter und Soldaten bildet ein eigenständiges Sicherungssystem, das nahezu vollständig – ohne Einschaltung von Versicherungsträgern – von den Dienstherren bzw. Körperschaften finanziert wird.

Zusatzversicherung für den Öffentlichen Dienst. Diese Zusatzversicherung stellt eine tariflich geregelte Ergänzung der Leistungen der gesetzlichen Rentenversicherung für Angestellte und Arbeiter des Öffentlichen Dienstes dar. Sie kann mit den betrieblichen Altersversorgungen verglichen werden.

3. Das System des sozialen Ausgleichs

Der sozialstaatlichen Daseinsvorsorge liegt u. a. das Prinzip der gewollten Umverteilung zugrunde, d.h. der Staat macht es sich zur sozialpolitischen Aufgabe, durch staatliche oder staatlich veranlaßte Zuwendungen, Steuern und Abgaben korrigierend in die Einkommensverhältnisse einzugreifen, um jedem Bürger ein menschenwürdiges Auskommen zu garantieren.

a) Sozialhilfe

Die Sozialhilfe hat sich aus der einstigen Armenpflege und Fürsorge entwickelt und schließt eine Lücke, die andere Sozialleistungssysteme offen lassen. Sie ist auf den Notstand des einzelnen abgestellt und tritt ein, wenn der einzelne seine Notlage – ob selbst verschuldet oder nicht – aus eigener Kraft und eigenen Mitteln bzw. mit Hilfe von Angehörigen nicht beheben kann. Die Sozialhilfe wird als Hilfe zum Lebensunterhalt (Abdeckung der notwendigen Bedürfnisse des täglichen Lebens nach Regelsätzen) und Hilfe in besonderen Lebenslagen (Krankenhilfe, Blindenhilfe, Ausbildungshilfe, Altenhilfe usw.) gewährt. Für den berechtigten Personenkreis besteht Rechtsanspruch darauf. Die Kosten

Tabelle 163: Sozialhilfe (West)

	1970	1980	1988	1989
Sozialhilfeempfänger (in 1000)	1491	2144	3349	3470
davon (in %):				
Ausländer	1,3	7,6	16,8	.
Frauen	62,6	59,7	55,6	.
Hilfe zum Lebensunterhalt (in Mrd. DM)	1,2	4,3	11,0	11,8
Hilfe in besonderen Lebenslagen (in Mrd. DM)	2,2	8,9	16,1	16,9

Quelle: Statistisches Jahrbuch 1990, S. 428; Statistisches Bundesamt, Wiesbaden 1990

der Sozialhilfe werden aus Steuermitteln aufgebracht. Träger der Leistungen sind neben den Wohlfahrtsverbänden die Landkreise und kreisfreien Städte.

Im Jahr 1988 haben 3,3 Mio. Bundesbürger Sozialhilfeleistungen erhalten. Das durchschnittliche Haushaltseinkommen von Sozialhilfeempfängern lag 1987 bei 11 291 DM für das ganze Jahr. Ältere Frauen sind häufiger auf Sozialhilfe angewiesen als die Männer ihrer Generation. Bei den über 75jährigen kommen auf einen sozialhilfebedürftigen Mann fünf Frauen. 50% aller Sozialhilfeempfänger sind ältere, alleinstehende Frauen. Als wichtigste Ursachen der Sozialhilfebedürftigkeit gelten nicht ausreichende Renten (11%), Arbeitslosigkeit (34%), Zahlungsverweigerung geschiedener Väter (11%), Krankheit (6%) und unzureichendes Einkommen (7%).

b) Kindergeld

Im Zusammenhang mit der Steuerreform trat 1975 an die Stelle von Kinderfreibeträgen bei der Einkommenssteuer, Kindergeldzahlungen des Arbeitgebers und Vergünstigungen des öffentlichen Dienstes ein einheitliches Kindergeld, das vom ersten Kind an alle, die in der Bundesrepublik (einschl. West-Berlin) wohnen oder sich gewöhnlich aufhalten, ohne Rücksicht auf Einkommen und Vermögen gezahlt wird, nach Vollendung des 16. Lebensjahres jedoch nur unter bestimmten Voraussetzungen: bis zum vollendeten 26. Lebensjahr bei Schul- oder Berufsausbildung bzw. Studium, bis zum vollendeten 21. Lebensjahr bei Kindern ohne Ausbildungs- und Arbeitsplatz, bei behinderten Kindern ohne Altersbegrenzung (sofern Unterhalt nicht sichergestellt) u.a. Das Kindergeld soll die wirtschaftliche Belastung, die Kinder mit sich bringen, mildern und den wirtschaftlichen Vorsprung Lediger

Tabelle 164: Kindergeld

	1981	1983	1989
Empfangsberechtigte (in 1000)	6 905	6 553	6 173
Kinder (in 1000)	12 299	11 164	10 117
Ausgezahlte Beträge (in Mio.)	14 610	11 505	10 866

Quelle: Statistisches Jahrbuch 1990, S. 425

und kinderloser Verheirateter teilweise ausgleichen. Die Aufwendungen dafür trägt der Bund. Seit 1. 1. 91 gilt das Kindergeldgesetz auch in den neuen Bundesländern. In ganz Deutschland lebten 1991 rund 10,3 Mio. kindergeldberechtigte Familien mit 17 Mio. Kindern.

Das Kindergeld beträgt DM 50,– für das erste Kind, DM 130,– für das zweite Kind, DM 220,– für das dritte Kind und DM 240,– für jedes weitere Kind, wobei für Kindergeldberechtigte mit höherem Einkommen das Kindergeld für das zweite Kind (bis auf 70,– DM) und für die weiteren Kinder (bis auf 140,– DM) stufenweise abgesenkt wird. In den neuen Bundesländern erhalten Familien mit einem Kind rückwirkend zum 1. 1. 1991 einen Zuschlag von 15 DM monatlich.

c) Jugendhilfe

Wenn Eltern dem Auftrag des Grundgesetzes zur Pflege und Erziehung ihrer Kinder nicht nachkommen, springt der Staat im Rahmen der Jugendhilfe ein. Die Tätigkeit der Träger der freien Jugendhilfe wird durch Zuschüsse aus öffentlichen Mitteln unterstützt.

d) Ausbildungsförderung

Das „Bundesausbildungsförderungsgesetz" (BAföG) von 1971 regelt die seit dem zweiten Weltkrieg gewährten schulischen Aus-

Tabelle 165: Ausbildungsförderung 1989 (West)

Schulart (Auswahl)	Anzahl der Geförderten	Förderungsbetrag (DM/Monat)
Hauptschulen	453	864
Realschulen	807	563
Gymnasien	10241	575
Fachhochschulen	132375	614
Universitäten	236787	589
Insgesamt	497531	588

Quelle: BMBW „Grund- und Strukturdaten 1990/91", S. 230–235

bildungsförderungen (Honnefer Modell u. a.) bundeseinheitlich neu. Die Förderung soll allen Jugendlichen eine ihrer Begabung entsprechende Ausbildung ohne Rücksicht auf die wirtschaftliche und soziale Lage ermöglichen.

Die Leistungen bestehen aus Zuschüssen (bei Schülern weiterführender Schulen) oder Darlehen (bei Studenten). Seit Wintersemester 1990/91 muß nur noch die Hälfte des zinslosen Darlehens fünf Jahre nach Studienabschluß in Raten zurückgezahlt werden. Auf den Bedarf sind Einkommen und Vermögen des Auszubildenden, der Eltern und des Ehegatten anzurechnen. Der Bewilligungszeitraum umfaßt bei Schülern in der Regel das Schuljahr, bei Studenten zwei Studiensemester. Schüler werden gefördert, solange sie die Ausbildungsstätte besuchen; die Förderungshöchstdauer bei Studenten richtet sich nach der gewählten Fachrichtung (ab Wintersemester 1990/91 um zwei Semester in der Examensphase verlängert). Die Finanzierung übernehmen zu etwa zwei Drittel der Bund und zu einem Drittel die Länder. Seit 1. 1. 1991 wird BAföG auch in den neuen Bundesländern mit einem Höchstsatz von vorerst 690 DM (West: 890 DM) im Monat gewährt.

e) Wohngeld

Das Wohngeld wird an Einkommensschwache als Mietzuschuß und als Lastenzuschuß (an Eigentümer von Wohnraum) gewährt, wenn im Verhältnis zum Haushaltseinkommen unzumutbare Aufwendungen für eine angemessene Wohnung erbracht werden müssen. Die Höhe des Wohngeldes errechnet sich aus Einkommen, Familienstand, Gemeindegröße und Wohnungsart. Das Wohngeld wird je zur Hälfte vom Bund und von den Ländern aufgebracht.

Zum 1. 10. 1990 wurde an ca. 2 Mio. Haushalte (= 12% der Mieterhaushalte und 1,5% der Wohnungseigentümer) ein Wohngeld von durchschnittlich 170 DM monatlich gezahlt. 93% der Wohngeldempfänger sind Mieterhaushalte, 7% Lastenzuschußempfänger (Eigentümer). Von den Wohngeldempfängern sind 39% Rentner, 21% Sozialhilfeempfänger, 15% Arbeitslose, 15% Arbeiter, 10% andere Erwerbstätige oder Studenten.

Tabelle 166: Wohngeldempfänger 1989 (West)

Gruppe	Anzahl der Wohngeldempfänger
Selbständige	17 600
Studenten	45 400
Beamte, Angestellte	112 200
Arbeiter	260 700
Arbeitslose	307 800
Sozialhilfeempfänger u.a.	436 400
Rentner, Pensionäre	612 400
Wohngeldempfänger insg.	1 792 500

Quelle: Statistisches Bundesamt, Wiesbaden 1990

In den Ballungsräumen mit besonders hohem Mietniveau wurde zum 1. 1. 1990 eine 6. Wohngeldstufe eingeführt, um einkommensschwachen Mietern zusätzlich zu helfen. Künftig werden daher diejenigen Regionen entlastet, in denen das Mietniveau der Wohngeldempfänger um mindestens 25% über dem Bundesdurchschnitt liegt. Dieses betrifft München und einige Städte und Kreise in Bayern (Garmisch-Partenkirchen, Germering, Olching, Dachau, Unterschleißheim, Landkreise Fürstenfeldbruck und München-Land) sowie Frankfurt und Wedel und Norderstedt bei Hamburg. Seit 1. 1. 1991 wird Wohngeld auch in den neuen Bundesländern gezahlt. Bei der Wohngeldberechnung sollen dort – im Gegensatz zum alten Bundesgebiet – auch die Kosten für Heizung und Warmwasser bei der Berechnung der wohngeldfähigen Miete berücksichtigt werden. Diese Regelung gilt bis zum 31. Dezember 1994 und tritt gleichzeitig mit der Umlage der sog. „warmen" Betriebskosten auf die Miete in Kraft (1. 10. 1991).

Daneben wird, befristet bis zum 31. Dezember 1995, ein gesonderter Einkommensfreibetrag bei der Wohngeldberechnung eingeführt. Er beträgt 1 200 Mark zuzüglich je 300 Mark für das zweite und jedes weitere Familienmitglied.

f) Vergünstigungen im Wohnungswesen

Hierbei handelt es sich um Leistungen im Rahmen des sozialen Wohnungsbaus, der Wohnungsfürsorge der öffentlichen Arbeitgeber und des Lastenausgleichsfonds.

g) Vermögensbildung

Seit 1. 1. 1991 gelten in ganz Deutschland einheitlich die Regelungen des Vermögensbildungsgesetzes (936-DM-Gesetz), die steuerlichen Fördermöglichkeiten des Erwerbs von Vermögensbeteiligungen durch Arbeitnehmer sowie das Wohnungsbau-Prämiengesetz. Einkommensgrenzen sind zu beachten.

h) Kriegsopferversorgung

Versorgt werden alle Personen, die durch eine militärische oder militärähnliche Dienstverrichtung, durch Kriegseinwirkung oder Kriegsgefangenschaft eine Schädigung erlitten haben. Auch Opfer von Gewalttaten und Impfgeschädigte werden nach dem Bundesversorgungsgesetz entschädigt. Zu den Leistungen zählen neben Beschädigten- und Hinterbliebenenrenten Heilbehandlung, Krankengeld, Berufsförderung usw.

Seit 1. 1. 1991 gilt das Bundesversorgungsgesetz mit seinem gesamten Leistungsspektrum auch in den neuen Bundesländern.

i) Behindertenversorgung

Zu den Hauptzielen der sozialpolitischen Maßnahmen auf dem Gebiet der Behindertenversorgung gehören die Beschäftigungspflicht der Unternehmen für Behinderte, die Vereinheitlichung der Leistungen für Rehabilitanden sowie die Einbeziehung Behinderter in beschützenden Werkstätten in die Sozialversicherung. Mit dem „Schwerbehindertengesetz" von 1974 wurden die Versorgungsansprüche von den Ursachen der Behinderung (Arbeitsunfall, Berufskrankheit usw.) gelöst. Dabei genießen Behinderte mit einer Minderung der Erwerbsfähigkeit von mind. 50% (Schwerbehinderte) besonderen Schutz. Die Rehabilitation umfaßt medizinische und berufsfördernde Maßnahmen für Behinderte.

Fast drei Viertel (74%) der Schwerbehinderten waren älter als 55 Jahre. Die weitaus meisten Behinderungen – nämlich 81,3% – waren Folge von Krankheiten. 6,2% der Schwerbehinderten hatten im Krieg oder bei Wehr- oder Zivildienst dauernde Schäden erlitten, und in 4,3% der Fälle war die Behinderung angeboren. Bei 3,0% wurde das Leiden von einem Unfall oder einer Berufskrankheit verursacht.

Tabelle 167: Schwerbehinderte 1989 (West)

Alter von ... bis unter ... Jahren	Insgesamt	Männlich	Weiblich
unter 4	11 296	6 111	5 185
4–15	68 965	39 686	29 279
15–25	129 402	74 522	54 880
25–35	211 508	122 242	89 266
35–45	259 675	147 233	112 442
45–55	697 364	412 614	284 750
55–60	581 944	363 718	218 226
60–62	321 039	207 837	113 202
62–65	504 736	315 210	189 526
65 und mehr	2 523 605	1 173 705	1 349 900
insgesamt	5 309 534	2 862 878	2 446 656

Quelle: Wirtschaft und Statistik 12/1990, S. 854

Pflegehilfe. Hunderttausende von Menschen, die ihren schwerpflegebedürftigen Angehörigen weitgehend unbeachtet von der

Tabelle 168: Pflegebedürftige 1989 (West)

Merkmal	Anzahl/Anteil
Anzahl der Privathaushalte, in denen Pflegebedürftige leben	926 000
Von den Pflegebedürftigen sind (in %):	
– hilfebedürftig bei tägl. Verrichtungen	75
– hilfebedürftig bei Besorgungen außer Haus	11
– ständig bettlägerig	10
Die Betreuung erfolgt durch (in %)*:	
– Haushaltsangehörige	58
– Angehörige außerhalb des Haushalts	25
– Gemeindeschwestern	31
– Nachbarn	9
– Freunde, Bekannte	4
(* Mehrfachnennungen)	

Quelle: DIW, Berlin 1990

3. System des sozialen Ausgleichs

Öffentlichkeit tagtäglich helfen, erhalten seit 1. 1. 1991 neue Hilfen nach dem Gesundheitsreformgesetz. So können sie auf Kosten der Krankenkassen künftig bis zu 25 Stunden im Monat auf die Hilfe einer Pflegeperson bei der Betreuung des Schwerpflegebedürftigen zurückgreifen. Die Kassen stellen dafür bis zu 750 Mark monatlich bereit. Will ein Schwerpflegebedürftiger keine Hilfe von fremden Menschen in Anspruch nehmen, können die Kassen auch ein Pflegegeld anstelle der Pflegehilfe zahlen. Es beträgt in diesem Fällen 400 Mark im Monat.

Schwerpflegebedürftig sind die Menschen, die bereits für die einfache Verrichtung des täglichen Lebens auf Dauer in hohem Maße Hilfe brauchen. Der zu Pflegende muß lange Jahre der Krankenversicherung angehören.

j) Kriegsfolgeentschädigungen

In Anerkennung des Anspruchs der durch den Krieg und seine Folgen besonders Betroffenen auf Entschädigung wurden vom Gesetzgeber zwei bedeutende Leistungssysteme geschaffen.

Lastenausgleich. Der Kreis der Anspruchsberechtigten setzt sich aus Flüchtlingen, Vertriebenen und jenen Bürgern zusammen, die im Bundesgebiet durch den Luftkrieg Verluste erlitten haben; er schließt ebenfalls durch die Währungsreform Spargeschädigte und Vermögensgeschädigte aus der DDR ein. Die Leistungen werden in Form von Renten oder einmaligen Entschädigungszahlungen gewährt und durch die Vermögensabgabe, die Hypothekengewinnabgabe sowie die Kreditgewinnabgabe finanziert. Im wesentlichen gilt der Lastenausgleich als abgeschlossen.

Wiedergutmachung: Wiedergutmachungsleistungen nach dem „Bundesentschädigungsgesetz" von 1956 dienen dem Ausgleich bestimmter Schäden durch nationalsozialistische Verfolgung.

k) Sonstige Sozialleistungen

Steuerermäßigungen. Hierzu gehören alle sozialpolitisch motivierten Steuerermäßigungen wie Freibeträge für Berufsausbildung, Grundsteuerermäßigungen, erhöhte Absetzungen für Wohngebäude, Altersfreibeträge usw.

Öffentlicher Gesundheitsdienst. Leistungen der Gesundheitsämter u.a. zur Wahrung gesundheitlicher Belange der Allgemeinheit.

Sonstige Entschädigungen. Leistungen für Wehr- und Zivildienstleistende, Eingliederungshilfen für Kriegsgefangene und Häftlinge usw.

4. Arbeitgeberleistungen

Neben der Beitragspflicht zur Sozialversicherung erbringen die Arbeitgeber zusätzliche Sozialleistungen gesetzlicher, vertraglicher oder freiwilliger Art.

a) Lohnfortzahlung im Krankheitsfall

Je nach Stellung im Beruf erhielten die Arbeitnehmer in den Anfangsjahren der Bundesrepublik unterschiedliche Lohnfortzahlungen im Krankheitsfall. Bei Beamten laufen die Bezüge bis zur Gesundung weiter. Angestellte erhalten bereits seit Anfang der 30er Jahre 6 Wochen Entgeltfortzahlung, Arbeiter erst seit 1970. Das „Lohnfortzahlungsgesetz" verpflichtet seit 1. 1. 1970 die Arbeitgeber zur Entgeltfortzahlung auch für Arbeiter für die Dauer von 6 Wochen (einschließlich Beiträge zur Sozialversicherung).

Kleinbetriebe bis 20 Arbeitnehmer haben zur Vermeidung übermäßiger Belastungen gegenüber den Sozialversicherungsträgern einen Ausgleichsanspruch in Höhe von 80% des gezahlten Arbeitsentgelts.

b) Betriebliche Altersversorgung

Die Leistungen der betrieblichen Altersversorgung umfassen vor allem Betriebsrenten und Pensionskassenerstattungen. In den Genuß solcher Renten kommen schon rund zwei Drittel aller Arbeitnehmer, die aber nur in einem Drittel aller Unternehmen beschäftigt sind. Die durchschnittliche Höhe der Betriebsrenten liegt bei 350 DM (1988).

c) Sonstige Leistungen

Durch eine Konkursausfallversicherung werden die Arbeitsentgeltansprüche für die letzten 3 Monate des Arbeitsverhältnisses bei Zahlungsunfähigkeit des Arbeitgebers gesichert. Weiterhin zahlt der Arbeitgeber Krankenbeihilfe, Familienzulagen, Wohnzulagen und unterhält den betrieblichen Gesundheitsdienst.

VI. Die politischen Institutionen der Bundesrepublik

1. Wahlen: Bund, Länder und Europa

a) Die erste gesamtdeutsche Bundestagswahl vom 2. 12. 1990

Sowohl der Wahltermin als auch das Wahlsystem, das für die erste gesamtdeutsche Bundestagswahl gelten sollte, sorgten in Bonn und Ostberlin für heftige Auseinandersetzungen.

Die Diskussion um den Wahltermin begann am 14. 4. 1990, als der F.D.P.-Vorsitzende Lambsdorff eine Verlängerung der Legislaturperiode des Bundestages vorschlug, damit die erste gesamtdeutsche Wahl 1991 stattfinden könne. Mitte Mai erhielt die Diskussion neuen Auftrieb: Führende Politiker der Bonner Koalition setzten sich für den Dezember 1990 bzw. den Januar 1991 ein. Obwohl angeblich Übereinstimmung mit der DDR-Regierung herrschte, zeigte sich DDR-Ministerpräsident de Maizière noch zurückhaltend. Am 19. 6. 1990 einigten sich dann die Unionsfraktionen in beiden deutschen Parlamenten und auch die bundesdeutsche F.D.P. auf den 2. 12. oder 9. 12. 1990 als Wahltermin, an dem gleichzeitig der Beitritt der DDR zur Bundesrepublik erfolgen sollte. Am 2. 7. 1990 verständigte sich die Regierungskoalition in der DDR auf den 2. 12. 1990. Die Ausschüsse „Deutsche Einheit" des Bundestages und der Volkskammer einigten sich schließlich am 26. 7. 1990 auf den 2. 12. 1990, der auch dem Wahlvertrag zugrundeliegt. Noch am Tag der Unterzeichnung des Wahlvertrages, dem 3. 8. 1990, meldeten sich DDR-Ministerpräsident de Maizière und Bundeskanzler Kohl mit dem Vorschlag einer Vorverlegung der ersten gesamtdeutschen Bundestagswahl auf den 14. 10. 1990 zu Wort. Die bei einem solchen vorgezogenen Wahltermin notwendige Grundgesetzänderung scheiterte allerdings an der Ablehnung insbesondere der SPD, so daß es bei dem ursprünglich vorgesehenen Termin am 2. 12. 1990 blieb.

Auch um die Ausgestaltung des Wahlrechts gab es harte Auseinandersetzungen. Bereits am 28. 6. 1990 drohte die SPD mit einer Verfassungsklage gegen den Plan, mit einer 3%-Sperrklausel für die DDR das Bundestagswahlrecht zu modifizieren. Am

26. 7. 1990 einigten sich die Ausschüsse „Deutsche Einheit" des Bundestages und der Volkskammer zwar auf eine einheitliche 5%-Klausel, jedoch wollten CDU/CSU und GRÜNE wie bei der ersten Bundestagswahl 1949 eine länderbezogene 5%-Klausel durchsetzen, während SPD und F.D.P. für eine auf das gesamte Wahlgebiet bezogene 5%-Klausel eintraten, wobei die Ost-F.D.P. dieser Forderung durch ihren Austritt aus der Regierung de Maizière am 24. 7. 1990 Nachdruck verlieh. Schließlich setzten sich SPD und F.D.P. weitgehend durch. Am 31. 7. 1990 einigte sich die Bonner Koalition auf eine 5%-Klausel für das gesamte Wahlgebiet, die aber dadurch abgemildert wurde, daß einmalig bei der kommenden Bundestagswahl Listenverbindungen von Parteien, die in keinem Bundesland – ausgenommen Berlin – konkurrieren, zugelassen werden sollten. Diese Konstruktion, der am folgenden Tag auch die Bonner SPD und die DDR-Koalition zustimmten, wurde im Wahlvertrag verankert, dem die Volkskammer am 22. 8. 1990 und der Bundestag am folgenden Tag zustimmten.

Doch scheiterte diese Einigung am Bundesverfassungsgericht, bei dem die GRÜNEN, die Republikaner und die Linke Liste/PDS eine Organklage einbrachten. Am 29. 9. 1990 wertete das Gericht die Regelung als verfassungswidrig. Grundsätzlich sei zwar gegen eine 5%-Klausel nichts einzuwenden, aber die besonderen Umstände bei der ersten gesamtdeutschen Wahl brächten für die kleineren Parteien außergewöhnliche Schwierigkeiten: Für Parteien z.B., die nur auf dem Gebiet der Bundesrepublik bzw. der DDR antreten, erhöhe sich die Sperrklausel auf 6 bzw. 24%. Die Zulassung von Listenverbindungen wertete das Gericht ebenfalls für mit dem Grundgesetz nicht vereinbar, weil sie die Wahlrechts- und Chancengleichheit verletze. Gegen eine getrennte 5%-Sperrklausel für die Gebiete der Bundesrepublik und der DDR hatte das Bundesverfassungsgericht keine Einwände. Die Klausel könne auch niedriger liegen, jedoch müsse sie einheitlich sein. Für die Parteien der DDR verlangte das Bundesverfassungsgericht einen zusätzlichen Ausgleich, da sie sich erst mit dem Ende der Diktatur bilden konnten und schlechtere Startbedingungen hätten. Das Bundesverfassungsgericht schlug die Möglichkeit von Listenvereinigungen (gemeinsame Wahlvorschläge verschiedener Parteien) vor, die es im Gegensatz zu den Listenverbindungen für verfassungskonform erklärte.

1. Wahlen: Bund, Länder und Europa

Bereits am 5. 10. 1990 verabschiedete der Bundestag eine Novellierung des Wahlgesetzes im Sinne des Bundesverfassungsgerichts. Sie sah zwei Wahlgebiete vor: zum bisherigen Bundesgebiet kamen 8 Westberliner Wahlkreise hinzu, da auch die Westberliner bei dieser Bundestagswahl erstmals direkt mitwirken durften. Insgesamt waren im Wahlgebiet West – sieht man von Überhangmandaten ab – 512 Abgeordnete zu wählen. Das Wahlgebiet Ost – das sind die neuen Ländern incl. Ostberlin – wurde in 72 Wahlkreise unterteilt, zu wählen waren hier – wiederum ohne Überhangmandate – 144 Abgeordnete. Die 5%-Sperrklausel mußte in einem der beiden Wahlgebiete überwunden werden, wollte eine Partei in den Bundestag einziehen. Die zweite Sperrklausel galt für das gesamte Wahlgebiet: einer Partei, die drei Direktmandate errang, war auch dann der Einzug in den Bundestag sicher, wenn sie die 5%-Sperrklausel in beiden Wahlgebieten nicht überwinden konnte. Ansonsten wurde nach dem eingespielten Bundestagswahlrecht gewählt.

Am 17. 10. 1990 korrigierte das Bundesverfassungsgericht nochmals das Wahlgesetz zugunsten der kleineren Parteien – allerdings in einem deutlich weniger gravierenden Punkt. Da das Bundesverfassungsgericht die Organklagen der NPD und der ÖDP, die sich durch die für die Parteien in den neuen Ländern abweichenden Regelungen für die Unterstützungsunterschriften benachteiligt sahen, in der zur Verfügung stehenden Zeit nicht für entscheidbar hielt, ordnete es durch eine einstweilige Verfügung an, daß in den fünf neuen Ländern keine Unterstützungsunterschriften für die Einreichung von Kreiswahlvorschlägen und Landeslisten nötig seien. Für die alten Länder entschied das Gericht, daß nur diejenigen Parteien, die keinen Sitz im Bundestag, in einem Landtag oder in der Volkskammer innehatten und die bei der letzten Bundestagswahl weniger als 75 000 Stimmen erhielten, Unterstützungsunterschriften beibringen mußten.

Die deutsche Einheit hat einen normalen Wahlkampf nicht aufkommen lassen. Andere Themen – Ökologie, Atomenergie, Öko-Steuern, Mieten sowie sozialpolitische Probleme u.ä.m. – spielten so gut wie keine Rolle, auch wenn sie z.B. von Lafontaine immer wieder angesprochen wurden. Die zentrale Auseinandersetzung ging um die deutsche Einheit. Der SPD-Kanzlerkandidat versuchte, indem er die Schaffung gleicher Lebensverhältnisse in Ost und West ansprach, immer wieder die Kostenfrage ins Spiel zu bringen: Steuererhöhungen seien unumgänglich. Aber Lafontaine hatte seine deutschlandpolitische Kompetenz durch seinen Schlingerkurs im Zusammenhang mit dem Staatsvertrag, bei dem er zudem von der Bundestagsfraktion seiner Partei im Stich gelassen wurde, weitgehend verspielt. Und auch der frühere Bundeskanzler Schmidt zeigte kurz vor der Wahl, daß er sich einen anderen Kandidaten wünschte: Lafontaine werde verlieren und er habe diese Niederlage auch verdient. Die Regierungsparteien prophezeiten einen Konjunkturaufschwung, der die Kosten der Einheit fast automatisch finanziere. Sie wichen ansonsten der Kostendiskussion mit den Behauptungen, die Kosten seien schwer abschätzbar, Steuererhöhungen seien aber nicht nötig, so weit wie möglich aus, bis Mitte November zumindest die CDU/CSU Angst vor der eigenen Courage bekam. Bundeskanzler Kohl, der erstmals einen Kanzlerbonus vorweisen konnte und auf den die CDU ihren gesamten Wahlkampf abgestellt hatte, und Finanzminister Waigel erklärten zu diesem Zeitpunkt, daß zur Finanzierung der Vereinigung zwar keine Steuer-, aber Abgabenerhöhungen nötig würden, worauf sie harte Attacken der F.D.P. einstecken mußten, die am ursprünglichen Kurs festhielt. Diese Kursänderung der CDU/CSU führte zu einem kurzen Höhepunkt im Wahlkampf, da Lafontaine nun behaupteten konnte, daß mit diesen Erklärungen Kohls und Waigels „die Steuerlüge" der Bundesregierung endgültig aufgeflogen sei.

Die Wähler hatten schon vorher über den Wahlausgang entschieden: 90% erwarteten einen Sieg der bisherigen Regierungsparteien, nur 6% trauten den Oppositionsparteien – entgegen den Prognosen der Demoskopen – noch eine Siegchance zu. Wahrscheinlich erklärt diese eindeutige Erwartung hinsichtlich des Wahlausganges auch – zusammen mit der Anhäufung von Wahlen im Osten, wo die Wähler nach den Volkskammer-, den Kommunal- und den Landtagswahlen zum vierten Male an die Urne gehen sollten – die relativ niedrige Beteiligung von 77,8% (Bundestagswahl 1987: 84,3%; Volkskammerwahl 93,4%). Die Bundestagswahl brachte das folgende Ergebnis:

Tabelle 169: Ergebnis der ersten gesamtdeutschen Bundestagswahl vom 2. 12. 1990 (**Zweitstimmen**)

	West*			Ost		Gesamt	
	1990 absolut	1990 %	1987 %	1990 absolut	1990 %	1990 absolut	1990 %
Wahlberechtigte	46 555 052	100,0	100,0	12 308 190	100,0	60 436 560	100,0
Wähler	36 517 291	78,4	84,3	9 167 125	74,5	46 995 915	77,8
Ungültige	381 085	1,0	0,9	137 456	1,5	540 143	1,1
Gültige	36 136 206	100,0	100,0	9 029 669	100,0	46 455 772	100,0
CDU	12 660 732	35,0	34,5	3 777 425	41,8	17 055 116	36,7
SPD	12 965 088	35,9	37,0	2 190 195	24,3	15 545 366	33,5
F.D.P.	3 828 281	10,6	9,1	1 167 181	12,9	5 123 233	11,0
CSU	3 302 980	9,1	9,8	–	–	3 302 980	7,1
GRÜNE	1 709 008	4,7	8,3	10 005	0,1	1 788 200	3,8
PDS/LL	109 613	0,3	–	1 003 631	11,1	1 129 578	2,4
Republikaner	833 440	2,3	–	115 496	1,3	987 269	2,1
Bü 90/Gr	–	–	–	546 470	6,1	559 207	1,2
DIE GRAUEN	301 549	0,8	–	74 577	0,8	385 910	0,8
ÖDP	188 428	0,5	0,3	13 900	0,2	205 206	0,4
NPD	121 162	0,3	0,6	23 212	0,3	145 776	0,3
DSU	–	–	–	85 862	1,0	89 008	0,2
Liga	25 638	0,1	–	14 002	0,2	39 640	0,1
CM	36 446	0,1	–	–	–	36 446	0,1
Bayernpartei	31 315	0,1	0,1	–	–	31 315	0,1
Frauen	12 077	0,0	0,2	–	–	12 077	0,0
Patrioten	3 966	0,0	0,1	657	0,0	4 687	0,0
Öko-Union	4 661	0,0	–	–	–	4 661	0,0
VAA	1 822	0,0	–	2 516	0,0	4 530	0,0
KPD	–	–	–	1 470	0,0	1 630	0,0
SpAD	–	–	–	1 495	0,0	1 610	0,0
DDD	–	–	–	337	0,0	1 009	0,0
BSA	–	–	–	746	0,0	826	0,0
Mündige	–	–	–	492	0,0	492	0,0
sonstige	–	–	0,1	–	–	–	–

* Zum Vergleich ist für das Wahlgebiet West das Bundestagswahlergebnis von 1987 angegeben. Auf einen Vergleich mit der Volkskammerwahl vom März 1990 wurde im Wahlgebiet Ost wegen der Veränderungen in der Parteienlandschaft verzichtet. Im Wahlgebiet West sind die Westberliner Wahlkreise nicht enthalten, um einen Vergleich mit der Bundestagswahl von 1987 zu ermöglichen. Die Stimmen der Parteien in Westberlin ergeben sich, wenn man die Zahlen des West- und des Ostgebietes vom Gesamtergebnis abzieht.

Tabelle 170: Ergebnis der ersten gesamtdeutschen Bundestagswahl vom 2. 12. 1990 (**Erststimmen**)

	West*			Ost		Gesamt	
	1990 absolut	1990 %	1987 %	1990 absolut	1990 %	1990 absolut	1990 %
Wahlberechtigte	46555052	100,0	100,0	12308190	100,0	60436560	100,0
Wähler	36517291	78,4	84,3	9167125	74,5	46995915	77,8
Ungültige	491134	1,3	1,3	194017	2,1	720990	1,5
Gültige	36026157	100,0	100,0	8973108	100,0	46274925	100,0
CDU	13240758	36,8	37,5	3837272	42,8	17707574	38,3
SPD	13594918	37,7	39,2	2276443	25,4	16279980	35,2
F.D.P.	2449645	6,8	4,7	1049056	11,7	3595135	7,8
CSU	3423904	9,5	10,2	–	–	3423904	7,4
GRÜNE	1954978	5,4	7,0	–	–	2037885	4,4
PDS/LL	182	0,0	–	1049063	11,7	1049245	2,3
Republikaner	712015	2,0	–	17211	0,2	767652	1,7
Bü 90/Gr	–	–	–	552027	6,2	552027	1,2
DIE GRAUEN	179615	0,5	–	28597	0,3	218412	0,5
ÖDP	239558	0,7	0,1	–	–	243469	0,5
NPD	163610	0,5	0,5	25052	0,3	190105	0,4
DSU	–	–	–	128133	1,4	131747	0,3
Liga	3500	0,0	–	5167	0,1	8667	0,0
CM	9824	0,0	–	–	–	9824	0,0
Bayernpartei	10836	0,0	0,0	–	–	10836	0,0
Frauen	1433	0,0	–	–	–	1433	0,0
Patrioten	746	0,0	0,1	–	–	746	0,0
Öko-Union	1106	0,0	0,0	–	–	1106	0,0
VAA	393	0,0	–	311	0,0	704	0,0
KPD	–	–	–	–	–	–	–
SpAD	124	0,0	–	–	–	124	0,0
DDD	–	–	–	–	–	474	0,0
BSA	40	0,0	–	174	0,0	214	0,0
Mündige	–	–	–	–	–	72	0,0
EFP	266	0,0	–	–	–	266	0,0
sonstige	38706	0,1	0,7	4602	0,1	43324	0,1

* Zum Vergleich ist für das Wahlgebiet West das Bundestagswahlergebnis von 1987 aufgeführt. Im Wahlgebiet West sind die Westberliner Wahlkreise nicht enthalten, um einen Vergleich mit der Bundestagswahl von 1987 zu ermöglichen. Die Stimmen der Parteien in Westberlin ergeben sich, wenn man die Zahlen des West- und des Ostgebietes vom Gesamtergebnis abzieht.

Tabelle 171: Die Mandatsverteilung am Beginn des 12. Deutschen Bundestages (im Vergleich mit der Mandatsverteilung am Ende des 11. Bundestages)

	12. Deutscher Bundestag	11. Deutscher Bundestag
CDU/CSU	319 Abgeordnete	305 Abgeordnete (davon 8 Hospitanten)
SPD	239 Abgeordnete	226 Abgeordnete
F.D.P.	79 Abgeordnete	57 Abgeordnete
PDS	17 Abgeordnete	24 Abgeordnete
Bü 90/Gr	8 Abgeordnete	48 Abgeordnete
Fraktionslos	–	3 Abgeordnete
Gesamt	662 Abgeordnete	663 Abgeordnete

Abkürzungen:

DDD	Bund der Deutschen Demokraten
BSA	Bund Sozialistischer Arbeiter, deutsche Sektion der Vierten Internationale
Bü 90/Gr	Listenvereinigung Bündnis 90/Grüne Bürgerbewegungen
CDU	Christlich Demokratische Union Deutschlands
CM	Christliche Mitte
CSU	Christlich-Soziale Union in Bayern
DSU	Deutsche Soziale Union
EFP	Europäische Föderalistische Partei – Europa Partei
F.D.P.	Freie Demokratische Partei
Frauen	Frauenpartei
KPD	Kommunistische Partei Deutschlands
Liga	Christliche Liga. Die Partei für das Leben
Mündige	Die Mündigen Bürger
NPD	Nationaldemokratische Partei Deutschlands
ÖDP	Ökologisch-Demokratische Partei
Öko-Union	Deutsche Solidarität, Union für Umwelt- und Lebensschutz
Patrioten	Patrioten für Deutschland
PDS/LL	Partei des Demokratischen Sozialismus/Linke Liste
SPD	Sozialdemokratische Partei Deutschlands
SpAD	Spartakist-Arbeiterpartei Deutschlands – Sektion der Internationalen Kommunistischen Liga (Vierte Internationalisten)
VAA	Vereinigung der Arbeitskreise für Arbeitnehmerpolitik und Demokratie

Da das Wahlergebnis die Vorhersagen zumindest in der Tendenz bestätigte, wurde der Wahlabend weitgehend zur Routine. Der von seiner Partei überschwenglich gefeierte Bundeskanzler sprach von einem „großartigen Sieg" und vom „besten Ergebnis", das je eine Partei in freien und geheimen Wahlen in Deutschland erreicht habe. Auch der F.D.P.-Vorsitzende Lambsdorff, dessen Partei mit dem zweistelligen Ergebnis ihr Wahlziel erreicht hatte, wertete das Abschneiden seiner Partei als „hervorragend", wobei er die Erfolge im östlichen Teil Deutschlands vor allem Außenminister Genscher zuschrieb, in dessen Heimatstadt Halle die F.D.P. das Direktmandat erringen konnte. Der CSU-Vorsitzende Waigel war trotz der Einbußen seiner Partei zufrieden mit dem Ergebnis. Unter den Verlierern zeigte man sich vorbereitet für Erklärungen. Lafontaine, der im Saarland – abweichend vom Bundestrend – über 7 Prozentpunkte für seine Partei hinzugewinnen konnte, ließ keine sonderliche Niedergeschlagenheit erkennen, obwohl er mögliche Fehleinschätzungen eingestand: da die historischen Ereignisse nach dem Fall der Mauer ein „Musterdrehbuch" für die Regierung geschrieben hätten, sei für seine Partei nicht viel mehr zu erwarten gewesen. Aber es sei eine „Generationenwahl" gewesen, die SPD habe die Themen der Zukunft besetzt und die jungen Wähler gewonnen. Anke Fuchs, die Bundesgeschäftsführerin der SPD, wurde deutlicher als der Kanzlerkandidat: sie sprach von einer „bitteren Niederlage" ihrer Partei. Gregor Gysi, der in Berlin ein Direktmandat erringen konnte, blickte ebenfalls mehr auf die Zukunft als auf das Wahlergebnis, das er als Basis für das Überleben seiner PDS auch bei einer bundesweiten 5%-Sperrklausel wertete. Die West-GRÜNEN traf ihr Ausschluß aus dem Bundestag, den sie ihrer zurückhaltenden Position in der Vereinigungsfrage, vor allem aber ihrem nicht rechtzeitigen Zusammenschluß mit den Ost-GRÜNEN (ein Zusammengehen vor der Wahl hätte sie in den Bundestag gebracht, da die Sperrklausel nur in einem der beiden Wahlgebiete überwunden werden mußte) verdankten, unvorbereitet – im Gegensatz zu den anderen Verlierern. Aber sie nutzten die Gelegenheit, um ihre innerparteilichen Spannungen wieder offenzulegen. Während der „Realo" Hubert Kleinert das Wahlergebnis nicht als Niederlage, sondern als Debakel deutete und eine radikale Änderung der Partei forderte, zog die Fundamentalistin J. Ditfurth andere Schlüsse: Sie wertete die Wählerentscheidung als verständliche Absage an eine Partei, die sich kaum noch von der SPD unterscheide, und als Aufforderung, den „Mythos Rosa-Grün" endlich zu beerdigen, damit die Partei nicht „total vor die Hunde" gehe.

Der Erfolg der Bonner Koalition und das schlechte Abschneiden von SPD und GRÜNEN sind im wesentlichen Folgen der deutschen Vereinigung. Im ersten Halbjahr 1989 steckte die CDU/CSU in einer tiefen Krise. Wahlniederlagen bei der Abgeordnetenhauswahl in Berlin (s. Jb. 1989/90, S. 227 ff.), bei den Kommunalwahlen in Hessen, Rheinland-Pfalz und im Saarland sowie bei der Europawahl (s. Jb. 1989/90, S. 239 ff.) führten ebenso wie heftige Auseinandersetzungen mit der eigenen Fraktion dazu, daß eine Ablösung des Parteivorsitzenden Kohl in der CDU mehr oder weniger offen diskutiert wurde. Nachdem Kohl die Führungsdiskussion auf dem Bremer Parteitag im September 1989 (s. Jb. 1990/91, S. 301 f.) zu seinen Gunsten beenden konnte, zeichnete sich für die CDU eine langsame Besserung in der Wählergunst ab, die allerdings durch weitere Wahlniederlagen im Saarland (s. Jb. 1990/91, S. 236 ff.), in Niedersachsen (s. Jb. 1990/91, S. 231 ff.) und in Nordrhein-Westfalen (s. Jb. 1990/91, S. 234 f.) während des ersten Halbjahres 1990 noch getrübt war. Entscheidend aber wurde für die CDU und den Kanzler, daß nun mit der beginnenden Wiedervereinigungsdiskussion ein Thema auf die politische Bühne trat, das die bisher von der westdeutschen Bevölkerung als vorrangig betrachteten Problembereiche Umweltschutz, Arbeitslosigkeit und Ausländer bzw. Aussiedler in den Hintergrund drängte. Mit dem Aufkommen dieses neuen, die politische Diskussion dominierenden Themas war allerdings noch nicht entschieden, wem die Wählerschaft die Kompetenz zur Lösung dieses Problems in erster Linie zuerkannte. Die zögernde Haltung der SPD und insbesondere ihres Kanzlerkandidaten Lafontaine schien sich im Frühjahr 1990 noch auszuzahlen: zum Zeitpunkt der niedersächsischen und nordrhein-westfälischen Landtagswahlen führte Lafontaine in der Akzeptanz seiner Wiedervereinigungspolitik mit 42% noch vor dem Kanzler mit 29%. „Im Mai war allerdings der Höhepunkt der Wahlchancen der SPD erreicht; die Uneinigkeit der SPD in sich und mit ihrem Spitzenkandidaten über den ersten Staatsvertrag mit der DDR ließ das Pendel der öffentlichen Meinung erstmals zugunsten des amtierenden Bundeskanzlers und der Regierungsparteien zurückschwingen.... Ab Juni standen mehr Westdeutsche (39 Prozent) hinter der Wiedervereinigungspolitik von Kohl als hinter der von Lafontaine (35 Prozent). In der Folgezeit stieg diese Zustimmung bis auf ein Verhältnis von 43 : 27 zugunsten von Kohl im September kurz vor dem Vollzug der Vereinigung und betrug wenige Tage vor der Bundestagswahl schließlich 46 : 25, wobei weitere 25 Prozent der Befragten keinen Unterschied in der Vereinigungspolitik beider Kandidaten erkennen konnten" (Gibowski/Kaase, S. 12). Die Hoffnung Lafontaines, daß die Wiedervereinigungseuphorie durch die Folgekosten der Vereinigung gedämpft würde, erfüllte sich nicht. Zum einen konnten die Regierungsparteien – wie erwähnt – die Kostendiskussion weitgehend vermeiden. Zum anderen hatte Lafontaine die Sprengkraft des Kostenthemas überschätzt: Trotz der gegenteiligen Aussagen von CDU/CSU und F.D.P. waren ⅔ der deutschen Wählerschaft der Überzeugung, daß Steuererhöhungen nicht zu umgehen sein würden. Und schließlich mußte auch Lafontaine klar sein, daß er mit solchen Themen im Osten keine Wähler gewinnen konnte. Es gelang ihm darüber hinaus nicht, das Vertrauen der Wähler in die größere wirtschaftspolitische Kompetenz der CDU/CSU-F.D.P.-Regierung zu erschüttern, die bisherige und künftige Regierung lag mit 60% positiven Antworten deutlich vor der SPD (22%). Und: Der SPD-Kanzlerkandidat bekam von der Bevölkerung seine Quittung auch bei der Frage nach dem gewünschten Kanzlerkandidaten. Lag er im Mai 1990 noch mehr als zehn Punkte vor dem Bundeskanzler, so hatte Kohl kurz vor der Wahl einen Vorsprung von 56:38%, wobei die Wähler in den neuen und alten Bundesländern keine nennenswerten Abweichungen in dieser Frage zeigten. Theo Sommer fand in der „ZEIT" vom 23. 11. 1990 die treffende Kurzformel: „Helmut Kohl ist im doppelten Sinn der Kanzler der deutschen Einheit: Er hat sie vollzogen – und sie hat ihn gerettet."

Wie auch bei der Berliner Abgeordnetenhauswahl (s. S. 224ff.) wich die Zusammensetzung der Wählerschaften der Parteien in den beiden Wahlgebieten teilweise voneinander ab. Während die SPD im Westen bei den Wählern unter 39 Jahren relativ gut abschnitt, war sie im Osten relativ gleichmäßig bei den verschiedenen Altersgruppen vertreten. Die CDU hingegen wurde in beiden Gebieten überproportional von älteren Wähler gewählt. Die F.D.P. war im Osten wie im Westen eher eine Partei der mittleren Jahrgänge, während GRÜNE, Bündnis 90 und PDS jeweils von jüngeren Wähler präferiert wurden. Die CDU/CSU war im Westen von Arbeitern und Auszubildenden unterdurchschnittlich gewählt worden und erzielte ihre besten Ergebnisse bei den Selbständigen. Im Osten hingegen schnitt sie bei den Arbeitern annähernd so gut ab wie bei den Selbständigen und erzielte bei den Angestellten und Beamten, vor allem aber bei den Auszubildenden schlechtere Ergebnisse. Mit Ausnahme der Selbständigen, die sich – im Westen wie im Osten – nur unterdurchschnittlich für die SPD erwärmen konnten, zeigte sich bei der SPD im Osten in diesem Punkt eine relative gleichmäßige Verteilung. Im Westen hingegen wurde sie von den Arbeitern überdurchnittlich gewählt. Die F.D.P. stand im Westen wie im Osten in der besonderen Gunst der Selbständigen, im Osten zeigte sich diese Wertschätzung auch bei den Angestellten, besonders bei den leitenden Angestellten. Die PDS – ähnliches gilt für das Bündnis 90 – war im Osten nicht die Partei der Arbeiter – hier und bei den Selbständigen erzielte sie ihre schlechtesten Ergebnisse –, sondern eher eine Partei der Auszubildenden. Während die CDU in beiden Wahlgebieten bei den Katholiken ihre besten und bei den konfessionslosen Wählern ihre schlechtesten Ergebnisse erzielte, war es bei der SPD jeweils umgekehrt. Die F.D.P. wurde in beiden Wahlgebieten besonders von evangelischen Wähler bevorzugt, die GRÜNEN, Bündnis 90 und die PDS waren jeweils bei den konfessionslosen Wählern überprotional vertreten.

Quellen: FAZ und SZ vom 27. 11. bis 5. 12. 1990; DIE ZEIT vom 23. 11. bis 7. 12. 1990; Berichte der Forschungsgruppe Wahlen Nr. 61: „Bundestagswahl 1990. Eine Analyse der ersten gesamtdeutschen Bundestagswahl am 2. Dezember 1990"; Gibowski, Wolfgang G./Max Kaase: Auf dem Weg zum politischen Alltag. Eine Analyse der ersten gesamtdeutschen Bundestagswahl vom 2. Dezember 1990. – in: APuZ B 11–12/1991, S. 3–20.

b) Die Ergebnisse der Wahlen in den Bundesländern

Vorbemerkung: Im folgenden werden diejenigen Landtagswahlen, die innerhalb des Berichtszeitraumes liegen, etwas näher analysiert. Auf die Bürgerschaftswahl am 2. 6. 1991 in Hamburg konnte nicht mehr eingegangen werden, das Wahlergebnis findet sich in Tabelle 183. Bei den vorausgegangenen Wahlen erfolgt nur der Abdruck des Wahlergebnisses; weitere Informationen sind in früheren Jahrbüchern zu finden.

aa) Die Landtagswahl in Bayern am 14. 10. 1990

Die bayerische Landtagswahl am 14. 10. 1990 fand gleichzeitig mit den ersten Landtagswahlen in den fünf neuen Ländern statt (s. S. 227 ff., S. 233 ff. und S. 239 ff.). Die kurz vorher vollzogene deutsche Einheit sorgte dafür, daß die landespolitischen Themen in den Hintergrund gedrängt wurden. Außerdem stand mit der CSU der Sieger bereits vor der Wahl fest: 84% der Befragten in Bayern jedenfalls waren dieser Meinung. Die Vorhersage von Ministerpräsident Streibl, seine Partei werde „50% plus x" erreichen, war eher tiefgestapelt, da den zerstrittenen Republikanern, die bei der Europa-Wahl im Juni 1989 in Bayern noch auf knapp 15% gekommen waren, nur wenige den Einzug in den Landtag zutrauten. Die einzig spannende Frage war letztlich, ob es die F.D.P. nach zwei mißlungenen Versuchen schaffen würde, wieder ins Maximilianeum einzuziehen.

Bei einer Wahlbeteiligung von 66% – der niedrigsten bei bayerischen Landtagswahlen nach dem Krieg überhaupt (1986: 70,1%) – brachte die Wahl das folgende Ergebnis:

Tabelle 172: Ergebnis der Landtagswahl in Bayern vom 14. 10. 1990

	1990		1986	
	Stimmen	Mandate	Stimmen	Mandate
CSU	54,9%	127	55,8%	128
SPD	26,0%	58	27,5%	61
GRÜNE	6,4%	12	7,5%	15
F.D.P.	5,2%	7	3,8%	–
Republikaner	4,9%	–	3,0%	–
ÖDP	1,7%	–	0,7%	–
Bayernpartei	0,8%	–	0,6%	–
NPD	–	–	0,6%	–
Sonstige	0,1%	–	0,5%	–
	100,0%	204	100,0%	204

Bei der CSU war man mit dem Wahlerfolg hochzufrieden. Es war gelungen, nicht allzu weit hinter das letzte Wahlergebnis, das im Jahre 1986 noch auf das Konto von Franz Josef Strauß ging, zurückzufallen. Ministerpräsident Streibl sprach denn auch von einem „überwältigenden" Abschneiden seiner Partei. Bei der SPD hingegen herrschte Niedergeschlagenheit: nicht nur daß sie ihr Wahlziel von 30% – die Hoffnung, die CSU unter die 50%-Grenze drücken zu können, war wohl eher verbaler Natur – nicht erreichen konnte, ihr Wahlergebnis von 1986 – das bis dahin schlechteste in der bayerischen Nachkriegsgeschichte – verschlechterte sich nochmals, und man mußte sich nicht nur mit dem Ergebnis selbst, sondern auch mit seinen Folgen für die bevorstehende Bundestagswahl auseinandersetzen. Bis zu diesem Zeitpunkt wartete man bei der SPD noch ab, bevor man eine umfassende Reform der Parteiorganisation einleitete. Bei den GRÜNEN haderte man, daß man entgegen den Erwartungen und trotz des hohen Gewichtes, das die bayerischen Wähler dem Umweltschutz zuerkannten, das eigene Ergebnis von der vorangegangenen Wahl nicht halten bzw. nicht einmal von den SPD-Verlusten profitieren konnte. Für die F.D.P. wurde der Abend zur Zitterpartie – einmal wurde sie von den Hochrechnungen im Landtag gesehen, einmal scheiterte sie erneut an der 5%-Klausel –, an deren Ende die Optimisten siegten. Die Republikaner hingegen wähnten sich während der Hochrechnungen lange im Landtag, bevor ihre Ergebnisse am Ende absackten und das vorläufige amtliche Endergebnis dann das endgültige Aus brachte. Am nächsten Tag versuchten die Republikaner ihre Stimmung mit der Ankündigung, sie würden eine Nachzählung verlangen, zu verbessern.

Der Wahlsieg der CSU dürfte im wesentlichen mit der glänzenden wirtschaftlichen Lage Bayerns – niedrigste Staatsverschuldung, höchste Investitionsquote, höchstes reales Wachstum aller Bundesländer – und mit den Rückwirkungen der Vereinigung zu erklären sein. Beim Umweltschutz, beim Mieten- und Wohnungsmarktproblem und bei den Asylanten und Ausländern – dies waren die Probleme, die von den bayerischen Wählern als besonders wichtig betrachtet wurden – wurde der bayerischen Regierung hingegen nur im letzten Bereich eine besondere Kompetenz zuerkannt. Ein Blick auf die Oberpfalz, wo die CSU ihre stärksten Gewinne und SPD sowie GRÜNE ihre größten Verluste zu verzeichnen hatten, zeigt, daß auch ein zurückliegendes bayerisches Thema eine nicht unwichtige Rolle spielte: hier konnte sich die CSU von ihrem durch die Wiederaufbereitungsanlage Wackersdorf, deren Bau im Juni 1989 eingestellt worden war (s. Jb. 1989/90, S. 464), verursachten schlechten Wahlergebnis von 1986 erholen. Wichtig für das Wahlergebnis der CSU war auch die Person des bayerischen Ministerpräsidenten Streibl, dem es gelungen war, seinen Vorgänger Strauß in der Beliebtheit und im Ansehen noch zu übertreffen: Auf die Frage, wen man sich als Ministerpräsidenten wünsche, votierten 1986 64% aller Befragten für Strauß und 1990 75% für Streibl, der den SPD-Kandidaten Hiersemann, den insgesamt 15% der Befragten nannten, sogar bei den SPD-Wählern mit 50% zu 37% hinter sich lassen konnte. Die Verluste der SPD waren auf dem Lande am höchsten, in den städtischen Gebieten am geringsten. Bei der CSU verlief der Trend umgekehrt, in München verlor sie immerhin 3,1%. Die geringe Wahlbeteiligung wirkte sich günstiger für die CSU aus als für die SPD.

Quellen: FAZ und SZ vom 12. 10. bis 16. 10. 1990; DIE ZEIT vom 19. 10. 1990, S. 4; Berichte der Forschungsgruppe Wahlen Nr. 59: „Wahl in Bayern. Eine Analyse der Landtagswahl vom 14. Oktober 1990".

bb) Die Wahl zum ersten Gesamtberliner Abgeordnetenhaus vom 2. 12. 1990

Obwohl die erste Wahl zum Gesamtberliner Abgeordnetenhaus mit der Bundestagswahl zusammenfiel und dadurch im Sog des Bundestagswahlkampfes unterzugehen drohte, wußte sich die Berliner rot-grüne Koalition in den Schlagzeilen zu halten. Seit dem Sommer 1990 gab es immer wieder harte Auseinandersetzungen innerhalb des von Walter Momper geführten Senates, der zwar die Querelen um die Betriebsgenehmigung eines Forschungsreaktors des Hahn-Meitner-Instituts mit einiger Mühe überstand, dann aber nach einer Räumung besetzter Häuser am 15. 11. 1990 auseinanderbrach. Mehrere gescheiterte Mißtrauensanträge gegen den Regierenden Bürgermeister Momper, gegen die Umweltsenatorin M. Schreyer (AL) und gegen den Ostberliner Oberbürgermeister T. Schwierzina (SPD) in der Stadtverordnetenversammlung sorgten seit Juli immer wieder für Publizität. Trotz der für SPD und GRÜNE/AL ungünstigen Bedingungen vertrat die Forschungsgruppe Wahlen die Ansicht, daß unter

„Abwägung aller möglichen Einflußfaktoren... das Ergebnis der Berliner Wahl weitgehend offen oder zumindest nicht eindeutig prognostizierbar" war.

Parallel zu der Abgeordnetenhauswahl konnten auch die Westberliner erstmals an einer Bundestagswahl teilnehmen. Die Wahlbeteiligung lag wohl in erster Linie deshalb mit 83,7% (Westberlin) und 76,2% (Ostberlin) höher als bei der letzten Abgeordnetenhauswahl (79,6%) bzw. bei der Wahl zur Ostberliner Stadtverordnetenversammlung (70,6%). Die Wahl, bei der mit getrennten 5%-Sperrklauseln für Ost- und Westberlin gewählt wurde, brachte das folgende Ergebnis:

Tabelle 173: Ergebnis der ersten Gesamtberliner Abgeordnetenhauswahl vom 2. 12. 1990

	Westberlin		Ostberlin		Gesamtberlin 1990	
	1990 Stimmen	1989* Stimmen	1990 Stimmen	1990* Stimmen	Stimmen	Mandate
CDU	49,0%	37,7%	25,0%	18,6%	40,4%	101
SPD	29,5%	37,3%	32,1%	34,1%	30,4%	76
PDS	1,1%	–	23,6%	30,0%	9,2%	23
F.D.P.	7,9%	3,9%	5,6%	2,2%	7,1%	18
GRÜNE/AL	6,9%	11,8%	1,7%	–	5,0%	12
B 90/Gr/UFV**	1,3%	–	9,8%	12,6%	4,4%	11
Republikaner	3,7%	7,5%	1,9%	–	3,1%	–
Sonstige	0,7%	1,7%	0,5%	2,5%	0,6%	–
	100,0%	100,0%	100,0%	100,0%	100,0%	241***

* Zum Vergleich sind hier für Westberlin das Ergebnis der Abgeordnetenhauswahlen vom Januar 1989, für Ostberlin das Kommunalwahlergebnis vom Mai 1990 angegeben.
** Bündnis 90/Die GRÜNEN/Unabhängiger Frauenverband
*** incl. Überhang- und Ausgleichsmandate

Der Regierende Bürgermeister Momper wertete den Wahlausgang – in Westberlin war es das schlechteste SPD-Wahlergebnis nach dem Krieg überhaupt – als „bittere Niederlage" für seine Partei, die vor allem dadurch bedingt sei, daß sich der Koalitionspartner als regierungsunfähig erwiesen habe. Und auch die Schulsenatorin Sybille Volkholz von der AL sah den Einbruch, den ihre Partei erlebte, als Quittung für den Austritt aus der Regierung kurz vor der Wahl. Ebenso erklärte E. Diepgen das Ergebnis als eine „sehr deutliche Abwahl des rot-grünen Experiments". Die Freude über den „sensationellen Sieg" (K.-R. Landowsky) blieb bei der CDU nicht gänzlich ungetrübt, da die Mandate von CDU und F.D.P., die sich über ihren Wiedereinzug in das Abgeordnetenhaus zufrieden zeigte, zusammen für eine Regierungsbildung nicht ausreichten. Die weiteren großen Verlierer neben den Regierungsparteien waren die Republikaner, die ihr Ergebnis vom Vorjahr halbierten – bedingt durch den allgemeinen Trend gegen die Partei und durch ihre wenig konstruktive Arbeit im Abgeordnetenhaus – und die PDS, die in Westberlin kaum Stimmen erhielt und in Ostberlin gegenüber der Kommunalwahl im Mai 1990 über 6 Prozentpunkte einbüßte. Nach relativ zügigen Verhandlungen wurde Diepgen am 24.1.1991 von einer Großen Koalition aus CDU und SPD im Abgeordnetenhaus zum neuen Regierenden Bürgermeister gewählt.

Die Beliebtheit der Spitzenkandidaten von SPD und CDU dürfte bei dieser Wahl nicht allzu entscheidend gewesen sein: Zwar hatte Diepgen insgesamt einen leichten Vorsprung vor Momper bei der Frage, wen man sich als Regierenden Bürgermeister wünsche. Aber die Wertschätzung der beiden Kandidaten war in beiden Teil der Stadt unterschiedlich: Diepgen führte im Westen (55:40%), während Momper im Osten noch wesentlich deutlicher in Front lag (58,2:23,5%). Sieht man von dem Sog der Bundestagswahl und von dem Trend zugunsten der CDU in Folge der Vereinigung ab, so dürfte die Wahl vor allem von Sachfragen und von der Tatsache, daß das rot-grüne Regierungsbündnis von der Westberliner Bevölkerung nicht akzeptiert wurde, entschieden worden sein. Die wichtigsten Probleme der Arbeitslosigkeit, des Wohnungsmarktes und der Stadtsanierung wurden vom Senat nicht gelöst, während man sich über aus der Sicht der Bevölkerung relativ unwichtige Themen stritt. Die Forschungsgruppe Wahlen stellt denn auch mit Recht fest: „Analysiert man die Wählerbewegungen insgesamt und sucht nach den Gründen, so relativiert sich der Erfolg der CDU etwas, denn die Ergebnisse der Berliner Wahlen waren in erster Linie eine Niederlage der Regierungsparteien und in zweiter Linie ein Erfolg für CDU und FDP."

Nicht nur in den Wahlergebnissen, auch in der Zusammensetzung der Wählerschaften der Parteien zeigten sich teilweise Unterschiede zwischen Ost- und Westberlin. Während die SPD im Westen bei den jüngeren Wähler besser ankam, wurde sie im Osten eher von älteren Bürgern gewählt. Die CDU war in beiden Wahlgebieten überproportional bei den älteren Wählern vertreten, die jüngeren wählten in beiden Teilen Berlins eher die GRÜNEN und das Bündnis 90. Im Westen hatte die F.D.P. bei den älteren Wählern überdurchschnittliche Ergebnisse, im Osten kam sie sowohl bei den ältesten als bei den jüngsten Wählern relativ schlecht an. Während die SPD im Osten bei Arbeitern und Angestellten überproportional abschnitt, erzielte sie bei diesen Berufsgruppen im Westen nur geringfügig bessere Ergebnisse als im Durchschnitt; hier wurde sie vor allem von Auszubildenden gewählt. Im Osten lag die CDU gut bei Arbeitern, leitenden Angestellten und Selbständigen, im Westen erzielte sie ihre besten Ergebnisse bei den Beamten. Bei der F.D.P. zeigten sich in diesem Punkt im Westen keine gravierenden Unterschiede, im Osten hingegen waren deutliche Präferenzen der Selbständigen und der leitenden Angestellten zugunsten dieser Partei festzustellen. Die GRÜNEN und das Bündnis 90 schnitten bei den Arbeitern in beiden Teilen der Stadt schlechter ab als im Durchschnitt. Sowohl in West- als auch in Ostberlin erzielte die CDU ihre besten Ergebnisse bei den katholischen Wählern, ihre schlechtesten bei konfessionslosen. Die SPD schnitt im Westen bei den ungebundenen, im Osten bei den evangelischen am besten ab und erzielte bei den katholischen Wählern jeweils deutlich unterdurchschnittliche Ergebnisse. Die F.D.P. wurde im Osten eher von Katholiken, im Westen eher von Evangelischen gewählt. Die GRÜNEN und das Bündnis 90 schnitten sowohl bei den Katholiken als bei den Konfessionslosen überproportional ab.

Quellen: FAZ und SZ vom 30. 11. bis 4. 12. 1990; Berichte der Forschungsgruppe Wahlen Nr. 62: „Wahl in Berlin. Eine Analyse der Wahl zum Abgeordnetenhaus vom 2. Dezember 1990".

cc) Die Landtagswahl in Brandenburg vom 14. 10. 1990

Der Wahlkampf für die Landtagswahl am 14. 10. 1990 – für die Wählerschaft Brandenburgs und der anderen vier neuen Länder nach der Volkskammerwahl und den Kommunalwahlen die dritte Wahl binnen sieben Monaten – fand nur wenig Resonanz, obwohl mit Peter-Michael Diestel (CDU) und Mandfred Stolpe

(SPD) zwei Spitzenkandidaten im Rennen waren, deren Bekanntheitsgrad bis in die alten Bundesländer reichte. An Sachthemen spielten vor allem die künftige wirtschaftliche Entwicklung, die Problematik der Arbeitslosigkeit und der Kurzarbeit, die Eigentumsfrage, die Auflösung der Stasi-Seilschaften sowie die Altersversorgung – die CDU hatte kurz vor dem Wahltermin eine Erhöhung der Renten um 15% zum 1. 1. 1991 angekündigt – eine Rolle. Brandenburg war dasjenige neue Bundesland, in dem der Wahlausgang weitgehend offen war.

Wie von den Demoskopen vorhergesagt ging auch in Brandenburg die Wahlbeteiligung (67,4%) gegenüber der Volkskammerwahl (93,5%) dramatisch zurück. Die Landtagswahl, bei der nach einem der Bundestagswahl vergleichbaren System gewählt wurde, erbrachte das folgende Ergebnis:

Tabelle 174: Ergebnis der Landtagswahl in Brandenburg vom 14. 10. 1990

	Stimmen	Mandate
SPD	38,2%	36
CDU	29,4%	27
PDS-Linke Liste	13,4%	13
F.D.P.	6,6%	6
Bündnis 90	6,4%	6
GRÜNE	2,8%	–
Republikaner	1,1%	–
DSU	1,0%	–
sonstige	0,9%	–
	99,8%*	88

* Rundungsfehler

Die SPD, die hier im Vergleich mit den anderen Wahlen an diesem Tage am besten abschnitt und über 8 Prozentpunkte hinzugewann, war mit ihrem Ergebnis zufrieden. Allerdings war man sich über die künftige Regierungszusammensetzung nicht einig: während die Spitzenpolitiker der SPD Brandenburgs eine mehr oder weniger deutliche Abneigung gegen eine große Koalition zeigten, warnten Johnnes Rau und Walter Momper vor einer kleinen Koalition, da sie möglicherweise Kapital und Investoren in andere neue Länder treiben würde. Die CDU war vom Ergebnis enttäuscht: nicht nur daß sie bei Berücksichtigung der veränderten Parteienkonstellation gegenüber der Volkskammerwahl knapp 8 Prozentpunkte verloren hatte – nur in Brandenburg war sie nicht stärkste Partei geworden und stand vor der Gefahr, auch von der Regierung ausgeschlossen zu werden. F.D.P.-Chef Lambsdorff, dessen Partei in Brandenburg nur geringfügig hinzugewann, ließ die Bereitschaft zu einer Koalition mit der SPD und dem Bündnis 90 erkennen. Wie in Mecklenburg-Vorpommern konnten sich hier die Bürgergruppen und die GRÜNEN nicht auf eine gemeinsame Liste einigen und mußten ihre mangelnde Kompromißbereitschaft damit bezahlen, daß zwar das Bündnis 90 in den Landtag einziehen konnte, die GRÜNEN aber an der 5%-Klausel scheiterten. Die Landespolitiker der SPD setzten sich schließlich mit ihrem Wunsch nach einer kleinen Koalition durch: am 1. 11. 1990 wurde Stolpe von einer Koalition aus SPD, F.D.P. und Bündnis 90 im Landtag von Brandenburg zum Ministerpräsidenten gewählt.

Ähnlich wie bei der Landtagswahl in Sachsen (s. S. 239 ff.) wurde hier in Brandenburg deutlich, welch große Bedeutung den Spitzenkandidaten bei einer Wählerschaft, die noch großenteils ohne gewachsene Parteibindungen ihre Entscheidung trifft, zukommen kann. Die beiden Spitzenkandidaten Peter-Michael Diestel und Manfred Stolpe waren beide sehr bekannt. Diestel hatte sich jedoch in seiner Zeit als Innenminister der Regierung de Maizière insbesondere durch seine Zurückhaltung bei der Lösung des Stasi-Problems nicht unbedingt Sympathien erworben, während der Kirchenmann Stolpe noch aus der Zeit vor dem Fall der Mauer großes Ansehen genoß. Stolpe wurde denn auch eindeutig besser beurteilt und von 56% der Befragten als gewünschter Ministerpräsident angegeben (Diestel: 29%). In der Beurteilung der Sachkompetenz schnitt hingegen die CDU deutlich besser ab: man traute ihr eher die Ankurbelung der Wirtschaft und die Lösung des Arbeitslosenproblems zu als der SPD, während beide Parteien in der Frage der Umweltschutzpolitik ähnlich beurteilt wurden.

Wie auch in den anderen neuen Ländern entschieden sich die älteren Wähler eher zugunsten von CDU, SPD und F.D.P., während die jüngeren Wähler eher für PDS und Bündnis 90 stimmten. Die CDU erzielte ihre besten Ergebnisse bei Arbeitern und Selbständigen, die SPD lag in Brandenburg – im Gegensatz zu anderen neuen Ländern – auch in der Gunst der Arbeiter nicht schlecht und erzielte ihre besten Ergebnisse bei den Angestellten. Die CDU gewann insbesondere bei den katholischen, aber auch bei den evangelischen Wählern überproportionale Anteile. Wiederum im Gegensatz zu den Wahlen in den anderen neuen Ländern zeigte sich bei der SPD kein großer Unterschied zwischen kirchengebundenen und konfessionslosen Wähler. Daß es der SPD gelang, einen vergleichsweise großen Anteil evangelischer Wähler an sich zu binden, dürfte wiederum dem Spitzenkandidaten Stolpe zuzuschreiben sein.

Quellen: FAZ und SZ vom 12. bis 16. 10. 1990; DIE ZEIT vom 12. und 19. 10. 1990; Berichte der Forschungsgruppe Wahlen Nr. 60: „Wahl in den neuen Bundesländern Mecklenburg-Vorpommern, Brandenburg, Sachsen-Anhalt, Thüringen, Sachsen. Eine Analyse der Landtagswahlen vom 14. Oktober 1990".

dd) Die Landtagswahl in Hessen vom 20. 1. 1991

Der Wahlkampf zu der Landtagswahl in Hessen war kurz. Zum einen hatte der hessische Ministerpräsident Wallmann den Wahltermin relativ früh gelegt, um noch im Wind der Bundestagswahl vom Dezember segeln zu können. Zum anderen verdrängte die Golfkrise und der am 17. 1. 1991 beginnende Golfkrieg die Landtagswahl aus den vorderen Seiten der Presse. Weder die Affären um den Ministerpräsidenten selbst, der seinen Privatgarten auf Staatskosten pflegen ließ, und um den zurückgetretenen hessischen Innenminister Gottfried Milde (s. S. 439) noch andere landespolitische Themen spielten eine größere Rolle. Wichtiger waren die Bundespolitik incl. der laufenden Koalitionsverhandlungen (s. S. 264 ff.) und die internationale Lage. Die CDU wollte, obwohl sie durch Hinweise, daß gerade jetzt Stabilität und Sicherheit nötig seien, von der Golfkrise zu profitieren suchte, den Wahlkampf mit dem Ausbruch des Golfkrieges abbrechen, was von SPD und GRÜNEN, die ihre Wahlveranstaltungen in Friedensforen umfunktionierten, abgelehnt wurde.

Spannend blieb der Wahlkampf jedoch insofern, als der Wahlausgang völlig offen war. Der Wahlsieg der CDU-F.D.P.-Koalition im Jahre 1987 war mehr als knapp gewesen (s. Jb. 1987/88, S. 249ff.), und die häufigste Prognose für diese Wahl war ein Patt zwischen CDU und F.D.P. auf der einen sowie SPD und GRÜNEN auf der anderen Seite. Die Wahl – gewählt wurde erstmals nach einem von der F.D.P. in den Koalitionsverhandlungen am Beginn der Legislaturperiode durchgesetzten Zweistimmensystem und dem Auszählungsverfahren Hare-Niemeyer – brachte dann bei der niedrigsten Wahlbeteiligung seit 1950 (70,8%; 1987: 80,3%) das erwartet knappe Ergebnis:

Tabelle 175: Ergebnis der letzten Landtagswahl in Hessen vom 20. 1. 1991

	1991		1987	
	Stimmen	Mandate	Stimmen	Mandate
SPD	40,8%	46	40,2%	44
CDU	40,2%	46	42,1%	47
GRÜNE	8,8%	10	9,4%	10
F.D.P.	7,4%	8	7,8%	9
Republikaner	1,7%	–	–	–
Die Grauen	0,6%	–	–	–
sonstige	0,5%	–	0,5%	–
	100,0%	110	100,0%	110

Bis zur Verkündung des vorläufigen amtlichen Endergebnisses blieb der Wahlabend am Fernsehen spannend: die Erwartung, daß die Wahl mit einem knappen Sieg der bisherigen Oppositionsparteien SPD und GRÜNE enden würde, herrschte in den Hochrechnungen zwar vor, aber es gab kurze Momente, wo ein Patt zwischen beiden Lagern nicht ausgeschlossen wurde. Obwohl die Aussagen der Politiker am Wahlabend unter dem Vorzeichen des unsicheren Wahlausganges standen, zeitigten die knappen Prognosen zugunsten von SPD und GRÜNEN Wirkung. Joschka Fischer, für den angesichts der Schlappe der GRÜNEN bei der Bundestagswahl einiges auf dem Spiel stand, deutete an, daß offenbar alle Wahlziele seiner Partei – eine andere Mehrheit in Hessen, ein besseres Abschneiden als die F.D.P. und ein Zeichen für die Bundespartei – erreicht werden konnten. Die SPD-Spitzenpolitiker zeigten sich noch nach allen Seiten offen, auch wenn ihre Präferenzen zugunsten einer Neuauflage der 1987 geplatzten rot-grünen Koalition nicht zu überhören waren. Im Lager der bisherigen Regierungsparteien war die Stimmung eindeutig schlechter: Wallmann verkündete seinen Rückzug aus der Politik, auch wenn er kurzfristig über ein Bleiben als amtierender Regierungschef nachdachte, und F.D.P.-Chef Gerhardt zeigte sich vom Wahlergebnis enttäuscht. Die prägnanteste Zusammenfassung der noch unklaren Situation stammte dann von CDU-Generalsekretär Rühe in der „Bonner Runde": „Kleine Veränderungen mit möglicherweise großen Auswirkungen".

Das Endergebnis bestätigte den immer wahrscheinlicher werdenden Regierungswechsel in Hessen. Die äußerst geringen Verschiebungen gegenüber der Wahl von 1987 lassen allerdings die Wahlanalysen nicht besonders aussagekräftig erscheinen: dem nicht sonderlich beliebten Regierungschef Wallmann stand mit Hans Eichel ein nicht allzu bekannter Spitzenkandidat der SPD gegenüber; die Landesparteien der Sieger waren etwas beliebter als die Bundesparteien, bei den Regierungsparteien war es umgekehrt; die deutlich gesunkene Wahlbeteiligung richtete sich nicht speziell gegen eine Partei; die Veränderungen nach Stadt- und Land-Wählern und in den sozialstrukturellen Gruppierungen waren ebenfalls gering; in bezug auf die den Parteien zuerkannte Sachkompetenz herrschte keine Klarheit, da einer CDU-geführten Regierung in der Wirtschaftspolitik ein großer Kompetenzvorsprung eingeräumt wurde (53% : 23%), während in der Umweltpolitik (45 : 28%), der Wohnungsmarktpolitik (40 : 28%) und der Schulpolitik (35 : 30%) eine SPD-geführte Regierung von den Wählern als kompetenter betrachtet wurde. Außerdem muß offenbleiben, wie die Wahl ausgegangen wäre, wenn – wie im Jahre 1987 – die Republikaner nicht kandidiert hätten, da sie ihre meisten Stimmen von der CDU holten. So konnten Hessens SPD und GRÜNE das rot-grüne Regierungsbündnis, das kurz vorher von Walter Momper noch zum „Auslaufmodell" erklärt worden war, erneut testen. Eine Rückkehr zur früheren SPD-Vorherrschaft in Hessen kann aus dem Ergebnis allerdings nicht abgelesen werden, der Ausgang der nächsten Landtagswahl ist – zumindest derzeit – offen.

1. Wahlen: Bund, Länder und Europa 233

In zwei Volksabstimmungen votierten die hessischen Wähler am Wahltag mit jeweils über 80% Ja-Stimmen für die Aufnahme des Umweltschutzes als Staatsziel in die Verfassung und für eine künftige Direktwahl der Bürgermeister, Oberbürgermeister und Landräte.

Quellen: FAZ und SZ vom 19. bzw. 19./20. bis 22. 1. 1991; Berichte der Forschungsgruppe Wahlen Nr. 63: „Wahl in Hessen. Eine Analyse der Landtagswahl vom 20. Januar 1991".

4 Nach der hessischen Landtagswahl vom 20. 1. 1991 stellt Ministerpräsident Eichel sein geschlechterparitätisch besetztes Kabinett vor.
Foto: Hessische Staatskanzlei/Hill

ee) Die Landtagswahl in Mecklenburg-Vorpommern vom 14. 10. 1990

Der Wahlkampf für die Landtagswahl am 14. 10. 1990 – für die Wählerschaft Mecklenburg-Vorpommerns und der anderen vier neuen Länder nach der Volkskammerwahl und den Kommunalwahlen die dritte Wahl binnen sieben Monaten – fand nur wenig Resonanz. Die CDU setzte in erster Linie auf ihr Zugpferd Helmut Kohl, an Sachthemen spielten vor allem die künftige wirtschaftliche Entwicklung, die Problematik der Arbeitslosigkeit und der Kurzarbeit, die Eigentumsfrage, die Auflösung der Stasi-Seilschaften sowie die Altersversorgung – die CDU hatte kurz vor dem Wahltermin eine Erhöhung der Renten um 15% zum 1. 1. 1991 angekündigt – eine Rolle. Ein Sieg der CDU wurde erwartet, war aber nicht unbedingt sicher.

Wie in den anderen Landtagswahlen in den neuen Bundesländern am selben Tag und wie von den Demoskopen vorhergesagt lag auch in Mecklenburg-Vorpommern die Wahlbeteiligung mit 65,2% deutlich unter derjenigen bei der Volkskammerwahl im März (92,9%). Die Landtagswahl, bei der nach einem dem Bundestagswahlsystem vergleichbaren Wahlrecht gewählt wurde, brachte das folgende Ergebnis:

Tabelle 176: Ergebnis der Landtagswahl in Mecklenburg-Vorpommern vom 14. 10. 1990

	Stimmen	Mandate
CDU	38,3%	29
SPD	27,0%	21
LL/PDS	15,7%	12
F. D.P/Liberale	5,5%	4
GRÜNE	4,2%	–
Neues Forum	2,9%	–
Bündnis 90	2,2%	–
CSU	1,1%	–
Republikaner	0,9%	–
DSU	0,8%	–
Deutsche Biertrinker Union	0,6%	–
Landesverband Vorpommern	0,5%	–
Sonstige	0,4%	–
	100,1%*	66

* Rundungsfehler

Die Landtagswahl in Mecklenburg-Vorpommern brachte im Vergleich mit den Wahlen in den anderen neuen Ländern – sieht man von der Einbuße der PDS von knapp 8 Prozentpunkten ab – nur geringfügige Veränderungen gegenüber der Volkskammerwahl: die CDU verlor mehr als 3 Prozentpunkte, die SPD gewann im selben Umfang hinzu. Die F.D.P. legte leicht zu. GRÜNE, Bündnis 90 und Neues Forum hatten deutlichere Gewinne, aber da sie hier – wie in Brandenburg – nicht zu einer Listenvereinigung in der Lage waren, scheiterten alle drei Gruppierungen an der 5%-Klausel und verschenkten insgesamt 9,3%. Die SPD zeigte sich deutlich unzufrieden mit dem Wahlausgang, den ihr Landesvorsitzender H. Ringstorff mit den Worten „Die CDU hat uns zuletzt mit Kohl so zugeschüttet, daß wir keine Chance hatten" zu erklären versuchte. CDU und F.D.P., die allerdings lange bangen mußte, ob sie über die 5%-Sperrklausel kommen würde, waren am Wahlabend einigermaßen zufrieden, da sie nach den Hochrechnungen auf eine Einstimmen-Mehrheit im Landtag hoffen konnten. Doch nach der Verkündung des vorläufigen amtlichen Endergebnisses hatte sich die Einstimmen-Mehrheit in ein Patt verwandelt. Am folgenden Tag war die Regierungsbildung völlig offen, noch nicht einmal Neuwahlen wurden ausgeschlossen, da die SPD sich nicht für eine Große Koalition erwärmen konnte. Die Hoffnungen von CDU und F.D.P. richteten sich auf Wolfgang Schulz, der vor der Wahl aus der SPD ausgetreten war, aber den Wahlkreis Rostock II direkt gewonnen hatte. Schulz erklärte dann in Schreiben an SPD und CDU, daß er den CDU-Spitzenkandidaten A. Gomolka unterstützen werde. Bei seiner Wahl zum Ministerpräsidenten am 27.10.1990 erhielt Gomolka allerdings noch zwei weitere Stimmen aus den Reihen der Oppositionsparteien.

Wie auch bei anderen Landtagswahlen in den neuen Bundesländern waren die beiden Spitzenkandidaten Alfred Gomolka (CDU) und der schleswig-holsteinische Justizminister Klaus Klingner (SPD), der die besseren Beurteilungen erhielt, relativ unbekannt. Den Ausschlag für die Wahlentscheidung dürfte bei vielen Wähler die Erwartung gegeben haben, daß ein CDU-geführtes Kabinett die Wirtschaft besser ankurbeln und die Arbeitslosigkeit schneller beseitigen würde. Beim Umweltschutz lag die SPD in der Beurteilung durch die Wähler hier vor der CDU.

Die CDU hatte ihre höchsten Verluste in den Gegenden mit

hoher Wahlbeteiligung, die PDS hingegen schnitt umgekehrt bei niedriger Wahlbeteiligung relativ schlecht ab, bei den anderen Parteien waren die Ergebnisse weniger eindeutig. Während die CDU und die F.D.P. – wie auch bei den anderen Landtagswahlen in den neuen Ländern – bei den älteren Wählern besser ankamen und die jüngeren Wählern sich überproportional für PDS und die Bürgergruppen entschieden, zeigte sich bei der SPD in Mecklenburg-Vorpommern kein eindeutiger Trend. Die CDU schnitt hier vor allem bei den Arbeitern und Selbständigen, die auch die F.D.P. überproportional unterstützten, gut ab. Die SPD erzielte bei den Arbeitern und Angestellten gute Ergebnisse. Bei den katholischen und auch bei den evangelischen Wählern war eine hohe Wertschätzung der CDU offensichtlich, die Konfessionslosen unterstützten vor allem die PDS, waren aber auch bei den Bürgergruppen und bei der SPD überproportional repräsentiert.

Quellen: FAZ und SZ vom 12. bis 16. 10. 1990; DIE ZEIT vom 12. und 19. 10. 1990; Berichte der Forschungsgruppe Wahlen Nr. 60: „Wahl in den neuen Bundesländern Mecklenburg-Vorpommern, Brandenburg, Sachsen-Anhalt, Thüringen, Sachsen. Eine Analyse der Landtagswahlen vom 14. Oktober 1990".

ff) Die Landtagswahl in Rheinland-Pfalz vom 21. 4. 1991

Daß der Landtagswahl in Rheinland-Pfalz am 21. 4. 1991 auch außerhalb des Landes relativ große Aufmerksamkeit gewidmet wurde, lag an dem erwarteten knappen Wahlergebnis, das erstmals einen SPD-Ministerpräsidenten in Rheinland-Pfalz nach dem Kriege sowie eine Änderung der Bundesratsmehrheit nicht ausschloß, und an der Frage, wie die rheinland-pfälzische Bevölkerung auf die Beschlüsse der Bonner Koalition über eine Steuererhöhung reagieren würde. Im Wahlkampf stellten die SPD und ihr Spitzenkandidat Rudolf Scharping immer wieder auf die „Steuerlüge" ab und warfen der CDU vor, den Wählern vor der Bundestagswahl die Dramatik der Situation in den neuen Ländern verschwiegen zu haben. Landespolitische Themen wurden zwar artikuliert, beherrschten aber mit Ausnahme der „Tandem-Lösung" der CDU – Ministerpräsident Carl-Ludwig Wagner sollte nach zwei Jahren vom Parteivorsitzenden Hans-Otto Wilhelm in seinem Amt abgelöst werden – nicht den Wahlkampf.

Daß Bundeskanzler Kohl – auch vom SPD-Kandidaten Scharping dazu herausgefordert – sich in seinem Heimatland stärker als in anderen Landtagswahlkämpfen engagierte, nützte der CDU nichts. Die Wahl zum Landtag, dessen Abgeordnetenzahl um ein Mandat auf 101 Sitze erhöht und dessen Legislaturperiode auf fünf Jahre verlängert worden war, erfolgte erstmals nach einem der Bundestagswahl vergleichbaren Zweistimmensystem und nach dem Hare/Niemeyer-Auszählungsverfahren. Sie brachte bei einer Wahlbeteiligung von 73,9% (1987: 77,0%) das folgende Ergebnis:

Tabelle 177: Ergebnis der letzten Landtagswahl in Rheinland-Pfalz vom 21. 4. 1991

	1991 Stimmen	1991 Mandate	1987 Stimmen	1987 Mandate
SPD	44,8%	47	38,8%	40
CDU	38,7%	40	45,1%	48
F.D.P.	6,9%	7	7,3%	7
GRÜNE	6,5%	7	5,9%	5
Republikaner	2,0%	–	–	–
Ökologisch-Demokratische Partei	0,9%	–	0,4%	–
Sonstige	0,2%	–	2,5%	–
	100,0%	101	100,0%	100

Am Abend des Wahltages sprach niemand mehr von einem knappen Wahlergebnis: Die sehr genauen Prognosen der beiden Fernsehanstalten sorgten rasch für Klarheit und selbst bei den GRÜNEN, deren Einzug ins Landesparlament als ungewiß galt, für Beruhigung. Diskutiert wurde bald nur noch über die Ursachen der Niederlage der CDU und über die kommende Regierungskoalition in Rheinland-Pfalz. Der Spitzenkandidat der SPD bezeichnete den Wahlausgang – das beste Ergebnis der SPD in Rheinland-Pfalz nach dem Kriege – als ein „großartiges und schönes Ergebnis für uns und für Rheinland-Pfalz", ließ sich aber zum Leidwesen der Journalisten nicht auf eine Koalitionsaussage festlegen: die SPD werde – wie vor der Wahl angekündigt – mit den Parteien in der Reihenfolge ihrer Stärke sprechen und sie werde mit derjenigen Partei koalieren, mit der sie ihr eigenes Programm am besten durchsetzen könne und die die beste Gewähr für eine zuverlässige Regierungsarbeit in der kommenden Legislaturiode biete. Während die Spitzenkandidaten von F.D.P. und GRÜNEN, Rainer Brüderle und Gisela Bill, sich mit dem Wahlergebnis einigermaßen zufrieden zeigten, wurden bei der CDU Versuche unternommen, die Verantwortung für das schlechteste Wahlergebnis der Partei in Rheinland-Pfalz nach dem Krieg mehr mit bundes- oder landespolitischen Fehlern und Ursachen zu begründen, ohne daß letztlich geleugnet wurde, daß beide Ebenen eine Rolle spielten: der Einfluß der Steuererhöhungen und der Gebührenerhöhungen beim Telefonieren wurden schließlich von den CDU-Politikern ebenso genannt wie die mangelnde Akzeptanz der „Tandem-Lösung" und die nicht ausreichende Würdigung der landespolitischen Leistungen der CDU durch die Wähler. Die Betroffenheit über das Wahlergebnis hielt den Streit zumindest am Wahlabend in Grenzen.

Die demoskopischen Umfragen machten denn auch deutlich, daß der Wahlsieg der SPD sowohl bundes- als auch landespolitische Ursachen hatte. Das Ansehen der Bundesregierung war nach der Bundestagswahl rapide gefallen und hatte auch dasjenige der rheinland-pfälzischen Landesregierung – wenn auch nicht so krass – absinken lassen. Die angekündigten Steuererhöhungen wurden in Rheinland-Pfalz noch negativer aufgenommen als im Bundesdurchschnitt, und 63% der rheinland-pfälzischen Wähler hielten den von der SPD immer wieder ins Spiel gebrachten Vorwurf der „Steuerlüge" für berechtigt. Aber auch die Landespolitiker der CDU schnitten gegenüber dem SPD-Spitzenkandidaten Scharping schlecht ab: er war beliebter als Wagner oder Wilhelm, dem zudem der Makel anhaftete, den populären Ministerpräsidenten Vogel gestürzt zu haben, Scharping hatte als gewünschter Ministerpräsident höhere Nennungen als Wagner (41%:31%) und galt als der bessere Politiker. Auch in den die Wähler besonders interessierenden Problembereichen Umwelt, Wirtschaft, Verkehr und Kindergartenplätze wurde mit Ausnahme der Wirtschaftspolitik der SPD die größere Kompetenz eingeräumt. Am

21. 5. 1991 wird Rudolf Scharping von den SPD- und F.D.P.-Abgeordneten zum Ministerpräsidenten gewählt.

Quellen: FAZ und SZ vom 19.–23. 4. 1991, DIE ZEIT vom 12. und 19. 4. 1991.

gg) Die Landtagswahl in Sachsen vom 14. 10. 1990

Der Wahlkampf für die Landtagswahl am 14. 10. 1990 – für die Wählerschaft Sachsens und der anderen vier neuen Länder nach der Volkskammerwahl und den Kommunalwahlen die dritte Wahl binnen sieben Monaten – fand nur wenig Resonanz. Die Spitzenkandidaten von CDU und SPD – Kurt Biedenkopf und Anke Fuchs – sorgten allerdings dafür, daß diesem Wahlkampf in den alten Bundesländern mehr Aufmerksamkeit zukam als denjenigen in den anderen neuen Ländern. An Sachthemen spielten vor allem die künftige wirtschaftliche Entwicklung, die Problematik der Arbeitslosigkeit und der Kurzarbeit, die Eigentumsfrage, die Auflösung der Stasi-Seilschaften sowie die Altersversorgung – die CDU hatte kurz vor dem Wahltermin eine Erhöhung der Renten um 15% zum 1. 1. 1991 angekündigt – eine Rolle. Ein sicherer Sieg der CDU wurde in diesem Bundesland erwartet.

Tabelle 178: Ergebnis der Landtagswahl in Sachsen vom 14. 10. 1990

	Stimmen	Mandate
CDU	53,8%	92
SPD	19,1%	32
Linke Liste/PDS	10,2%	17
Forum	5,6%	10
F.D.P./Liberale	5,3%	9
DSU	3,6%	–
NPD	0,7%	–
Demokratischer Aufbruch	0,6%	–
Sonstige	1,2%	–
	100,1%*	160

* Rundungsfehler

Bei der vorhergesagten reduzierten Wahlbeteiligung von 73,5% (Volkskammerwahl vom März 1990: 93,6%) brachte die Landtagswahl, bei der nach einem der Bundestagswahl vergleichbaren System gewählt wurde, das in Tabelle 178 dokumentierte Ergebnis.

Kurt Biedenkopf, der als einziger Spitzenkandidat mit seiner Partei eine absolute Mehrheit errreichte und ohne Koalitionspartner regieren kann, war mit dem Ergebnis hochzufrieden und kündigte als Schwerpunkte des Neubeginns „Arbeit schaffen, in den Verwaltungen Druck machen und die alten Seilschaften davontreiben" an. Die SPD-Spitzenkandidatin Anke Fuchs, die zwar ihr Wahlziel von 25% nicht erreichen, aber zumindest einen Teil der Zunahme ihrer Partei von vier Prozentpunkten gegenüber der Volkskammerwahl für sich verbuchen konnte, erklärte am Wahlabend, daß ihre Partei im Osten kein Hoffnungsträger sei und riet dem Spitzenkandidaten für die Bundestagswahl, Lafontaine, er möge in den neuen Bundesländern mehr um Vertrauen werben und seine Rechthabereien aufgeben. Die F.D.P. erreichte in Sachsen ihr schlechtestes Ergebnis in allen fünf Landtagswahlen. Man machte vor allem die Verdächtigungen einer Stasi-Mitarbeit gegen den Spitzenkandidaten Viehweger (s. S. 397), den man für unschuldig hielt, für das Ergebnis veranwortlich, und Teile der F.D.P. sahen ihre Partei als Opfer einer gezielten Kampagne. Niedergeschlagenheit herrschte bei der DSU, die das von ihr erhoffte zweistellige Ergebnis weit verfehlte, gegenüber der Volkskammerwahl knapp 10 Prozentpunkte einbüßte und an der Sperrklausel scheiterte.

Das herausragende Ergebnis – u. a. hatte die CDU sämtliche 80 Direktmandate in Sachsen gewonnen –, das Biedenkopf und die CDU in Sachsen im Vergleich zu den anderen Landtagswahlen des Tages erringen konnte, wird allerdings durch die massiven Stimmenverluste der DSU relativiert. Der Wahlsieg der CDU ist zum einen mit der Person ihres Spitzenkandidaten zu erklären, den sich 56% der Befragten als Ministerpräsidenten wünschten – Anke Fuchs schnitt allerdings mit 33% positiven Antworten deutlich besser ab als ihre Partei. Zum anderen spielte vor allem die Frage der Sachkompetenz die entscheidende Rolle: einer CDU-geführten Regierung trauten 67% der Befragten die Ankurbelung der Wirtschaft eher zu als einer SPD-geführten Regierung; auch die Lösung der Probleme der Arbeitslosigkeit und des Umweltschutzes wurde eher von einer CDU-Regierung erwartet.

Die Zusammensetzung der Wählerschaft der großen Parteien wich teilweise von den Wählerstrukturen der alten Bundesländer ab. Die CDU konnte einen überproportionalen Anteil der Arbeiterschaft für sich gewinnen, erreichte aber bei den Angestellten und bei den leitenden Angestellten unterdurchschnittliche Ergebnisse. Die SPD hingegen schnitt bei den Arbeitern schlechter ab als bei den Angestellten und leitenden Angestellten. Die jüngeren Wähler sind sowohl bei der CDU als auch bei der SPD unterdurchschnittlich vertreten, sie wählten vor allem das „Forum", das sich aus Neuem Forum, Bündnis 90 und GRÜNEN zusammensetzte. Bei den Wählern, die einer der beiden Konfessionen angehören, war die CDU deutlich überrepräsentiert, die SPD hingegen erzielte bei den konfessionslosen Wählern ihre besten Wahlergebnisse.

Quellen: FAZ und SZ vom 12. bis 16. 10. 1990; DIE ZEIT vom 12. und 19. 10. 1990; Berichte der Forschungsgruppe Wahlen Nr. 60: „Wahl in den neuen Bundesländern Mecklenburg-Vorpommern, Brandenburg, Sachsen-Anhalt, Thüringen, Sachsen. Eine Analyse der Landtagswahlen vom 14. Oktober 1990".

hh) Die Landtagswahl in Sachsen-Anhalt vom 14. 10. 1990

Der Wahlkampf für die Landtagswahl am 14. 10. 1990 – für die Wählerschaft Sachsen-Anhalts und der anderen vier neuen Länder nach der Volkskammerwahl und den Kommunalwahlen die dritte Wahl binnen sieben Monaten – fand nur wenig Resonanz. Die CDU hatte ihren Wahlkampf vor allem auf Helmut Kohl abgestellt. An Sachthemen spielten in erster Linie die künftige wirtschaftliche Entwicklung, die Problematik der Arbeitslosigkeit und der Kurzarbeit, die Eigentumsfrage, die Auflösung der Stasi-Seilschaften sowie die Altersversorgung – die CDU hatte kurz vor dem Wahltermin eine Erhöhung der Renten um 15% zum 1. 1. 1991 angekündigt – eine Rolle. Ein Sieg der CDU wurde in diesem Bundesland erwartet.

Wie auch bei den Landtagswahlen in den anderen neuen Ländern am selben Tag war die Wahlbeteiligung in Sachsen-Anhalt gegenüber der Volkskammerwahl (93,4%) auf 65,6% – wie erwartet – dramatisch gefallen. Die Landtagswahl, bei der nach einem der Bundestagswahl vergleichbaren System gewählt wurde, brachte das folgende Ergebnis:

Tabelle 179: Ergebnis der Landtagswahl in Sachsen-Anhalt vom 14. 10. 1990

	Stimmen	Mandate
CDU	39,0%	48
SPD	26,0%	27
F.D.P./Liberale	13,5%	14
PDS-Linke Liste	12,0%	12
Bündnis 90/GRÜNE	5,3%	5
DSU	1,7%	–
Demokratischer Frauenbund	1,1%	–
Republikaner	0,6%	–
Sonstige	0,7%	–
	99,9%*	106

* Rundungsfehler

Zufrieden konnte am Wahlabend vor allem die F.D.P. sein, die gegenüber der Volkskammerwahl 5 Prozentpunkte hinzugewinnen, ihr bestes Ergebnis in allen Landtagswahlen dieses Tages verbuchen und die PDS – im Gegensatz zu den anderen Ländern – auf den vierten Platz verdrängen konnte, was zumindest teilweise dem aus Halle stammenden Hans-Dietrich Genscher als Bonus angerechnet wurde. Die CDU hatte bei Berücksichtigung der teilweise veränderten Parteienkonstellationen knapp 8 Prozentpunkte eingebüßt, aber durch den Gewinn von 48 der 49 Direktmandate konnte sie sich acht Überhangmandate und einen Mandatsanteil von über 45% im Landtag sichern. Die SPD hatte im Vergleich mit den anderen Ländern die geringsten Gewinne gegenüber der Volkskammerwahl (2,4%) zu verzeichnen und war mit dem Ergebnis nicht zufrieden. Die Grüne Liste/Neues Forum mußte am Wahlabend lange bangen, bis ihr Einzug in den Landtag gesichert war; auch hier hatte man sich ein besseres Ergebnis erhofft.

Auf den ersten Blick zeigen sich in der Beurteilung der Spitzenkandidaten und der Sachkomtepetenz der beiden großen Parteien durch die Wählerschaft Ähnlichkeiten zu Brandenburg. Der

SPD-Spitzenkandidat Reinhard Höppner – Vizepräsident der Volkskammer vor dem Beitritt – wurde deutlich besser beurteilt als sein Konkurrent Gies von der CDU und auch als Ministerpräsident bevorzugt (55:31%). In der Sachkompetenz führte die CDU – wie in allen neuen Ländern – hinsichtlich der Ankurbelung der Wirtschaft und der Bekämpfung der Arbeitslosigkeit. Im Umweltschutz lagen beide Parteien in der Beurteilung durch die Wählerschaft etwa gleich. Daß aber Höppner bei weitem nicht so viel bewegen konnte wie der brandenburgische SPD-Kandidat Stolpe lag wohl daran, daß die beiden Spitzenkandidaten in Sachsen-Anhalt relativ unbekannt waren. Höppner kannten 43% der Wähler nicht, Gies sogar 62% – die Süddeutsche Zeitung bescheinigte ihm denn auch, daß er „unter den vielen unbekannten Spitzenkandidaten der fünf neuen Bundesländer der allerunbekannteste" gewesen sei.

Bei den Wählern der CDU waren die Selbständigen und die Arbeiter überproportional vertreten, die SPD konnte sich unter den Arbeitern und Auszubildenden leicht überproportionale Anteile sichern. Die F.D.P. gewann vor allem bei den leitenden Angestellten und bei den Selbständigen. Die jüngeren Wähler entschieden sich stärker zugunsten der PDS und der Grünen Liste/Neues Forum, während die älteren eher CDU, F.D.P. und SPD wählten, wobei dieser Trend aber weniger eindeutig war als in den anderen neuen Ländern. Die konfessionslosen Wähler waren eher bei der SPD, der PDS und der Grünen Liste/Neues Forum zu finden, die CDU schnitt vor allem bei den katholischen, aber auch bei den evangelischen Wählern überproportional ab, während die F.D.P. überproportional von evangelischen Bürgern gewählt wurde.

Quellen: FAZ und SZ vom 12. bis 16. 10. 1990; DIE ZEIT vom 12. und 19. 10. 1990; Berichte der Forschungsgruppe Wahlen Nr. 60: „Wahl in den neuen Bundesländern Mecklenburg-Vorpommern, Brandenburg, Sachsen-Anhalt, Thüringen, Sachsen. Eine Analyse der Landtagswahlen vom 14. Oktober 1990".

ii) Die Landtagswahl in Thüringen vom 14. 10. 1990

Der Wahlkampf für die Landtagswahl am 14. 10. 1990 – für die Wählerschaft Thüringens und der anderen vier neuen Länder nach der Volkskammerwahl und den Kommunalwahlen die dritte Wahl binnen sieben Monaten – fand nur wenig Resonanz. Die

CDU hatte ihren Wahlkampf vor allem auf Helmut Kohl abgestellt. An Sachthemen spielten in erster Linie die künftige wirtschaftliche Entwicklung, die Problematik der Arbeitslosigkeit und der Kurzarbeit, die Eigentumsfrage, die Auflösung der Stasi-Seilschaften sowie die Altersversorgung – die CDU hatte kurz vor dem Wahltermin eine Erhöhung der Renten um 15% zum 1. 1. 1991 angekündigt – eine Rolle. Ein Sieg der CDU wurde in diesem Bundesland erwartet.

Wie in den anderen neuen Bundesländern und wie vorhergesagt lag auch in Thüringen die Wahlbeteiligung mit 72,1% deutlich unter derjenigen bei der Volkskammerwahl im März (94,4%). Die Landtagswahl, bei der nach einem der Bundestagswahl vergleichbaren Wahlsystem gewählt wurde, führte zu folgendem Ergebnis:

Tabelle 180: Ergebnis der Landtagswahl in Thüringen vom 14. 10. 1990

	Stimmen	Mandate
CDU	45,4%	44
SPD	22,8%	21
LL-PDS	9,7%	9
F.D.P.	9,3%	9
Neues Forum/GRÜNE Demokratie Jetzt	6,5%	6
DSU	3,3%	–
Republikaner	0,8%	–
Demokratischer Frauenbund	0,8%	–
Unabhängiger Frauenverband	0,7%	–
Sonstige	0,8%	–
	100,1%*	89

* Rundungsfehler

Obwohl die CDU im Vergleich mit der Volkskammerwahl erhebliche Stimmenverluste – bei Berücksichtigung der Veränderungen in der Parteienlandschaft waren es knapp über 10 Prozentpunkte – zu verzeichnen hatte und obwohl sie – anders als in Sachsen – die herben Verluste der DSU nicht auffangen konnte, zeigte sich der Spitzenkandidat der CDU J. Duchac am Wahlabend mit dem Ergebnis seiner Partei, die alle Direktmandate und ein Überhangmandat gewonnen hatte, zufrieden, fehlte seiner Partei doch nur ein Sitz zur absoluten Mandatsmehrheit. Zufrieden zeigten sich auch die Spitzen der F.D.P., die hier etwas mehr als 4 Prozentpunkte gegenüber der Volkskammerwahl zulegen konnte. Der Spitzenkandidat der SPD F. Farthmann war trotz der Gewinne seiner Partei von etwas über 5 Prozentpunkten enttäuscht und kündigte an, daß er nach Nordrhein-Westfalen zurückgehen, der thüringischen SPD aber auch künftig als Berater zur Seite stehen werde. Der Spitzenkandidat der PDS Klaus Höpcke, dessen Partei hier – wie auch in Sachsen und Sachsen-Anhalt – vergleichsweise geringe Stimmeneinbußen hinnehmen mußte, zeigte sich zufrieden und deutete das Ergebnis als ein Signal zum Überleben. Am 8.11.1990 wählte eine CDU.-F.D.P.-Koalition im Landtag von Thüringen Duchac zum Ministerpräsidenten.

Im Gegensatz zu Brandenburg und Sachsen dürften in Thüringen die Spitzenkandidaten das Wahlergebnis nicht wesentlich beeinflußt haben. Sowohl Duchac als auch Farthmann waren mehr als der Hälfte der Wählerschaft nicht bekannt. Bei der Frage, wen die Wähler als Ministerpräsidenten bevorzugten, lagen beide Kandidaten gleichauf. Entscheidend dürfte hier vor allem die deutlich höhere Sachkompetenz gewesen sein, die einer CDU-geführten Regierung von der Wählerschaft hinsichtlich der Ankurbelung der Wirtschaft, der Lösung der Arbeitslosenproblematik und des Umweltschutzes zuerkannt wurde.

Bei CDU, SPD und F.D.P. waren die jüngeren Wähler bis 39 Jahre unterrepräsentiert, sie votierten eher für die Listenvereinigung von Neuem Forum, GRÜNEN und „Demokratie Jetzt" sowie für die PDS. Die CDU schnitt bei den Arbeitern und Selbständigen gut ab, die SPD erzielte bei den Angestellten ihre besten Ergebnisse. Die CDU war bei den katholischen aber auch bei den evangelischen Wählern, die SPD bei den konfessionslosen Wählern überproportional vertreten.

Quellen: FAZ und SZ vom 12. bis 16.10.1990; DIE ZEIT vom 12. und 19.10.1990; Berichte der Forschungsgruppe Wahlen Nr. 60: „Wahl in den neuen Bundesländern Mecklenburg-Vorpommern, Brandenburg,

Sachsen-Anhalt, Thüringen, Sachsen. Eine Analyse der Landtagswahlen vom 14. Oktober 1990".

jj) Die Ergebnisse der letzten Landtagswahlen in den übrigen Bundesländern

Tabelle 181: Ergebnis der letzten Landtagswahl in Baden-Württemberg vom 20. 3. 1988

	Stimmen	Mandate
CDU	49.0%	66
SPD	32.0%	42
GRÜNE	7.9%	10
F.D.P.	5.9%	7
NPD	2.1%	–
ÖDP	1.4%	–
Republikaner	1.0%	–
Sonstige	0.6%	–
	99.9%*	125**

* = Rundungsfehler
** = incl. Überhang- und Ausgleichsmandate
ÖDP = Ökologisch-Demokratische Partei

Tabelle 182: Ergebnis der letzten Bürgerschaftswahl in Bremen vom 13. 9. 1987

	Stimmen	Mandate
SPD	50.5%	54
CDU	23.4%	25
GRÜNE	10.2%	10
F.D.P.	10.0%	10
Liste D	3.4%	1
Republikaner	1.2%	–
DKP	0.6%	–
ASD	0.5%	–
Sonstige	0.1%	–
	99.9%*	100

* = Rundungsfehler
ASD = Alle Sozialversicherten und Rentner Deutschlands

Tabelle 183: Ergebnis der letzten Bürgerschaftswahl in Hamburg vom 2. 6. 1991

	1991		1987	
	Stimmen	Mandate	Stimmen	Mandate
SPD	48.0%	61	45.0%	55
CDU	35.1%	44	40.5%	49
GRÜNE/GAL	7.2%	9	7.0%	8
F.D.P.	5.4%	7	6.5%	8
Republikaner	1.2%	–	–	–
Graue	0.9%	–	–	–
Hamburger Liste für Ausländerstop	0.7%	–	0.4%	–
PDS/LL	0.5%	–	–	–
AL	0.5%	–	–	–
Sonstige	0.5%	–	0.5%	–
	100.0%	121	100.0%	120

Tabelle 184: Ergebnis der letzten Landtagswahl in Niedersachsen vom 13. 5. 1990

	Stimmen	Mandate
SPD	44.2%	71
CDU	42.0%	67
F.D.P.	6.0%	9
GRÜNE	5.5%	8
Republikaner	1.5%	–
sonstige	0.9%	–
	100.1%*	155

* Rundungsfehler

Tabelle 185: Ergebnis der letzten Landtagswahl in Nordrhein-Westfalen vom 13. 5. 1990

	Stimmen	Mandate
SPD	50.0%	122
CDU	36.7%	89
F.D.P.	5.8%	14
GRÜNE	5.0%	12
Republikaner	1.8%	–
sonstige	0.5%	–
	99.8%*	237**

* = Rundungsfehler
** = einschließlich Überhang- und Ausgleichsmandate

Tabelle 186: Ergebnis der letzten Landtagswahl im Saarland vom 28. 1. 1990

	Stimmen	Mandate
SPD	54.4%	30
CDU	33.4%	18
F.D.P.	5.6%	3
Republikaner	3.4%	–
GRÜNE	2.6%	–
sonstige	0.5%	–
	99.9%*	51

* Rundungsfehler

Tabelle 187: Ergebnis der letzten Landtagswahl in Schleswig-Holstein vom 8. 5. 1988

	Stimmen	Mandate
SPD	54.8%	46
CDU	33.3%	27
F.D.P.	4.4%	–
GRÜNE	2.9%	–
SSW	1.7%	1
NPD	1.2%	–
UWSH	0.8%	–
Republikaner	0.6%	–
Sonstige	0.3%	–
	100.0%	74

SSW = Südschleswigscher Wählerverband
UWSH = Unabhängige Wählergemeinschaft Schleswig-Holstein

c) Die Wahl zum Europäischen Parlament am 18. 6. 1989 in der Bundesrepublik Deutschland

Tabelle 188: Das Wahlergebnis der dritten Direktwahl zum Europäischen Parlament vom 18. 6. 1989 in der Bundesrepublik (im Vergleich mit der Direktwahl vom 17. 6. 1984)

	1989 Stimmen	1989 Mandate	1984 Stimmen	1984 Mandate
CDU/CSU	37.8%	32	46.0%	41
SPD	37.3%	31	37.4%	33
GRÜNE	8.4%	8	8.2%	7
Republikaner	7.1%	6	–	–
F.D.P.	5.6%	4	4.8%	–
DVU	1.6%	–	–	–
ÖDP	0.7%	–	0.3%	–
Die Friedensliste	–	–	1.3%	–
NPD	–	–	0.8%	–
sonstige	1.4%	–	1.3%	–
	99.9%*	81	100.1%*	81

* = Rundungsfehler
ÖDP = Ökologisch-Demokratische Partei
DVU = Deutsche Volksunion

Quelle: Woche im Bundestag vom 21. 6. 1989, S. 80f.

Tabelle 189: Die fraktionsmäßige Zusammensetzung des Europäischen Parlaments

	Nach der Direktwahl 1989 Abgeordnete	Stand Juni 1991 Abgeordnete
Sozialistische Fraktion	180	179
Europäische Volkspartei	121	122
Liberale und Demokratische Fraktion	49	49
Fraktion der Europäischen Demokraten	34	34
Fraktion der GRÜNEN	30	29
Fraktion der Vereinigten Europäischen Linken	28	28
Fraktion der Sammlungsbewegung der Europäischen Demokraten	20	22
Fraktion der Europäischen Rechten	17	14
Koalition der Linken	14	14
Regenbogenfraktion	13	15
Fraktionslose	12	12
Gesamt	518	518

Quelle: Mitgliederlisten des Europäischen Parlamentes vom September 1989 und vom Juni 1991.

(Weitere Informationen zur Europawahl 1989 siehe: Jb 1989/90, S. 239 ff.)

2. Die obersten Bundesorgane

a) Bundestag und Bundesrat

aa) Der Deutsche Bundestag

(Anschrift: Bundeshaus, 5300 Bonn 1, Tel. 0228/161)

Präsidentin: Prof. Dr. Rita Süssmuth (CDU/CSU);
Vizepräsident(in)en: Helmuth Becker (SPD), Dieter Julius Cronenberg (F.D.P.), Hans Klein (CDU/CSU), Renate Schmidt (SPD).
Direktor beim Bundestag: Dr. Rudolf Kabel.

Der Wehrbeauftragte des Deutschen Bundestages: Alfred Biehle.

Ausschüsse des Bundestages:
Ausschuß für Wahlprüfung, Immunität und Geschäftsordnung (Vors.: Dieter Wiefelspütz (SPD));
Petitionsausschuß (Vors.: Dr. Gero Pfennig (CDU/CSU));
Auswärtiger Ausschuß (Vors.: Dr. Hans Stercken (CDU/CSU));
Innenausschuß (Vors.: Hans Gottfried Bernrath (SPD));
Sportausschuß (Vors.: Ferdinand Tillmann (CDU/CSU));
Rechtsausschuß (Vors.: Herbert Helmrich (CDU/CSU));
Finanzausschuß (Vors.: Hans H. Gattermann (F.D.P.));
Haushaltsausschuß (Vors.: Rudi Walther (SPD));
Ausschuß für Wirtschaft (Vors.: Friedhelm Ost (CDU/CSU));
Ausschuß für Ernährung, Landwirtschaft und Forsten (Vors.: Siegfried Hornung (CDU/CSU));
Ausschuß für Arbeit und Sozialordnung (Vors.: Günther Heyenn (SPD));
Verteidigungsausschuß (Vors.: Dr. Franz Wittmann (CDU/CSU));
Ausschuß für Familie und Senioren (Vors.: Rainer Eppelmann (CDU/CSU));
Ausschuß für Frauen und Jugend (Vors.: Dr. Edith Niehuis (SPD));
Ausschuß für Gesundheit (Vors.: Dr. Dieter Thomae (F.D.P.));

Ausschuß für Verkehr (Vors.: Dr. Dionys Jobst (CDU/CSU));
Ausschuß für Post und Telekommunikation (Vors.: Peter Paterna (SPD));
Ausschuß für Raumordnung, Bauwesen und Städtebau (Vors.: Dr. Friedrich-Adolf Jahn (CDU/CSU));
Ausschuß für Forschung, Technologie und Technologiefolgenabschätzung (Vors.: Wolf-Michael Catenhusen (SPD));
Ausschuß für Bildung und Wissenschaft (Vors.: Eckart Kuhlwein (SPD));
Ausschuß für wirtschaftliche Zusammenarbeit (Vors.: Dr. Uwe Holtz (SPD));
Ausschuß für Umwelt, Naturschutz und Reaktorsicherheit (Vors.: Dr. Wolfgang von Geldern (CDU/CSU));
Ausschuß für Fremdenverkehr (Vors.: Dr. Olaf Feldmann (F.D.P.));
Europaausschuß (Vors.: N. N.).

Fraktionen und Gruppen:
CDU/CSU (318 Mitglieder): Fraktionsvorsitzender: Dr. Alfred Dregger; 1. stellvertretender Vorsitzender: Dr. Wolfgang Bötsch (zugl. Vorsitzender der CSU-Landesgruppe); weitere Stellvertreter(in): Dr. Heiner Geißler, Michael Glos, Dr. Karl-Heinz Hornhues, Dr. Paul Laufs, Maria Michalk, Johannes Nitsch, Hans Peter Schmitz; Parlamentarische Geschäftsführer(in): Friedrich Bohl, Rudolf Kraus, Ingrid Roitzsch, Dr. Jürgen Rüttgers und Clemens Schwalbe.
SPD (239 Mitglieder): Fraktionsvorsitzender: Dr. Hans-Jochen Vogel; Stellvertreter(innen): Ingrid Becker-Inglau, Dr. Herta Däubler-Gmelin, Rudolf Dreßler, Norbert Gansel, Ingrid Matthäus-Maier, Dr. Willfried Penner, Wolfgang Roth, Harald B. Schäfer, Wolfgang Thierse; Parlamentarische Geschäftsführer(innen): Gerlinde Hämmerle, Dr. Uwe Küster, Franz Müntefering, Dr. Peter Struck, Gudrun Weyel.
F.D.P. (79 Mitglieder): Fraktionsvorsitzender: Dr. Hermann Otto Solms; Stellvertreter(in): Dr. Bruno Menzel, Hermann Rind, Dr. Wolfgang Weng, Uta Würfel; Parlamentarische Geschäftsführer: Dr. Werner Hoyer, Uwe Lühr, Manfred Richter.
Gruppe der PDS/LL (17 Mitglieder): Vorsitzender: Dr. Gregor Gysi; Stellvertretende Vorsitzende: Andrea Lederer; Parlamentarische Geschäftsführerin: Dr. Ursula Fischer.

Tabelle 190: Leistungsbilanz des 11. Deutschen Bundestages im Vergleich mit seinen Vorgängern

	1.–10. Bundestag insgesamt	Pro Jahr	11. Bundestag insgesamt	Pro Jahr
Plenarsitzungen	2208	58,9	236	59,0
Dauer der Plenarsitzungen in Stunden	12707	338,9	1646	411,5
Sitzungen von Ausschüssen und Unterausschüssen	25312	675,0	2297	574,3
Öffentliche Anhörungen (ab 1965)[1]	500*	23,3*	235	58,8
Sitzungen von Enquetekommissionen (ab 1969)	355*	20,5*	335	83,8
Untersuchungsausschüsse	25	0,7	2	0,5
Petitionen (ohne Massenpetitionen)	340342	9075,8	52528	13132,0
Gesetzentwürfe	6091	162,4	595	148,8
– davon Initiativen der Bundesregierung	3685	98,3	321	80,3
– davon Initiativen des Bundestages	2053	54,7	227	56,8
– davon Initiativen des Bundesrates	353	9,4	47	11,8
Verabschiedete Gesetzentwürfe	4020	107,2	369	92,3
– davon Initiativen der Bundesregierung	3120	83,2	267	66,8
– davon Initiativen des Bundestages	736	19,6	68	17,0
– davon Initiativen des Bundesrates	117	3,1	15	3,8
– davon Initiativen mehrerer Organe (ab 1969)	47*	2,7*	19	4,8

Grundgesetzänderungs-Gesetze	35	0,9	1	0,25
Große Anfragen	695	18,5	145	36,3
Kleine Anfragen	4725	126,0	1419	354,8
Mündliche und schriftliche Anfragen	108811	2901,6	20251	5062,8
Aktuelle Stunden (ab 1965)	185*	8,7*	126	31,5
Regierungserklärungen	225	6,0	38	9,5
Namentliche Abstimmungen	715	19,1	162	40,5

[1] Zwischen 1953 u. 1965 fanden 8 weitere Anhörungen statt; sie bleiben hier unberücksichtigt, da sie den Vergleichswert zu stark verzerrt hätten.

* Die mit einem Stern gekennzeichneten Kontrollinstrumente des Bundestages sind erst in späteren Legislaturperioden eingeführt worden, die Berechnungsmodi wurden in diesen Spalten entsprechend verändert.

Die Berechnungen erfolgten aufgrund einer Auswahl der umfassenden Daten bei:

Schindler, Peter (Bearb.): Datenhandbuch zur Geschichte des Deutschen Bundestages 1949–1982. – Baden-Baden: Nomos 1984 (3., durchgesehene Aufl.) 1224 S.; ders. (Bearb.): Datenhandbuch zur Geschichte des Deutschen Bundestages 1980–1987. – Baden-Baden 1988; und ders.: Deutscher Bundestag 1972–1990/91: Parlaments- und Wahlstatistik. – in: ZParl, Jg. 22 (1991) H. 3 (erscheint demnächst).

Gruppe Bündnis 90/GRÜNE (8 Mitglieder): Vorsitzende: Chirstina Schenk, Vera Wollenberger; Parlamentarischer Geschäftsführer: Werner Schulz.
Fraktionslos: 1 Abgeordneter.

Die Leistungsbilanz in Tabelle 190 macht deutlich, daß der 11. Deutsche Bundestag seine Arbeitsschwerpunkte gegenüber seinen Vorgängern teilweise deutlich verlagert hat. In der Gesetzgebung bleibt der 11. Bundestag zwar hinter der Durchschnittsleistung seiner Vorgänger zurück, auch wenn er im Vergleich mit dem 10. Bundestag (s. Jb. 1990/91, S. 250) wieder mehr Gesetze verabschiedet hat. Auch in der Sitzungshäufigkeit ergab sich bei den Ausschußsitzungen ein deutlicher Rückgang, bei den Plenarsitzungen hingegen sind keine wesentlichen Veränderungen zu verzeichnen. Allerdings wurde die Dauer der Plenarsitzungen um ca. ein Viertel gesteigert, und durch eine immense Vermehrung der Aktuellen Stunden gelang es dem Bundestag, die öffentliche Diskussion aktueller Probleme mitzubestimmen. Wie beim Instrument der Aktuellen Stunde dehnte der 11. Deutsche Bundestag – vor allem auf Grund der Aktivitäten der GRÜNEN – seine Kontrolltätigkeiten im Bereich der Großen, Kleinen und Mündlichen bzw. Schriftlichen Anfragen deutlich aus und folgte damit dem Trend, den der 10. Bundestag vorgezeichnet hatte.

bb) Diäten

Die Entwicklung der Diäten seit 1949 zeigt Tabelle 191 auf der folgenden Seite.

cc) Der Gemeinsame Ausschuß nach Art. 53a GG

Der Gemeinsame Ausschuß wurde 1968 im Grundgesetz verankert. Die Bundesregierung hat diesen Ausschuß über ihre Planungen für den Verteidigungsfall zu unterrichten. Er besteht aus Mitgliedern des Bundesrates (ein Drittel) und des Bundestages (zwei Drittel). Die Mitglieder des Bundestages werden entsprechend der Fraktionsstärke bestimmt, der Bundesrat entsendet für jedes Bundesland ein Mitglied.
Vorsitzende: Prof. Dr. Rita Süssmuth; Stellvertreter: N. N.

Tabelle 191: Die Diäten der Bonner Bundestagsabgeordneten

	Aufwands-entschädigung (steuerfrei)	Pauschalen für Tagegeld, Unkosten u. Reisekosten	Gesamt
1949	600.–	1350.–[1]	1950.–
1954	750.–	1630.–[1]	2380.–
1959	1100.–	1800.–[1]	2900.–
1964	1360.–	2380.–[1]	3740.–
1969	2570.–	2400.–[1]	4970.–
1974	3630.–	4050.–[1]	7680.–

	Entschädigung (steuerpflichtig)	Kostenpauschale	Gesamt
1977	7500.–	4500.–[2]	12000.–
1983	7820.–	4700.–[2]	12520.–
1984	8000.–	4800.–[2]	12800.–
1985	8224.–	4915.–[2]	13139.–
1986	8454.–	5003.–[2]	13457.–
1987	8729.–	5078.–[2]	13807.–
1988	9013.–	5155.–[2]	14168.–
1989	9221.–	5274.–[2]	14495.–
1990	9664.–	5443.–[2]	15107.–

[1] Durchschnittsbeträge, teilweise geschätzt. Bei Nichtteilnahme an Bundestagssitzungen treten Kürzungen der Tageldpauschale ein.
[2] Kürzungen der Pauschale bei Nichtteilnahme an Bundestagssitzungen.

Quellen: Die Angaben zu den Diäten aus: P. Schindler, Datenhandbuch des Bundestages 1949–1982, S. 981; ders., Datenhandbuch des Bundestages 1980–1987, S. 856; SZ v. 25./26. 6. 1988, S. 5 und vom 14. 9. 1990, S. 2.

Vom Bundesrat entsandte Mitglieder (Stand: Juni 1991):
Dr. Heinz Eyrich (Baden-Württemberg); Dr. Thomas Goppel (Bayern); Peter Radunski (Berlin); Alwin Ziel (Brandenburg); Klaus Wedemeier (Bremen); Bernd Zumkley (Hamburg); Dr. Christine Hohmann-Dennhardt (Hessen); Dr. Ulrich Born (Mecklenburg-Vorpommern); Jürgen Trittin (Niedersachsen); Herbert Schnoor (Nordrhein-Westfalen); Florian Gerster (Rheinland-Pfalz); Friedel Läpple (Saarland); Prof. Dr. Kurt Bie-

denkopf (Sachsen); Walter Remmers (Sachsen-Anhalt); Björn Engholm (Schleswig-Holstein); Josef Duchac (Thüringen).

Vom Bundestag entsandte Mitglieder:

CDU/CSU: Prof. Dr. Rita Süssmuth, Dr. Wolfgang Bötsch, Paul Breuer, Joachim Clemens, Dr. Alfred Dregger, Johannes Gerster, Bernhard Jagoda, Hans Klein, Rudolf Kraus, Dr. Paul Laufs, Dr. Christian Neuling, Gerhard Reddemann, Volker Rühe, Hans Peter Schmitz, Clemens Schwalbe, Bernd Wilz.

SPD: Dr. Herta Däubler-Gmelin, Norbert Gansel, Walter Kolbow, Ingrid Matthäus-Maier, Wolfgang Roth, Renate Schmidt, Brigitte Schulte, Rolf Schwanitz, Dr. Peter Struck, Wolfgang Thierse, Dr. Hans-Jochen Vogel, Dr. Axel Wernitz.

F.D.P.: Dr. Werner Hoyer, Dr. Otto Graf Lambsdorff, Dr. Bruno Menzel, Dr. Hermann Otto Solms.

dd) Der Vermittlungsausschuß

Der Art. 77 GG sieht vor, daß für die gemeinsame Beratung von Vorlagen ein Ausschuß aus Mitgliedern des Bundestages und des Bundesrates gebildet wird. Dieser Vermittlungsausschuß hat die Aufgabe, im Falle von Differenzen zwischen Bundestag und Bundesrat bei Gesetzesvorlagen nach einvernehmlichen Lösungen zu suchen. Er kann – bei zustimmungspflichtigen Gesetzen – von der Bundesregierung, vom Bundestag und vom Bundesrat angerufen werden; bei nicht zustimmungspflichtigen Gesetzen steht dieses Recht nur dem Bundesrat zu. Der Ausschuß kann nur Vorschläge unterbreiten, die Entscheidungen über die Vorschläge verbleiben beim Bundestag bzw. Bundesrat. Der Vermittlungsausschuß setzt sich aus je 16 Mitgliedern des Bundestages (nach Fraktionsstärken) und des Bundesrates (je ein Mitglied pro Bundesland) zusammen.

Vorsitzende des Vermittlungsausschusses: Ministerpräsident Johannes Rau und Dr. Heribert Blens (der Vorsitz wechselt in vierteljährlichem Turnus zwischen dem Vertreter des Bundesrates und des Bundestages).

Vom Bundestag entsandte Mitglieder:

CDU/CSU: Dr. Heribert Blens, Johannes Gerster, Klaus-Jürgen Hedrich, Lothar de Maizière, Erwin Marschewski, Dr. Jürgen Rüttgers, Dr. Conrad Schroeder, Dr. Jürgen Warnke.

SPD: Dr. Herta Däubler-Gmelin, Rudolf Dreßler, Anke

Fuchs, Hinrich Kuessner, Ingrid Matthäus-Maier, Dr. Peter Struck.

F.D.P.: Detlef Kleinert, Wolfgang Mischnick.

Vom Bundesrat entsandte Mitglieder:

Dr. Heinz Eyrich (Baden-Württemberg), Dr. Thomas Goppel (Bayern), Peter Radunski (Berlin), Manfred Stolpe (Brandenburg), Klaus Wedemeier (Bremen), Bernd Zumkley (Hamburg), Dr. Herbert Günther (Hessen), Dr. Alfred Gomolka (Mecklenburg-Vorpommern), Gerhard Schröder (Niedersachsen), Johannes Rau (Nordrhein-Westfalen), Florian Gerster (Rheinland-Pfalz), Oskar Lafontaine (Saarland), (Prof. Dr. Kurt Biedenkopf (Sachsen), N.N. (Sachsen-Anhalt), Eva Rühmkorf (Schleswig-Holstein), Dr. Hans-Joachim Jentsch (Thüringen).

ee) Der Bundesrat

(Bundeshaus (Nordflügel), Görresstr. 15, 5300 Bonn 1, Tel. 0228/161)

Gemäß Art. 50 GG wirken die Länder durch den Bundesrat an der Gesetzgebung und Verwaltung des Bundes mit. Der Bundesrat ist allerdings keine vollberechtigte Zweite Kammer. Er muß nur zu einem Teil der Gesetze seine Zustimmung geben (sog. zustimmungspflichtige Gesetze (ca. 50%)), gegen die restlichen Gesetze kann der Bundesrat Einspruch erheben, der allerdings von der Mehrheit der Bundestagsmitglieder zurückgewiesen werden kann (erhebt der Bundesrat einen Einspruch mit einer $\frac{2}{3}$-Mehrheit, so ist auch im Bundestag eine $\frac{2}{3}$-Mehrheit zur Zurückweisung dieses Einspruches nötig).

Die Mitglieder des Bundesrates werden von den Regierungen der Bundesländer bestellt. Nach Art. 51 GG hat jedes Land mindestens drei Mitglieder im Bundesrat, Bundesländer mit mehr als zwei Mio. Einwohner stellen vier Mitglieder, Länder mit mehr als sechs Mio. Einwohnern verfügen über fünf Stimmen und Länder mit mehr als sieben Mio. Einwohnern über sechs Stimmen.

Die derzeitige Verteilung der Bundesratsmitglieder auf die einzelnen Bundesländer:

Baden-Württemberg	6 Mitglieder
Bayern	6 Mitglieder
Berlin	4 Mitglieder

VI. Die politischen Institutionen der Bundesrepublik

Brandenburg	4 Mitglieder
Bremen	3 Mitglieder
Hamburg	3 Mitglieder
Hessen	4 Mitglieder
Mecklenburg-Vorpommern	3 Mitglieder
Niedersachsen	6 Mitglieder
Nordrhein-Westfalen	6 Mitglieder
Rheinland-Pfalz	4 Mitglieder
Saarland	3 Mitglieder
Sachsen	4 Mitglieder
Sachsen-Anhalt	4 Mitglieder
Schleswig-Holstein	4 Mitglieder
Thüringen	4 Mitglieder
Bundesrat insgesamt	68 Mitglieder

Präsidium des Bundesrates: Präsident: Erster Bürgermeister Dr. Henning Voscherau; 1. Vizepräsident: Regierender Bürgermeister Eberhard Diepgen; 2. Vizepräsident: Ministerpräsident Gerhard Schröder; 3. Vizepräsident: Ministerpräsident Erwin Teufel.

Direktor des Bundesrates: Georg-Berndt Oschatz.

Kammer für EG-Vorlagen (Vors.: Senator Bernd Zumkley (Hamburg)).

Ausschüsse des Bundesrates (Stand Juli 1991):

Agrarausschuß (Vors.: Staatsminister Karl Schneider (Rheinland-Pfalz))

Ausschuß für Arbeit und Sozialpolitik (Vors.: Staatsministerin Prof. Dr. Heide Pfarr (Hessen))

Ausschuß für Auswärtige Angelegenheiten (Vors.: Ministerpräsident G. Schröder (Niedersachsen))

Ausschuß für Fragen der Europäischen Gemeinschaften (Vors.: Minister H. Eyrich (Baden-Württemberg))

Finanzausschuß (Vors.: Minister H. Schleußer (Nordrhein-Westfalen))

Ausschuß für Innere Angelegenheiten (Vors.: Minister Prof. Dr. H. P. Bull (Schleswig-Holstein))

Gesundheitsausschuß (Vors.: Ministerin Chr. Krajewski (Saarland))

Ausschuß für Frauen und Jugend (Vors.: Minister Werner Schreiber (Sachsen-Anhalt));

Ausschuß für Familie und Senioren (Vors.: Senatorin J. Stahmer (Berlin))

Ausschuß für Kulturfragen (Vors.: Minister Dr. U. Fickel (Thüringen))
Rechtsausschuß (Vors.: Senatorin Dr. L. M. Peschel-Gutzeit (Hamburg))
Ausschuß für Umwelt, Naturschutz und Reaktorsicherheit (Vors.: Ministerin M. Griefahn (Niedersachsen))
Ausschuß für Verkehr und Post (Vors.: Senator K. Kunick (Bremen))
Ausschuß für Verteidigung (Vors.: Minister C.-M. Lehment (Mecklenburg-Vorpommern))
Wirtschaftsausschuß (Vors.: Staatsminister A. Lang (Bayern))
Ausschuß für Raumordnung, Bauwesen und Städtebau (Vors.: Minister J. Wolf (Brandenburg))
Ausschuß „Deutsche Einheit" (Vors.: Ministerpräsident Prof. Dr. K. Biedenkopf (Sachsen)).

b) Bundespräsident, Bundesregierung und Bundesverwaltung

aa) Der Bundespräsident

Der Bundespräsident ist zwar der höchste Repräsentant der Bundesrepublik, er ist jedoch nicht der mächtigste Mann in diesem Staate – das eigentliche Machtzentrum liegt beim Bundeskanzler und bei der Bundesregierung. Die wesentlichen Rechte des Bundespräsidenten sind:
– Vorschlag eines Kandidaten für das Amt des Bundeskanzlers an den Bundestag,
– Ernennung des Bundeskanzlers, der Bundesminister und der Bundesbeamten sowie deren Entlassung,
– Einberufung und Auflösung des Bundestages,
– Völkerrechtliche Vertretung der Bundesrepublik.

In der Ausübung dieser Rechte ist der Bundespräsident jedoch im wesentlichen von den Entscheidungen anderer Bundesorgane, des Bundestages oder der Bundesregierung, abhängig.

Bundespräsident: Dr. Richard von Weizsäcker.
Bundespräsidialamt (Kaiser-Friedrich-Str. 16, 5300 Bonn 1, Tel. 0228/2000): Chef des Bundespräsidialamtes: Staatssekretär Dr. Andreas Meyer-Landrut.

bb) Die Bundesregierung

Der Bundeskanzler (Adenauerallee 141, 5300 Bonn 1, Tel. 0228/561): Dr. Helmut Kohl (CDU/CSU). Chef des Bundeskanzleramtes: Bundesminister für besondere Aufgaben Rudolf Seiters (CDU/CSU); Parlamentarische Staatssekretäre beim Bundeskanzler: Staatsminister Dr. Lutz G. Stavenhagen (CDU/CSU) und Staatsminister Anton Pfeifer (CDU/CSU); Chef des Presse- und Informationsamtes der Bundesregierung (Welckerstr. 11, 5300 Bonn 1, Tel. 0228/2080): Staatssekretär Dieter Vogel.

Der Bundesminister des Auswärtigen (Adenauerallee 99–103, 5300 Bonn 1, Tel. 0228/170): Hans-Dietrich Genscher (F.D.P.) (zugl. Stellvertreter des Bundeskanzlers). Parlamentarische(r) Staatssekretär(in): Staatsminister Helmut Schäfer (F.D.P.) und Staatsministerin Ursula Seiler-Albring (F.D.P.). Beamtete Staatssekretäre: Dr. Hans Werner Lautenschlager und Dr. Dieter Kastrup.

Der Bundesminister des Innern (Graurheindorfer Str. 198, 5300 Bonn 1, Tel. 0228/6811): Dr. Wolfgang Schäuble (CDU/CSU). Parlamentarische Staatssekretäre: Eduard Lintner (CDU/CSU) und Dr. Horst Waffenschmidt (CDU/CSU). Beamtete Staatssekretäre: Franz Kroppenstedt, Hans Neusel und Dr. Walter Priesnitz.

Der Bundesminister der Justiz (Heinemannstr. 6, 5300 Bonn 2, Tel. 0228/580): Dr. Klaus Kinkel (F.D.P.). Parlamentarische Staatssekretäre: Dr. Reinhard Göhner (CDU/CSU) und Rainer Funke (F.D.P.). Beamteter Staatssekretär: Ingo Kober.

Der Bundesminister der Finanzen (Graurheindorfer Str. 108, 5300 Bonn 1, Tel. 0228/6820): Dr. Theodor Waigel (CDU/CSU). Parlamentarische Staatssekretäre: Manfred Carstens (CDU/CSU) und Dr. Joachim Grünewald (CDU/CSU). Beamtete Staatssekretäre: Dr. Peter Klemm und Dr. Horst Köhler.

Der Bundesminister für Wirtschaft (Villemombler Str. 76, 5300 Bonn 1, Tel. 0228/6151): Jürgen W. Möllemann (F.D.P.). Parlamentarische Staatssekretäre: Dr. Erich Riedl (CDU/CSU) und Klaus Beckmann (F.D.P.). Beamtete Staatssekretäre: Dr. Johann Eekhoff und Dr. Dieter von Würzen.

Der Bundesminister für Ernährung, Landwirtschaft und Forsten (Rochusstr. 1, 5300 Bonn 1, Tel. 0228/5291): Ignaz Kiechle (CDU/CSU). Parlamentarische Staatssekretäre: Georg Gallus (F.D.P.) und Gottfried Haschke (CDU/CSU). Beamtete Staatssekretäre: Dr. Kurt Eisenkrämer und Walter Kittel.

Der Bundesminister für Arbeit und Sozialordnung (Rochusstr. 1, 5300 Bonn 1, Tel. 0228/5271): Dr. Norbert Blüm (CDU/CSU). Parlamentarische Staatssekretäre: Horst Günther (CDU/CSU) und Horst Seehofer (CDU/CSU). Beamtete Staatssekretäre: Dr. Werner Tegtmeier und Dr. Bernhard Worms.

2. Die obersten Bundesorgane

Der Bundesminister der Verteidigung (Hardthöhe, Postfach 1328, 5300 Bonn 1, Tel. 0228/121): Dr. Gerhard Stoltenberg (CDU/CSU). Parlamentarische Staatssekretäre: Dr. Ottfried Hennig (CDU/CSU) und Willy Wimmer (CDU/CSU). Beamtete Staatssekretäre: Dr. Ludwig-Holger Pfahls, Dr. Peter Wichert.

Die Bundesministerin für Familie und Senioren (Godesberger Allee 140, 5300 Bonn 2, Tel. 0228/3060): Hannelore Rönsch (CDU/CSU). Parlamentarische Staatssekretärin: Roswitha Verhülsdonk (CDU/CSU). Beamteter Staatssekretär: Albrecht Hasinger.

Die Bundesministerin für Frauen und Jugend (Kennedyallee 105–107, 5300 Bonn 2, Tel. 0228/9300): Dr. Angela Merkel (CDU/CSU). Parlamentarischer Staatssekretär: Peter Hintze (CDU/CSU). Beamteter Staatssekretär: Werner Chory.

Die Bundesministerin für Gesundheit (Deutschherrenstr. 87, 5300 Bonn 2, Tel. 0228/9300): Gerda Hasselfeldt (CDU/CSU). Parlamentarische Staatssekretärin: Dr. Sabine Bergmann-Pohl (CDU/CSU). Beamteter Saatssekretär: Baldur Wagner.

Der Bundesminister für Verkehr (Robert-Schumann-Platz 1, 5300 Bonn 2, Tel. 0228/3001): Prof. Dr. Günther Krause (CDU/CSU). Parlamentarische Staatssekretäre: Dr. Dieter Schulte (CDU/CSU) und Wolfgang Gröbl (CDU/CSU). Beamteter Staatssekretär: Dr. Wilhelm Knittel.

Der Bundesminister für Post und Telekommunikation (Heinrich-von-Stephan-Str. 1, 5300 Bonn 2, Tel. 0228/140): Dr. Christian Schwarz-Schilling (CDU/CSU). Parlamentarischer Staatssekretär: Wilhelm Rawe (CDU/CSU). Beamteter Staatssekretär: Friedrich Görts.

Die Bundesministerin für Raumordnung, Bauwesen und Städtebau (Deichmanns Aue 31–37, 5300 Bonn 2, Tel. 0228/3370): Dr. Irmgard Adam-Schwaetzer (F.D.P.). Parlamentarische Staatssekretäre: Jürgen Echternach (CDU/CSU) und Joachim Günther (F.D.P.). Beamtete Staatssekretäre: Gerhard von Loewenich und Herbert Schmülling.

Der Bundesminister für Forschung und Technologie (Heinemannstr. 2, 5300 Bonn 2, Tel. 0228/591): Dr. Heinz Riesenhuber (CDU/CSU). Parlamentarischer Staatssekretär: Bernd Neumann (CDU/CSU). Beamteter Staatssekretär: Dr. Gebhard Ziller.

Der Bundesminister für Bildung und Wissenschaft (Heinemannstr. 2, 5300 Bonn 2, Tel. 0228/571): Prof. Dr. Rainer Ortleb

(F.D.P.). Parlamentarische Staatssekretäre: Dr. Norbert Lammert (CDU/CSU) und Torsten Wolfgramm (F.D.P.). Beamteter Staatssekretär: Dr. Fritz Schaumann.

Der Bundesminister für wirtschaftliche Zusammenarbeit (Karl-Marx-Str. 4–6, 5300 Bonn 2, Tel. 0228/5351): Carl-Dieter Spranger (CDU/CSU). Parlamentarische(r) Staatssekretär(in): Hans-Peter Repnik (CDU/CSU) und Michaela Geiger (CDU/CSU). Beamteter Staatssekretär: Siegfried Lengl.

Der Bundesminister für Umwelt, Naturschutz und Reaktorsicherheit (Kennedyallee 5, 5300 Bonn 2, Tel. 0228/3050): Prof. Dr. Klaus Töpfer; Parlamentarische Staatssekretäre: Bernd Schmidbauer (CDU/CSU) und Dr. Bertram Wieczorek (CDU/CSU). Beamteter Staatssekretär: Clemens Stroetmann.

Koalitionsverhandlungen und Regierungserklärung: Nach dem überlegenen Wahlsieg der Koalition bei der Bundestagswahl am 2.12.1990 (s. S. 211 ff.) begannen die offiziellen Koalitionsverhandlungen zwischen CDU/CSU und F.D.P. am 6.12.1990. Daß der ursprüngliche Wunsch von Bundeskanzler Kohl, die Verhandlungen so zügig zu führen, daß seine Wahl zum Kanzler noch vor Weihnachten erfolgen könne, sich nicht erfüllen würde, war bald abzusehen. Die Hauptstreitpunkte waren das von der F.D.P. geforderte Niedrigsteuergebiet für die ehemalige DDR, die Einführung einer Pflegefallversicherung, die Art der Umweltabgaben sowie das Asylrecht und die Bekämpfung der Rauschgiftkriminalität. Da für eine Regelung des Schwangerschaftsabbruches mit keiner Einigung zu rechnen war, wurde dieses Problem von Anfang an ausgeklammert. Bei den von Ausnahmen abgesehen harmonisch verlaufenden Verhandlungen kam Mitte Dezember 1990 der Vorschlag einer Autobahngebühr auf den Tisch, der dann aus EG-rechtlichen Gründen Anfang 1991 wieder fallengelassen wurde. Man einigte sich schließlich im Laufe der ersten Januarhälfte auf eine um 2 Mrd. DM höhere Abgabe der TELEKOM an den Bund und auf eine Erhöhung der Arbeitslosenversicherungsbeiträge um 2,5% ab 1.4.1991, die ab 1.1. 1992 auf 2% reduziert werden soll, bei gleichzeitiger Senkung des Beitrags zur Rentenversicherung um ein Prozent. Als sich die Verhandlungspartner am 13.1.1991 auf den 17.1.1991 als Termin für die Kanzlerwahl einigten, wurden auch Übereinkünfte in der Familienpolitik – Erhöhung des Erziehungsgeldes, Verbesse-

stenausgleiches und Verlängerung des Erziehungsurlaubs – sowie über die Erhebung einer Kohlendioxydabgabe und über die Umstellung der Kfz-Steuer, die künftig am Schadstoffausstoß orientiert werden soll, erzielt. Der Streit um das Niedrigsteuergebiet endete mit einem Kompromiß, der erhöhte Freibeträge und Sonderabschreibungen für das Gebiet der ehemaligen DDR vorsieht. Künftig dürfen die Mieten in den alten Ländern innerhalb von drei Jahren nicht mehr um 30%, sondern nur noch um 20% steigen. Bei der Bekämpfung der Rauschgiftkriminalität kam es ebenfalls zu einem Kompromiß, der den Einsatz von verdeckten Ermittlern und Rasterfahndungen, nicht aber von Abhörgeräten ermöglicht. Eine Entscheidung über die Pflegefallversicherung fiel nicht, die Regierung wurde nur aufgefordert, bis Mitte 1992 einen Gesetzentwurf vorzulegen. Beim Asylrecht verständigte man sich darauf, eine europäische Lösung herbeizuführen. Die durch die Einheit notwendig werdenden Verfassungsänderungen sollen in einem paritätisch von Bundesrat und Bundestag beschickten Gremium beraten werden.

5 Das erste aus gesamtdeutschen Wahlen hervorgegangene Bundeskabinett nach der Vereidigung durch Bundespräsident von Weizsäcker.
Foto: Bundesbildstelle/Reineke

Bei der Ressortverteilung bekam die CSU zwei Ministerien weniger als bisher, die F.D.P. hingegen ein fünftes Ministerium hinzu. Das Ministerium für Jugend, Familie, Frauen und Gesundheit wurde dreigeteilt, das Ministerium für Innerdeutsche Beziehungen aufgelöst. Mit Irmgard Adam-Schwaetzer (Bauministerin), Gerda Hasselfeldt (Gesundheitsministerin), Angela Merkel (Frauen- und Jugendministerin) und Hannelore Rönsch (Familien- und Seniorenministerin) kamen erstmals vier Frauen zu Ministerinnenehren. Unter den von 27 auf 33 verstärkten Parlamentarischen Staatssekretären befinden sich allerdings nur vier Frauen.

Die Koalitionsverhandlungen wurden am 16.1.1991 abgeschlossen. Am folgenden Tag wurde Bundeskanzler Kohl mit 378 Ja-, 257 Nein-Stimmen und 9 Enthaltungen in seinem Amt bestätigt.

In seiner Regierungserklärung am 30.1.1991 geht Bundeskanzler Kohl zunächst auf die weltpolitische Lage, insbesondere den Golfkrieg und die Lage im Baltikum, ein. Saddam Hussein habe den Krieg allein zu verantworten, er habe es in der Hand durch eine Räumung von Kuwait den Krieg auch umgehend zu beenden. Dem von irakischen Scud-Raketen getroffenen Israel versichert Kohl: „Israel soll wissen: In diesen Tagen hat Israel unsere ganze Solidarität." Kohl wendet sich entschieden gegen Versuche, den USA die Urheberschaft am Golfkrieg zuzuschreiben, und er betont, daß die Bundesrepublik ihren Bündnisverpflichtungen nachkommen werde. Die Bundesregierung werde die Bestimmungen für Rüstungsexporte verschärfen, um „kriminelles Verhalten von Geschäftemachern zu verhindern", wobei sich Kohl gegen eine pauschale Verurteilung der deutschen Wirtschaft wendet. Der Bundeskanzler hofft auf ein baldiges Ende des Golfkrieges und erklärt die Bereitschaft der Bundesrepublik, an einer Friedenslösung für den Nahen Osten, an einer Friedensordnung für Europa und an einer Weltfriedensordnung mitzuwirken. In bezug auf den Osten Deutschlands stellt Kohl fest: „Unser Ziel ist klar: Wir wollen für alle Menschen in ganz Deutschland gleiche Lebenschancen gewinnen." Da die Unternehmer, die alten Bundesländer und die westdeutschen Kommunen von der Vereinigung profitierten, sei es „ein Gebot der Solidarität, diese Mittel in die neuen Bundesländer zurückzuleiten, und zwar in Form privater Investitionen und vor allem für eine bessere Finanzausstattung der neuen Länder und Kommunen". In Anbetracht der vielfältigen Belastungen, die auf die Bundesrepublik zukommen, seien Steuererhöhungen unvermeidlich. Nachdem Kohl die Ergebnisse der Koalitionsverhandlungen vorgetragen hat, stellt er gegen Ende seiner Rede fest: „Es geht jetzt darum, daß das vereinte Deutschland seine Rolle im Kreis der Nationen annimmt – mit allen Rechten und mit allen Pflichten.... Es gibt für uns Deutsche keine Nische in der Weltpolitik. Es darf für Deutschland keine Flucht aus der Verantwortung geben. Wir wollen unseren Beitrag leisten zu einer Welt des Friedens, der Freiheit und der Gerechtigkeit."

Der Fraktionsvorsitzende der CDU/CSU Alfred Dregger unterstützt die Ausführungen des Kanzlers: „Wir werden unsere bewährte Politik fortsetzen. Die Regierungserklärung des Bundeskanzlers weist den Weg." Dregger akzeptiert zwar mehrfach die Forderungen des SPD-Fraktionschefs Vogel, wirft aber der SPD vor, sie habe im Jahre 1990 die Einigung mehr erlitten als erkämpft. In Reaktion auf die Waffenstillstandsforderungen von Oskar Lafontaine für die Golfregion erklärt Dregger, daß die SPD, die im letzten Jahr in der Frage der Einheit versagt habe, nun Gefahr laufe, „auch in der Frage der internationalen Solidarität gegenüber der UNO zu versagen".

Hermann Otto Solms, der neue Fraktionsvorsitzende der Freien Demokraten, unterstützt ebenfalls die Position des Kanzlers, stellt aber auch eigene Forderungen der F.D.P. heraus, so z.B. hinsichtlich der künftigen Regelung der Schwangerschaftsabbrüche. Solms fordert auch eine Erleichterung von Investitionen in der ehemaligen DDR in der Richtung, wie sie im März vom Bundestag verabschiedet wurde (s. S. 457).

Für die SPD bedauert deren Vorsitzender Vogel, daß die Regierung nicht auf die Kooperationsangebote seiner Partei eingegangen sei. In bezug auf den Golfkrieg lehnt Vogel den Einsatz deutscher Soldaten entschieden ab, auch bedeute ein Angriff des Irak auf die Türkei nicht den NATO-Bündnisfall. Der Krieg, der nach Meinung der SPD hätte vermieden werden können, müsse nun so schnell wie möglich beendet werden. Die Erhebung von Steuern im Zusammenhang mit dem Golfkrieg lehne die SPD ab. Vogel stellt sich zwar ausdrücklich hinter die Waffenlieferungen der Regierung an Israel, fordert aber verschärfte Kontrollen bei den Rüstungsexporten: „Ich kann jedenfalls zwischen dem internationalen Drogenhandel, der ja mit zunehmender Entschiedenheit bekämpft wird, und dem internationalen Waffenhandel keinen Unterschied erkennen, höchstens den, daß der Waffenhandel noch gefährlicher ist als der Drogenhandel." Pauschale Verurteilungen der Demonstrationen gegen den Golfkrieg lehnt Vogel entschieden ab: „Weil von der Sorge um das deutsche Ansehen die Rede war, sage ich: Das deutsche Ansehen ist durch die Giftgas- und Waffenlieferanten und durch die beschädigt worden, die ihnen nicht rechtzeitig das Handwerk gelegt haben, nicht aber durch junge Menschen, die auf ihre Weise dem Frieden zu dienen versuchen." Das Versprechen des Bundeskanzlers gegenüber den Bürgern in den neuen Ländern vor der Wahl, daß es niemandem schlechter gehen werde, sei nicht redlich gewesen: „Sie haben sich mit allerlei Spitzfindigkeiten und Wortklaubereien über den angeblichen Unterschied zwischen Steuern, Abgaben und Gebühren oder die Gründe für die Steuererhöhungen herauszureden versucht. Jetzt hat Sie die Wirklichkeit eingeholt. Die Menschen in den neuen Bundesländern sind desillusioniert." Die Defizite der neuen Länder seien von der Bundesregierung immer zu niedrig angesetzt worden. Die Erklärung des Bundeskanzlers, daß wegen des Golfkrieges Steuererhöhungen nötig seien, bezeichnet Vogel als „Fortsetzung der Vernebelung". Es werde deutlich, daß die „Koalition kein schlüssiges Konzept für die Vollendung des deutschen Einigungsprozesses" besitze. Da die finanzielle Ausstattung der neuen Länder verbessert werden müsse, sei die SPD bereit, sozial ausgewogene Steuererhöhungen mitzutragen; eine Reform der Unternehmensbesteuerung sei hiermit aber nicht zu vereinbaren. Ähnlich wie Solms fordert Vogel, daß Rückgabeansprüche in den neuen Ländern nicht die Investitionen behindern dürften und im Zweifelsfalle durch Entschädigungsansprüche ersetzt werden müßten. U.a. verlangt Vogel noch ein längerfristiges Programm zum Abbau der ökologischen Altlasten in den neuen Ländern und eine Rehabilitierung der Stasi-Opfer. Die Koalitionsvereinbarungen seien in der Presse „auf breite Kritik gestoßen, und zwar bis hin zu Zeitungen, in denen wir das üblicherweise nicht feststellen können: ,Niederschmetternd mittelmäßig', ,Der Start ist mißlungen', ,Mit Geburtsfehlern – Kabinett ohne Glanz', ,Ohne Phantasie und Mut', ,Auf langer Talfahrt' gehören dabei noch zu den milderen Urteilen. Es wird niemand verwundern, daß wir Sozialdemokraten zu keinem anderen Ergebnis kommen." Die SPD werde alle Möglichkeiten nutzen, damit die Politik der Regierung korrigiert und „Schaden von unserem Volk abgewendet wird".

Für die PDS fordert der Ex-DDR-Ministerpräsident Hans Modrow u. a. ein sofortiges Aussscheiden aus der „Golfkriegskoalition", die Verabschiedung eines konkreten Abrüstungsprogramms und die Abschaffung der Wehrpflicht. In bezug auf den Vereinigungsprozeß erklärt Modrow: „Die Gewinne der Einheit werden privatisiert, und ihre Kosten werden auf die Bevölkerung abgewälzt. Der innere Frieden wird damit auf das höchste belastet." Immer mehr Menschen in den östlichen Ländern erklärten, daß sie sich so die Vereinigung nicht vorgestellt hätten. Mit „der Zerstörung der Wirtschaft und der Existenzgrundlagen von Millionen, mit Intoleranz, ‚Abwicklung' und hunderttausendfachen Ausgrenzungen" seien keine ermutigenden Zukunftsperspektiven für die Menschen in den neuen Ländern zu erreichen.

Für das Bündnis 90/Grüne fordert Werner Schulz eine sofortige Beendigung des Golfkrieges und spricht dem Bundeskanzler das Recht ab, die Friedensbewegung zu tadeln. Die Bundesregierung habe kein Konzept für die Vereinigung: „Die Situation wird mit den 50er Jahren verglichen. Aber wo bleibt der Marshallplan, wo ist der Lastenausgleich? Offensichtlich wollen Sie vergessen, daß die Bürgerinnen und Bürger in Ostdeutschland 45 Jahre lang ihren Rücken hingehalten haben, um gemeinsame Geschichtsverantwortung abzutragen." Am Ende seiner Rede greift Schulz auf die Aussage Biedenkopfs aus dem Sommer 1990 zurück, daß man den Deutschen in der DDR zuviel versprochen und daß man unerfüllbare Erwartungen geweckt habe. Dem sei nichts hinzuzufügen, die Regierungserklärung habe die Ernüchterung verstärkt.

Quellen: FAZ und SZ im Berichtszeitraum; Das Parlament vom 8./15. 2. 1991, S. 2–8.

cc) Sonstige Behörden, Einrichtungen und Körperschaften im Geschäftsbereich der einzelnen Ministerien (Auswahl)

1. Geschäftsbereich des Bundeskanzleramtes:
   Bundesnachrichtendienst (Heilmannstr. 30, 8023 Pullach): Präsident Konrad Porzner.

270 VI. *Die politischen Institutionen der Bundesrepublik*

2. Geschäftsbereich des Bundesministers des Innern:
Statistisches Bundesamt (Gustav-Stresemann-Ring 11, 6200 Wiesbaden 1): Präsident Egon Hölder.
Bundeskriminalamt (Thaerstr. 11, 6200 Wiesbaden 1): Präsident Hans-Ludwig Zachert.
Bundesamt für Verfassungsschutz (Merianstr. 100, 5000 Köln 71): Präsident Dr. Eckart Werthebach.
Der Bundesbeauftragte für den Datenschutz (Stephan-Lochner-Str. 2, 5300 Bonn 2): Dr. Alfred Einwag.
Bundesverwaltungsamt (Barbarastr. 1, 5000 Köln 60): Präsident Dr. Bert Even.
Bundesamt für Zivilschutz (Deutschherrenstr. 93, 5300 Bonn 2): Präsident Hans Georg Dusch.
Bundeszentrale für politische Bildung (Berliner Freiheit 7, 5300 Bonn 1): Geschäftsf. Direktor Franklin Schultheiß.
Bundesamt für Anerkennung ausländischer Flüchtlinge und Bundesbeauftragter für Asylangelegenheiten beim Bundesamt (Rothenburger Str. 29, 8502 Zirndorf): Leiter: Direktor Norbert von Nieding; Bundesbeauftragter: Johann Reichler.
Bundesausgleichsamt (Untere Terrassenstr. 1, 6380 Bad Homburg v.d. Höhe): Präsident Christoph Grünig.
Bundesarchiv (Potsdamer Str.1, 5400 Koblenz): Präsident Prof. Dr. Friedrich Kahlenberg.
3. Geschäftsbereich des Bundesministers der Justiz:
Deutsches Patentamt (Zweibrückenstr. 12, 8000 München 2): Präsident Dr. Erich Häußer.
4. Geschäftsbereich des Bundesministers der Finanzen:
Bundesamt für Finanzen (Friedhofstr. 1, 5300 Bonn 3): Präsident Werner Horn.
Bundesaufsichtsamt für das Versicherungswesen (Ludwigkirchplatz 3–4, 1000 Berlin 15): Präsident Dr. Knut Hohlfeld.
Bundesaufsichtsamt für das Kreditwesen (Reichpietschufer 74–76, 1000 Berlin 30): Präsident Wolfgang Kuntze.
Treuhandanstalt (Alexanderplatz 6, O-1020 Berlin): Präsidentin Birgit Breuel.
5. Geschäftsbereich des Bundesministers für Wirtschaft:
Physikalisch-Technische Bundesanstalt (Bundesallee 100, 3300 Braunschweig): Präsident Prof. Dipl.-Ing. Dr.-Ing. Dieter Kind.

Bundesamt für Wirtschaft (Frankfurter Str. 29–31, 6236 Eschborn/Ts.): Präsident Prof. Dr. Hans Rummer.
Bundeskartellamt (Mehringdamm 129, 1000 Berlin 61): Präsident Prof. Dr. Wolfgang Kartte.
Bundesstelle für Außenhandelsinformationen (Blaubach 13, 5000 Köln 1): Direktor Hanns Diether Dammann.
Bundesanstalt für Materialforschung und -prüfung (Unter den Eichen 87, 1000 Berlin 45): Präsident Prof. Dr. rer. nat. Gerhard Wilhelm Becker.
Bundesanstalt für Geowissenschaften und Rohstoffe (Stilleweg 2, 3000 Hannover 51): Präsident Prof. Dr. Martin Kürsten.

6. Geschäftsbereich des Bundesministers für Umwelt, Naturschutz und Reaktorsicherheit:
   Umweltbundesamt (Bismarckplatz 1, 1000 Berlin 33): Präsident Dr. Heinrich Freiherr von Lersner.
7. Geschäftsbereich des Bundesministers für Ernährung, Landwirtschaft und Forsten:
   Bundesamt für Ernährung und Forstwirtschaft (Postfach 180203, 6000 Frankfurt am Main 18): Präsident Dr. Günter Drexelius.
8. Geschäftsbereich des Bundesministers für Arbeit und Sozialordnung:
   Bundesversicherungsamt (Reichpietschufer 74–76, 1000 Berlin 30): Präsident Dr. Alfred Christmann.
   Bundesanstalt für Arbeitsschutz (Vogelpothsweg 50–52, 4600 Dortmund 1): Leiter Prof. Wolfram Jeiter.
   Bundesanstalt für Arbeit (Regensburger Str. 104, 8500 Nürnberg 30): Präsident Heinrich Franke
9. Geschäftsbereich des Bundesministers der Verteidigung:
   Bundesamt für Wehrtechnik und Beschaffung (Konrad-Adenauer-Ufer 2–6, 5400 Koblenz): Präsident Dr. Heinz Gläser.
   Bundeswehrverwaltungsamt (Bonner Talweg 177, 5300 Bonn 1): Präsident Dr. Götz Herrmann.
10. Geschäftsbereich der Bundesministerin für Gesundheit:
    Bundesgesundheitsamt (Thielallee 88–92, 1000 Berlin 33): Präsident Prof. Dr. Dieter Großklaus.
11. Geschäftsbereich des Bundesministers für Post und Telekommunikation:

272 VI. Die politischen Institutionen der Bundesrepublik

Deutsche Bundespost Telekom (Godesberger Allee 87–93, 5300 Bonn 2): Vorstandsvorsitzender: Helmut Ricke.
Deutsche Bundespost Postdienst (Heinrich-von-Stephan-Str. 2, 5300 Bonn 2): Vorstandsvorsitzender Dr. Klaus Zum Winkel.
Deutsche Bundespost Postbank (Heinrich-von-Stephan-Str. 1, 5300 Bonn 2): Vorstandsvorsitzender Dr. Günter Schneider.
12. Geschäftsbereich des Bundesministers für Verkehr:
Deutscher Wetterdienst (Frankfurter Str. 135, 6050 Offenbach (Main)): Präsident Dr. Heinz Reiser.
Kraftfahrt-Bundesamt (Fördestr. 16, 2390 Flensburg-Mürwik): Präsident Wolfgang Barth.
Bundesanstalt für Flugsicherung (Opernplatz 4, 6000 Frankfurt am Main 1): Präsident Joachim Hubertus Lischka.
Luftfahrt-Bundesamt (Lilienthalplatz 6, 3300 Braunschweig): Direktor Dipl.-Ing. K. Koplin.
Bundesanstalt für Straßenwesen (Brüderstr. 53, 5060 Bergisch-Gladbach 1): Präsident Prof. Dr.-Ing. Heinrich Praxenthaler.
Deutsche Bundesbahn (Friedrich-Ebert-Anlage 43–45, 6000 Frankfurt am Main 11): Vorstandsvorsitzender Heinz Dürr.
Deutsche Reichsbahn (Ruschestr. 59, O-1130 Berlin): Vorsitzender des Verwaltungsrates Dr. Friedrich Zimmermann.
13. Geschäftsbereich des Bundesministers für Bildung und Wissenschaft:
Bundesinstitut für Berufsbildung (Fehrbelliner Platz 3, 1000 Berlin 31): Generalsekretär Dr. Herrmann Schmidt.

Quellen: Bund transparent und aktuell. – Bad Honnef 1991; Taschenbuch des öffentlichen Lebens 1990/91. – Bonn 1990 (40. Aufl.).

dd) Der Bundesrechnungshof

(Berliner Str. 51, 6000 Frankfurt am Main)

Der Bundesrechnungshof ist eine oberste Bundesbehörde, deren Mitglieder allerdings nach Art. 114 Abs. 2 GG richterliche Unabhängigkeit besitzen. Der Präsident des Bundesrechnungshofes wird auf Vorschlag der Bundesregierung vom Bundestag gewählt. Der Bundesrechnungshof hat die Rechnungen über die

Einnahmen und Ausgaben sowie die Wirtschaftlichkeit der Haushaltsführung des Bundes zu prüfen (s. S. 379f.). Der Präsident des Bundesrechnungshofes Dr. Heinz Günter Zavelberg ist gleichzeitig Bundesbeauftragter für die Wirtschaftlichkeit der Verwaltung.

ee) Die Deutsche Bundesbank

(Wilhelm-Epstein-Str. 14, 6000 Frankfurt am Main 50)

Die Deutsche Bundesbank ist frei von Weisungen der Bundesregierung, hat aber nach dem Bundesbankgesetz die Wirtschaftspolitik der Regierung zu unterstützen. Die Deutsche Bundesbank hat – so das Gesetz – mit Hilfe ihrer währungspolitischen Befugnisse (Diskontpolitik, Kreditpolitik, Offenmarktpolitik, Einlagenpolitik und Mindestreservenpolitik) den Geldumlauf und die Kreditversorgung der Wirtschaft mit dem Ziele der Währungssicherung zu regeln.

Die Organe der Deutschen Bundesbank sind der Zentralbankrat, das Direktorium und die Vorstände der Landeszentralbanken.

Präsident der Deutschen Bundesbank: Prof. Dr. Helmut Schlesinger; Vizepräsident: Dr. Hans Tietmeyer.

c) Die obersten Bundesgerichte

aa) Das Bundesverfassungsgericht
(Schloßbezirk 3, 7500 Karlsruhe)

Erster Senat:
Prof. Dr. Roman Herzog (Amtszeit: 1983–1995, gewählt durch den Bundestag); Prof. Dr. Johann Friedrich Henschel (Amtszeit 1983–1995, gewählt durch den Bundesrat); Dr. Otto Seidl (Amtszeit 1986–1998, gewählt durch den Bundestag); Prof. Dr. Dieter Grimm (Amtszeit 1987–1999, gewählt durch den Bundesrat); Prof. Dr. Alfred Söllner (Amtszeit 1987–1998, gewählt durch den Bundestag); Prof. Dr. Thomas Dieterich (Amtszeit 1987–1999, gewählt durch den Bundesrat); Dr. Jürgen Kühling (Amtszeit 1989–2001, gewählt durch den Bundestag); Helga Seibert (Amtszeit 1989–2001; gewählt durch den Bundesrat).

Tabelle 192: Übersicht über den Geschäftsanfall beim Bundesverfassungsgericht bis zum 31. 12. 1990

Verfahrensart	anhängige Verfahren insgesamt	durch Gerichtsentscheide erledigte Verfahren	anderweitig erledigte Verfahren
Verwirkung von Grundrechten	2 (-)*	2 (-)*	- (-)*
Verfassungswidrigkeit von Parteien	2 (-)	2 (-)	- (-)
Wahl- und Mandatsprüfung	70 (2)	60 (-)	8 (-)
Präsidentenanklage	-	-	-
Organstreitigkeiten	82 (14)	43 (7)	35 (5)
Abstrakte Normenkontrolle	110 (4)	60 (3)	32 (1)
Bund-Länder-Streitigkeiten	23 (-)	11 (1)	10 (-)
Andere öffentlich-rechtliche Streitigkeiten	50 (5)	26 (-)	18 (3)
Richteranklage	-	-	-
Verfassungsstreitigkeiten innerhalb eines Landes	12 (-)	10 (-)	2 (-)
Konkrete Normenkontrolle	2520 (31)	888 (10)	1543 (64)
Nachprüfung von Völkerrecht	10 (-)	6 (-)	4 (-)
Vorlagen von Landesverfassungsgerichten	7 (-)	4 (-)	3 (-)
Fortgelten von Recht als Bundesrecht	151 (-)	19 (-)	132 (-)
Sonstige durch Bundesgesetz zugewiesene Fälle (ab 1971)	3 (-)	2 (-)	1 (-)
Einstweilige Anordnungen u. – bis 1970 – sonstige Verfahren	504 (35)	324 (24)	177 (8)
Verfassungsbeschwerden	78449 (3309)	64293 (2964)[1]	12330 (1031)
Plenarentscheidungen[2]	1 (-)	1 (-)	- (-)
Verfahren insgesamt	81996[3] (3400)	65751 (3009)	14295 (1112)

[1] Die 64293 Verfassungsbeschwerden wurden wie folgt erledigt:
durch Senatsentscheidung   3654 (25)*
durch Richterausschüsse   60639 (2939).
[2] Drei Plenarentscheidungen vor 1970 sind unter „Einstweilige Anordnungen und – bis 1970 – sonstige Verfahren" gezählt.
[3] Dabei sind 1735 gleiche Verfahren zum Stabilitätszuschlag im Jahre 1973 und 381 gleiche Verfahren im Jahre 1976 zum § 218.
* Die Zahlen in Klammern geben die Verfahren für das Jahr 1990, sie sind in den Gesamtzahlen mitenthalten.

Am 31. 12. 1990 waren beim Bundesverfassungsgericht noch 1950 Verfahren anhängig – davon 1826 Verfassungsbeschwerden, 89 Normenkontrollverfahren und 35 weitere Verfahren.

Quelle: Vom Bundesverfassungsgericht erarbeitete Gesamtstatistik per 31. 12. 1990

Zweiter Senat:
Dr. Ernst Gottfried Mahrenholz (Amtszeit 1981–1993, gewählt durch den Bundestag); Prof. Dr. Dr. Ernst-Wolfgang Böckenförde (Amtszeit 1983–1995, gewählt durch den Bundesrat); Prof. Dr. Hans Hugo Klein (Amtszeit 1983–1995, gewählt durch den Bundesrat); Dr. Karin Graßhof (Amtszeit 1986–1998, gewählt durch den Bundestag); Konrad Kruis (Amtszeit 1987–1998, gewählt durch den Bundestag); Prof. Dr. Paul Kirchhof (Amtszeit 1987–1999, gewählt durch den Bundesrat); Klaus Winter (Amtszeit 1989–2001; gewählt durch den Bundesrat); Bertold Sommer (Amtszeit 1991–2003, gewählt durch den Bundestag).

Präsident des Bundesverfassungsgerichts ist Prof. Dr. Roman Herzog, Vizepräsident ist Dr. Ernst Gottfried Mahrenholz.

bb) Die weiteren obersten Gerichte des Bundes

Bundesgerichtshof (Herrenstr. 45 a, 7500 Karlsruhe) (Präsident: Prof. Dr. Walter Odersky; Vizepräsident: Hannskarl Salger).

Bundesverwaltungsgericht (Hardenbergstr. 31, 1000 Berlin 12) (Präsident: Dr. Everhardt Franßen; Vizepräsident: Prof. Dr. Otto Schlichter).

Bundesfinanzhof (Ismaninger Str. 109; 8000 München 86) (Präsident: Prof. Dr. Franz Klein; Vizepräsident: Dr. Klaus Offerhaus).

Bundesarbeitsgericht (Graf-Bernadotte-Platz 5, 3500 Kassel-Wilhelmshöhe) (Präsident: Prof. Dr. Otto Rudolf Kissel; Vizepräsidentin: Gisela Michels-Holl).

Bundessozialgericht (Graf-Bernadotte-Platz 5, 3500 Kassel-Wilhelmshöhe) (Präsident: Dr. Heinrich Reiter; Vizepräsident: Prof. Dr. Otto Ernst Krasney).

Bundespatentgericht (Zweibrückenstr. 12, 8000 München 2) (Präsident: Elisabeth Steup; Vizepräsident: Dipl. Ing. Norbert Haugg). (Das Bundespatentgericht ist unterste Instanz, oberste Instanz ist der Bundesgerichtshof.)

Bundesdisziplinargericht (Gervinusstr. 5–7, 6000 Frankfurt/Main) (Präsident: Nikolaus Schwientek; Vizepräsident: Dr. Hans-Dieter Schmachtenberg). (Das Bundesdisziplinargericht ist unterste Instanz, oberste Instanz ist das Bundesverwaltungsgericht.)

3. Die Institutionen der Bundesländer

a) Baden-Württemberg

aa) Der Landtag von Baden-Württemberg

(Anschrift: Haus des Landtages, Konrad-Adenauer-Str. 3, 7000 Stuttgart 1, Tel. 0711/20630)

Präsident: Erich Schneider (CDU); **Vizepräsidenten:** Dr. Alfred Geisel (SPD); Dr. Fritz Hopmeier (CDU).
Direktor beim Landtag: Dr. Thomas Rösslein.

Ausschüsse des Landtages:
Ständiger Ausschuß (Vors.: Dr. K. Lang (CDU));
Finanzausschuß (Vors.: R. Brechtken (SPD));
Ausschuß für Schule, Jugend und Sport (Vors.: K. T. Uhrig (CDU));
Wirtschaftsausschuß (Vors.: C. Weyrosta (SPD));
Ausschuß für ländlichen Raum und Landwirtschaft (Vors.: K. Nicola (SPD));
Umweltausschuß (Vors.: R. Decker (CDU));
Innenausschuß (Vors.: Dr. R. Maus (CDU));
Sozialausschuß (Vors.: H. Solinger (SPD));
Ausschuß für Wissenschaft und Kunst (Vors.: Prof. Dr. E. Klunzinger (CDU));
Petitionsausschuß (Vors.: J. Rebhan (CDU));
Ausschuß nach Art. 62 der Verfassung (Notparlament) (Vors.: Landtagspräsident E. Schneider (CDU));
Wahlprüfungsausschuß (Vors.: Dr. R. Maus (CDU)).

Fraktionen:
CDU (66 Mitglieder): Fraktionsvorsitzender: Günther H. Oettinger; Stellvertreter: Heinrich Haasis, Rolf Kurz, Michael Sieber, Peter Straub.

SPD (42 Mitglieder): Fraktionsvorsitzender Dr. Dieter Spöri; Stellvertreter(in): Frieder Birzele, Ulrich Maurer, Peter Reinelt, Werner Weinmann, Brigitte Wimmer; Parlamentarischer Geschäftsführer: Hans-Dieter Köder.

Die GRÜNEN (10 Mitglieder): Fraktionssprecher: Rezzo Schlauch; 1. Stellvertretende Sprecherin: Rosemarie Glaser; 2. Stellvetetender Sprecher: Dr. Gerd Schwandner.

F.D.P./DVP (7 Mitglieder): Fraktionsvorsitzender: Dr. Walter Döring; Stellvertreter: Hans Albrecht (zugl. Parlamentarischer Geschäftsführer), Dr. Ulrich Goll.

Monatliche Leistungen an Abgeordnete:
6198.– DM steuerpflichtige Entschädigung; 1772.– DM Kostenpauschale; Reisekosten: 494.– DM bis 1235.– DM; Sitzungs- bzw. Tagegeld: 671.– DM; Mittel für eine Bürokraft in Höhe von 75% für eine(n) Angestellte(n) nach BAT VIb.

bb) Zusammensetzung der Landesregierung von Baden-Württemberg

Staatsministerium (Richard-Wagner-Str. 15, 7000 Stuttgart 1, Tel. 0711/21530): Ministerpräsident Erwin Teufel; Ehrenamtlicher Staatsrat (mit Stimmrecht in der Regierung): Gerhard Goll; Staatssekretär und Ministerialdirektor: Dr. Lorenz Menz.

Ministerium für ländlichen Raum, Ernährung, Landwirtschaft und Forsten (Kernerplatz 10, 7000 Stuttgart 1, Tel. 0711/1260): Minister Dr. h.c. Gerhard Weiser (zugleich Stellvertreter des Ministerpräsidenten); Pol. Staatssekretär: Ludger Reddemann; Ministerialdirektor Rainer Arnold.

Innenministerium (Dorotheenstr. 6, 7000 Stuttgart 1, Tel. 0711/20721): Minister Dietmar Schlee; Pol. Staatssekretär: Gundolf Fleischer; Ministerialdirektor: Dr. Dieter Vogel.

Ministerium für Wissenschaft und Kunst (Königstr. 46, 7000 Stuttgart 1, Tel. 0711/20031): Minister Klaus von Trotha; Pol. Staatssekretär Norbert Schneider; Ministerialdirektor Dr. Bernhard Bläsi.

Ministerium für Kultus und Sport (Neues Schloß, 7000 Stuttgart 1, Tel. 0711/2790): Ministerin Dr. Marianne Schultz-Hector; Pol. Staatssekretär: Hugo Leicht; Ministerialdirektor Klaus Fischer.

Ministerium für Justiz (Schillerplatz 4, 7000 Stuttgart 1, Tel. 0711/2790): Minister Dr. Helmut Ohnewald; Ministerialdirektor Dr. Wilhelm Schmolz.

Ministerium für Bundes- und Europaangelegenheiten (Schlegelstr. 2, 5300 Bonn 1, Tel. 0228/5031): Minister Dr. Heinz Eyrich; Staatssekretär: Gustav Wabro.

Ministerium für Verkehr (Dorotheenstr. 10, 7000 Stuttgart 1, Tel. 0711/20721): Minister Dr. Thomas Schäuble; Ministerialdirektor Roland Eckart.

Finanzministerium (Neues Schloß, 7000 Stuttgart 1, Tel. 0711/ 2790): Minister Gerhard Mayer-Vorfelder; Pol. Staatssekretär Dr. Eugen Volz; Ministerialdirektor Benno Bueble.

Ministerium für Wirtschaft, Mittelstand und Technologie (Theodor-Heuss-Str. 4, 7000 Stuttgart 1, Tel. 0711/1230): Minister Hermann Schaufler; Staatssekretär: Dr. Eberhard Leibing.

Ministerium für Arbeit, Gesundheit, Familie und Sozialordnung (Rotebühlplatz 30, 7000 Stuttgart 1, Tel. 0711/66730): Ministerin Barbara Schäfer, Pol. Staatssekretär Hermann Mühlbeyer; Ministerialdirektor Dr. Walter Kilian.

Ministerium für Umwelt (Kernerplatz 9, 7000 Stuttgart 1, Tel. 0711/1260): Minister Dr. Erwin Vetter; Pol. Staatssekretär: Wernher Baumhauer; Ministerialdirektor: Dr. Manfred König.

Die Landesbeauftragte für den Datenschutz: Dr. Ruth Leutze (Marienstr. 12, 7000 Stuttgart 1, Tel. 0711/20721).

Alle Minister werden von der CDU gestellt.

cc) Die obersten Gerichte Baden-Württembergs

Staatsgerichtshof für das Land Baden-Württemberg (Ulrichstr. 10, 7000 Stuttgart 1)

Oberlandesgericht Karlsruhe (Hoffstr. 10, 7500 Karlsruhe 1)

Oberlandesgericht Stuttgart (Ulrichstr. 10, 7000 Stuttgart 1)

Verwaltungsgerichtshof Baden-Württemberg (Schubertstr. 11, 6800 Mannheim 1)

Landesarbeitsgericht Baden-Württemberg (Weimarstr. 20, 7000 Stuttgart 1)

Landessozialgericht Baden-Württemberg (Breitscheidstr. 18, 7000 Stuttgart 1)

Finanzgericht Baden-Württemberg (Grenadierstr. 5, 7500 Karlsruhe 1)

b) Bayern

aa) Der Bayerische Landtag

(Anschrift: Maximilianeum, 8000 München 85, Tel. 089/ 41260)

Präsident: Wilhelm Vorndran (CSU); **Vizepräsidenten:** Siegfried Möslein (CSU), Dr. Helmut Rothemund (SPD)

Direktor des Landtages: Ministerialdirektor Harry A. Kremer.

Ausschüsse des Landtages:
Ausschuß für Geschäftsordnung und Wahlprüfung (Vors.: Dr. G. Merkl (CSU));
Ausschuß für Staatshaushalt und Finanzfragen (Vors.: R. Wengenmeier (CSU));
Ausschuß für Verfassungs-, Rechts- und Kommunalfragen (Vors.: G. Wirth (SPD));
Ausschuß für Wirtschaft und Verkehr (Vors.: Dr. H. Huber (CSU));
Ausschuß für Ernährung, Landwirtschaft und Forsten (Vors.: W. Müller (CSU));
Ausschuß für Sozial-, Gesundheits- und Familienpolitik (Vors.: K.-H. Müller (SPD));
Ausschuß für kulturpolitische Fragen (Vors.: K. Radermacher (SPD));
Ausschuß für Fragen des öffentlichen Dienstes (Vors.: Dr. W. Eykmann (CSU));
Ausschuß für Eingaben und Beschwerden (Vors.: Dr. P. Braun (SPD));
Ausschuß für Bundes- und Europaangelegenheiten (Vors.: Dr. G. Matschl (CSU));
Ausschuß für Innerdeutsche Entwicklung und Grenzlandfragen (Vors.: J. Niedermayer (CSU));
Ausschuß für Landesentwicklung und Umweltfragen (Vors.: H. Kaul (CSU)).

Fraktionen:
CSU (127 Mitglieder): Fraktionsvorsitzender: Alois Glück; Stellvertreter(in): Paul Dithei, Anneliese Fischer, Hans Spitzner.
SPD (58 Mitglieder): Fraktionsvorsitzender: Karl-Heinz Hiersemann; Stellvertreter(in): Hedda Jungfer, Rolf Langenberger, Herbert Müller.
Die GRÜNEN (12 Mitglieder): Sprecher(innen): Dr. Manfred Fleischer, Ruth Paulig, Christine Scheel.
F.D.P. (7 Mitglieder): Fraktionsvorsitzender: Prof. Dr. Jürgen Doeblin; Stellvertreter(in): Karin Hiersemenzel, Joachim Spatz.

Monatliche Leistungen an Abgeordnete:
8301.– DM steuerpflichtige Entschädigung; 4448.– DM Unko-

stenpauschale; Zuschuß für Mitarbeiter: Halbtagskraft in Anlehnung an BAT VIb.

bb) Der Bayerische Senat

(Anschrift: Maximilianeum, Max-Planck-Str. 1, 8000 München 85, Tel. 089/41260).

Präsident: Dr. Hans Weiß; **Vizepräsidenten:** Dr. Ernst Wrede, Prof. Dr. Ekkehard Schumann.

Der Bayerische Senat ist die einzige zweite parlamentarische Kammer im Länderparlamentarismus der Bundesrepublik. Die Bayerische Verfassung bestimmt in Art. 34: „Der Senat ist die Vertretung der sozialen, wirtschaftlichen, kulturellen und gemeindlichen Körperschaften des Landes."

Die 60 Senatoren werden derzeit von folgenden **Gruppen** entsandt:
- 11 Vertreter der Land- und Forstwirtschaft;
- 11 Vertreter der Gewerkschaften;
- 5 Vertreter der Industrie und des Handels;
- 5 Vertreter des Handwerks;
- 4 Vertreter der freien Berufe;
- 5 Vertreter der Genossenschaften;
- 5 Vertreter der Religionsgemeinschaften;
- 5 Vertreter der Wohltätigkeitsorganisationen;
- 3 Vertreter der Hochschulen und Akademien;
- 6 Vertreter der Gemeinden und Gemeindeverbände.

Im Bayerischen Senat gibt es keine Fraktionen, die Arbeit des Plenums wird in sieben Ausschüssen vorbereitet. Die Aufgaben des Senates sind:
- Gesetzesinitiative,
- gutachtliche Stellungnahme zu Gesetzentwürfen der Landesregierung,
- Prüfung der vom Landtag beschlossenen Gesetze.

cc) Zusammensetzung der Staatsregierung des Freistaates Bayern

Staatskanzlei (Prinzregentenstr. 7, 8000 München 22, Tel. 089/21650): Ministerpräsident Dr. h.c. Max Streibl; (Parl.) Staatssekretär Johann Böhm; Ministerialdirektor Rudolf W. Schmitt.

Staatsministerium der Justiz (Justizpalast, 8000 München 35, Tel. 089/55971): Staatsministerin Dr. Mathilde Berghofer-

Weichner (zugl. Stellvertreterin des Ministerpräsidenten); (Parl.) Staatssekretär Alfred Sauter; Ministerialdirektor Wolfgang Held.

Staatsministerium der Finanzen (Odeonsplatz 4, 8000 München 22, Tel. 089/23061): Staatsminister Dr. Georg von Waldenfels; (Parl.) Staatssekretär Dr. h. c. Albert Meyer; Ministerialdirektoren: Dr. Dietrich Wolf, Dr. Matthias Metz.

Staatsministerium für Arbeit, Familie und Sozialordnung (Winzererstr. 9, 8000 München 40, Tel. 089/126101): Staatsminister Dr. Gebhard Glück; (Parl.) Staatssekretärin Barbara Stamm; Ministerialdirektor Dr. Helmut Vaitl.

Staatsministerium des Innern (Odeonsplatz 3, 8000 München 22, Tel. 089/21921): Staatsminister Dr. Edmund Stoiber; (Parl.) Staatssekretäre: Dr. Günther Beckstein und Dr. Herbert Huber; Ministerialdirektor Dr. Georg Waltner.

Staatsministerium für Unterricht, Kultus, Wissenschaft und Kunst (Salvatorplatz 2, 8000 München 2, Tel. 089/21861): Staatsminister Hans Zehetmair; (Parl.) Staatssekretäre: Hermann Leeb, Dr. Otto Wiesheu; Ministerialdirektoren: Herbert Kießling, Josef Hoderlein.

Staatsministerium für Wirtschaft und Verkehr (Prinzregentenstr. 28, 8000 München 22, Tel. 089/216201): Staatsminister Dr. h. c. August R. Lang; (Parl.) Staatssekretär Alfons Zeller; Ministerialdirektor Hanns Martin Jepsen.

Staatsministerium für Ernährung, Landwirtschaft und Forsten (Ludwigstr. 2, 8000 München 22, Tel. 089/21820): Staatsminister Hans Maurer; (Parl.) Staatssekretär Josef Miller; Ministerialdirektoren: Alfred Schuh und Otto Bauer.

Staatsministerium für Landesentwicklung und Umweltfragen (Rosenkavalierplatz 2, 8000 München 81, Tel. 089/92141): Staatsminister Dr. Peter Gauweiler; (Parl.) Staatssekretär: Otto Zeitler; Ministerialdirektor Prof. Dr. Werner Buchner.

Staatsministerium für Bundes- und Europaangelegenheiten (Schlegelstr. 1, 5300 Bonn, Tel. 0228/2021): Staatsminister Dr. Thomas Goppel; (Parl.) Staatssekretär: Dr. Paul Wilhelm; Ministerialdirektor Dr. Kurt Schelter.

Der Datenschutzbeauftragte der Landesregierung: Sebastian Oberhauser (Wagmüllerstr. 18, 8000 München 22, Tel. 089/21650).

Alle Minister und (Parl.) Staatssekretäre der Bayerischen Staatsregierung gehören der CSU an.

dd) Die obersten Gerichte Bayerns

Bayerischer Verfassungsgerichtshof (Prielmayerstr. 5, 8000 München 35)
Bayerisches Oberstes Landesgericht (Schleißheimer Str. 139, 8000 München 35)
Oberlandesgericht München (Prielmayerstr. 5, 8000 München 35)
Oberlandesgericht Nürnberg (Fürther Str. 110, 8500 Nürnberg 80)
Oberlandesgericht Bamberg (Wilhelmsplatz 1, 8600 Bamberg)
Bayerischer Verwaltungsgerichtshof (Ludwigstr. 23, 8000 München 22)
Bayerisches Landesarbeitsgericht (Winzererstr. 104, 8000 München 40)
Bayerisches Landessozialgericht (Ludwigstr. 15, 8000 München 22)
Finanzgericht München (Maria-Theresia-Str. 17, 8000 München 86)
Finanzgericht Nürnberg (Deutschherrenstr. 8, 8500 Nürnberg 80)

c) Berlin

aa) Das Abgeordnetenhaus von Berlin

(Anschrift: John-F.-Kennedy-Platz, Rathaus Schöneberg, 1000 Berlin 62, Tel. 030/7831)

Präsidentin: Dr. Hanna-Renate Laurien (CDU), **Vizepräsident(in)en:** Marianne Brinckmeier (SPD), Reinhard Führer (CDU), Tino-Antoni Schwierzina (SPD).
Direktor beim Abgeordnetenhaus: Werner Gohmert.
Ausschüsse des Abgeordnetenhauses:
Ausschuß für Arbeit (Vors.: R. Helms (Bü 90/Grüne));
Ausschuß für Ausländerfragen (Vors.: A. Reuther (SPD));
Ausschuß für Bau- und Wohnungswesen (Vors.: R. Müller (CDU));
Ausschuß für Bundes- und Europaangelegenheiten (Vors.: J. Wohlrabe (CDU));
Ausschuß für Frauenfragen (Vors.: E. Herer (PDS));
Ausschuß für Gesundheit (Vors.: Dr. H.-P. Seitz (SPD));

Hauptausschuß (Vors.: K. Franke (CDU));
Ausschuß für Inneres, Sicherheit und Ordnung (Vors.: H. Hildebrandt (SPD));
Ausschuß für Jugend und Familie (Vors.: B. Pech (PDS));
Ausschuß für Kulturelle Angelegenheiten (Vors.: Dr. D. Biewald (CDU));
Ausschuß für Medienfragen (Vors.: Chr. Kowallek (CDU));
Petitionsausschuß (Vors.: T.-A. Schwierzina (SPD));
Rechtsausschuß (Vors.: H. Rösler (CDU));
Ausschuß für Schulwesen (Vors.: D. Pavlik (SPD));
Ausschuß für Soziales (Vors.: Dr. Chr. Zippel (CDU));
Ausschuß für Sport (Vors.: M. Preuss (CDU));
Ausschuß für Stadtentwicklung und Stadtplanung (Vors.: H.-J. Gardain (SPD));
Ausschuß für Umweltschutz (Vors.: G. Wittwer (CDU);
Ausschuß für Verkehr und Betriebe (Vors.: K. Blankenhagel (SPD));
Ausschuß für Wirtschaft und Technologie (Vors.: J. Palm (CDU));
Ausschuß für Wissenschaft und Forschung (Vors.: Prof. Dr. M. Tolksdorf (F.D.P.)).

Fraktionen:
CDU (101 Mitglieder): Fraktionsvorsitzender: Klaus Landowski; Stellvertreter(in): Dr. Uwe Lehmann-Brauns, Fritz Niedergesäß, Joachim Palm, Manfred Preuss, Irina-Cornelia Schlicht, Diethard Schütze, Klaus-Hermann Wienhold; Parlamentarische Geschäftsführer(innen): Volker Liepelt, Christa-Maria Blankenburg, Gisela Greiner, Dieter Hapel.

SPD (76 Mitglieder): Fraktionsvorsitzender: Dr. Ditmar Staffelt; Stellvertreter(innen): Klaus Böger, Elga Kampfhenkel, Christine Luft, Dr. Joachim Niklas; Parlamentarische Geschäftsführer: Helmut Fechner, Horst-Achim Kern.

PDS (23 Mitglieder): Fraktionsvorsitzende: Dr. Gesine Lötzsch; Weitere Vorstandsmitglieder: Martina Michels, Marion Seelig, Harald Wolf, Dr. Peter Rudolf Zotl.

Bündnis 90/Grüne (AL)/Unabhängiger Frauenverband (19 Mitglieder): Fraktionsvorsitzende: Renate Künast, Uwe Lehmann; Stellvertreter(in): Dr. Sybill-Anka Klotz, Wolfgang Wieland.

F.D.P. (18 Mitglieder): Fraktionsvorsitzende: Carola von Braun; Stellvertreter: Dr. Peter Gadow, Peter Tiedt, Otto Hoffmann, Parlamentarischer Geschäftsführer: Jürgen Biederbick.
Neues Forum/Bürgergewegung (4 Mitglieder).
Monatliche Leistungen an Abgeordnete:
4790.– DM steuerpflichtige Entschädigung; 1300.– DM Unkostenpauschale (50.– DM Abzug bei Fehlen in Sitzungen); keine Tagegelder; kein Zuschuß für Mitarbeiter.
Der Berliner Datenschutzbeauftragte: Dr. Hansjürgen Garstka (Hildegardstr. 29/30, 1000 Berlin 31, Tel. 030/78378)

bb) Zusammensetzung des Senates von Berlin

Der Regierende Bürgermeister von Berlin (Rathaus Schöneberg, John-F.-Kennedy-Platz, 1000 Berlin 62, Tel. 030/7831): Eberhard Diepgen (CDU); Chef der Senatskanzlei: Staatssekretär Volker Kähne.

Die Senatorin für Arbeit und Frauen (John-F.-Kennedy-Platz, 1000 Berlin 62, Tel. 030/7831): Bürgermeisterin Dr. Christine Bergmann (SPD) (zugleich Stellvertreterin des Regierenden Bürgermeisters); Staatssekretärin: Helga Korthaase.

Der Senator für Schule, Berufsausbildung und Sport (Bredtschneiderstr. 5, 1000 Berlin 19; Tel. 030/30320): Jürgen Klemann (CDU), Staatssekretär: Günter Bock.

Der Senator für Inneres (Fehrbelliner Platz 2, 1000 Berlin 31, Tel. 030/8671): Prof. Dr. Dieter Heckelmann (parteilos); Staatssekretär: Eicke Lancelle.

Der Senator für Finanzen (Nürnberger Str. 53/55, 1000 Berlin 30, Tel. 030/21231): Elmar Pieroth (CDU); Staatssekretär: Werner Heubaum.

Der Senator für Wirtschaft und Technologie (Martin-Luther-Str. 105, 1000 Berlin 62; Tel. 030/7831): Dr. Norbert Meisner (SPD); Staatssekretäre: Jörg Rommerskirchen und Dr. Hans Kremendahl.

Die Senatorin für Justiz (Salzburger Str. 21–25, 1000 Berlin 62, Tel. 030/7831): Prof. Dr. Jutta Limbach (SPD); Staatssekretär: Detlef Borrmann.

Der Senator für Bau- und Wohnungswesen (Württembergische Str. 6; 1000 Berlin 31, Tel. 030/8671): Wolfgang Nagel (SPD); Staatssekretär: Hans Görler.

Der Senator für Stadtentwicklung und Umweltschutz (Lindenstr. 20/25, 1000 Berlin 61, Tel. 030/25861): Dr. Volker Hassemer (CDU); Staatssekretär: Prof. Dr. Lutz Wicke.
Der Senator für Wissenschaft und Forschung (Bredtschneiderstr. 5, 1000 Berlin 19, Tel. 030/30320): Prof. Dr. Manfred Erhardt (CDU); Staatssekretär: Steffen Schnorr.
Der Senator für kulturelle Angelegenheiten (Europa Center, 1000 Berlin 30, Tel. 030/21231): Ulrich Roloff-Momin (parteilos); Staatssekretär: Hermann Hildebrandt.
Der Senator für Jugend und Familie (Am Karlsbad 8–10, 1000 Berlin 30; Tel. 030/26041): Thomas Krüger (SPD); Staatssekretär: Klaus Löhe.
Der Senator für Verkehr und Betriebe (An der Urania 4–10, 1000 Berlin 30, Tel. 030/21221): Prof. Dr. Herwig Erhard Haase (CDU); Staatssekretär: Gerhard Schneider.
Die Senatorin für Soziales (An der Urania 12–14, 1000 Berlin 30, Tel. 030/21221): Ingrid Stahmer (SPD); Staatssekretär: Armin Tschoepe.
Der Senator für Gesundheit (An der Urania 12–14, 1000 Berlin 30, Tel. 030/21221): Dr. Peter Luther (CDU); Staatssekretär: Detlef Orwart.
Der Senator für Bundes- und Europaangelegenheiten (Rathaus Schöneberg, John-F.-Kennedy-Platz, 1000 Berlin, 62, Tel. 030/7831): Peter Radunski (CDU); Staatssekretärin: Dr. Hildegard Boucsein.

cc) Die obersten Gerichte Berlins

Kammergericht (Witzlebenstr. 4/5, 1000 Berlin 19)
Oberverwaltungsgericht Berlin (Hardenbergstr. 21, 1000 Berlin 12)
Landesarbeitsgericht Berlin (Lützowstr. 105/106, 1000 Berlin 30)
Landessozialgericht Berlin (Invalidenstr. 52, 1000 Berlin 21)
Finanzgericht Berlin (Schönstedtstr. 5, 1000 Berlin 65).

d) Brandenburg*

aa) Der Landtag von Brandenburg

(Anschrift: Heinrich-Mann-Allee 107, O-1561 Potsdam, Tel. 4431)

Präsident: Dr. Herbert Knoblich (SPD); **Vizepräsident:** Karl Heinz Kretschmer (CDU).
Direktor des Landtages: Dr. Werner Biebusch.

Ausschüsse des Landtages:
Hauptausschuß (Vors.: W. Birthler (SPD));
Petitionsausschuß (Vors.: U.-B. Müller (SPD));
Ausschuß für Haushaltskontrolle (Vors.: K.-D. Arlt (CDU));
Ausschuß für Arbeit, Soziales, Gesundheit und Frauen (Vors.: Dr. P. Wagner (CDU));
Ausschuß für Wirtschaft, Mittelstand und Technologie (Vors.: J. Franck (SPD));
Ausschuß für Landesentwicklung und Umweltschutz (Vors.: Prof. Dr. B. Gonnermann (PDS-LL));
Rechtsausschuß (Vors.: H. Poller (Bündnis 90));
Ausschuß für Haushalt und Finanzen (Vors.: M. Walter (CDU));
Ausschuß für Inneres (Vors.: Dr. P.-M. Diestel (CDU));
Ausschuß für Bildung, Jugend und Sport (Vors.: L. Kliesch (SPD));
Ausschuß für Wissenschaft, Forschung und Kultur (Vors.: Dr. K.-D. Krüger (SPD));
Ausschuß für Stadtentwicklung, Wohnen und Verkehr (Vors.: Dr. M. Neumann (F.D.P.));
Wahlprüfungsausschuß (Vors.: D. Helm (CDU)).

Fraktionen:
SPD (36 Mitglieder): Fraktionsvorsitzender: Wolfgang Birthler; Stellvertreter(in): Britta Schellin, Gerhard Thierbach, Dr. Karsten Wiebke; Parlamentarischer Geschäftsführer: Reinhard Zarneckow.

---

* Da in den neuen Ländern noch keine einheitlichen Vorwahlnummern existieren, wurde hier auf Angaben verzichtet. Die Vorwahl für Postdam aus den alten Ländern ist 003733.

CDU (27 Mitglieder): Fraktionsvorsitzender: Dr. Peter-Michael Diestel; Stellvertreter: Manfred Walter; Parlamentarische Geschäftsführerin: Beate Blechinger.

PDS/Linke Liste (13 Mitglieder): Fraktionsvorsitzender: Prof. Dr. Lothar Bisky; Stellvertreter: Heinz Vietze.

F.D.P. (6 Mitglieder): Fraktionsvorsitzender: Rainer Siebert; Stellvertreter: Siegfried Lietzmann; Parlamentarischer Geschäftsführer: Alfred Pracht.

Bündnis 90 (6 Mitglieder): Fraktionsvorsitzender: Günter Nooke; Stellvertreterin: Marianne Birthler; Parlamentarische Geschäftsführerin: Marianne Platzeck.

Monatliche Leistungen an Abgeordnete:
3500.– DM steuerpflichtige Entschädigung; 1100.– DM Unkostenpauschale; 400.– DM Mehraufwendungen am Sitz des Landtages; Fahrtkosten: 250.– DM pro 30 km Entfernung des Wohnortes von Potsdam; 1200.– DM Zuschuß für Mitarbeiter.

bb) Zusammensetzung der Landesregierung von Brandenburg

Staatskanzlei (Heinrich-Mann-Allee 107, O-1561 Potsdam, Tel. 36–443 Ministerpräsident Dr. Manfred Stolpe (SPD); Chef der Staatskanzlei: Dr. Jürgen Linde.

Ministerium des Innern (Henning-von-Treskow-Str. 9–13, O-1560 Potsdam, Tel. 315–600): Minister Alwin Ziel (SPD) (zugleich Stellvertreter des Ministerpräsidenten); Staatssekretär: Dr. Werner Ruckriegel.

Ministerium der Finanzen (Steinstr. 104–106, O-1597 Potsdam-Babelsberg, Tel. 623081): Minister Klaus-Dieter Kühbacher (SPD); Staatssekretär: Dr. Heinz Padberg.

Ministerium der Justiz (Heinrich-Mann-Allee 107, O-1561 Potsdam, Tel. 36–598): Minister Dr. Hans Otto Bräutigam (parteilos) (zugleich Bevollmächtigter für Bundes- und Europaangelegenheiten); Staatssekretär: Dr. Rainer Faupel, Staatssekretärin und Vertreterin des Bevollmächtigten der Landesregierung beim Bund: Irmgard von Rottenburg.

Ministerium für Wirtschaft, Mittelstand und Technologie (Heinrich-Mann-Alleee 107, O-1561 Potsdam, Tel. 36–707): Minister Walter Hirche (F.D.P.); Staatssekretär: Dr. Knut Sandler.

Ministerium für Arbeit, Soziales, Gesundheit und Frauen (Heinrich-Mann-Allee 107, O-1561 Potsdam, Tel. 36–900): Ministerin Dr. Regine Hildebrandt (SPD); Staatssekretäre: Detlef Affeld, Olaf Sund.

Ministerium für Landwirtschaft, Ernährung und Forsten (Heinrich-Mann-Allee 107, O-1561 Potsdam, Tel. 36–604): Minister Edwin Zimmermann (SPD); Staatssekretär: Günter Rudolf Wegge.

Ministerium für Bildung, Jugend und Sport (Heinrich-Mann-Allee 107, O-1561 Potsdam, Tel. 36–237): Ministerin Marianne Birthler (Bündnis 90); Staatssekretär: Dr. Gerd Harms.

Ministerium für Wissenschaft, Forschung und Kultur (Heinrich-Mann-Allee 107, O-1561 Potsdam, Tel. 3280): Minister Hinrich Enderlein (F.D.P.); Staatssekrektär: Prof. Dr. Jürgen Dittberner.

Ministerium für Umwelt, Naturschutz und Raumordnung (Albert-Einstein-Str. 42–46, O-1561 Potsdam, Tel. 316–210): Minister Matthias Platzeck (Bündnis 90); Staatssekretär: Dr. Paul Engstfeld.

Ministerium für Stadtentwicklung, Wohnen und Verkehr (Dortustr. 30–33, O-1560 Potsdam, Tel. 4751): Minister Jochen Wolf (SPD); Staatssekretär: Dr. Horst Gräf.

cc) Die obersten Gerichte von Brandenburg

Die Obergerichte des Landes Brandenburg befinden sich derzeit im Aufbau. Ihre Kompetenzen liegen gegenwärtig im wesentlichen bei den zuständigen Bezirksgerichten.

e) Bremen

aa) Die Bremische Bürgerschaft

(Anschrift: Haus der Bürgerschaft, Postfach 106909, 2800 Bremen 1, Tel. 0421/36070)

Präsident: Dr. Dieter Klink (SPD); **Vizepräsident(in):** Anneliese Leinemann, Wedige von der Schulenburg (CDU).
Direktor der Bremischen Bürgerschaft: Rolf Lindhorn.
Ausschüsse der Bremischen Bürgerschaft:
Die Ausschüsse der Bürgerschaft stellen einen Sonderfall im deutschen Länderparlamentarismus dar; sie werden größtenteils sowohl mit Mitgliedern der Bürgerschaft als auch mit Mitgliedern des Senates beschickt und können auch Personen aufnehmen, die weder dem Senat noch der Bürgerschaft angehören.

Verfassungs- und Geschäftsordnungsausschuß (Vors.: Dr. D. Klink (SPD));
Petitionsausschuß (Vors.: W. Erfurth (CDU));
Staatlicher und städtischer Rechnungsprüfungsausschuß (Vors.: D. Griesche (SPD));
Datenschutzausschuß (Vors.: H. Isola (SPD));
Ausschuß Förderung der Gleichberechtigung der Frau im Lande Bremen (Vors.: E. Steinhöfel (SPD));
Deputation für Arbeit und Wiedergutmachung (Vors.: Senator K. Kunick (SPD), Sprecher: D. Wilhelmi (SPD));
Deputation für den Fischereihafen in Bremerhaven (Vors.: Senator U. Beckmeyer (SPD), Sprecher: W. Hoyer (SPD));
Deputation für Justiz und Verfassung (Vors.: Senator V. Kröning (SPD), Sprecher: Dr. R. Monnerjahn (SPD));
Deputation für öffentliches Dienstrecht (Vors.: Senator C. Grobecker (SPD), Sprecher: H.-J. Naydowski (SPD));
Finanzdeputation (Vors.: Senator C. Grobecker (SPD), Sprecher: D. Griesche (SPD));
Deputation für Häfen, Schiffahrt und Verkehr (Vors.: Senator K. Kunick (SPD), Sprecher: L. Hettling (SPD));
Deputation für Inneres (Vors.: Senator P. Sakuth (SPD), Sprecher: J. Janke (SPD));
Deputation für Bauwesen (Vors.: Senator K. Kunick (SPD), Sprecher: K.-H. Schreiber (SPD));
Deputation für Soziales (Vors.: Senatorin S. Uhl (SPD), Sprecherin: M. Poppen (SPD));
Deputation für Bildung (Vors.: Bürgermeister Dr. H. Scherf (SPD), Sprecher: H. Aulfes (SPD));
Deputation für Wissenschaft und Kunst (Vors.: Bürgermeister Dr. H. Scherf (SPD), Sprecher: M. Fluß (SPD));
Deputation für Sport (Vors.: Senator V. Kröning (SPD), Sprecher: G. Stelljes (SPD));
Deputation für Gesundheit (Vors.: Senatorin Dr. V. Rüdiger (SPD), Sprecherin: B. Noack (SPD));
Deputation für Umweltschutz (Vors.: Senatorin: E.-M. Lemke-Schulte (SPD), Sprecherin: Chr. Wischer (SPD));
Deputation für Jugendhilfe (Vors.: Senatorin Sabine Uhl (SPD), Sprecher: R. Stiering (SPD));
Deputation für Wirtschaft, Technologie und Außenhandel (Vors.: Senator U. Beckmeyer (SPD), Sprecher: A. Lojewski (SPD)).

Fraktionen:
SPD (54 Mitglieder): Fraktionsvorsitzender: Claus Dittbrenner; Stellvertreter: Reinhard Barsuhn, Dr. Lothar Koring, Carl-Heinz Schmurr; Geschäftsführer: Karl-Hermann Niestädt.

CDU (25 Mitglieder): Fraktionsvorsitzender: Peter Kudella, Stellvertreter(in): Roswitha Erlenwein, Reinhard Metz, Michael Teiser; Geschäftsführer: Dr. Erich Röper.

Die GRÜNEN (10 Mitglieder): gleichberechtigte Sprecher(in): Manfred Schramm, Martin Thomas, Dr. Helga Trüpel; Geschäftsführer: Rainer Oellerich-Boehme.

F.D.P. (10 Mitglieder): Fraktionsvorsitzender: Claus Jäger; Stellvertreter: Heinrich Welke; Geschäftsführer: Wolfram Neubrander.

Liste D (1 Abgeordneter).

Monatliche Leistungen an Abgeordnete:
3872.– DM steuerpflichtige Entschädigung; 674.– DM Unkostenpauschale; Reisekosten: keine Pauschalierung; Tagegeld: 30.– DM pro Sitzung; Zuschüsse für Büro bzw. Mitarbeiter: 500.– DM (gegen Nachweis).

bb) Zusammensetzung des Senates der Freien Hansestadt Bremen

Präsident des Senates (Rathaus, 2800 Bremen 1, Tel. 0421/3610): Bürgermeister Klaus Wedemeier (zugleich Senator für Kirchliche Angelegenheiten und Senator für Arbeit); Chef der Senatskanzlei: Staatsrat Dr. Andreas Fuchs.

Senator für Bildung, Wissenschaft und Kunst (Rembertiring 8–12, 2800 Bremen 1, Tel. 0421/3610): Bürgermeister Dr. Henning Scherf (zugl. Vertreter des Präsidenten des Senates); Staatsrat: Prof. Dr. Reinhard Hoffmann.

Senatorin für Jugend und Soziales (Bahnhofsplatz 29, 2800 Bremen 1, Tel. 0421/3610): Sabine Uhl; Staatsrat: Dr. Hans-Christoph Hoppensack.

Senator für Finanzen (Haus des Reichs, Contrescarpe, 2800 Bremen 1, Tel. 0421/3610): Claus Grobecker; Staatsrat: Dr. Hartwig Heidorn.

Senator für Häfen, Schiffahrt und Verkehr (Kirchenstr. 4–5a, 2800 Bremen 1, Tel. 0421/3610): Konrad Kunick (zugleich Senator für Bauwesen); Staatsrat: Dr. Otger Kratzsch.

Senator für das Bauwesen (Ansgaritorstr. 2, 2800 Bremen 1, Tel. 0421/3610): Konrad Kunick (zugleich Senator für Häfen, Schiffahrt und Verkehr); Staatsrat: Manfred Osthaus.

Senator für Justiz und Verfassung (Richtweg 16–22, 2800 Bremen 1, Tel. 0421/3610): Volker Kröning (zugleich Senator für Sport); Staatsrat: Manfred Mayer-Schwinkendorf.

Senator für Sport (Richtweg 16–22, 2800 Bremen 1, Tel. 0421/3610): Volker Kröning (zugleich Senator für Justiz und Verfassung); Staatsrat: Manfred Mayer-Schwinkendorf.

Senatorin für Gesundheit (Große Weidestr. 4–16, 2800 Bremen 1, Tel. 0421/3610): Dr. Vera Rüdiger (zugleich Senatorin für Bundesangelegenheiten); Staatsrat: Dr. Friedrich-Wilhelm Dopatka.

Senator für Wirtschaft, Technologie und Außenhandel (Zweite Schlachtpforte 3, 2800 Bremen 1, Tel. 0421/3971): Uwe Beckmeyer; Staatsrat: Dr. Frank Haller.

Senator für Arbeit (Contrescarpe 73, 2800 Bremen 1, Tel. 0421/3610): Bürgermeister Klaus Wedemeier; Staatsrat: Dr. Manfred Weichsel.

Senator für Inneres (Contrescarpe 22/24; 2800 Bremen 1, Tel. 0421/3621): Peter Sakuth; Staatsrat: Dr. Helmut Kauter.

Senatorin für Umweltschutz und Stadtentwicklung (Ansgaritorstr. 2, 2800 Bremen 1, Tel. 0421/3610): Eva-Maria Lemke-Schulte; Staatsrat: Dr. Jürgen Lüthge.

Senatorin für Bundesangelegenheiten (Rathaus, 2800 Bremen 1, Tel. 0421/3610; Schaumburg-Lippe-Str. 7–9, 5300 Bonn 12, Tel. 0228/26050): Dr. Vera Rüdiger (zugleich Senatorin für Gesundheit); Staatsrat: Jürgen Schroeter.

Der Datenschutzbeauftragte des Senats: Sven Holst (kommissarisch) (Arndtstr. 1, 2850 Bremerhaven 1, Tel. 0471/20661).

Alle Senatoren werden von der SPD gestellt.

cc) Die obersten Gerichte Bremens

Staatsgerichtshof der Freien Hansestadt Bremen (Sögestr. 62–64, 2800 Bremen 1).

Hanseatisches Oberlandesgericht in Bremen (Sögestr. 62–64, 2800 Bremen 1).

Oberverwaltungsgericht (Altenwall 6, 2800 Bremen 1).

Landesarbeitsgericht (Parkallee 79, 2800 Bremen 1).

Landessozialgericht (Contrescarpe 32, 2800 Bremen 1).
Finanzgericht Bremen (Haus des Reichs, Eingang Schillerstr. 22, 2800 Bremen).

f) Hamburg

aa) Bürgerschaft der Freien und Hansestadt Hamburg
(Anschrift: Rathaus, Postfach 10 09 02, 2000 Hamburg 1, Tel. 040/3 68 10)

Präsidentin: Elisabeth Kiausch (SPD); **Vizepräsidenten:** Klaus Lattmann (CDU), Dr. Hans-Joachim Meissner (SPD).
Direktor bei der Bürgerschaft: Eckhart Reinert.

Ausschüsse der Bürgerschaft:*
Haushaltsausschuß (Vors.: N. N.);
Eingabenausschuß (Vors.: N. N.);
Ausschuß für Schule und Berufsbildung (Vors.: N. N.);
Ausschuß für Wissenschaft und Forschung (Vors.: N. N.);
Ausschuß für Bau- und Verkehrsangelegenheiten (Vors.: N. N.);
Ausschuß für Hafen und Wirtschaft, Ernährung und Landwirtschaft (Vors.: N. N.);
Ausschuß für Inneres und für den öffentlichen Dienst (Vors.: N. N.);
Sportausschuß (Vors.: N. N.);
Ausschuß für Verfassung, Geschäftsordnung und Wahlprüfung (Vors.: N. N.);
Rechtsausschuß (Vors.: N. N.);
Kulturausschuß (Vors.: N. N.);
Ausschuß für Arbeit, Jugend und Soziales (Vors.: N. N.);
Ausschuß für Gesundheit und Ernährung (Vors.: N. N.);
Ausschuß für Fragen des Umweltschutzes (Vors.: N. N.);
Ausschuß für Vermögen und Öffentliche Unternehmen (Vors.: N. N.);
Ausschuß für die Situation und die Rechte der Ausländer (Vors.: N. N.);

---

* Die Vorsitzenden der Ausschüsse waren bei Redaktionsschluß noch nicht benannt.

Ausschuß für die Gleichstellung der Frau (Vors.: N. N.).

Fraktionen:
SPD (61 Mitglieder): Fraktionsvorsitzender: Günter Elste; Stellvertreter: Ingo Kleist, Jan Ehlers; Fraktionsgeschäftsführer: Gerhard Heinrich.

CDU (44 Mitglieder): Fraktionsvorsitzender: Rolf Kruse; Stellvertreter: Dr. Martin Willich, Fridtjof Kelber; Parlamentarischer Geschäftsführer: Jürgen Klimke; Fraktionsgeschäftsführer: Michael Waldhelm.

GRÜNE/GAL (9 Mitglieder): Fraktionsvorsitzende: Krista Sager; Stellvertreterin: Dr. Simone Dietz; Fraktionsgeschäftsführer: Ulrich Gierse.

F.D.P. (7 Mitglieder): Fraktionsvorsitzender: Reinhard Soltau; Stellvertreterin: Meta Stölken; Fraktionsgeschäftsführer: Gerold Hinrichs-Hensgensiefken.

Monatliche Leistungen an Abgeordnete:
1920.– DM Aufwandsentschädigung; 521.20 DM Unkostenpauschale (s. u.) und 600.– DM Mietzuschuß für ein mandatsbedingtes Büro; Fahrkostenpauschale: 200.– DM; Tagegeld: 40.– DM pro Sitzung; Zuschüsse für Mitarbeiter: Derzeit bis 2431.– DM (= BAT IIa/2) (Bei Inanspruchnahme von Geldern für eine(n) Mitarbeiter(in) entfällt die Unkostenpauschale von 521.20 DM).

bb) Zusammensetzung des Senates der Freien und Hansestadt Hamburg

Senatskanzlei (Rathaus, 2000 Hamburg 1, Tel. 040/36810): Erster Bürgermeister Dr. Henning Voscherau; Chef der Senatskanzlei: Senator Dr. Thomas Mirow; Senatsamt für den Verwaltungsdienst: Dr. Hennig Voscherau; Senatsamt für Bezirksangelegenheiten: Senator Bernd Zumkley, Staatsrat Helmut Raloff; Senatsamt für die Gleichstellung der Frau: Senatorin Traute Müller; Bevollmächtigter der Freien und Hansestadt beim Bund: Senator Bernd Zumkley; Staatsarchiv: Bürgermeister Dr. Henning Voscherau.

Behörde für Wirtschaft, Verkehr und Landwirtschaft (Alter Steinweg 4, 2000 Hamburg 11, Tel. 040/35040): Bürgermeister Prof. Dr. Hans-Jürgen Krupp (zugleich Verteter des Ersten Bürgermeisters); Staatsrat Dr. Claus Noé.

3. Die Institutionen der Bundesländer

Behörde für Wissenschaft und Forschung (Hamburger Str. 37, 2000 Hamburg 76, Tel. 040/291881): Senator Prof. Dr. Leonhard Hajen; Staatsrat Hinrich Budelmann.

Kulturbehörde (Hamburger Str. 45, 2000 Hamburg 76, Tel. 040/291881): Senatorin Dr. Christina Weiss; Staatsrat Dr. Knut Nevermann.

Justizbehörde (Drehbahn 36, 2000 Hamburg 36, Tel. 040/34971): Senatorin Dr. Lore Maria Peschel-Gutzeit; Staatsrat Dr. Knut Nevermann.

Behörde für Schule, Jugend und Berufsbildung (Hamburger Str. 31, 2000 Hamburg 76, Tel. 040/291881): Senatorin Rosemarie Raab; Staatsrat Dr. Hermann Granzow.

Behörde für Arbeit, Gesundheit und Soziales (Hamburger Str. 47, 2000 Hamburg 76, Tel. 040/291881): Senator Ortwin Runde; Staatsrätin Dr. Wilma Simon, Staatsrat Dr. Peter Lippert.

Baubehörde (Stadthausbrücke 8, 2000 Hamburg 36, Tel. 040/349131): Senator Eugen Wagner; Staatsrat Karl Kalff.

Behörde für Inneres (Johanniswall 4, 2000 Hamburg 1, Tel. 040/24860): Senator Werner Hackmann; Staatsrätin Dr. Barbara Bludau.

Umweltbehörde (Steindamm 22, 2000 Hamburg 1, Tel. 040/248611): Senator Dr. Fritz Vahrenholt; Staatsrat Karl Boldt.

Finanzbehörde (Gänsemarkt 36, 2000 Hamburg 36, Tel. 040/35981): Senator Wolfgang Curilla; Staatsrat Hartmuth Wrocklage.

Behörde für Stadtentwicklung (Alte Post, Post-Str., 2000 Hamburg 1, Tel. 040/36810): Senatorin Traute Müller; Staatsrat(rätin): N.N.

Der Hamburger Datenschutzbeauftragte: Dr. Hans-Hermann Schrader (Baumwall 7, 2000 Hamburg 36, Tel. 040/35042044/45).

Alle Senatoren werden von der SPD gestellt. Ob es im Rahmen der Senatsbildung Um- bzw. Neubesetzungen der Staatsratsstellen geben wird, war bei Redaktionsschluß nicht zu erfahren.

cc) Die obersten Gerichte Hamburgs

Hamburgisches Verfassungsgericht (Sievekingplatz 2, 2000 Hamburg 36)

Hanseatisches Oberlandesgericht (Sievekingplatz 2, 2000 Hamburg 36)
Oberverwaltungsgericht Hamburg (Nagelsweg 37, 2000 Hamburg 37)
Landesarbeitsgericht Hamburg (Osterbeckstr. 96, 2000 Hamburg 60)
Landessozialgericht Hamburg (Kaiser-Wilhelm-Str. 100, 2000 Hamburg 36)
Finanzgericht Hamburg (Oberstr. 18 d, 2000 Hamburg 13)

g) Hessen

aa) Der Landtag von Hessen
(Anschrift: Schloßplatz 1–3, 6200 Wiesbaden, Tel. 0611/3500)

Präsident: Karl Starzacher (SPD), **Vizepräsident(in)en:** Klaus Peter Möller (CDU), Hartmut Nassauer (CDU), Dirk Pfeil (F.D.P.), Evelin Schönhut-Keil (GRÜNE), Erika Wagner (SPD).
Direktor beim Landtag: Dieter Felix Lessle.

Ausschüsse des Landtages:
Hauptausschuß (Vors.: G. Lütgert (SPD));
Haushaltsausschuß (Vors.: O. Wilke (F.D.P.));
Innenausschuß (Vors.: K. H. Ernst (SPD));
Kulturpolitischer Ausschuß (Vors.: W. Korn (CDU));
Ausschuß für Wissenschaft und Kunst (Vors.: F. K. Hertle (GRÜNE));
Ausschuß für Landwirtschaft und Forsten (Vors.: J. Reichhardt (CDU));
Petitionsausschuß (Vors.: Chr. Greiff (CDU));
Rechtsausschuß (Vors.: R. Stanitzek (CDU));
Ausschuß für Jugend, Familie und Gesundheit (Vors.: Dr. G. Simon (SPD));
Ausschuß für Frauen, Arbeit und Sozialordnung (Vors.: W. Osypka (CDU)
Ausschuß für Umweltfragen (Vors.: M. Schlappner (SPD));
Ausschuß für Wirtschaft und Technik (K. H. Ritter (SPD)).
Ausschuß für Wohnungsbau und Städteplanung (Vors.: A. Lenz (CDU)).

Fraktionen:
SPD (46 Mitglieder): Fraktionsvorsitzender: Lothar Klemm;

Stellvertreter(innen): Frank Beucker, Christel Hoffmann, Reinhard Kahl, Veronika Kiekheben-Schmidt-Winterstein, Matthias Kurth (zugl. Parl. Geschäftsführer), Lisa Vollmer, Kurt Weidmann.

CDU (46 Mitglieder): Fraktionsvorsitzender: Manfred Kanther; Stellvertreter(innen): Georg Badeck, Otti Geschka, Roland Koch, Wilhelm Küchler, Dietrich Möller, Hermann Schoppe; Parl. Geschäftsführer: Dr. Franz Josef Jung.

Die GRÜNEN (10 Mitglieder): Fraktionsvorsitzender: Rupert von Plottnitz-Stockhammer; Stellvertreterin: Karin Hagemann; Parl. Geschäftsführer: Reinhold Weist.

F.D.P. (8 Mitglieder): Fraktionsvorsitzender: Dr. Wolfgang Gerhardt; Stellvertreter: Jörg-Uwe Hahn, Otto Wilke; Parl. Geschäftsführer Hans-Jürgen Hielscher.

Monatliche Leistungen an Abgeordnete:
10200.– DM steuerpflichtige Entschädigung; 800.– DM Unkostenpauschale. Reisekosten, Tage- und Übernachtungsgeld gemäß dem Hessischen Reisekostengesetz. Zuschuß für Mitarbeiter: Halbtagskraft gemäß BAT VIb.

Der Hessische Datenschutzbeauftragte:
Prof. Dr. Spiros Simitis (Uhlandstr. 4, 6200 Wiesbaden, Tel. 06121/14080) (Prof. Simitis scheidet am 31.10.1991 aus seinem Amt. Nachfolger wird wahrscheinlich Prof. Dr. Winfried Hassemer).

bb) Zusammensetzung der hessischen Landesregierung

Staatskanzlei (Bierstadter Str. 2, 6200 Wiesbaden, Tel. 0611/320): Ministerpräsident Hans Eichel (SPD); Staatssekretär: Hans Joachim Suchan.

Ministerium für Umwelt, Energie und Bundesangelegenheiten (Mainzer Str. 80, 6200 Wiesbaden, Tel. 0611/8150): Staatsminister Joseph Fischer (GRÜNE) (zugleich Stellvertreter des Ministerpräsidenten); Staatssekretär(in): Ulrike Riedel, Rainer Baake.

Ministerium für Wissenschaft und Kunst (Rheinstr. 23–25, 6200 Wiesbaden, Tel. 0611/1650): Staatsministerin Prof. Dr. Evelies Mayer (SPD); Staatssekretär: Dr. Bernd Kummer.

Ministerium der Finanzen (Friedrich-Ebert-Allee 8, 6200 Wiesbaden, Tel. 0611/320): Staatsministerin Dr. Annette Fugmann-Heesing (SPD); Staatssekretär: Dr. Otto-Erich Geske.

Kultusministerium (Luisenplatz 10, 6200 Wiesbaden, Tel. 06 11/36 80): Staatsminister Hartmut Holzapfel (SPD); Staatssekretärin: Christine Böck.

Ministerium des Innern (Friedrich-Ebert-Allee 12, 6200 Wiesbaden, Tel. 06 11/35 30): Staatsminister Dr. Herbert Günther (SPD); Staatssekretär: Christoph Kulenkampff.

Ministerium der Justiz (Luisenstr. 13, 6200 Wiesbaden, Tel. 06 11/3 20): Staatsministerin Dr. Christine Hohmann-Dennhardt (SPD); Staatssekretär: Dieter Schmidt.

Ministerium für Wirtschaft, Verkehr und Technologie (Kaiser-Friedrich-Ring 75, 6200 Wiesbaden, Tel. 06 11/81 50): Staatsminister Ernst Welteke (SPD); Staatssekretär: Dr. Jürgen Wefelmeier.

Ministerium für Jugend, Familie und Gesundheit (Dostojewskistr. 4, 6200 Wiesbaden, Tel. 06 11/81 50): Staatsministerin Iris Blaul (GRÜNE); Staatssekretärin: Brigitte Sellach.

Ministerium für Frauen, Arbeit und Sozialordnung (Gustav-Freytag-Str. 1, 6200 Wiesbaden, Tel. 06 11/3 20): Staatsministerin Prof. Dr. Heide Pfarr (SPD); Staatssekretär: Dietmar Glaßer.

Ministerium für Landesentwicklung, Wohnen, Landwirtschaft, Forsten und Naturschutz (Hölderlinstr. 1–3, 6200 Wiesbaden, Tel. 06 11/81 70): Staatsminister Jörg Jordan (SPD); Staatssekretär: Rolf Praml.

Datenschutzbeauftragter: s. S. 297.

cc) Die obersten Gerichte Hessens

Staatsgerichtshof des Landes Hessen (Luisenstr. 13, 6200 Wiesbaden)

Oberlandesgericht Frankfurt (Zeil 42, 6000 Frankfurt am Main)

Hessischer Verwaltungsgerichtshof (Brüder-Grimm-Platz 1, 3500 Kassel)

Landesarbeitsgericht (Adickesallee 36, 6000 Frankfurt am Main)

Landessozialgericht (Rheinstr. 94, 6100 Darmstadt)

Hessisches Finanzgericht (Ständeplatz 19, 3500 Kassel)

h) Mecklenburg-Vorpommern*

aa) Der Landtag von Mecklenburg-Vorpommern
(Anschrift: Schloß, O-2759 Schwerin, Tel. 53 81)

Präsident: Rainer Prachtl (CDU); **Vizepräsident(in):** Dr. Rolf Eggert (SPD), Stefanie Wolf (F.D.P.).
Direktor beim Landtag: Ragnar Ruthe.

Ausschüsse des Landtages:
Petitionsausschuß (Vors.: B. Kozian (LL/PDS));
Innenausschuß (Vors.: J. Steinmann (CDU));
Finanzausschuß (Vors.: S. Keler (SPD));
Wirtschaftsausschuß (Vors.: G. Ihde (F.D.P.));
Landwirtschaftsausschuß (Vors.: Dr. P. Kauffold (SPD));
Kulturausschuß (Vors.: H. Großnick (CDU));
Umweltausschuß (Vors.: C. Muth (LL/PDS));
Ausschuß für Arbeit, Gesundheit, Soziales, Familien und Frauen (Vors.: K. Bresemann (SPD));
Rechtsausschuß (Vors.: Dr. N. Buske (CDU));
Kommission zur Erarbeitung einer Landesverfassung (Vors.: R. Prachtl (CDU)).

Fraktionen:
CDU (29 Mitglieder): Fraktionsvorsitzender: Eckhardt Rehberg; Stellvertreter(in): Dr. Thomas Brick, Jürgen Seidel, Heide Großnick; Parlamentarischer Geschäftsführer: Lorenz Caffier.

SPD (20 Mitglieder): Fraktionsvorsitzender: Dr. Harald Ringstorff; Stellvertreter(in): Dr. Peter Kauffold, Karin Bresemann; Parlamentarischer Geschäftsführer: Dr. Gottfried Timm.

Linke Liste/PDS (11 Mitglieder): Fraktionsvorsitzender: Johann Scheringer; Stellvertreterin: Dr. Ingrid Tschirch; Parlamentarischer Geschäftsführer: Dr. Arnold Schoenenburg.

F.D.P. (4 Mitglieder): Fraktionsvorsitzender: Walter Goldbeck; Stellvertreterin: Stefanie Wolf; Parlamentarischer Geschäftsführer: Georg Ihde.

Fraktionslos: 2 Abgeordnete.

---

* Da in den neuen Ländern noch keine einheitlichen Vorwahlnummern existieren, wurde hier auf Angaben verzichtet. Die Vorwahl für Schwerin und den alten Ländern ist 00 37 84.

Monatliche Leistungen an Abgeordnete:
3500,- DM steuerpflichtige Entschädigung (40,- DM Kürzung bei unentschuldigtem Fehlen in Sitzungen); 1600,- DM Unkostenpauschale; Tagegeld: 40,- DM; Übernachtungsgeld: 39,- DM; Reisekostenerstattung: 0,42 DM/km; Zuschuß für die Beschäftigung von Mitarbeitern: 1130,- DM.

bb) Die Landesregierung von Mecklenburg-Vorpommern

Ministerpräsident (Schloßstr. 2-4, O-2750 Schwerin, Tel. 57190): Dr. Alfred Gomolka (CDU); Parlamentarischer Staatssekretär beim Ministerpräsidenten: Hans-Joachim Kalendrusch (CDU); Chef der Staatskanzlei: Staatssekretär Dr. Matthias Zender; Bürgerbeauftragter: Dr. Wolfgang Schulz.

Sozialminister (Werderstr. 124, O-2756 Schwerin, Tel. 5770): Dr. Klaus Gollert (F.D.P.) (zugleich Stellvertreter des Ministerpräsidenten); Staatssekretär: Neithart Neitzel.

Innenminister (Karl-Marx-Str. 1, O-2751 Schwerin, Tel. 5740): Dr. Georg Diederich (CDU); Staatssekretär: Volker Pollehn.

Minister für Justiz, Bundes- und Europaangelegenheiten (Demmlerplatz 1-2, O-2754 Schwerin, Tel. 8890): Dr. Ulrich Born (CDU); Staatssekretär: Rüdiger Annecke.

Finanzministerin (Schloßstr. 9-11, O-2750 Schwerin, Tel. 5780): Bärbel Kleedehn (CDU); Staatssekretär: Dr. Merten Drevs.

Wirtschaftsminister (Stellingstr. 14, O-2751 Schwerin, Tel. 57240): Conrad-Michael Lehment (F.D.P.); Staatssekretär: Wolfgang Pfletschinger.

Landwirtschaftsminister (Paulshöher Weg 1, O-2786 Schwerin, Tel. 8860): Martin Brick (CDU); Staatssekretär: Brar C. Roeloffs.

Kultusminister (Werderstr. 124, O-2756 Schwerin, Tel. 5780): Oswald Wutzke (CDU); Staatssekretär: Dr. Thomas de Maizière.

Umweltministerin (Schloßstr. 6-8, O-2750 Schwerin, Tel. 5780): Dr. Petra Uhlmann (CDU); Staatssekretär: Dr. Peter-Uwe Conrad.

cc) Die obersten Gerichte von Mecklenburg-Vorpommern

Die Obergerichte von Mecklenburg-Vorpommern befinden sich derzeit im Aufbau. Ihre Kompetenzen liegen gegenwärtig im wesentlichen bei den zuständigen Bezirksgerichten.

i) Niedersachsen

aa) Der Niedersächsische Landtag
(Anschrift: Hinrich-Wilhelm-Kopf-Platz 1, Postfach 44 07, 3000 Hannover, Tel. 05 11/3 03 00)

Präsident: Horst Milde (SPD); **Vizepräsident(inn)en:** Dr. Edzard Blanke (CDU), Edda Goede (SPD), Doris Herrmann (GRÜNE), Ernst-Henning Jahn (CDU), Kurt Rehkopf (F.D.P.).
Direktor beim Landtag: Dr. habil. Albert Janssen.
Ausschüsse des Landtages:
Ausschuß für Rechts- und Verfassungsfragen (Vors.: H. Herbst (CDU));
Ausschuß für innere Verwaltung (Vors.: G. Isernhagn (CDU));
Ausschuß für Haushalt und Finanzen (Vors.: A. von Wangenheim (CDU));
Kultusausschuß (Vors.: H. Horrmann (CDU));
Ausschuß für Wissenschaft und Kunst (Vors.: L. Auerbach (SPD));
Ausschuß für Wirtschaft und Verkehr (Vors.: W. Schultze (SPD));
Ausschuß für Ernährung, Landwirtschaft und Forsten (Vors.: E. von Hofe (GRÜNE));
Ausschuß für Städtebau- und Wohnungswesen (Vors.: M. Auditor (SPD));
Ausschuß für Sozial- und Gesundheitswesen (Vors.: W. Lindhorst (CDU));
Ausschuß für Jugend und Sport (Vors.: U. Köneke (SPD));
Ausschuß für Umweltfragen (Vors.: Dr. D. Stratmann (CDU));
Ausschuß für Bundes- und Europaangelegenheiten (Vors.: Dr. W. Mertens (CDU));
Ausschuß für öffentliches Dienstrecht (Vors.: G. Kopp (F.D.P.));
Ausschuß für Häfen und Schiffahrt (Vors.: W. Adam (SPD));
Geschäftsordnungsausschuß (Vors.: W. Waike (SPD));
Ausschuß für Medienfragen (Vors.: W. Schurreit (SPD));
Ausschuß für Gleichberechtigung und Frauenfragen (Vors.: I. Lemmermann (SPD));

Fraktionen:
SPD (71 Mitglieder): Fraktionsvorsitzender: Johann Bruns; Stellvertreter(innen): Heinrich Aller, Irmela Hammelstein, Peter-Jürgen Schneider, Bärbel Tewes, Bernd Theilen; Parlamentarischer Geschäftsführer: Willi Waike.

CDU (67 Mitglieder): Fraktionsvorsitzender: Jürgen Gansäuer; Stellvertreter(in): Hans Eveslage, Kurt-Dieter Grill, Horst Horrmann, Edda Schliepack, Josef Stock.

F.D.P. (9 Mitglieder): Fraktionsvorsitzender: Martin Hildebrandt; Stellvertreter: Dr. Friedrich-Theodor Hruska, Erich Küpker.

Die GRÜNEN (8 Mitglieder): Fraktionsvorsitzende: Dr. Thea Dückert; Stellvertreter: Johannes Kempmann, Karl Puls.

Monatliche Leistungen an Abgeordnete:
7840,– DM steuerpflichtige Entschädigung; 1800,– DM Unkostenpauschale; Reisekosten: 0,42 DM pro km bei Fahrten zu Veranstaltungen gem. § 8 des Niedersächsischen Abgeordnetengesetzes; Tagegeld: 20,– bis 60,– DM pro Sitzung bzw. Veranstaltung; Übernachtungsgeld: 39,– DM oder gegen Nachweis; Zuschüsse für Mitarbeiter: 900,– DM.

bb) Zusammensetzung der Niedersächsischen Landesregierung

Ministerpräsident (Staatskanzlei, Planckstr. 2, 3000 Hannover 1, Tel. 0511/1201): Gerhard Schröder (SPD); Staatssekretäre: Reinhard Scheibe und Uwe-Carsten Heye.

Minister des Innern (Lavesallee 6, 3000 Hannover 1, Tel. 0511/1201): Gerhard Glogowski (SPD) (zugl. Stellvertreter des Ministerpräsidenten); Staatssekretär: Claus Henning Schapper.

Minister der Finanzen (Schiffgraben 10, 3000 Hannover 1, Tel. 0511/1201): Hinrich Swieter (SPD); Staatssekretär: Peter Neuber.

Sozialminister (Hinrich-Wilhelm-Kopf-Platz 2, 3000 Hannover 1, Tel. 0511/1201): Walter Hiller (SPD); Staatssekretär: Dr. Fritz Riege.

Kultusminister (Schiffgraben 12, 3000 Hannover 1, Tel. 0511/1201): Prof. Rolf Wernstedt (SPD); Staatssekretärin: Renate Jürgens-Pieper.

Ministerin für Wissenschaft und Kunst (Leibnizufer 9, 3000 Hannover 1, Tel. 0511/1201): Helga Schuchardt (parteilos); Staatssekretär: Dr. Uwe Reinhardt.

Minister für Wirtschaft, Technologie und Verkehr (Friedrichswall 1, 3000 Hannover 1, Tel. 0511/1201): Dr. Peter Fischer (SPD); Staatssekretär: Prof. Dr. Gunter Kappert.

Minister für Ernährung, Landwirtschaft und Forsten (Calenberger Str. 2, 3000 Hannover 1, Tel. 0511/1201): Karl-Heinz Funke (SPD); Staatssekretär: Uwe Bartels.

Ministerin der Justiz (Am Waterlooplatz 1, 3000 Hannover 1, Tel. 0511/1201): Heidi Alm-Merk (SPD); Staatssekretär: Dr. Peter Düwel.

Ministerin für Umwelt (Archivstr. 2, 3000 Hannover 1, Tel. 0511/1040): Monika Griefahn (parteilos); Staatssekretär: Peter Bulle.

Minister für Bundes- und Europaangelegenheiten (Clemensstr. 17, 3000 Hannover 1, Tel. 0511/1201): Jürgen Trittin (GRÜNE); Staatssekretär: Frank Ebisch.

Ministerin für Frauenfragen (Lavesstr. 80, 3000 Hannover 1, Tel. 0511/1200): Waltraud Schoppe (GRÜNE); Staatssekretärin: Dr. Christa Karras.

Der Datenschutzbeauftrage der Landesregierung: Dr. Gerhard Dronsch (Schwarzer Bär 2, 3000 Hannover 91, Tel. 0511/1206841).

cc) Die obersten Gerichte Niedersachsens

Niedersächsischer Staatsgerichtshof (Herminenstr. 31, 3062 Bückeburg)

Oberlandesgericht Braunschweig (Bankplatz 6, 3300 Braunschweig)

Oberlandesgericht Celle (Schloßplatz 2, 3100 Celle)

Oberlandesgericht Oldenburg (Richard-Wagner-Platz, 2900 Oldenburg)

Oberverwaltungsgericht Niedersachsen (Uelzener Str. 40, 2120 Lüneburg)

Landesarbeitsgericht Niedersachsen (Siemensstr. 10, 3000 Hannover)

Landessozialgericht Niedersachsen (Georg-Wilhelm-Str. 1, 3100 Celle)

Niedersächsisches Finanzgericht (Am Waterlooplatz 5A, 3000 Hannover 1)

j) Nordrhein-Westfalen

aa) Der Landtag von Nordrhein-Westfalen

(Anschrift: Platz des Landtages, 4000 Düsseldorf 1, Tel. 0211/ 8840)

Präsidentin: Ingeborg Friebe (SPD); **Vizepräsidenten:** Dr. Hans-Ulrich Klose (CDU), Ulrich Schmidt (SPD).
Direktor beim Landtag: Heinrich Große-Sender.

Ausschüsse des Landtages:
Ausschuß für Arbeit, Gesundheit, Soziales und Angelegenheiten der Vertriebenen und Flüchtlinge (Vors.: B. Champignon (SPD));

Ausschuß für Grubensicherheit (Vors.: H. Marmulla (SPD));
Hauptausschuß (Vors.: R. Grätz (SPD));
Haushalts- und Finanzausschuß (Vors.: L. Dautzenberg (CDU));
Ausschuß für Haushaltskontrolle (Vors.: W. Neuhaus (CDU));
Ausschuß für Innere Verwaltung (Vors.: E. Reinhard (SPD));
Ausschuß für Frauenpolitik (Vors.: M.-L. Morawietz (SPD));
Ausschuß für Kinder, Jugend und Familie (Vors.: E. Heckelmann (SPD));
Ausschuß für Kommunalpolitik (Vors.: Dr. G. Twenhöven (CDU));
Kulturausschuß (Vors.: H. Matthäus (CDU));
Ausschuß für Landwirtschaft, Forsten und Naturschutz (Vors.: H. Kruse (CDU));
Ausschuß „Mensch und Technik" (Vors.: Dr. K. Grüber (GRÜNE));
Petitionsausschuß (Vors.: K. Knipschild (CDU));
Rechtsausschuß (Vors.: F. Schreiber (SPD));
Ausschuß für Schule und Weiterbildung (Vors.: H. Frey (SPD));
Sportausschuß (Vors.: H. Rohe (SPD));
Ausschuß für Städtebau und Wohnungswesen (Vors.: E. Pfänder (SPD));
Ausschuß für Umweltschutz und Raumordnung (Vors.: W. Stump (CDU));
Verkehrsausschuß (Vors.: H. Jaax (SPD));

Ausschuß für Wirtschaft, Mittelstand und Technologie (Vors.: Dr. J. Schwericke (CDU));
Ausschuß für Wissenschaft und Forschung (Vors.: J. Schultz-Tornau (F.D.P.)).

Fraktionen:
SPD (122 Mitglieder): Fraktionsvorsitzender: Dr. Friedhelm Farthmann; Stellvertreter(in): Dr. Manfred Dammeyer, Loke Mernizka, Volkmar Schultz, Brigitte Speth, Reinhold Trinius; Parlamentarischer Geschäftsführer: Gerd Wendzinski.
CDU (89 Mitglieder): Fraktionsvorsitzender: Dr. Helmut Linssen; Stellvertreter(innen): Lothar Hegemann, Ruth Hieronymi, Leonhard Kuckart, Herbert Reul, Hartmut Schauerte, Marie-Luise Woldering; Parlamentarischer Geschäftsführer: Heinz Hardt.
F.D.P. (14 Mitglieder): Fraktionsvorsitzender: Dr. Achim Rohde; Stellvertreter(in): Dr. Horst-Ludwig Riemer, Marianne Thomann-Stahl; Parlamentarischer Geschäftsführer: Hagen Tschoeltsch.
GRÜNE (12 Mitglieder): Fraktionssprecherin: Bärbel Höhn; Parlamentarischer Geschäftsführer: Michael Vesper.

Monatliche Leistungen an Abgeordnete:
7230,- DM steuerpflichtige Entschädigung; 2081,- DM Unkostenpauschale; Sitzungsgeldpauschale 460,-; Reisekosten: 655,- DM bis 1268,- DM; Zuschüsse für Mitarbeiter: 3900,- DM.

bb) Zusammensetzung der Landesregierung von Nordrhein-Westfalen

Staatskanzlei (Mannesmannufer 1a, 4000 Düsseldorf 1, Tel. 0211/83701): Ministerpräsident Dr. h.c. Johannes Rau; Minister für besondere Aufgaben und Chef der Staatskanzlei: Wolfgang Clement.
Innenministerium (Haroldstr. 5, 4000 Düsseldorf 1, Tel. 0211/8711): Minister Dr. Herbert Schnoor (zugl. Stellvertreter des Ministerpräsidenten); Staatssekretär: Wolfgang Riotte.
Finanzministerium (Jägerhofstr. 6, 4000 Düsseldorf 1, Tel. 0211/49720): Minister Heinz Schleußer; Staatssekretär: Dr. Karlheinz Bentele.
Ministerium für Arbeit, Gesundheit und Soziales (Horion-

platz 1, 4000 Düsseldorf 1, Tel. 0211/83703): Hermann Heinemann; Staatssekretär: Dr. Wolfgang Bodenbender.

Ministerium für Stadtentwicklung und Verkehr (Breite Str. 31, 4000 Düsseldorf 1, Tel. 0211/83704): Minister Franz-Josef Kniola; Staatssekretär: Dr. Heinz Nehrling.

Ministerium für Wirtschaft, Mittelstand und Technologie (Haroldstr. 4, 4000 Düsseldorf 1, Tel. 0211/83702): Minister Günther Einert; Staatssekretär: Hartmut Krebs.

Kultusministerium (Völklinger Str. 49, 4000 Düsseldorf 1, Tel. 0211/89603): Minister Hans Schwier; Staatssekretär: Dr. Friedrich Besch.

Justizministerium (Martin-Luther-Platz 40, 4000 Düsseldorf 1, Tel. 0211/87921): Minister Dr. Rolf Krumsiek; Staatssekretär: Dr. Heinrich Hugo Röwer.

Ministerium für Umwelt, Raumordnung und Landwirtschaft (Schwannstr. 3, 4000 Düsseldorf 30, Tel. 0211/45660): Minister Klaus Matthiesen; Staatssekretäre: Dr. Hans-Hermann Bentrup, Dr. Hans Jürgen Baedeker.

Ministerium für Wissenschaft und Forschung (Völklinger Str. 49, 4000 Düsseldorf, Tel. 0211/89604): Ministerin Anke Brunn; Staatssekretär: Dr. Gerhard Konow.

Ministerium für Bauen und Wohnen (Nördlicher Zubringer 5, 4000 Düsseldorf 1, Tel. 0211/90880): Ministerin Ilse Brusis, Staatssekretär: Joachim Westermann.

Ministerium für die Gleichstellung von Frau und Mann (Breite Str. 27, 4000 Düsseldorf 1, Tel. 0211/83705): Ministerin Ilse Ridder-Melchers.

Ministerium für Bundesangelegenheiten (Dahlmannstr. 2, 5300 Bonn 1; Tel. 0228/26991): Ministerpräsident Johannes Rau; Staatssekretärin: Heide Dörrhöfer-Tucholski.

Der Datenschutzbeauftragte der Landesregierung: Hans Maier-Bode (Reichsstr. 43, 4000 Düsseldorf 1, Tel. 0211/384240).

Alle Minister werden von der SPD gestellt.

cc) Die obersten Gerichte Nordrhein-Westfalens

Verfassungsgerichtshof für das Land Nordrhein-Westfalen (Aegidiikirchplatz 5, 4400 Münster/Westf.)

Oberlandesgericht Düsseldorf (Cecilienallee 3, 4000 Düsseldorf 30)
Oberlandesgericht Hamm (Heßlerstr. 53, 4700 Hamm 1)
Oberlandesgericht Köln (Reichenspergerplatz 1, 5000 Köln 1)
Oberverwaltungsgericht für das Land Nordrhein-Westfalen (Aegidiikirchplatz 5, 4400 Münster/Westf.)
Landesarbeitsgericht Düsseldorf (Karlplatz 24, 4000 Düsseldorf 1)
Landesarbeitsgericht Hamm (Marler Allee 94, 4700 Hamm)
Landesarbeitsgericht Köln (Blumenthalstr. 33, 5000 Köln 1)
Landessozialgericht für das Land Nordrhein-Westfalen (Zweigertstr. 54, 4300 Essen)
Finanzgericht Düsseldorf (Ludwig-Erhard-Allee 21, 4000 Düsseldorf 1)
Finanzgericht Köln (Adolf-Fischer-Str. 12–16, 5000 Köln 1)
Finanzgericht Münster (Warendorfer Str. 70, 4400 Münster/Westf.)

k) Rheinland-Pfalz

aa) Der Landtag von Rheinland-Pfalz

(Anschrift: Deutschhausplatz 12, Postfach 3040, 6500 Mainz, Tel. 06131/2080)

Präsident: Christoph Grimm (SPD); **Vizepräsident(in)en:** Dr. Heinz Peter Volkert (CDU), Detlef Bojak (SPD), Hans-Günther Heinz (F.D.P.), Helma Schmitt (CDU).
Direktor beim Landtag: Walter P. Becker.

Bürgerbeauftragter des Landes Rheinland-Pfalz: Walter Mallmann (Mittlere Bleiche 61, Postfach 3040, 6500 Mainz, Tel. 06131/2080).

Ausschüsse des Landtages:
Ausschuß für Europafragen (Vors.: Dr. D. Schiffmann (SPD));
Ausschuß für Frauenfragen (Vors.: G. Bill (GRÜNE));
Ausschuß für Landwirtschaft, Weinbau und Forsten (Vors.: G. Kneib (CDU));
Ausschuß für Soziales und Familie (Vors.: R. Geil (CDU));
Ausschuß für Umwelt und Gesundheit (Vors.: P. Schuler (CDU));

Ausschuß für Wirtschaft und Verkehr (Vors.: F. P. Basten (CDU));
Ausschuß für Wissenschaft und Weiterbildung (Vor.: Prof. Dr. H. Reisinger (F.D.P.));
Haushalts- und Finanzausschuß (Vors.: G. Itzek (SPD));
Innenausschuß (Vors.: L. Schönberg (CDU));
Kulturpolitischer Ausschuß (Vors.: H. Schweitzer (SPD));
Medienpolitischer Ausschuß (Vors.: K.-J. Lais (SPD));
Petitionsausschuß (Vors.: K. Hammer (SPD));
Rechtsausschuß (Vors.: D. Muscheid (SPD)).

Fraktionen:
SPD (47 Mitglieder): Fraktionsvorsitzender: Kurt Beck; Stellvertreter(in): Prof. Dr. Fritz Preuss, Ingrid Schneider, Joachim Mertes; Fraktionsgeschäftsführer: Karl Peter Bruch.

CDU (40 Mitglieder): Fraktionsvorsitzender: Hans-Otto Wilhelm; Stellvertreter(in): Karl August Geimer, Prof. Gabriele Kokott-Weidenfeld, Dr. Werner Langen; Fraktionsgeschäftsführer: Wolfgang Wittkowsky.

F.D.P. (7 Mitglieder): Fraktionsvorsitzender: Hans H. Dieckvoß; Stellvertreter: Hans-Artur Bauckhege, Hans-Günther Heinz.

GRÜNE (7 Mitglieder): Fraktionsvorsitzende: Gisela Bill; Stellvertreterin: Friedel Grützmacher.

Datenschutzkommission Rheinland-Pfalz (Deutschhausplatz 12, 6500 Mainz, Tel. 06131/2080): Vorsitzender: Franz Josef Bischel (CDU).

Monatliche Leistungen an Abgeordnete:
7460.51 DM steuerpflichtige Entschädigung; 1950.– DM Unkostenpauschale; Reisekosten: 200.– bis 865.– DM (in Mainz wohnende Abgeordnete erhalten keine Reisekostenpauschale); Tagegeldpauschale: 550.– DM; für Büroarbeiten Erstattung eines Betrages bis ⅓ BAT VII. (In Rheinland-Pfalz erhalten die Abgeordneten 13 × ihre Grundentschädigung.)

bb) Zusammensetzung der Landesregierung von Rheinland-Pfalz

Staatskanzlei (Peter-Altmeier-Allee 1, 6500 Mainz, Tel. 06131/160): Ministerpräsident Rudolf Scharping (SPD); Staatssekretär: Dr. Karl-Heinz Klär.

Minister für Wirtschaft und Verkehr (Bauhofstr. 4, 6500 Mainz, Tel. 06131/160): Rainer Brüderle (F.D.P.) (zugl. Stellvertreter des Ministerpräsidenten); Staatssekretäre: Ernst Eggers, Jürgen Debus.

Minister der Finanzen (Kaiser-Friedrich-Str. 1, 6500 Mainz, Tel. 06131/160): Edgar Meister (SPD); Staatssekretär: Dr. Thilo Sarrazin.

Minister für Landwirtschaft, Weinbau und Forsten (Große Bleiche 55, 6500 Mainz, Tel. 06131/160): Karl Schneider (SPD); Ministerialdirektor Günter Eymael.

Minister für Bundesangelegenheiten und Europa (Heussallee 18–24, 5300 Bonn, Tel. 0228/91200): Florian Gerster (SPD); Staatssekretär: Prof. Dr. Wolfgang Rumpf.

Minister des Innern und für Sport (Schillerplatz 3–5, 6500 Mainz, Tel. 06131/160): Walter Zuber (SPD); Staatssekretär: Klaus Rüter.

Minister der Justiz (Ernst-Ludwig-Str. 3, 6500 Mainz, Tel. 06131/160): Peter Caesar (F.D.P.); Ministerialdirektor Dr. Gerhard Hofe.

Ministerin für Umwelt (Kaiser-Friedrich-Str. 7, 6500 Mainz, Tel. 06131/160): Klaudia Martini; Staatssekretär: Roland Härtel.

Minister für Arbeit, Soziales, Familie und Gesundheit (Bauhofstr. 9, 6500 Mainz, Tel. 06131/160): Ulrich Galle (SPD); Staatssekretär: Udo Reichenberger.

Ministerin für Bildung und Kultur (Mittlere Bleiche 61, 6500 Mainz, Tel. 06131/160): Dr. Rose Götte (SPD); Staatssekretär: Dr. Joachim Hofmann-Göttig.

Ministerin für die Gleichstellung von Mann und Frau (Bauhofstr. 4, 6500 Mainz, Tel. 06131/160): Jeanette Rott (SPD); Ministerialrätin: Ursula Hahn.

Minister für Wissenschaft und Weiterbildung (Mittlere Bleiche 61, 6500 Mainz, Tel. 06131/160): Prof. Dr. Jürgen Zöllner (SPD); Staatssekretär Erwin Heck.

cc) Die obersten Gerichte von Rheinland-Pfalz

Verfassungsgerichtshof Rheinland-Pfalz (Deinhardplatz 4, 5400 Koblenz)

Oberlandesgericht Koblenz (Stresemannstr. 1, 5400 Koblenz)

Oberlandesgericht Zweibrücken (Schloßplatz 7, 6660 Zweibrücken)

Oberverwaltungsgericht Rheinland-Pfalz (Deinhardplatz 4, 5400 Koblenz)

Landesarbeitsgericht Rheinland-Pfalz (Ernst-Ludwig-Str. 1, 6500 Mainz)

Landessozialgericht Rheinland-Pfalz (Ernst-Ludwig-Str. 1, 6500 Mainz)

Finanzgericht Rheinland-Pfalz (Robert-Stolz-Str. 20, 6730 Neustadt/Weinstr.)

l) Saarland

aa) Der Landtag des Saarlandes

(Anschrift: Franz-Josef-Röder-Str. 7, 6600 Saarbrücken 2, Tel. 0681/50021)

Präsident: Albrecht Herold (SPD); **Vizepräsidentinnen:** Rita Waschbüsch (CDU), Roswitha Hollinger (SPD).

Direktor beim Landtag: Dr. Heinz Krieger.

Ausschüsse des Landtages:

Ausschuß für Arbeit und Frauen (Vors.: M. Conrad (SPD));
Ausschuß für Bildung und Sport (Vors.: J. Schreier (CDU));
Ausschuß für Eingaben (Vors.: J. Rischar (SPD));
Ausschuß für Europafragen (Prof. R. Warnking (CDU));
Ausschuß für Gesundheit und Soziales (Vors.: A. Lang (SPD));
Ausschuß für Grubensicherheit (Vors.: H. A. Lauer (SPD));
Ausschuß für Haushalts- und Finanzfragen (Vors.: E. Hein (CDU));
Ausschuß für innere Verwaltung (Vors.: L. S. Schmitt (SPD));
Ausschuß für Datenschutz (Vors.: H. Edig (SPD));
Ausschuß für Umwelt, Raumordnung und Bauwesen (Vors.: Dr. R. Tabillion (SPD));
Aussschuß für Verfassungs- und Rechtsfragen (Vors.: D. Gruschke (SPD));
Ausschuß für Fragen des Verfassungsschutzes (Vors.: R. Klimmt (SPD));
Ausschuß für Wahlprüfung (Vors.: K. Schoenen (CDU));
Ausschuß für Wirtschaft, Verkehr und Landwirtschaft (Vors.: A. Feibel (CDU));
Ausschuß für Wissenschaft und Kultur (Vors.: M. Conrad (SPD)).

Fraktionen:
SPD (30 Mitglieder): Fraktionsvorsitzender: Reinhard Klimmt; Stellvertreter: Leo Petry, Dr. Reiner Tabillion; Parlamentarischer Geschäftsführer: Dieter Gruschke.

CDU (18 Mitglieder): Fraktionsvorsitzender: Peter Jacoby; Stellvertreter: Gerd Meyer, Helmut Rauber; Parlamentarischer Geschäftsführer: Peter A. Müller.

F.D.P. (3 Mitglieder): Fraktionsvorsitzender: Norbert Wagner; Stellvertreterin: Brunhilde Müller.

Monatliche Leistungen an Abgeordnete:
7425,– DM steuerpflichtige Entschädigung; 1760,– DM Unkostenpauschale; Reisekosten: 150,– DM bis 250,– DM; Tagegeld: 50,– DM pro Sitzung; keine Zuschüsse zur Beschäftigung von Mitarbeitern.

bb) Zusammensetzung der Landesregierung des Saarlandes

Staatskanzlei (Am Ludwigsplatz 14, 6600 Saarbrücken 1, Tel. 0681/500601): Ministerpräsident Oskar Lafontaine; Chef der Staatskanzlei: Staatssekretär Dr. Kurt Bohr.

Ministerium der Finanzen (Am Stadtgraben 6–8, 6600 Saarbrücken 3, Tel. 0681/30001): Minister Hans Kasper (zugl. Vertreter des Ministerpräsidenten); Staatssekretär: Dr. Rüdiger Furkel.

Ministerium des Innern (Franz-Josef-Röder-Str. 21, 6600 Saarbrücken 1, Tel. 0681/5011): Minister Friedel Läpple; Staatssekretär: Dr. Richard Dewes.

Ministerium der Justiz (Zähringerstr. 12, 6600 Saarbrücken 1, Tel. 0681/5051): Minister Dr. Arno Walter; Staatssekretär: Dr. Roland Rixecker.

Ministerium für Wissenschaft und Kultur (Hohenzollernstr. 60, 6600 Saarbrücken 1, Tel. 0681/5031): Minister Prof. Dr. Diether Breitenbach; Staatssekretärin: Dr. Rüdiger Pernice.

Ministerium für Bildung und Sport (Hohenzollernstr. 60, 6600 Saarbrücken 1, Tel. 0681/5031): Ministerin Marianne Granz; Staatssekretär: Werner Raber.

Ministerium für Frauen, Arbeit, Gesundheit und Soziales (Talstr. 43–51, 6600 Saarbrücken 1, Tel. 0681/5011): Ministerin Christiane Krajewski; Staatssekretärin: Barbara Wackernagel-Jacobs.

Ministerium für Wirtschaft (Hardenbergstr. 8, 6600 Saarbrücken 1, Tel. 0681/5011): Minister Reinhard Kopp; Staatssekretär: Dr. Michael Schulz-Triglaff.

Ministerium für Umwelt (Hardenbergstr. 8, 6600 Saarbrücken 1, Tel. 0681/5011): Minister Josef M. Leinen; Staatssekretär: Burghard Schneider.

Der Bevollmächtigte des Saarlandes beim Bund (Kurt-Schumacher-Str. 9, 5300 Bonn, Tel. 0228/267930): Staatssekretär Hans-Peter Weber.

Der Landesbeauftragte für Datenschutz: Dr. Gerhard Schneider (Fritz-Dobisch-Str. 12, 6600 Saarbrücken, Tel. 0681/503415).

Alle Minister werden von der SPD gestellt.

cc) Die obersten Gerichte des Saarlandes

Verfassungsgerichtshof des Saarlandes (Hindenburgstr. 15, Postfach 1070, 6600 Saarbrücken)

Oberlandesgericht Saarbrücken (Franz-Joseph-Röder-Str. 15, Postfach 1070, 6600 Saarbrücken)

Oberverwaltungsgericht des Saarlandes (Prälat-Subtil-Ring 22, Postfach 2006, 6630 Saarlouis)

Landesarbeitsgericht Saarland (Obere Lauerfahrt 10, 6600 Saarbrücken)

Landessozialgericht für das Saarland (Egon-Reinert-Str. 4–6, Postfach 263, 6600 Saarbrücken)

Finanzgericht des Saarlandes (Reppersbergerstr. 64, 6600 Saarbrücken)

m) Sachsen*

aa) Der Sächsische Landtag
(Anschrift: Holländische Str. 2, O-8012 Dresden, Tel. 48550)

Präsident: Erich Iltgen (CDU); **Vizepräsidenten:** Dr. Dieter Rudorf (SPD); Heinrich Sandig (CDU).
Direktor des Landtages: Dr. Dietrich Lehmberg.

---

* Da in den neuen Ländern noch keine einheitlichen Vorwahlnummern existieren, wurde hier auf Angaben verzichtet. Die Vorwahl für Dresden aus den alten Ländern ist 003751.

3. Die Institutionen der Bundesländer

Ausschüsse des Landtages:
Verfassungs- und Rechtsausschuß (Vors.: V. Schimpff (CDU));
Geschäftsordnungsausschuß (Vors.: H.-J. Kannegießer (CDU));
Sonderausschuß zur Untersuchung von Amts- und Machtmißbrauch infolge der SED-Herrschaft (Vors.: K. Dreikopf (SPD));
Innenausschuß (Vors.: H. Ulbricht (CDU));
Ausschuß für Bundes- und Europaangelegenheiten (Vors.: P. Sprotte (CDU));
Ausschuß für Wirtschaft und Arbeit (Vors.: Dr. G. Hielscher (F.D.P.));
Umweltausschuß (Vors.: Prof. Dr. H. Hegewald (LL-PDS));
Haushalts- und Finanzausschuß (Vors.: Dr. F. Tiedt (SPD));
Ausschuß für Bau und Verkehr (Vors.: Dr. W. Nowak (CDU));
Ausschuß für Landwirtschaft, Ernährung und Forsten (Vors.: H. Pfordte (CDU));
Ausschuß für Schule, Jugend und Sport (Vors.: Dr. W. Weber (CDU));
Ausschuß für Wissenschaft und Hochschulen (Vors.: Dr. A. Förster (SPD));
Ausschuß für Soziales, Gesundheit, Familie und Frauen (Vors.: Dr. D. Wildführ (CDU));
Ausschuß für Kultur und Medien (Vors.: L. Ackermann (Bündnis 90/GRÜNE));
Petitionsausschuß (Vors.: K.-H. Binus (CDU)).

Fraktionen:
CDU (92 Mitglieder): Fraktionsvorsitzender: Herbert Goliasch; Stellvertreter(in): Karl-Heinz Binus, Dr. Dieter Reinfried, Volker Bandmann, Kurt Stempell, Eva Maria Wünsche; Parlamentarischer Geschäftsführer: Klaus Leroff.
SPD (32 Mitglieder): Fraktionsvorsitzender: Dr. Karl-Heinz Kunckel; Stellvertreter: Bendikt Dyrlich, Dr. Alfred Förster; Parlamentarischer Geschäftsführer: Peter Adler.
Linke Liste/PDS (17 Mitglieder): Fraktionsvorsitzender: Klaus Bartl; Stellvertreter(in): Angela Schneider, Steffen Tippach; Parlamentarischer Geschäftsführer: Detlef Wehnert.
Bündnis 90/GRÜNE (10 Mitglieder): Fraktionsvorsitzender:

Dr. Martin Böttger; Stellvertreterinnen: Cornelia Matzke, Kornelia Müller; Parlamentarischer Geschäftsführer: Dr. Ralf Donner.

F.D.P. (9 Mitglieder): Fraktionsvorsitzender: Dr. Günter Kröber; Stellvertreter(in): Wolfgang Richter, Angelika von Fritzsch; Parlamentarischer Geschäftsführer: Klaus Bertelmann.

Monatliche Leistungen an Abgeordnete:
3500,- DM steuerpflichtige Entschädigung; 1800,- DM Unkostenpauschale; 1000,- bis 1750,- DM Fahrt- und Mehrkostenpauschale (Abzüge von 70,- bzw. 120,- DM täglich bei Nichterscheinen in Sitzungen); Zuschüsse für Mitarbeiter: 2400,- DM.

bb) Zusammensetzung der Landesregierung des Freistaates Sachsen

Staatskanzlei (Archivstr. 1, O-8060 Dresden; Tel. 59820): Ministerpräsident Prof. Dr. Kurt Biedenkopf; Staatsminister in der Staatskanzlei: Arnold Vaatz; Parlamentarische Staatssekretärin für die Gleichstellung von Frau und Mann: Friederike de Haas; Staatssekretäre: Günter Meyer, Dr. Günter Ermisch (Bevollmächtigter des Freistaates Sachsen für Bundes- und Europaangelegenheiten).

Staatsministerium des Innern (Archivstr. 1, O-8060 Dresden, Tel. 59820): Staatsminister Dr. Rudolf Krause (zugleich Stellvertreter des Ministerpräsidenten); Parlamentarischer Staatssekretär: Dr. Albrecht Buttolo; Amtschef: Dr. Joachim Kohler.

Staatsministerium der Finanzen (Carolaplatz 1, O-8060 Dresden, Tel. 59400): Staatsminister Prof. Dr. Georg Milbradt; Amtschef: Dr. Hans Reckers.

Staatsministerium für Kultus (Archivstr. 1, O-8060 Dresden, Tel. 59820): Staatsministerin Stefanie Rehm; Parlamentarischer Staatssekretär: Dr. Klaus Husemann; Staatssekretär: Dr. Wolfgang Nowak.

Staatsministerium für Landwirtschaft, Ernährung und Forsten (Freiberger Str. 31, O-8010 Dresden, Tel. 48450): Staatsminister Dr. Rolf Jähnichen; Staatssekretär: Jürgen Gülde.

Staatsministerium für Soziales, Gesundheit und Familie (Carolaplatz 1, O-8060 Dresden, Tel. 59400): Staatsminister Dr. Hans Geisler; Staatssekretär: Dr. Albin Nees.

Staatsministerium für Umwelt und Landesentwicklung (Ostra-

Allee 23, O-8010 Dresden, Tel. 4 86 20): Staatsminister Dr. Karl Weise, Parlamentarischer Staatssekretär: Dr. Horst Metz; Staatssekretär: Dieter Angst.

Staatsministerium für Wissenschaft und Kunst (Archivstr. 1, O-8060 Dresden, Tel. 5 98 20): Staatsminister Prof. Dr. Hans-Joachim Meyer; Parlamentarischer Staatssekretär: Prof. Dr. Volker Nollau; Staatssekretär: Eckhard Noack.

Staatsministerium der Justiz (Archivstr. 1, O-8060 Dresden, Tel. 5 98 20): Staatsminister Steffen Heitmann; Staatssekretär: Eberhard Stilz.

Staatsministerium für Wirtschaft und Arbeit (Budapester Str. 5, O-8010 Dresden, Tel. 4 85 20): Staatsminister Dr. Kajo Schommer; Parlamentarischer Staatssekretär: Dr. Helmut Münch; Staatssekretäre: Dr. Rüdiger Thiele, Dr. Wolfgang Zeller

Alle Minister und Parlamentarischen Staatssekretäre werden von der CDU gestellt. Justizminister Heitmann ist parteilos.

cc) Die obersten Gerichte von Sachsen

Die Obergerichte des Freistaates Sachsen befinden sich derzeit im Aufbau. Ihre Kompetenzen liegen gegenwärtig im wesentlichen bei den zuständigen Bezirksgerichten.

n) Sachsen-Anhalt*

aa) Der Landtag von Sachsen-Anhalt
(Anschrift: Am Domplatz 6/7, O-3010 Magdeburg, Tel. 33 89 58)

Präsident: Dr. Klaus Keitel (CDU); **Vizepräsident(in):** Dr. Rüdiger Fikentscher (SPD), Cornelia Pieper (F.D.P.).
Direktor beim Landtag: Lutz Gieseler.

Ausschüsse des Landtages:
Ausschuß für Inneres (Vors.: K. Jeziorski (CDU));
Ausschuß für Wirtschaft, Technologie und Verkehr (Vors.: Dr. A. Spotka (CDU));

---

* Da in den neuen Ländern noch keine einheitlichen Vorwahlnummern existieren, wurde hier auf Angaben verzichtet. Die Vorwahl für Magdeburg aus den alten Ländern ist 00 37 91.

Ausschuß für Justiz (Vors.: Chr. Koch (CDU));
Ausschuß für Ernährung, Landwirtschaft und Forsten (Vors.: M. Thon (CDU));
Ausschuß für Arbeit und Soziales (Vors.: Dr. G. Kuppe (SPD));
Ausschuß für Bildung und Wissenschaft (Vors.: K.-H. Reck (SPD));
Ausschuß für Finanzen (Vors.: W. Schaefer (SPD));
Ausschuß für Kultur und Medien (Vors.: Dr. K. Breitenborn (F.D.P.));
Ausschuß für Bundes- und Europaangelegenheiten (Vors.: G. Kley (F.D.P.));
Ausschuß für Umwelt und Naturschutz (Vors.: Dr. V. Lüderitz (PDS));
Ausschuß für Petitionen (Vors.: H.-J. Tschiche (Bü 90/Grüne));
Verfassungsausschuß (Vors.: Dr. R. Höppner (SPD)).

Fraktionen:
CDU (48 Mitglieder): Fraktionsvorsitzender: Joachim Auer; Stellvertreter: Jürgen Scharf (zugl. Parlamentarischer Geschäftsführer), Peter Schenk.
SPD (27 Mitglieder): Fraktionsvorsitzender: Dr. Reinhard Höppner; Stellvertreter(in): Dr. Gerlinde Kuppe, Walter Fischer; Parlamentarischer Geschäftsführer: Tilman Tögel.
F.D.P. (14 Mitglieder): Fraktionsvorsitzender: Prof. Dr. Hans-Herbert Haase; Stellvertreter(in): Cornelia Pieper, Wolfgang Buchholz; Parlamentarischer Geschäftsführer: Hans-Jörg Schuster.
PDS (12 Mitglieder): Fraktionsvorsitzende: Dr. Petra Sitte; Stellvertreter: Friedrich Rabe, Dr. Rolf Funda; Parlamentarische Geschäftsführerin: Dr. Renate Wetzel.
Bündnis 90/Grüne (5 Mitglieder): Fraktionsvorsitzender: Hans-Jochen Tschiche; Stellvertreter(in): Ute Scheffler, Ulrich-Karl Engel; Parlamentarische Geschäftsführerin: Heidrun Heidecke.

Monatliche Leistungen an Abgeordnete:
4832,– DM steuerpflichtige Entschädigung; 1600,– DM Unkostenpauschale; 40,– bis 60,– DM Sitzungsgeld; 39,– DM Übernachtungsgeld; 200,– bis 1150,– DM Reisekostenpauschale; Zuschuß für Mitarbeiter: 1500,– DM.

3. Die Institutionen der Bundesländer

bb) Die Landesregierung von Sachsen-Anhalt

Staatskanzlei (Hegelstr. 42, O-3010 Magdeburg, Tel. 3822230): Ministerpräsident Prof. Dr. Werner Münch (CDU); Staatssekretäre(in): N.N. (Chef der Staatskanzlei), Carmen Stange (Gleichstellungsbeauftragte).

Ministerium für Bundes- und Europaangelegenheiten (Domplatz 2/3, O-3010 Magdeburg, Tel. 33761): Minister Dr. Dr. Gerd Brunner (F.D.P.) (zugleich Stellvertreter des Ministerpräsidenten); Staatssekretär: Hans-Jürgen Kaesler.

Ministerium für Wirtschaft, Technologie und Verkehr (Wilhelm-Höpfner-Ring 4, O-3037 Magdeburg, Tel. 613056): Minister Dr. Horst Rehberger (F.D.P.); Staatssekretäre: Rudolf Bohn, Dr. Konrad Schwaiger.

Ministerium für Ernährung, Landwirtschaft und Forsten (Olvenstedter Str. 4, O-3010 Magdeburg, Tel. 374520): Minister Otto Mintus (CDU); Staatssekretär: Klaus Gille.

Ministerium für Umwelt- und Naturschutz (Pfälzer Platz 1; O-3024 Magdeburg, Tel. 58401): Minister Wolfgang Rauls (F.D.P.); Staatssekretäre: Dr. Eberhard Stief, Dr. Herbert Spindler.

Minsterium der Finanzen (Olvenstedter Str. 1–2, O-3010 Magdeburg, Tel. 3822459): Minister Dr. Wolfgang Böhmer (CDU); Staatssekretär: Dr. Eberhard Schmiege.

Ministerium für Wissenschaft und Forschung (Breiter Weg 31, O-3040 Magdeburg, Tel. 58114): Minister Prof. Dr. Rolf Frick (F.D.P.); Staatssekretär: Prof. Dr. Hans-Albert Freye.

Ministerium für Arbeit und Soziales (Wilhelm-Höpfner-Ring, O-3037 Magdeburg, Tel. 6613600): Minister Werner Schreiber (CDU); Staatssekretär: N.N.

Ministerium des Innern (Halberstädter Str. 2, O-3014 Magdeburg, Tel. 3872163): Minister Hartmut Perschau (CDU); Staatssekretär: Dr. Peter Mahn.

Ministerium der Justiz (Wilhelm-Höpfner-Ring 4, O-3037 Magdeburg, Tel. 613078): Minister Walter Remmers (CDU); Staatssekretär: Rainer Robra.

Ministerium für Schule, Erwachsenenbildung und Kultur (Breiter Weg 31, O-3040 Magdeburg, Tel. 58114): Minister Dr. Werner Sobetzko (CDU), Staatssekretär Dr. Wolf-Dieter Legall.

Ministerium für Raumordnung, Städtebau und Wohnungswesen (Jean-Burger-Str., O-3014 Magdeburg, Tel. 42841); Ministerin Petra Wernicke (CDU); Staatssekretär: Dr. Hans-Peter Mayer.

cc) Die obersten Gerichte von Sachsen-Anhalt

Die Obergerichte des Landes Sachsen-Anhalt befinden sich derzeit im Aufbau. Ihre Kompetenzen liegen gegenwärtig im wesentlichen bei den zuständigen Bezirksgerichten.

o) Schleswig-Holstein

aa) Der Landtag von Schleswig-Holstein

(Anschrift: Landeshaus, Düsternbrooker Weg 70, 2300 Kiel 1, Tel. 0431/5961)

Präsidentin: Lianne Paulina-Mürl (SPD); **Vizepräsidenten:** Dr. Eberhard Dall'Asta (CDU), Alfred Schulz (SPD).
Direktor des Landtages: Dr. Jürgen Schöning.

Ausschüsse des Landtages:
Ausschuß für Verfassung, innere Verwaltung, Justiz, Gleichstellung, Geschäftsordnung und Wahl- und Abstimmungsprüfung (Innen- und Rechtsausschuß) (Vor.: P. Aniol (CDU));
Ausschuß für Finanzen (Vors.: W. Marschner (SPD));
Ausschuß für Wirtschaft, Technik und Verkehr, Wohnungs- und Städtebau (Wirtschaftsausschuß) (Vors.: K. Kribben (CDU));
Ausschuß für Soziales, Vertriebene, Gesundheit, Arbeit, Energie und Familie (Sozialausschuß) (Vors.: U. Amthor (SPD));
Ausschuß für Bürgerinitiativen, andere Eingaben und Anhörungen zu Initiativen aus dem Volk (Eingabenausschuß) (Vors.: R. Johna (SPD));
Ausschuß für Bildung, Wissenschaft, Jugend, Kultur und Sport (Vors.: S. Schröder (SPD));
Ausschuß für Ernährung, Landwirtschaft, Forsten und Fischerei (Agrarausschuß) (Vors.: Th. Lorenzen (CDU));
Ausschuß für Natur, Umwelt und Landesentwicklung (Umweltschutzausschuß) (Vors.: G. Köster (SPD)).

Fraktionen:
SPD (46 Mitglieder): Fraktionsvorsitzender: Gert Börnsen; Stellvertreter(innen): Ute Erdsiek-Rave, Heide Moser, Peter Wellmann; Parlamentarischer Geschäftsführer: Heinz-Werner Arens.
CDU (27 Mitglieder): Fraktionsvorsitzender: Klaus Kribben;

Stellvertreter(in): Peter Aniol, Anke Gravert, Thomas Lorenzen; Parlamentarischer Geschäftsführer: Meinhard Füllner.

Südschleswigscher Wählerverband (1 Mitglied: Karl-Otto Meyer) hat für die Dauer der 12. Wahlperiode die Rechte einer Fraktion erhalten.

Monatliche Leistungen an Abgeordnete:
6360,– DM steuerpflichtige Entschädigung; 1600,– DM Unkostenpauschale; Tagegeldpauschale: 440,– DM; Übernachtungsgelder: 39,– DM; Fahrtkostenerstattung: 284,– DM bis 1486,– DM; Zuschuß zur Beschäftigung von Mitarbeitern: 1130.– DM.

Der Landesbeauftragte für den Datenschutz: Dr. Ernst-Eugen Becker (Düsternbrookerweg 82, 2300 Kiel 1, Tel. 0431/5961)

bb) Zusammensetzung der Landesregierung von Schleswig-Holstein

Ministerpräsident: Björn Engholm (Düsternbrooker Weg 70, 2300 Kiel 1, Tel. 0431/5961); Staatssekretär: Dr. Stefan Pelny; Der Bürgerbeauftragte für Soziale Angelegenheiten und Landesbeauftragte für Behinderte: Eugen Glombig (Adolfstr. 48, 2300 Kiel 1, Tel. 0431/5961).

Ministerin für Bundesangelegenheiten (Düsternbrooker Weg 70, 2300 Kiel 1, Tel. 0431/5961): Eva Rühmkorf (zugleich Stellvertreterin des Ministerpräsidenten); Staatssekretär: Dr. Michael Bürsch.

Justizminister (Lorentzendamm 35, 2300 Kiel 1, Tel. 0431/5991): Dr. Klaus Klingner; Staatssekretär: Uwe Jensen.

Innenminister (Düsternbrooker Weg 92, 2300 Kiel 1, Tel. 0431/5961): Prof. Dr. Hans Peter Bull; Staatssekretär: Dr. Ekkehard Wienholtz.

Finanzministerin (Düsternbrooker Weg 64, 2300 Kiel 1, Tel. 0431/5961): Heide Simonis; Staatssekretär: Klaus Gärtner.

Minister für Wirtschaft, Technik und Verkehr (Düsternbrooker Weg 94, 2300 Kiel 1, Tel. 0431/5961): Dr. Franz Froschmaier; Staatssekretär: Uwe Thomas.

Minister für Ernährung, Landwirtschaft, Forsten und Fischerei (Düsternbrooker Weg 104, 2300 Kiel 1, Tel. 0431/5961): Hans Wiesen; Staatssekretär: Manfred Merforth.

Minister für Soziales, Gesundheit und Energie (Brunswiker Str.

320 VI. Die politischen Institutionen der Bundesrepublik

16–22, 2300 Kiel 1, Tel. 0431/5961): Günther Jansen; Staatssekretär: Claus Möller.

Ministerin für Bildung, Wissenschaft, Jugend und Kultur (Düsternbrooker Weg 64–68, 2300 Kiel 1, Tel. 0431/5961): Marianne Tidick; Staatssekretäre: Dr. Joachim Kreyenberg, Dr. Bodo Richter.

Minister für Natur, Umwelt und Landesentwicklung (Grenzstr. 1–5, 2300 Kiel 1, Tel. 0431/2190): Prof. Dr. Berndt Heydemann; Staatssekretär: Peer Steinbrück.

Ministerin für Frauen (Beseler Allee 41, 2300 Kiel 1, Tel. 0431/5961): Gisela Böhrk.

Alle Minister werden von der SPD gestellt.

cc) Die obersten Gerichte Schleswig-Holsteins

Schleswig-Holsteinisches Oberlandesgericht (Gottorfstr. 2, 2380 Schleswig)

Schleswig-Holsteinisches Oberverwaltungsgericht (Brockdorff-Rantzau-Str. 13, 2380 Schleswig)

Schleswig-Holsteinisches Landesarbeitsgericht (Deliusstr. 22, 2300 Kiel)

Schleswig-Holsteinisches Landessozialgericht (Gottorfstr. 2, 2380 Schleswig)

Schleswig-Holsteinisches Finanzgericht (Deliusstr. 22, 2300 Kiel)

p) Thüringen*

aa) Der Thüringer Landtag

(Anschrift: Arnstädter Str. 51, O-5082 Erfurt, Tel. 370)

Präsident: Dr. Gottfried Müller (CDU); **Vizepräsidenten:** Peter Friedrich (SPD), Peter Backhaus (F.D.P.).

Geschäftsführender Direktor beim Landtag: Eberhard Ott.

Ausschüsse des Landtages:
Haushalts- und Finanzausschuß (Vors.: W. Ulbrich (CDU));
Petitionsausschuß (Vors.: J. Köhler (CDU));

---

* Da in den neuen Ländern noch keine einheitlichen Vorwahlnummern existieren, wurde hier auf Angaben verzichtet. Die Vorwahl für Erfurt aus den alten Ländern ist 003761.

Gleichstellungsausschuß (Vors.: G. Zimmer (LL-PDS));
Ausschuß für Wirtschaft und Technik (Vors.: Th. Kretschmar (CDU));
Innenausschuß (Vors.: P. Backhaus (F.D.P.));
Ausschuß für Soziales und Gesundheit (Vors.: I. Ellenberger (SPD));
Bildungsausschuß (Vors.: D. Althaus (CDU));
Justizausschuß (Vors.: H. Schulz (CDU));
Ausschuß für Landwirtschaft und Forsten (Vors.: R. Päsler (NF/GR/DJ));
Umweltausschuß (Vors.: Dr. Chr. Rudolph (SPD));
Ausschuß für Wissenschaft und Kunst (Vors.: I. Raber (SPD)).

Fraktionen:
CDU (44 Mitglieder): Fraktionsvorsitzender: Jörg Schwäblein; Stellvertreter: Wolfgang Fiedler, Bernd Wolf; Parlamentarischer Geschäftsführer: Dr. Hans-Peter Häfner.

SPD (21 Mitglieder): Fraktionsvorsitzender: Dr. Gerd Schuchardt; Stellvertreter: Andreas Enkelmann, Frieder Lippmann; Parlamentarischer Geschäftsführer: Berthold Klein.

Linke Liste/PDS (9 Mitglieder): Fraktionsvorsitzender: Klaus Höpcke; Stellvertreter: Peter Dietl; Parlamentarischer Geschäftsführer: Dr. Roland Hahnemann.

F.D.P. (9 Mitglieder): Fraktionsvorsitzender: Dr. Andreas Kniepert; Stellvertreter: Achim Häßler; Parlamentarischer Geschäftsführer: Dr. Jürgen Bohn.

Neues Forum/Grüne/Demokratie Jetzt (6 Mitglieder): Fraktionsvorsitzende: Christine Grabe; Stellvertreter: Gerhard Wien; Parlamentarischer Geschäftsführer: Olaf Möller.

Monatliche Leistungen an Abgeordnete:
3500,- DM steuerpflichtige Entschädigung (dreizehnmal zu zahlen); 1600,- DM Kostenpauschale (Abzug von 50,- DM bei Fehlen in Pflichtsitzungen); 500,- DM für Mehraufwendungen am Sitz des Landtages; 200,- bis 600,- DM Reisekostenpauschale; ein Mitarbeiter nach BAT VI b.

bb) Zusammensetzung der Landesregierung von Thüringen

Staatskanzlei (Johann-Sebastian-Bach-Str. 1, O-5085 Erfurt, Tel. 370): Ministerpräsident Josef Duchac (CDU); Minister für besondere Aufgaben: Jochen Lengemann (CDU); Chef der Staatskanzlei: Staatssekretär Dr. Michael Krapp; Frauenbeauftragte der Landesregierung: Karin Hübeler; Bürgerbeauftragter der Landesregierung: Bernhard Drapatz.

Ministerium für Wissenschaft und Kunst (Werner-Seelenbinder-Str. 1, O-5071 Erfurt, Tel. 3863161): Minister Dr. Ulrich Fickel (F.D.P.) (zugleich Stellvertreter des Ministerpräsidenten); Staatssekretär: Dr. Werner Brans.

Innenministerium (Schillerstr. 27, O-5082 Erfurt, Tel. 3982230): Minister Willibald Böck (CDU); Staatssekretär: Dr. Michael Lippert.

Finanzministerium (Wilhelm-Wolf-Str. 9, O-5091 Erfurt, Tel. 415112): Minister Dr. Klaus Zeh (CDU); Staatssekretär: Peter Schaad.

Justizministerium (Werner-Seelenbinder-Str. 1, O-5071 Erfurt, Tel. 3863149): Minister Dr. Hans-Joachim Jentsch (CDU) (zugleich Bevollmächtigter des Landes Thüringen beim Bund); Staatssekretär: Dr. Karl-Heinz Gasser.

Kultusministerium (Werner-Seelenbinder-Str. 1, O-5071 Erfurt, Tel. 3863149): Ministerin Christine Lieberknecht (CDU); Staatssekretär: Dr. Peter-Johannes Schuler.

Ministerium für Wirtschaft und Technik (Johann-Sebastian-Bach-Str. 1, O-5085 Erfurt, Tel. 37273): Minister Dr. Hans-Jürgen Schultz (F.D.P.); Staatssekretär: Dr. Dr. Detlev Killmer.

Ministerium für Landwirtschaft und Forsten (Hallesche Str. 16, O-5024 Erfurt, Tel. 529246): Minister Volker Sklenar (CDU); Staatssekretär: Dr. Jürgen Hartmann.

Ministerium für Soziales und Gesundheit (Werner-Seelenbinder-Str. 14, O-5085 Erfurt, Tel. 3407): Minister Dr. Hans-Henning Axthelm (CDU); Staatssekretär: Dr. Ansgar Keßler.

Umweltministerium (Richard-Breslau-Str. 112, O-5071 Erfurt, Tel. 23991): Minister Hartmut Sieckmann (F.D.P.), Staatssekretär: Dr. Manfred Sauerbrey.

Vertretung des Landes Thüringen beim Bund (Johann-Sebastian-Bach-Str. 1, O-5085 Erfurt, Tel. 370): Minister Dr. Hans-Joachim Jentsch (CDU) (zugleich Justizminister); Staatssekretär: Wolfgang Egerter.

cc) Die obersten Gerichte von Thüringen

Die Obergerichte des Landes Thüringen befinden sich derzeit im Aufbau. Ihre Kompetenzen liegen gegenwärtig im wesentlichen bei den zuständigen Bezirksgerichten.

VII. Parteien – Interessenverbände – Kirchen

1. Parteien

a) Veränderungen und Ereignisse in der Parteienlandschaft

aa) Bundesparteitage

Christlich Demokratische Union. An den letzten beiden Tagen vor der Vereinigung – am 1. und 2. 10. 1990 – hielt die CDU in Hamburg ihren Vereinigungsparteitag ab, dessen Vorbereitung wegen der „Blockflöten"-Vergangenheit eines Teiles der Ost-CDU-Mitglieder nicht gänzlich ohne Reibereien verlaufen war. Am Vormittag des ersten Tages war die West-CDU noch unter sich und stellte durch Satzungsänderungen die Weichen für die Vereinigung. Am Nachmittag begann dann der eigentliche Vereinigungsparteitag, den der Parteivorsitzende Kohl mit einem Rückblick auf die Geschichte der CDU einleitete, in dem er deren Verankerung im Widerstand gegen Totalitarismus und Diktatur betonte. In bezug auf die CDU-Ost warnte Kohl jene, die in Freiheit leben durften, vor pauschalen Verurteilungen. Danach verlasen Vertreter der fünf neuen Landesverbände und der Ostberliner CDU die Beitrittserklärungen. In seiner Hauptrede wies Kohl den Vorwurf zurück, die Wiedervereinigung mit zu großer Geschwindigkeit betrieben zu haben. Die wirtschaftliche Situation im Osten habe keine andere Wahl gelassen, in der kommenden Durststrecke gelte es zusammenzustehen: „Nationale Solidarität und soziale Gerechtigkeit sind selbstverständliche Verpflichtung." Kohl betonte als die zentralen Gestaltungsaufgaben der Zukunft: Wiederaufbau der DDR, Vollendung der Europäischen Union und eine gestaltende Rolle Deutschlands in der Welt von morgen. Daß der Hamburger Parteitag nicht nur Vereinigungs- sondern auch Wahlparteitag war, machte Kohl mit Angriffen auf die SPD deutlich, der er vorwarf, daß sie sich den Schicksalsfragen der Nation nicht gewachsen gezeigt hätte. Die CDU sei Regierungspartei und sie werde es nach der Bundestagswahl bleiben.

Lothar de Maizière ging in seiner Rede u. a. auf den Wandel der Ost-CDU ein. Während der SED-Herrschaft sei sie in eine korrupte Führung und in eine wenig wirksame Basis gespalten gewesen – Pauschalurteile seien nicht angebracht. Er zog auch eine selbstbewußte Bilanz seiner Arbeit als Ministerpräsident der DDR: „Für eine ‚Laienspielschar‘ ist das eine beachtliche Leistung."

Bei den Vorstandswahlen am Ende des ersten Tages konnte Kohl sein miserables Ergebnis vom Vorjahr (s. Jb. 1990/91, S. 301 f.) mehr als wettmachen: Mit 943 von 957 gültigen Stimmen wurde er in seinem Amt als Parteivorsitzender bestätigt. Durch Satzungsänderungen hatte man auch die Führungsstruktur der Partei leicht verändert. Bei der Wahl für das Amt des einzigen Stellvertretenden Parteivorsitzenden erreichte Lothar de Maizière mit 908 von 936 gültigen Stimmen ein ähnlich gutes Ergebnis wie der Parteivorsitzende. Bei den Wahlen zu den neu geschaffenen Beisitzern im Präsidium konnten sich drei Vertreter der Ost-CDU durchsetzen. Lothar Späth schaffte bei diesen Wahlen den Wiedereinzug ins Präsidium (s.a. S. 342).

Am folgenden Tag verabschiedeten die Delegierten einstimmig ein Manifest mit dem Titel „Ja zu Deutschland – Ja zur Zukunft", das von Generalsekretär Rühe vorgestellt wurde, in dem die Grundpositionen der Partei zusammengefaßt sind und u. a. die konsequente Verwirklichung einer ökologischen und sozialen Marktwirtschaft, eine zukunftsorientierte Sozial- und Familienpolitik, die Durchsetzung umfassender Chancengleichheit sowie Fortschritte in der Weiterentwicklung Europas gefordert werden.

Quellen: FAZ und SZ vom 2./3. und 4. 10. 1990; DIE ZEIT vom 14. 9. 1990, S. 9; Das Parlament vom 12. 10. 1990, S. 7.

Christlich-Soziale Union. Auf dem 54. Parteitag der CSU, der am 13. und 14. 7. 1990 in Nürnberg stattfand, zog ihr Parteivorsitzender Waigel eine positive Bilanz der Bonner Regierungspolitik. Sein Lob galt vor allem der Finanz- und Wirtschaftspolitik: „Wir haben diese glänzenden Wirtschaftsdaten auch nötig. Befänden sich Wirtschaft und öffentliche Haushalte in der Situation vom Herbst 1982, dann könnten wir heute realistischermaßen weder die Währungs- und Wirtschaftsunion und damit die Wiedervereinigung finanzieren noch die Reformprozesse in den Ostblockstaaten unterstützen." Das Thema, das viele Delegierten bewegte, ging der Parteivorsitzende ebenso wie andere Redner des

Parteitages nur vorsichtig an: Er nahm zwar die DSU in Schutz und hob sie von der CDU-Ost ab, auf eine Ausdehnung der CSU auf das Gebiet der DDR wollte er sich hingegen nicht einlassen. Ein solcher Versuch sei nur in Übereinstimmung mit der CDU, die allerdings nicht herstellbar sei, sinnvoll. Die direkte Konkurrenz mit der CDU bringe zwar eine Ausweitung des Wählerpotentials, sie führe aber auch zu Reibungsverlusten, wobei man nicht wisse, was überwiege. Die ersten gesamtdeutschen Wahlen seien für die CSU mit einer besonderen Herausforderung verbunden, denn Deutschland werde größer, Bayern hingegen nicht. Diese neue Konstellation zwinge die CSU zu mehr Eigeninitiative, damit sie nicht an Gewicht verliere.

In seiner Rede am zweiten Tag zog der bayerische Ministerpräsident Streibl einen Vergleich zwischen 1789 und 1989. Es beginne eine neue Epoche, deren „dominierendes Wort" Freiheit sei, während der Zusammenbruch des Sozialismus offensichtlich werde. Auch der Traum von einem humanen Sozialismus bleibe ein Trugbild, und der dritte Weg zwischen sozialer Marktwirtschaft und Sozialismus führe ebenfalls nicht zum Ziel: „An jeder Wegkreuzung – die Landtagswahl ist eine und die Bundestagswahl eine weitere – gibt es keinen ‚dritten Weg', sondern es ist zu entscheiden zwischen Freiheit oder Sozialismus!" Leider habe die SPD aus dem Zusammenbruch des Kommunismus im Ostblock nichts gelernt: „Weder ein sozialistisches Erdbeben noch eine stalinistische Götterdämmerung kann ihre Traumwelt erschüttern. Unbelehrbar vertritt sie immer noch weiter altes sozialistisches Gedankengut." Die CSU hingegen habe „durch die bisherigen Leistungen bewiesen, daß sie Bayern in eine gute und sichere Zukunft führen kann".

In Entschließungen lehnte der Parteitag die in der DDR geltende Fristenlösung für die Bundesrepublik und auch ihr vorübergehendes Fortgelten auf dem Gebiet der DDR ab. Für den Weg zur deutschen Einheit erhob die CSU u.a. folgende Forderungen: Beitritt der DDR nach Art 23 GG; Erhaltung des Grundgesetzes und seiner Grundpositionen; Förderung der Wiederherstellung der Länder in der DDR; Verbleib in der NATO; Einbindung der Vereinigung in den europäischen Integrationsprozeß; Anerkennung der Oder-Neiße-Grenze bei gleichzeitiger Wahrung des Schutzes der deutschen Minderheit in Polen; schnelle Verwirklichung der Wirtschafts- und Währungsunion; Einführung von

Übergangsfristen und Vorrang für den Umweltschutz in der DDR.

Quellen: FAZ und SZ vom 14. bzw. 14./15. und 16. 7. 1990; Das Parlament vom 20./27. 7. 1990, S. 11.

Freie Demokratische Partei. Am 11. und 12. 8. 1990 veranstaltete die F.D.P. in Hannover als erste der im Bundestag vertretenen Parteien ihren Vereinigungsparteitag. Auf einem vorangehenden Sonderparteitag am 11. 8. 1990 ermöglichte die West-F.D.P. die Beitritte der liberalen Parteien aus der DDR durch Satzungsänderungen.

In seiner Eröffnungsrede stellte das Parteivorsitzende Lambsdorff u.a. die deutschlandpolitische Vorreiterrolle seiner Partei heraus: „Der 9. November 1989 hat eine Vorgeschichte außenpolitischer Erfolge, deren erste große Station die maßgeblich von der F.D.P. mitgestaltete Ost- und Entspannungspolitik ab 1969 war." Und: „Die Verdienste des Kanzlers werden nicht geschmälert, wenn ich die entscheidende Rolle bei den 2+4-Gesprächen, beim NATO-Gipfel und beim Kaukasus-Treffen betone, die unserem Freund Hans-Dietrich Genscher zukommt." Lambsdorff grenzte sich vor allem zur SPD ab, deren Kanzlerkandidaten Lafontaine er als einen „Napoleon-Verschnitt von der Saar" und als „Abbruch-Unternehmer", der auf der Neubaustelle nichts verloren habe, bezeichnete. Genscher – von der FAZ zum „Helden des Parteitages" erklärt – betonte in seiner Rede u.a., daß die F.D.P. eine Spaltung Deutschlands „in zwei Neidgesellschaften" nicht zulassen werde. Die Menschen aus der DDR kämen nicht mit leeren Händen, sondern mit dem „kostbaren Gut der erstrittenen Freiheit". Ihn erschüttere deshalb die Kälte, „mit der über die Lasten der Vereinigung mehr gesprochen wird als über das Schicksal von Millionen von Menschen, für die die Einheit die einzige Hoffnung geblieben ist".

Am Nachmittag überreichten die Vorsitzenden der drei Ost-Parteien – Rainer Ortleb vom Bund Freier Demokraten, der aus den ehemaligen Blockparteien LDPD und NDPD hervorgegangen ist, Bruno Menzel von der neugegründeten Ost-FDP und Lothar Ramin von der ebenfalls neuen Deutschen Forumpartei – ihre drei Beitrittsbriefe. Die zwischen diesen Parteien fortlebenden Spannungen waren vor allem hinter den Kulissen, kaum auf dem Parteitag selbst zu spüren.

Bei der Neuwahl des Parteivorsitzenden erhielt Lambsdorff 524 Ja-Stimmen und 72 Nein-Stimmen bei 21 Enthaltungen – ein in Anbetracht der Vorbehalte, die bei den Ost-Liberalen gegen ihn herrschten, durchaus respektables Wahlergebnis. Bei den Wahlen der Stellvertreter schnitten Rainer Ortleb (542 Stimmen) und Irmgard Adam-Schwaetzer (541 Stimmen) besser ab als Lambsdorff. Von den Ost-Liberalen wurde noch Bruno Menzel zum stellvretrenden Vorsitzenden (483 Stimmen) gewählt (zur Zusammensetzung des neuen Vorstandes s. S. 344f.).

Punkte des Wahlprogrammes wurden zwar auf dem Parteitag andiskutiert, aber erst auf einem weiteren Parteitag (s. u.) verabschiedet. Beschlossen wurde die Erklärung „Für ein liberales Deutschland", in der es u. a. heißt: „Aus der deutschen Vereinigung muß ein Beitrag für ein einiges Europa werden. Deutschland nicht als Austragungsort europäischer Zerrissenheit, nicht als Ausgangspunkt von Machtpolitik, sondern Deutschland fest in der demokratischen Wertegemeinschaft verankert als Wegbereiter des einen Europa. Deutsche Vereinigung nicht als nationaler Egoismus mit hohem Pathos, sondern in Verantwortung für Europa als Teil Europas."

Quellen: FAZ und SZ vom 13. 8. 1990; Das Parlament vom 17./24. 8.
Quellen: FAZ und SZ vom 1. 10. 1990.

Auf ihrem Wahlparteitag am 29./30. 9. 1990 in Nürnberg sprachen sich die Freien Demokraten auf Vorschlag ihres Vorsitzenden Lambsdorff mit nur wenigen Gegenstimmen für eine Fortsetzung der Koalition mit der CDU/CSU nach der Bundestagswahl im Dezember aus. Schwerpunkte ihres Wahlprogrammes sind u. a.: Verkürzung des Wehrdienstes auf neun Monate und Angleichung des Zivildienstes an die Zeit des Wehrdienstes incl. der Reserveübungen; Einführung einer „modifizierten Fristenlösung", die einen Schwangerschaftsabbruch in den ersten drei Monaten bei obligatorischer Beratung straffrei läßt; Verankerung des Umweltschutzes als Staatsziel im Grundgesetz. Die Vorschläge, ein Berufsheer einzuführen bzw. die Kirchensteuer abzuschaffen, fanden keine Mehrheiten. Auch über die künftige Rolle Berlins konnte man sich nicht einigen.

Sowohl Bundesaußenminister Genscher als auch der Parteivorsitzende Lambsdorff traten in ihren Reden dafür ein, daß die neuen Bundesländer zu einem Niedrigsteuergebiet erklärt werden müßten, Lambsdorff schlug einen festen Zeitraum von ca. zehn Jahren vor. Steuererhöhungen für die Finanzierung der deutschen Einheit schloß er kategorisch aus.

Der Festlegung Lambsdorffs zugunsten der CDU/CSU entsprach seine Abgrenzung gegenüber der SPD, insbesondere gegenüber ihrem Kanzlerkandidaten Lafontaine. Ziel der Partei müsse ein zweistelliges Ergebnis bei der Bundestagswahl sein. In seiner Rede am Ende des Parteitags erklärte Bundesaußenminister Genscher, das vereinte Deutschland werde ein „europäisches Deutschland" sein, die Einheit Europas dürfe über der deutschen Einheit nicht vergessen werden, einen Rückfall in einen neuen Nationalismus dürfe es nicht geben.

Quellen: FAZ und SZ vom 1. 10. 1990.

DIE GRÜNEN. Im Gegensatz zur Bundesversammlung vom 30. 3.–1. 4. 1990 in Hagen (s. Jb. 1990/91, S. 305f.), die im Zeichen von Flügelkämpfen und des Versuches einer Neudefinition der Parteiziele durch den „Realoflügel" und den „Grünen Aufbruch" stand und bei der häufig von Spaltung die Rede war, konnte man bereits im Vorfeld der Bundesversammlung, die vom 8.–10. 6. 1990 in Dortmund stattfand, absehen, daß hier Harmonie und Konsens gefragt sein würden. Die bevorstehenden Wahlen setzten den innerparteilichen Streitigkeiten Grenzen, und die Entwicklung der deutschen Vereinigung entzog manchen Positionen innerhalb der Partei den Boden.

Der Bundeshauptausschuß der Partei hatte im Vorfeld des Parteitages den Rücktritt des gesamten Vorstandes empfohlen. Die fällige Neuwahl brachte einen flügelübergreifend akzeptierten Vorstand: Renate Damus, Heide Rühle und Christian Ströbele, der den bisherigen Vorstandssprecher Ralf Fücks in einer Stichwahl besiegte, wurden zu Vorstandssprecher(inne)n gewählt.

Auch die zwei wichtigsten Resolutionen des Parteitages wurden von breiten Mehrheiten getragen. Im Beschluß zur drohenden Klimakatastrophe wurde betont: „Was vor Jahren noch als Schreckensvision notorischer Schwarzmaler galt, droht Wirklichkeit zu werden.... Die Grenzen der Belastbarkeit des Planeten Erde sind überschritten." Konkret wurde u.a. gefordert: die schnellstmögliche Senkung des Kohlendioxyd-Ausstoßes, eine Einstellung der FCKW-Produktion, ein Programm zum Schutz der tropischen Regenwälder, ein Schuldenerlaß für die Länder der Dritten Welt sowie Änderungen in den Verkehrs- und Energiesystemen, die als die „zwei Hauptverursacher der Klimakatastrophe" bezeichnet wurden. In bezug auf die Deutschlandpolitik formulierten die Delegierten mehrere Forderungen von einer Verfassunggebenden Versammlung bis zur Einführung einer Grundrente in der DDR und sie legten sich auf die Ablehnung des Staatsvertrages fest: „Wir betrachten ihn als ein Dokument der Einverleibung und des bloßen Anschlusses der DDR an die BRD. Wir haben seit Monaten für einen anderen, sanfteren Weg der deutschen Vereinigung plädiert.... Die Verantwortung für die Konsequenzen dieses falschen Weges müssen die übernehmen, die diese Möglichkeiten aus eigenen, machtpolitischen Interessen heraus nicht nutzen wollten."

Quellen: FAZ und SZ vom 11. 6. 1990; Das Parlament vom 22. 6. 1990, S. 10.

Die Bundesdelegiertenversammlung, die am 22. und 23. 9.1990 in Bayreuth stattfand, war durch die Vermeidung größerer innerparteilicher Streitigkeiten gekennzeichnet. Die näherrückende Bundestagswahl und die bevorstehenden Landtagswahlen ließen es unratsam erscheinen, die Auseinandersetzungen, die im Vorfeld der Bundesversammlung um eine Rede Jutta Ditfurths auf dem Parteitag der PDS und um den Austritt etlicher Mitglieder des linken Flügels ausgebrochen waren, fortzuführen.

In dem Hauptreferat, zu dem eine Diskussion nicht zugelassen wurde, versuchte Parteisprecher Christian Ströbele die Integration der Delegierten insbesondere durch Abgrenzungen gegenüber der PDS, die er als bewußte Fortführung der SED bezeichnete und als Partner für linke und ökologische Politik ablehnte, und gegenüber der SPD. Ein Bündnis oder eine Koalition mit der SPD sei unmöglich, weil sich diese Partei nur als „zweite Variante" der Vereinigungspolitik der CDU darstelle.

Durch eine Satzungsänderung machten die GRÜNEN den Weg frei für den Beitritt der Landesverbände aus den fünf neuen Ländern nach der Bundestagswahl. Der Bundesvorstand wurde um zwei Mitglieder aus den neuen Ländern erweitert. Außerdem begannen die Delegierten mit einer Aktualisierung ihres Programmes über den ökologischen Umbau der Industriegesellschaft, das endgültig im Frühjahr 1991 verabschiedet werden soll. Sie verlangten u. a. die sofortige Erhöhung des Mineralölsteuer um 1 DM pro Liter und die Anhebung des Benzinpreises auf 5 DM innerhalb von 10 Jahren. Teile der Einnahmen sollen einem Solidarprogramm für die neuen Länder zugutekommen. Außerdem wurden eine Ergänzungsabgabe für Besserverdienende und Haushaltseinsparungen im Rüstungsbereich gefordert. Neben einer Erweiterung der Mitbestimmung wurde die Förderung benachteiligter Regionen verlangt. Man plädierte auch für die Ausarbeitung einer neuen Verfassung für die Bundesrepublik „auf der Basis des Grundgesetzes und des Verfassungsentwurfes des Runden Tisches".

Quellen: FAZ und SZ vom 22. bzw. 22./23. und vom 24. 9. 1990.

Auf der Bundesdelegiertenversammlung vom 26. bis 28. 4. 1991 in Neumünster erfüllte sich die Hoffnung der „Realos" und des „Grünen Aufbruchs", die Partei auf einen Neuanfang festzulegen, nur zum Teil. In einer langwierigen und turbulenten Satzungsdiskussion konnten sie nur die Aufhebung der Rotation für Vorstandsämter, nicht aber die Abschaffung der Unvereinbarkeit von Parteivorstandsamt und Abgeordnetenmandat durchsetzen – die satzungsändernde 2/3-Mehrheit wurde allerdings nur knapp verfehlt. Die Zahl der Parteisprecher wurde auf zwei reduziert und der Bundeshauptausschuß der Partei durch einen „Länderrat" ersetzt, dem auch Abgeordnete angehören dürfen.

Auch die Vorstandswahlen verliefen nicht nach den Vorstellungen des rechten Flügels. Ihre Kandidaten H. Kleinert und A. Vollmer blieben auf der Strecke. Gewählt wurden schließlich die Ostberliner Ärztin Christine Weiske und Ludger Volmer, die beide dem gemäßigten linken Flügel angehören. Henry Selzer wurde Schatzmeister, die übrigen Vorstandsposten konnten wegen Zeitmangels nicht mehr besetzt werden.

In einer „Politischen Erklärung" bezeichnen sich die GRÜNEN als reformistische Partei des „ökologischen Humanismus", die sich zur Gesellschaft hin öffnen müsse.

Dem fundamentalistischen Flügel um J. Ditfurth gingen die Beschlüsse trotzdem zu weit. Frau Ditfurth kündigte den Austritt ihres Flügels aus der Partei an und wünschte „dem traurigen Rest, der bleibt, viel Vergnügen". Da dieser Austritt zwei Wochen später auch tatsächlich erfolgte, könnte sich diese Bundesversammlung doch noch als ein Neuanfang für die Partei erweisen.

Quellen: FAZ und SZ vom 29. 4. 1991.

Partei des Demokratischen Sozialismus. Auf dem Bundesparteitag der PDS am 14. 10. 1990 in Berlin wurden in erster Linie die Konsequenzen aus dem Urteil des Bundesverfassungsgerichts vom 29. 9. 1990 und der daraus resultierenden partiellen Umgestaltung des Bundestagswahlsystems (s. S. 211 ff.) gezogen. Während die ursprüngliche Lösung das annähernd sichere Aus für die PDS bedeutet hätte, konnte man nun einigermaßen sicher auf einen Einzug in den Bundestag setzen.

Die Delegierten beschlossen, daß die PDS in allen 16 Bundesländern kandidieren werde und daß auch Nichtmitglieder aufgestellt werden dürfen. Als Reaktion auf das erwähnte Verfassungsgerichtsurteil wurde auch die erst im September geschlossene Listenverbindung mit westdeutschen linken Gruppierungen wieder gelöst. Man beschloß, sich zunächst voll dem Wahlkampf zu widmen – „Gerade bei der ersten gesamtdeutschen Wahl haben wir nicht das Recht, Stimmen zu verschenken", betonte der Parteivorsitzende Gysi – und die inhaltlichen Probleme einer Ausdehnung der Partei in den Westen, die allerdings immer wieder angesprochen wurden, auf den nächsten Parteitag zu vertagen.

Quellen: SZ vom 13./14. und vom 15. 10. 1990.

Auf dem Parteitag am 26./27. 1. 1991 in Berlin, der wegen des Finanzskandals der PDS (s. S. 439) vorgezogen worden war und im Sommer 1991 fortgesetzt werden soll, wurde Gregor Gysi, der in seinem Eröffnungsreferat das Verfahren der Einigung als „kolonialistischen Anschluß" kritisiert und den Westdeutschen „Besatzermentalität" vorgeworfen hatte, mit 483 Stimmen in seinem Amt als Parteivorsitzender bestätigt. Seine im letzten Moment angetretene Gegenkandidatin Martina Schönebeck erhielt 128 Stimmen. Stellvertreter wurden Marlies Deneke und André Brie. Der dritte Stellvertreterposten, der für ein Mitglied aus dem Westen reserviert war, konnte nicht besetzt werden, da keine der beiden aus Hamburg stammenden Kandidatinnen nach einer harten Personaldebatte eine absolute Stimmenmehrheit erreichen konnte.

Die Delegierten verabschiedeten u. a. eine Resolution zur Beendung des Golfkrieges, in der sie sowohl die USA als auch den Irak verurteilten, und forderten die Sowjetunion zur Beendung des Blutvergießens in den baltischen Staaten auf. Diskutiert wurde auch über die künftige Parteistruktur. In Anbetracht der vielfach deutlich werdenden Spannungen zwischen den Delegierten aus Ost und West stellte Carl-Christian Kaiser in der ZEIT fest: „Wenn auch unter spezifisch linkssozialistischen Vorzeichen, spielt sich hier so etwas wie ein deutsch-deutscher Modellprozeß ab ... – ein Prozeß, bei dem sehr verschiedene Vergangenheiten und Traditionen, Denkweisen und Einstellungen, Erfahrungen und Wünsche übereingebracht werden müssen. Wie schwierig das ist, davon hat der Berliner PDS-Parteitag eine kräftige Kostprobe gegeben."

Quellen: FAZ und SZ vom 28. 1. 1991; DIE ZEIT vom 1. 2. 1991, S. 13.

Sozialdemokratische Partei Deutschlands. Bevor die beiden Sozialdemokratischen Parteien Deutschlands zur ihrem Vereinigungsparteitag am 27. und 28. 9. 1990 in Berlin zusammenkamen, bereiteten sie den Zusammenschluß auf getrennten Parteitagen am 26. 9. 1990 vor.

Die SPD-West beschloß verschiedene Satzungsänderungen, mit der sie u. a. eine überproportionale Beteiligung der Delegierten der SPD-Ost auf dem Vereinigungsparteitag ermöglichte. Außerdem wurde eine befristete Beitragserhöhung zum Aufbau der Parteiorganisation in den neuen Ländern festgelegt.

Die SPD-Ost wählte den Parteivorsitzenden Wolfgang Thierse mit 211 von 243 Stimmen für das Amt des stellvertretenden Vorsitzenden in der vereinigten Partei und bestimmte die zehn neuen Mitglieder des erweiterten Parteivorstands. In einer vielbejubelten Rede warb der Kanzlerkandidat Oskar Lafontaine für seine Politik. U. a. stellte er fest, daß es ihm vorrangangig nicht um die staatliche, sondern um die gesellschaftliche Einheit Deutschlands gehe, die nicht am 3. 10. 1990, sondern erst dann abgeschlossen sei, wenn die gleichen Lebensverhältnisse in allen Teilen Deutschlands erreicht seien. Lafontaine, der auch die wirtschaftspolitischen Regelungen des Einigungsvertrages als investitionshemmend attackierte, bezeichnete den Zusammenschluß der F.D.P. und der CDU mit ihren Schwesterparteien als Pharisäertum: „Es ist die Wahrheit, daß die Blockparteien von CDU und FDP genauso für Mauer und Stacheldraht verantworlich sind wie die SED." Der stellvertretende Parteivorsitzende Karl-August Kamilli zog eine insgesamt positive Schlußbilanz für die SPD-Ost: „Wir haben hier die Freiheit erkämpft, die Einheit ermöglicht." Für Minderwertigkeitsgefühle gebe es in der vereinten Partei keinen Anlaß.

Der Vereinigungsparteitag wurde am 27. 9. 1990 mit einer häufig von Applaus unterbrochenen Rede Willy Brandts eröffnet, in der der Ehrenvorsitzende u. a. die Verdienste der sozialdemokratischen Ostpolitik herausstellte: „Wir brauchen das Licht unserer Ostpolitik und unser zähes Bemühen um gemeinsame Sicherheit ganz und gar nicht unter den Scheffel zu stellen." Während es vorher darauf angekommen sei, Mauer und Todesstreifen zu beseitigen, müsse jetzt „der Stacheldraht auch aus dem Denken der Menschen" verschwinden. Am Ende seiner Rede machte Brandt deutlich, daß der Vereinigungsparteitag auch ein Wahlparteitag ist: wichtig sei jetzt eine zielstrebige Politik der Erneuerung, die „solide, wetterfeste Grundlagen" bringe, weshalb es für die Sozialdemokraten vor allem darauf ankomme, „Oskar" zu helfen, was auch der Parteivorsitzende Vogel in seiner Rede betonte. Der neue stellvertretende Parteivorsitzende Thierse sah keinen Anlaß, daß man „mit gesenktem Haupt, demütig in die deutsche Einheit gehen" müsse. „Wie die deutsche Einheit ist auch unsere Parteivereinigung eine Aufgabe, ist ein politischer, sozialer, kultureller, menschlicher Prozeß, der heute nicht abgeschlossen wird, sondern einen weiteren Anstoß, eine hoffentlich große Beschleunigung erhält.... Was wir ‚einbringen', ist eine doppelte Erfahrung: Die Erfahrung des Scheiterns und die Erfahrung eines Anfangs, eines Neuanfangs..." Die Delegierten verabschiedeten an diesem Tag das „Manifest zur Wiederherstellung der Einheit der SPD", in dem die SPD als „die Partei der sozialen Demokratie für das ganze Deutschland" bezeichnet wird: „An uns liegt es, ob eine große Industrienation... mit all ihrer Kraft die Aufgaben anpackt, an deren Bewältigung unsere Enkel uns messen werden: Sicherung eines handlungsfähigen, demokratisch verfaßten Staates, Aufbau einer sozial und ökologisch verantwortbaren Marktwirtschaft, Einfügung Deutschlands in eine europäische Friedensordnung, Hinwendung Europas zu den Völkern des Südens." Der letzte Tag des Vereinigungsparteitages stand voll im

Zeichen der kommenden Bundestagswahl. Kanzlerkandidat Lafontaine skizzierte die Grundlinien des Regierungsprogrammes der SPD, in dessen Zentrum die ökologische Erneuerung der Industriegesellschaft steht. Kern des Programms sei die „eine Reform unseres Steuersystems", die eine Senkung der Steuern auf Arbeit bringe, dafür aber die Energiesteuern erhöhe. Lafontaine forderte den Ausstieg aus der Kernenergie: die Milliarden, die für diese Energieform ausgegeben wurden, hätten weit effektiver für Energiespartechnologien eingesetzt werden können. Als weitere Schwerpunkte des Regierungsprogramms „Fortschritt 90" stellt Lafontaine u. a. vor: Gleichstellung der Frauen in Beruf und Gesellschaft, Forcierung des sozialen Wohnungsbaus, Mindestrenten insbesondere für die alten Menschen in der ehemaligen DDR sowie Schaffung von Arbeitsplätzen und eine Änderung der Bodenpolitik in der DDR – hier müsse entgegen den Regelungen aus dem Einigungsvertrag „Entschädigung vor Rückgabe" gelten, wenn man Investitionen wolle. Mit Blickrichtung auf die Bundestagswahl im Dezember bezeichnete Lafontaine die SPD als „die Partei des aufrechten Ganges, bereit, in Deutschland wieder Verantwortung zu übernehmen". Lafontaine, dessen Rede am Ende mit Ovationen gefeiert wurde, erhielt bei seiner Bestätigung als Kanzlerkandidat der SPD 470 von 482 Stimmen, vier Delegierte votierten mit Nein, zwei enthielten sich, sechs Stimmen waren ungültig – die Süddeutsche Zeitung wertete es als „ein sensationell anmutendes Votum". Auch das Regierungsprogramm verabschiedete der Parteitag mit großer Mehrheit. Die Bemerkung des Parteivorsitzenden Vogel in seinem Schlußwort, daß der Parteitag die Grundlage für die Rückkehr in die Regierungsverantwortung geschaffen habe, sollte sich allerdings als eine zu optimistische Bewertung des Vereinigungsparteitages herausstellen.

Quellen: FAZ und SZ vom 27. bis 29. bzw. 29./30. 9. 1990; Das Parlament vom 12. 10. 1990, S. 6.

Der Bundesparteitag der SPD vom 28. bis 31. 5. 1991 in Bremen wurde vom stellvertretenden Parteivorsitzenden Thierse eröffnet, der fragte, ob die SPD „wirklich schon eine gesamtdeutsche Partei" sei. Zwar sei die deutsche Einigung vollzogen, die ökonomische, soziale und menschliche Spaltung sei jedoch noch sehr tief: „Wir haben nur die Grundsteinlegung gefeiert, nicht das

Richtfest." Danach zog der scheidende Vorsitzende Hans-Jochen Vogel Bilanz: die größten Erfolge der Partei während seiner Amtszeit sah er auf der Länderebene, wo die SPD inzwischen neun Ministerpräsidenten stellt, und in der Verabschiedung eines neuen Grundsatzprogrammes. Als den schwersten Mißerfolg bezeichnete Vogel die Niederlage seiner Partei bei der Bundestagswahl 1990. Aber das Tempo Kohls beim Einigungsprozeß sei nicht überholbar gewesen, und die SPD habe bei den unverantwortlichen Versprechen des Bundeskanzlers nicht mithalten können. Die CDU/CSU, die mit Wählertäuschung und Steuerlüge der deutschen Demokratie schweren Schaden zugefügt habe, befinde sich derzeit in einer tiefen Strukturkrise und sei inhaltlich und personell ausgelaugt. Am Ende seiner mit langem Beifall bedachten Rede konnte Vogel den Dank der weiblichen SPD-Mitglieder entgegennehmen, die ihm für die während seiner Amtszeit verankerte Frauenquote (s. Jb. 1989/90, S. 310) Blumen und lila Luftballons überreichten.

Am folgenden Tag vertrat der designierte Vorsitzende Engholm in einer programmatischen Rede die Ansicht, daß man nach dem Zusammenbruch des Kommunismus am Beginn eines Jahrhunderts sozialdemokratischer Reformpolitik stehe. Die Bonner Koalition sei mit dem Neubeginn nach der Vereinigung überfordert. Die Bewährungsprobe für die Überlegenheit der westlichen Systeme stehe noch aus: Bereitstellung von Arbeitsplätzen, Umweltschutz, Abrüstung und Schaffung von Verbindungen zwischen dem saturierten und dem hungrigen Europa. Das „Trauma der Teilung in der Einheit" dürfe es nicht geben, die Einheit müsse in den neunziger Jahren sozial gestaltet werden. Die SPD sei hierfür zur Zusammenarbeit mit anderen bereit, aber: „Wir sind nicht der Ochse, der den Karren der Regierung aus dem Dreck zieht." Engholm dankte Lafontaine für seinen Einsatz bei der Kanzlerkandidatur: „Wer so gekämpft hat wie du, so gelitten hat, der verdient den großen Respekt unserer Partei." Er setzte sich des weiteren für eine Öffnung seiner Partei gegenüber neuen Bevölkerungsgruppen und für eine Organisationsreform ein.

Engholm, der am 10. 12. 1990 nach dem Verzicht von Oskar Lafontaine und Hans-Jochen Vogel vom Parteipräsidum einstimmig für den Vorsitz nominiert worden war, erzielte ein hervorragendes Ergebnis (458 Ja-Stimmen, 7 Nein-Stimmen, 5 Enthaltungen). Die vier stellvertretenden Parteivorsitzenden Wolfgang

Thierse, Johannes Rau, Oskar Lafontaine und Herta Däubler-Gmelin wurden vom Parteitag bestätigt, wobei Thierse das beste Ergebnis erzielte. Auch der von Engholm Mitte März der Öffentlichkeit vorgestellte designierte Bundesgeschäftsführer Karlheinz Blessing wurde mit 424 Stimmen, 22 Gegenstimmen und 31 Enthaltungen bestätigt. Bei den Vorstandswahlen erzielten die brandenburgische Sozialministerin Regine Hildebrandt, die bayerische Landesvorsitzende Renate Schmidt und der brandenburgische Ministerpräsident Manfred Stolpe die besten Ergebnisse (s. a. S. 346).

Den restlichen Parteitag bestimmten vor allem zwei Probleme: die Debatte um den künftigen Regierungssitz und um den Einsatz der Bundeswehr unter der Flagge der UNO. Im letzten Punkt, der schon vorher für heftige Kontroversen gesorgt hatte, lag dem Parteitag ein von Engholm und Lafontaine formulierter Kompromißantrag vor, der darauf abzielte, durch eine Grundgesetzänderung den Einsatz von Bundeswehrsoldaten außerhalb des NATO-Gebietes bei Friedensmissionen der UNO mitwirken zu lassen, der aber eine Beteiligung der Bundeswehr bei Militäreinsätzen der UNO ausschloß. Oskar Lafontaine, der diesen „Blauhelmkompromiß" vor dem Parteitag vertrat, versicherte, daß er keinesfalls einer Ausweitung des Bundeswehrauftrages zustimmen werde. Der Antrag wurde mit großer Mehrheit angenommen. Hingegen entschied sich der Parteitag nach einer leidenschaftlichen Debatte mit der denkbar knappsten Mehrheit in der Frage des künftigen Regierungssitzes: 203 Delegierte votierten für Bonn, 202 für Berlin, 3 enthielten sich. Allerdings plädierte die große Mehrheit des Parteitages dafür, diese Frage endgültig in einer Volksabstimmung zu entscheiden.

Außerdem wurde unter dem Titel „Deutschland in neuer Verfassung" ein umfangreiches Programm zur Überwindung der Krise in den neuen Ländern und zur Ausgestaltung der deutschen Einheit beschlossen, in dem u.a. die Weiterentwicklung des Grundgesetzes zu einer gesamtdeutschen Verfassung incl. einer Verankerung des Staatszieles Umweltschutz und des Rechts auf Arbeit sowie von Volksbegehren und Volksabstimmungen gefordert wird. In den neuen Ländern müsse der „systematische Deindustrialisierungsprozeß" gestoppt und die Arbeitslosigkeit mit einer aktiven Beschäftigungspolitik bekämpft werden.

Quellen: FAZ und SZ vom 29. 5. bis 1. 6. bzw. 1./2. 6. 1991

bb) Parteifinanzen

Die Schwankungen, die Abbildung 14 in den Einnahmen der Parteien aufzeichnet, sind in erster Linie bedingt durch die sich jährlich verändernden Wahlkampfkostenerstattungen und durch die Spenden, die in den Wahljahren normalerweise höher liegen.

Bei dem Vergleich der Parteieinnahmen bis 1983 und ab 1984 ist zu berücksichtigen, daß sich durch die Neuregelungen der Parteifinanzierung Ende 1983 (s. Jb. 1984, S. 403) einige wesentliche Veränderungen in der Rechnungslegung ergeben haben. Die Kreditaufnahmen sind neuerdings nicht mehr bei den Einnahmen, sondern an anderer Stelle der Rechenschaftsberichte als „Verbindlichkeiten gegenüber Kreditinstituten" ausgewiesen. Die Vergleichbarkeit der früheren und der jetzigen Rechnungsle-

Tabelle 193: Aufschlüsselung der Einnahmen der Bundestagsparteien nach Einnahmearten im Jahre 1989 (in DM)

	CDU	CSU	F.D.P.	GRÜNE	SPD
1. Mitgliedsbeiträge	84 392 271	15 112 929	9 230 207	5 656 060	121 291 239
2. Einnahmen aus Vermögen	3 472 425	1 447 828	289 216	1 919 260	5 426 207
3. Einnahmen aus Veranstaltungen, Vertrieb von Druckschriften u.ä.m.	3 068 927	764 943	223 348	154 245	3 685 638
4. Einnahmen aus Spenden	42 789 608	17 754 235	15 008 361	12 196 068	25 601 406
5. Einnahmen aus dem Chancenausgleich	6 877 740	2 926 487	2 758 062	5 130 653	9 129 147
6. Staatliche Wahlkampfkostenerstattung	49 491 764	18 216 018	14 393 866	16 136 658	72 408 599
7. Zuschüsse von Gliederungen der Partei	8 237 567	536 305	2 411 988	19 515 791	16 870 983
8. Sonstige Einnahmen	8 192 059	907 151	847 412	600 178	3 594 918
Insgesamt	206 522 361	57 665 896	45 162 460	61 308 912	258 008 137

(*Quelle*: Bundestagsdrucksache 11/8130 vom 7. 12. 1990)

gungen der Parteieinnahmen wird zusätzlich dadurch erschwert, daß die Parteien seit 1984 die „Zuschüsse von Gliederungen" der Partei als Einnahmen aufführen müssen, die früher, da es sich um innerparteiliche Geldbewegungen handelt, nicht ausgewiesen werden mußten.

Über die Ausgaben der Parteien liegen Vergleichszahlen nur ab 1984 (s. Jb. 1986/87, S. 342, Jb. 1987/88 S. 348, Jb. 1988/89, S. 350, Jb. 1989/90, S. 315 und Jb. 1990/91, S. 310) vor, da sie erst seit diesem Zeitpunkt nachgewiesen werden müssen.

Quellen: Für 1970, 1975: Kaack, Heino/Reinhold Roth: Handbuch des deutschen Parteiensystems. – Opladen 1980, Bd. 1, S. 176 (Die Einnahmen der SPD wurden für 1970 korrigiert); für 1980: Die Zeit Nr. 10 vom 5. 3. 1982, S. 20); für 1985–1989: Deutscher Bundestag, Drucksachen 10/2172, 10/6194, 11/977, 11/3315 und 11/5993. Schreiben des Ex-Schatzmeisters der SPD Hans Matthöfer vom 21. 4. 1986 an den Autor.

Tabelle 194: Aufschlüsselung der Ausgaben der Bundestagsparteien nach Ausgabearten im Jahre 1989 (in DM)

	CDU	CSU	F.D.P.	GRÜNE	SPD
1. Personalausgaben	62 174 092	12 167 356	6 918 275	7 427 017	71 531 834
2. Laufender Geschäftsbetrieb	41 971 528	9 360 545	7 827 961	7 656 512	40 459 691
3. Innerparteiliche Gremienarbeit und Information	17 375 756	1 816 816	3 690 035	5 654 258	13 919 484
4. Öffentlichkeitsarbeit und Wahlen	92 411 852	27 585 979	21 337 263	14 920 666	127 951 433
5. Zuschüsse an Gliederungen der Partei	8 237 567	536 305	2 411 988	19 515 791	16 870 983
6. Zinsen	5 658 807	442 931	142 612	106 897	1 901 124
7. Sonstige Ausgaben	7 261 960	2 444 904	1 328 777	2 728 949	2 812 156
Insgesamt	235 091 562	54 354 836	43 656 911	58 010 089	275 536 704

(*Quelle:* Bundestagsdrucksache 11/8130 vom 7. 12. 1990)

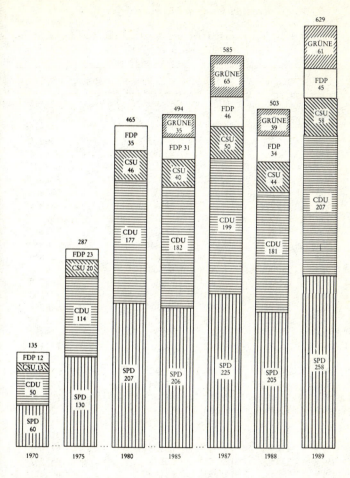

Abbildung 6: Entwicklung der Einkünfte der Bundestagsparteien seit 1970 (bis 1980: incl. Kredite) (Angaben in Mio. DM)

cc) Mitgliederentwicklung der Parteien

Tabelle 195: Mitgliederzahlen der derzeit im Bundestag vertretenen Parteien

	CDU	CSU	F.D.P.	GRÜNE	SPD
1946	k.A.	69370[1]	45000[2]	–	711448[1]
1947	400000[1]	82189[1]	55000[2]	–	875479[1]
1948	380000[3]	k.A.	70000[2]	–	846518[1]
1949	220000[3]	45000[4]	60000[2]	–	736218[1]
1950	k.A.	k.A.	82890[2]	–	683896[1]
1951	k.A.	k.A.	k.A.	–	649529[1]
1952	200000[1]	52000[4]	83000[4]	–	627817[1]
1953	k.A.	k.A.	k.A.	–	607456[1]
1954	215000[1]	k.A.	k.A.	–	585479[1]
1955	245000[5]	35000[6]	k.A.	–	589051[1]
1956	k.A.	43500[6]	85000[4]	–	612219[1]
1957	k.A.	k.A.	k.A.	–	626189[1]
1958	k.A.	k.A.	k.A.	–	623816[1]
1959	250000[3]	k.A.	80000[1]	–	634254[1]
1960	255000[4]	52501[1]	k.A.	–	649578[1]
1961	k.A.	58631[1]	k.A.	–	644780[1]
1962	248484[3]	k.A.	k.A.	–	646584[1]
1963	250000[5]	56018[1]	k.A.	–	648415[1]
1964	279770[3]	k.A.	90000[4]	–	678484[1]
1965	k.A.	70302[1]	k.A.	–	710448[1]
1966	280000[1]	k.A.	k.A.	–	727890[1]
1967	285804[1]	80904[1]	k.A.	–	733004[1]
1968	286541[1]	73618[1]	57034[1]	–	732446[1]
1969	303532[1]	76700[7]	58750[1]	–	778945[1]
1970	329293[1]	76655[1]	56531[1]	–	820202[1]
1971	355745[8]	109800[7]	53302[1]	–	847456[1]
1972	422968[1]	106951[1]	57757[1]	–	954394[1]
1973	457393[1]	111913[1]	63205[1]	–	973601[1]
1974	530500[1]	122794[1]	70938[1]	–	957253[1]
1975	590482[1]	132593[1]	74032[1]	–	998471[1]
1976	652010[1]	144000[9]	79162[1]	–	1022191[1]
1977	664214[1]	159475[1]	79539[1]	–	1006316[1]
1978	675286[1]	165710[1]	80928[1]	–	997444[1]
1979	682781[1]	169247[1]	82546[1]	–	981805[1]
1980	693320[1]	172419[1]	84865[8]	k.A.	986322[1]
1981	705116[1]	175273[1]	86931[1]	k.A.	954119[1]
1982	718889[8]	178523[8]	78763[8]	k.A.	926070[8]

1. Parteien

	CDU	CSU	F.D.P.	GRÜNE	SPD
1983	734555[8]	185428[8]	71456[8]	25222[8]	925630[8]
1984	730395[8]	184626[8]	71183[8]	31078[8]	916485[8]
1985	718590[8]	184228[8]	65552[8]	37024[8]	919457[8]
1986	714089[8]	182369[8]	64622[8]	38170[8]	912854[8]
1987	705821[8]	184293[8]	65200[8]	42419[8]	910063[8]
1988	676747[8]	182738[8]	64417[8]	40768[8]	911916[8]
1989	678592[8]	185853[8]	65485[8]	41171[8]	921430[8]
1990	655200[8]	186198[8]	178624[8]	ca. 42100[8]	943392[8]

Stand: ab 1968 jeweils 31.12. (Ausnahme die Zahlen der F.D.P. von 1982, sie geben den Stand vom 31. 5. 1983 wieder.); vor 1968 kein festes Datum. Die Angaben für 1990 beinhalten bei F.D.P., GRÜNEN und SPD jeweils auch die Mitglieder in den neuen Ländern. Bei der CDU schätzte man die Gesamtmitgliederzahl auf ca. 800000, genaue Zahlen lagen bei Redaktionsschluß noch nicht vor. Die PDS hatte Mitte 1991 ca. 230000 Mitglieder.

Quellen:
[1] Stöss, Richard (Hrsg.): Parteien-Handbuch. Die Parteien der Bundesrepublik Deutschland 1945–1980. – Opladen 1983/84. S. 643, S. 708, S. 1369 f, S. 2174.
[2] Hein, Dieter: Zwischen liberaler Milieupartei und nationaler Sammlungsbewegung. Gründung, Entwicklung und Struktur der Freien Demokratischen Partei 1945–1949. – Düsseldorf 1985. S. 219 ff (Bei diesen Zahlen handelt es sich um Schätzungen).
[3] Schönbohm, Wulf: Die CDU wird eine moderne Volkspartei. Selbstverständnis, Mitglieder, Organisation und Apparat 1950–1980. - Stuttgart 1985. S. 47, S. 83.
[4] Wellner, Walter: Parteienfinanzierung. Einnahmen, Ausgaben sowie Grundriß einer rationalen Finanzordnung. – München 1972 (2. Aufl.) S. 46 ff. (Die F.D.P.-Zahlen sind nach den Angaben des Autors Schätzungen, die zu hoch sind.)
[5] Schönbohm, Wulf: CDU. Porträt einer Partei. – Wien/München 1979. S. 120.
[6] Mintzel, Alf: Geschichte der CSU. Ein Überblick. – Opladen 1977. S. 133; ders.: Die CSU. Anatomie einer konservativen Partei. – Opladen 1975. S. 224.
[7] Kaack, Heino/Ursula Kaack (Hrsg.): Parteienjahrbuch 1973/74. Dokumentation und Analyse des Parteiensystems der Bundesrepublik in den Jahren 1973 und 1974. – Meisenheim/Glan 1977. S. 332.
[8] Mitteilungen der Parteien an den Verfasser.
[9] Jesse, Eckhard: Die Demokratie in der Bundesrepublik. – Berlin 1978. S. 103.

b) Präsidien, Vorstände, Arbeitsgemeinschaften und Adressen der größeren Parteien

Christlich Demokratische Union Deutschlands

(Anschrift: Konrad-Adenauer-Haus, Friedrich-Ebert-Allee 73–75, 5300 Bonn 1, Tel. 0228/5440)

Präsidium der CDU:
Parteivorsitzender: Dr. Helmut Kohl.
Stellvertretender Parteivorsitzender: Lothar de Maizière.
Weitere Mitglieder: Dr. Sabine Bergmann-Pohl, Dr. Norbert Blüm, Dr. Heiner Geißler, Prof. Dr. Günther Krause, Klaus Reichenbach, Lothar Späth, Dr. Gerhard Stoltenberg, Prof. Dr. Rita Süssmuth, Christa Thoben, Dr. Walter Wallmann.
Generalsekretär: Dr. Volker Rühe.
Schatzmeister: Walter Leisler Kiep.
Als Vorsitzender der CDU/CSU-Bundestagsfraktion: Dr. Alfred Dregger.
Als Vorsitzender der EVP-Fraktion des Europäischen Parlaments: Dr. Egon A. Klepsch.
Ohne Stimmrecht: Wilhelm Staudacher (Bundesgeschäftsführer).

Bundesvorstand der CDU:
Sämtliche Präsidiumsmitglieder gehören auch dem Bundesvorstand der Partei an. Weitere Vorstandsmitglieder: Prof. Dr. K. Biedenkopf, W. Böck, B. Breuel, E. Diepgen, U. Fink, Dr. H. Geisler, Dr. G. Gies, H. Gröhe, Dr. R. Hellwig, Dr. O. Hennig, P. Hintze, U. Junghans, Dr. H.-R. Laurien, Dr. H. Linssen, Prof. Dr. H.-J. Meyer, B. Neumann, B. Schäfer, Dr. W. Schäuble, Dr. Chr. Schwarz-Schilling, Graf A. M. von Schwerin, J. Stock, E. Teufel, Dr. K. Töpfer, Dr. B. Vogel, Dr. H. Waffenschmidt, M. Walsmann, M. Wissmann.

Die Vereinigungen der CDU:
– Junge Union Deutschland (Vorsitzender: Hermann Gröhe)
– Frauen-Union (Vorsitzende: Prof. Dr. Rita Süssmuth)
– Sozialausschüsse der Christlich Demokratischen Arbeitnehmerschaft Deutschlands (Vorsitzender: Ulf Fink)
– Kommunalpolitische Vereinigung (Vorsitzender: Dr. Horst Waffenschmidt)
– Mittelstandsvereinigung (Vorsitzender: Elmar Pieroth)

- Ost- und Mitteldeutsche Vereinigung der CDU/CSU – Union der Vertriebenen und Flüchtlinge (Vorsitzender: Helmut Sauer)
- Senioren-Union (Vorsitzender: Dr. Bernhard Worms)

Christlich-Soziale Union in Bayern
(Anschrift: Nymphenburger Str. 64, 8000 München 2, Tel. 089/12430)

Präsidium der CSU:
Parteivorsitzender: Dr. Theodor Waigel.
Stellvertretende Landesvorsitzende: Dr. Mathilde Berghofer-Weichner, Dr. Edmund Stoiber, Gerold Tandler, Dr. Jürgen Warnke.
Landesschatzmeister: Karl-Heinz Spilker, Dr. Friedrich Voss.
Landesschriftführer(in): Dr. Werner Schnappauf, Prof. Ursula Männle.
Generalsekretär: Erwin Huber.
Landesgeschäftsführer: Erich Schmid.
Vorsitzender der Finanzkommission: Dr. Kurt Faltlhauser.
Als Mitglieder des Landesvorstandes: Dr. Wolfgang Bötsch, Alfred Dick, Alois Glück, Peter Keller, August R. Lang, Albert Meyer, Max Streibl.

Landesvorstand:
Sämtliche Mitglieder des Parteipräsidiums sind auch Mitglieder des Landesvorstandes. Weitere gewählte Landesvorstandsmitglieder: R. Bocklet, M. Deml, Dr. I. Friedrich, Dr. P. Gauweiler, M. Geiger, Dr. G. Glück, Dr. W. Götzer, G. Hasselfeldt, I. Kiechle, E. Kiesl, B. Kränzle, H. Maurer, F. Neubauer, S. Nüssel, Dr. G. Pauli-Balleis, Dr. H. Rosenbauer, A. Sauter, U. Schleicher, Chr. Schmidt, Dr. O. Schneider, P. Schnell, C.-D. Spranger, B. Stamm, Dr. G. von Waldenfels, H. Zehetmair, A. Zeller.
Weitere Mitglieder qua Amt: M. Sackmann, Dr. F. Zimmermann und Dr. F. Pirkl.
Weitere kooptierte Mitglieder: O. Ammon, M. Baumgärtel, Dr. G. Beckstein, Dr. F.J. Dannecker, Dr. W. Dollinger, Prof. Dr. A. Fleischmann, Dr. h.c. A. Goppel, R. Gürteler, F. Harlander, Dr. F. Heubl, H. Klein, R. Kraus, E. Lintner, G. Müller, P. Rieger, P. Schmidhuber, H. Seehofer, Graf F. L. von Stauffen-

berg, R. Stücklen, Dr. W. Vorndran, Dr. H. Weiß, Dr. O. Wiesheu, Dr. F. Wittmann.

Die Arbeitsgemeinschaften der CSU:
- Junge Union (Vorsitzender: Markus Sackmann)
- Frauen Union (Vorsitzende: Prof. Ursula Männle)
- Christlich-Soziale Arbeitnehmer (Vorsitzender: Peter Keller)
- Arbeitsgemeinschaft Mittelstand (Vorsitzender: Richard Gürteler)
- Union der Vertriebenen (Vorsitzender: Eduard Lintner)
- Arbeitsgemeinschaft Landwirtschaft (Vorsitzender: Reinhold Bocklet)
- Kommunalpolitische Vereinigung (Vorsitzender: Otto Ammon)

Freie Demokratische Partei

(Anschrift: Baunscheidtstr. 15 (Thomas-Dehler-Haus), 5300 Bonn 1, Tel. 0228/5471)

Präsidium der F.D.P.:
Ehrenvorsitzender: Walter Scheel.
Parteivorsitzender: Dr. Otto Graf Lambsdorff.
Stellvertretende Parteivorsitzende: Dr. Irmgard Adam-Schwaetzer, Gerhart R. Baum, Dr. Wolfgang Gerhardt, Dr. Bruno Menzel, Prof. Dr. Rainer Ortleb.
Generalsekretärin: Cornelia Schmalz-Jacobsen.
Schatzmeister: Dr. Hermann Otto Solms.
Als Vertreter der Bundestagsfraktion: Dr. Wolfgang Weng.
Beisitzer(in): Georg Gallus, Joachim Günther, Walter Hirche, Christiane Paetzold, Ruth Wagner.
Als Vertreter der F.D.P.-Abgeordneten im Europäischen Parlament: Rüdiger von Wechmar.

Vorstand der F.D.P.:
Sämtliche Mitglieder des Präsidiums. Weitere Beisitzer: M. von Alemann, C. von Braun, R. Brüderle, Prof. Dr. G. Brunner, P. Caesar, Prof. Dr. R. Cario, Dr. O. Feldmann, R. Fuchs, W. Goldbeck, J. Grünbeck, Dr. H. Hamm-Brücher, Dr. B. Hirsch, H. Jürgens, A. Kniepert, W. Kubicki, W. Lüder, J. W. Möllemann, Prof. Dr. I. von Münch, H.-J. Otto, W. Rauls, Dr. H. Rehberger, G. Rexrodt, M. Richter, U. Ronneburger, Dr. K. Sandler, D. Schicke, A. Schmidt, U. Seiler-Albring, H. Sieck-

mann, R. Vogel, G. Westerwelle, O. Wilke, D. Wöstenberg, T. Wolfgramm, U. Würfel.

Mitglieder nach § 19 Bundessatzung: Dr. M. Bangemann, H. A. Engelhard, H.-D. Genscher, Dr. H. Haussmann, Dr. K. Kinkel, M. Preiß, Dr. K. Viehweger.

Die GRÜNEN

(Anschrift: Colmantstr. 36, 5300 Bonn 1, Tel. 0228/726130)

Mitglieder des Bundesvorstandes:
Sprecher(in): Christine Weiske, Ludger Volmer.
Schatzmeister: Henry Selzer.
Politische Geschäftsführerin: Heide Rühle.
Beisitzer(innen): Renate Backhaus, Angelika Beer, Friedrich Heilmann, Dr. Helmut Lippelt, Jürgen Maier, Undine von Plottnitz, Doris Schwarze, Manon Tuckfeld.

Partei des Demokratischen Sozialismus

(Anschrift: Kleine Alexanderstr. 28, O-1020 Berlin, Tel. 00372/284090)

Ehrenvorsitzender: Dr. Hans Modrow.
Parteivorsitzender: Dr. Gregor Gysi.
Stellvertreter(in): André Brie, Marlies Deneke.
Schatzmeister: Dietmar Bartsch.
Bundesgeschäftsführer: Wolfgang Gehrke.

Sozialdemokratische Partei Deutschlands

(Anschrift: Ollenhauerstr. 1, 5300 Bonn 1, Tel. 0228/5321)

Präsidium:
Ehrenvorsitzender: Dr. h. c. Willy Brandt.
Parteivorsitzender: Björn Engholm.
Stellvertretende Parteivorsitzende: Dr. Herta Däubler-Gmelin, Oskar Lafontaine, Johannes Rau, Wolfgang Thierse.
Schatzmeister: Hans-Ulrich Klose.
Bundesgeschäftsführer: Dr. Karlheinz Blessing.
Pressesprecherin: Dr. Cornelie Sonntag-Wolgast.
Weitere Mitglieder: Bei Redaktionsschluß noch nicht gewählt.

Parteivorstand:
Sämtliche Mitglieder des Parteipräsidiums. Weitere Mitglieder: A. Barbe, A. Brunn, I. Brusis, R. Dreßler, H. Eichel, Dr. U. Engelen-Kefer, Prof. Dr. F. Farthmann, A. Fuchs, K. Fuchs, N. Gansel, Dr. P. Glotz, Dr. R. Hildebrandt, Dr. R. Höppner, M. Hoff, K. Junker, K.-A. Kamilli, R. Klimmt, K. Matthiesen, U. Maurer, W. Momper, F. Müntefering, Prof. Dr. P. von Oertzen, R. Scharping, Dr. H. Scherf, R. Schmidt, G. Schröder, G. Schröter, Dr. S. Skarpelis-Sperk, Dr. D. Spöri, Dr. M. Stolpe, K. Voigt, Dr. H. Voscherau, G. Walter, J. Wettig-Danielmeier, H. Wieczorek-Zeul, R. Winkler, K. Woltemath, Dr. Ch. Zöpel.

Die Arbeitsgemeinschaften der SPD:
- Arbeitsgemeinschaft für Arbeitnehmerfragen (AfA) (Vorsitzender: Rudolf Dreßler)
- Arbeitsgemeinschaft für Sozialdemokraten im Bildungsbereich (AfB) (Vorsitzende: Brigitte Speth)
- Arbeitsgemeinschaft der Jungsozialisten (Jusos) (Vorsitzender: Ralf Ludwig)
- Arbeitsgemeinschaft sozialdemokratischer Frauen (AsF) (Vorsitzende: Inge Wettig-Danielmeier)
- Arbeitsgemeinschaft für Selbständige in der SPD (AGS) (Vorsitzender: Jürgen Vahlberg)
- Arbeitsgemeinschaft für Sozialdemokraten im Gesundheitswesen (ASG) (Vorsitzender: Horst Peter)
- Arbeitsgemeinschaft verfolgter Sozialdemokraten (AvS) (Vorsitzender: Heinz Putzrath)
- Arbeitsgemeinschaft sozialdemokratischer Juristinnen und Juristen (AsJ) (Vorsitzender: Dr. Klaus Hahnzog)
- Beirat für Seniorenpolitik (Vorsitzende: Elfriede Eilers)

c) Adressen der übrigen Parteien und Organisationen

Gemäß § 6 Abs. 3 Parteiengesetz müssen die Parteien dem Bundeswahlleiter u. a. ihre Satzung und ihr Programm, die Vorstandsmitglieder der Bundespartei und der Landesverbände mitteilen. Eine solche Mitteilung an den Bundeswahlleiter bedeutet noch nicht, daß die entsprechende Organisation auch als Partei anzusehen ist, da der § 2 des Parteiengesetzes verlangt, daß Parteien „nach dem Gesamtbild der tatsächlichen Verhältnisse, insbesondere nach Umfang und Festigkeit ihrer Organisation, nach

1. Parteien

der Zahl ihrer Mitglieder und nach ihrem Hervortreten in der Öffentlichkeit eine ausreichende Gewähr für die Ernsthaftigkeit dieser Zielsetzung" – nämlich auf die politische Willensbildung Einfluß zu nehmen und an Bundestags- bzw. Landtagswahlen teilzunehmen – bieten müssen. Wenn jedoch eine Organisation die geforderten Unterlagen an den Bundeswahlleiter weitergibt, kann man davon ausgehen, daß sie sich zumindest als Partei fühlt. Die folgende Liste führt diejenigen Parteien und Organisationen auf, die beim Bundeswahlleiter – Stand 20. 2. 1991 – die entsprechenden Unterlagen hinterlegt haben. Den Parteien mit Sitz in den neuen Bundesländern wurde im Einigungsvertrag eine Übergangsfrist für diese Meldung eingeräumt. Sie sind deshalb im folgenden nicht berücksichtigt.

1. Autofahrer Partei (AFP) (Allee 40, 7100 Heilbronn)
2. Auto- und Bürgerpartei Deutschlands (ABD) (Postfach 1202 27, 6100 Darmstadt 12)
3. Bayerische Staatspartei (BSP) (Marschallstr. 8, 8400 Regensburg)
4. Bayernpartei (BP) (Untere Weidenstr. 14, 8000 München 90)
5. Bund für Gesamtdeutschland (BGD) (Zum Schulhof 8, 4100 Duisburg)
6. Bund Westdeutscher Kommunisten (BWK) (Zülpicher Str. 7, 5000 Köln 1)
7. Bürgerpartei, Partei der Steuerzahler (Mengershäuser Weg 8, 3405 Rosdorf 1)
8. Christliche Bayerische Volkspartei (Bayerische Patriotenbewegung) (C. B. V.) (8493 Feßmannsdorf 36)
9. Christliche Liga. Die Partei für das Leben (Haußmannstr. 34, 7070 Schwäbisch Gmünd)
10. Christliche Mitte (CM) (Landsberger Str. 207/A 119, 8000 München 21)
11. Cosmopolitano-Soziale Aktion (C.S.A.) (Paradeplatz 5, 3578 Schwalmstadt 2)
12. David gegen Goliath/Umweltliste unabhängiger Bürgerinnen und Bürger (DaGG) (Königinstr. 47, 8000 München 22)
13. Demokratie 2000 (D-2000) (Frohlinder Str. 93, 4600 Dortmund 70)
14. Demokratische Republikaner Deutschlands (DRD) (Kronsbergstr. 8E, 3014 Laatzen 1)

15. Demokratische Sozialisten (DS)(Wilhelmstr. 88, 3300 Braunschweig)
16. Deutsche Alternative (DA)(Postfach 152226, 8000 München 15)
17. Deutsche Demokratische Einheit (DDE) (Wilhelm-Klein-Str. 11, 5060 Bergisch Gladbach 1)
18. Deutsche Familien-Partei e.V. (Postfach 9435, 8500 Nürnberg)
19. Deutsche Kommunistische Partei (DKP) (Hoffnungsstr. 18, 4300 Essen)
20. Deutsche Konsumenten Partei (KonsuPa) (Luther Weg 76, 3050 Wunstorf 1)
21. Deutsche Solidarität – Öko-Union (Herrenstr. 10, 2411 Koberg)
22. Deutsche Soziale Union (DSU)(Hohe Str. 87, 5300 Bonn 1)
23. Deutsche Volksunion – Liste D (DVU) (Paosostr. 2, 8000 München 60)
24. Deutsche Zentrumspartei (Schulstr. 58, 4053 Jüchen 7)
25. Deutsch-Nationale Volkspartei (DNVP) (Zimmerseestr. 34, 6457 Maintal 2)
26. Die Bürger (Wilhelm-Griesinger-Str. 15, 5000 Köln 91)
27. Die Demokraten (Große Deichstr. 31, 2208 Glückstadt)
28. Die Deutschen (DD) (Kellerskopfstr. 26, 6204 Taunusstein 2)
29. Die Friedensliste NRW (Bertha-von-Suttner-Platz 6, 5300 Bonn 1)
30. Die Grauen (Postfach 250420, 5600 Wuppertal)
31. Die Mündigen Bürger (Schloßweg 2, 8501 Feucht)
32. Die Republikaner (REP) (Plittersdorfer Str. 91, 5300 Bonn 2)
33. Europäische Arbeiterpartei (EAP) (Adelheidstr. 16, 6200 Wiesbaden)
34. Europäische Föderalistische Partei (EFP) (Hopfensack 6, 2000 Hamburg 11)
35. Frauenpartei (Barkenberger Allee 21, 4270 Dorsten 1)
36. Freie Wähler (Müllerstr. 4, 8000 München 5)
37. Freiheitliche Deutsche Arbeiterpartei (FAP) (Postfach 120129, 4200 Oberhausen 12)
38. Freiheitliche Volkspartei (FVP) (Gablonzer Str. 26, 7500 Karlsruhe 21)
39. Freiheitlich-Sozialistische Deutsche Volkspartei (FSDVP) (Postfach 1168, 7251 Weissach)

1. Parteien

40. Freisoziale Union – Demokratische Mitte (FSU) (Feldstr. 46, 2000 Hamburg 6)
41. Hamburger Liste für Ausländerstopp (HLA) (Postfach 52 01 49, 2000 Hamburg 52)
42. Humanistische Partei (HP) (Zwiestädter Str. 3, 1000 Berlin 44)
43. Internationale Weltfriedens Partei (IWP) (Leopoldstr. 109/IV, 8000 München 40)
44. Königstreue Deutsche Volkspartei (K.D.V.P.) (Solferino Weg 7 D, 7000 Stuttgart 80)
45. Liberale Demokraten (LD) (Belchenstr. 8, 7803 Gundelfingen)
46. Linke Liste/Partei des demokratischen Sozialismus (Linke Liste/PDS) (Palmaille 24, 2000 Hamburg 50)
47. Nationaldemokratische Partei Deutschlands (NPD) (Postfach 10 35 28, 7000 Stuttgart 10)
48. Nationale Liste (NL) (Postfach 80 10 26, 2000 Hamburg 80)
49. Nationale Offensive (NO)(Postfach 11 15 20, 8900 Augsburg)
50. Nationalistische Front (NF) (Postfach 6110, 4800 Bielefeld 1)
51. Neues Bewußtsein. Die ganzheitlich-esoterische Partei Deutschlands (Bewußtsein) (Postfach 63 02 26, 4630 Bochum 6)
52. Ökologisch-Demokratische Partei (ÖDP) (Kaiserplatz 17, 5300 Bonn 1)
53. Partei Bibeltreuer Christen (PBC) (Postfach 49 69, 7500 Karlsruhe)
54. Partei Deutscher Demokraten (PDD) (Dieselstr. 1, 8901 Königsbrunn)
55. Patrioten für Deutschland (117er Ehrenhof 5, 6500 Mainz)
56. Schleswig-Holstein-Partei (S-H-P) (Elmenhorster Str. 1 b, 2061 Elmenhorst)
57. Soziale Reform Partei (SRP)(Stralsunder Str. 7, 5600 Wuppertal)
58. Südschleswigscher Wählerverband (SSW) (Norderstr. 74, 2390 Flensburg)
59. Unabhängige Arbeiter-Partei (Deutsche Sozialisten) (UAP) (Postfach 103813, 4300 Essen 1)
60. Unabhängige Wählergemeinschaft Schleswig-Holstein (UWSH) (Osterhusumer Str. 29, 2250 Husum)
61. Union nicht genug überdachten Lächelns trotz innerer Genialitäten (UngüLtiG) (Balthasarstr. 17, 5000 Köln 1)

VII. Parteien – Interessenverbände – Kirchen

62. Vereinigte Sozialistische Partei (VSP) (Aquinostr. 7–11, 5000 Köln 1)
63. WIR fahrradeuphorischen EPIKUREER + WIR kreativen EVOLUTIONÄRE (Am Färberhof 6, 8520 Erlangen).

(Hinzu kommen die oben ausführlicher behandelten fünf Parteien, die in dieser Liste nicht nochmals aufgeführt wurden.)

2. Interessenverbände

a) Die wichtigsten Arbeitgeber- und Berufsverbände

Der Bundesverband der Deutschen Industrie e. V.
(Gustav-Heinemann-Ufer 84–88, 5000 Köln 51)

Die Aufgaben des BDI sind die Vertretung der Interessen der deutschen Industrie gegenüber den Bundesorganen, gegenüber anderen politischen Organisationen sowie im internationalen Bereich. Darüber hinaus versorgt er seine Mitgliedsverbände mit relevanten Informationen vor allem in der Wirtschaftspolitik.

Mitglieder des BDI sind 34 auf Bundesebene zusammengeschlossene fachliche Spitzenverbände – vom Verband der Automobilindustrie bis zum Verband der Zuckerindustrie –, die ca. 80 000 Unternehmen repräsentieren.

Präsident: Heinrich Weiss; Vizepräsidenten: Prof. Dipl.-Ing. Hermann Becker, Dr. Carl H. Hahn, Dr. Karlheinz Kaske, Dipl.-Ing. Berthold Leibinger, Dr. h.c. Tyll Necker, Prof. Dr. R. Rodenstock, Prof. Dr. Dieter Spethmann, Dr. Karl Wamsler.

Hauptgeschäftsführer: Dr. Ludolf-Georg von Wartenberg.

Bundesvereinigung der Deutschen Arbeitgeberverbände (BDA)
(Gustav-Heinemann-Ufer 72, 5000 Köln 51)

Gemäß ihrer Satzung hat die Bundesvereinigung die Aufgabe, gemeinsame sozialpolitische Belange ihrer Mitglieder, die über ein Bundesland oder über einen Wirtschaftszweig hinausgehen und von grundsätzlicher Bedeutung sind, zu wahren. Sie kann allerdings nicht in die Tarifpolitik ihrer Mitgliedsverbände eingreifen, sondern höchstens – bei Einstimmigkeit im Vorstand – Empfehlungen auf diesem Gebiet aussprechen.

Zusammengeschlossen sind in der Bundesvereinigung insgesamt 68 (mit neuen Ländern) Fachspitzen- und Landesverbände, direkt und indirekt ca. 1000 Mitgliedsverbände. Im Gegensatz zum BDI sind in der Bundesvereinigung nicht nur Industrieverbände, sondern – mit Ausnahme der Stahlindustrie und der öffentlichen Arbeitgeber – annähernd alle Arbeitgeberorganisationen zusammengeschlossen.

Präsident: Dr. Klaus Murmann; Vizepräsidenten: Odal von Alten-Nordheim, Dr. Jürgen Deilmann, Dipl.-Kfm. Wilhelm Küchler, Hans Langemann, Carl Albert Schiffers, Dr. Dieter Schlemmer, Dr. Werner Stumpfe.
Hauptgeschäftsführer: Dr. Fritz-Heinz Himmelreich.

Der Deutsche Industrie- und Handelstag
(Adenauerallee 148, 5300 Bonn 1)
Der Deutsche Industrie- und Handelstag hat die Aufgabe, die Kooperation der einzelnen Industrie- und Handelskammern zu effektivieren und für einen regelmäßigen Erfahrungsaustausch zu sorgen. Er hat die Interessen der gewerblichen Wirtschaft gegenüber den Organen des Bundes und gegenüber dem Ausland zu vertreten.
Mitglieder im Deutschen Industrie- und Handelstag sind die 83 (mit neuen Ländern) Industrie- und Handelskammern der Bundesrepublik.
Präsident: Dipl. Ing. Hans Peter Stihl; Stellvertretende Präsidenten: Dr. Jörg Mittelsten Scheid, Dr. Hans Messer und Peter Möhrle.
Hauptgeschäftsführer: Dr. Franz Schoser.

Zentralverband des Deutschen Handwerks
(Haus des Deutschen Handwerks, Johanniterstr. 1, 5300 Bonn 1)
Nach seiner Satzung dient der Zentralverband des Deutschen Handwerks der „einheitlichen Willensbildung in allen grundsätzlichen Fragen der Handwerkspolitik und der Vertretung der Gesamtinteressen des Handwerks gegenüber den zentralen Organen und Verwaltungen der Bundesrepublik Deutschland" und der EG.
Im Zentralverband sind heute zusammengeschlossen: 56 (mit neuen Ländern) Handwerkskammern, 51 Zentralfachverbände der einzelnen Handwerkszweige sowie eine sog. „Dritte Gruppe", in der dem Handwerk nahestehende Einrichtungen – z.B. Versicherungen oder Handwerksverlage – vereinigt sind.
Präsident: Dipl.-Ing. Heribert Späth; Vizepräsidenten: Hans-Dieter Blaese, Hugo Uhl, Hans Langemann, Rudolf Ruf.
Generalsekretär: Hanns-Eberhard Schleyer.

Deutscher Bauernverband e.V.

(Andreas-Hermes-Haus, Godesberger Allee 142–148, 5300 Bonn 2)

Der Deutsche Bauernverband vertritt die Interessen von ca. 90% der 629000 landwirtschaftlichen Betriebe. Er ist mit der Wahrnehmung und Förderung der agrar-, wirtschafts-, rechts-, steuer-, sozial-, bildungs- und gesellschaftspolitischen Interessen der in der Land- und Forstwirtschaft und den ihr nahestehenden Wirtschaftszweigen tätigen Menschen befaßt.

Mitglieder des Deutschen Bauernverbandes sind 14 Landesverbände, der Deutsche Raiffeisen-Verband, der Bund der Deutschen Landjugend und der Bundesverband Landwirtschaftlicher Fachhochschulabsolventen. Weiterhin sind dem Bauernverband 41 Fachverbände und Institutionen assoziiert.

Präsident: Constantin Frhr. Heeremann von Zuydtwyck; Vizepräsidenten: Friedrich Rode und N.N.

Generalsekretär: Dr. Rudolf Schnieders.

b) Der Deutsche Gewerkschaftsbund und die Einzelgewerkschaften

Vorsitzende und Adressen des DGB und der Einzelgewerkschaften

Deutscher Gewerkschaftsbund (Hans-Böckler-Str. 39, 4000 Düsseldorf 30): 1. Vorsitzender: Heinz-Werner Meyer; Stellvertreter(in): Dr. Ursula Engelen-Kefer, Ulf Fink; weitere Vorstandsmitglieder: Michael Geuenich, Dr. Regina Görner, Jochen Richert, Helmut Teitzel, Lothar Zimmermann.

Industriegewerkschaft Bau-Steine-Erden (Bockenheimer Landstr. 73–77, 6000 Frankfurt am Main 1): 1. Vorsitzender: Konrad Carl; Stellvertreter: Bruno Köbele.

Industriegewerkschaft Bergbau und Energie (Fritz-Husemann-Haus, Alte Hattinger Str. 19, 4630 Bochum 1): Vorsitzender: Hans Berger; Stellvertreter: Klaus Südhofer, Fritz Kollorz.

Industriegewerkschaft Chemie-Papier-Keramik (Königsworther Platz 6, 3000 Hannover 1): 1. Vorsitzender: Hermann Rappe; Stellvertreter: Egon Schäfer und Wolfgang Schultze.

Gewerkschaft der Eisenbahner Deutschlands (Beethovenstr. 12–16, 6000 Frankfurt am Main): 1. Vorsitzender: Rudi Schäfer; Stellvertreter: Dr. Rolf Hofmann und Hans Möllmann.

Tabelle 196: Mitgliederentwicklung in den Einzelgewerkschaften des Deutschen Gewerkschaftsbundes (Stichtag: jeweils 31.12.)

	1970	1980	1985	1986	1987	1988	1989	1990
Bau-Steine-Erden	504230	533054	507528	485055	475575	468238	460559	788014
Bergbau u. Energie	387301	367718	356706	355201	347538	340284	331106	576000
Chemie	598831	660973	649569	653776	655776	662586	664618	877000
Druck und Papier	148325	143970	140725	143384	145054	150259	–	–
Eisenbahner	413087	406588	354180	351408	340095	329904	319641	533307
Erziehung u. Wissenschaft	119738	183793	194028	192519	188861	187422	188910	330000
Gartenbau, Land- u. Forstwirtschaft	46085	42196	42450	42865	43253	43479	43817	119757
Handel, Banken, Versicherungen	157671	351328	371228	376498	385166	393399	407326	705000
Holz und Kunststoff	129721	157142	144653	142954	143139	144763	149098	241500
Kunst	34138	45252	27019	28134	28440	29613	–	–
Leder	62253	55689	48725	48332	47659	46560	44583	42615
Medien**	–	–	–	–	–	–	182150	230926
Metall	2223467	2622267	2553041	2598323	2609247	2624521	2679237	3505464
Nahrung-Genuß-Gaststätten	247163	253001	267158	266008	267555	270506	271291	402222
ÖTV	977031	1149689	1179396	1198567	1202629	1219986	1234546	2050000
Polizei	–*	165900	163590	162552	158882	160889	161310	204000
Post	360961	450201	460626	463152	463757	471175	472145	603368
Textil-Bekleidung	302545	293766	258846	255969	254417	253493	250783	440414
DGB insg.	6712547	7882527	7719468	7764697	7757039	7797077	7861120	11649587

* 1970 war die Gewerkschaft der Polizei noch nicht Mitglied im DGB.
** Zusammenschluß aus der IG Druck u. Papier und der Gewerkschaft Kunst im Jahre 1989

Quellen: für 1970, 1980–1989: Statistische Jahrbücher 1971, 1981–1990; für 1990: Mitteilungen der Einzelgewerkschaften. Bei den Zahlen für 1990 sind – mit Ausnahme der Gewerkschaft Leder – die neuen Länder einbezogen. Es handelt sich allerdings teilweise um Schätzungen, teilweise liegt der Stichtag etwas später.

2. Interessenverbände

Gewerkschaft Erziehung und Wissenschaft (Reifenberger Str. 21, 6000 Frankfurt am Main 90): 1. Vorsitzender: Dr. Dieter Wunder; 1. Stellvertreter: Joachim Albrecht; 2. Stellvertreterin: Prof. Britta Naumann, 3. Stellvertreterin: Bianca Tiedtke.

Gewerkschaft Gartenbau, Land- und Forstwirtschaft (Druseltalstr. 51, 3500 Kassel-Wilhelmshöhe): Vorsitzender: Günther Lappas; Stellvertreter: Heinz Hauk.

Gewerkschaft Handel, Banken und Versicherungen (Tersteegenstr. 30, 4000 Düsseldorf 30): 1. Vorsitzender: Lorenz Schwegler; 2. Vorsitzender: Dieter Steinborn.

Gewerkschaft Holz und Kunststoff (Sonnenstr. 14, 4000 Düsseldorf 1): 1. Vorsitzender: Horst Morich; Stellvertreter: Peter Riemer und Wolfgang Rhode.

Gewerkschaft Leder (Willi-Bleicher-Str. 20, 7000 Stuttgart 1): 1. Vorsitzender: Werner Dick; 2. Vorsitzender: Heinrich Zimmermann.

Industriegewerkschaft Medien, Druck und Papier, Publizistik und Kunst (Friedrichstr. 15, 7000 Stuttgart 1): 1. Vorsitzender: Erwin Ferlemann; Stellvertreter: Detlef Hensche und Heinz Müller.

Industriegewerkschaft Metall für die Bundesrepublik Deutschland (Wilhelm-Leuschner-Str. 79–85, 6000 Frankfurt am Main 11): 1. Vorsitzender: Franz Steinkühler; 2. Vorsitzender: Klaus Zwickel.

Gewerkschaft Nahrung-Genuß-Gaststätten (Haubachstr. 76, 2000 Hamburg 50): 1. Vorsitzender: Heinz-Günter Niebrügge; 2. Vorsitzende: Jutta Kaminsky.

Gewerkschaft Öffentliche Dienste, Transport und Verkehr (Theodor-Heuss-Str. 2, 7000 Stuttgart 1): 1. Vorsitzende: Dr. Monika Wulf-Mathies; Stellvertreter: Willi Hanss und Wolfgang Warburg.

Gewerkschaft der Polizei (Forststr. 3a, 4010 Hilden): 1. Vorsitzender: Hermann Lutz; Stellvertreter: Horst-Udo Ahlers, Klaus Steffenhagen, Hans-Dieter Wimmer.

Deutsche Postgewerkschaft (Rhonestr. 2, 6000 Frankfurt am Main 71): 1. Vorsitzender: Kurt von Haaren; Stellvertreter: Albert Stegmüller.

Gewerkschaft Textil-Bekleidung (Roßstr. 94, 4000 Düsseldorf): 1. Vorsitzender: Willi Arens; Stellvertreter: Hermann Paschen.

c) Weitere Arbeitnehmervereinigungen

Deutscher Beamtenbund (DBB)

(Dreizehnmorgenweg 36, Postfach 20 50 05, 5300 Bonn 2)

Mitglieder des Bundesvorstandes: Vorsitzender Werner Hagedorn; Stellvertreter: Karl Klein, Heinz Ossenkamp, Otto Regenspurger.

Tabelle 197: Mitgliederentwicklung seit 1970 (Stichtag: 30. 9.):

1970	1980	1985	1986	1987	1988	1989	1990
720 974	821 012	796 254	782 059	785 576	786 948	793 607	997 702*

Quelle: Statistische Jahrbücher 1971, 1988, 1990 (für 1970, 1980 bis 1989); die Angaben für 1990, die die neuen Länder beinhalten, beruhen auf Angaben des DBB

Deutsche Angestellten-Gewerkschaft (DAG)

(Karl-Muck-Platz 1, Postfach 30 12 30, 2000 Hamburg 36)

Mitglieder des Bundesvorstandes: Vorsitzender: Roland Issen; Stellvertretende Vorsitzende: Karl Kaula, Walter Quartier.

Tabelle 198: Mitgliederentwicklung seit 1970
(Stand: jeweils 31. 12.):

1970	1980	1985	1986	1987	1988	1989	1990
461 291	494 874	500 922	496 299	494 126	496 832	503 528	573 398

Quelle: Statistische Jahrbücher 1971, 1988, 1990 (für 1970; 1980 bis 1989); die Zahlen für 1990, die die neuen Länder beinhalten, beruhen auf Angaben der DAG.

Christlicher Gewerkschaftsbund Deutschlands

(Konstantinstr. 11 a, 5300 Bonn 2)

Mitglieder des Bundesvorstandes: Vorsitzender: Peter Konstroffer; Stellvertreter: Sigfrid Ehret, Jörg Hebsacker, Siegfried Rahammer.

2. Interessenverbände

Tabelle 199: Mitgliederentwicklung seit 1970
(Stand: jeweils 31. 12.):

1975	1980	1985	1986	1987	1988	1989	1990
224420	288170	307047	307471	307529	306847	304741	309364

Quellen: Statistische Jahrbücher 1989, 1990; die Zahlen für 1975, 1980 und 1990 beruhen auf Angaben des Christlichen Gewerkschaftsbundes. 1990 mit neuen Ländern.

d) Die kommunalen Spitzenverbände

Der Deutsche Städtetag

(Lindenallee 13–17, 5000 Köln 51 (Marienburg))

Die Aufgaben des Deutschen Städtetages sind im wesentlichen die Vertretung der kommunalen Interessen gegenüber Bund und Ländern und der gegenseitige Erfahrungsaustausch.

Der Deutsche Städtetag vertritt die Interessen von über 4300 (mit neuen Ländern) Mitgliedsstädten mit insgesamt ca. 44 Mio. Einwohnern – 272 Städte gehören dem DST unmittelbar, über 4000 mittelbar an.

Präsident: Dr. Manfred Rommel; Vizepräsident: Herbert Schmalstieg; Stellvertreter(in) des Präsidenten: Norbert Burger, Hans Daniels, Eugen Schmid, Herbert Wagner, Rosemarie Wilkken.

Hauptgeschäftsführer: Jochen Dieckmann.

Der Deutsche Landkreistag

(Adenauerallee 136, 5300 Bonn 1)

Der Deutsche Landkreistag hat im wesentlichen die Aufgabe, die Interessen der Landkreise gegenüber den Bundesorganen zu vertreten und – verbandsintern – seine Mitglieder über sie interessierende Gesetzesvorhaben des Bundes zu informieren.

Unmittelbare Mitglieder im Deutschen Landkreistag sind die Landkreisverbände der dreizehn Flächenstaaten der Bundesrepublik. Mittelbar vertritt der Landkreistag die Interessen von insgesamt 426 Landkreisen.

Präsident: Landrat Joseph Köhler; Vizepräsidenten: Landrat Willi Eiermann, Otto Neukum, Landrat Dr. Dieter Reinholz.

Hauptgeschäftsführer: Dr. Hans-Henning Becker-Birck.

Deutscher Städte- und Gemeindebund
(Kaiserswerther Str. 199/201, 4000 Düsseldorf 30)

Die Aufgaben des Deutschen Städte- und Gemeindebundes unterscheiden sich kaum von denjenigen der anderen kommunalen Spitzenverbände, auch er hat die Interessen seiner Mitglieder gegenüber den gesetzgebenden Körperschaften und gegenüber den Verwaltungsbehörden zu vertreten, er hat seine Mitglieder zu beraten und den Erfahrungsaustausch unter den Mitgliedern zu pflegen sowie das Verständnis für kommunale Fragen in der Öffentlichkeit zu fördern.

Unmittelbare Mitglieder des Deutschen Städte- und Gemeindebundes sind die Landesverbände von kreisangehörigen Städten und Gemeinden, über die er die Interessen von ca. 15 000 (mit neuen Ländern) Städte und Gemeinden der Bundesrepublik vertritt.

Präsident: Hans Gottfried Bernrath; 1. Vizepräsident: Theo Magin; weitere Vizepräsidenten: Hans Eveslage, Wilhelm Ferlings, Alfred Funk, Karl-Heinz Lehmann, Gottfried Nisslmüller, Heribert Thallmair, Reiner Ulmcke.

Geschäftsführendes Präsidialmitglied: Dr. Peter Michael Mombaur.

e) Ausgewählte Sozial- und Umweltverbände
Arbeiterwohlfahrt e.V.
(Marie-Juchacz-Haus, Oppelner Str. 130, 5300 Bonn 1)

Die Arbeiterwohlfahrt wird getragen von ca. 625 000 Mitgliedern und ca. 80 000 ehrenamtlichen Helfern. Sie hat ca. 47 000 hauptamtliche Mitarbeiter. Vorsitzender der Arbeiterwohlfahrt ist Otto Fichtner, Stellvertreter(in) sind Gerlinde Hämmerle und Dr. Manfred Ragati.

Die Arbeitsschwerpunkte der Arbeiterwohlfahrt sind u.a.: Kinder- und Jugendarbeit, Hilfe für Mütter und Familien, ambulante Sozial- und Gesundheitsdienste, Behinderten- und Altenhilfe, Integration von ausländischen Arbeitern, Flüchtlingen, Aussiedlern und Zuwanderern sowie Entwicklungshilfe.

Deutscher Caritasverband e.V.
(Lorenz-Werthmann-Haus, Karlstr. 40, 7800 Freiburg)

Der Deutsche Caritasverband ist ein unter der Aufsicht der katholischen deutschen Bischöfe stehender freier Wohlfahrtsverband. Präsident der Deutschen Caritas ist Prälat Hellmut Puschmann; Prof. Dr. Teresa Bock und Generalvikar Heinrich Schenk fungieren als Vizepräsidenten. Generalsekretär ist Josef Schmitz-Elsen. Der Deutsche Caritasverband umfaßt 28 Diözesan-Caritasverbände, 260 caritative Ordensgemeinschaften und 19 Fachverbände – u. a. den Malteser-Hilfsdienst. Der Caritasverband hat Ende 1990 ca. 363 000 (mit neuen Ländern) hauptamtliche Mitarbeiter. Er ist eine der 126 nationalen Organisationen, die in der Caritas Internationalis mit Sitz in Rom zusammengeschlossen sind.

Schwerpunkt der Arbeit sind u.a.: Kinder-, Jugend-, Familien-, Behinderten-, Kranken-, Gefährdeten- und Altenhilfe, Hilfe für Spätaussiedler, ausländische Arbeitnehmer und Nichtseßhafte sowie Not- und Katastrophenhilfe im Ausland.

Deutsches Rotes Kreuz (DRK)
(Generalsekretariat: Friedrich-Ebert-Allee 71, 5300 Bonn 1)

Präsident des DRK ist Botho Prinz zu Sayn-Wittgenstein-Hohenstein, seine Stellvertreter sind Marie-Therese Fürstin zu Salm-Horstmar und Dr. Hartwig Schlegelberger. Ex-Präsident Walter Bargatzky ist heute Ehrenpräsident des DRK. Das DRK hat ca. 352 000 aktive und ca. 3,8 Mio fördernde Mitglieder (Stand: Dez. 1989).

Die Grundsätze des Roten Kreuzes sind Menschlichkeit, Unparteilichkeit, Neutralität, Unabhängigkeit, Freiwilligkeit, Einheit und Universalität. Die Schwerpunkte der Arbeit des DRK im nationalen Bereich sind: Rettungsdienste, Krankentransporte, Kranken-, Alten- und Behindertenbetreuung, Jugendhilfe, Katastrophen- und Zivilschutz, Suchdienste, Hilfe für Asylsuchende und Aussiedler. Im Internationalen Bereich leistet das DRK Katastrophen- und Entwicklungshilfe und arbeitet mit dem Internationalen Roten Kreuz in Genf zusammen.

Diakonisches Werk der Evangelischen Kirche in Deutschland
(Hauptgeschäftsstelle: Stafflenbergstr. 76, 7000 Stuttgart 1)

Oberstes Organ des Diakonischen Werkes ist die Diakonische Konferenz, deren Vorsitzende Oberin Annemarie Klütz ist. Stellvertretender Vorsitzender ist Pastor Günther Hitzemann. Vorsitzender der Geschäftsführung ist Karl Heinz Neukamm, sein Stellvertreter Dr. Ernst Petzold. Im Diakonischen Werk haben sich die Diakonischen Werke von 24 Gliedkirchen der EKD, die Diakonischen Einrichtungen von 9 Freikirchen sowie ca. 100 Fachverbände der verschiedensten Sach- und Spezialgebiete zusammengeschlossen, die zusammen ca. 300000 hauptamtliche Mitarbeiter beschäftigen.

Das Diakonische Werk versteht sich als „eine riesige christliche Bürgerinitiative für den hilfebedürftigen Nächsten innerhalb und außerhalb der Landesgrenze." Die Schwerpunkte der Arbeit des Diakonischen Werkes, die als „Bibelarbeit mit den Händen" interpretiert wird, erstrecken sich u.a. von der Kindergartenunterhaltung über die Kranken-, Alten- und Behindertenpflege bis zur Entwicklungshilfe („Brot für die Welt", „Kirchen helfen Kirchen").

amnesty international (Sektion der Bundesrepublik Deutschland e.V.)
(Postfach 170229, 5300 Bonn 1)

Die deutsche Sektion von amnesty international hat derzeit 11578 aktive Mitglieder und 14255 Förderer (Stand: Febr. 1991). Sprecherin der deutschen Sektion ist Ursula Koerner.

Schwerpunkt der Tätigkeit von amnesty international ist – auf der Basis der Allgemeinen Erklärung der Menschenrechte der Vereinten Nationen von 1948 – der Einsatz für Gefangene und zwar für die Freilassung von gewaltlosen politischen Gefangenen, für faire und zügige Gerichtsverfahren für alle Gefangenen und gegen Todesstrafe und Folter.

Bund für Umwelt und Naturschutz Deutschland e. V. (BUND)
(Im Rheingarten 7, 5300 Bonn 3)

Der Bund für Umwelt und Naturschutz wurde 1975 als bundesweite Organisation gegründet, er hat Ende März 1991 ca.

200000 Mitglieder. 1. Vorsitzender des Bundes ist derzeit Dipl. Forstwirt Hubert Weinzierl, seine Stellvertreter(in) sind Prof. Dr. Gerhard Thielcke und Dr. Angelika Zahrnt.

Die Aufgaben des Bundes sind im wesentlichen: Förderung des Umweltschutzgedankens in Gesellschaft und Schule; Mitwirkung bei Planungen und Gesetzgebungsvorhaben, die für Natur und Umwelt von Bedeutung sind; Bekämpfung von Schädigungen der Natur und der Landschaft; Grundlagenforschung im Bereich des Umwelt- und Naturschutzes; sowie Gewässerschutz, Luftreinhaltung, Lärmminderung und Bewältigung der Abfallprobleme.

Bundesverband Bürgerinitiativen Umweltschutz e.V. (BBU)
(Prinz-Albert-Str. 43, 5300 Bonn 1)

Im 1972 gegründeten Bundesverband Bürgerinitiativen Umweltschutz sind ca. 300 Mitgliedsgruppen organisiert. Mitglieder des Geschäftsführenden Vorstandes des BBU sind derzeit Christa Reetz, Helmut Wilhelm und Eduard Bernhard.

Der BBU hat sich zum Ziel gesetzt, „das erschreckende Ungleichgewicht zwischen Industrie und staatlichen Organisationen einerseits und den begrenzten Möglichkeiten der Bürger andererseits abzubauen". Der BBU fordert eine umweltfreundliche Energiepolitik (Ablehnung der Atomenergie und Kohleverflüssigung; Anwendung alternativer Technologien und bestmögliche Nutzung vorhandener Energien), eine menschenfreundliche Verkehrspolitik, eine ökologische Landwirtschaft, eine Kontrolle der Chemieprodukte und ein unzensiertes Bürgerfernsehen. Er lehnt die Herstellung von atomaren, chemischen und biologischen Waffen ab.

f) Adressen weiterer wichtiger Verbände und Organisationen

Aktionsgemeinschaft der Kriegsopfer und Sozialrentner, Humboldtstr. 32, 5300 Bonn 1

Aktionsgemeinschaft wirtschaftlicher Mittelstand, Adenauerallee 11b, 5300 Bonn 1

Allgemeiner Deutscher Automobil-Club e.V. (ADAC), Am Westpark 8, 8000 München 70

Arbeiter-Samariter-Bund Deutschland e.V., Sülzburgstr. 146, 5000 Köln 41

Arbeitsgemeinschaft der Verbraucherverbände, Heilsbachstr. 20, 5300 Bonn 1

Arbeitsgemeinschaft Selbständiger Unternehmer e. V., Mainzer Str. 238, 5300 Bonn 2

Arbeitskreis deutscher Bildungsstätten, Haager Weg 44 (Haus der Jugendarbeit), 5300 Bonn 1

Börsenverein des Deutschen Buchhandels e. V., Großer Hirschgraben 17/21, 6000 Frankfurt/Main 1

Bund der Kriegsblinden Deutschlands e. V., Schumannstr. 35, 5300 Bonn 1

Bund der Steuerzahler, Burgstr. 1 u. 3, 6200 Wiesbaden

Bund der Vertriebenen. Vereinigte Landsmannschaften und Landesverbände e. V., Godesberger Allee 72–74, 5300 Bonn 2

Bund Deutscher Architekten, Ippendorfer Allee 14b, 5300 Bonn

Bund Deutscher Baumeister, Architekten und Ingenieure e. V. Kennedyallee 11, 5300 Bonn 2

Bund Deutscher Kriegsopfer, Körperbehinderter und Sozialrentner e. V., Bonner Talweg 88, 5300 Bonn 1

Bundesverband der Deutschen Zahnärzte e. V., Universitätsstr. 71, 5000 Köln 41

Bundesverband der Katholischen Arbeitnehmer-Bewegung Deutschlands, Bernhard-Letterhaus-Str. 28, 5000 Köln 1

Bundesverband des Deutschen Exporthandels, Gotenstr. 21, 2000 Hamburg 1

Bundesverband Deutscher Apotheker e. V., Liederbacher Str. 97, 6000 Frankfurt a. M. 80

Bundesverband Deutscher Zeitungsverleger e. V., Riemenschneiderstr. 10, 5300 Bonn 2

Bundesverband mittelständische Wirtschaft, Adenauerallee 13 b–c, 5300 Bonn 1

Deutsch-Israelische Gesellschaft, Königstr. 60, 5300 Bonn 1

Deutsche Landwirtschafts-Gesellschaft, Zimmerweg 16 (DLG-Haus), 6000 Frankfurt a. M. 1

Deutsche Verkehrswacht e. V., Platanenweg 39, 5300 Bonn 3

Deutscher Anwaltverein e. V., Adenauer Allee 106, 5300 Bonn 1

Deutscher Blindenverband e. V., Bismarckallee 30, 5300 Bonn 2

Deutscher Bundesjugendring, Haager Weg 44 (Haus der Jugendarbeit), 5300 Bonn 1

2. Interessenverbände

Deutscher Bundeswehr-Verband e.V., Südstr. 123, 5300 Bonn 2

Deutscher Frauenrat. Bundesvereinigung deutscher Frauenverbände und Frauengruppen gemischter Verbände e.V., Südstr. 125, 5300 Bonn 2

Deutscher Genossenschafts- und Raiffeisenverband e.V., Adenauerallee 127, 5300 Bonn 1

Deutscher Hochschulverband, Rheinallee 18, 5300 Bonn 2

Deutscher Journalisten-Verband e.V., Bennauerstr. 60, 5300 Bonn 1

Deutscher Kinderschutzbund (DKSB) e.V., Drostestr. 14–16, 3000 Hannover 1

Deutscher Lehrerverband, Nordstr. 53, 5300 Bonn 1

Deutscher Mieterbund e.V., Aachener Str. 313, 5000 Köln 41

Deutscher Paritätischer Wohlfahrtsverband, Heinrich-Hoffmann-Str. 3, 6000 Frankfurt a.M. 71

Deutscher Presserat, Wurzerstr. 46, 5300 Bonn 2

Deutscher Richterbund, Seufertstr. 27, 5300 Bonn 2

Deutscher Sparkassen- und Giroverband, Simrockstr. 4, 5300 Bonn 1

Deutscher Sportbund e.V., Otto-Fleck-Schneise 12, 6000 Frankfurt a.M. 71

Deutscher Tierschutzbund e.V., Baumschulallee 15, 5300 Bonn 1

Deutscher Verkehrssicherheitsrat, Obere Wilhelmstr. 32, 5300 Bonn 3

Deutsches Jugendherbergswerk, Bismarckstr. 8, 4930 Detmold

Deutsches Studentenwerk e.V., Weberstr. 55, 5300 Bonn 1

Gesellschaft für Datenschutz und Datensicherung e.V., Irmintrudisstr. 1a, 5300 Bonn 1

Hartmannbund – Verband der Ärzte Deutschlands e.V., Godesberger Allee 54, 5300 Bonn 2

Hauptgemeinschaft des Deutschen Einzelhandels, Sachsenring 89, 5000 Köln 1

Internationale Gesellschaft für Menschenrechte e.V., Kaiserstr. 72, 6000 Frankfurt a.M. 1

Kolpingwerk, Kolpingplatz 5–11, 5000 Köln 1

Malteser-Hilfsdienst, Leonhard-Tietz-Str. 8, 5000 Köln 1

Marburger Bund. Verband der angestellten und beamteten Ärzte Deutschlands e.V., Riehler Str. 6, 5000 Köln 1

Reichsbund der Kriegs- und Wehrdienstopfer, Behinderten, Sozialrentner und Hinterbliebenen e.V., Beethovenallee 56–58, 5300 Bonn 2

Ring Deutscher Makler (RDM), Verband der Immobilienberufe und Hausverwalter e.V., Mönckebergstr. 27, 2000 Hamburg 1

Schutzgemeinschaft Deutscher Wald, Meckenheimer Allee 79, 5300 Bonn 1

Sudetendeutsche Landsmannschaft, Hochstr. 8, 8000 München 80

Terre des Hommes Deutschland e.V., Ruppenkampstr. 11a, 4500 Osnabrück

Union der Leitenden Angestellten, Alfredstr. 77–79, 4300 Essen 1

Verband der Haftpflichtversicherer, Unfallversicherer, Autoversicherer und Rechtsschutzversicherer (HUK-Verband), Glockengießerwall 1, 2000 Hamburg 1

Verband der Kriegs- und Wehrdienstopfer, Behinderten und Sozialrentner Deutschlands (VdK), Wurzerstr. 2–4, 5300 Bonn 2

Verbraucherschutzverein e.V., Lützowplatz 11–13, 1000 Berlin 30

Vereinigung mittelständischer Unternehmen e.V., Postfach 710, 8000 München 1

Volksbund Deutsche Kriegsgräberfürsorge e.V., Werner-Hilpert-Str. 2–4, 3500 Kassel

Westdeutsche Rektoren-Konferenz, Ahrstr. 39, 5300 Bonn 2

Zentralverband der Deutschen Haus-, Wohnungs- und Grundeigentümer e.V., Cecilienallee 45, 4000 Düsseldorf 30

Zentralverband der Sozialversicherten, Rentner und deren Hinterbliebenen Deutschlands, Brückenweg 30, 5632 Wermelskirchen 1

Quelle: Mit geringfügigen Ausnahmen sind die Adressen entnommen aus: Beilage zur „Woche im Bundestag" Nr. 1/91, die eine Liste der beim Bundestag registrierten Verbände und Organisationen enthält.

3. Kirchen

a) Evangelische Kirche in Deutschland

(Rat und Kirchenamt der EKD: Herrenhäuser Str. 12, 3000 Hannover 21, Tel. 0511/27960)

Mitgliederzahl: 29.2 Mio. (Stand: 1990, allerdings sind die Mitgliedszahlen der Landeskirchen der neuen Länder teilweise älteren Datums); durchschnittliche Zahl der Kirchgänger: 1.3 Mio. (Stand 1988, nur West).

Kirchensteuer- und Kirchgeld-Einnahmen: 6.78 Mrd. DM im Jahre 1989 (nur West).

Organisation:

Rat der EKD: Vorsitzender Bischof Dr. Martin Kruse; Stellvertreter: Bischof Dr. Hans-Gernot Jung.

Synode der EKD: Präses: Dr. Jürgen Schmude; Stellvertreter(in): Herbert Dreßler, Barbara Rinke.

Deutscher Evangelischer Kirchentag: Präsident(in): Dr. Erhard Eppler (1989–1991), Dr. Erika Reihlen (1991–1993).

Gliedkirchen der EKD:

Evangelische Landeskirche Anhalts (Friedrichstr. 22, O-4500 Dessau): Kirchenpräsident Erich Natho.

Evangelische Landeskirche in Baden (Blumenstr. 1, 7500 Karlsruhe 1): Landesbischof Prof. Dr. Klaus Engelhardt.

Evangelisch-Lutherische Kirche in Bayern (Meiserstr. 11/13, 8000 München 2): Landesbischof Dr. Johannes Hanselmann.

Evangelische Kirche in Berlin-Brandenburg (Berlin-West) (Bachstr. 1–2, 1000 Berlin 21): Bischof Dr. Martin Kruse.

Evangelische Kirche in Berlin-Brandenburg (Neue Grünstr. 19/22, O-1025 Berlin): Bischof Dr. Gottfried Forck.

Evangelisch-lutherische Landeskirche in Braunschweig (Neuer Weg 88–90, 3340 Wolfenbüttel): Landesbischof Prof. Dr. Gerhard Müller.

Bremische Evangelische Kirche (Franziuseck 2–4, 2800 Bremen 1): Präsident Heinz Hermann Brauer.

Evangelische Kirche des Görlitzer Kirchengebietes (Berliner Str. 62, O-8900 Görlitz): Bischof Dr. Dr. Joachim Rogge.

Evangelisch-lutherische Landeskirche Hannovers (Rote Reihe 6, 3000 Hannover 1): Landesbischof Horst Hirschler.

Evangelische Kirche in Hessen und Nassau (Paulusplatz 1, 6100 Darmstadt): Kirchenpräsident Helmut Spengler.

Evangelische Kirche von Kurhessen-Waldeck (Wilhelmshöher Allee 330, 3500 Kassel-Wilhelmshöhe): Bischof Dr. Hans-Gernot Jung.

Lippische Landeskirche (Leopoldstr. 27, 4390 Detmold 1): Landessuperintendent Dr. Ako Haarbeck.

Evangelisch-Lutherische Landeskirche Mecklenburgs (Münzstr. 8, O-2751 Schwerin): Landesbischof Christoph Stier.

Nordelbische Evangelisch-Lutherische Kirche (Dänische Str. 21/35, 2300 Kiel 1): Bischof Dr. Ulrich Wilckens.

Evangelisch-Reformierte Kirche (Synode ev.-reformierter Kirchen in Bayern und Nordwestdeutschland) (Saarstr. 6, 2950 Leer): Präses Hinnerk Schröder.

Evangelisch-Lutherische Kirche in Oldenburg (Philosophenweg 1, 2900 Oldenburg): Bischof Dr. Wilhelm Sievers.

Evangelische Kirche der Pfalz (Protestantische Landeskirche) (Domplatz 5, 6720 Speyer): Kirchenpräsident Werner Schramm.

Pommersche Evangelische Kirche (Bahnhofstr. 35/36, O-2200 Greifswald): Bischof Eduard Berger.

Evangelische Kirche im Rheinland (Hans-Böckler-Str. 7, 4000 Düsseldorf 30): Präses Peter Beier.

Evangelische Kirche der Kirchenprovinz Sachsen (Am Dom 2, O-3010 Magdeburg): Bischof Dr. Christian Demke.

Evangelisch-Lutherische Landeskirche Sachsens (Lukasstr. 6, O-8032 Dresden): Landesbischof Dr. Johannes Hempel.

Evangelisch-Lutherische Landeskirche Schaumburg-Lippe (Herderstr. 27, 3062 Bückeburg): Landesbischof Heinrich Herrmanns.

Evangelisch-Lutherische Kirche in Thüringen (Dr. Moritz-Mitzenheim-Str. 2a, O-5900 Eisenach): Landesbischof Dr. Werner Leich.

Evangelische Kirche von Westfalen (Altstädter Kirchplatz 5, 4800 Bielefeld 1): Präses D. Hans-Martin Linnemann.

Evangelische Landeskirche in Württemberg (Gänsheidestr. 2 + 4, 7000 Stuttgart 1): Landesbischof Theo Sorg.

Evangelische Brüder-Unität Distrikt Herrnhut (Zittauer Str. 20, O-8709 Herrnhut): Pfarrer Christian Müller.

3. Kirchen

Kirchenkanzlei der Evangelischen Kirche der Union (Bereich Ost) (Auguststr. 80, O-1040 Berlin): Präsident Dr. Friedrich Winter.

Kirchenkanzlei der Evangelischen Kirche der Union (Bereich West) (Jebensstr. 3, 1000 Berlin 12): Vorsitzender des Rates: Präses D. Hans-Martin Linnemann.

Quelle: Angaben des Kirchenamtes der Evangelischen Kirche in Deutschland.

b) Katholische Kirche

Mitgliederzahl: 27,4 Mio.; durchschnittliche Zahl der Kirchgänger: 22,3%.

Kirchensteuer- und Kirchgeld-Einnahmen: 6,79 Mrd. DM im Jahre 1990.

Organisation:

Deutsche Bischofskonferenz (Kaiserstr. 163, 5300 Bonn 1): Vors.: Bischof Dr. Dr. Karl Lehmann.

Zentralkomitee der Deutschen Katholiken (Hochkreuzallee 246, 5300 Bonn 2): Präsidentin Rita Waschbüsch.

Erzdiözesen und Diözesen:

Bistum Aachen (Friedlandstr. 2, 5100 Aachen): Bischof Dr. Klaus Hemmerle;

Bistum Augsburg (Hoher Weg 18, 8900 Augsburg): Bischof Dr. Josef Stimpfle;

Erzbistum Bamberg (Domplatz 4, 8600 Bamberg): Erzbischof Dr. Elmar Maria Kredel;

Bistum Berlin (Wundtstr. 48–50, 1000 Berlin 19): Bischof Georg Kardinal Sterzinsky;

Bistum Dresden-Meißen (Käthe-Kollwitz-Ufer 84, O-8053 Dresden): Bischof Joachim Reinelt;

Bistum Eichstätt (Leonrodplatz 4, 8078 Eichstätt): Bischof Dr. Karl Braun;

Bistum Essen (Zwölfling 16, 4300 Essen 1): Bischof N. N.;

Bischöfliches Amt Erfurt-Meiningen (Herrmannsplatz 9, O-5020 Erfurt): Bischof Dr. Joachim Wanke;

Erzbistum Freiburg (Herrenstr. 35, 7800 Freiburg): Erzbischof Dr. Oskar Saier;

Bistum Fulda (Paulustor 5, 6400 Fulda): Erzbischof Dr. Johannes Dyba;

Apostolische Administratur Görlitz (Carl-von-Ossietzky-Str. 41, O-8900 Görlitz): Bischof Bernhard Huhn;

Bistum Hildesheim (Domhof 18–21, 3200 Hildesheim): Bischof Dr. Josef Homeyer;

Erzbistum Köln (Marzelenstr. 32, 5000 Köln 1): Erzbischof Joachim Kardinal Meisner;

Bistum Limburg (Roßmarkt 4, 6250 Limburg): Bischof Dr. Franz Kamphaus;

Bischöfliches Amt Magdeburg (Max-Josef-Metzger-Str. 1, O-3010 Magdeburg): Bischof Leopold Nowak;

Bistum Mainz (Bischofsplatz 2a, 6500 Mainz): Bischof Dr. Dr. Karl Lehmann;

Erzbistum München und Freising (Rochusstr. 5, 8000 München): Erzbischof Friedrich Kardinal Wetter;

Bistum Münster (Domplatz 27, 4400 Münster): Bischof Dr. Reinhard Lettmann;

Bistum Osnabrück (Große Domsfreiheit 8, 4500 Osnabrück): Bischof Dr. Ludwig Averkamp;

Erzbistum Paderborn (Kamp 38, 4790 Paderborn): Erzbischof Dr. Johannes Joachim Degenhardt;

Bistum Passau (Domplatz 4, 8390 Passau): Bischof Franz Eder;

Bistum Regensburg (Niedermünstergasse 1, 8400 Regensburg): Bischof Manfred Müller;

Bistum Rottenburg/Stuttgart (Eugen-Bolz-Platz 1, 7407 Rottenburg): Bischof Prof. Dr. Walter Kasper;

Bischöfliches Amt Schwerin (Lankower Str. 14/16, O-2762 Schwerin): Bischof Theodor Hubrich;

Bistum Speyer (Kl. Pfaffengasse 16, 6720 Speyer): Bischof Dr. Anton Schlembach;

Bistum Trier (Liebfrauenstr. 1, 5500 Trier): Bischof Dr. Hermann Josef Spital;

Bistum Würzburg (Kardinal-Döpfner-Platz 4, 8700 Würzburg 11): Bischof Dr. Paul-Werner Scheele.

Die Angaben beruhen auf einer Mitteilung der Pressestelle des Sekretariats der Deutschen Bischofskonferenz.

3. Kirchen

c) Zentralrat der Juden in Deutschland
(Rüngsdorfer Str. 6, 5300 Bonn 2, Tel. 0228/357023–24)

Der Zentralrat der Juden in Deutschland ist die Dachorganisation der 73 jüdischen Gemeinden und Landesverbände, die insgesamt 28468 Mitglieder haben (Stand 1. 1. 1991, nur alte Länder).

Vorsitzender des Direktoriums des Zentralrates ist Dr. h. c. Heinz Galinski, seine Stellvertreter sind Dr. Robert Guttmann und Max Willner. Generalsekretär ist Micha Guttmann.

d) Bund freireligiöser Gemeinden Deutschlands
(Ulmen Weg 5, 6078 Neu-Isenburg)

Der Bund freireligiöser Gemeinden Deutschlands ist eine staatlich anerkannte, nichtchristliche Religions- und Weltanschauungsgemeinschaft mit ca. 70 000 Mitgliedern, die in autonomen Landesgliederungen organisiert sind. Präsident des BFGD ist Dr. Wolfgang Dick.

VIII. Wichtige innenpolitische Probleme, Kontroversen und Ereignisse

1. Wirtschafts- und Haushaltspolitik

a) Verabschiedung des Bundeshaushaltes 1991

1. Lesung: Ursprünglich hatte das Bundeskabinett den Entwurf des Bundeshaushalts 1991 in Höhe von 324 Mrd. DM am 3. 7. 1990 verabschiedet. In Anbetracht der sich abzeichnenden Wiedervereinigung zog das Bundeskabinett jedoch bereits am 9. 8. 1990 den Entwurf wieder zurück und kündigte die Einbringung eines gesamtdeutschen Haushaltsentwurfes an. Die Ausarbeitung dieses neuen Entwurfes nahm dann erhebliche Zeit in Anspruch: Erst am 20. 2. 1991 verabschiedete das Bundeskabinett den neuen Entwurf, der sich auf ca. 400 Mrd. DM belief und der bis zur Ersten Lesung im Bundestag durch die Verabschiedung des „Gemeinschaftswerkes Aufschwung-Ost" bereits deutlich gewachsen war.

In seiner Einbringungsrede am 12. 3. 1991 im Deutschen Bundestag bezeichnet Bundesfinanzminister Waigel den Entwurf der Bundesregierung als „den Haushalt der Wiedervereinigung", von dessen Ausgaben ein Viertel an die neuen Länder gehe. Die Beschuldigung, daß man die aus der Vereinigung resultierenden Belastungen verharmlost habe, weist Waigel zurück: „Niemand kann die Kosten dieser Wiedervereinigung voraussagen. Niemand konnte das voraussagen!" Die Bundesregierung habe einen Haushalt vorgelegt, der die Wachstumsvoraussetzungen schaffe, ohne die Solidität der Finanzen zu gefährden. Lafontaine habe geirrt, als er von der ehemaligen DDR als einem führenden Industrieland sprach – die Produktivität habe sich dort „lediglich auf ein Drittel des westdeutschen Niveaus" belaufen und die Infrastruktur müsse „praktisch von Grund auf überholt werden". Eine sofortige Erfolgsbilanz könne niemand erwarten, da man von der Bundesrepublik wisse, wie lange die Überwindung von Struktureinbrüchen dauere. Die Forderung, die für Osteuropa und den Golfkrieg fälligen Beträge durch Einsparungen abzudecken, nennt Waigel eine „finanz- und haushaltspolitische Illusion". Ein Anstieg der Kreditfinanzierung sei nötig und sinnvoll. Hinsichtlich der Steuererhöhungen erklärt Waigel, daß die Regierung über lange Zeit ohne sie ausgekommen ist und daß sie ohne den Golfbeitrag auch 1991 nicht erfolgt wären. Da die SPD mit ihren Vorschlägen wesentlich höher liege, bezeichnet Waigel ihre Kritik als „reine Pflichtübung". Außerdem sei es der SPD um die Finanzierung sozialistischer Experimente gegangen, während die Bundesregierung diese Mittel zur Finanzierung von Frieden und Freiheit einsetze. Vom wiedervereinigten Deutschland gehe kein Inflationsschub aus, es bleibe „Stabilitätsanker in Europa". Gegen Ende seiner Rede stellt Waigel fest: „Was wir jetzt an geringfügigen Einschränkungen zu tragen haben, können wir durch mehr Initiative, durch Leistung und Einsatzwillen ausgleichen. Es besteht kein Anlaß zum Wehklagen. Wir sollten vielmehr dankbar sein für das, was uns die Geschichte, was uns aber zugleich unsere eigene Beharrlichkeit und unser Glaube an die Zukunft geschenkt haben."

Der Parlamentarische Geschäftsführer der CDU/CSU Friedrich Bohl wirft der SPD und ihrem Ex-Kanzlerkandidaten Lafontaine vor, daß ihre Schwarzmalerei aus einer Verweigerungshaltung gegenüber der Wiedervereinigung entstanden sei und sie diese nun nicht als „kluge Voraussicht" verkaufen könne. Den Haushaltsentwurf 1991 nennt Bohl „das Dokument einer beharrlichen, auf die Einheit Deutschlands ausgerichteten Politik dieser Koalition".

Für die F.D.P. setzt sich Wolfgang Weng insbesondere mit der Entwicklung auseinander, „die eine wirtschaftliche Teilung auf lange Zeit festschreiben könnte und der deshalb massiv gegengesteuert werden muß". Er zeigt jedoch die Überzeugung, daß es mit der „grundsätzlich richtigen Politik" der Koalition gelingen werde, „das Notwendige zu tun, um die Entwicklung unseres Landes... in guter Weise voranzutreiben".

Für die SPD antwortet der saarländische Ministerpräsident Lafontaine dem Finanzminister, dessen Rede er ein „beachtliches Stück" nennt: „Da tritt der Herr Bundesfinanzminister hier vor das Plenum und sagt: April, April, wir haben uns nicht geirrt, die Steuern werden nur wegen des Golfkrieges erhöht, und im übrigen ist das Ganze auch noch sozial ausgewogen. – Soviel Frechheit auf einmal hat man selten erlebt!" Es handele sich um das

„größte Täuschungsmanöver in der politischen Geschichte in der Bundesrepublik". Die Bevölkerung sei zu Solidaritätsopfern bereit gewesen – wenn die Regierung behaupte, sie habe die Belastungen nicht abschätzen können, so sei das deutsche Volk „offensichtlich klüger als die Regierung" gewesen. Es gehe nicht um das Ob, sondern um das Wie der Finanzierung der Zahlungen an die neuen Länder – eine Abschaffung der Vermögen- und Gewerbekapitalsteuer werde die SPD nicht mittragen. Da die Erhöhung der Arbeitslosenversicherung um 58% allein die Arbeitnehmer – nicht Selbständige und Beamte – treffe, fordert Lafontaine einen allgemeinen Arbeitsmarktbeitrag, eine Ergänzungsabgabe für Besserverdienende, die Ausklammerung der niedrigen Einkommen und höhere Energiesteuern. Die Regierung sei für die Situation in den neuen Ländern mitverantwortlich und solle sich deshalb nicht „verstimmt darüber beschweren, wenn der Unmut in der ehemaligen DDR wächst und die Menschen verunsichert reagieren, weil sie sich ihrer Zukunft so ungewiß sind". Ein Konzept für die neuen Länder müsse davon ausgehen, daß „ein reines Marktmodell nur die schöpferische Zerstörung einleiten (werde), nicht hingegen den konstruktiven Aufbau". Die Verwaltung in den neuen Ländern müsse durch Finanz- und Personaltransfer verbessert werden; außerdem müßten das Prinzip „Entschädigung vor Rückgabe" gelten und „unkomplizierte massive Förderanreize geschaffen werden". Der Abbau der alten und der Aufbau der neuen Kapazitäten müßten durch eine konsequente Arbeitsmarktpolitik und durch den Erhalt von industriellen Strukturen in den neuen Ländern synchronisiert werden. Ziel der SPD sei ein „leistungsfähiges, ein modernes, ein ökologisch verantwortungsvolles, ein friedliches, ein soziales Deutschland ... Wir werden weiterhin konstruktive Lösungen vorschlagen, die Effizienz mit sozialer Gerechtigkeit verbinden. Lassen Sie uns aber beim Streit über den richtigen Weg dahin das gemeinsame Ziel nicht aus den Augen verlieren und lassen Sie uns vor allem zügig ans Werk gehen; denn die Aufgabe duldet im Interesse der Menschen in Ostdeutschland keinen Aufschub mehr."

Werner Schulz vom Bündnis 90/GRÜNE vertritt die Ansicht, daß die Menschen aus dem Osten im letzten Jahr u. a. gelernt hätten, „daß sich das westliche System vom SED-System nicht dadurch unterscheidet, daß nur SED-Größen Zwecklügen in Umlauf setzen und daß sie verharmlosen und verdrehen". Der

Bundeshaushalt sei überholt, bevor er gedruckt sei, da die tatsächlichen Haushaltsbelastungen bisher nicht absehbar seien. Die 98 Mrd., die der Haushalt für die neuen Länder vorsehe, bezeichnet Schulz zwar als „eine beachtliche Summe", aber es sei zu befürchten, daß der wesentliche Teil im Westen ausgegeben werde und die ostdeutschen Länder noch lange Zuwendungsempfänger bleiben würden. Der Regierung wirft Schulz vor, daß sie bisher einen wirklichen Abbau von Subventionen und Steuergeschenken schuldig geblieben sei.

Die schärfste Kritik an der Regierung übt Ulrich Briefs (PDS/LL): „Selten ist eine Jahrhundertaufgabe so unzureichend wahrgenommen worden wie die Angliederung der DDR an die BRD." Die „DDR-Wirtschaft" breche zusammen, weil die Regierungsmehrheit „es an der Einsicht in die Notwendigkeit eines Mindestmaßes von wirtschaftlichen und politischen, von sozial- und arbeitsmarktpolitischen Schutzvorkehrungen" fehlen lasse. Briefs, der massive Mehraufwendungen zugunsten der neuen Länder verlangt, fordert am Ende seiner Rede von der Regierung: „Stellen Sie sich endlich Ihrer Verantwortung, steuern Sie um! Machen Sie Politik für die Menschen, nicht für das Kapital. Oder machen Sie Platz für eine andere Regierung oder für ein erneutes kurzfristiges Wählervotum!"

Die erste Lesung, bei der es auch zu harten Angriffen von SPD-Chef Vogel auf den Bundeskanzler bezüglich der Politik gegenüber den neuen Ländern und zu Auseinandersetzungen um die künftige Rolle der Bundeswehr kam, dauerte bis zum 14. 3. 1991.

Bei den Beratungen vor der zweiten und dritten Lesung erhöhte der Haushaltsausschuß des Bundestages den Etatentwurf der Bundesregierung – in erster Linie bedingt durch den Beschluß über das „Gemeinschaftswerk Aufschwung-Ost" (s. S. 456) – um 10,6 Mrd. DM auf 410,3 Mrd. DM, wobei Erhöhungen von insgesamt 16,3 Mrd. DM und Kürzungen von insgesamt 5,6 Mrd. DM bei den Einzelplänen vorgenommen wurden. Gekürzt wurde insbesondere beim Frauen- und Sozialministerium (– 500 Mio. DM) sowie beim Landwirtschaftsministerium (– 356 Mio. DM), erhöht wurde in erster Linie der Einzelplan 60 (Allgemeine Finanzverwaltung), und zwar um 11,6 Mrd. DM.

2. und 3. Lesung: Bei der Debatte um den Etat des Bundeskanzleramtes kommt es während der zweiten Lesung am 6. 6. 1991 zu einem relativ unpolemischen Schlagabtausch zwischen

Tabelle 200: Einzelpläne des Bundeshaushalts 1991 (Angaben in Mio. DM; zum Vergleich die Zahlen des Bundeshaushaltes 1990)

Einzelplan	1990	1991
01 Bundespräsidialamt	27,1	30,0
02 Bundestag	707,5	903,6
03 Bundesrat	17,5	25,6
04 Bundeskanzleramt	609,5	633,0
05 Auswärtiges Amt	3 347,1	3 377,7
06 Inneres	4 945,4	8 278,4
07 Justiz	488,4	692,6
08 Finanzen	3 819,0	5 532,3
09 Wirtschaft	6 906,0	14 509,4
10 Ernährung, Landwirtschaft	9 996,7	13 869,5
11 Arbeit und Soziales	69 366,4	88 118,1
12 Verkehr	25 726,6	35 459,1
13 Post und Telekommunikation	307,6	521,9
14 Verteidigung	53 362,5	52 534,7
15 Gesundheit	22 625,7	1 156,6
16 Umwelt, Naturschutz	1 078,9	1 279,1
17 Frauen und Jugend	0,0	3 779,4
18 Familie und Senioren	0,0	28 283,5
19 Bundesverfassungsgericht	16,9	22,4
20 Bundesrechnungshof	56,5	64,3
23 Wirtschaftliche Zusammenarbeit	7 685,9	7 960,0
25 Raumordnung, Bauwesen	6 374,5	8 091,2
27 Innerdeutsche Beziehungen	1 300,7	0,0
30 Forschung, Technologie	7 867,4	8 432,8
31 Bildung, Wissenschaft	4 196,7	6 174,3
32 Bundesschuld	40 585,0	50 823,9
33 Versorgung	10 401,6	10 790,7
35 Verteidigungslasten	1 864,5	1 638,7
36 Zivile Verteidigung	892,0	925,0
60 Allgemeine Finanzverwaltung	29 760,7	56 424,3
70 Summe Abschnitt B[*])	81 812,4	0,0
Gesamtsumme	396 146,4	410 332,0

[*] Die Ausgaben des DDR-Haushalts für das 2. Halbjahr 1990.

Quelle: FAZ vom 5. 6. 1991, S. 2.

dem neuen SPD-Vorsitzenden Engholm und Bundeskanzler Kohl. Engholm zitiert zunächst Alt-Bundeskanzler Schmidt mit seinem Diktum, daß man auch dann nicht auf die Einheit verzichten werde, wenn sie – materiell und immateriell – deutlich teurer komme, als es sich gegenwärtig abzeichne. Man könnte auf dem Weg zur Einheit weiter sein, wenn die Bundesregierung von Anfang an „den Mut zur Wahrheit besessen hätte". Durch ihre leeren Versprechungen seien Mißtrauen und Skepsis entstanden; jetzt gelte es das Trauma „der Teilung in Einheit" zu verhindern. Engholm bezeichnet es als bedrückend, „daß die Bundesregierung die Kosten der deutschen Einheit zunächst verkannt, dann verniedlicht und dann weggetäuscht hat, um nach der Bundestagswahl bruchstückweise mit der Wahrheit ans Licht zu kommen". Bedrückend sei auch das sozial völlig asymmetrische Steuer- und Abgabenpaket, das für die Finanzierung des Einigungsprozesses vorgesehen sei. Er habe kein Verständnis dafür, „daß sich der Bund jetzt allein neue Finanzquellen erschließt, aber seelenruhig zusieht, wie Länder und Gemeinden weiter ausbluten". Diese Aushöhlung des Föderalismus sei „eindeutig wider den Geist unserer Verfassung". Engholm wirft der Regierung die mangelnde Bekämpfung der Armut in der Bundesrepublik sowie Perspektivlosigkeit in der Verkehrs-, Wohnungsbau-, Umwelt- und Asylpolitik vor. Hinter der Regierungspolitik stehe „die unsterbliche Idee des Laisser-faire... Eine Politik, die glaubt, man könne menschliche Nöte, strukturelle Defizite sich im Selbstlauf erledigen lassen, versagt vor den großen Gestaltungsaufgaben unserer Zeit und der Zukunft." Nach der Erläuterung von Vorschlägen für die Effektivierung der Vereinigung erklärt Engholm: „Der Weg zum Ziel der inneren Einheit der Deutschen wird schwerer, er wird dornenvoller, und er wird länger, als es die größten Berufsoptimisten dieser Regierung dem deutschen Volk erzählt haben." Es komme auf ein „vernünftiges Miteinander des Staates mit einer hochinnovativen Wirtschaft" an. Engholm fordert am Ende seiner Rede mehr politische und geistige Führung: „Wir haben wohl selten eine so große Chance gehabt wie bei dem Prozeß der Einigung der Deutschen, aus der Selbstzufriedenheit, der Gemächlichkeit und der gelegentlichen Lethargie herauszukommen und... zu zeigen, wozu wir fähig sind.... Diese Chance nutzen heißt, unsere Zukunft sichern. Diese Chance verpassen heißt, die eigene Zukunft verpassen."

Für die PDS/Linke Liste erklärt Gregor Gysi die Pläne der Bundesregierung und Frankreichs, die er als Schaffung einer internationalen europäischen Militärorganisation abgekoppelt von den USA interpretiert, für „kreuzgefährlich". Er lehnt die Mitwirkung der Bundeswehr an Blauhelm-Missionen der UNO ab, weil sie „möglicherweise in eine verhängnisvolle Richtung" gehe. Gysi fordert eine Kürzung der Rüstungsausgaben um 10 Mrd. DM und wirft der Bundesregierung in bezug auf die Beschäftigungs- und Sozialpolitik katastrophale Untätigkeit vor. Bei den Steuererhöhungen müßten die Bezieher niedriger Einkommen ausgenommen werden; statt der Erhöhung der Arbeitslosenversicherung fordert Gysi eine Arbeitsmarktabgabe für Besserverdienende, außerdem verlangt er die Einführung einer Mindestrente für die gesamte Bundesrepublik und eine Kurskorrektur der Politik, die zu einer Verrringerung des sozialen Abstandes zwischen Armen und Reichen führen müsse.

Vera Wollenberger vom Bündnis 90/GRÜNE vertritt die Ansicht, daß bei der Gestaltung der deutschen Einheit „die bekannten Fehler, die beim Aufbau der Ex-BRD gemacht wurden", hätten vermieden werden können, wenn „eine nach neuestem Wissensstand entwickelte Industriegesellschaft" angestrebt worden wäre. Weil aber „Konzeptionslosigkeit... das einzige sich abzeichnende Regierungsprogramm" sei, müsse auf das Zusammentreten einer gesamtdeutschen Verfassunggebenden Versammlung hingewirkt werden: „Die sozialpsychologische Vereinigung... wird am besten gefördert, wenn aus dem bloßen Anschluß der einen Gesellschaft an die andere ein gemeinsamer Neuanfang wird. Dieser Neuanfang kann und muß mit einer entscheidenden Weiterentwicklung des Grundgesetzes und damit der Demokratie verbunden sein." Wichtig sei u. a. die „Verpflichtung des Staates, Ursachen für Kriege vorausschauend zu begegnen" und die Pflicht zur Abrüstung. Frau Wollenberger fordert die Aufnahme neuer sozialer Grundrechte und des Staatszieles Umweltschutz in die neue Verfassung. Außerdem verlangt sie die Geltung der Grundrechte, die bisher nur den Deutschen zustehen, für alle Bürgerinnen und Bürger, die seit fünf Jahren in der Bundesrepublik leben, sowie eine angemessene Entschädigung der Stasi-Opfer. Frau Wollenberger beendet ihre Rede mit der Aufforderung an den Bundeskanzler, sich für seine gescheiterte Politik des Anschlusses „bei den Menschen im Osten zu entschuldigen".

Bundeskanzler Kohl kritisiert gegenüber Engholm, daß er keine Antworten auf die konkreten Fragen der Politik gegeben und die Begründung seiner persönlichen Politik der früheren Jahre versäumt habe. Engholm habe es unterlassen, die Abrüstungserfolge, die Verbesserung der Beziehungen zu den Nachbarn und die Erfolge der Regierung in der Europapolitik zu würdigen; bessere Vorschläge zu diesen Punkten habe er jedenfalls nicht gemacht. In bezug auf den Vereinigungsprozeß erklärt Kohl, er sei nicht bereit, „Kritik von einer Seite hinzunehmen, die zunächst allen Grund zur Selbstkritik hätte. Daß wir nicht alles optimal gemacht haben, daß wir Fehler gemacht haben, ... räume ich Ihnen gerne ein. Es hätte Ihnen jedoch gut angestanden, zu sagen, daß es eben nur ein paar Wochen waren, in denen die deutsche Einheit international durchsetzbar war. Diese Chance haben wir genutzt; das ist doch die Wahrheit." Was die konkreten Probleme des Arbeitsmarktes in den neuen Ländern betreffe, „sind wir, was weite Teile der Gewerkschaften und übrigens, so glaube ich, auch Ihrer eigenen Partei angeht, gar nicht so weit auseinander. Es gibt doch vieles, was man miteinander besprechen könnte." Man solle sich jetzt nicht gegenseitig vorhalten, „daß der eine mehr und der andere weniger von den Sorgen und Ängsten der Menschen versteht.... Die Menschen in den neuen Bundesländern haben mit der friedlichen Revolution 1989 eines der besten Kapitel deutscher Geschichte geschrieben.... Ich glaube, jetzt ist es wichtig, daß das Gefühl der Zusammengehörigkeit ... auch unseren Alltag bestimmt. Von Mitmenschlichkeit und Verständnis dürfen wir nicht nur reden, sie müssen sich praktisch bewähren." Jetzt habe man – vor dem Hintergrund der Vergangenheit – die Chance, „einer jungen Generation in Europa und in Deutschland zu sagen: Euch bleibt dies erspart; ihr habt ... die Chance auf ein ganzes Leben in Frieden und in Freiheit. Ich möchte bei all den Sorgen des Alltags ... uns einfach einladen, dieses Ziel vor Augen zu behalten: Freiheit, Frieden und Gerechtigkeit, und dann zu tun, was unsere Pflicht ist."

Für die CDU/CSU gesteht Volker Rühe – ähnlich wie der Bundeskanzler – ein, daß bei der Vereinigung Fehler gemacht worden seien, aber hier sei Neuland betreten worden: während mehr als 10 000 Werke die Umwandlung der „kapitalistischen" Wirtschaft in eine sozialistische beschrieben, existiere für den umgekehrten Weg kein einziges. Die Wiedervereinigung sei nur aufgrund der erfolgreichen Wirtschaftspolitik der derzeitigen Regierung möglich gewesen, während ihr Parteitag in Bremen (s. S. 334ff.) gezeigt habe, daß die SPD „noch einen langen Weg zur Regierungsfähigkeit auf Bundesebene vor sich" habe.

Deutlich konzilianter begegnet der F.D.P.-Vorsitzende Lambsdorff der SPD. Über die langfristigen Ziele, die Engholm hinsichtlich der Vereinigung formuliert habe, gebe es wenig zu streiten, aber konkrete Schritte auf diesem Weg habe er nur wenige aufgezeigt. Lambsdorff fordert verstärkte finanzielle Hilfen der alten Länder für die Vereinigung und Hilfen des Westens für Mittel- und Osteuropa, die weder von Deutschland noch von der EG allein getragen werden könnten. Das Volumen des Haushaltes, die Höhe der Nettokreditaufnahme und die Steuererhöhungen gäben normalerweise Anlaß zu Bedenken, allerdings rechtfertige die deutsche Einheit diese Anstrengungen. Außerdem erklärt Lambsdorff: „Wenn jetzt – unter diesem Haushaltsdruck – nicht Subventionen abgebaut werden, wann um alles in der Welt soll es dann möglich sein?"

Am 7. 6. 1991 verabschiedet der Bundestag den Haushalt nach viertägiger Debatte mit 346 Stimmen der Regierungsmehrheit gegen 214 Stimmen der Oppositionsparteien.

Quellen: FAZ und SZ vom 13. 4. bis 15. 4. 1991 und vom 5. 6. bis 8. bzw. 8./9. 6. 1991; Das Parlament vom 22. 3. 1991, S. 2–5, und vom 14./ 21. 6. 1991, S. 3–8; Woche im Bundestag vom 12. 6. 1991, S. 23f.

b) Die Bemerkungen 1990 des Bundesrechnungshofes zur Haushalts- und Wirtschaftsführung

Am 18. 9. 1990 stellte der Präsident des Bundesrechnungshofes Dr. Heinz Günter Zavelberg den Jahresbericht seiner Behörde der Öffentlichkeit vor.

Die massivste Kritik übt der Rechnungshof am Verteidigungsministerium. Anschaffungsabsichten für Kampf- und Bordgefechtsanzüge aus schwer entflammbarem Material werden z.B. als nicht hinreichend begründet bezeichnet. Außerdem lehnt der Rechungshof die Kaufabsichten von Vertikalbordwaffen für verschiedene Flugzeugtypen ab, da es keinen hinreichenden Bedarf gebe. Die Aussonderung von „Alouette II"-Hubschrauber wird ebenso empfohlen wie die Stillegung der Alpha-Jets und der Zerstörer der Hamburg-Klasse. Außerdem habe die Bundeswehr durch zu hohe Kraftstoffvorräte lange Zeit zu hohe Kosten verursacht. Der Rechnungshof spricht von Einsparungsmöglichkeiten von insgesamt 1,3 Mrd. DM allein im Verteidigungsbereich.

Aber die Kritik des Rechnungshofes gilt auch anderen Institutionen: Die Bundesbahn könne beim Bau von Oberleitungen durch Ausschreibungen ca. 50 Mio. DM sparen, der Bundespost wird die Reduzierung der Paketbearbeitungsstellen nahegelegt. Beim Innerdeutschen Ministerium können nach Meinung des Rechnungshofes ebenso wie beim Bundesgrenzschutz erhebliche Stelleneinsparungen vorgenommen werden. Kritisiert werden auch die Bundestagsverwaltung wegen zu hoher Kosten der Bundestagsneubauten oder die Stiftung „Preußischer Kulturbesitz" wegen Fehlplanungen bei ihren Museen in Berlin.

Auf seiner Pressekonferenz sah sich Zavelberg nicht in der Lage, die Höhe der Einsparungsmöglichkeiten – bezogen auf ein Haushaltsjahr – genau zu beziffern. Er sprach von „etlichen hundert Millionen Mark".

Quellen: FAZ und SZ vom 19. 9. 1990; Woche im Bundestag vom 26. 9. 1990, S. 29

c) Das Jahresgutachten des Sachverständigenrates

Am 15. 11. 1990 übergab der Sachverständigenrat zur Begutachtung der gesamtwirtschaftlichen Entwicklung sein Jahresgutachten 1990/91 der Öffentlichkeit.

In Anbetracht der gespaltenen Wirtschaftsentwicklung in West und Ost und des mangelhaften Datenmaterials für die neuen Länder beschränkt der Sachverständigenrat seine Prognosen auf die westdeutsche Wirtschaft, während er sich für den Osten mit Trendaussagen begnügt. Für den Westen wird ein Anstieg des Bruttosozialproduktes um 3%, des Imports um 7,5%, des Exports um 3,5% und der Verbraucherpreise um 3,5% prognostiziert. Der Sachverständigenrat erwartet im Westen einen Zuwachs der Anlageinvestitionen um 5%, des privaten Verbrauches um 3%, der Nettoeinkommen der Arbeitnehmer um 4,5% und der Arbeitgeber um 5% sowie des verfügbaren Haushaltseinkommens um 5,5%. In den neuen Ländern werde die Talsohle der wirtschaftlichen Entwicklung im Sommer 1991 erreicht sein, die folgende Konjunkturbelebung werde von der Bauindustrie angeführt. Die entscheidende Rolle bei der Konjunkturbelebung im

Osten komme nicht staatlichen Geldern, sondern dem Engagement der westlichen Industrie zu. Die „Fünf Weisen" erwarten für 1991 eine durchschnittliche Arbeitslosenzahl von 1,9 Mio. im Westen und von 1,4 Mio. im Osten, wobei sie davon ausgehen, daß jeder zweite in Westdeutschland neu besetzte Arbeitsplatz von Arbeitnehmern aus den neuen Ländern eingenommen wird.

Insbesondere zeigen sich die Sachverständigen besorgt über die Höhe der durch die Wiedervereinigung bedingten Staatsverschuldung. Sie verlangen eine schnellere Rückführung der Staatsverschuldung, als sie von der Bundesregierung geplant ist, und schlagen vor, die Kosten der Einheit durch Einsparungen, Subventionskürzungen, Privatisierungen von staatlichen Unternehmen und notfalls durch Erhöhungen bei der Umsatzsteuer und bei bestimmten Verbrauchssteuern zu finanzieren. Auch eine zeitliche Verschiebung der Unternehmensteuerreform hält der Sachverständigenrat für vertretbar. Außerdem betonen die Sachverständigen die Gefahren, die von zu hohen Tarifabschlüssen im Westen, vor allem aber im Osten ausgehen können.

In einem Sondergutachten, das der Bundesregierung am 15. 4. 1991 übergeben wurde, warnt der Sachverständigenrat vor einem Verlassen des bisherigen Weges der marktwirtschaftlichen Erneuerung in den neuen Bundesländern. Die Privatisierung müsse weiterhin Vorrang vor der Sanierung haben, die betroffenen Arbeitnehmer müßten durch Arbeitsbeschaffungs- und Qualifizierungsmaßnahmen vor sozialen Härten geschützt werden.

Quellen: FAZ und SZ vom 16. 11. 1990 und vom 16. 4. 1991

d) Der Jahreswirtschaftsbericht 1991 der Bundesregierung

Der am 8. 3. 1991 vom Bundeskabinett verabschiedete Jahreswirtschaftsbericht geht von einem realen Wachstum des Bruttosozialproduktes in den westlichen Ländern von 2,5–3% aus. In den alten Ländern erwartet die Bundesregierung einen Anstieg der Beschäftigten um 600000, im Osten hingegen eine durchschnittliche Arbeitslosenzahl von 1,1–1,4 Mio., die bis zum Ende des Jahres auf 2 Mio. wachsen dürfte. Der Anstieg der Verbraucherpreise wird für den Westen auf 3,5% geschätzt, für den Osten erwartete die Bundesregierung eine höhere Rate. Man sagt einen Anstieg der Bruttolöhne im Westen um 5–5,5% und einen Anstieg der Exporte und Importe um 6,5–7,5% voraus. Während die Wirtschaftslage im Westen positiv beurteilt wird, will sich die Bundesregierung nicht festlegen, wann „in den neuen Bundesländern die Auftriebskräfte die Oberhand gegenüber den unvermeidlichen Beschäftigungseinbußen gewinnen werden". Der Jahreswirtschaftsbericht geht ausführlich auf die von der Bundesregierung initiierten Maßnahmen zur Ankurbelung der Wirtschaft in den neuen Ländern ein – vom Aufbau einer leistungsfähigen Verwaltung über die Verbesserung der Rahmenbedingungen für private Investitionen und die Vereinfachung der Verwaltungsverfahren bis zum Ausbau der Infrastruktur. Die Bundesregierung bezeichnet zwar die Angleichung der Lebensverhältnisse in den alten und neuen Ländern als „notwendig und erwünscht", warnt aber vor einer zu schnellen und pauschalen Lohnentwicklung im Osten, wo sie „Phantasie und Mut zu neuen Lösungen", wie z.B. Erfolgsbeteiligung und Vermögensbildung, empfiehlt. Betont wird u.a. auch die Notwendigkeit von Qualifizierungsmaßnahmen in den neuen Ländern.

Quellen: FAZ vom 9. 3. 1991; Bulletin des Presse- und Informationsamtes der Bundesregierung vom 11. 3. 1991; Woche im Bundestag vom 20. 3. 1991, S. 44f.

2. Sozialpolitik

a) Das Renten-Überleitungsgesetz

Anderthalb Jahre nach der Einigung zwischen Regierungsmehrheit und SPD in der Rentenreform (s. Jb. 1990/91, S. 353 ff.), die erst nach heftigen Auseinandersetzungen erfolgt war, stand mit dem Problem der künftigen Rentenregelungen in den neuen Ländern im Bundestag erneut eine Rentendebatte an, die die vorangegangene anfangs an Schärfe noch übertraf.

Während die Oppositionsparteien der Regierungsmehrheit bei der ersten Lesung des Renten-Überleitungsgesetzes am 26. 4. 1991 im Deutschen Bundestag vor allem vorwerfen, sie wolle die fortschrittlichen Elemente des Rentensystems der ehemaligen DDR eliminieren, kritisieren die Regierungsparteien insbesondere gegenüber der SPD, sie wolle frühere Niederlagen wettmachen. Die Fronten scheiden sich anfangs insbesondere an den Rentenregelungen für Frauen und dem Problem der Altersarmut.

Rudolf Dreßler (SPD), der den Gesetzentwurf als ein Produkt „von technischer Phantasielosigkeit, von ideologischen Scheuklappen und von westlicher Überheblichkeit" bezeichnet, hält es für „absurd", wenn man hinsichtlich der Altersarmut die zwar mit Mängeln behaftete, aber bessere Lösung des Ostens beiseite schiebe und die schlechtere Regelung des Westens wähle, wobei er insbesondere die „rigorose Abgrenzung von Sozialversicherung und Existenzminimumsicherung" kritisiert. Während die Oppositionsparteien den stufenweisen Wegfall der Sozialzuschläge verhindern und eine soziale Grundsicherung durchsetzen wollen, verweisen die Regierungsparteien auf den Rechtsanspruch auf Sozialhilfe im Falle von zu kleinen Renten und auf die geringe Höhe der Mindestrenten in der ehemaligen DDR: „Mindest- und Grundsicherungssysteme bringen nach meiner festen Überzeugung am Ende keinem etwas, allenfalls Nivellierung auf niedrigem Niveau" (J. Louven (CDU/CSU)).

Die geplanten Regelungen brächten – so Dreßler, der in diesem Punkt wiederum von den anderen Oppositionsparteien unterstützt wird – „massive Verschlechterungen für Frauen", da Versicherte mit niedrigem Einkommen und mit kürzerer Versiche-

rungsdauer nach der westdeutschen Rentenformel schlechter gestellt seien als nach derjenigen der Ex-DDR, da die Zurechnungszeiten für Kindererziehung niedriger lägen, da die Pflege von Angehörigen nicht mehr angerechnet werde und da die Zurechnungszeiten für vorzeitigen Ruhestand abgeschafft würden, auch wenn diese Verschlechterungen durch Bestandsschutzklauseln erst in fünf Jahren ihre Wirkungen zeigen würden. Auch stelle die Verbesserung der Witwenrenten keine Kompensation für die Verschlechterung der Versichertenrenten der Frauen dar, weil die Mehrausgaben für die Witwenrenten weit niedriger lägen als die Kürzungen der Versichertenrenten nach Auslauf der Bestandsschutzregelungen: „Dieses Tauschgeschäft hat eine eminente gesellschaftspolitische Dimension. Es bedeutet nämlich in der letzten Konsequenz, daß man die Frauen als eigenständige Personen mit unabhängigem Berufsleben und dem Anspruch auf eigene Altersversorgung ignoriert und sie lediglich als Anhängsel ihrer unterhaltsverpflichteten Männer bzw. als Witwen ernst nimmt."
Außerdem werde der stufenweise Wegfall der Sozialzuschläge in erster Linie die Frauen treffen. Dem hält Bundesarbeitsminister Blüm entgegen: „Keine einzige Rente – keine Frauenrenten, keine Männerrente – wird aus Anlaß des Überleitungsgesetzes gekürzt. ... Selbst eine Frau mit fünf Kindern und 15 Beitragsjahren hatte in der DDR eine Rente von nur 470 Mark, und zwar trotz der angeblich großen Frauenvorteile. Diese Frau hat nach Herstellung der Lohngleichheit mit der angeblichen Kürzung und Frauenfeindschaft 750 DM. Sagen Sie doch einmal, was mehr ist: 450 DM oder 750 DM? ... Selbst diese angeblich besseren Regelungen waren bessere Regelungen im Keller."

Trotz der hitzigen Auseinandersetzungen bei der ersten Lesung waren auf beiden Seiten Signale der Kompromißbereitschaft zu erkennen. Und der Kompromiß kam nach zwar zähen Verhandlungen doch erstaunlich schnell zustande. Am 21.6.1991 verabschiedet der Bundestag das Renten-Überleitungsgesetz mit den Stimmen der Regierungsmehrheit und der SPD gegen die Stimmen der PDS und des Bündnis 90/GRÜNE. U.a. bringt das Gesetz, das die Rentenkassen ca. 10 Mrd. DM kosten und zu einer Erhöhung der Rentenbeiträge auf 19% spätestens ab 1993 führen wird, die Verlängerung der Sozialzuschläge um zwei Jahre bis 1996, die darüber hinaus dynamisiert werden. Die Bestandsschutzgarantien für diejenigen Renten, die nach DDR-Recht günstiger sind, bleiben incl. der Erhöhungen des Jahres 1991. Die Zusatz- und Sonderversorgungssysteme werden berücksichtigt, allerdings sind bei bestimmten privilegierten Personengruppen Höchstgrenzen vorgesehen. Die Renten von Stasi-Mitarbeitern werden auf 802.– DM begrenzt, was gegenüber dem Regierungsentwurf eine Anhebung um 200.– DM bedeutet, die die SPD mit verfassungsrechtlichen Argumenten durchsetzt. Für laufende Renten ist ein Höchstbetrag von 2010.– DM, für Witwen- und Waisenrenten von 1206.– DM festgesetzt. In einem gemeinsamen Entschließungsantrag wird festgehalten, daß die Zeit bis zum Auslaufen der Bestandsschutzgarantien genutzt werden müsse, um die Altersversorgung der Frauen zu verbessern und die Probleme der Altersarmut zu lösen.

Quellen: FAZ und SZ vom 27. bzw. 27./28. 4. 1991 sowie vom 22. bzw. 22./23. 6. 1991; Stenographische Berichte des Deutschen Bundestages 12/24 vom 26. 4. 1991, S. 1607–1641.

3. Verteidigungs- und Sicherheitspolitik

a) Die NATO-Gipfelkonferenz in London im Juli 1990

Auf der Gipfelkonferenz der NATO, die am 5. und 6. Juli 1990 in London stattfand, verabschiedeten die Staats- und Regierungschefs der 16 NATO-Mitgliedsstaaten die sog. „Londoner Erklärung: Die Nordatlantische Allianz im Wandel", die auf eine Entspannung mit dem Osten und die Ermöglichung des Verbleibes eines vereinten Deutschland in der NATO abzielt. Diese Erklärung spricht vom Beginn einer „verheißungsvollen Ära" in Europa: „Mittel- und Osteuropa gewinnt seine Freiheit. Die Sowjetunion hat den langen Weg zu einer freien Gesellschaft eingeschlagen." Die NATO müsse und werde sich dieser Entwicklung anpassen. Da die Sicherheit eines jeden Staates in Europa mit der Sicherheit seiner Nachbarn zusammenhänge, müsse die NATO nicht nur eine Verteidigungsorganisation, sondern ein Forum sein, das „beim Aufbau einer neuen Partnerschaft mit allen Ländern Europas" mithilft: „Die Atlantische Gemeinschaft wendet sich den Ländern Mittel- und Osteuropas zu, die im Kalten Krieg unsere Gegner waren, und reicht ihnen die Hand zur Freundschaft." Den Mitgliedern des Warschauer Paktes wird eine gemeinsame Erklärung vorgeschlagen, „in der wir feierlich bekunden, daß wir uns nicht länger als Gegner betrachten, und in der wir unsere Absicht bekräftigen, uns der Androhung oder Anwendung von Gewalt zu enthalten, die gegen die territoriale Integrität oder politische Unabhängigkeit irgendeines Staates gerichtet oder auf irgendeine andere Weise mit den Zielen und Prinzipien der Charta der Vereinten Nationen und mit der KSZE-Schlußakte unvereinbar ist. Wir fordern alle anderen KSZE-Mitgliedstaaten auf, sich uns in dieser Verpflichtung zum Nichtangriff anzuschließen."

Zum Ausdruck der sich wandelnden Rolle des Bündnisses wird Präsident Gorbatschow nach Brüssel eingeladen, um vor dem Nordatlantikrat zu sprechen; ebenso ergehen Einladungen an die mittel- und osteuropäischen Staaten zur Aufnahme diplomatischer Beziehungen mit der NATO. Dem Abschluß des ersten Vertrages zur Verringerung und Begrenzung konventioneller

Streitkräfte in Europa wird höchste Priorität eingeräumt, und es wird betont, daß in diesem Zusammenhang eine „verbindliche Aussage zum Personalumfang der Streitkräfte des vereinten Deutschland erfolgen" werde. Weitere Einschränkungen der Offensivfähigkeit der konventionellen Streitkräfte in Europa werden angestrebt, und es wird eine Veränderung der Streitkräftestruktur des Bündnisses angekündigt. Man betont, daß die NATO keine ihrer Waffen außer zur Selbstverteidigung einsetzen werde „und daß wir das niedrigste und stabilste Niveau nuklearer Streitkräfte anstreben, das zur Kriegsverhütung erforderlich ist". Die Bündnispartner werden eine neue Strategie beschließen, „die Nuklearkräfte wahrhaft zu Waffen des letzten Rückgriffs macht".

Nach Beginn der Verhandlungen über nukleare Waffen kürzerer Reichweite solle – bei gleichartigem Vorgehen der UdSSR – die Beseitigung aller nuklearen Artilleriegschosse in Europa vorgeschlagen werden. Außerdem werde die NATO eine neue Bündnisstrategie ausarbeiten, die die Vorneverteidigung durch eine verminderte Präsenz im vorderen Bereich ersetze. Des weiteren wird eine Stärkung des KSZE-Prozesses gefordert. Die Erklärung endet mit den Worten: „Mit dem heutigen Tage leitet unser Bündis eine umfassende Neugestaltung ein. Wir sind entschlossen, in Zusammenarbeit mit allen Staaten Europas dauerhaften Frieden auf diesem Kontinent zu schaffen."

Quellen: Bulletin des Presse- und Informationsamtes der Bundesregierung vom 10. 7. 1990, S. 777 ff; FAZ und SZ vom 6. bis 7. 7. bzw. 7./8. 7. 1990.

b) Der Bericht des Wehrbeauftragten 1990

Der im April 1990 als Nachfolger von Willi Weiskirch gewählte Wehrbeauftragte des Deutschen Bundestages Alfred Biehle legte am 21. 3. 1991 seinen ersten Jahresbericht vor. Die Gesamtzahl der Eingaben an den Wehrbeauftragten verzeichnete gegenüber dem Vorjahr einen Rückgang um ca. 10% und belief sich auf 9590, wobei 577 Eingaben aus dem Gebiet des Bundeswehrkommandos für die neuen Länder kamen.

Ein Schwerpunkt des Berichtes sind die unterschiedlichen Bedingungen für die Soldaten im Westen und im Osten der Bundesrepublik. U.a. fordert Biehle eine rasche Beseitigung der „Beeinträchtigung des inneren Gefüges" im Bereich des Kommandos Ost. Er verweist auf die unterschiedlichen Entlassungs- (2500,- DM West, 500,- DM Ost) und Weihnachtsgelder (390,- DM West, 250,- DM Ost) für Wehrpflichtige und verlangt eine umgehende Änderung – es dürfe keine „Soldaten erster und zweiter Klasse geben". Diese Ungleichbehandlung sei Gegenstand heftiger Kritik im Osten, und Biehle stellt sich hinter diese Kritik. Da die Einheiten dort keine klar umrissenen Aufgaben hätte und vor allem der Wachdienst extensiv gehandhabt werde, fehle es an Motivation, zumal von einer Durchsetzung der Grundsätze der Inneren Führung im Osten nicht die Rede sein könne. Auch die Unterkünfte der Soldaten und die Truppenküchen in den neuen Ländern sind nach dem Bericht in einem katastrophalen Zustand: „Gemessen am Standard der Bundeswehr-West sind die räumlichen Verhältnisse, in denen die Soldaten ihren Dienst leisten, vielfach unzumutbar." Rost und Fäulnis finde sich in vielen Unterkünften: „Die Stuben der Mannschaften und die Ausstattung hinterlassen einen bedrückenden Eindruck." Biehle schätzt die Sanierungskosten auf ca. 13 Mrd. DM.

Ein weiterer Schwerpunkt des Berichts sind die Folgen der geplanten Reduzierung der Bundeswehr auf 370000 Soldaten. Bei einem erheblichen Teil der Berufs- und Zeitsoldaten habe dies zu Verunsicherungen geführt, weil sie über die Planungen des Verteidigungsministeriums hinsichtlich der Personalveränderungen und Truppenverlegungen nicht informiert seien. Die Soldaten fühlten zwar keine existentielle Bedrohung, aber eine Gefährdung ihrer Berufs- und Lebensplanung, was zu erheblichem Unmut geführt habe. Biehle fordert vom Verteidigungsministerium rasche Entscheidungen in dieser Angelegenheit und eine schnelle Information der betroffenen Soldaten.

Quellen: FAZ und SZ vom 22. 3. 1991; Woche im Bundestag vom 27. 3. 1991, S. 59.

4. Umweltpolitische Kontroversen

Zusätzlich zu den in Kapitel III dargestellten ökologischen Problemen und Fakten sollen im folgenden in aller Kürze die wichtigsten umweltpolitischen Kontroversen zwischen Regierung bzw. Regierungsmehrheit und Opposition angedeutet werden.

a) Die Debatte um den Etat des Bundesumweltministers

In der ersten Beratung des Etats des Bundesministers für Umwelt, Naturschutz und Reaktorsicherheit am 14. 3. 1991 im Deutschen Bundestag kritisiert der SPD-Abgeordnete Harald B. Schäfer, daß weder die Ankündigungen der Bundesregierung noch der Haushaltsplan den ökologischen Erfordernissen der Zukunft Rechnung trügen. In der Verkehrs- und Energiepolitik für die neuen Länder würden vielmehr die alten Fehler wiederholt: „Auch Ihre aktuellen Programme sind von traditionell ökonomistischem Denken geprägt, in dem Ökologie nur eine Randgröße ist." Die verheerenden Umweltbelastungen in den neuen Ländern stellten ein Investitionshemmnis dar, das nicht mit dem Verursacherprinzip und nicht mit einzelnen Pilotprojekten in den Griff zu bekommen sei, sondern nur mit öffentlichen Investitionen. Das SPD-Programm „Arbeit und Umwelt" könnte längst in Kraft sein und zur Umweltentlastung sowie zur Schaffung bzw. Erhaltung von Arbeitsplätzen in den neuen Ländern beitragen. Das „Gemeinschaftswerk Aufschwung-Ost" (s. S. 456) würdigt Schäfer als einen Schritt in die richtige Richtung, das aber zu spät komme, zeitlich zu eng befristet sei und dessen Mittel für den Umweltschutz bei weitem nicht ausreichten. Außerdem dürfe „eine ökologisch-ökonomische Perspektive für die neuen Länder nicht allein in der nachsorgenden Umweltsanierung gesucht werden". In den neuen Ländern müsse der Energieeinsparung Vorrang eingeräumt werden vor dem Bau neuer Atomkraftwerke, aber Töpfer wolle „als Atomminister die Atomenergie wieder hoffähig machen". Bei allen Problemen der neuen Länder dürfe nicht vergessen werden, daß „wir auch in den alten Bundesländern einer umweltverträglichen Wirtschaft noch nicht näher gekommen sind". Ökologische Veränderungssperren und Reformstaus dürfe es deshalb nicht geben, wenn man „den nach uns kommenden Generationen in der Bundesrepublik insgesamt eine verantwortbare Zukunftschance" erhalten wolle.

Klaus-Dieter Feige vom Bündnis 90/GRÜNE fordert eine „Wende zu globalem, ökologisch-behutsamen wirtschaftlichen Handeln", den Vorrang des Energiesparens vor dem Ausbau von kerntechnischen Anlagen und ein ökologisches Modernisierungs- und Umbauprogramm, damit „die ostdeutschen Bundesländer nicht nur zögernd den Anschluß an den westlichen Standard finden, sondern darüber hinaus erwiesene Fehlentwicklungen überspringen und eine zukunftstaugliche moderne Wirtschaftskraft entwickeln". Außerdem kritisiert Feige den Vorrang, der dem Ausbau der Straßen gegenüber dem Schienennetz in den neuen Ländern eingeräumt wird.

Jutta Braband (PDS/LL) widmet den größten Teil ihrer Rede der Forderung nach dem Ausstieg aus der Kernenergie und tritt für eine verstärkte Müllvermeidung und eine Kürzung der Mittel für den Bau von Autobahnen und Flughäfen ein. Auf Seiten der Regierungsmehrheit werde der Wende in der ehemaligen DDR „immer noch sehr zugejubelt. Ich finde: Machen Sie doch selbst mal eine in der Energie- und Verkehrspolitik."

Bundesumweltminister Töpfer bezeichnet „die Aufgabe einer ökologischen Sanierung und Entwicklung in den neuen Ländern" als national vordringlich. Er habe hierfür ein Soldaritätsprogramm „Ökologischer Aufbau" vorgelegt, das im Bundeshaushalt voll abgesichert sei. Die im Haushalt des Arbeitsministers ausgewiesenen Mittel für Arbeitsbeschaffungsmaßnahmen kämen in hohem Maße der Umweltsanierung zugute, außerdem seien im „Gemeinschaftswerk Aufschwung-Ost" 800 Mio. DM für ökologische Sofortmaßnahmen vorgesehen, und es sei ein Kreditprogramm von 17 Mrd. DM eingerichtet worden. Hinzu komme der Einsatz privater Mittel. Töpfer erinnert an die Sanierung von Umweltbelastungen im Verlauf der Vereinigung, z.B. an Stillegung von Greifswald: „Es ist ökologisch gelungen, klarzumachen, daß es allen Bürgern in Deutschland durch die deutsche Einheit besser geht, daß sicherer gelebt werden kann, als das ohne die deutsche Einheit möglich gewesen wäre. Das ist der entscheidende Punkt für den ökologischen Aufbau, meine Damen und Herren."

Der stellvertretende Fraktionsvorsitzende der CDU/CSU Paul Laufs wirft der SPD „Schmähkritik und Lust am Niedermachen und viel angestaubte linke Ideologie" vor, verteidigt die Höhe der bereitgestellten Mittel und das Programm „Ökologischer Aufbau" sowie die vorgesehene Beschleunigung der Straßenbaumaßnahmen in den neuen Ländern. Er verteidigt die Verpackungsverordnung von Bundesminister Töpfer (s. S. 463) und fordert in Zukunft noch stärkere Anreize für die Abfallvermeidung. Die Koalitionsvereinbarung enthalte „ein ehrgeiziges Umweltprogramm. Der Umweltminister kann unserer Unterstützung gewiß sein."

Für die F.D.P. fordert Ina Albowitz verstärkte marktwirtschaftliche Anreize im Umweltschutz: „Die knappen Güter Luft, Wasser und Boden müssen zukünftig zu wirklich marktwirtschaftlichen Kostenfaktoren werden." Sie sieht in der Umweltsanierung in den neuen Ländern eine Chance zur Versöhnung von Ökologie und Ökonomie. „Meine Damen und Herren, wir sind uns des Stellenwertes der Umweltpolitik bewußt, und wir handeln auch danach."

Quellen: Stenographische Berichte des Deutschen Bundestages 12/15 vom 14. 3. 1991, S. 887–901.

5. Datenschutz

a) Der Datenschutzbericht 1990

Am 28. 5. 1991 legte der Bundesdatenschutzbeauftragte Dr. Alfred Einwag den Bericht seines Amtes für das Jahr 1990 der Öffentlichkeit vor.

Im Mittelpunkt der Kritik des Datenschutzbeauftragten steht die Bundespost, der u.a. vorgeworfen wird, daß sie Daten über Benutzer von BTX und Funktelefonen zur „zweckfremden Verwendung" weitergebe und daß Briefträger Adressen sammelten und zu Werbezwecken weiterreichten. Einwag kritisiert auch die Weiterleitung personenbezogener Daten im Postbankdienst sowie bei Verkabelungen und lehnte den Plan der Post als „starr, bürokratisch und kompliziert" ab, künftig neben den bisherigen Anschlüssen ohne Anrufanzeige nur noch Anschlüsse anzubieten, deren Nummer immer beim Angerufenen angezeigt wird. Dieser Plan verhindere die Anonymität der Anrufer, die z.B. für die Telefonseelsorge von großer Wichtigkeit sei. Gegenüber dem Bundespostminister beanstandet Einwag, daß er der Kritik am Verhalten der Bundespost in Sachen Datenschutz aus den vergangenen Jahren zu wenig Rechnung getragen habe.

Dem Vorwurf, daß der Datenschutz die Terrorismusbekämpfung behindere, setzt Einwag entgegnen, daß es zu durchsichtig sei, „nach jedem Terroranschlag, bei dem man die Täter nicht faßt, den Datenschutz als Sündenbock für Erfolglosigkeit bei der Fahndung darzustellen". Er habe während seiner bisherigen Amtszeit „niemals einen Vorschlag des Bundeskriminalamtes zu Verbesserungen der Terrorismusbekämpfung aus Datenschutzgründen abgelehnt".

Von dem neuen, am 1. 6. 1991 in Kraft tretenden Datenschutzgesetz erwartet Einwag eine Verbesserung des Persönlichkeitsschutzes in der öffentlichen Verwaltung, sieht aber Verbesserungsnotwendigkeiten im privaten Bereich.

Einwag erklärt, daß sich die Anzahl der Beanstandungen gegenüber 1989 nicht verändert habe, spricht aber die Bundesrepublik – trotz der kritisierten Einzelfälle – von dem Vorwurf, ein „Überwachungsstaat" zu sein, frei.

Quellen: FAZ und SZ vom 29. bzw. 29./30. 5. 1991.

6. Der Weg zur deutschen Einheit

a) Chronik der Ereignisse in der DDR

(Hier sind insbesondere die wichtigsten DDR-internen Ereignisse bis zur Vereinigung aufgeführt; die den Weg zur deutschen Einheit betreffenden Geschehnisse finden sich in erster Linie in der Jahreschronik im Kapitel X.)

1. 6. Ministerpräsident **de Maizière** kommt **in Brüssel** mit dem EG-Kommissionspräsidenten Delors zu einem Gespräch über die EG-Integration der DDR als Teil eines vereinten Deutschland zusammen.

2. 6. Auf einer Großdemonstration protestieren Anhänger der **PDS** in Ostberlin **gegen** die von der Volkskammer beschlossene **treuhänderische Verwaltung der Vermögen der Parteien** durch eine unabhängige Kommission.

7. 6. Ministerpräsident **de Maizière und** Außenminister **Meckel** halten sich anläßlich der Jahrestagung der Warschauer-Pakt-Staaten **in Moskau** auf.

9. 6. Die Delegierten eines **Sonderparteitages der SPD** wählen Wolfgang Thierse zum neuen Parteivorsitzenden.

9.–12. 6. Ministerpräsident **de Maizière** hält sich zu Gesprächen u. a. mit Präsident Bush, dem er einen mit dem sowjetischen Staatspräsidenten Gorbatschow abgestimmten Plan über die Bedingungen für den Verbleib von Gesamtdeutschland in der NATO überbringt, und UNO-Generalsekretär Pérez de Cuéllar **in den USA** auf.

15. 6. Generalstaatsanwalt Hans-Jürgen Joseph wird von der Volkskammer **abberufen**. Ihm werden Versäumnisse bei der Neubestimmung der Aufgaben der Staatsanwaltschaft vorgeworfen.

17. 6. Die Volkskammer überweist einen überraschenden **Antrag der DSU auf sofortigen Beitritt der DDR zur Bundesrepublik** an die Ausschüsse. Mit 269 gegen 83 Stimmen bei vier Enthaltungen wird ein „**Verfassungsgrundsätzegesetz" verabschiedet**, mit dem die DDR den Sozialismus abschafft und sich als „freiheitlicher, demokratischer, sozialer und ökologischer Rechtsstaat" konstituiert und das eine entscheidende Voraussetzung für den

Staatsvertrag darstellt. Mit großer Mehrheit wird auch das Gesetz zur Privatisierung und Reorganisation des volkseigenen Vermögens (**Treuhandgesetz**) verabschiedet.

18./19. 6. Ministerpräsident **de Maizière** hält sich zu Gesprächen – u. a. mit Staatspräsident Mitterrand und Premierminister Rocard – **in Paris** auf.

27. 6. Finanzminister Romberg kündigt **Subventionen in Höhe von 12,3 Mrd. DM** für verschiedene Bereiche der Wirtschaft im zweiten Halbjahr 1990 an.

28. 6. Die **Volkskammer** macht mit der Verabschiedung verschiedener Gesetze den **Weg für die Wirtschafts-, Währungs- und Sozialunion** endgültig **frei**.

29. 6. Die Generalstaatsanwaltschaft erstattet **Anzeige gegen Erich Honecker** wegen des Schießbefehls und der Sicherungsanlagen an der innerdeutschen Grenze.

30. 6. Hansjoachim Walther wird zum neuen Vorsitzenden der DSU gewählt. DDR-Innenminister **Diestel tritt** daraufhin **aus der DSU aus**, behält aber seinen Posten im Kabinett de Maizière und wird am 3. 8. 1990 Mitglied der CDU. Am 2. 7. 1990 erklärt auch Entwicklungshilfeminister H.-W. **Ebeling** seinen **Austritt aus der DSU**. Justizminister K. **Wünsche verläßt** am 3. 8. 1990 **den Bund Freier Demokraten**.

2. 7. Die **DDR-Regierungskoalition einigt sich auf** den 2. Dezember 1990 als **Termin für gesamtdeutsche Wahlen** und den 14. Oktober als Termin für die Landtagswahlen.

4. 7. Der Hoesch-Vorstandsvorsitzende **Detlev Rohwedder** wird von der Regierung als **Vorsitzender des Verwaltungsrates der Treuhand** bestätigt. Reiner **Gohlke**, der bisherige Vorstandsvorsitzende der Deutschen Bundesbahn, wird am 15. 7. 1990 **Vorsitzender der Treuhand**. Er legt am 20. 8. 1990 sein Amt wegen Differenzen mit dem Verwaltungsrat nieder. Nachfolger Gohlkes wird Detlev Rohwedder. Dessen Position übernimmt am 21. 8. 1990 der Kaufhof-Vorstandsvorsitzende Jens Odewald.

9. 7. Der SPD-Vorsitzende Thierse übt **scharfe Kritik an** Ministerpräsident **de Maizière** und seinem Delegationsleiter Krause in bezug auf die Verhandlungen mit der Bundesrepublik über den Einigungsvertrag. Beide verträten die Linie der CDU, ohne sich mit dem Koalitionspartner abzustimmen.

13. 7. Vor der Volkskammer wiederholen sich **Proteste gegen** die **schlechte Versorgung und** die **Preisanstiege**.

6. Der Weg zur deutschen Einheit

16. 7. Außenminister **Meckel**, der als Gast an einem EG-Außenminister-Treffen in Brüssel teilnimmt, **warnt vor einer zu schnellen Integration der DDR in die EG**.

17.7 Zur Lösung der **Krise in der Agrarwirtschaft** fordert Landwirtschaftsminister P. Pollack die sofortige Liberalisierung des innerdeutschen Handels mit Agrarprodukten. Am folgenden Tag beschließt die Regierung ein Stützungsprogramm.

19. 7. Der **Streit um** den **Termin des Beitritts zur Bundesrepublik** eskaliert: Die Liberalen drohen mit dem Verlassen der Regierung, wenn der Beitritt nicht vor den gesamtdeutschen Wahlen, die nach einem einheitlichen Wahlverfahren abgehalten werden müßten, erfolge. Die SPD unterstützt diese Forderungen, Ministerpräsident de Maizière lehnt sie ab. Am 24. 7. 1990 verlassen die Liberalen die Koalition. Nach dem Kompromiß vom 26. 7. 1990 in der Wahlrechtsfrage (s. S. 211 ff.) bleibt die SPD in der Regierung.

22. 7. Die Volkskammer verabschiedet das „**Ländereinführungsgesetz**": Brandenburg, Mecklenburg-Vorpommern, Sachsen, Sachsen-Anhalt und Thüringen werden als neue Bundesländer konstituiert. Die Volkskammer beschließt außerdem den **Haushalt für das 2. Halbjahr 1990** in Höhe von 64,15 Mrd. DM, der allerdings einen Finanzierungssaldo von knapp 35 Mrd. DM aufweist.

26. 7. Der ehemalige Minister für Staatssicherheit E. **Mielke** wird wegen der Planung von Internierungslagern für politische Spannungssituationen und der Begünstigung von RAF-Häftlingen **erneut verhaftet**.

4. 8. Der **Demokratische Aufbruch** beschließt auf einem Sonderparteitag in Ostberlin seine **Auflösung** und den Anschluß an die CDU, der auf regionaler Ebene vollzogen werden soll.

15. 8. Obwohl der Koalitionsausschuß trotz der Belastungen der vorangegangenen Tage – insbesondere in den Fragen des Wahltermins und der Verhandlungen über den Einigungsvertrag – erst am 13. 8. 1990 die Fortführung der Regierungskoalition beschlossen hatte, gibt Ministerpräsident de Maizière die **Entlassung von vier Ministern** bekannt. De Maizière wirft Finanzminister Romberg (SPD) und Landwirtschaftsminister Pollack (SPD-nahe) Fehlentscheidungen vor und nimmt die Rücktrittsgesuche von Wirtschaftsminister Pohl (CDU) und Justizminister K. Wünsche (aus dem BFD ausgetreten) an. Die SPD protestiert gegen das Vorgehen des Ministerpräsidenten und kündigt nach einem Beschluß des Parteipräsidiums und des Fraktionsvorstandes das Ende der Koalition und eine Ablehnung des Einigungsvertrages an. Am 19. 8. 1990 bestätigt die SPD-Gesamtfraktion den Rückzug aus der Koalition, will aber einen verbesserten Einigungsvertrag nicht scheitern lassen.

15. 8. Circa 250000 **Landwirte protestieren** im ganzen Land gegen die Absatzprobleme und den Verfall der Preise für landwirtschaftliche Produkte.

15. 8. Die **CDU entläßt** ihren Generalsekretär Martin **Kirchner** wegen des Verdachtes der Zusammenarbeit mit dem Staatssicherheitsdienst.

17. 8. Nach Mitteilungen der Süddeutschen Zeitung will die Regierung **52 Hongkonger Industriellen** die **DDR-Staatsbürger**schaft verleihen. Die Hongkonger Bürger wollen 15 Mrd. DM in der DDR investieren.

21. 8. Wegen eines Streites um den **Termin des Beitritts zur Bundesrepublik** tritt der SPD-Fraktionsvorsitzende R. Schröder zurück, Nachfolger wird W. Thierse. Regierungschef de Maizière setzt sich für den Beitritt am 14. 10. 1990 ein, die SPD plädiert für den 15. 9. 1990, PDS und Grüne treten für den 2. 12. 1990 ein. In der Nacht vom 22. auf den 23. 8. 1990 stimmt die Volkskammer dem Kompromißtermin **3. 10. 1990** zu.

22. 8. Die **Volkskammer stimmt** dem **Wahlvertrag** für eine gesamtdeutsche Bundestagswahl am 2. 12. 1990 (s. S. 211 ff.) **zu**. In einer ersten Abstimmung zum Wahlvertrag am 9. 8. 1990 wurde wegen des Fehlens einer Anzahl von Abgeordneten nicht die nötige 2/3-Mehrheit erreicht.

25. 8. Auf verschiedenen **Landesparteitagen** werden die Landtagswahlkämpfe eröffnet. An diesem und am darauffolgenden Wochenende werden u.a. Kurt Biedenkopf (CDU) und Anke Fuchs (SPD) in Sachsen, Josef Duchac (CDU) und Friedhelm Farthmann (SPD) in Thüringen, Alfred Gomolka (CDU) und Klaus Klingner (SPD) in Mecklenburg-Vorpommern, Peter-Michael Diestel (CDU) und Manfred Stolpe (SPD) in Brandenburg sowie Gerd Gies (CDU) und Reinhard Höppner (SPD) in Sachsen-Anhalt als Ministerpräsidentenkandidaten aufgestellt.

30. 8. Bei den Schlußverhandlungen zum Einigungsvertrag (s. S. 401 ff.) einigen sich die Unterhändler darauf, dem Wunsch der Volkskammer entgegenzukommen und die **Stasi-Akten vorerst in**

der DDR zu belassen. Eine endgültige Regelung soll vom gesamtdeutschen Parlament getroffen werden.

4. 9. Der **Tarifkonflikt im Öffentlichen Dienst** wird mit Lohnerhöhungen von 200 DM und einem Zuschlag von 50 DM pro Kind **beendet**.

14. 9. Ministerpräsident **de Maizière entbindet** auf Drängen der Volkskammer Innenminister **Diestel von** der Aufgabe der endgültigen **Auflösung des früheren Staatssicherheitsdienstes**. Eine Abwahl Diestels war in der Volkskammer in der vorangegangenen Nacht gescheitert.

14. 9. Ein Gewerkschaftskongreß des Freien Deutschen Gewerkschaftsbundes beschließt die **Auflösung des FDGB** zum 30. 9. 1990 und macht den Weg für einen Neuanfang der gewerkschaftlichen Arbeit im DGB frei.

15. 9. Eine Delegiertenversammlung beschließt die **Auflösung der Demokratischen Bauernpartei Deutschlands** und ein Zusammengehen mit der CDU.

16. 9. Auf einem **Wahlkongreß der Linken Liste/PDS** in Berlin wird das gemeinsame Programm für die Bundestagswahl verabschiedet.

19. 9. Die **Regierung schlägt** Joachim **Gauck** vom Bündnis 90 **für das Amt des Sonderbeauftragten für die Stasi-Akten** im vereinten Deutschland **vor**.

20. 9. Die **Volkskammer billigt** den **Einigungsvertrag** (s. S. 401ff.).

24. 9. Verteidigungsminister Eppelmann und der Oberkommandierende des Warschauer Paktes, General Pjotr Luschew, unterzeichnen in Ostberlin ein Protokoll, das den **Austritt der DDR aus dem Warschauer Pakt** zum 3. 10. 1990 besiegelt.

26. 9. Ministerpräsident de Maizière zieht nach der **letzten Sitzung des Kabinetts** Bilanz: Trotz großer Schwierigkeiten habe seine Regierung ihren Wählerauftrag erfüllt.

28. 9. In der Volkskammer kommt es bei der **Debatte über** durch die Mitarbeit beim Staatssicherheitsdienst **belastete Minister und Abgeordnete** zum Eklat, weil eine nichtöffentliche Verlesung der Namen beschlossen wird. Fünfzehn Abgeordneten und Ministern wird der Rücktritt empfohlen, u.a. legt Wohnungsbauminister Axel Viehweger (F.D.P.) sein Amt nieder. Außerdem werden die **144 Abgeordneten für den Bundestag** benannt.

2. 10. In einem Festakt im Ostberliner Schauspielhaus bezeichnet Lothar de Maizière in seiner **letzten Rede als Ministerpräsident** den Beitritt der DDR zur Bundesrepublik als „eine Stunde großer Freude" und als einen „Abschied ohne Tränen".

Quellen: FAZ, SZ, Das Parlament und dpa-Monatschroniken im Berichtszeitraum.

b) Die Erklärung der beiden deutschen Parlamente zur Oder-Neiße-Grenze und die Verabschiedung des Staatsvertrages zur Schaffung einer Währungs-, Wirtschafts- und Sozialunion

Am 21. 6. 1990 gingen beide deutschen Parlamente einen wichtigen Schritt auf dem Weg zur deutschen Einheit voran: sie verabschiedeten den Staatsvertrag sowie eine übereinstimmende Resolution zur endgültigen Anerkennung der Oder-Neiße-Grenze, auf die sich Bundesregierung und SPD am 18. 6. 1990 geeinigt hatten und die auch von den Gremien der Volkskammer akzeptiert wurde.

Im Bundestag bleiben CDU/CSU, F.D.P. und GRÜNE in bezug auf den Staatsvertrag bei ihren in der ersten Lesung (s. Jb. 1990/91, S. 392 ff.) dargelegten Positionen. Für die SPD, die dem Staatsvertrag in der damaligen Form nicht zustimmen wollte, erklärt Fraktionschef Vogel, daß der Vertrag – hätte ihn die SPD ausgehandelt – „anders ausgesehen" hätte. Vogel wiederholt die Einwände Lafontaines gegen den Staatsvertrag, betont aber gleichzeitig die Verbesserungen, die die SPD in den Verhandlungen mit der Regierung in bezug auf die Erhaltung überlebensfähiger Betriebe in der DDR, die Verbesserung der Umweltbedingungen, die Vermögen der Blockparteien und die Verhinderung von Spekulationen erreicht habe. Die verbleibenden Defizite des Vertragswerkes habe die Regierung allein zu verantworten. Einige Mitglieder seiner Fraktion würden mit Nein stimmen, die große Mehrheit habe sich aber zur Annahme des Vertrages entschlossen. Auch werde man nicht von der Möglichkeit Gebrauch machen, den Vertrag im Bundesrat scheitern zu lassen, weil dies „in der DDR einen Schock auslösen" würde. Bei der Schlußabstimmung lehnen die GRÜNEN und 25 Abgeordnete der SPD den Vertrag ab. Er wird mit 445 gegen 60 Stimmen bei einer Enthaltung angenommen, wobei die Berliner Abgeordneten erstmals voll stimmberechtigt sind. In der Volkskammer stimmen 302 Abgeordnete für den Staatsvertrag, 82 Abgeordneten der

PDS und der Fraktion Bündnis 90/GRÜNE dagegen, ein Parlamentarier enthält sich.

In bezug auf die Oder-Neiße-Grenze stellt Bundeskanzler Kohl in seiner Regierungserklärung fest: „Der Deutsche Bundestag richtet heute gemeinsam mit der Volkskammer der DDR eine unmißverständliche Botschaft an Polen: Die Grenze Polens zu Deutschland, so wie sie heute verläuft, ist endgültig. Sie wird durch Gebietsansprüche von uns Deutschen weder heute noch in Zukunft in Frage gestellt. Dies wird nach der Vereinigung Deutschlands in einem Vertrag mit der Republik Polen völkerrechtlich verbindlich bekräftigt werden." Obwohl erst eine gesamtdeutsche Regierung einen solchen Vertrag schließen und ein gesamtdeutsches Parlament ihn ratifizieren könne, sei am entsprechenden Willen des deutschen Volkes nicht zu zweifeln. Denjenigen, die die Erklärung des Bundestages „tief berührt und schmerzt", weil sie „ihrer Vorfahren Heimat mit tiefem Herzen verbunden" sind, zollt Kohl Respekt und Verständnis. Er macht aber auch die Bedeutung dieser Erklärung für die deutsche Einigung unter Hinweis auf die Haltung der Polen und der vier Siegermächte deutlich: „Niemand soll sich täuschen: Wir stehen heute vor einer ganz klaren Entscheidung. Entweder wir bestätigen die bestehende Grenze, oder wir verspielen heute und für jetzt unsere Chance zur deutschen Einheit." Für die SPD begründen Horst Ehmke, für die F.D.P. Bundesaußenminister Genscher und für die GRÜNEN Helmut Lippelt, der allerdings weitergehende Forderungen erhebt, die Zustimmung ihrer Fraktionen.

Die Resolution zur Oder-Neiße-Grenze wird mit 487 gegen 15 Stimmen von CDU/CSU-Abgeordneten bei 3 Enthaltungen angenommen. Von der Volkskammer wird sie mit großer Mehrheit bei 6 Ablehnungen durch DSU-Abgeordnete und 18 Enthaltungen gebilligt.

Quellen: FAZ und SZ vom 22. 6. 1990; Das Parlament vom 29. 6. 1990, S. 1–4.

c) *Kohls Besuch bei Gorbatschow im Juli 1990*

Bei ihrem Besuch im Februar 1990 in Moskau (s. Jb. 1990/91, S. 408 ff.) war es Bundeskanzler Kohl und Außenminister Genscher zwar gelungen, die prinzipielle Zustimmung des sowjetischen Staatspräsidenten Gorbatschow zur Wiedervereinigung zu erreichen. Über die Bündniszugehörigkeit eines vereinten Deutschland konnte allerdings keine Einigkeit erzielt werden, obwohl Kohl den Kremlchef wissen ließ, daß ein neutrales Deutschland für ihn nicht in Frage komme. Vor der Abreise Kohls am 14. 7. 1990 – er wurde von Außenminister Genscher und Finanzminister Waigel begleitet – formulierte Regierungssprecher Klein das Ziel des Arbeitsbesuches: es gehe um „Fortschritte auf dem Weg zu einem vereinten Deutschland im westlichen Bündnis".

Bei einer gemeinsamen Pressekonferenz von Kohl und Gorbatschow nach einer ersten Gesprächsrunde in Moskau war für den Außenstehenden klar, daß man zu einer Einigung kommen würde. Gorbatschow erklärte, man sei an die großen Probleme herangetreten, es seien „harte Nüsse", aber „wir werden sie knacken". Am Nachmittag flogen Kohl und Gorbatschow in den Kaukasus – die Heimat Gorbatschows –, wo sie nach weiteren Unterredungen auf einer Pressekonferenz am nächsten Tag in Schelesnowodsk ihre Verhandlungsergebnisse vorstellten: Die Vereinigung der Bundesrepublik mit Berlin und der DDR führe zu einer vollständigen Ablösung der Viermächterechte und -verantwortlichkeiten, das vereinte Deutschland erhalte „volle und uneingeschränkte Souveränität", womit es auch über seine Bündniszugehörigkeit eigenständig entscheiden könne. Das vereinte Deutschland und die Sowjetunion schließen einen Vertrag über den Abzug der sowjetischen Truppen aus der DDR binnen drei bis vier Jahren. Über die Auswirkungen der DM-Einführung wird mit der UdSSR ein Überleitungsvertrag geschlossen. NATO-Strukturen dürfen bis zum Abzug der Sowjettruppen nicht auf das Gebiet der DDR ausgedehnt werden, Territorialverbände der Bundeswehr sind von dieser Regelung nicht betroffen. Solange die sowjetischen Truppen sich auf dem Gebiet der DDR befinden, sollen die Truppen der Westmächte in Berlin stationiert bleiben. Die Bundeswehr wird ihre Personalstärke binnen drei bis vier Jahren auf 370 000 Mann reduzieren. Ein geeintes Deutschland wird auf ABC-Waffen verzichten und Mitglied des Nicht-Weitergabe-Vertrages bleiben. Außerdem wurde der Abschluß eines Vertrages, der die künftige Zusammenarbeit beider Länder regeln soll (s. S. 418f.), vereinbart.

Bundeskanzler Kohl bezeichnete seinen Besuch als einen „Höhepunkt in der Geschichte der deutsch-sowjetischen Beziehungen" und zeigte sich mit den „weitreichenden Fortschritten" zufrieden. Gorbatschow, der die Bedeutung der NATO-Gipfelkonferenz von Anfang Juli (s. S. 386f.) für seine Zugeständnisse heraushob, beurteilte das Treffen ebenfalls positiv: „Wir haben Realpolitik gemacht. Wir fühlen, daß wir zusammengehören." Auch wenn beide Seiten ihre Ziele nicht voll erreicht hätten, sei die Begegnung eine der „bedeutsamsten" der letzten Zeit gewesen. Auch die Westmächte und die SPD-Opposition in Bonn begrüßten die Ergebnisse des Treffens.

Quellen: FAZ und SZ vom 14. bzw. 14./15. bis 17. 7. 1990.

d) Der Einigungsvertrag

Kurz nach dem Inkrafttreten des Staatsvertrages (s. Jb. 1990/91, S. 392ff.) nahmen Bundesinnenminister Schäuble und DDR-Staatssekretär Krause als Leiter der Verhandlungsdelegationen am 6. 7. 1990 die Verhandlungen über den Einigungsvertrag auf. Man verständigte sich, den Vertrag bis Ende August unterschriftsreif zu machen, grenzte die Themen ab und ermöglichte den Beginn der Verhandlungen auf Ressortebene in der folgenden Woche.

Am 18. 7. 1990 wurde durch Angaben des zuständigen Beamten aus dem Bundesjustizministerium gegenüber der Süddeutschen Zeitung bekannt, daß man sich auf das Fortgelten zweierlei Rechts beim Schwangerschaftsabbruch geeinigt hatte. Diese Vereinbarung führte in der Folgezeit zu heftigen Auseinandersetzungen in der Öffentlichkeit der Bundesrepublik.

In der zweiten Verhandlungsrunde vom 1. bis 3. 8. 1990 zeigte sich Innenminister Schäuble sehr zufrieden, man sei gut vorangekommen und es herrsche weitgehende Übereinstimmung in zentralen Fragen. U.a. hatte man sich auf Berlin als künftige Hauptstadt geeinigt, allerdings verbleibt dem künftigen gesamtdeutschen Parlament die Entscheidung über den Regierungssitz. Differenzen blieben vor allem in Finanzierungsfragen, weil die an den Verhandlungen beteiligten Bundesländer „Nachbesserungen" zu ihren Lasten ablehnten. Auch die im Vertragsentwurf vorgesehene teilweise Übernahme der DDR-Staatsbediensteten in den öffentlichen Dienstes blieb umstritten.

Am 20. 8. 1990 verschärften sich in Bonn die Fronten. Die SPD legte einen umfangreichen Katalog von Änderungsforderungen vor, sie bemängelte u. a. die geplanten Regelungen über die soziale Sicherheit, über die Schwangerschaftsabbrüche, die Finanzausstattung der Länder und Kommunen und die Entschädigungsregelungen. Für den Fall eines Scheiterns des Vertrages im Bundesrat kündigte Innenminister Schäuble an, daß der Beitritt mit Überleitungsgesetzen geregelt werde. Auch die Streitigkeiten zwischen den Bonner Koalitionspartnern verschärften sich: insbesondere in der Frage, ob bei Schwangerschaftsabbrüchen das Wohnort- oder das Tatortprinzip gelten solle, konnte keine Einigkeit hergestellt werden. Und in Ostberlin eskalierten nochmals die Auseinandersetzungen um den Termin des Beitritts (s. S. 211), bis die Volkskammer sich in der Nacht vom 22. auf den 23. 8. 1990 für den 3. 10. 1990 als Kompromißtermin entschied. Als Schäuble und Krause ihre Verhandlungen am 24. 8. 1990 vorläufig abschlossen, waren eine Vielzahl von Streitpunkten noch nicht gelöst.

Nachdem in einem von der F.D.P. vorgeschlagenen Gespräch der Parteivorsitzenden beim Bundeskanzler am 26. 8. 1990 deutliche Annäherungen erreicht wurden, erzielte Kohl am 29. 8. 1990 in Verhandlungen mit den Ministerpräsidenten der SPD, der SPD-Spitze und den Vorsitzenden der Bonner Koalition einen weitgehenden Kompromiß. Gegen den ursprünglichen Willen von CDU und CSU wurde in der Abtreibungsfrage, in der für zwei Jahre unterschiedliche Regelungen in der Bundesrepublik und auf dem Gebiet der ehemaligen DDR gelten, das Tatortprinzip festgeschrieben; in der Eigentumsfrage zeigte sich die SPD mit dem Kompromiß, der verschiedene Möglichkeiten des Vorranges der Entschädigung gegenüber der Rückgabe umfaßte, zufrieden. Auch der Streit um die Verteilung der Umsatzsteuer zwischen den neuen und den alten Ländern konnte beigelegt werden, die Sitzverteilung im Bundesrat wurde nochmals geändert (s. S. 259f.), und bei der vor allem in Ostberlin umstrittenen Frage der Nutzung und Sicherung der Stasi-Akten kam noch am 30. 8. 1990 ein Kompromiß zustande. Am 31. 8. 1990 unterzeichneten Schäuble und Krause den Vertrag in Ostberlin.

Die Erste Lesung des Einigungsvertrages fand am 5. 9. 1990 statt, und am 20. 9. 1990 diskutierte der Bundestag den Vertrag abschließend. Bundesaußenminister Genscher erklärt in dieser

6. Der Weg zur deutschen Einheit

Debatte, daß das vereinigte Deutschland größere Verantwortung zu übernehmen habe: „Mit diesem größeren Gewicht streben wir nicht nach mehr Macht, wohl aber sind wir uns der größeren Verantwortung bewußt, die daraus erwächst.... Das Schicksal Deutschlands ist eingebettet in das Schicksal Europas, und zwar stets bewußt: Die deutsche Spaltung kann nur durch die Überwindung der Trennung Europas beendet werden." Besondere Verantwortung habe die Bundesrepublik gegenüber der UdSSR und gegenüber Polen; des weiteren gelte es, den KSZE-Prozeß zu vertiefen und die transatlantischen Beziehungen zu stärken: „Die Politik des guten Beispiels verpflichtet uns, die globalen Herausforderungen anzunehmen. Es geht um die Bewahrung der natürlichen Lebensgrundlagen. Es geht darum, die Überwindung von Hunger und Armut in der Dritten Welt als die weltweite soziale Aufgabe am Ende dieses Jahrhunderts zu begreifen. Es geht um die Bewältigung der Probleme der Konversion von Rüstungs- in Friedenswirtschaften. Die eine Welt, in der wir leben, verlangt nach neuen Strukturen der Kooperation und der Friedenssicherung... Wir Deutschen wollen nichts anderes als in Freiheit, in Demokratie und in Frieden mit allen Völkern Europas und der Welt leben."

Der saarländische Ministerpräsident und SPD-Kanzlerkandidat Oskar Lafontaine akzeptiert zunächst die außenpolitischen Aspekte der Wiedervereinigung: „Wir stimmen Ihren Ausführungen im Grundsatz zu, insbesondere deshalb, weil die Grundlage der Vereinbarungen und die Verträge politische Konzepte sind, für die die Sozialdemokraten seit Jahren eintreten." Im Gegensatz zu den äußeren entwickelten sich „die inneren Aspekte der Einheit nicht positiv... Die westdeutsche Wirtschaft boomt. Sie macht riesige Umsätze. In der DDR-Wirtschaft haben wir einen dramatischen Einbruch. Das kann doch wohl nicht die Richtung sein, die am Anfang der deutschen Einheit stehen sollte." Die Bundesregierung trage die Verantwortung für den Investitionsstau in der DDR; Fehler seien in der Bodenpolitik mit dem Grundsatz „Rückgabe vor Entschädigung", bei der Behandlung der Altschulden, bei den Rahmenbedingungen für Investitionen gemacht worden; die Infrastrukturmaßnahmen seien zu spät angegangen worden; man bezahle Arbeitslosigkeit, statt Arbeit zu fördern; Beschäftigungs- und Ausbildungsprogramme seien auch für Jugendliche notwendig; außerdem werde man ohne eine aktive Industriepolitik nicht auskommen. Im sozialen Bereich müsse insbesondere die Situation der Rentner und der Alleinerziehenden in der DDR verbessert werden. Lafontaine befürchtet, daß die Summe von 100 Mrd. DM, die er als jährliche Kosten der Einheit veranschlagt hat, nicht ausreichen werde. Man werde ohne Steuererhöhungen nicht auskommen, und der Kanzler solle dies den Wählern eingestehen. „So wichtig am heutigen Tag die Feststellung ist, daß wir bei den äußeren Aspekten der Einheit vorangekommen sind, so wichtig bleibt die Feststellung, daß es jetzt um den ökonomischen und sozialen Aufbau der DDR geht. Für uns Sozialdemokraten geht es dabei in erster Linie um soziale Gerechtigkeit; denn wenn die Menschen in der DDR nicht erfahren, daß mit der marktwirtschaftlichen Ordnung soziale Gerechtigkeit verbunden ist, dann glaube ich nicht, daß wir das Einigungswerk weiter gut voranbringen können."

Innenminister Schäuble hält Lafontaine vor, daß er bei seinen Berechnungen „die dynamischen Kräfte einer Sozialen Marktwirtschaft überhaupt nicht" einkalkuliere: „Die Frage ist nicht, wieviel das kostet. Eine solche Diskussion ist unsinnig. Die Frage ist vielmehr, wie wir am besten eine Wirtschafts- und Finanzpolitik steuern, die uns in die Lage setzt, die gewaltigen Aufgaben zu finanzieren, die sich uns mit der Vollendung der deutschen Einheit stellen." 1985 habe Lafontaine die Deutschen in der DDR durch seinen Vorschlag einer DDR-Staatsbürgerschaft ausbürgern wollen, nach der Öffnung der Mauer habe er keine Übersiedler mehr aufnehmen wollen und jetzt vergesse er „an dem Tag, an dem wir den Einigungsvertrag ratifizieren wollen, das Ja zur Einheit und zum Einigungsvertrag zu sagen". Der Vertrag schaffe für alle Zumutungen, die aber zu ertragen seien, wenn man die Vereinigung wolle. Schäuble fragt Lafontaine, ob es Kosten der Einheit oder Investitionen in die Zukunft seien, wenn der Rückzug der sowjetischen Soldaten aus der DDR oder die Bekämpfung der Verschmutzung der Flüsse in der DDR finanziert werden. Große Veränderungen in kurzer Zeit brächten immer Irritationen mit sich: „Aber über alle Sorgen, über alle Unsicherheiten, über das Ungewisse, was auf uns alle ein Stück weit zukommt, sollten wir das Gefühl der Freude und das Gefühl der Dankbarkeit nicht verlieren, weil nur aus einem Gefühl der Freude und der Dankbarkeit der Mut zur Zukunft wächst, den wir brauchen, wenn wir die Einheit Deutschlands wirklich vollenden wollen."

Für die GRÜNEN erklärt Gerald Häfner, daß ihre Ablehnung des Einigungsvertrages nicht gegen die deutsche Einheit gerichtet sei. Der Vertrag lese sich aber wie eine „Liste verpaßter Chancen.... Es war und ist eine Vereinigung der Behörden und der Apparate, aber nicht – noch nicht – der Bürger." Das Berufsbeamtentum, die Beziehungen von Staat und Kirche und der § 218 sind für Häfner Beispiele, bei denen Änderungen, nicht Festschreibungen hätten erfolgen sollen. Die finanzielle Ausstattung der neuen Länder sei für die auf sie zukommenden Aufgaben zu schwach, und bei der Behandlung der Stasi-Akten seien die Rechte der DDR-Bürger nicht gewahrt. Den 3. Oktober als nationalen Feiertag lehnt Häfner ab, man solle „lieber den 9. Oktober, also den Tag, an dem die Menschen schon wußten, daß Panzer, bewaffnete Einheiten und Internierungslager bereitstanden, und an dem trotzdem jeder für sich den Mut hatte, mit der von der Union im Wahlkampf so unerträglich verzerrten Parole ‚Wir sind das Volk!' auf den Lippen ... dem verhaßten Regime zu trotzen", zum Feiertag machen und man solle an diesem Tag die Volksabstimmung über die geänderte Verfassung abhalten.

Nach ganztägiger Debatte stimmte der Bundestag mit 440 gegen 47 Stimmen bei drei Enthaltungen dem Einigungsvertrag zu. Am selben Tag akzeptierte auch die Volkskammer den Vertrag mit 299 gegen 80 Stimmen bei einer Enthaltung. Am folgenden Tag passierte der Vertrag den Bundesrat, der Weg zur Vereinigung war endgültig frei.

Quellen: FAZ und SZ im Berichtszeitraum; Das Parlament vom 28. 9/ 5. 10. 1990, S. 1–4.

e) Die 2+4-Gespräche

Auf Initiative von Bundesaußenminister Genscher, der zunächst seinen amerikanischen Kollegen Baker und dann den sowjetischen Außenminister Schewardnadse für diese Idee gewonnen hatte, wurden am Rande der Abrüstungskonferenz „Open Sky" am 13. 2. 1990 in Ottawa von den Außenministern der vier alliierten Siegermächte des Zweiten Weltkrieges und der beiden deutschen Staaten die sog. 2+4-Gespräche vereinbart, „um die äußeren Aspekte der Herstellung der deutschen Einheit einschließlich der Fragen der Sicherheit der Nachbarstaaten zu besprechen".

Nach Vorarbeiten auf Beamtenebene findet das erste Treffen der 2+4-Gespräche am 5.5.1990 in Bonn statt. Obwohl der sowjetische Außenminister Schewardnadse Kompromißbereitschaft erkennen läßt, wird keine Einigung über die Bündniszugehörigkeit des vereinten Deutschland erzielt. Der Vorschlag des sowjetischen Außenministers, den Weg und den Termin der Vereinigung von den sicherheits- und außenpolitischen Problemen abzukoppeln, führt zu Auseinandersetzungen innerhalb der deutschen Regierung: Bundeskanzler Kohl lehnt ihn ab, Bundesaußenminister Genscher zeigt Interesse. Die Außenminister einigen sich aber auf einen Zeitplan der Gespräche bis zum Herbst.

Auf dem Treffen der sechs Außenminister am 22.6.1990 auf Schloß Niederschönhausen in Ostberlin legt der sowjetische Außenminister Schewardnadse einen Vorschlag vor, der eine schrittweise Entlassung des vereinten Deutschland in die Souveränität vorsieht. Die Truppenstärke der Bundeswehr solle binnen drei Jahren auf 200000 bis 250000 Mann begrenzt werden; die Geltungsbereiche der NATO und des Warschauer Paktes sollen für fünf Jahre unverändert bleiben und die alliierten Truppen ein halbes Jahr nach der Vereinigung aus Berlin abgezogen werden. Während DDR-Außenminister Meckel den Plan unterstützt, stößt er bei den westlichen Außenministern und bei Außenminister Genscher auf Ablehnung. Genscher wird in seiner Forderung, daß Deutschland mit der Vereinigung auch die volle Souveränität erhalten und daß die Schlußakte von Helsinki auch für Deutschland gelten müsse, von den westlichen Außenministern unterstützt. Die im Vorschlag von Schewardnadse angesprochenen Probleme will Genscher nicht mit Übergangs-, sondern mit Abwicklungsfristen regeln. Weitgehende Einigkeit wird in der Frage der polnischen Westgrenze und bezüglich einer Beschleunigung der Gespräche erzielt. Das Schlußdokument solle auf dem Treffen im September verabschiedet und der KSZE-Konferenz im November (s. S. 419ff.) vorgelegt werden.

Vor der nächsten Runde der 2+4-Gespräche, die am 17.7.1990 in Paris stattfindet, liegen das NATO-Gipfeltreffen Anfang Juli in London (s. S. 386f.) und insbesondere die Einigung zwischen Kohl und Gorbatschow am vorangegangenen Wochenende (s. S. 399ff.). In Paris wird dann – der polnische Außenminister K.

6. Der Weg zur deutschen Einheit

Skubiszewski nimmt als siebter Außenminister an dem Gespräch teil – die Frage der polnischen Westgrenze endgültig geklärt. Skubiszewski akzeptiert den Plan, daß unmittelbar nach der deutschen Einigung ein Grenzvertrag mit Polen und anschließend ein Vertrag über „gute Nachbarschaft und Freundschaft" geschlossen werden sollen, und verzichtet auf weitergehende Garantien – u. a. auf die Forderung, Deutschland die volle Souveränität erst nach dem Inkrafttreten des Grenzvertrages zu gewähren, die er als „Mißverständnis" bezeichnet. Ein weiteres wichtiges Ergebnis des Pariser Treffens ist die Übereinkunft, das Schlußdokument so zu formulieren, daß es einen Friedensvertrag unnötig macht. Nach den Worten von Außenminister Genscher stand nach dem Pariser Treffen fest, „daß sich die deutsche Vereinigung noch in diesem Jahr vollziehen kann".

Das letzte Treffen der sechs Außenminister im Rahmen der 2+4-Gespräche – zwei weitere Termine konnten entfallen – findet am 11./12. 9. 1990 in Moskau statt. Es gibt noch Veränderungen im Detail: so wird z. B. vereinbart, daß die vier Siegermächte ihre Vorbehaltsrechte am 1. 10. 1990 mit Wirkung vom 3. 10. 1990 suspendieren, und es wird in einer Protokollnotiz festgehalten, daß kleinere Übungen nicht-deutscher NATO-Truppen auf dem Gebiet der DDR nach dem Abzug der sowjetischen Truppen nicht gänzlich ausgeschlossen sind. Die Kernpunkte des Vertrages stehen aber bereits vorher fest: Endgültige Anerkennung der Oder-Neiße-Grenze; Versicherung, „daß von deutschem Boden nur Frieden ausgehen wird"; Verzicht auf ABC-Waffen, Fortgelten des Nicht-Weitergabe-Vertrages, Reduzierung der Bundeswehr auf 370000 Mann binnen drei bis vier Jahren; Abzug der sowjetischen Truppen bis Ende 1994; erst zu diesem Zeitpunkt Möglichkeit der Stationierung deutscher Bündnistruppen (ohne Kernwaffen) auf dem Gebiet der DDR, vorher nur Stationierungsmöglichkeit von Territorialtruppen; Stationierung westlicher Streitkräfte in Berlin bis zum Abzug der sowjetischen Truppen; Aufgabe der alliierten Rechte und Verantwortlichkeiten und volle Souveränität für das vereinte Deutschland.

Am 12. 9. 1990 wird der Vertrag von den Außenministern der alliierten Siegermächte, von DDR-Ministerpräsident und Außenminister de Maizière und Bundesaußenminister Genscher im Beisein des sowjetischen Staatspräsidenten Gorbatschow unterzeichnet. Der sowjetische Außenminister Schewardnadse erklärt auf der Pressekonferenz nach der Unterzeichnung: „Ein Schlußstrich ist gezogen unter die Ergebnisse des Zweiten Weltkrieges, und eine neue Zeitrechnung begann." Der Sprecher des amerikanischen Präsidenten M. Fitzwater gibt im Namen des Präsidenten bekannt: „Die heutige Vertragsunterzeichnung bedeutet, daß die Verwirklichung des Traumes von einem vereinigten, freien und demokratischen Deutschland nur noch einen Schritt entfernt ist." Auch in Bonn begrüßen alle Parteien den Vertragsabschluß.

Quellen: FAZ und SZ im Berichtszeitraum.

f) Die deutsche Einheit

Nachdem die Außenminister der vier Siegermächte des Zweiten Weltkrieges am 1. 10. 1990 in New York eine Erklärung unterzeichnet hatten, die ihre Rechte und Verantwortlichkeiten für Berlin und Deutschland als Ganzes mit Wirkung vom 3. 10. 1990 supendierte, traten am Vortag der deutschen Einheit die drei Alliierten Stadtkommandanten Westberlins zum letzten Mal zusammen und übergaben dem Regierenden Bürgermeister Momper ein Schreiben, in dem sie u.a. festhielten, daß ihre Aufgaben um Mitternacht erfüllt seien: „Das Berlin, das wir zurücklassen, wird vereint und frei sein."

Am Nachmittag des 2. 10. 1990 tagte dann die Volkskammer zum letzten Mal, und am Abend erklärte Lothar de Maizière in seiner letzten Rede als DDR-Ministerpräsident bei einem Festakt im Ostberliner Schauspielhaus, bei dem das Gewandhaus-Orchester unter Leitung von Kurt Masur Beethovens neunte Symphonie spielte: „Wir stehen an der Schwelle zu einer neuen Zeit." Demokratie, Rechtsstaat und soziale Gerechtigkeit seien höher einzuschätzen als materielle Vorteile, die von vielen in den Vordergrund gerückt würden. Man habe „allen Anlaß zu Freude und Dankbarkeit. Wir können einen neuen Anfang machen." Aber die Deutschen würden „erst dann zu einer inneren Einheit finden, wenn wir bereit sind, die vielen Urteile aus Unkenntnis und Unwissenheit an der Wirklichkeit zu korrigieren". Lothar de Maizière sprach von einem „Abschied ohne Tränen" und erklärte: „Nicht was wir gestern waren, sondern was wir morgen gemeinsam sein wollen, vereint uns zum Staat."

Um Mitternacht wurde vor dem Reichstag unter dem Läuten der Freiheitsglocke die Bundesflagge gehißt. Bundespräsident

6. Der Weg zur deutschen Einheit

7 Feier der Wiedervereinigung vor dem Reichstagsgebäude in Berlin.
Foto: dpa/Holschneider

von Weizsäcker erklärt vor Hunderttausenden von Anwesenden: „In freier Selbstbestimmung wollen wir die Einheit Deutschlands vollenden. Für unsere Aufgaben sind wir uns der Verantwortung vor Gott und den Menschen bewußt. Wir wollen in einem vereinten Europa dem Frieden der Welt dienen." Nach gemeinsam gesungener Nationalhymne leitete ein riesiges Feuerwerk die Feier in ein heiteres Fest über.

Am Vormittag des 3. 10. 1990 zelebrierten der Vorsitzende der katholischen Deutschen Bischofskonferenz Bischof Karl Lehmann und der sächsische Landesbischof Johannes Hempel in der Ostberliner Marienkirche einen ökumenischen Gottesdienst. Bei einem Staatsakt am Nachmittag in der Berliner Philharmonie erklärte die bisherige DDR-Volkskammerpräsidentin Sabine Bergmann-Pohl die Vereinigung, zu der zahlreiche Glückwünsche aus aller Welt eintrafen und bei der nur Israel und China Zurückhaltung zeigten, zum „glücklichsten Tag der Deutschen". Die Einheit sei nicht gegen die Nachbarn gerichtet: „Auschwitz ist zwar kein Veto gegen den deutschen Nationalstaat, wohl aber eine immerwährende Mahnung für uns, die Geschichte nicht zu vergessen." Bundespräsident von Weizsäcker erklärte in seiner Festansprache: „Zum ersten Mal bilden wir Deutschen keinen Streitpunkt auf der europäischen Tagesordnung. Unsere Einheit wurde niemandem aufgezwungen, sondern friedlich vereinbart. Sie ist Teil eines gesamteuropäischen geschichtlichen Prozesses, der die Freiheit der Völker und eine neue Friedensordnung unseres Kontinents zum Ziel hat. Diesem Ziel wollen wir Deutschen dienen. Ihm ist unsere Einheit gewidmet." Der „erzwungene Heimatverlust" sei hart gewesen, aber die Grenzen hätten ihren trennenden Charakter verloren: „Alle Grenzen Deutschlands sollen Brücken zu den Nachbarn werden." Nun werde das ganze Deutschland einen dauerhaften Platz unter den westlichen Demokratien bekommen: „So erleben wir den heutigen Tag als Beschenkte. Die Geschichte hat es diesmal gut mit uns Deutschen gemeint. Um so mehr haben wir Grund zur gewissenhaften Selbstbesinnung." Niemand dürfe vergessen, daß es ohne den von Hitler begonnenen Krieg nicht zur deutschen Teilung gekommen wäre. Weizsäcker dankt dem sowjetischen Staatspräsidenten Gorbatschow für seinen Verzicht auf die Bevormundung der Verbündeten, den Bürgerbewegungen in Mittel- und Osteuropa, den westlichen Alliierten und auch „den Deutschen, die in der DDR den Mut aufbrachten, sich gegen Unterdrückung und Willkür zu erheben". Die Form der Einheit sei gefunden: „Nun gilt es, sie mit Inhalt und Leben zu erfüllen. Parlamente, Regierungen und Parteien müssen dabei helfen. Zu vollziehen aber ist die Einheit nur durch das souveräne Volk, durch die Köpfe und Herzen der Menschen selbst. Jedermann spürt, wieviel da noch zu tun ist. Es wäre weder aufrichtig noch hilfreich, wollten wir in dieser Stunde verschweigen, wieviel uns noch voneinander trennt." Das alte DDR-System sei nicht zuletzt an ökonomischen Schwächen gescheitert: „Um so wichtiger ist es, daß die Menschen in der ehemaligen DDR ihre errungene Freiheit nicht als neuen Notstand erleben.... Wir müssen jetzt solidarisch handeln – in aller ureigenstem Interesse. Für den wirtschaftlichen Aufbau in den neuen Bundesländern tragen wir nunmehr zusammen die Verantwortung und sind gemeinsam am Erfolg interessiert. Denn was nicht gelingt, wird auf Dauer die Deutschen im Westen ebenso belasten wie die Deutschen im Osten. ... Nach einem chinesischen Sprichwort verwandeln sich Berge in Gold, wenn Brüder zusammenarbeiten. Es muß nicht Gold sein, es geht auch nicht ohne Schwestern. Aber kein Weg führt an der Erkenntnis vorbei: Sich vereinen heißt teilen lernen.... Ich bin gewiß, daß es uns gelingt, alte und neue Gräben zu überwinden. Wir können den gewachsenen Verfassungspatriotismus der einen mit der erlebten menschlichen Solidarität der anderen zu einem kräftigen Ganzen zusammenfügen. Wir haben den gemeinsamen Willen, die großen Aufgaben zu erfüllen, die unsere Nachbarn von uns erwarten. Wir wissen, wieviel schwerer es andere Völker auf der Welt zur Zeit haben. Je überzeugender wir es im vereinten Deutschland schaffen, unserer Verantwortung für den Frieden in Europa und in der Welt gerecht zu werden, desto besser wird es auch für unsere Zukunft zu Hause sein. Die Geschichte gibt uns die Chance. Wir wollen sie wahrnehmen, mit Zuversicht und mit Vertrauen."

Quellen: FAZ und SZ vom 2./3. 10. und 4. 10. 1990.

IX. Schwerpunkte der Außenpolitik der Bundesrepublik

Vorbemerkung

Im folgenden Kapitel werden nur Ereignisse behandelt, in denen die Bundesrepublik in wichtiger außenpolitischer Funktion mitgewirkt hat (s. a. S. 386 f.). Von der Berücksichtigung bzw. Nichtberücksichtigung in diesem Kapitel kann deshalb nicht auf die weltpolitische Bedeutung der Ereignisse geschlossen werden.

1. Die Bundesrepublik und die Europäische Gemeinschaft

a) Der EG-Gipfel in Dublin im Juni 1990

An dem Gipfeltreffen der EG-Staats- und Regierungschefs am 25. und 26. Juni 1990 in Dublin nahm erstmals DDR-Ministerpräsident de Maizière als Gast teil. Die Staats- und Regierungschefs sprachen sich u. a. für Finanz- und Wirtschaftshilfen an die UdSSR zur Stabilisierung des Reformkurses von Staatspräsident Gorbatschow aus und beauftragten die EG-Kommission, mit Moskau über kurzfristige Kredite und langfristige Hilfen zu verhandeln, damit möglichst schnell ein konkretes Programm erstellt werden könne. Man trat für eine Intensivierung des KSZE-Prozesses ein und schlug ein kleines Verwaltungssekretariat und ein Zentrum zur Schlichtung von Konflikten vor (s. S. 421). Die Staats- und Regierungschefs beriefen – zusätzlich zu der bereits beschlossenen Konferenz über die Wirtschafts- und Währungsunion – noch eine weitere Regierungskonferenz für Dezember 1990 nach Rom ein, auf der über die Verwirklichung der Europäischen Politischen Union diskutiert werden soll. Die Außenminister erhielten den Auftrag, diese Konferenz vorzubereiten.

Die Beendigung der Sanktionen gegen Südafrika wurde abgelehnt; man lobte zwar die Politik Südafrikas, forderte aber „klare Beweise" für die Unumkehrbarkeit der Aufhebung der Apartheid-Politik. Man verurteilte die israelische Siedlungspolitik und verlangte die Einberufung einer internationalen Nahost-Konferenz. Des weiteren wurden ein Katalog zur Verbesserung des Umweltschutzes und Maßnahmen zur Rauschgiftbekämpfung beschlossen.

Quellen: FAZ und SZ vom 26. und 27. 6. 1990.

b) Der EG-Sondergipfel in Rom im Oktober 1990

Am 27. und 28. 10. 1990 kamen die EG-Staats- und Regierungschefs in Rom zu einem Sondergipfel zusammen. Mit Ausnahme Großbritanniens beschloß man, die zweite Stufe der Wirtschafts- und Währungsunion am 1. 1. 1994 beginnen zu lassen, nachdem „das Programm des Binnenmarktes vollendet ist" sowie „die monetäre Finanzierung" und die Haftung der Gemeinschaft bzw. der einzelnen Mitgliedsländer für Haushaltsdefizite ausgeschlossen sind. In dieser zweiten Stufe soll das unabhängige europäische Zentralbanksystem ausgebaut werden mit dem Ziel der Koordinierung der Geldpolitiken, der Vorbereitung einer einheitlichen Geld- und Währungspolitik und der Überwachung der ECU-Entwicklung.

Auch gegen die meisten Vorgaben für die geplante Konferenz über die Politische Union meldete die britische Regierungschefin Thatcher Vorbehalte an. Die elf anderen Mitgliedsstaaten vertraten u.a. die Auffassung, daß die Zuständigkeiten und die Handlungsfähigkeit der Gemeinschaft sowie die Rolle des Europäischen Parlaments gestärkt werden sollen. Die gemeinsame Außenpolitik der Union solle sämtliche Aspekte der Außenbeziehungen umfassen, die Zusammenarbeit in der Sicherheitspolitik erweitert werden.

Die Staats- und Regierungschefs bekräftigten ihren Willen zur Zusammenarbeit mit den mittel- und osteuropäischen Ländern, nahmen einen Vorbericht der Kommission über die in Dublin initiierten Verhandlungen mit der UdSSR entgegen und stellten Ungarn Finanzhilfen zur Überwindung seiner wirtschaftlichen Schwierigkeiten insbesondere im Energiebereich in Aussicht.

Die Staats- und Regierungschefs verurteilten des weiteren die Geiselnahme des Irak mit harten Worten, stellten sich hinter die UN-Resolutionen gegen den Irak und bekräftigten „ihre Entschlossenheit, keine Vertreter ihrer Regierungen in welcher Eigenschaft auch immer zu Verhandlungen mit dem Irak über die

Freilassung ausländischer Geiseln zu entsenden und anderen davon abzuraten".

Quellen: FAZ und SZ vom 29. 10. 1990; Bulletin des Presse- und Informationsamtes der Bundesregierung vom 6. 11. 1990.

c) Der EG-Gipfel in Rom im Dezember 1990

An dem Treffen der EG-Staats- und Regierungschefs am 14. und 15. 12. 1990 nahm erstmals der neue englische Premier John Major teil, der zwar die Bedenken seiner Vorgängerin gegen die Wirtschafts- und Währungsunion und gegen die Politische Union weitgehend teilte, aber eine größere Kooperationsbereitschaft erkennen ließ.

Die Staats- und Regierungschefs beauftragten die Konferenz über die Politische Union, sich insbesondere mit folgenden – teilweise allerdings sehr vage formulierten – Problembereichen zu befassen: Stärkung der Kompetenzen des Europäischen Parlaments, Ausweitung und Vereinheitlichung der Außen-, Sicherheits- und Verteidigungspolitik der Gemeinschaft incl. der Beschlußfassungsmechanismen, Schaffung einer europäischen Staatsbürgerschaft, Ausweitung und Neufestlegung der Zuständigkeiten der Gemeinschaft sowie Effektivierung der Gemeinschaftsorgane. Die Konferenzen über die Politische Union und über die Wirtschafts- und Währungsunion wurden am 15. 12. 1990 eröffnet. Sie erhielten den Auftrag, ihre Arbeit zu koordinieren und so zum Abschluß zu bringen, daß eine Ratifizierung der geänderten Verträge bis Ende 1992 möglich ist.

Der Sowjetunion wurden Nahrungsmittelhilfen in Höhe von 1,5 Mrd. DM und technische Hilfe in Höhe von 800 Mio. DM zugesagt. Gegenüber Südafrika hob man das Verbot von Neuinvestitionen auf und stellte die Suspendierung weiterer Sanktionen in Aussicht. Der Irak wurde erneut aufgefordert, seine Truppen bis zum 15. 1. 1991 aus Kuwait zurückzuziehen; die Versuche einer friedlichen Regelung der Golfkrise incl. der Kontaktangebote an den Irak durch den amerikanischen Präsidenten und die amtierende EG-Ratspräsidentschaft wurden unterstützt.

Bundeskanzler Kohl erkannte dem Gipfeltreffen das Attribut „historisch" zu, und der italienische Ministerpräsident Andreotti als Ratspräsident sprach vom Ende des „Europessimismus".

Quellen: FAZ und SZ vom 15. bzw. 15./16. und 17. 12. 1990; Bulletin des Presse- und Informationsamtes der Bundesregierung vom 21. 12. 1990.

d) Der EG-Sondergipfel in Luxemburg im April 1991

Am 8. 4. 1991 kamen die EG-Staats- und Regierungschefs in Luxemburg auf Anregung des französischen Staatspräsidenten Mitterrand zu einem Sondergipfel zusammen. Mitterrand wollte u. a. ein Konzept der EG für eine Friedensordnung im Nahen Osten vorbereiten. Im wesentlichen fielen jedoch nur kurzfristige Beschlüsse. Man unterstützte die Anregung des britischen Premierministers Major, im Norden des Irak Schutzzonen für die kurdischen Flüchtlinge unter dem Schirmherrschaft der UNO zu errichten, und machte damit klar, daß man nicht gewillt war, die Vertreibung der Kurden durch die irakischen Machthaber als innere Angelegenheit zu betrachten. Außerdem beschloß man eine Soforthilfe für die kurdischen Flüchtlinge in Höhe von insgesamt 300 Mio. DM und trat dafür ein, daß die von der UNO beschlossenen Sanktionen gegen den Irak bis zur Beendigung der Unterdrückung der Kurden in Kraft bleiben. Ein weiterer Vorschlag des britischen Premiers, der auf die Einrichtung eines Registers bei der UNO abzielte, mit dem Waffenexporte und -anhäufungen in einzelnen Ländern transparent gemacht werden sollen, fand ebenfalls die Unterstützung der Regierungschefs.

Die Vereinigten Staaten, die die Schutzzonenidee anfangs ablehnten, begannen am 17. 4. 1991 mit dem Bau von Flüchtlingslagern im Norden des Irak. Am selben Tag beschloß das Bundeskabinett eine Erhöhung der nationalen Hilfe für die kurdischen Flüchtlinge auf 355 Mio. DM.

Quellen: FAZ und SZ vom 9. und 10. 4. 1991; Das Parlament vom 12. 4. 1991, S. 1.

2. Die Bundesrepublik in der Weltpolitik

a) Der Weltwirtschaftsgipfel von Houston im Juni 1990

Der 16. Weltwirtschaftsgipfel fand unter Beteiligung der Staats- und Regierungschefs von Frankreich, Großbritannien, Italien, Japan, Kanada, der USA und der Bundesrepublik vom 9. bis 11. 6. 1990 in Houston (Texas) statt.

In ihrer außenpolitischen Erklärung begrüßten die Gipfelteilnehmer den deutschen Einigungsprozeß und bezeichneten ihn als wichtigen Beitrag zur Stabilität Europas. Sie stellten sich auch hinter die Demokratisierungsprozesse in Mittel- und Osteuropa incl. der Veränderungen in der Sowjetunion, der gleichzeitig ein konstruktiver Dialog mit den baltischen Staaten empfohlen wurde. Die Sanktionen gegen die Volksrepublik China wurden nicht aufgehoben, den einzelnen Ländern aber die Einräumung von Krediten freigestellt. Die Staats- und Regierungschefs verurteilten auch den weltweiten Terrorismus und den illegalen Handel mit ABC-Waffen.

Der Versuch von Bundeskanzler Kohl und Frankreichs Staatspräsident Mitterrand, den Gipfel zu gemeinsamer finanzieller Hilfe für die Sowjetunion, um die auch Staatspräsident Gorbatschow in einem Brief an den amerikanischen Präsidenten Bush gebeten hatte, zu bewegen, scheiterte weitgehend an den Amerikanern. Man einigte sich aber darauf, daß „jetzt technische Hilfe geleistet werden muß, um der Sowjetunion zu helfen, Schritte in Richtung auf eine eine marktorientierte Wirtschaft zu unternehmen". Auch wurden gegen die Kreditgewährung durch einzelne Staaten keine Einwände erhoben. Der Sowjetunion empfahl man u.a., ihre „Mittel weg vom militärischen Bereich umzuschichten", und ihre Hilfe für Staaten zu kürzen, „die regionale Konflikte fördern". Es wurde beschlossen, den IWF, die Weltbank, die OECD und den designierten Präsidenten der Europäischen Entwicklungsbank in Zusammenarbeit mit der EG-Kommission zu bitten, „eine eingehende Studie über die sowjetische Wirtschaft zu erarbeiten, Empfehlungen für ihre Reform abzugeben und die Kriterien festzulegen, nach denen wirtschaftliche Hilfe des Westens diese Reformen wirksam unterstützen könnte".

Hinsichtlich der festgefahrenen GATT-Verhandlungen einigte man sich auf einen Kompromiß, der einen schrittweisen und progressiven Subventionsabbau vorsieht. Nach Meinung der Gipfelteilnehmer darf die Hilfe für die mittel- und osteuropäischen Länder nicht auf Kosten der Entwicklungsländer gehen. Der französische Präsident scheiterte allerdings mit seinem Plan, den Industrieländern eine Entwicklungshilfe in Höhe von 0,7% ihres Bruttosozialproduktes zu empfehlen. Ebenso stieß Bundeskanzler Kohl mit seinem Vorhaben, eine verbindliche Kürzung der Kohlendioxydwerte festzuschreiben, auf Ablehnung. Die EG-Kommission und die Weltbank wurden beauftragt, mit Brasilien ein Abkommen zur Rettung des Regenwaldes auszuhandeln.

Bundeskanzler Kohl bezeichnete die Beschlüsse des Gipfels als zufriedenstellend. Der SPD-Wirtschaftssprecher W. Roth kritisierte die mangelnde Hilfe für die UdSSR und forderte Kohl auf, die europäischen Staaten zu sofortiger Hilfe zu drängen.

Quellen: FAZ und FAZ vom 10.–12. 7. 1990.

b) Gorbatschows Besuch in der Bundesrepublik im November 1990

Der sowjetische Staatspräsident Gorbatschow kam am 9. und 10. November 1990 als erstes ausländisches Staatsoberhaupt nach der Vereinigung – begleitet von seiner Gattin Raissa, vom stellvertretenden Ministerpräsidenten Sitarjan und von Außenminister Schewardnadse – in die Bundesrepublik. Er wurde von Außenminister Genscher am Kölner Flughafen begrüßt und von Bundespräsident von Weizsäcker vor der Villa Hammerschmidt mit militärischen Ehren empfangen.

Der Besuch Gorbatschows diente in erster Linie der Unterzeichnung des „Vertrages über gute Nachbarschaft, Partnerschaft und Zusammenarbeit" beider Länder, der beim Besuch von Bundeskanzler Kohl im Juli in der Sowjetunion (s. S. 399 ff.) vereinbart und von den Außenministern Schewardnadse und Genscher einen Tag nach Abschluß der 2+4-Gespräche am 13. 9. 1990 in Moskau paraphiert worden war. Der Vertrag zielt u. a. darauf ab, „mit der Vergangenheit endgültig abzuschließen und durch Verständigung und Versöhnung einen gewichtigen Beitrag zur Überwindung der Trennung Europas zu leisten", und er will mithelfen, eine europäische Friedensordnung und stabile Sicherheitsstrukturen zu schaffen. Er schreibt den Gewaltverzicht, die ausschließlich friedliche Lösung von Konflikten und den Willen zu weiterer Abrüstung fest. Es werden jährliche Konsultationen auf höchster Ebene und eine Intensivierung der zweiseitigen „Zusammenarbeit, insbesondere auf wirtschaftlichem, industriellem und wissenschaftlich-technischem Gebiet und auf dem Gebiet des Umweltschutzes" vereinbart. Den sowjetischen Bürgern deutscher Nationalität wird die Möglichkeit der Bewahrung ihrer „Sprache, Kultur oder Tradition" zugestanden. Anläßlich der Unterzeichnung am 9. 11. 1990 erklärte Bundeskanzler Kohl, daß der Vertrag „nicht nur eine umfassende Verständigung unserer Staaten und Regierungen" sei, sondern auch einen „Appell an alle unsere Bürger, ihren Beitrag zur Aussöhnung zu leisten", darstelle. Präsident Gorbatschow sprach von einem „Dokument, an welches man noch vor kurzem kaum zu denken wagte", zog enge Verbindungen zwischen dem Vertrag und der deutschen Vereinigung und sprach am Ende seiner Rede die Hoffnung aus: „Möge sich der auf 20 Jahre abgeschlossene sowjetisch-deutsche Vertrag in das Traktat ‚Vom ewigen Frieden' verwandeln."

Am selben Tag wurden der „Vertrag über die Entwicklung einer umfassenden Zusammenarbeit auf dem Gebiet der Wirtschaft, Industrie, Wissenschaft und Technik" vom stellvertretenden Ministerpräsidenten Sitarjan und von Wirtschaftsminister Haussmann sowie ein „Abkommen über die Zusammenarbeit auf dem Gebiet des Arbeits- und Sozialwesens" von Außenminister Schewardnadse und Arbeitsminister Blüm unterzeichnet. Bundeskanzler Kohl sagte Gorbatschow zu, der Sowjetunion mit einer Lebensmittelhilfe, für die er sich auch bei den westlichen Partnern einsetzen werde, über die Wintermonate zu helfen.

Nach Gesprächen mit Finanzminister Waigel, Außenminister Genscher, dem F.D.P.-Vorsitzenden Lambsdorff und den SPD-Spitzenpolitikern Vogel und Lafontaine besuchte Gorbatschow am 10. 11. 1990 Speyer, Deidesheim und Oggersheim und revanchierte sich für den Besuch Kohls im Kaukasus im Juli.

Quellen: FAZ und SZ vom 10. bzw. 10./11. und 12. 11. 1990; Bulletin des Presse- und Informationsamtes der Bundesregierung vom 15. 11. 1990.

c) Der KSZE-Gipfel in Paris im November 1990

Vor dem offiziellen Beginn der KSZE-Gipfelkonferenz vom 19. bis 21. 11. 1990 in Paris unterzeichneten die Mitglieder der

NATO und des Warschauer Paktes am 19. 11. 1990 den in Wien ausgehandelten Vertrag über die konventionelle Abrüstung in Europa, der u. a. den Abbau des sowjetischen Übergewichtes in der konventionellen Rüstung zum Ziele hat und die Vernichtung von insgesamt 250 000 schweren Waffen vorschreibt. In einer gemeinsamen Erklärung stellten die 22 Unterzeichnerstaaten u. a. fest, „daß das Zeitalter der Teilung und Konfrontation, das mehr als vier Jahrzehnte gedauert hat, zu Ende ist" und daß „sie in dem anbrechenden neuen Zeitalter europäischer Beziehungen nicht mehr Gegner sind, sondern neue Partnerschaften aufbauen und einander die Hand zur Freundschaft reichen wollen".

Neben den Plenarrunden spielten in Paris bilaterale Verhandlungen am Rande der Konferenz eine wichtige Rolle, in denen u. a. der amerikanische Präsident Bush versuchte, eine neue UN-Resolution gegen den Irak vorzubereiten, und bei denen Hilfsmaßnahmen insbesondere für die Sowjetunion eruiert wurden. Außerdem war es die letzte große internationale Konferenz von Margaret Thatcher, die unmittelbar danach ihren Rücktritt ankündigte.

Am Ende der Konferenz unterzeichneten die 32 europäischen Länder – Albanien hatte als einziges Land nur einen Beobachterstatus – sowie die USA und Kanada die „Charta von Paris für ein neues Europa", in der es u. a. heißt: „Europa ist befreit vom Erbe der Vergangenheit. Durch den Mut von Männern und Frauen, die Willensstärke der Völker und die Kraft der Ideen der Schlußakte von Helsinki bricht in Europa ein neues Zeitalter der Demokratie, des Friedens und der Einheit an. Nun ist die Zeit gekommen, in der sich die jahrzehntelang gehegten Hoffnungen und Erwartungen unserer Völker erfüllen: unerschütterliches Bekenntnis zu einer auf Menschenrechten und Grundfreiheiten beruhenden Demokratie, Wohlstand durch wirtschaftliche Freiheit und soziale Gerechtigkeit und gleiche Sicherheit für alle unsere Länder." Das Bekenntnis zu Demokratie und Menschenrechten incl. dem Schutz von Minderheiten, zu wirtschaftlicher Freiheit und Verantwortung, zu verstärkter Zusammenarbeit und zu freundschaftlichen Beziehungen wird in der Charta weiter ausgeführt. In bezug auf die deutsche Vereinigung heißt es: „Wir ... begrüßen aufrichtig, daß das deutsche Volk sich in Übereinstimmung mit den Prinzipien der Schlußakte der Konferenz über Sicherheit und Zusammenarbeit in Europa und in vollem Einvernehmen mit seinen Nachbarn in einem Staat vereinigt hat. Die Herstellung der staatlichen Einheit Deutschlands ist ein bedeutsamer Beitrag zu einer dauerhaften und gerechten Friedensordnung für ein geeintes demokratisches Europa, das sich seiner Verantwortung für Stabilität, Frieden und Zusammenarbeit bewußt ist." Die Notwendigkeit einer Intensivierung der Umweltpolitik wurde in dem Dokument ebenso anerkannt wie die Bedeutung des Beitrages „unserer gemeinsamen europäischen Kultur und unserer gemeinsamen Werte zur Überwindung der Teilung des Kontinents". Weiterhin sollen die VSBM- und die VKSE-Verhandlungen fortgesetzt werden. Zur Intensivierung des KSZE-Prozesses wurden regelmäßige Gipfeltreffen und regelmäßige Außenministertreffen mindestens einmal im Jahr vereinbart sowie ein Sekretariat in Prag, ein Konfliktverhütungszentrum in Wien und ein Büro für freie Wahlen in Warschau eingerichtet.

In seiner Erklärung auf der Pariser Konferenz bezeichnete Bundeskanzler Kohl das Gipfeltreffen als „Markstein" und „historischen Einschnitt in der Geschichte Europas". Auch der Bundestag begrüßte am 22. 11. 1990 annähernd einmütig das Ergebnis der Pariser KSZE-Konferenz.

Quellen: FAZ und SZ vom 20.–22. 11. 1990; Bulletin des Presse- und Informationsamtes der Bundesregierung vom 24. 11. 1990.

X. Chronik der wichtigsten Ereignisse in der Bundesrepublik
(Juni 1990 bis Juni 1991)

1. Chronik Juni 1990 bis Dezember 1990

Juni

1. 6. Der neue **Generalbundesanwalt** Alexander **von Stahl** wird von Bundesjustizminister Engelhard in sein **Amt eingeführt**. Er tritt die Nachfolge von Kurt Rebmann an.

1. 6. Der Bundestag verabschiedet eine **Verschärfung des Außenwirtschaftsgesetzes**, die u. a. eine Erschwerung von Rüstungsexporten und eine Genehmigungspflicht für die Beteiligung von Deutschen an Rüstungsprojekten im Ausland vorsieht. Zu Teilen dieses Gesetzes ruft der Bundesrat am 22. 6. 1990 den Vermittlungsausschuß an.

1. 6. Bundesumweltminister Töpfer und sein DDR-Kollege Steinberg einigen sich auf die sofortige **Stillegung des Atomkraftwerkes Greifswald**. Ein Block soll jedoch bis Ende 1990 in Betrieb bleiben.

5. 6. Die Außenminister der KSZE-Unterzeichnerstaaten, die in Kopenhagen zu einer Menschenrechtskonferenz zusammenkommen, berufen einen **KSZE-Sondergipfel zu** den sicherheitspolitischen **Problemen der deutschen Einheit** für den 19.–21. 12. 1990 nach Paris ein – der Termin wird später auf November 1990 vorverlegt. Nach einem **Treffen** mit seinem sowjetischen Kollegen **Schewardnadse** am Rande der Konferenz gibt sich Bundesaußenminister **Genscher** am 6. 6. 1990 optimistisch, daß die Sowjetunion unter bestimmten Bedingungen der NATO-Mitgliedschaft eines vereinigten Deutschland zustimmen werde. In einem weiteren Treffen am 11. 6. 1990 in Brest erzielen beide Politiker weitere Annäherungen. Die Kopenhager Konferenz endet am 29. 6. 1990 mit der Verabschiedung eines europäischen Grundgesetzes, das die Teilnehmerstaaten u. a. zur Einhaltung der Grund- und Freiheitsrechte, zu einem Mehrparteiensystem und zur Gewährung der Unabhängigkeit der Justiz verpflichtet.

6. 6. Der **nordrhein-westfälische Landtag bestätigt** Ministerpräsident **Rau** in seinem Amt.

6. 6. Das führende **RAF-Mitglied** Susanne Albrecht wird **in Ostberlin festgenommen**. An den folgenden Tagen wird ein Teil des harten Kerns der RAF in der DDR verhaftet, nämlich Inge Viett am 12. 6. 1990 in Magdeburg, Werner Lotze am 14. 6. 1990 in der Nähe von Cottbus, Monika Helbing und Ekkehard Freiherr von Seckendorff am selben Tag in Frankfurt/Oder, Sigrid Sternebeck am 15. 6. 1990 in Schwedt sowie Silke Maier-Witt und Henning Beer am 18. 6. 1990 in Neubrandenburg. Während die Bundesanwaltschaft zögert, leitet die Karlsruher Staatsanwaltschaft am 21. 6. 1990 Ermittlungen gegen Ex-Staatschef Honekker, den ehemaligen Minister für Staatssicherheit Mielke und Angehörige des Staatssicherheitsdienstes wegen des Verdachts der Strafvereitelung ein.

7. 6. Die EG-Umweltminister einigen sich in Luxemburg auf **verschärfte Richtlinien für die Abfallentsorgung** ab Mitte 1992. Außerdem will man sich auf der Londoner Ozon-Konferenz für einen weltweiten Stopp der FCKW-Produktion bis 1997, spätestens bis zum Jahr 2000 einsetzen (s. 29. 6. 1990).

7. 6. Die Verhandlungsdelegationen von **SPD und GRÜNEN einigen sich in Niedersachsen** auf ein Sachprogramm sowie hinsichtlich der Ressortverteilung in der künftigen Koalition.

7./8. 6. Auf der **NATO-Außenministerkonferenz** in Turnberry (Schottland) fordert Bundesaußenminister Genscher eine verstärkte Zusammenarbeit zwischen NATO und Warschauer Pakt. Im Schlußkommuniqué wird anerkannt, daß die NATO-Mitgliedschaft eines vereinten Deutschland, die als nicht verhandelbar erklärt wird, die Sicherheitsinteressen der UdSSR nicht beeinträchtigen dürfe.

8. 6. Bundeskanzler **Kohl**, der am Vortag die Ehrendoktorwürde der Harvard University entgegengenommen hat, zeigt sich nach einem **Treffen mit** dem amerikanischen Präsidenten **Bush** optimistisch in bezug auf eine baldige Lösung der außenpolitischen Probleme der Vereinigung Deutschlands.

8.–10. 6. Bundesversammlung der GRÜNEN in Dortmund (s. S. 328f.).

11. 6. Nach einer Sitzung des SPD-Präsidiums beendet der Parteivorsitzende Vogel mit der **Erklärung, Lafontaine bleibe Kanzlerkandidat,** tagelange Spekulationen um einen Rückzug Lafontaines. Lafontaine warf insbesondere der Bundestagsfraktion seiner Partei vor, daß sie ihn in seiner Ablehnung des Staatsvertrages nicht hinreichend unterstützt habe.

11.6. Regierungssprecher Klein gibt bekannt, daß die Westmächte ihre **Vorbehalte gegen** das **Stimmrecht der Berliner Abgeordneten aufgegeben** haben.

12.6. Der südafrikanische Schwarzenführer Nelson **Mandela** zeigt sich nach Gesprächen u. a. mit Bundespräsident von Weizsäcker, Bundeskanzler Kohl und den SPD-Politikern Brandt und Vogel zufrieden mit seinem Besuch **in der Bundesrepublik**.

12.6. Der **SPD**-Vorsitzende Vogel **gibt** nach einem Gespräch mit Bundeskanzler Kohl die **Bedenken gegen den Staatsvertrag auf**. Während Vogel von Nachbesserungserfolgen seiner Partei spricht, erklärt Kanzleramtsminister Seiters, daß am Vertrag keine Veränderungen vorgenommen worden seien. Am 14. 6. 1990 beschließen die Führungsgremien der SPD, den Staatsvertrag im Bundesrat passieren zu lassen. Am 18. 6. 1990 gibt die Bundesregierung kleinere Veränderungen des Staatsvertrages im Sinne der SPD-Forderungen bekannt (s. a. S. 398).

13.6. Jürgen **Hippenstiel-Imhausen**, der Geschäftsführer der Imhausen-Chemie, **gesteht** in der Verhandlung vor dem Mannheimer Landgericht die **Verwicklung** seiner Firma **in die Affäre um den Bau der Giftgasfabrik** bei Rabta **in Libyen** und belastet die Salzgitter AG (s. Jb. 1989/90, S. 401 ff.). Hippenstiel wird am 27. 6. 1990 zu fünf Jahren Gefängnis verurteilt.

15.6. Die Bundesregierung und die Regierung der DDR einigen sich auf eine **Rückgabe von enteigneten Grundstücken in der DDR**. Ausgenommen bleiben Enteignungen zwischen 1945 und 1949 sowie öffentlich genutzte Grundstücke – für letztere wird eine Entschädigung gezahlt (s. a. 23. 4. 1991).

16.6. Die EG-Umweltminister kommen in Dublin mit ihren Kollegen aus sieben mittel- und osteuropäischen Ländern zu einer Konferenz zusammen, auf der man sich über eine **Strategie zur Eindämmung der Umweltprobleme in Mittel- und Osteuropa** einigt.

17.6. Spitzenpolitiker beider deutschen Staaten feiern erstmals gemeinsam den **Tag der Deutschen Einheit**. Hauptredner im Deutschen Schauspielhaus in Ostberlin ist Konsistorialpräsident Manfred Stolpe.

18.6. Nach **Beratungen zwischen** Außenminister **Genscher**

und seinem sowjetischen Kollegen **Schewardnadse** in Münster zeigen sich beide Politiker optimistisch. Trotz fortbestehender Meinungsverschiedenheiten erklären sie, daß Fortschritte in der Frage der sicherheitspolitischen Folgen der deutschen Vereinigung erzielt wurden.

19. 6. Frankreich, die Benelux-Staaten und die Bundesrepublik unterzeichnen in Luxemburg das **Schengener Abkommen,** das für Reisende zwischen diesen Staaten incl. der DDR ab 1992 die Abschaffung der Grenzkontrollen vorsieht.

19. 6. Die Unionsfraktionen in beiden deutschen Parlamenten und die F.D.P.-Fraktion im Deutschen Bundestag einigen sich auf den 2. oder 9. 12. 1990 als **Termin für gesamtdeutsche Wahlen.** Der Beitritt der DDR zur Bundesrepublik nach Art. 23 GG soll am Wahltag erfolgen.

20. 6. Der **rheinland-pfälzische Ministerpräsident Wagner** bildet sein **Kabinett um**: Prof. Ursula Funke übernimmt von Ursula Hansen das Sozialministerium, Werner Langen wird als Nachfolger von Dieter Ziegler neuer Landwirtschaftsminister. Außerdem ernennt Wagner drei neue Staatssekretäre.

21.6. Beide deutschen Parlamente verabschieden den **Staatsvertrag sowie** eine übereinstimmende **Resolution zur endgültigen Anerkennung der Oder-Neiße-Grenze** (s. S. 399).

21. 6. Der **niedersächsische Landtag wählt** Gerhard **Schröder** (SPD) **zum** neuen **Ministerpräsidenten** und Nachfolger von Ernst Albrecht.

21. 6. Der ungarische Ministerpräsident J. **Antall** kommt **in Bonn** zu Gesprächen mit Bundespräsident von Weizsäcker, Bundeskanzler Kohl – hier geht es vor allem um die wirtschaftlichen Folgen der Vereinigung für den ungarischen Export –, Bundesaußenminister Genscher und dem SPD-Vorsitzenden Vogel zusammen.

22. 6. Bei den **2+4-Gesprächen** auf Schloß Niederschönhausen in Ostberlin (s. S. 406) wird eine Beschleunigung der Gespräche vereinbart.

22. 6. Auch der **Bundesrat stimmt** dem **Staatsvertrag zu.** Die SPD-geführten Länder Niedersachsen und Saarland lehnen den Vertrag ab.

22. 6. Der Haushaltsausschuß des Bundestages billigt die am 20. 6. 1990 vom Bundeskabinett beschlossene Bürgschaft für einen **Kredit über 5 Milliarden DM an die UdSSR.**

22. 6. Nach einem privaten **Treffen zwischen** Bundeskanzler **Kohl und** dem französischen Staatspräsidenten **Mitterrand** bei Rüdesheim sprechen sich beide Politiker für sofortige Finanzhilfen an die Sowjetunion und an die osteuropäischen Länder ohne Bedingungen aus. Das Gespräch gilt auch der Vorbereitung des kommenden EG-Gipfels, des NATO-Gipfels und des Weltwirtschaftsgipfels.

23. 6. Ein **Landesparteitag der niedersächsischen CDU** in Hannover wählt Josef Stock als Nachfolger des zurückgetretenen Wilfried Hasselmann zum neuen Landesvorsitzenden.

25. 6. Das SPD-Präsidium billigt eine **Absprache** zwischen Vogel und Lafontaine, **daß Vogel erster Parteivorsitzender einer vereinigten SPD werden solle.** Spekulationen, nach denen Lafontaine den Vorsitz übernehmen wolle, werden damit beendet.

25./26. 6. EG-Gipfel in Dublin (s. S. 413 f.).

25.–27. 6. Die Präsidentinnen der beiden deutschen Parlamente, Sabine **Bergmann-Pohl** und Rita **Süssmuth,** treffen auf ihrer ersten gemeinsamen Auslandsreise **in Israel** u. a. mit Staatspräsident Ch. Herzog, Ministerpräsident Y. Shamir und Oppositionsführer S. Peres zusammen.

28. 6. Das Bundesverfassungsgericht erklärt verschiedene Regelungen der **Kindergeld-Gesetzgebung** zwischen 1982 und 1985 für **verfassungswidrig.**

28. 6. Bundeskanzler Kohl und DDR-Ministerpräsident de Maizière fordern bei einem **„DDR-Wirtschaftsgespräch"** im Bonner Kanzleramt die bundesdeutschen Unternehmer und Spitzenverbände zu Investitionen in der DDR auf.

28. 6. Der **Europäische Gerichtshof untersagt** der Bundesregierung in einer vorläufigen Anordnung, die für den 1. 7. 1990 geplante **Straßenbenutzungsgebühr für ausländische Schwerlastwagen** zu erheben.

28. 6. SPD-Chef **Vogel** droht mit einer **Verfassungsklage** für den Fall, daß bei den Wahlen zum ersten gesamtdeutschen Parlament in der Bundesrepublik und in der DDR unterschiedliche Sperrklauseln gelten sollten.

29. 6. In einer Feierstunde anläßlich der Verleihung der Ehrenbürgerwürde von Gesamt-Berlin an Richard **von Weizsäcker** plädiert der Geehrte **für Berlin als gesamtdeutsche Hauptstadt.** Diese Äußerung Weizsäckers bleibt in der Folgezeit in der Öffentlichkeit nicht ohne Kritik.

29. 6. Der Bundesgerichtshof reduziert den **Grenzwert für die absolute Fahruntauglichkeit** von 1,3 auf **1,1 Promille**.

29. 6. Die Londoner Ozon-Konferenz einigt sich in ihrer Abschlußerklärung auf ein **weltweites Verbot von FCKW ab dem Jahr 2000**.

30. 6. Bundeskanzler Kohl und der polnische Ministerpräsident Mazowiecki vereinbaren am Rande einer Konferenz christlicher Parteien in Budapest die rasche Aufnahme von Verhandlungen über die **Oder-Neiße-Grenze** nach der Vereinigung beider deutscher Staaten.

Juli

1. 7. Italien übernimmt die **Präsidentschaft in der EG**. Die erste Stufe der Europäischen Wirtschafts- und Währungsunion, die eine engere Kooperation der Zentralbanken vorsieht, tritt in Kraft.

1. 7. Der deutsch-deutsche **Staatsvertrag tritt in Kraft**, die D-Mark wird alleiniges Zahlungsmittel in ganz Deutschland. Bundesinnenminister Schäuble und DDR-Innenminister Diestel unterzeichnen am Grenzübergang Sonneberg ein Abkommen, das die Personenkontrollen an der innerdeutschen Grenze abschafft.

2. 7. Ein von der CDU eingebrachtes **Mißtrauensvotum gegen** den Regierenden Bürgermeister **Momper scheitert** im Berliner Abgeordnetenhaus. Der Antrag steht im Zusammenhang mit der vom Senat geplanten Auflösung der Akademie der Wissenschaften.

3. 7. Das Bundeskabinett verabschiedet den **Entwurf des Bundeshaushalts 1991** in Höhe von 324 Mrd. DM. Am 9. 8. 1990 zieht die Bundesegierung den Haushaltsentwurf zurück und kündigt die Ausarbeitung eines gesamtdeutschen Haushaltsentwurfes für 1991 an (s. S. 371 ff.).

5. 7. Die in der DDR verhaftete mutmaßliche RAF-Terroristin S. **Albrecht stellt sich** freiwillig der westdeutschen Justiz.

5./6. 7. Auf der **NATO-Gipfelkonferenz** verabschieden die Staats- und Regierungschefs die „Londoner Erklärung über die gewandelte Nordatlantische Allianz" (s. S. 386 f.).

6. 7. Beginn der **Verhandlungen über Einigungsvertrag** (s. S. 401 ff.).

6. 7. Nach Demonstrationen, die zu Auseinandersetzungen mit der Polizei führen, verstärkt sich der **Ansturm von Flüchtlingen**

auf die **deutsche Botschaft in Tirana**. Am 13. 7. 1990 gestattet die albanische Regierung ca. 3000 Flüchtlingen die Ausreise in die Bundesrepublik.

7. 7. Auf einem stürmisch verlaufenden **Bundesparteitag der Republikaner** in Passau wird der zurückgetretene Vorsitzende F. Schönhuber von den Delegierten erneut zum Parteivorsitzenden gewählt.

8. 7. Die **bundesdeutsche Fußball-Elf wird** mit einem 1:0-Sieg über Argentinien **Weltmeister**.

9. 7. Beginn des **Weltwirtschaftsgipfels** in Houston (s. S. 417f.).

13./14. 7. CSU-Parteitag in Nürnberg (s. S. 324 ff.).

14. 7. Ein **Landesparteitag der niedersächsischen SPD** bestätigt den Landesvorsitzenden J. Bruns in seinem Amt.

14. 7. Der britische Industrie- und Handelsminister N. **Ridley**, der kurz vorher die Bundesrepublik hart kritisiert hatte, **tritt zurück**.

15./16. 7. Bundeskanzler **Kohl** hält sich zu Gesprächen mit dem sowjetischen Präsidenten Gorbatschow **in der Sowjetunion** auf (s. S. 399 ff.).

16./17. 7. Der tunesische Staatspräsident **Ben Ali** hält sich zu einem zweitägigen Besuch **in der Bundesrepublik** auf. Er trifft zu Gesprächen u. a. mit Bundespräsident von Weizsäcker und Bundeskanzler Kohl zusammen.

17. 7. Dritte Runde der **2+4-Gespräche** in Paris (s. S. 406 f.).

18. 7. Nach Angaben des Bundesjustizministeriums wird es im vereinten Deutschland für eine Übergangszeit **zweierlei Recht bei Schwangerschaftsabbrüchen** geben (s. S. 402).

19. 7. Bundesinnenminister Schäuble stellt den **Verfassungsschutzbericht 1989** der Öffentlichkeit vor und weist auf einen Anstieg der Mitglieder bei rechtsextremen Organisationen hin.

19. 7. Das Bundesverfassungsgericht erklärt die **unterschiedlichen Kündigungsfristen für Arbeiter und Angestellte** für **verfassungswidrig**.

25. 7. Aufgrund eines vom Bundesverteidigungsministerium dementierten Berichtes des Nachrichtenmagazines „Panorama" vom Vortag über einen der größten **Rüstungsskandale** der Nachkriegszeit verlangt die SPD eine Sondersitzung des Verteidigungsausschusses des Bundestages. Laut „Panorama" sind beim Kauf des mangelhaften Störsenders Cerberus für den Tornado ca.

1,2 Mrd. DM ohne Information des Bundestages an Israel gezahlt worden.

26. 7. Die Ausschüsse „Deutsche Einheit" des Bundestages und der Volkskammer einigen sich auf den **2. 12. 1990** als **Termin für** die **erste gesamtdeutsche Bundestagswahl** und auf ein einheitliches Wahlrecht (s. S. 211 ff.).

26. 7. Der **Abtransport der amerikanischen C-Waffen** aus dem US-Militärdepot in Clausen bei Pirmasens beginnt unter massiven Sicherheitsvorkehrungen. Die C-Waffen werden nach Nordenham gebracht, von wo sie zur Vernichtung auf das Johnston-Atoll im Pazifik verschifft werden.

27. 7. Der Staatssekretär im Innenministerium Hans **Neusel** wird bei einem **Mordanschlag der RAF** mit einer ferngezündeten Bombe **nur leicht verletzt**.

31. 7. Nach langwierigen Auseinandersetzungen einigt sich die Bonner Koalition auf ein **Wahlrecht für die erste gesamtdeutsche Bundestagswahl** am 2. 12. 1990 (s. S. 211 ff.). Bundesinnenminister Schäuble und DDR-Staatssekretär Krause unterzeichnen den Wahlvertrag am 3. 8. 1990 in Ostberlin.

August

3. 8. DDR-Ministerpräsident **de Maizière und** Bundeskanzler **Kohl schlagen** überraschend die **Vorverlegung der Bundestagswahl** auf den 14. 10. 1990 **vor**, was bei SPD und GRÜNEN scharfe Proteste hervorruft (s. S. 211).

3. 8. Abschluß der zweiten Verhandlungsrunde über den „Einigungsvertrag" (s. S. 401 ff.).

7. 8. Der frühere baden-württembergische Ministerpräsident und langjährige Präsident des Bundesverfassungsgerichts **Gebhard Müller stirbt** im Alter von 90 Jahren in Stuttgart.

7. 8. Das Bundeswirtschaftsministerium kündigt an, daß die Bundesrepublik sich dem von der UNO wegen des Einmarsches in Kuwait verhängten **Handelsembargo gegen den Irak** anschließen werde.

11./12. 8. Die **Liberalen** aus der Bundesrepublik und aus der DDR **schließen sich** in Hannover **zur ersten gesamtdeutschen Partei zusammen** (s. S. 326 f.).

13. 8. Der Regierende Bürgermeister Momper spielt die **Koalitionskrise im Berliner Senat**, die durch die Nichtgenehmigung eines Forschungsreaktors durch die Umweltsenatorin M. Schreyer (AL) entgegen der Haltung der SPD-Mehrheit entstanden war, herunter. Am 20. 8. 1990 scheitert ein von der CDU eingebrachter Mißtrauensantrag gegen Frau Schreyer im Abgeordnetenhaus.

14. 8. Bei einem **Gespräch zwischen** Bundesaußenminister **Genscher und** seinem israelischen Kollegen David **Levy** in Bad Reichenhall geht es insbesondere um die Golfkrise und um israelische Wiedergutmachungsansprüche an die DDR. Genscher fordert die deutsche Wirtschaft auf, sich von Unternehmen zu distanzieren, die illegale Waffengeschäfte betreiben.

16. 8. Sieben **Kriegsschiffe der Bundesmarine laufen nach Kreta aus**, um die durch Abzüge von US-Schiffen in die Golfregion geminderte Präsenz der NATO im östlichen Mittelmeer zu stärken. Während Bundeskanzler Kohl einen Einsatz der Bundesmarine im Persischen Golf nicht ausschließt, wenden sich die Oppositionsparteien und die F.D.P. dagegen. Am 20. 8. 1990 einigen sich Kohl und Genscher auf einen Nichteinsatz der Bundeswehr in der Golfkrise.

17. 8. Bundesaußenminister **Genscher** und sein sowjetischer Kollege Schewardnadse einigen sich **in Moskau** weitgehend über die äußeren Aspekte der Wiedervereinigung und zeigen sich überzeugt, daß die 2+4-Gespräche am 12. 9. 1990 abgeschlossen werden können.

19. 8. Der irakische Präsident Saddam Hussein kündigt an, daß er die **vom Irak festgehaltenen westlichen Ausländer** ausreisen lasse, wenn die USA ihre Truppen vom Golf zurückzögen. In Kuwait und im Irak halten sich nach Angaben des Auswärtigen Amtes ca. 650 deutsche Staatsbürger auf.

20. 8. Nachdem die Bonner Regierungsmehrheit Forderungen der SPD-Führungsgremien und der Ministerpräsidenten der SPD-geführten Bundesländer ablehnt, wird ein **Scheitern des Einigungsvertrages** (s. S. 401 ff.) **nicht** mehr **ausgeschlossen.**

21. 8. Die **Außenminister der EG warnen** auf einer Konferenz in Paris den **Irak vor Gewaltmaßnahmen gegen** die festgehaltenen **Geiseln**.

22. 8. Der lange Zeit umstrittene **Stromvertrag mit der DDR** wird in Ostberlin **unterzeichnet**.

23. 8. Der **Bundestag** verabschiedet – gegen die Stimmen der GRÜNEN – den deutsch-deutschen **Wahlvertrag** (s. S. 212) und begrüßt den Beschluß der DDR-Volkskammer, daß die DDR der Bundesrepublik am 3. 10. 1990 beitreten werde.

24./25. 8. Bundeswirtschaftsminister **Haussmann** und Bundesfinanzminister **Waigel** verhandeln **in Moskau** über die wirtschaftlichen und finanziellen Zusagen, die Bundeskanzler Kohl Mitte Juli dem sowjetischen Staatspräsidenten Gorbatschow gemacht hatte. Beide Minister zeigen sich nach den Verhandlungen zufrieden.

28. 8. Die Verkehrsminister Italiens, Österreichs, der Niederlande und der Bundesrepublik erzielen in Verhandlungen mit Vertretern der EG-Kommission in Brüssel einen Kompromiß, der die wochenlangen **Beschränkungen des Schwerlastverkehrs im Alpenbereich beendet.**

29. 8. Nachdem in einem ersten Spitzengespräch über den Einigungsvertrag am 26. 8. 1990 Annäherungen erreicht wurden, erzielt Bundeskanzler Kohl in Gesprächen mit den Ministerpräsidenten der SPD, der SPD-Spitze und den Vorsitzenden der Bonner Koalition eine **weitestgehende Übereinstimmung in bezug auf den Einigungsvertrag** (s. S. 401 ff.).

30. 8. Bei den Wiener Verhandlungen über konventionelle Streitkräfte in Europa (VKSE) garantieren Bundesaußenminister Genscher und DDR-Ministerpräsident de Maizière verbindlich die **Reduzierung der Bundeswehr auf** eine Truppenstärke von **370 000 Soldaten** binnen drei bis vier Jahren.

31. 8. Im Palais Unter den Linden in Ostberlin wird der **Einigungsvertrag** von Bundesinnenminister Schäuble und DDR-Staatssekretär Krause **unterschrieben** (s. S. 401 ff.).

31. 8. Das **Berliner Abgeordnetenhaus macht** durch eine Änderung der Landesverfassung und des Wahlgesetzes den **Weg für** die ersten **Gesamt-Berliner Wahlen** am 2. 12. 1990 **frei**.

September

1. 9. Der **Irak läßt** ca. **700 Geiseln** aus 22 Ländern – darunter 71 Deutsche – **frei**. Am 4. 9. 1990 kommen nochmals 116 deutsche Geiseln frei.

1. 9. Der SPD-Kanzlerkandidat **Lafontaine stellt** in Bonn das **Regierungsprogramm** seiner Partei **vor**, in dessen Mittelpunkt der Umbau der Industriegesellschaft zu einer ökologisch-sozialen Marktwirtschaft steht (s. a. S. 334).

1. 9. Auf dem **Vereinigungsparteitag der Berliner Liberalen** wird Carola von Braun zur ersten Gesamtberliner F.D.P.-Vorsitzenden gewählt.

2./3. 9. Der israelische Verteidigungsminister M. **Arens** hält sich zu Gesprächen mit Bundeskanzler Kohl und Bundesverteidigungsminister Stoltenberg insbesondere über die Golfkrise **in Bonn** auf.

2./3. 9. Die Umweltminister der Ostsee-Anrainer-Staaten, Norwegens und der CSFR einigen sich in Ronneby (Schweden) auf einen Aktionsplan, der eine **Halbierung der Schadstoffeinleitungen in die Ostsee bis 1995** bringen soll.

3. 9. Der jordanische König **Hussein** führt **in Bonn** Gespräche mit Bundespräsident von Weizsäcker, Bundeskanzler Kohl und Außenminister Genscher, bei denen es vor allem um eine friedliche Lösung der Golfkrise und um Wirtschaftshilfe für Jordanien geht.

5. 9. Der Hamburger Bürgerschaftsabgeordnete Gerd **Löffler** (CDU) wird nach der Aufhebung seiner Immunität **festgenommen**. Er soll seit 1974 für die DDR spioniert haben.

6. 9. Bundespräsident **von Weizsäcker besucht** eine Sitzung der **Volkskammer** in Ostberlin.

6. 9. Die Bundesregierung gibt die Ernennung des SPD-Politikers Konrad **Porzner** zum neuen **Präsidenten des Bundesnachrichtendienstes** und Nachfolger von Hans-Georg Wieck bekannt.

6. 9. Der Staatssekretär im Bonner Finanzministerium Horst Köhler bezeichnet die sowjetischen Forderungen nach einer **deutschen Beteiligung am sowjetischen Truppenabzug** als viel zu hoch. Zuvor hatte sich Bundesfinanzminister Waigel mit dem stellvertretenden Ministerpräsidenten der UdSSR S. Sitarjan über die Grundzüge des geplanten Überleitungsvertrages verständigt. In einem Telefongespräch am 10. 9. 1990 einigen sich Bundeskanzler Kohl und der sowjetische Präsident Gorbatschow auf eine Summe von 13 Mrd. DM.

6. 9. Bundesumweltminister Töpfer und der Präsident des Bundesumweltamtes von Lersner stellen den **Jahresbericht des Bundesumweltamtes** in Bonn der Öffentlichkeit vor.

7. 9. Der SPD-Kanzlerkandidat **Lafontaine** kommt in Washington zu einem **Gespräch mit** Präsident **Bush** zusammen, in dem Bush Verständnis für die Haltung Lafontaines hinsichtlich der Zurückhaltung bei der finanziellen Unterstützung der USA in der Golfkrise zeigt.

7. 9. Ein außerordentlicher **Delegiertenkongreß der IG Bergbau und Energie** wählt Hans Berger zum neuen Vorsitzenden und Nachfolger des DGB-Vorsitzenden Hans-Werner Meyer.

7. 9. Auf einer **Sondersitzung der EG-Außenminister** in Rom wird eine Verschärfung des Embargos gegen den Irak gefordert.

8. 9. Auf dem **Vereinigungsparteitag der Berliner CDU** wird der Westberliner Landesvorstand um sechs Ostberliner Mitglieder erweitert. Landesvorsitzender bleibt Eberhard Diepgen.

8. 9. Rita **Süssmuth** wird in Berlin **als Vorsitzende der CDU-Frauenunion bestätigt.**

10. 9. Der italienische Ministerpräsident **Andreotti** bereitet in einem Gespräch mit Bundeskanzler Kohl **in Bonn** den nächsten EG-Gipfel im Oktober in Venedig vor und setzt sich für eine rasche Fortführung der europäischen Einigung ein.

12. 9. Die **Außenminister** der vier Siegermächte des Zweiten Weltkrieges, der Bundesrepublik und der DDR **unterzeichnen** in Moskau den „**2+4-Vertrag**" (s. S. 405 ff.).

13. 9. Bundesaußenminister **Genscher** und sein sowjetischer Kollege **Schewardnadse paraphieren** in Moskau den **Vertrag über gute Nachbarschaft, Partnerschaft und Zusammenarbeit,** der u. a. einen Gewaltverzicht und langfristige Perspektiven der Zusammenarbeit beider Länder vorsieht.

13. 9. Ein von den Republikanern im Zusammenhang mit der Inbetriebnahme eines Forschungsreaktors (s. 13. 8. 1990) eingebrachtes **Mißtrauensvotum gegen** den Regierenden Bürgermeister **Momper scheitert** im Berliner Abgeordnetenhaus.

13. 9. Der **Bundestag verkürzt** den **Wehrdienst** auf 12 Monate, den Zivildienst auf 15 Monate. SPD und GRÜNE stimmen dem Gesetz nicht zu, da sie für eine Angleichung von Zivildienst und Wehrdienst plädieren.

15. 9. Bundeskanzler **Kohl** sagt dem amerikanischen Außenminister **Baker** bei einem Gespräch in seinem Privathaus in Oggersheim **Soforthilfen** für den amerikanischen Einsatz am Golf und für die von der Golfkrise betroffenen Staaten **zu.**

15. 9. Auf dem **Vereinigungsparteitag der Berliner SPD** wird Walter Momper zum Vorsitzenden gewählt.

16. 9. Bundespräsident **von Weizsäcker** reist zu einem sechstägigen Staatsbesuch **nach Kanada.**

September 1990

8 Genscher und Schewardnadse paraphieren in Moskau den deutsch-sowjetischen Nachbarschaftsvertrag.
Foto: Bundesbildstelle Bonn/Reineke

17. 9. Bundesaußenminister Genscher setzt sich bei einem **Treffen der EG-Außenminister** in Brüssel für das Inkrafttreten der zweiten Stufe der Europäischen Währungsunion zum 1. 1. 1993 ein und stellt sich gegen Bundesfinanzminister Waigel und Bundesbankpräsident Pöhl, die vorher für ein späteres Datum plädiert hatten.

17./18. 9. Bundeskanzler Kohl und Staatspräsident Mitterrand vereinbaren bei einem **deutsch-französischen Konsultationstreffen** in München den Abzug der Hälfte der in Deutschland stationierten französischen Truppen innerhalb der nächsten zwei Jahre, eine verstärkte Zusammenarbeit in Fragen der Sicherheit und Verteidigung sowie ein Vorantreiben der europäischen Einigung, ohne sich über Termine hinsichtlich der Währungsunion einigen zu können.

18. 9. Das **Bundesverfassungsgericht weist** eine **Klage** von acht CDU/CSU-Bundestagsabgeordneten **gegen den Einigungsvertrag ab**, mit der u. a. eine Festschreibung der Oder-Neiße-Grenze verhindert werden sollte.

18. 9. Präsident Zavelberg legt den **Jahresbericht des Bundesrechnungshofes** vor (s. S. 379f.).

19. 9. Auf dem 11. **Bundeskongreß der Gewerkschaft Nahrung, Genuß, Gaststätten**, der vom 17. bis 22. 9. 1990 in Hamburg tagt, wird Heinz-Günter Niebrügge zum neuen Gewerkschaftsvorsitzenden und Nachfolger von Günter Döding gewählt.

20. 9. Der **Bundestag und** die **Volkskammer billigen den Einigungsvertrag** (s. S. 401 ff.), dem am folgenden Tag auch der Bundesrat zustimmt.

21. 9. Eine Verfassungsänderung, mit der der **Umweltschutz als Staatsziel im Grundgesetz** verankert werden sollte, **scheitert** im Bundestag; SPD und GRÜNE lehnen den von der Regierungsmehrheit geforderten Gesetzesvorbehalt ab.

21. 9. SPD-Kanzlerkandidat **Lafontaine** kommt in Moskau zu einem **Gespräch mit** dem sowjetischen Präsidenten **Gorbatschow** zusammen, in dem es vor allem um die deutsch-sowjetischen Beziehungen und um die künftige Rolle der Bundesrepublik in der Weltpolitik geht.

22./23. 9. Bundesparteitag der GRÜNEN in Bayreuth (s. S. 329f.).

26. 9. Bundesaußenminister **Genscher** setzt sich in einer Rede **vor der** Vollversammlung der **UNO** für die Entwicklung einer „marktwirtschaftlichen, ökologisch fundierten, zukunftsfähigen, pluralen und doch gemeinsamen Zivilisation" und eines neuen Sicherheitssystems in Europa ein. Genscher war am Rande der Konferenz u. a. mit seinem sowjetischen Kollegen Schewardnadse und mit den Außenministern von Süd- und Nordkorea zusammengekommen.

27./28. 9. Nachdem die SPD der Bundesrepublik und der DDR auf getrennten Parteitagen am 26. 9. 1990 entsprechende Beschlüsse gefaßt hatten, findet in Berlin der **Vereinigungsparteitag der SPD** statt (s. S. 332ff.).

29. 9. Das Bundesverfassungsgericht erklärt das für die erste gesamtdeutsche Bundestagswahl vorgesehene **Wahlsystem** für **verfassungswidrig** (s. S. 212).

29./30.9. Wahlparteitag der F.D.P. in Nürnberg (s. S. 327f.).

Oktober

1. 10. Die Außenminister der vier Siegermächte des Zweiten Weltkrieges, Bundesaußenminister Genscher und DDR-Staatssekretär H. Domke unterzeichnen in New York eine Erklärung, die die alliierten Vorbehaltsrechte bis zum Inkrafttreten des 2+4-Vertrages aussetzt und dem vereinten **Deutschland** die **volle Souveränität** einräumt.

1./2. 10. Vereinigungsparteitag der CDU in Hamburg (s. S. 323 f.).

3. 10. Mit einem Staatsakt in der Berliner Philharmonie und mit vielen Zeremonien und Festen im ganzen Land wird die **Einheit Deutschlands** gefeiert (s. S. 408 ff.).

4. 10. In der **ersten Sitzung des gesamtdeutschen Bundestages** im Berliner Reichstagsgebäude, an der erstmals die 144 Abgeordneten aus der ehemaligen DDR teilnehmen, befaßt sich Bundeskanzler Kohl in einer Regierungserklärung insbesondere mit den wirtschaftlichen und sozialen Aufgaben der Bundesregierung in den fünf neuen Ländern. Lothar de Maizière, Sabine Bergmann-Pohl, Günther Krause (alle CDU), Rainer Ortleb (F.D.P.) und Hansjoachim Walther (DSU) werden als neue Bundesminister für besondere Aufgaben vereidigt.

4. 10. Bundespräsident **von Weizsäcker** empfängt als erstes westliches Staatsoberhaupt den im indischen Exil lebenden **Dalai Lama**.

5. 10. Der **Bundestag korrigiert** das vom Bundesverfassungsgericht beanstandete **Wahlgesetz** für den 2. 12. 1990 (s. S. 211 ff.) **und ratifiziert** den **2+4-Vertrag**. Am 8. 10. 1990 stimmt auch der Bundesrat diesem Vertrag zu.

5. 10. Das **Bundeskabinett** – erstmals in neuer Besetzung – **beschließt** einen **dritten Nachtragshaushalt** für 1990 in Höhe von 20 Mrd. DM, dem das alte Kabinett bereits am 27. 9. 1990 in seinen Grundzügen zugestimmt hatte. Der Bundestag stimmt dem Nachtragshaushalt am 25. 10. 1990 zu.

5. 10. Die **Enquetekommission „Vorsorge zum Schutz der Erdatmosphäre"** des Deutschen Bundestages **beendet** mit einem dritten Bericht „Schutz der Erde" ihre **Arbeit**.

7. 10. Der Übersetzer und Essayist Karl **Dedecius** erhält in Frankfurt den **Friedenspreis des Deutschen Buchhandels**.

8. 10. Bundeskanzler **Kohl ruft** bei einem Gespräch mit Vertretern der Wirtschaft und der Gewerkschaften **zu Initiativen beim wirtschaftlichen Wiederaufbau der ehemaligen DDR auf.**

8. 10. Großbritannien tritt dem Europäischen Währungssystem **(EWS)** bei.

10. 10. Der Oberamtsrat beim Bundesamt für Verfassungsschutz Klaus **Kuron** wird **wegen** des **Verdachts der Spionage** für die ehemalige DDR **verhaftet.** In der Folgezeit kommt es zu weiteren Verhaftungen von Ex-Spionen.

11. 10. Bundeskanzler **Kohl lehnt** gegenüber Außenminister Saud al Faisal, der sich zu einem zweitägigen Besuch in der Bundesrepublik aufhält, den **saudi-arabischen Wunsch nach Waffenlieferungen** wegen der Golfkrise **ab.**

12. 10. Bundesinnenminister **Schäuble** wird auf einer Wahlversammlung in der Nähe von Offenburg durch Schüsse eines Geisteskranken **schwer verletzt.** Schäuble überlebt das Attentat, bleibt aber nach mehreren Operationen querschnittsgelähmt.

12. 10. Im Bundesrat scheitert ein Antrag Baden-Württembergs auf eine Grundgesetzänderung im **Asylrecht.** Der Bundesrat spricht sich jedoch für eine Beschleunigung der Anerkennungsverfahren aus.

14. 10. Die **Landtagswahlen in den fünf neuen Bundesländern und in Bayern** bringen der CDU bzw. der CSU deutliche Mehrheiten; nur in Brandenburg wird die SPD stärkste Partei (s. S. 222 ff., 227 ff., 233 ff., 239 ff.).

14. 10. PDS-Parteitag in Berlin (s. S. 331).

17. 10. Der Berliner Justizstaatssekretär Wolfgang Schomburg erklärt gegenüber der Süddeutschen Zeitung, daß die Höhe des **Devisenbetrug**es, durch den die Deutsche Außenhandelsbank über vorgetäuschte Exporte unter Ausnützung des Einigungsvertrages von Offizieren des Staatssicherheitsdienstes geschädigt worden sei, deutlich größer sei als bisher angenommen und bei drei Milliarden DM liegen dürfte. Vier Verdächtige werden festgenommen. Am folgenden Tag widerspricht Justizsenatorin Limbach den Ausführungen Schomburgs.

17. 10. Das **Bundesverfassungsgericht korrigiert erneut** das **Wahlgesetz** für die Bundestagswahl am 2. 12. 1990 (s. S. 213).

18. 10. Der ehemalige DGB-Chef Heinz-Oskar **Vetter** stirbt im Alter von 72 Jahren nach langer Krankheit in Mühlheim (Ruhr).

19. 10. Der PDS-Vorsitzende Gysi fordert den Rücktritt des Berliner Innensenators Pätzold, nachdem in der Nacht bei einer Durchsuchung der Zentrale der PDS seine Immunität verletzt worden sei. Die Durchsuchung erfolgte aufgrund des **Verdacht**es, **daß die PDS über 100 Mio. DM ohne Genehmigung** der Treuhand **ins Ausland transferiert habe**. Der Verdacht erhärtet sich im Laufe der folgenden Woche: Am 26. 10. 1990 werden der Schatzmeister der PDS Wolfgang Pohl und sein Mitarbeiter Wolfgang Langnitschke festgenommen. Der Parteivorsitzende Gysi, der nach eigenen Worten von der Affäre nichts gewußt hat, bietet zwar seinen Rücktritt am 27. 10. 1990 an, bleibt aber im Amt. Die Auseinandersetzungen um Finanzmanipulationen der PDS gehen auch in den folgenden Wochen weiter.

19. 10. Ein **führender Mitarbeiter des MAD**, der bereits verstorben ist, wird **als ehemaliger Agent des Staatssicherheitsdienstes enttarnt**. Der Fall wird als schwerwiegend eingestuft.

22. 10. Das **Herbstgutachten der fünf führenden Wirtschaftsforschungsinstitute** erwartet im kommenden Jahr 1,4 Mio. Arbeitslose und 1,8 Mio. Kurzarbeiter allein auf dem Gebiet der fünf neuen Bundesländer. Während die SPD ihre Warnungen durch das Gutachten bestätigt sieht, zeigen sich Bundesregierung, BDI und DIHT optimistischer.

22. 10. Bundespräsident **von Weizsäcker** reist zu einem dreitägigen Staatsbesuch **nach Malta**.

24. 10. Der **bayerische Landtag bestätigt** in seiner konstituierenden Sitzung **Ministerpräsident Streibl** in seinem Amt.

24. 10. Der hessische Landtag lehnt einen Entlassungsantrag gegen Innenminister Gottfried Milde ab. SPD und GRÜNE werfen Milde vor, er habe im Landtag gesetzeswidrig aus dem Protokoll einer Telefonüberwachung zitiert. **Milde tritt am 6. 11. 1990 zurück**. Am 20. 11. 1990 wählt der hessische Landtag H. Nassauer zum Nachfolger Mildes.

27. 10. Der **Landtag von Mecklenburg-Vorpommern**, der sich am vorangegangenen Tag konstituiert hatte, **wählt** Alfred **Gomolka** (CDU) an der Spitze einer CDU/F.D.P.-Regierung **zum Ministerpräsidenten**. In Dresden wählt der Landtag Kurt **Biedenkopf** zum **Ministerpräsidenten von Sachsen**. Hier stellt die CDU allein die Regierung.

27./28.10. **Sonderkonferenz der EG-Staats- und Regierungschefs** in Rom (s. S. 414f.).

28. 10. Der **Landtag von Sachsen-Anhalt wählt** Gerd **Gies zum Ministerpräsidenten**. Gies steht an der Spitze einer CDU/F.D.P.-Regierung.

31. 10. Das Bundesverfassungsgericht erklärt das in Hamburg und Schleswig-Holstein eingeführte kommunale **Ausländerwahlrecht** für **verfassungswidrig**. Während die CDU/CSU und die F.D.P. die Entscheidung begrüßen, fordert die SPD eine Grundgesetzänderung.

November

1. 11. Der **Landtag von Brandenburg wählt** Manfred **Stolpe** (SPD) **zum Ministerpräsidenten**. Seine Regierung wird von SPD, F.D.P. und vom Bündnis 90/Grüne getragen.

1. 11. Der Zentralbankrat der Deutschen Bundesbank erhöht den **Lombardsatz** um ein halbes Prozent auf **8,5%**, der Diskontsatz bleibt unverändert bei 6%.

2. 11. Bundesaußenminister **Genscher** vereinbart mit seinem tschechoslowakischen Kollegen J. Dienstbier **in Prag**, daß beide Länder – ähnlich wie die Bundesrepublik und die UdSSR – einen „umfassenden Vertrag" abschließen.

5. 11. Der SPD-Ehrenvorsitzende **Brandt** bricht zu einer in der Bundesrepublik und in der westlichen Welt umstrittenen Reise **nach Bagdad** auf. Brandt kehrt am 9. 11. 1990 nach zwei Unterredungen mit Saddam Hussein nach Frankfurt zurück. An Bord seiner Maschine befinden sich 193 freigelassene Geiseln, darunter 138 Deutsche. Brandt deutet an, daß weitere Freilassungen folgen könnten (s.a. 25. 11. 1990).

5. 11. Der Kurs des **US-Dollar** fällt **erstmals unter 1,50 DM**.

6. 11. Die **EG-Agrarminister einigen sich** in Brüssel nach langwierigen Verhandlungen in der Frage der Subventionskürzungen **auf** eine gemeinsame **Position für** die **GATT-Verhandlungen**.

6. 11. Der Stuttgarter **Parteispendenprozeß gegen** den früheren Bosch-Chef Hans **Merkle** endet mit einer **Verwarnung**. Obwohl Merkle das Urteil als einen moralischen Freispruch bezeichnet, legt er Berufung ein.

7. 11. Landwirtschaftsminister Kiechle legt den **Waldzustandsbericht 1990** vor, der eine Zunahme der Waldschäden ausweist.

8. 11. Bundeskanzler **Kohl und** der polnische Ministerpräsident **Mazowiecki** vereinbaren bei einem **Treffen** in Frankfurt an

November 1990

der Oder, daß der Vertrag über die Anerkennung der Oder-Neiße-Grenze noch im November unterzeichnet werden soll. Bundesaußenminister **Genscher und** sein polnischer Kollege K. **Skubiszewski** unterzeichnen den **Grenzvertrag am 14. 11. 1990** in Warschau.

8. 11. Der **thüringische Landtag wählt** Josef **Duchac (CDU) zum Ministerpräsidenten.** Duchac führt eine CDU/F.D.P.-Regierung.

9. 11. Bundeskanzler Kohl und der sowjetische Präsident **Gorbatschow,** der sich zu einem zweitägigen Besuch **in der Bundesrepublik** aufhält, unterzeichnen den Vertrag über die künftige Zusammenarbeit beider Länder (s. S. 418f.).

9. 11. In der **ersten Bundesratssitzung mit den Vertretern der fünf neuen Bundesländer** befaßt sich der neue Präsident, Hamburgs Bürgermeister Voscherau, insbesondere mit Zukunftsproblemen des Föderalismus.

9. 11. Bundespräsident **von Weizsäcker** fliegt **nach Japan,** wo er an den Feierlichkeiten zur Thronbesteigung von Kaiser Akihito teilnimmt. Am 11. 11. 1990 kommt Weizsäcker zu einem Gespräch mit dem japanischen Ministerpräsidenten T. Kaifu zusammen.

12. 11. Eine **EG-Außenministerkonferenz** in Brüssel befaßt sich vor allem mit der Golfkrise.

12. 11. Der Bundesvorstand der **CDU** spricht sich **gegen Steuererhöhungen** zur Finanzierung der Folgen der deutschen Einheit aus. Der sächsische Ministerpräsident Biedenkopf, der vorher Steuererhöhungen verlangt hatte, trägt die Entscheidung mit.

12. 11. Die **Parteizentrale der GRÜNEN** in Bonn wird von der Polizei wegen eines Flugblattes, mit dem bei einem möglichen Einsatz der Bundeswehr im Golf-Konflikt zur Fahnenflucht aufgerufen wird, **durchsucht.**

15. 11. NATO und Warschauer Pakt einigen sich in Wien auf eine drastische **Abrüstungen im konventionellen Bereich** (s. S. 420).

15. 11. Die **AL verläßt den Berliner Senat** aus Anlaß der Räumung besetzter Häuser am 12. 11. 1990. Ein ursprünglich von der AL angekündigter Mißtrauensantrag gegen den Regierenden Bürgermeister Momper wird nicht eingebracht. Der Mißtrauensantrag der Republikaner gegen Momper scheitert am 26. 11. 1990 im Abgeordnetenhaus.

15.11. Der **Sachverständigenrat** zur Begutachtung der gesamtwirtschaftlichen Entwicklung **legt sein Jahresgutachten 1990/91 vor** (s. S. 380f.).

17.11. Ein **Landesparteitag der brandenburgischen CDU** wählt Lothar de Maizière zum neuen Landesvorsitzenden.

17./18.11. Bundeskanzler **Kohl** und Finanzminister **Waigel** ändern ihre bisherige Linie: in Interviews **betonen sie die Notwendigkeit von höheren Abgaben für die Finanzierung der deutschen Einheit**; eine Steuererhöhung lehnen beide Politiker weiterhin ab. Am 20.11.1990 erklärt der SPD-Kanzlerkandidat Lafontaine, daß mit diesen Erklärungen die „Steuerlüge" der Bundesregierung endgültig aufgeflogen sei. F.D.P.-Chef Lambsdorff wirft Kohl vor, er verunsichere die Bevölkerung.

18.11. US-Präsident **Bush** hält sich zu einem Kurzbesuch **bei** Bundeskanzler **Kohl** in dessen Privathaus in Oggersheim auf. In einer kurzen Ansprache in Speyer fordert Bush, daß „Deutschland Führungsverantwortung in unserer Staatengemeinschaft" übernehmen solle.

19.–21.11. KSZE-Sondergipfel in Paris (s. S. 419ff.).

22.11. In einer **steuer- und finanzpolitischen Debatte im Bundestag** kommt es zu harten Auseinandersetzungen u.a. zwischen dem SPD-Kanzlerkandidaten Lafontaine und Bundesfinanzminister Waigel.

23.11. Ein **Mißtrauensantrag** der PDS **gegen** den Ostberliner Oberbürgermeister Tino **Schwierzina** wegen des Polizeieinsatzes gegen Hausbesetzer im Bezirk Friedrichshain **scheitert** in der Stadtverordnetenversammlung.

23.11. Das **Zentralkomitee der deutschen Katholiken**, das erstmals zusammen mit Vertretern aus der ehemaligen DDR tagt, fordert mehr Hilfe für Schwangere und **verurteilt** die **Abtreibung** als Tötungsdelikt.

25.11. Ein **Landesparteitag der saarländischen F.D.P.** wählt Uta Würfel als Nachfolgerin von Horst Rehberger zur neuen Landesvorsitzenden. Bereits am 20.1.1991 tritt Frau Würfel zurück, da sie ihre Personalvorstellungen nicht durchsetzen kann.

25.11. Die **letzten deutschen Geiseln** aus dem Irak, deren Ausreise am 20.11.1990 von Saddam Hussein veranlaßt worden war, **treffen in Frankfurt ein**. Die Ausnahme bilden knapp zwei Dutzend Deutsche, die trotz ihrer Ausreiseerlaubnis im Irak bleiben wollen, und einige Bürger, die das Flugzeug verpaßten, aber das Land später verlassen können.

26. 11. Bundeskanzler **Kohl fordert** bei einem Gespräch mit Gewerkschaften und Unternehmern zu **Investitionen im Gebiet der ehemaligen DDR** auf.

28. 11. Der nach dem Attentat vom 12. 10. 1990 an den Rollstuhl gefesselte Bundesinnenminister **Schäuble nimmt erstmals wieder an** einer **Kabinettssitzung teil.**

28. 11. Nach einem kurzen, in der Öffentlichkeit umstrittenen Streik bei der **Reichsbahn** einigen sich die Gewerkschaft der Eisenbahner Deutschlands und der Vorstand der Reichsbahn auf eine **Tarifvereinbarung**, wobei wichtige strittige Fragen vertagt werden.

29. 11. Kanzleramtsberater Teltschik erklärt nach seiner Rückkehr aus Moskau, daß die Bundesregierung die sog. „**Berlin-Reserve**" – es handelt sich um Lebensmittelreserven im Wert von ca. 500 Mio. DM – zur Linderung der Verpflegungsengpässe **kostenlos an die UdSSR** weitergegeben wird. Neben dieser Aktion kommt es zu einer großen Anzahl privater Spendenaufrufe.

29./30. 11. Der tschechoslowakische Ministerpräsident M. Čalfa und Bundeskanzler Kohl vereinbaren **in Bonn**, daß beide Länder im ersten Halbjahr 1991 einen Vertrag über Zusammenarbeit und gute Nachbarschaft abschließen werden. Čalfa bat Kohl um einen mittelfristigen Kredit in Höhe von einer Mrd. DM. Regierungssprecher Klein erklärt, daß Bonn einen Kredit in dieser Höhe allein nicht gewähren könne.

30. 11. Ein **Haftbefehl gegen** Ex-Staats- und Parteichef **Honekker** wegen des Schießbefehls kann nicht vollstreckt werden, da die sowjetischen Militärbehörden eine Überstellung Honeckers, der sich im sowjetischen Militärkrankenhaus Beelitz befindet, ablehnen (s. a. 14. 3. 1991).

Dezember

1. 12. Bei einem ersten **Treffen der Ministerpräsidenten der fünf neuen Bundesländer** wird die verfassungsrechtliche Überprüfung des im Einigungsvertrag festgelegten niedrigeren Gehaltsniveaus der Staatsbediensteten der neuen Bundesländer angekündigt und eine stärkere Beteiligung der Länder an der Treuhandgesellschaft verlangt.

2. 12. Die **erste gesamtdeutsche Bundestagswahl** endet mit einem klaren Sieg der bisherigen Koalition (s. S. 211ff.). Aus der ersten **Wahl zum Gesamtberliner Abgeordnetenhaus** geht die CDU als Sieger hervor (s. S. 224ff.).

3. 12. Der unterlegene SPD-Kanzlerkandidat **Lafontaine** lehnt die **Übernahme des Parteivorsitzes ab**. Da auch der Parteivorsitzende **Vogel**, der am 5. 12. 1990 in seinem Amt als **Vorsitzender der SPD-Bundestagsfraktion** bestätigt wird, eine erneute Kandidatur ablehnt, entsteht in der SPD eine Führungskrise, die am 10. 12. 1990 durch die einstimmige Empfehlung Björn Engholms durch das Parteipräsidium beigelegt wird.

3. 12. Bundeswirtschaftsminister **Haussmann** kündigt seinen **Rückzug aus der Politik an**. Am folgenden Tag erklärt Familienministerin Lehr, daß sie ihren Posten aufgeben werde. Eine entsprechende Erklärung von Justizminister Engelhard folgt am 6. 12. 1990.

5. 12. Bundeskanzler **Kohl** kommt **in Paris** mit Frankreichs Staatspräsident Mitterrand zu einem Arbeitsessen zusammen, bei dem es um die Vorbereitung des kommenden EG-Gipfels, die Golfkrise und Hilfen für die osteuropäischen Staaten geht.

6. 12. Beginn der **Koalitionsverhandlungen** zwischen CDU, CSU und F.D.P. im Bonner Kanzleramt (s. S. 264ff.).

6. 12. Der Ministerpräsident von Brandenburg Manfred **Stolpe fordert** in seiner Regierungserklärung vor dem Landtag in Potsdam **verstärkte finanzielle Hilfen** vom Bund und den alten Bundesländern.

7. 12. Eine **Welthandelskonferenz im Rahmen des GATT scheitert** in Brüssel im wesentlichen an den Differenzen zwischen der EG und den USA hinsichtlich der Agrarsubventionen. Die Konferenz soll im Januar 1991 in Genf fortgesetzt werden.

7. 12. Zum Abschluß ihrer **Herbsttagung** sprechen sich die **NATO-Verteidigungsminister** für eine deutliche Reduzierung der atomaren Kurzstreckenwaffen aus. Ein neues strategisches Konzept der NATO soll im Frühjahr verabschiedet werden.

11./12. 12. Bundespräsident **von Weizsäcker stattet Mecklenburg-Vorpommern** als erstem der neuen Bundesländer einen **Antrittsbesuch ab**. Mit einem Besuch Thüringens am 17./18. 4. 1991 beendet von Weizsäcker seine Antrittsbesuche in den neuen Ländern.

14.–16. 12. Gipfeltreffen der EG in Rom (s. S. 415).

17. 12. Der Bundesminister für besondere Aufgaben Lothar **de Maizière tritt zurück,** nachdem Vorwürfe des SPIEGEL, er habe unter dem Decknamen „Czerni" mit dem Staatssicherheitsdienst zusammengearbeitet, durch den Beauftragten der Bundesregierung zur Verwaltung der Stasi-Akten Joachim Gauck nicht entkräftet wurden. De Maizière beteuert seine Unschuld. Am 22. 2. 1991 stellt Bundesinnenminister Schäuble den Untersuchungsbericht vor, der es für wahrscheinlich aber nicht für bewiesen halte, daß de Maizière und „Czerni" identisch sind. Möglicherweise habe de Maizière nichts von seiner informellen Mitarbeit beim Staatssicherheitsdienst gewußt. De Maizière hält sich für rehabilitiert und nimmt seine Parteiämter wieder auf. Am 18. 3. 1991 druckt der SPIEGEL Auszüge aus dem Bericht ab, den Schäuble dem Bundestag aus Datenschutzgründen nicht übergeben wollte und der es für erwiesen hält, daß „Czerni" und de Maizière identisch sind.

17./18. 12. Auf der **Herbsttagung der NATO-Außenminister** in Brüssel stehen die Golfkrise, die Anpassung der NATO an die veränderte Situation in Europa und die Stabilisierung der Reformen in Mittel- und Osteuropa im Mittelpunkt der Erörterungen.

19. 12. Die **CDU/CSU-Bundestagsfraktion bestätigt** den Fraktionsvorsitzenden Alfred **Dregger** für ein Jahr in seinem Amt.

20. 12. In der **konstituierenden Sitzung des 12. Deutschen Bundestages** wird Bundestagspräsidentin Rita Süssmuth mit 525 von 650 Stimmen in ihrem Amt bestätigt. Stellvertretende Bundestagspräsident(in)en werden Hans Klein (CDU/CSU), Renate Schmidt (SPD), Helmuth Becker (SPD) und Dieter Julius Cronenberg (F.D.P.).

20. 12. Das **Bundesverfassungsgericht lehnt** eine **Einstweilige Anordnung gegen** die Regelung des **Einigungsvertrages,** daß Enteignungen zwischen 1945 und 1949 in der ehemaligen Sowjetischen Besatzungszone nicht rückgängig gemacht werden, **ab.** Die entsprechenden Verfassungsbeschwerden werden vom Gericht im Januar 1991 behandelt (s. a. 23. 4. 1991).

20. 12. Die Außenminister von elf lateinamerikanischen Ländern und der EG verabschieden in der italienischen Hauptstadt die „**Erklärung von Rom**", die eine Verbesserung der Zusammenarbeit zum Ziele hat.

20./21. 12. Auf der **ersten gesamtdeutschen Ministerpräsidentenkonferenz** seit 1947 in München stehen die Finanznöte der neuen Bundesländer – die alten Bundesländer lassen Bereitschaft zu mehr Hilfe erkennen – und die Zukunft des Föderalismus im Mittelpunkt der Erörterungen.

21. 12. Die **EG-Umweltminister einigen sich** in Brüssel **auf strengere Abgaswerte** für Personenkraftwagen.

21. 12. Die **Bundesregierung erwartet** in Anbetracht des Rücktrittes von Außenminister Schewardnadse am Vortage **keine Änderung der sowjetischen Außenpolitik.**

21. 12. Die Bundesregierung bestätigt, daß sie von den Vereinigten Staaten eine Liste mit ca. 450 Firmen – darunter **mehr als 50 deutsche Unternehmen** – erhalten hat, **die verdächtigt** werden, das **Irak-Embargo umgangen zu haben.**

2. Chronik Januar 1991 bis Juni 1991

Januar

1. 1. Luxemburg **übernimmt** für das nächste halbe Jahre **das Präsidium in der EG.**

1. 1. Zum Jahresbeginn treten **diverse gesetzliche Neuerungen** im gesamten Bundesgebiet **in Kraft,** u. a. eine verschärfte Umwelthaftung sowie eine Verteuerung der Abwassereinleitungen, die Förderung abgasarmer Diesel-Pkws, ein verstärkter Verbraucherschutz im Kreditwesen, die Herabsetzung des Zivildienstes auf 15 Monate sowie verbesserte Rechtsansprüche für in der Bundesrepublik lebende Ausländer. In den fünf neuen Bundesländern werden u.a. die Renten um 15% erhöht, außerdem treten verschiedene bisher nur in den alten Bundesländern geltende Gesetze in Kraft.

3. 1. Nach Angaben des Bundesinnenministeriums wurde **1990** mit **ca. 397 000 Aussiedler**n – insbesondere aus der UdSSR, Polen und Rumänien – ein neuer Höchststand erreicht. Am folgenden Tag gibt das Ministerium bekannt, daß auch bei der Zahl der **Asylbewerber** mit 193 063 ein neuer Rekord zu verzeichnen ist.

4. 1. Bundesarbeitsminister Blüm gibt einen **Kompromiß mit der Pharma-Industrie** bekannt: Die im Einigungsvertrag vorgesehenen Preisabschläge von 55% für Medikamentenlieferungen in die neuen Bundesländer, die zu einem Lieferboykott der Pharmaindustrie geführt hatten, sollen per Gesetz zum 1. 4. 1991 abgeschafft werden. Die Pharma-Industrie beteiligt sich mit 2,2 Mrd. DM bis Ende 1993 an den Deckungslücken der gesetzlichen Krankenkassen; darüber hinausgehende Beträge werden zur Hälfte von der Pharmaindustrie getragen. Die privaten Krankenkassen protestieren gegen diesen Kompromiß.

4. 1. Die **EG-Außenminister** zeigen sich in Luxemburg erleichtert über das Zustandekommen der bisher gescheiterten Unterredung zwischen dem irakischen Außenminister Asis und seinem amerikanischen Kollegen Baker im Zusammenhang mit den Bemühungen um die Beilegung der Golfkrise und **bieten Asis** am 10. 1. 1991 ein **Gespräch** in Luxemburg **an.**

5./6. 1. Auf dem traditionellen Dreikönigstreffen wird Roland **Kohn** in einer Kampfabstimmung gegen Olaf Feldmann mit 248 gegen 140 Stimmen **zum** neuen **Landesvorsitzenden der baden-württembergischen Liberalen** und Nachfolger des zurückgetretenen F.-W. Kiel gewählt. Bundesaußenminister Genscher setzt sich für weitere Vermittlungsversuche in der Golfkrise ein.

6. 1. Die **Bundesregierung entsendet** die ersten **Kampfflugzeuge in die Türkei**. Diese Bundeswehrmission im Rahmen der NATO in einem vom Krieg bedrohten Gebiet ist zwischen Regierungsmehrheit und Opposition in Bonn umstritten.

9 Der türkische Präsident Özal begrüßt auf dem Stützpunkt Erhac Piloten der Bundesluftwaffe.
Foto: AP/Ozbilici

8. 1. Der amerikanische Außenminister J. **Baker**, der sich auf dem Flug zu seinem als entscheidend für die weitere Situation am Golf gewerteten Gespräch mit dem irakischen Außenminister T. Asis in Genf befindet, macht Zwischenstation **in Bonn** und versichert sich in Gesprächen mit Bundeskanzler Kohl und Bundesaußenminister Genscher der deutschen Solidarität in der Golfkrise. Der jordanische König **Hussein** versucht in Gesprächen mit Kohl und Genscher am selben Tag **in Bonn** die diplomatischen Möglichkeiten der Verhinderung eines Kriegsausbruches am Golf auszuloten.

9. 1. In einem Gespräch zwischen Bundeskanzler Kohl, Finanzminister Waigel und den 16 Ministerpräsidenten kommt noch **keine Einigung über erhöhte Finanzhilfen für die** fünf **neuen Bundesländer** zustande. Man zeigt sich allerdings zuversichtlich, daß Ende Februar eine Lösung gefunden werden könne (s. a. 28. 2. 1991).

10. 1. Der Landtag bestimmt **Erfurt** zur **Hauptstadt von Thüringen**.

10. 1. Das Statistische Bundesamt gibt bekannt, daß die **Lebenshaltungskosten** im Jahre **1990** im alten Bundesgebiet **um 2,7% gestiegen** sind.

11. 1. Auf der **konstituierenden Sitzung des Gesamtberliner Abgeordnetenhauses** wird Hanna-Renate Laurien zur Präsidentin gewählt. Mit großer Mehrheit wird die Westberliner Verfassung für Gesamtberlin übernommen.

13. 1. Der baden-württembergische Ministerpräsident Lothar **Späth tritt zurück**. In seiner Ausgabe vom 7. 1. 1991 hatte der SPIEGEL Späth vorgeworfen, er habe sich Flüge und Ferienaufenthalte von Privatfirmen bezahlen lassen. Späth bezeichnet sein Verhalten als ungeschickt, leugnet aber Abhängigkeiten. Am 6. 2. 1991 setzt der baden-württembergische Landtag einen Untersuchungsausschuß ein.

14. 1. In einer Sondersitzung des Deutschen Bundestages werden – jeweils mit großen Mehrheiten – zwei Resolutionen verabschiedet, in denen der **Irak zum Rückzug aus Kuwait aufgefordert und** von der Sowjetunion die **Beendigung der militärischen Intervention** und der Menschenrechtsverletzungen **in Litauen verlangt** wird. Ähnliche Beschlüsse fielen auf der EG-Außenminister-Konferenz in Brüssel.

15. 1. Die F.D.P.-Fraktion im Bundestag **fällt** nach längeren Streitigkeiten **wichtige Personalentscheidungen**: J. Möllemann setzt sich in einer Kampfabstimmung gegen G. Rexrodt als neuer Wirtschaftsminister durch. K. Kinkel wird – nach einer Kampfabstimmung gegen B. Hirsch – Justizminister. R. Ortleb wird Bildungsminister, I. Adam-Schwaetzer übernimmt das Wohnungsbau-Ressort, H.-D. Genscher bleibt Außenminister. Fraktionsvorsitzender wird H. O. Solms.

15. 1. Nach Berechnungen des Bundesfinanzministeriums

belaufen sich die **Kosten der Wiedervereinigung** auf **385 Mrd. DM**.

16. 1. **CDU, CSU und F.D.P.** schließen die **Koalitionsverhandlungen ab** (s. S. 264 ff.).

17. 1. Bundeskanzler **Kohl** wird mit 378 gegen 257 Stimmen bei 9 Enthaltungen vom Deutschen Bundestag **in seinem Amt bestätigt**. Die Wahl Kohls wurde durch den **Ausbruch des Golfkrieges** aus den Schlagzeilen verdrängt. In einer Entschließung macht der Bundestag mit den Stimmen der Koalition den Irak für den Kriegsausbruch verantwortlich; ein SPD-Antrag, der eine nicht ausreichende Nutzung von diplomatischen Mitteln und Sanktionen hervorhebt, findet keine Mehrheit. In der Bundesrepublik protestieren Hunderttausende – auch an den folgenden Tagen – gegen den Ausbruch des Krieges.

20. 1. Die **hessische Landtagswahl** bringt einen knappen Sieg der bisherigen Oppositionsparteien SPD und GRÜNE (s. S. 230 ff.). In zwei parallelen Volksabstimmungen votieren die hessischen Wähler für die Aufnahme des Umweltschutzes als Staatsziel in die Verfassung und für eine Direktwahl der Bürgermeister, Oberbürgermeister und Landräte.

22. 1. Der **baden-württembergische Landtag wählt** Erwin **Teufel zum** neuen **Ministerpräsidenten** und Nachfolger des zurückgetretenen Lothar Späth (s. 13. 1. 1991). Am 29. 1. 1991 stellt Teufel sein neues Kabinett vor (s. S. 278 f.).

22. 1. Der **Streit um** die Konsequenzen, die ein eventueller irakischer Angriff auf die Türkei für die Bundesrepublik hätte, dauert an. Während Bundesverteidigungsminister Stoltenberg davon ausgeht, daß dies den NATO-Bündnisfall bedeuten würde, lehnt der SPD-Fraktionsvorsitzende Vogel eine **Verwicklung der Bundeswehr in den Golfkrieg** ab.

24. 1. Bundespräsident **von Weizsäcker** lehnt die Unterzeichnung eines Gesetzes über die **Privatisierung der Flugsicherung ab**, da er das Gesetz für verfassungswidrig hält.

24. 1. Das **Berliner Abgeordnetenhaus wählt** Eberhard **Diepgen zum Regierenden Bürgermeister**. Diepgen steht an der Spitze einer Großen Koalition von CDU und SPD (s. S. 285 f.), die ihre Koalitionsverhandlungen am 21. 1. 1991 abgeschlossen hatte.

24./25. 1. Bundesaußenminister **Genscher,** der von Entwicklungshilfeminister Spranger und CDU-Generalsekretär Rühe begleitet wird, hält sich zu einem Solidaritätsbesuch **in** dem von irakischen Scud-Raketen getroffen **Israel** auf. Genscher sagt Israel eine Unterstützung von 250 Mio. DM zu und bedauert die Mitarbeit deutscher Firmen bei der irakischen Aufrüstung. Er verspricht auch, sich für die Lieferung der Flugabwehrraketen „Patriot" an Israel einzusetzen. Am 29. 1. 1991 sichert die Bundesregierung Israel umfangreiche Lieferungen von Abwehrraketen und Panzern zu. Am 24. 1. 1991 trifft auch eine Delegation der SPD unter der Führung des Parteivorsitzenden Vogel in Tel Aviv ein.

26. 1. In Bonn findet eine **Großdemonstration** mit ca. 200 000 Beteiligten **gegen den Golfkrieg** statt.

26. 1. Die Einigung der Tarifparteien über Teuerungszuschläge führt zu einem **Ende der kurzen Streiks bei der Post in den neuen Bundesländern.**

26./27.1. Bundesparteitag der PDS in Berlin (s. S. 331f.).

28. 1. Die **SPD-Bundestagsfraktion wählt** ihre **stellvertretenden Vorsitzenden** (s. S. 253). Überraschend setzt sich N. Gansel gegen K. Voigt durch.

29. 1. In Berlin wird der **Prozeß gegen** den ehemaligen FDGB-Vorsitzenden Harry **Tisch eröffnet.** Tisch wird die Veruntreuung von ca. 100 Mio. DDR-Mark vorgeworfen. Er wird am 6. 6. 1991 zu einer Freiheitsstrafe von 18 Monaten verurteilt.

29. 1. Die Bundesregierung erklärt sich zu einer zusätzlichen **Zahlung von 8,25 Mrd. DM an die Vereinigten Staaten als Unterstützung im Golfkrieg** bereit, um der wachsenden Kritik des Auslandes am mangelnden Engagement der Bundesrepublik zu begegnen. Bisher hatte die Bundesregierung bereits 5,3 Mrd. DM für die Alliierten und die direkt vom Golfkrieg betroffenen Staaten bereitgestellt.

29. 1. Die **CDU/CSU-Bundestagsfraktion wählt** ihre **stellvertretenden Vorsitzenden** (s. S. 253). In einer Kampfabstimmung setzt sich H. Geißler gegen B. Jagoda durch.

30. 1. Regierungserklärung von Bundeskanzler **Kohl** im Bundestag. Die Aussprache zur Regierungserklärung erfolgt an den nächsten beiden Tagen (s. S. 266ff.).

30. 1. Der britische Außenminister D. **Hurd** erhält bei seinem Besuch **in Bonn** die Zusage der Bundesregierung, sie werde den britischen Einsatz im Golfkrieg mit 800 Mio. DM unterstützen.

30. 1. Die **Finanzminister der neuen Länder und Berlins** präzisieren auf einer Sitzung in Berlin ihre finanziellen **Mehrforderungen** an den Bund und die alten Länder.

31. 1. Das ehemalige RAF-Mitglied Werner **Lotze** wird vom Bayerischen Obersten Landesgericht zu einer Haftstrafe von 12 Jahren **verurteilt**. Die Bundesanwaltschaft hatte im Rahmen der Kronzeugenregelung nur 9 Jahre beantragt. Generalbundesanwalt von Stahl legt Revision zugunsten des Beklagten beim Bundesgerichtshof ein.

31. 1. Der Zentralbankrat beschließt eine **Erhöhung der Leitzinsen**: der Diskontsatz wird von 6 auf 6,5% erhöht, der Lombardsatz steigt um einen halben Prozentpunkt auf 9%.

Februar

2./3. 2. Bundesparteitag der Republikaner in Augsburg. Der Bundesvorsitzende Schönhuber gewinnt eine Vertrauensabstimmung mit 353 von 550 Delegiertenstimmen.

4. 2. Bundeskanzler **Kohl fordert** in einem Gespräch mit Unternehmern, Gewerkschaften und den Ministerpräsidenten der neuen Bundesländer die Bereitschaft zu solidarischem Handeln, um die **Schaffung einheitlicher Lebensverhältnisse** zu erreichen.

4. 2. Bundestagspräsidentin **Süssmuth kommt** an der Spitze einer Bundestagsdelegation zu einem dreitägigen Solidaritätsbesuch **nach Israel**. Sie bekräftigt die Absicht der Bundesregierung, sämtliche deutschen Firmen gerichtlich zu verfolgen, die den Irak beim Aufbau seiner Massenvernichtungswaffen unterstützt haben.

4. 2. Auf der ersten Sitzung der Regierungskonferenz, die eine verstärkte Koordination der EG-Außen- und Sicherheitspolitik beraten soll, legen Bundesaußenminister **Genscher und** sein französischer Kollege R. **Dumas** ihren EG-Kollegen in Brüssel eine **Initiative** vor, die auf eine gemeinsame europäische Außen- und Sicherheitspolitik incl. der Errichtung einer europäischen Verteidigungsgemeinschaft im Rahmen der NATO abzielt. Großbritannien und die Niederlande lehnen die Initiative ab.

5. 2. Das Bundesverfassungsgericht erklärt in einem von CDU/CSU- und F.D.P.-Bundestagsabgeordneten angestrengten Normenkontrollverfahren das **nordrhein-westfälische Landesrundfunkgesetz** für **verfassungskonform** mit der Ausnahme, daß die Aufteilung der Übertragungskapazitäten zwischen öffentlich-rechtlichen und privaten Veranstaltern nicht in „das gesetzlich nahezu ungebundene Ermessen der Landesregierung gestellt werden" dürfe.

5. 2. Der CDU-Fraktionsvorsitzende im schleswig-holsteinischen Landtag Heiko **Hoffmann erklärt** aus gesundheitlichen Gründen seinen **Rücktritt**. Als Nachfolger Hoffmanns wählt die Fraktion am 7. 2. 1991 Klaus Kribben.

8. 2. Die Treuhand betrachtet die **Privatisierung der** Fluggesellschaft **Interflug als gescheitert**.

11. 2. Nach einem längerem Gespräch mit seinem britischen Kollegen John **Major** stellt sich Bundeskanzler Kohl **in Bonn** erneut hinter die Kriegsziele der Alliierten im Golfkrieg.

12. 2. Bundesaußenminister **Genscher** einigt sich in Kairo – der ersten Station seiner dreitägigen **Nahostreise** – mit ägyptischen Spitzenpolitikern über die Grundzüge einer Friedensordnung für den Nahen Osten nach dem Ende des Golfkrieges. Am nächsten Tag konferiert Genscher in Damaskus u. a. mit Staatspräsident Hafis al-Assad und erklärt nach den Gesprächen, daß seiner Meinung auch Syrien zur Anerkennung Israels bereit sei. In Amman kann Genscher mit der jordanischen Staatsspitze keine Einigung über die Möglichkeiten zur Beendigung des Golfkrieges erzielen. Allen drei Ländern sagt Genscher Finanzhilfen zu.

12. 2. Die Bundesregierung kündigt **verstärkte Unterstützung der fünf neuen Länder zur Verhinderung des** wirtschaftlichen **Niedergangs** an. Eine Abschlagszahlung in Höhe von 5 Mrd. DM soll umgehend erfolgen.

12./13. 2. Bundeswirtschaftsminister **Möllemann** erhält bei seinen Gesprächen **in Moskau** u. a. mit dem sowjetischen Ministerpräsidenten V. Pawlow Zusagen über Aufträge in Höhe von neun Mrd. DM an die deutsche Wirtschaft.

13. 2. Die **amerikanische Botschaft in Bonn** wird in einem Anschlag, zu dem sich die RAF bekennt, vom anderen Rheinufer **beschossen**. Der Schaden bleibt gering.

13./14. 2. Auf einer **Konferenz der Ministerpräsidenten der neuen Bundesländer** wird erneut die Forderung nach raschen höheren finanziellen Hilfen erhoben. Die Ministerpräsidenten sprechen sich für Steuererhöhungen aus.

14. 2. Die saarländische Frauenministerin Brunhilde **Peter tritt zurück**. Ihr Ministerium wird aufgelöst und in das Gesundheits- und Sozialministerium integriert.

15. 2. Bundeskanzler **Kohl**, der von Außenminister Genscher begleitet wird, und Frankreichs Staatspräsident Mitterrand lehnen nach einem zweistündigen Gespräch **in Paris** das Rückzugsangebot Saddam Husseins aus Kuwait ab, da es mit unannehmbaren Bedingungen verknüpft sei.

17. 2. Bei einer **Volksabstimmung in Bayern über die künftige Müllentsorgung** entscheidet sich die Bevölkerung mit 51% zugunsten des Gesetzentwurfes der CSU-Landtagsmehrheit und gegen den weitergehenden Vorschlag „Das bessere Müllkonzept", der 43,5% Ja-Stimmen erhält.

18. 2. Die **F.D.P. gibt** nach einer Präsidiumssitzung ihren **Widerstand gegen Steuererhöhungen auf**. Am vorangegangenen Wochenende hatte Wirtschaftsminister Möllemann zugestanden, daß die Bundesregierung die wirtschaftlichen Probleme der neuen Bundesländer unterschätzt habe, und Steuererhöhungen gefordert, während der Parteivorsitzende Lambsdorff Steuererhöhungen noch abgelehnt hatte.

18.–21. 2. Beim Besuch des iranischen Außenministers Ali Akbar **Welajati in Bonn** geht es vor allem um Möglichkeiten einer Beendigung des Golfkrieges.

19. 2. Die nicaraguanische Präsidentin **Chamorro**, die sich mit weiteren Regierungsmitgliedern bis zum 21. 2. 1991 zu einem Besuch **in der Bundesrepublik** aufhält, erhält bei ihrem Gespräch mit Bundeskanzler Kohl in Bonn die Zusage für weitere Entwicklungshilfe der Bundesrepublik. Chamorro kommt auch zu Gesprächen u. a. mit Bundespräsident von Weizsäcker, Außenminister Genscher und Finanzminister Waigel zusammen.

19. 2. Die **EG-Außenminister begrüßen** in Luxemburg die von den USA abgelehnte **sowjetische Golf-Initiative** und bekräftigen ihre Forderung nach dem bedingungslosen Abzug des Irak aus Kuwait.

19. 2. Bundesumweltminister **Töpfer legt** ein **ökologisches Aufbauprogramm für die neuen Bundesländer vor**, das Ausgaben von 17 Mrd. DM allein im Jahre 1991 vorsieht.

20. 2. Das **Bundeskabinett verabschiedet** den **Entwurf des Bundeshaushaltes 1991** in Höhe von ca. 400 Mrd. DM.

20. 2. Der designierte SPD-Vorsitzende **Engholm legt** den von seiner Partei erarbeiteten „**Nationalen Aufbauplan für die Zukunft der neuen Länder**" vor, der von einem Kostenvolumen von 230 Mrd. DM für die nächsten vier Jahre ausgeht.

20. 2. In den neuen Bundesländern finden mehrere **Großdemonstrationen für den Erhalt der Arbeitsplätze** statt. Ähnliche Demonstrationen wiederholen sich am 27. 2. 1991.

21. 2. Der Vorstandssprecher der GRÜNEN Christian **Ströbele tritt** wegen auch in seiner Partei umstrittener Äußerungen über Israel und den Golfkrieg **zurück**.

23. 2. Ein **Landesparteitag der thüringischen SPD** wählt Gisela Schröter zur neuen Landesvorsitzenden.

24. 2. Bundespräsident **von Weizsäcker bricht** zu Staatsbesuchen nach **Südkorea** (25.–27. 2. 1991) **und Indien** (28. 2.–6. 3. 1991) **auf**.

24. 2. Die Evangelische Kirche in Deutschland und der ostdeutsche Bund der Evangelischen Kirchen beschließen in Berlin ein Kirchengesetz, das die Voraussetzung für die **Vereinigung der evangelischen Kirchen** bis zum Sommer 1991 schafft.

26. 2. Die Bundestagsfraktionen von CDU/CSU und F.D.P. stimmen den geplanten **Steuererhöhungen** zu: die Lohn-, Einkommen- und Körperschaftssteuer soll ab 1. 7. 1991 für ein Jahr um 7,5% erhöht werden, außerdem werden Erhöhungen der Mineralöl-, der Versicherungs- und der Tabaksteuer beschlossen. Der stellvertretende SPD-Vorsitzende Lafontaine spricht von „Lügen und Flickschusterei" (s. 7. 6. 1991).

28. 2. Bundeskanzler Kohl und die Regierungschefs der Bundesländer einigen sich über **zusätzliche Finanzhilfen** von über 30 Mrd. DM bis 1994 **an die neuen Bundesländer**.

28. 2. Bundeskanzler Kohl und Spitzenpolitiker der Bonner Parteien begrüßen das **Ende des Golfkrieges**, nachdem der amerikanische Präsident in der Nacht zuvor eine bedingte Feuerpause angeordnet hatte.

28. 2. Bundesaußenminister **Genscher fliegt** zu Gesprächen mit der amerikanischen Regierung insbesondere über die Zukunft des Nahen Ostens **nach Washington**.

März

4. 3. Der **Oberste Sowjet ratifiziert** den **2+4-Vertrag**; das Abkommen über den sowjetischen Truppenrückzug aus dem Gebiet der ehemaligen DDR wird am 2. 4. 1991 ratifiziert.

4. 3. Auf einer **EG-Außenministerkonferenz** in Brüssel stehen Hilfen für die UdSSR und die Situation im Nahen Osten nach dem Ende des Golfkrieges im Mittelpunkt der Diskussionen. Ein deutscher Vorstoß zur Erweiterung der Rechte des Europäischen Parlaments stößt auf breite Ablehnung.

5. 3. Die Tarifparteien einigen sich auf eine **Anhebung der Besoldung der Beschäftigten im Öffentlichen Dienst der neuen Länder** auf 60% der vergleichbaren Bezüge im Westen zum 1. 7. 1991. Außerdem werden Neueingruppierungen in die Lohn- und Gehaltsgruppen nach den westlichen Vergütungsordnungen erfolgen.

5./6. 3. Der polnische Ministerpräsident Jan **Bielecki** hält sich zu einem zweitägigen Besuch **in Bonn** auf. In einem Gespräch am 5. 6. 1991 sagt Bundeskanzler Kohl Bielecki zu, daß die Verhandlungen über den deutsch-polnischen Kooperationsvertrag bis zum Sommer abgeschlossen werden.

8. 3. Das Bundeskabinett verabschiedet den **Jahreswirtschaftsbericht 1991** (s. S. 381 f.), Steuererhöhungen (s. 26. 2. 1991) und das von der Koalition beschlossene „**Gemeinschaftswerk Aufschwung-Ost**" in Höhe von 24 Mrd. DM für die Jahre 1991 und 1992. Mit dem Gemeinschaftswerk sollen Investitionen und Arbeitsplätze in den neuen Ländern gefördert werden. Im Bundestag wird der Jahreswirtschaftsbericht am 19. 4. 1991 debattiert.

9. 3. SPD und GRÜNE beenden die **Koalitionsverhandlungen in Hessen** mit einer Einigung über die Ressortverteilung (s. S. 297 f.).

9. 3. Ein außerordentlicher **Landesparteitag der saarländischen F.D.P.** wählt Harald Cronauer zum neuen Landesvorsitzenden und Nachfolger von Uta Würfel (s. 25. 11. 1990). Ein **Landesparteitag der brandenburgischen F.D.P.** wählt Manfred Fink zum neuen Landesvorsitzenden.

9./10. 3. Das Bekanntwerden eines Briefes von Bundespräsident von Weizsäcker vom 24. 2. 1991 an die Partei- und Fraktionsvorsitzenden, in dem er sich erneut für Berlin auch als Regierungs- und Parlamentssitz ausspricht, führt zu verstärkten **Kontroversen um die künftige Funktion Berlins**.

10. 3. Die **Bundesdelegiertenkonferenz der Jungsozialisten** wählt in Potsdam den zum gemäßigten Flügel gehörenden Ralf Ludwig zum neuen Bundesvorsitzenden.

11. 3. Frankfurts Oberbürgermeister V. **Hauff** (SPD) **tritt** wegen Differenzen mit seiner eigenen Partei **zurück**.

11. 3. Nach einem Gespräch zwischen Bundeskanzler Kohl und dem britischen Premier **Major in Bonn** machen beide Politiker deutlich, daß sie ihre Differenzen über die Zukunft der EG teilweise ausräumen konnten.

11.3. Bundesaußenminister Genscher und sein französischer Kollege **Dumas** unterstützen bei einer Unterredung **in Bonn** die amerikanischen Nahostpläne.

11.3. Nach längeren Auseinandersetzungen einigen sich Justizminister Kinkel und Wirtschaftsminister Möllemann in der Frage der **Eigentumsregelung in den neuen Bundesländern**. Die Formel aus dem Einigungsvertrag „Eigentum vor Entschädigung" soll zwar erhalten bleiben, aber bis Ende 1992 durch eine „Vorfahrtsregelung" modifiziert werden, die den Verkauf von Unternehmen und Grundstücken dann gestattet, wenn die Interessenten zu Investitionen bereit sind. Der Bundestag beschließt die entsprechenden Gesetze am 15.3.1990.

12.3. Beginn der dreitägigen Ersten Lesung des **Bundeshaushaltes 1991** im Deutschen Bundestag (s. S. 371 ff.).

12.3. Bundeswirtschaftsminister **Möllemann** sagt der Stromindustrie seine Unterstützung **für den Bau zweier neuer Atomkraftwerke** in Stendal und Greifswald zu. Mitte April erklärt Möllemann hingegen, daß neue Atomkraftwerke nur noch bei parteienübergreifendem Konsens gebaut werden sollen.

12.3. Der Vorstandsvorsitzende der Deutschen Bundesbahn Heinz Dürr gibt auf einer Pressekonferenz in Frankfurt das **Defizit der Bundesbahn im Jahre 1990** mit 4,96 Mrd. DM an.

13.3. Bundestagspräsidentin Rita **Süssmuth weist Vorwürfe**, die von der Illustrierten „Stern" im Zusammenhang mit der Nutzung ihres Dienstwagens durch ihren Ehemann erhoben wurden, **zurück**. Am 15.3.1991 beschließt der Haushaltsausschuß des Bundestages, die gesamte Nutzung der Dienstwagen in Bonn vom Bundesrechnungshof überprüfen zu lassen. Der Bundesrechnungshof bescheinigt der Präsidentin am 21.5.1991, nicht gegen die geltenden Bestimmungen verstoßen zu haben, empfiehlt aber eine umfassende Neuregelung der Nutzungsbestimmungen für Dienstwagen.

14.3. Regierungssprecher D. Vogel bestätigt, daß die sowjetische Armee den Ex-Staatschef der DDR Erich **Honecker nach Moskau gebracht** hat. Die von der UdSSR mit dem schlechten Gesundheitszustand Honeckers begründete Aktion wird von der Bundesregierung als Verstoß gegen den Vertrag über den Abzug der sowjetischen Truppen und gegen das Völkerrecht gewertet.

14. 3. Bei Gesprächen des israelischen Außenministers D. **Levy** mit Bundespräsident von Weizsäcker, Bundeskanzler Kohl und Bundesaußenminister Genscher **in Bonn** geht es vor allem um die Zukunft des Nahen Ostens. Am folgenden Tag besucht Levy das ehemalige Konzentrationslager Buchenwald.

14. 3. Das Bundesverfassungsgericht erklärt das bisherige **Namensrecht** für **verfassungswidrig**. Künftig wird nicht mehr der Name des Mannes automatisch zum Familiennamen, wenn sich die Partner nicht einigen können. Die Ehepartner dürfen in diesem Fall ihre bisherigen Namen behalten.

15.–17. 3. Eine **Landesdelegiertenversammlung der baden-württembergischen GRÜNEN** wählt den zum „Realo"-Flügel gehörenden Fritz Kuhn zum neuen Landesvorsitzenden.

16. 3. Nach kurzen Warnstreiks einigen sich die Tarifparteien in Stuttgart auf eine **Erhöhung der Löhne und Gehälter** der westdeutschen Bediensteten **im Öffentlichen Dienst um 6%** rückwirkend zum 1. 1. 1991 sowie auf etliche Strukturverbesserungen. Der Vertrag hat eine Laufzeit von 12 Monaten und wird für die Bundespost und die Bundesbahn übernommen.

17./18. 3. Bei den Gesprächen von Bundesaußenminister **Genscher** mit der sowjetischen Führung – u. a. mit Staatspräsident Gorbatschow und Außenminister Bessmertnych – stehen **in Moskau** bilaterale Probleme, die Lage im Nahen Osten und die ins Stocken geratenen Abrüstungsverhandlungen im Mittelpunkt. Die „Honecker-Affäre" (s. 14. 3. 1991) spielt nur am Rande eine Rolle.

18. 3. Die EG-Umweltminister beschließen in Brüssel einen Stufenplan zur **Reduzierung der Abgaswerte von LKW und Omnibussen.** Außerdem diskutieren die Minister Hilfen für die Bekämpfung der Ölbrände in Kuwait.

18. 3. Der designierte SPD-Vorsitzende **Engholm** stellt seine vom Parteivorstand gebilligten **Personalpläne für die SPD-Spitze** der Öffentlichkeit **vor**: Karlheinz Blessing, ein 33-jähriger Organisationsfachmann der IG Metall, soll neuer Bundesgeschäftsführer werden, als Parteisprecherin ist die Bundestagsabgeordnete Cornelie Sonntag-Wolgast vorgesehen.

18. 3. Zum Jahrestag der ersten freien Volkskammerwahl finden in Sachsen mehrere **Demonstrationen für den Erhalt der Arbeitsplätze** statt. In Leipzig z. B. nehmen ca. 60000 bis 70000 Personen an der Demonstration teil. Die Demonstrationen wiederholen sich in den folgenden Wochen, man spricht wieder – wie vor dem Fall der Mauer – von „Montagsdemonstrationen".

20. 3. Bundeskanzler Kohl erklärt bei seinem sechsten Gespräch mit Vertretern der Wirtschaft und der Gewerkschaften über die **wirtschaftliche Lage in den neuen Bundesländern**, daß die von der Bundesregierung getroffenen Maßnahmen für eine rasche Besserung in den neuen Ländern ausreichen.

20. 3. Die langjährige Sekretärin der SPD-Bundesgeschäftsführerin Anke Fuchs wird wegen des Verdachts der **Spionage für die ehemalige DDR** festgenommen. In der Folgezeit werden weitere Spionagefälle aufgedeckt.

21. 3. Bundesforschungsminister Riesenhuber gibt bekannt, daß der **Schnelle Brüter in Kalkar nicht in Betrieb** genommen wird.

21. 3. Der Wehrbeauftragte des Deutschen Bundestags A. **Biehle legt** seinen **Jahresbericht 1990** der Öffentlichkeit **vor** (s. S. 387f.).

21./22. 3. Bundespräsident **von Weizsäcker**, der von Außenminister Genscher begleitet wird, hält sich zu einem offiziellen Besuch **in Frankreich** auf.

22. 3. Bundesarbeitsminister Blüm unterzeichnet in Schwerin eine Vereinbarung, mit der die Bundesregierung **5,5 Mrd. DM für Arbeitsbeschaffungsmaßnahmen in den neuen Ländern** freigibt.

22. 3. Der Deutsche Bundestag verabschiedet mit den Stimmen der Regierungsmehrheit ein **Gesetz gegen illegale Rüstungsexporte**, das u. a. die Möglichkeit des Abhörens von Telefonen durch die Zollfahndung und höhere Höchststrafen vorsieht. Das Gesetz scheitert am 7. 6. 1991 im Bundesrat.

24. 3. Der designierte SPD-Vorsitzende **Engholm** lehnt Forderungen nach einer Großen Koalition in Anbetracht der schlechten wirtschaftlichen Lage in den neuen Ländern ab und **verlangt Neuwahlen**.

25./26. 3. Finanzminister **Waigel** verhandelt **in Washington** mit der amerikanischen Regierung u. a. über den deutschen Beitrag für den Golfkrieg (s. 29. 1. 1991). Die Diskussion um eine Reduzierung wurde von der SPD initiiert, nachdem der Kongreß festgestellt hatte, daß die Kosten des Krieges niedriger seien als erwartet. Waigel erklärt, daß die Schätzungen des Kongresses zu niedrig lägen. Deutschland werde seinen Verpflichtungen nachkommen, die US-Regierung aber auch keine Nachforderungen erheben. Die deutschen Kosten erhöhen sich jedoch in Anbetracht des steigenden Dollarkurses trotzdem um 430 Mio. DM.

26. 3. Generalbundesanwalt von Stahl bestätigt die Darstellung des Fernsehmagazins „Monitor", das über eine **Unterstützung auch aktiver RAF-Terroristen durch das** ehemalige **Ministerium für Staatssicherheit** der DDR berichtet hatte. Es ergehen Haftbefehle gegen den ehemaligen Staatssicherheitschef Mielke, der bereits in Untersuchungshaft sitzt, seinen Stellvertreter Gerhard Neiber und vier weitere Mitarbeiter des Ministeriums. In der Folgezeit werden weitere Kontakte der Stasi zu Terrorgruppen in aller Welt bekannt.

29. 3. Die Darmstädter Staatsanwaltschaft erhebt **Anklage gegen 14 Manager** deutscher Firmen **wegen** des Verdachts des **illegalen Waffen- und Rüstungsexports** in den Irak.

29. 3.–1. 4. Bei den **Ostermärschen**, an denen sich nach Angaben der Veranstalter ca. 85 000 Personen beteiligen, werden Abrüstung, Verbot von Rüstungsexporten und eine Friedensregelung für den Nahen Osten gefordert.

April

1. 4. Kurz vor Mitternacht wird der Präsident der Berliner Treuhand Detlev Karsten **Rohwedder** in seinem Haus in Düsseldorf durch Schüsse aus einem Schrebergarten **von der RAF ermordet**. In einem Kondolenzschreiben an Rohwedders Witwe, die bei dem Attentat verletzt wurde, würdigt Bundespräsident von Weizsäcker die „unschätzbaren Verdienste" Rohwedders für Deutschland.

1. 4. In den alten Ländern tritt eine **Änderung der Telefongebühren** in Kraft, die Ferngespräche verbilligt, Orts- und Nahgespräche aber verteuert. In den neuen Ländern erhöhen sich die **Portogebühren** auf das Niveau der alten Länder.

2. 4. Im Mittelpunkt der Gespräche des jordanischen Königs **Hussein** mit Bundespräsident von Weizsäcker und Außenminister Genscher **in Bonn** stehen Probleme einer Friedensregelung im Nahen Osten.

3. 4. Bei den Gesprächen des rumänischen Außenministers A. **Nastase** u. a. mit Außenminister Genscher und dem Parlamentarischen Staatssekretär Waffenschmidt **in Bonn** geht es vor allem

10 Der von RAF-Terroristen ermordete Präsident der Treuhandanstalt, Dr. Detlev Rohwedder.
Foto: Süddeutscher Verlag/Fiegel

um bilaterale Beziehungen, u.a. um die deutsche Minderheit in Rumänien.

5. 4. Der hessische Landtag wählt in seiner konstituierenden Sitzung Hans **Eichel** zum neuen **Ministerpräsident**en. Eichel steht an der Spitze einer rot-grünen Koalition (s. S. 297f.).

7. 4. Bundeskanzler **Kohl**, der erstmals nach der Bundestagswahl eines der neuen Länder besucht und sowohl mit Protesten als auch mit Applaus empfangen wird, zeigt sich **in Erfurt** überzeugt, daß der wirtschaftliche Aufschwung im Osten gelingen werde.

8. 4. Auf einem kurzen **Sondergipfel der EG-Staats- und Regierungschefs** in Luxemburg werden Hilfen für die kurdischen Flüchtlinge beschlossen (s. S. 416). Am 17. 4. 1991 erhöht das Bundeskabinett die nationale **Hilfe für die kurdischen Flüchtlinge** auf 355 Mio. DM.

8. 4. Am ersten Tag, an dem **polnische Bürger ohne Visum in die Bundesrepublik** einreisen dürfen, kommt es an verschiedenen Grenzübergängen zu Krawallen und Steinwürfen durch bundesdeutsche Rechtsradikale. 41 Personen werden festgenommen.

8. 4. Eine Präsidiumssitzung der **F.D.P.** beendet die von den Landespolitikern Brüderle und Kubicki kurz zuvor ausgelöste **Diskussion** um eine **Ablösung des Parteivorsitzenden** Lambsdorff.

9. 4. Das Bundeskabinett beschließt eine **Erhöhung der Renten in den neuen Ländern** um 15% zum 1. 7. 1991.

9.–11. 4. Der argentinische Staatspräsident Carlos Saul **Menem** hält sich zu einem Besuch, bei dem u. a. ein Investitionsschutzabkommen unterzeichnet wird, **in der Bundesrepublik** auf.

10. 4. Das **Bundesverfassungsgericht entscheidet im Streit** zwischen Bundesumweltminister Töpfer und dem Land Niedersachsen **um das geplante Atommüll-Endlager „Schacht Konrad" gegen Niedersachsen**, das verpflichtet wird, den Weisungen des Umweltministers zu folgen und die Pläne zur Beteiligung der Öffentlichkeit auszulegen.

11. 4. Mehrere **Betrugsfälle bei der Berliner Treuhand** werden bekannt. Die Angaben über die vermutete Schadenshöhe gehen auseinander.

11. 4. Bundesaußenminister **Genscher** und sein tschechoslowakischer Kollege Dienstbier verhandeln **in Prag** über bilaterale und europäische Probleme.

12. 4. Bundeskanzler **Kohl und** SPD-Chef **Vogel vereinbaren** eine verbesserte **Zusammenarbeit zur Überwindung der** problematischen **wirtschaftlichen Situation in den neuen Ländern**. In der folgenden Woche kommt es zwischen der Regierungsmehrheit und der SPD zu harten Auseinandersetzungen um die Funktion der von Kohl und Vogel vereinbarten Kommissionen.

13. 4. Birgit **Breuel**, die bisherige Stellvertreterin von Detlev Karsten Rohwedder (s. 1. 4. 1991), wird vom Verwaltungsrat einstimmig zur **neuen Präsidentin der Treuhand** gewählt. Am 15. 4. 1991 wird das Hoesch-Vorstandsmitglied Hero Brahms zum Stellvertreter von Birgit Breuel bestellt.

13. 4. Ein **Landesparteitag der F.D.P. von Mecklenburg-Vorpommern** in Güstrow wählt Bundesbildungsminister R. Ortleb zum neuen Landesvorsitzenden.

15. 4. Bei einem **Treffen der EG-Außenminister** in Luxemburg werden mit Ausnahme des Waffenembargos sämtliche Sanktionen gegen Südafrika aufgehoben. Die EG-Außenminister schließen sich dem Vorschlag von Bundesaußenminister Genscher an, Saddam Hussein wegen Völkermord und Führung eines Angriffskrieges vor ein internationales Gericht zu stellen.

15. 4. Der tschechoslowakische Parlamentspräsident Alexander **Dubcek kommt** zu einem dreitägigen Besuch **in die Bundesrepublik**.

19. 4. Nach Auseinandersetzungen um die in den Koalitionsvereinbarungen beschlossene Abgabe der Telecom an die Bundesregierung erläutert Postminister Schwarz-Schilling seinen Kompromiß mit dem Finanzminister: die bisher 20 monatlichen **Frei-Einheiten beim Telefon** werden zur Jahresmitte halbiert, für die neuen Länder werden die zehn gebührenfreien Einheiten neu eingeführt.

19. 4. Der Bundesrat setzt eine **Kommission „Verfassungsreform"** ein, die mit der im Einigungsvertrag vorgesehenen Überarbeitung des Grundgesetzes beauftragt wird und der zwei Vertreter pro Bundesland angehören, und billigt nach längeren Auseinandersetzungen eine Verordnung von Bundesumweltminister Töpfer, die die **Wirtschaft verpflichtet**, den **Verpackungsmüll zurückzunehmen**.

21. 4. Bei der **Landtagswahl in Rheinland-Pfalz** erleidet die CDU eine deutliche Niederlage (s. S. 236ff.).

22.4. Der ehemalige Präsident der Bundesbank Karl **Klasen stirbt** im Alter von 81 Jahren in Hamburg.

23.4. Das Bundesverfassungsgericht bezeichnet die Regelung des Einigungsvertrages, daß **Enteignungen auf dem Gebiet der ehemaligen DDR zwischen 1945 und 1949** nicht mehr rückgängig gemacht werden, als **verfassungsmäßig**. Allerdings wird der Gesetzgeber zu Wiedergutmachungsregelungen verpflichtet, wobei ihm ein weiter Gestaltungsspielraum zugestanden wird.

23.4. Der chilenische Präsident Patricio **Aylwin** beginnt einen dreitägigen Besuch **in der Bundesrepublik**.

24.4. Das Bundesverfassungsgericht weist Verfassungsbeschwerden gegen die sog. **„Warteschleifenregelung"**, nach der die Arbeitsverträge der Beschäftigten der öffentlichen Verwaltung der ehemaligen DDR nach sechs bzw. neun Monaten bei einem Wartegeld von 70% der früheren Bezüge auslaufen, zurück. Allerdings seien die Regelungen des Mutterschutzes zu beachten und besonders schwer Betroffene, wie z.B. Schwerbehinderte, bei Neueinstellungen angemessen zu berücksichtigen.

25.4. Die niederländische Königin **Beatrix kommt** zu einem Staatsbesuch, bei dem sie auch Potsdam, Güstrow und Dresden besucht, **in die Bundesrepublik**.

25.4. Der Bundestag billigt einstimmig die **Verträge** über „gute Nachbarschaft, Partnerschaft und Zusammenarbeit" und über wirtschaftliche Zusammenarbeit **mit der UdSSR** (s. S. 418f.).

26./27.4. Der polnische Außenminister K. **Skubiszewski besucht Weimar und Bonn**. Bei den Verhandlungen mit Außenminister Genscher geht es vor allem um letzte Details des Vertrages über gutnachbarschaftliche Beziehungen.

26.–28.4. Bundesdelegiertenversammlung der GRÜNEN in Neumünster (s. S. 330f.).

27.4. Ein **Landesparteitag der niedersächsischen F.D.P.** in Bad Rothenfelde wählt St. Diekwisch zum neuen Landesvorsitzenden und Nachfolger von H. Jürgens.

27.4. Ein informelles **Treffen der EG-Außenminister** in Mondorf-Les-Bains (Luxemburg) führt zu keiner Einigung über die künftige Verteidigungs- und Sicherheitspolitik der Gemeinschaft.

28.4. Auf einem **Landesparteitag der bayerischen SPD** in Rosenheim wird Renate Schmidt zur neuen Landesvorsitzenden und Nachfolgerin von Rudolf Schöfberger gewählt.

29.4. Das **Frühjahrsgutachten der fünf führenden Wirtschafts-**

forschungsinstitute geht von einem Rückgang des Bruttosozialproduktes um real 17,5% und einem anhaltenden Beschäftigungsrückgang in den neuen Ländern im Jahr 1991 aus. Für die zweite Hälfte des Jahres wird eine leichte Konjunkturbelebung erwartet. In den alten Bundesländer rechnen die Institute mit einem Wirtschaftswachstum von real 2,5%.

Mai

1. 5. Auf den **Maikundgebungen des DGB** wird Solidarität mit den neuen Bundesländern gefordert, ein Lohnverzicht zugunsten des Aufbaus der neuen Länder aber abgelehnt.

1./2. 5. Die **deutsch-spanischen Konsultationen**, zu denen Bundeskanzler Kohl – begleitet von Außenminister Genscher – mit dem spanischen Ministerpräsidenten Gonzales auf Lanzarote zusammenkommt, sind in erster Linie europäischen Fragen gewidmet.

6.–8. 5. Bundesaußenminister **Genscher** hält sich zu einem Besuch **im Iran** auf. Bei den Gesprächen mit der iranischen Staatsspitze geht es um die Kurdenhilfe und um bilaterale Probleme.

6.–9. 5. Der ungarische Staatspräsident A. **Göncz** hält sich zu einem offiziellen Besuch **in der Bundesrepublik** auf.

7. 5. Nachdem der CDU-Vorsitzende Kohl am 2. 5. 1991 von Spanien aus ein für den 3. 5. 1991 geplantes Gespräch mit dem CSU-Vorsitzenden Waigel und dem bayerischen Ministerpräsidenten Streibl wegen kritischer Äußerungen des CSU-Generalsekretärs Huber abgesagt und damit für eine Eklat gesorgt hatte, werden die **Streitigkeiten zwischen CDU und CSU** bei einem Gespräch zwischen Bundeskanzler Kohl und der CSU-Spitze in Irsee **beigelegt**.

7.–11. 5. Auf dem **15. Bundeskongreß der IG Bergbau und Energie** in Dortmund wird der geschäftsführende Vorsitzende Hans Berger zum 1. Vorsitzenden gewählt.

8. 5. Das **Frankfurter Stadtparlament wählt** Andreas von **Schoeler (SPD) zum neuen Oberbürgermeister** und Nachfolger des im März zurückgetretenen Volker Hauff.

8. 5. Der CDU-Schatzmeister Walter Leisler **Kiep** wird vom Düsseldorfer Landgericht in einem Parteispendenprozeß wegen fortgesetzter Beihilfe zur Steuerhinterziehung **zu einer Geldstrafe von 675 000.– DM verurteilt**.

9. 5. Der tschechoslowakische Staatspräsident Václav **Havel** wird in Aachen mit dem **Karlspreis ausgezeichnet.**

9./10. 5. Die Ministerpräsidenten der fünf neuen Länder und der Regierende Bürgermeister von Berlin verlangen auf einem Treffen in Schwerin eine **Neuordnung des Finanzausgleichs.**

10. 5. Bundeskanzler **Kohl** besucht das Chemiedreieck Bitterfeld-Halle-Merseburg in **Sachsen-Anhalt.** Bei einem Zwischenfall in Halle kommt es zu Handgreiflichkeiten zwischen dem Kanzler und Jugendlichen, nachdem Kohl mit Eiern und Tomaten beworfen wurde.

10. 5. Zu Beginn seines USA-Aufenthaltes trifft Bundesaußenminister **Genscher** zu **Gesprächen mit** seinem amerikanischen Kollegen **Baker** und UN-Generalsekretär **Perez de Cuellar** zusammen.

11. 5. Zum Abschluß eines informellen **Treffens der EG-Finanzminister** in Brüssel erklärt der belgische Finanzminister Ph. Maystadt, daß sich die Mehrheit seiner Kollegen für einen Mehrwertsteuersatz von 16% ab 1993 ausgesprochen habe.

11./12. 5. Der fundamentalistische Flügel um Jutta Ditfurth **beschließt** zwei Wochen nach dem Parteitag der GRÜNEN in Neumünster (s. S. 330f.) bei einem Treffen in Frankfurt, **die GRÜNEN zu verlassen.**

14. 5. In einer **Bundestagsdebatte über die Neufassung des Grundgesetzes** vertreten Regierungsmehrheit und Opposition unterschiedliche Standpunkte. Die Regierungsmehrheit will die im Einigungsvertrag (s. S. 401 ff.) vorgesehene Überarbeitung des Grundgesetzes möglichst gering halten und in einem kleinen Verfassungsausschuß beraten. Die Oppositionsparteien verlangen einen großen Verfassungsrat, weitergehende Änderungen des Grundgesetzes und eine abschließende Volksabstimmung, die von der Regierungsmehrheit abgelehnt wird.

14. 5. Die Dresdner Staatsanwaltschaft schließt die Ermittlungen gegen den ehemaligen Oberbürgermeister W. **Berghofer** ab und erklärt, daß sie **Anklage wegen Anstiftung zum Wahlbetrug** erheben werde.

15. 5. Der **Bundesgerichtshof** erklärt zahlreiche Klauseln eines Mustermietvertrags des niedersächsischen Haus-, Wohnungs- und Grundbesitzerverbandes für unwirksam und **erweitert** den **Mieterschutz.**

16. 5. Bundesbankpräsident Karl Otto **Pöhl gibt** auf einer Pressekonferenz in Frankfurt seinen **Rücktritt** für Ende Oktober **bekannt**. Pöhl begründet seinen Entschluß mit rein persönlichen Gründen und verneint Meinungsverschiedenheiten mit der Bundesregierung. Ende Mai beschließt die Bundesregierung, daß Pöhls Stellvertreter H. Schlesinger bereits am 1. August 1991 für zwei Jahre an die Spitze der Bundesbank treten und dann von dem neuen Vizepräsidenten H. Tietmeyer abgelöst werden soll.

17. 5. Bundesaußenminister **Genscher und** sein französischer Kollege **Dumas sagen** bei einer gemeinsamen Botschafterkonferenz in Weimar **den Staaten Mittel- und Osteuropas Hilfen** bei den geplanten Reformen **zu**.

17. 5. Bei einem **Treffen von** Bundeskanzler **Kohl mit den 16 Ministerpräsidenten** geht es um Folgeprobleme der Vereinigung. Es werden regelmäßige Treffen vereinbart.

20. 5. Die Berliner Justiz erläßt **Haftbefehle gegen** den früheren DDR-Ministerpräsidenten W. **Stoph und** gegen Ex-Verteidigungsminister H. **Keßler** sowie gegen zwei weitere frühere SED-Politiker, denen sie eine Mitverantwortung für den Schießbefehl vorwirft. Die Verhaftung erfolgte, weil vermutet wurde, daß zumindest Keßler in die UdSSR fliehen wollte.

20./21. 5. Bundeskanzler **Kohl** hält sich – begleitet von Außenminister Genscher – zu seinem ersten Besuch als gesamtdeutscher Regierungschef **in den USA** auf. In seinen Gesprächen mit Präsident Bush, Außenminister Baker und anderen Spitzenpolitikern stehen die Zukunft der NATO und Hilfen für die Sowjetunion sowie die mittel- und osteuropäischen Staaten im Mittelpunkt. Bush sagt Kohl eine Unterstützung Gorbatschows zu. Die Forderungen der Amerikaner nach Senkung der deutschen Zinsen lehnt Kohl ab.

21. 5. **Der rheinland-pfälzische Landtag wählt** Rudolf **Scharping**, der die Koalitionsverhandlungen mit der F.D.P. in der vorangegangenen Woche abgeschlossen hatte, mit 54 gegen 47 Stimmen zum **Ministerpräsidenten**. Scharping ist der erste SPD-Regierungschef in Rheinland-Pfalz nach dem Krieg.

22. 5. Bundeswirtschaftsminister Möllemann gibt in München bekannt, daß der seit Anfang Mai schwelende **Konflikt mit der Sowjetunion um die Beteiligung deutscher Firmen an dem** von der Bundesrepublik finanzierten **Bau von Wohnungen** für die zurückkehrenden Soldaten **beigelegt** sei: bundesdeutsche Firmen würden zu ca. 60% beteiligt.

24. 5. Bundesverteidigungsminister Stoltenberg stellt seinen **Strukturplan zur Reduzierung der Bundeswehr** vor: 213 von 688 Standorten in den alten Bundesländern sollen bis 1994 geschlossen werden; in den neuen Bundesländern wird es nach diesem Plan 142 Standorte geben.

24. 5. Nachdem einige Fälle von **Zwangsadoptionen** von Kindern mißliebiger Eltern **in der ehemaligen DDR** bekannt wurden, spricht Bundesjustizminister Kinkel von einer „besonders perversen Art von Behördenwillkür" und fordert die betroffenen Eltern auf, sich möglichst umgehend um eine Rückgängigmachung der Adoptionen zu bemühen.

25. 5. Der **Bundeshauptausschuß der F.D.P.** beschließt in Hamburg die Unterstützung einer Grundgesetzänderung, die die Beteiligung der Bundeswehr an Friedensmissionen und vom Sicherheitsrat beschlossenen Kampfeinsätzen der UNO ermöglichen soll, und spricht sich gegen einen Koalitionswechsel auf Bundesebene aus.

25. 5. Auf dem **Bundesparteitag der DSU** in Leipzig wird Reinhard Keller zum neuen Vorsitzenden und Nachfolger von H. Walter, der nicht mehr kandidierte, gewählt.

25. 5. Ein **Landesparteitag der schleswig-holsteinischen SPD** in Travemünde wählt Willi Piecyk als Nachfolger von Gerd Walter zum neuen Landesvorsitzenden.

26. 5. Bundeskanzler **Kohl** entschuldigt sich bei einer Gedenkfeier aus Anlaß des 50. Jahrestages der deutschen Invasion **auf Kreta** für die Greueltaten, die der Inselbevölkerung im Zweiten Weltkrieg angetan wurden.

26. 5. Die **EG-Landwirtschaftsminister einigen sich** in Brüssel **auf** die **Agrarpreise** für das laufende Wirtschaftsjahr: u. a. werden die Höchstgrenze für die Milchproduktion um zwei Prozent gesenkt und vermehrte direkte Einkommensbeihilfen z. B. durch Prämien für Stillegungen beschlossen.

27. 5. Bundeswirtschaftsminister **Möllemann** gibt nach Gesprächen mit dem sowjetischen Ministerpräsidenten V. Pawlow **in Moskau** bekannt, daß die UdSSR im Jahre 1991 für weitere 1,2 Mrd. DM Aufträge an die fünf neuen Länder vergeben werde.

28. 5. Der Bundesdatenschutzbeauftragte A. Einwag legt den **Datenschutzbericht für das Jahr 1990** vor (s. S. 392).

28. 5. Der **Streit um** die **Verträge mit Polen** wird in einem Koalitionsgespräch **beendet**: Die CSU kann ihre Forderungen nach Veränderung der Verträge nicht durchsetzen, der Bundestag wird die Ratifizierung aber mit einer Resolution begleiten, in der die Erwartungen in bezug auf die deutschen Minderheiten in Polen zum Ausdruck gebracht werden.

28. 5. Beginn des viertägigen **Bundesparteitages der SPD** in Bremen (s. S. 334 ff.).

28./29. 5. Auf der **Frühjahrstagung der NATO-Verteidigungsminister** in Brüssel einigt man sich auf die Schaffung einer „Schnellen Eingreiftruppe" für Krisenzeiten.

29. 5. Papst Johannes Paul II. gibt die **Ernennung von** Bischof Georg **Sterzinsky** (Berlin) **zum Kardinal** bekannt.

29./30. 5. Bei den **deutsch-französischen Konsultationen** in Lille sprechen sich Bundeskanzler Kohl und der französische Staatspräsident Mitterrand für die Einladung des sowjetischen Staatspräsidenten Gorbatschow zum Weltwirtschaftsgipfel in London aus – die Einladung an Gorbatschow durch den britischen Premierminister Major ergeht am 13. 6. 1991. Über die künftige europäische Sicherheitspolitik kommt keine Einigung zustande.

31. 5. Der **Landtag von Mecklenburg-Vorpommern** stimmt der **Mandatsniederlegung** von sieben Abgeordneten zu, denen Mitarbeit bei der ehemaligen Staatssicherheit vorgeworfen wird.

31. 5. Die **Berliner CDU schließt** den ehemaligen Vorsitzenden der Ost-CDU Gerald **Götting** aus der Partei **aus**, da er die „Scheußlichkeiten" des DDR-Regimes mitzuverantworten habe.

31. 5. Der venezuelanische Staatspräsident Carlos Andres **Perez** wird zu Beginn seines zweitägigen Besuches **in der Bundsrepublik** von Bundespräsident von Weizsäcker empfangen. In einem Gespräch mit Bundeskanzler Kohl geht es in erster Linie um bilaterale Wirtschaftsbeziehungen.

Juni

2. 6. Bei der **Hamburger Bürgerschaftswahl** gewinnt die SPD mit 48,0% der Wählerstimmen die absolute Mandatsmehrheit. Die CDU verliert gegenüber der letzten Bürgerschaftswahl 5,4 Prozentpunkte und erzielt mit 35,1% ihr schlechtestes Wahlergebnis seit 20 Jahren. Die GRÜNEN verbuchen leichte Gewinne und kommen auf 7,2%. Die F.D.P., die 1,1 Prozentpunkte verliert, überwindet mit 5,4% knapp die Sperrklausel.

2./3. 6. Auf einem informellen **Treffen der EG-Außenminister**

in **Dresden** werden den neuen Bundesländern zusätzliche wirtschaftliche Hilfen der EG zugesagt. Des weiteren beraten die Minister über die Beziehungen zu Jugoslawien, den Weg zur Politischen Union und das bevorstehende KSZE-Außenministertreffen.

3. 6. Das ehemalige RAF-Mitglied **Susanne Albrecht** wird vom Stuttgarter Oberlandesgericht unter Anwendung der Kronzeugenregelung zu einer Freiheitsstrafe von insgesamt 12 Jahren **verurteilt**.

3. 6. Der amerikanische Vizepräsident D. **Quayle** kommt **in Bonn** zu Gesprächen mit Bundespräsident von Weizsäcker und Bundeskanzler Kohl zusammen.

4. 6. Nach einem Gespräch zwischen Bundeskanzler Kohl, den Ministerpräsidenten der neuen Länder sowie Vertretern von Industrie und Gewerkschaften erklärt der Staatsminister im Kanzleramt Anton Pfeifer, daß der wirtschaftliche **Aufschwung in den neuen Ländern** an Fahrt gewinne.

4. 6. Beginn der viertägigen abschließenden Beratungen des **Bundeshaushaltes 1991** (s. S. 374 ff.).

5. 6. Die **IG Metall feiert** mit einem Festakt in Frankfurt ihr **100jähriges Gründungsjubiläum**.

5.–9. 6. Unter dem Motto „Gottes Geist befreit zum Leben" findet der 24. **Deutsche Evangelische Kirchentag** im Ruhrgebiet statt.

6. 6. Die Delegierten der Hauptversammlung des **Deutschen Städtetag**es bestätigten den Präsidenten Manfred Rommel in seinem Amt.

6./.7. 6. Auf dem **Frühjahrstreffen der NATO-Außenminister** in Kopenhagen wird der „europäische Pfeiler" im Bündnis gestärkt und der EG eine eigene Sicherheitspolitik zugestanden.

7. 6. Die SPD-Mehrheit im **Bundesrat blockiert** die vom Bundestag beschlossenen **Steuergesetze** (s. 26. 2. 1990) zur Finanzierung der deutschen Einheit und ruft den Vermittlungsausschuß an. Am frühen Morgen des 15. 6. 1991 einigt sich der Vermittlungsausschuß auf einen Kompromiß: die SPD kann sich mit ihrer Forderung nach einer Beschränkung der Zuschläge für die Lohn- und Einkommensteuer auf höhere Einkommen nicht durchsetzen, die Regierungsmehrheit verzichtet auf die vorgesehene Abschaffung der Vermögens- und Gewerbekapitalsteuer auf dem Gebiet der ehemaligen DDR. Allerdings sollen diese Steuern

erst ab 1993 erhoben werden. Der Kompromiß kann am 1. 7. 1991 in Kraft treten.

8. 6. Ein **Landesparteitag der bayerischen F.D.P.** in Höchstadt (Donau) wählt Max Stadler als Nachfolger von Josef Grünbeck zum neuen Landesvorsitzenden.

8. 6. Ein **Sonderparteitag der hessischen CDU** in Frankfurt wählt Manfred Kanther als Nachfolger von Walter Wallmann zum neuen Landesvorsitzenden.

8./9. 6. Außenminister Genscher, dem die Ehrenbürgerschaft seiner Geburtsstadt Halle verliehen wird, bereitet mit seinem britischen Kollegen **Hurd in Halle und Weimar** die KSZE-Außenminister-Konferenz und den Weltwirtschaftsgipfel vor.

8./9. 6. Auf einem **Bundesparteitag der GRÜNEN** in Köln werden die in Neumünster (s. S. 330f.) vertagten Tagesordnungspunkte erledigt. U. a. wird Heide Rühle zur politischen Geschäftsführerin gewählt und der Vorstand komplettiert. Des weiteren werden Resolutionen gegen die Aufgabenerweiterung der Bundeswehr und für eine Modernisierung des Grundgesetzes verabschiedet.

9. 6. Im Mittelpunkt der Gespräche von Bundeskanzler **Kohl** mit seinem britischen Amtskollegen Major **in Chequers** stehen Probleme der europäischen Einigung und die Vorbereitung des Weltwirtschaftsgipfels im Juli in London.

10. 6. Die **CDU verabschiedet** auf ihrem kleinen Parteitag in Weimar die **„Weimarer Erklärung"**, die auf die Herstellung gleicher Lebensverhältnisse in Deutschland abzielt. U.a. werden Maßnahmen zur Verbesserung der Infrastruktur, der Wohnungssituation und des Umweltschutzes in den neuen Ländern gefordert.

10. 6. Auf einem **Treffen der EG-Finanzminister** in Luxemburg werden Maßnahmen gegen die illegalen Geldwaschpraktiken ab 1993 beschlossen. Eine Vereinbarung über einen einheitlichen Mehrwertsteuersatz in der EG kommt nicht zustande (s. 24. 6. 1991).

12. 6. Das Bundesverfassungsgericht erklärt die Bestimmung des BGB, daß das **Sorgerecht bei Kindern einer nichtehelichen Lebensgemeinschaft** entweder der Mutter oder dem Vater zukomme, für **verfassungswidrig** und verpflichtet den Gesetzgeber, ein gemeinsames Sorgerecht zumindest dann zu ermöglichen, wenn die Eltern zusammenleben.

12. 6. Die unter Spionageverdacht stehende ehemalige Sekretärin von Ex-Bundeswirtschaftsminister Bangemann, **Sonja Lüneburg**, die im Jahre 1985 in die ehemalige DDR geflohen war (s. Jb. 1986/87, S. 430), wird in der Nähe von Berlin **verhaftet**.

12. 6. In einer **Debatte über den Agrarbericht 1991** im Deutschen Bundestag, in der es auch zu heftigen Auseinandersetzungen zwischen Regierung und Opposition kommt, fordern Sprecher aller Fraktionen einen Kurswechsel in der EG-Agrarpolitik.

12./13. 6. Der sowjetische Außenminister A. **Bessmertnych** hält sich zu zweitägigen Beratungen **in Bonn** auf. Genscher und Bessmertnych erzielen Einigkeit in bezug auf die KSZE-Außenministerkonferenz Mitte Juni in Berlin; hinsichtlich der Sicherheitspolitik und der Zukunft der NATO können die Meinungsverschiedenheiten jedoch nicht ausgeräumt werden. Bessmertnych sagt den schnellen Abzug der sowjetischen Atomwaffen, die noch auf dem Gebiet der ehemaligen DDR lagern, zu.

13. 6. Hanno Klein, ein **hoher Beamter der Berliner Baubehörde**, wird durch eine Briefbombe **ermordet**. Die Polizei schließt politische Motive nicht aus.

13. 6. Der kanadische Premierminister B. **Mulroney kommt** zu einem viertägigen Besuch **in die Bundesrepublik**, bei dem es u. a. um die Vorbereitung einer gemeinsamen Initiative für den Weltwirtschaftsgipfel im Juli in London in bezug auf die Exportkontrolle konventioneller Waffen geht.

13. 6. In der ersten Lesung des gemeinsamen **Gesetzentwurf**es von CDU/CSU, F.D.P. und SPD **über den künftigen Umgang mit den Stasi-Akten** melden Vertreter der SPD und der F.D.P. Bedenken gegen einzelne Passagen des Entwurfes an. Das Bündnis 90 lehnt den Entwurf wegen der vorgesehenen Zugriffsrechte der Nachrichtendienste auf die Akten ab.

13. 6. Der **Untersuchungsausschuß** des Deutschen Bundestages, **der** die Rolle des Devisenbeschaffers der Ex-DDR **Schalck-Golodkowski** und seiner Organisation „Kommerzielle Koordinierung" überprüfen soll, **nimmt** seine **Arbeit auf**.

15. 6. Bundesaußenminister **Genscher reist** zu einem Kurzbesuch **nach Albanien**. Er befürwortete eine KSZE-Mitgliedschaft des Landes (s. 19./20. 6. 1991).

15./16. 6. Eine **Landesdelegiertenkonferenz der bayerischen GRÜNEN** in Lindau wählt Gerald Häfner und Margarete Bause zu neuen Vorsitzenden.

17. 6. Die **EG-Außenminister** beraten in Luxemburg den Entwurf eines „Dachvertrages" **über die künftige Politische Union**, der die Zustimmung der Mehrheit der Minister findet.

17. 6. Bundeskanzler **Kohl und** der polnische Ministerpräsident **Bielecki unterzeichnen** in Bonn den **Vertrag über gute Nachbarschaft und freundschaftliche Zusammenarbeit.**

19. 6. Die Ausländerbeauftragte der Bundesregierung Liselotte **Funcke kündigt** ihren **Rücktritt an** und beklagt die mangelnde Unterstützung durch die Regierung.

19./20. 6. Auf der **Tagung des Rates der KSZE-Außenminister** in Berlin tritt Albanien als 35. Land der Konferenz über Sicherheit und Zusammenarbeit in Europa bei. Außerdem einigen sich die Minister auf ein förmliches Verfahren zur Bewältigung regionaler Krisen.

20. 6. Nach wochenlangen heftigen Auseinandersetzungen fällt im Bundestag die Entscheidung zugunsten von **Berlin** als **Regierungs- und Parlamentssitz** mit 338 gegen 320 Stimmen. Der Umzug von Bonn nach Berlin soll in spätestens zwölf Jahren abgeschlossen sein.

21. 6. Der Bundestag verabschiedet das **Renten-Überleitungsgesetz** (s. S. 383 ff.).

21.–23. 6. Auf dem **Parteitag der PDS** in Berlin kommt es zu schwerwiegenden Meinungsverschiedenheiten, eine Spaltung der Partei kann jedoch vermieden werden.

22. 6. Auf mehreren Veranstaltungen wird des **50. Jahrestages des deutschen Überfalls auf die UdSSR** gedacht. Bundespräsident von Weizsäcker würdigt bei Kranzniederlegungen in Potsdam die deutsch-sowjetische Verständigung. Gleichzeitig legt Gorbatschow in Moskau am Grab des Unbekannten Soldaten einen Kranz nieder. Bereits am Vortag hatten Außenminister Genscher und sein sowjetischer Kollege Bessmertnych gemeinsam in Potsdam des Überfalls gedacht.

22./23. 6. Nachdem der SPIEGEL seine **Beschuldigungen** der Vorwoche **gegen** Verkehrsminister **Krause wegen** der Beeinflussung der Vergabe von **Raststätten-Konzessionen** in der früheren DDR erneuert, weist Krause die Vorwürfe zurück und lehnt einen Rücktritt ab.

23. 6. Auf einer **Konferenz der EG-Außenminister** in Luxemburg wird trotz erheblicher inhaltlicher Meinungsverschiedenheiten beschlossen, den Vertrag über die Fortentwicklung der Gemeinschaft zu einer Politischen Union noch in diesem Jahr unterschriftsreif zu machen.

24. 6. Bundespräsident **von Weizsäcker reist** zu einem fünftägigen Staatsbesuch **nach Italien**.

24. 6. Kardinal Franz **Hengsbach stirbt** im Alter von 80 Jahren in Essen.

24. 6. Der Vorsitzende des Bundestagsunterausschusses „Treuhandanstalt" Christian Neuling (CDU/CSU) gibt Berechnungen bekannt, nach denen eine **Schuldenlawine von 300 Mrd. DM** bis 1993 auf den Bund **u. a. aufgrund der Staatsschulden der ehemaligen DDR** und der Sanierungskosten der Treuhand zukommt.

24. 6. Die **EG-Finanzminister einigen sich** in Luxemburg **auf Steuerharmonisierungen**. Die Mehrwertsteuer muß ab 1993 in der Gemeinschaft mindestens 15% betragen, außerdem wird eine Angleichung der Verbrauchsteuern beschlossen.

25. 6. Bundeskanzler **Kohl** und Frankreichs Staatspräsident Mitterrand bekräftigen nach einem Arbeitsfrühstück **in Paris**, bei dem sie den bevorstehenden EG-Gipfel und den Weltwirtschaftsgipfel im Juli vorbereiten, ihren Willen, daß der neue EG-Vertrag zur Wirtschafts-, Währungs- und Politischen Union bis Ende 1991 unterzeichnet werden solle.

26. 6. Die **Hamburger Bürgerschaft bestätigt** den Ersten Bürgermeister Henning **Voscherau** in seinem Amt.

26. 6. Auf dem ersten gesamtdeutschen **Gewerkschaftstag der IG Chemie, Papier, Keramik** in Bonn wird der Gewerkschaftsvorsitzende Hermann Rappe mit 340 gegen 39 Stimmen in seinem Amt bestätigt.

27. 6. Das Bundesverfassungsgericht verpflichtet den Gesetzgeber, bis 1993 eine effektive **Besteuerung von Zinsen und Kapitalerträgen** sicherzustellen.

28./29. 6. Auf dem **Gipfeltreffen der EG-Staats- und Regierungschefs** in Luxemburg wird die Finanzhilfe für Jugoslawien eingefroren. Man beschließt, die Außenminister Luxemburgs, Italiens und der Niederlande zu Vermittlungsgesprächen zwischen den jugoslawischen Bürgerkriegsparteien zu entsenden. Hinsichtlich einer gemeinsamen Außen- und Verteidigungspolitik erzielen die Regierungschefs keine Fortschritte.

28.–30. 6. Konstituierende Sitzung der **gesamtdeutschen Synode der Evangelischen Kirche** in Coburg. Der Präses der Synode Jürgen Schmude wird in seinem Amt bestätigt.

Quellen: FAZ, SZ, Das Parlament und dpa-Monatschroniken im Berichtszeitraum. Deutscher Bundestag (Wissenschaftliche Dienste): Politisches Geschehen 1990. Chronik der wichtigsten Ereignisse 1. 12. 1989–3. 12. 1990. Bonn 1990 (= Materialien 113)

Namensregister

Ackermann, L. 313
Adam, W. 301
Adam-Schwaetzer, I. 263, 266, 327, 344, 349
Adler, P. 313
Affeld, D. 289
Ahlers, H.-U. 355
Akihito, Kaiser 441
Albowitz, I. 391
Albrecht, E. 426
Albrecht, H. 278
Albrecht, J. 355
Albrecht, S. 424, 428, 470
von Alemann, M. 344
Aller, H. 302
Alm-Merk, H. 303
von Alten-Nordheim, O. 352
Althaus, D. 351
Ammon, O. 343f
Amthor, U. 318
Andreotti, G. 415, 434
Angst, D. 315
Aniol, P. 318f
Annecke, R. 300
Antall, J. 426
Arens, H.-W. 318
Arens, M. 433
Arens, W. 355
Arlt, K.-D. 287
Arnold, R. 278
Asis, T. 447f
Assad, H. al 453
Auditor, M. 301
Auer, J. 316
Auerbach, L. 301
Aulfes, H. 290
Averkamp, L. 368
Axthelm, H.-H. 322
Aylwin, P. 464

Baake, R. 297
Backhaus, P. 320f, 345
Badeck, G. 297
Baedeker, H. J. 306
Baker, J. 405, 434, 447f, 466f
Bandmann, V. 313
Bangemann, M. 345
Barbe, A. 346
Bargatzki, W. 359
Barrios de Chamorro, V. 454
Barsuhn, R. 291
Bartels, U. 303
Barth, W. 272
Bartl, K. 313
Bartsch, D. 345
Basten, F. P. 308
Bauckhege, H.-A. 308
Bauer, O. 282
Baum, G. R. 344
Baumgärtel, M. 343
Baumhauer, W. 279
Bause, M. 472
Beatrix, Königin 464
Beck, K. 308
Becker, E.-E. 319
Becker, G. W. 271
Becker, H. 252, 445
Becker, H. 351
Becker, W. P. 307
Becker-Birck, H.-H. 357
Becker-Inglau, I. 253
Beckmann, K. 262
Beckmeyer, U. 290, 292
Beckstein, G. 282, 342
Beer, A. 345
Beer, H. 424
van Beethoven, L. 408
Beier, P. 366
Ben Ali, Z. el A. 429

Bentele, K. 305
Bentrup, H.-H. 306
Berger, E. 366
Berger, H. 353, 434, 465
Berghofer, W. 466
Berghofer-Weichner, M. 281f, 343
Bergmann, Ch. 285
Bergmann-Pohl, S. 263, 342, 410, 427, 437
Bernhard, E. 361
Bernrath, H. G. 252, 358
Bertelmann, K. 314
Besch, F. 306
Bessmertnych, A. 458, 472f
Beucker, F. 297
Biebusch, W. 287
Biedenkopf, K. 239f, 257ff, 261, 269, 314, 342, 396, 439, 441
Biederbick, J. 285
Biehle, A. 252, 387f, 459
Bielecki, J. 456, 473
Biewald, D. 284
Bill, G. 238, 307f
Binus, K.-H. 313
Birthler, M. 288f
Birthler, W. 287
Birzele, F. 277
Bischel, F. J. 308
Bisky, L. 288
Blaese, H.-D. 352
Bläsi, B. 278
Blanke, E. 301
Blankenburg, Ch.-M. 284
Blankenhagel, K. 284
Blaul, I. 298
Blechinger, B. 288
Blens, H. 258
Blessing, K. 336, 346, 458
Bludau, B. 295
Blüm, N. 262, 342, 384, 419, 447, 459
Bock, G. 285
Bock, T. 359
Bocklet, R. 343f

Bodenbender, W. 306
Böck, Ch. 298
Böck, W. 322, 342
Böckenförde, E.-W. 276
Böger, K. 284
Böhm, J. 281
Böhmer, W. 317
Börk, G. 320
Börnsen, G. 318
Bötsch, W. 253, 258, 342
Böttger, M. 314
Bohl, F. 253, 372
Bohn, J. 321
Bohn, R. 317
Bohr, K. 311
Bojak, D. 307
Boldt, K. 295
Born, U. 257, 300
Borrmann, D. 285
Boucsein, H. 286
Braband, J. 390
Bräutigam, H.-O. 288
Brahms, H. 463
Brandt, W. 333, 345, 425, 440
Brans, W. 322
Brauer, H. H. 365
von Braun, C. 285, 344, 433
Braun, K. 367
Braun, P. 280
Brechtken, R. 277
Breitenbach, D. 311
Breitenborn, K. 316
Bresemann, K. 299
Breuel, B. 270, 342, 463
Breuer, P. 258
Brick, M. 300
Brick, Th. 299
Brie, A. 331, 345
Briefs, U. 374
Brinckmeier, M. 283
Bruch, K. P. 308
Brüderle, R. 238, 309, 344, 462
Brunn, A. 306, 346
Brunner, G. 317, 344

Bruns, J. 302, 429
Brusis, I. 306, 346
Buchholz, W. 316
Buchner, W. 282
Budelmann, H. 295
Bueble, B. 279
Bürsch, M. 319
Bull, H. P. 260, 319
Bulle, P. 303
Burger, N. 357, 424
Bush, G. 393, 417, 420, 433, 442, 467
Buske, N. 299
Buttolo, A. 314

Caesar, P. 309, 344
Caffier, L. 299
Calfa, M. 443
Cario, R. 344
Carl, K. 353
Carstens, M. 262
Catenhusen, W.-M. 253
Champignon, B. 304
Chory, W. 263
Christmann, A. 271
Clemens, J. 258
Clement, W. 305
Conrad, M. 310
Conrad, P.-U. 300
Cronauer, H. 456
Cronenberg, D. J. 252, 345
Curilla, W. 295

Däubler-Gmelin, H. 253, 258, 336, 346
Dalai Lama 437
Dall'Asta, E. 318
Dammann, H. D. 271
Dammeyer, M. 305
Damus, R. 328
Daniels, H. 357
Dannecker, F. J. 343
Dautzenberg, L. 304

Debus, J. 309
Decker, R. 277
Dedecius, K. 437
Degenhardt, J. J. 368
Deilmann, J. 352
Delors, J. 393
Demke, Ch. 366
Deml, M. 343
Deneke, M. 331, 345
Dewes, R. 311
Dick, A. 343
Dick, W. 355
Dick, W. 369
Dieckmann, J. 357
Dieckvoß, H. H. 308
Diederich, G. 300
Diekwisch, St. 464
Dienstbier, J. 440, 462
Diepgen, E. 226, 260, 285, 342, 434, 450
Diestel, P.-M. 227, 229, 287f, 394, 396f, 428
Dieterich, Th. 273
Dietl, P. 321
Dietz, S. 294
Ditfurth, J. 218, 329f, 466
Dithei, P. 280
Dittberner, J. 289
Dittbrenner, C. 291
Doeblin, J. 280
Döding, G. 436
Döring, W. 278
Dörrhöfer-Tucholski, H. 306
Dollinger, W. 343
Domke, H. 437
Donner, R. 314
Dopatka, F.-W. 292
Drapatz, B. 322
Dregger, A. 253, 258, 267, 342
Dreikopf, K. 313
Dreßler, H. 365
Dreßler, R. 253, 258, 346, 383
Drevs, M. 300
Drexelius, G. 271

Dronsch, G. 303
Dubcek, A. 463
Duchac, J. 245, 321, 396, 441
Dückert, Th. 302
Dürr, H. 457
Düwel, P. 303
Dumas, R. 452, 457, 467
Dusch, H. G. 270
Dyrlich, B. 313
Dyba, J. 368

Ebeling, H.-W. 394
Ebisch, F. 303
Echternach, J. 263
Eckart, R. 278
Eder, F. 368
Edig, H. 310
Eekhoff, J. 262
Egarter, W. 322
Eggers, E. 309
Eggert, R. 299
Ehlers, J. 294
Ehmke, H. 399
Ehret, S. 356
Eichel, H. 232f, 297, 346, 462
Eiermann, W. 357
Eilers, E. 346
Einert, G. 306
Einwag, A. 270, 392, 468
Eisenkrämer, K. 262
Ellenberger, J. 321
Elste, G. 294
Enderlein, H. 289
Engel, U.-K. 316
Engelen-Kefer, U. 346, 353
Engelhard, H. A. 345, 423, 444
Engelhardt, K. 365
Engholm, B. 319, 335f, 345, 376, 378f, 444, 454, 458f
Engstfeld, P. 289
Enkelmann, A. 321
Eppelmann, R. 252, 397
Eppler, E. 365
Erdsiek-Rave, U. 318

Erfurth, W. 290
Erhardt, M. 286
Erlenwein, R. 291
Ermisch, G. 314
Even, B. 270
Eveslage, H. 302, 358
Eykmann, W. 280
Eymael, G. 309
Eyrich, H. 257, 259f, 278

Faltlhauser, K. 343
Farthmann, F. 245, 305, 346, 396
Faupel, R. 288
Fechner, H. 284
Feibel, A. 310
Feige, K.-D. 390
Feldmann, O. 253, 344, 448
Ferlemann, E. 355
Ferlings, W. 358
Fichtner, O. 358
Fickel, U. 261, 322
Fiedler, W. 321
Fikentscher, R. 315
Fink, M. 456
Fink, U. 342, 353
Fischer, A. 280
Fischer, J. 232, 297
Fischer, K. 278
Fischer, P. 303
Fischer, U. 253
Fischer, W. 316
Fitzwater, M. 408
Fleischer, G. 278
Fleischer, M. 280
Fleischmann, A. 343
Fluß, M. 290
Förster, A. 313
Forck, G. 365
Franck, J. 287
Franke, H. 271
Franke, K. 284
Franßen, E. 276
Frey, H. 304
Freye, H.-A. 317

Frick, R. 317
Friebe, I. 304
Friedrich, I. 343
Friedrich, P. 320
von Fritzsch, A. 314
Froschmaier, F. 319
Fuchs, A. 291
Fuchs, A. 218, 239f, 258f, 346, 396, 459
Fuchs, K. 346
Fuchs, R. 344
Fücks, R. 328
Führer, R. 283
Füllner, M. 319
Fugmann-Heesing, A. 297
Funcke, L. 473
Funda, R. 316
Funk, A. 358
Funke, K.-H. 303
Funke, R. 262
Funke, U. 426
Furkel, R. 311

Gadow, P. 285
Gärtner, K. 319
Galinski, H. 369
Galle, U. 309
Gallus, G. 262, 344
Gansäuer, J. 302
Gansel, N. 253, 258, 346, 451
Gardain, H.-J. 284
Garstka, H. 285
Gasser, K.-H. 322
Gattermann, H. H. 252
Gauck, J. 397, 445
Gauweiler, P. 282, 343
Gehrke, W. 345
Geiger, M. 264, 343
Geil, R. 307
Geimer, K. A. 308
Geisel, A. 277
Geisler, H. 314, 342
Geißler, H. 253, 342, 451
von Geldern, W. 253

Genscher, H.-D. 218, 242, 262, 326ff, 345, 399f, 402, 405ff, 418f, 423ff, 431ff, 440f, 448ff, 456ff, 462ff, 471ff
Gerhardt, W. 232, 297, 344
Gerster, F. 257, 259, 309
Gerster, J. 258
Geschka, O. 297
Geske, O.-E. 297
Geuenich, M. 353
Gibowski, W. 220f
Gierse, U. 294
Gies, G. 243, 342, 396, 439f
Gieseler, L. 315
Gille, K. 317
Gläser, H. 271
Glaser, R. 277
Glaßer, D. 298
Glogowski, G. 302
Glombig, E. 319
Glos, M. 253
Glotz, P. 346
Glück, A. 280, 343
Glück, G. 282, 343
Goede, E. 301
Göhner, R. 262
Göncz, A. 465
Görler, H. 285
Görner, R. 353
Görts, F. 263
Götte, R. 309
Götting, G. 469
Götzer, W. 343
Gohlke, R. 394
Gohmert, W. 283
Goldbeck, W. 299, 344
Goliasch, H. 313
Goll, G. 278
Goll, U. 278
Gollert, K. 300
Gomolka, A. 235, 259, 300, 396, 439
Gonnermann, B. 287
Gonzales, F. 465

Goppel, A. 344
Goppel, Th. 257, 259, 282
Gorbatschow, M. 386, 393, 399ff, 406, 410, 413, 417ff, 429, 432f, 436, 441, 458, 467, 469, 473
Gorbatschow, R. 418
Grabe, Ch. 321
Gräf, H. 289
Grätz, R. 304
Granz, M. 311
Granzow, H. 295
Graßhoff, K. 276
Gravert, A. 319
Greiff, Ch. 296
Greiner, G. 284
Griefahn, M. 261, 303
Griesche, D. 290
Grill, K.-D. 302
Grimm, Ch. 307
Grimm, D. 273
Grobecker, C. 290f
Gröbl, W. 263
Gröhe, H. 342
Große-Sender, H. 304
Großklaus, D. 271
Großnick, H. 299
Grüber, K. 304
Grünbeck, J. 345, 471
Grünewald, J. 262
Grünig, Ch. 270
Grützmacher, F. 308
Gruschke, D. 310f
Gülde, J. 314
Günther, H. 259, 298
Günther, H. 262
Günther, J. 263
Gürteler, R. 344
Guttmann, M. 369
Guttmann, R. 369
Gysi, G. 218, 253, 331, 345, 377, 438f

Haarbeck, A. 366
van Haaren, K. 355
de Haas, F. 314
Haase, H. E. 286
Haase, H.-H. 316
Haasis, H. 277
Hackmann, W. 295
Häfner, G. 405, 472
Häfner, H.-P. 321
Hämmerle, G. 253, 358
Härtel, R. 309
Häßler, A. 321
Häußer, E. 270
Hagedorn, W. 356
Hagemann, K. 297
Hahn, C. H. 351
Hahn, J.-U. 297
Hahn, U. 309
Hahnemann, R. 321
Hahnzog, K. 346
Hajen, L. 295
Haller, F. 292
Hamm-Brücher, H. 345
Hammelstein, I. 302
Hammer, K. 308
Hanselmann, J. 365
Hansen, U. 426
Hanss, W. 355
Hapel, D. 284
Hardt, H. 305
Harlander, F. 344
Harms, G. 289
Hartmann, J. 322
Haschke, G. 262
Hasinger, A. 263
Hasselfeld, G. 263, 266, 343
Hasselmann, W. 427
Hassemer, V. 286
Hassemer, W. 297
Hauff, V. 456, 465
Haugg, N. 276
Hauk, H. 355
Haussmann, H. 345, 419, 432, 444
Havel, V. 466
Hebsacker, J. 356
Heck, E. 309

Heckelmann, E. 304
Heckelmann, D. 285
Hedrich, K.-J. 258
Heeremann von Zuydtwyck, C. 353
Hegemann, L. 305
Hegewald, H. 313
Heidecke, H. 316
Heidorn, H. 291
Heilmann, F. 345
Hein, D. 341
Hein, E. 310
Heinemann, H. 306
Heinrich, G. 294
Heinz, H.-G. 307f
Heitmann, St. 315
Helbing, M. 424
Held, W. 282
Hellwig, R. 342
Helmrich, H. 252
Helms, R. 283
Hemmerle, K. 367
Hempel, J. 366, 410
Hengsbach, F. 474
Hennig, O. 263, 342
Hensche, D. 355
Henschel, J. F. 273
Herbst, H. 301
Herer, E. 283
Herold, A. 310
Herrmann, D. 301
Herrmann, G. 271
Herrmanns, H. 366
Hertle, F. K. 296
Herzog, Ch. 427
Herzog, R. 273, 276
Hettling, L. 290
Heubaum, W. 285
Heubl, F. 344
Heydemann, B. 320
Heye, U.-C. 302
Heyenn, G. 252
Hielscher, G. 313
Hielscher, H.-J. 297

Hieronymi, R. 305
Hiersemann, K.-H. 224, 280
Hiersemenzel, K. 280
Hildebrandt, H. 284
Hildebrandt, H. 286
Hildebrandt, M. 302
Hildebrandt, R. 289, 336, 346
Hiller, W. 302
Himmelreich, F.-H. 352
Hinrichs-Hensgensiefken, G. 294
Hintze, P. 263, 342
Hippenstiel-Imhausen, J. 425
Hirche, W. 288, 344
Hirsch, B. 345, 449
Hirschler, H. 366
Hitler, A. 410
Hitzemann, G. 360
Hoderlein, J. 282
Höhn, B. 305
Hölder, E. 270
Höpcke, K. 245, 321
Höppner, R. 243, 316, 346, 396
von Hofe, E. 301
Hofe, G. 309
Hoff, M. 346
Hoffmann, Ch. 297
Hoffmann, H. 453
Hoffmann, O. 285
Hoffmann, R. 291
Hofmann, R. 353
Hofmann-Göttig, J. 309
Hohlfeld, K. 270
Hohmann-Dennhardt, Ch. 257, 298
Hollinger, R. 310
Holst, S. 292
Holtz, U. 253
Holzapfel, H. 298
Homeyer, J. 368
Honecker, E. 394, 424, 443, 457f
Hopmeier, F. 277
Hoppensack, H.-Ch. 291
Horn, W. 270
Hornhues, K.-H. 253

Hornung, S. 252
Horrmann, H. 301f
Hoyer, W. 290
Hoyer, W. 253, 258
Hruska, F.-T. 302
Huber, E. 343, 465
Huber, H. 280
Huber, H. 282
Hubrich, Th. 368
Hübeler, K. 322
Huhn, B. 368
Hurd, D. 451, 471
Husemann, K. 314
Hussein, König 433, 448, 460
Hussein el-Takriti, Saddam 266, 431, 440, 442, 454, 462

Ihde, G. 299
Iltgen, E. 312
Isernhagen, G. 301
Isola, H. 290
Issen, R. 356
Itzek, G. 308

Jaax, H. 304
Jäger, C. 291
Jähnichen, R. 314
Jagoda, B. 258, 451
Jahn, E.-H. 301
Jahn, F.-A. 253
Janke, J. 290
Jansen, G. 320
Janssen, A. 301
Jeiter, W. 271
Jensen, U. 319
Jentsch, H.-J. 259, 322
Jepsen, H. M. 282
Jesse, E. 341
Jeziorski, K. 315
Jobst, D. 253
Johannes Paul II. 469
Johna, R. 318
Jordan, J. 298
Joseph, H.-H. 393

Jürgens, H. 345, 464
Jürgens-Pieper, R. 302
Jung, F. J. 297
Jung, H.-G. 365f
Jungfer, H. 280
Junghans, U. 342
Junker, K. 346

Kaack, H. 339, 341
Kaack, U. 341
Kaase, M. 220f
Kabel, R. 252
Kähne, V. 285
Kaesler, H.-J. 317
Kahl, R. 297
Kahlenberg, F. 270
Kaifu, T. 441
Kaiser, K.-Ch. 332
Kalendrusch, H.-J. 300
Kalff, K. 295
Kamilli, K.-A. 333, 346
Kampfhenkel, E. 284
Kamphaus, F. 368
Kaminsky, J. 355
Kannegießer, H.-J. 313
Kanther, M. 297, 471
Kappert, G. 303
Karras, Ch. 303
Kartte, W. 271
Kaske, K. 351
Kasper, H. 311
Kasper, W. 368
Kastrup, D. 262
Kauffold, P. 299
Kaul, K. 280
Kaula, K. 356
Kauter, H. 292
Keitel, K. 315
Kelber, F. 294
Keler, S. 299
Keller, P. 343f
Keller, R. 468
Kempmann, J. 302
Kern, H.-A. 284

Keßler, A. 322
Keßler, H. 467
Kiausch, E. 293
Kiechle, I. 262, 343, 440
Kiekheben-Schmidt-Winterstein, V. 297
Kiel, F. W. 448
Kiep, W. L. 342, 465
Kiesl, E. 343
Kießling, H. 282
Kilian, W. 279
Killmer, D. 322
Kind, D. 270
Kinkel, K. 262, 345, 449, 457, 468
Kirchhof, P. 276
Kirchner, M. 396
Kissel, O. R. 276
Kittel, W. 262
Klär, K.-H. 308
Klasen, K. 464
Kleedehn, B. 300
Klein, B. 321
Klein, F. 276
Klein, H. H. 276
Klein, H. 472
Klein, H. 252, 258, 344, 400, 443, 445
Klein, K. 356, 425
Kleinert, D. 259
Kleinert, H. 218, 330
Kleist, I. 294
Klemann, J. 285
Klemm, L. 296
Klemm, P. 262
Klepsch, E. 342
Kley, G. 316
Kliesch, L. 287
Klimke, J. 294
Klimmt, R. 310f, 346
Klingner, K. 235, 319, 396
Klink, D. 289f
Klose, H.-U. 304
Klose, H.-U. 346
Klotz, S.-A. 284

Klütz, A. 360
Klunzinger, E. 277
Kneib, G. 307
Kniepert, A. 321, 345
Kniola, F.-J. 306
Knipschild, K. 304
Knittel, W. 263
Knoblich, H. 287
Kober, I. 262
Koch, Ch. 316
Koch, R. 297
Köbele, B. 353
Köder, H.-D. 277
Köhler, H. 262, 433
Köhler, J. 357
Köhler, J. 320
Koeneke, U. 301
König, M. 279
Koerner, U. 360
Köster, G. 318
Kohl, H. 211, 214, 218ff, 234f, 237, 241, 244, 261, 264ff, 323f, 335, 342, 374, 376ff, 399ff, 402, 404, 496, 415ff, 421, 424ff, 437f, 440ff, 448ff, 458f, 462f, 465ff, 473f
Kohler, J. 314
Kohn, R. 448
Kokott-Weidenfeld, G. 308
Kolbow, W. 258
Kollorz, F. 353
Konow, G. 306
Konstroffer, P. 356
Koplin, K. 272
Kopp, G. 301
Kopp, R. 312
Koring, L. 291
Korn, W. 296
Korthaase, H. 285
Kowallek, Ch. 284
Kozian, B. 299
Kränzle, B. 343
Krajewski, Ch. 260, 311
Krapp, M. 321

Krasney, O. E. 276
Kratzsch, O. 291
Kraus, R. 253, 258, 344
Krause, G. 263, 342, 394, 400f, 430, 432, 437
Krause, R. 314
Krebs, H. 306
Kredel, E. M. 367
Kremendahl, H. 285
Kremer, H. A. 280
Kretschmar, Th. 321
Kretschmer, K. H. 287
Kreyenberg, J. 320
Kribben, K. 318, 453
Krieger, H. 310
Kröber, G. 314
Kröning, V. 290, 292
Kroppenstedt, F. 262
Krüger, K.-D. 287
Krüger, Th. 286
Kruis, K. 276
Krumsieck, R. 306
Krupp, H.-J. 294
Kruse, H. 304
Kruse, M. 365
Kruse, R. 294
Kubicki, W. 345, 462
Kuckart, L. 305
Kudella, P. 291
Küchler, W. 297, 352
Kühbacher, K.-D. 288
Kühling, J. 273
Künast, R. 284
Küpker, E. 302
Kürsten, M. 271
Kuessner, H. 259
Küster, U. 253
Kuhlwein, E. 253
Kuhn, F. 458
Kulenkampff, Ch. 298
Kummer, B. 297
Kunckel, K.-H. 313
Kunick, K. 261, 290ff
Kuntze, W. 270

Kuppe, G. 316
Kuron, K. 438
Kurth, M. 297
Kurz, R. 277

Läpple, F. 257, 311
Lafontaine, O. 213f, 218ff, 240, 259, 267, 311, 326, 328, 332ff, 346, 371ff, 398, 403f, 419, 424, 427, 432f, 436, 442, 444
Lais, K.-J. 308
Lambsdorff, O. Graf 211, 218, 229, 258, 326ff, 345, 379, 419, 442, 454, 462
Lammert, N. 264
Lancelle, E. 285
Landowsky, K.-R. 226, 284
Lang, A. 310
Lang, A. R. 261, 282, 343
Lang, K. 277
Langemann, H. 352
Langen, W. 308
Langen, W. 426
Langenberger, R. 280
Langnitschke, W. 439
Lappas, G. 355
Lattmann, K. 293
Lauer, H. A. 310
Laufs, P. 253, 258, 391
Laurien, H.-R. 283, 342, 449
Lautenschlager, H. W. 262
Lederer, A. 253
Leeb, H. 282
Legall, W.-D. 317
Lehmann, K. 367f, 410
Lehmann, K. H. 358
Lehmann, U. 284
Lehmann-Brauns, U. 284
Lehmberg, D. 312
Lehment, C.-M. 261, 300
Lehr, U. 444
Leibing, E. 279
Leibinger, B. 351
Leich, W. 366

Leicht, H. 278
Leinemann, A. 289
Leinen, J. 312
Lemke-Schulte, E.-M. 290, 292
Lemmermann, I. 301
Lengemann, J. 321
Lengl, S. 264
Lenz, A. 296
Leroff, K. 313
von Lersner, H. 271, 433
Lessle, D. F. 296
Lettmann, R. 368
Leutze, R. 279
Levy, D. 431, 458
Lieberknecht, Ch. 322
Liepelt, V. 284
Lietzmann, S. 288
Limbach, J. 285, 438
Linde, J. 288
Lindhorn, R. 289
Lindhorst, W. 301
Linnemann, H.-M. 366 f
Linssen, H. 305, 342
Lintner, E. 262, 344
Lippelt, H. 345, 399
Lippert, M. 322
Lippert, P. 295
Lischka, H. J. 272
Löffler, G. 433
Löhe, K. 286
Lötzsch, G. 284
von Loewenich, G. 263
Lojewski, A. 290
Lorenzen, Th. 318 f
Lotze, W. 424, 452
Louven, J. 383
Ludwig, R. 346, 456
Lüder, W. 345
Lüderitz, V. 316
Lühr, U. 253
Lüneburg, S. 472
Lütgert, O. 296
Lüthge, J. 292
Luft, Ch. 284

Luschew, P. 397
Luther, P. 286
Lutz, H. 355

Männle, U. 343 f
Magin, Th. 358
Mahn, P. 317
Mahrenholz, E. G. 276
Maier, J. 345
Maier-Bode, H. 306
Maier-Witt, S. 424
de Maizière, L. 211 f, 229, 258, 323 f, 342, 393 ff, 407 f, 413, 427, 430, 432, 437, 442, 445
de Maizière, Th. 300
Major, J. 415,f, 453, 456, 469, 471
Mallmann, W. 307
Mandela, N. 425
Marmulla, H. 304
Marschewski, E. 258
Marschner, W. 318
Martini, K. 309
Masur, K. 408
Matschl, G. 280
Matthäus, H. 304
Matthäus-Maier, I. 253, 258 f
Matthiesen, K. 306, 346
Matthöfer, H. 339
Matzke, C. 314
Maurer, H. 282, 343
Maurer, U. 277, 346
Maus, R. 277
Mayer, E. 297
Mayer, H.-P. 318
Mayer-Schwinkendorf, M. 292
Mayer-Vorfelder, G. 279
Maystadt, Ph. 466
Mazowiecki, T. 428, 440
Meckel, M. 393, 395, 406
Meisner, J. 368
Meisner, N. 285
Meissner, H.-J. 293
Meister, E. 309
Menem, C. S. 462

Menz, L. 278
Menzel, B. 253, 258, 326f, 345
Merforth, M. 319
Merkel, A. 263, 266
Merkl, G. 280
Merkle, H. 440
Mernizka, L. 305
Mertens, W. 301
Mertes, J. 308
Messer, H. 352
Metz, H. 315
Metz, M. 282
Metz, R. 291
Meyer, A. 282, 343
Meyer, G. 311
Meyer, G. 314
Meyer, H.-J. 315, 342
Meyer, H.-W. 353, 434
Meyer, K.-O. 319
Meyer-Landrut, A. 261
Michalk, M. 253
Michels, M. 284
Michels-Holl, G. 276
Mielke, E. 395, 424, 460
Milbradt, G. 314
Milde, G. 230, 439
Milde, H. 301
Miller, J. 282
Mintus, O. 317
Mintzel, A. 341
Mirow, Th. 294
Mischnick, W. 259
Mitterrand, F. 394, 416ff, 427, 435, 444, 454, 469, 474
Modrow, H. 269, 345
Möhrle, P. 352
Möllemann, J. W. 262, 345, 449, 453f, 457, 467f
Möller, C. 320
Möller, D. 297
Möller, K. P. 296
Möller, O. 321
Möllmann, H. 353
Möslein, S. 279

Mombaur, P. M. 358
Momper, W. 224ff, 229, 232, 346, 408, 428, 430, 434, 441
Monnerjahn, R. 290
Morawietz, M.-L. 304
Morich, H. 355
Moser, H. 318
Mühlbeyer, H. 279
Müller, B. 311
Müller, Ch. 366
Müller, G. 344
Müller, G. 430
Müller, G. 365
Müller, G. 320
Müller, H. 280
Müller, H. 355
Müller, K. 314
Müller, K.-H. 280
Müller, M. 368
Müller, P. A. 311
Müller, R. 283
Müller, T. 294f
Müller, U.-B. 287
Müller, W. 280
Münch, H. 315
von Münch, I. 345
Münch, W. 317
Müntefering, F. 253, 346
Mulroney, B. 472
Murmann, K. 352
Muth, C. 299

Nagel, W. 285
Nassauer, H. 296, 439
Nastase, A. 460
Natho, E. 365
Naumann, B. 355
Naydowski, H. J. 290
Necker, T. 351
Nees, A. 314
Nehrling, H. 306
Neiber, G. 460
Neitzel, N. 300
Neubauer, F. 343

Neuber, P. 302
Neubrander, W. 291
Neuhaus, W. 304
Neukamm, K. H. 360
Neukum, O. 357
Neuling, Ch. 258, 474
Neumann, B. 263, 342
Neumann, M. 287
Neusel, H. 262, 430
Nevermann, K. 295
Nicola, K. 277
Niebrügge, H.-G. 355, 436
Niedermayer, J. 280
von Nieding, N. 270
Niehuis, E. 252
Niestädt, K.-H. 291
Niklas, J. 284
Nisslmüller, G. 358
Nitsch, J. 253
Noack, B. 290
Noack, E. 315
Noé, C. 294
Nollau, V. 315
Nooke, G. 288
Nowak, L. 368
Nowak, W. 313
Nowak, W. 314
Nüssel, S. 343

Oberhauser, S. 282
Odersky, W. 276
Odewald, J. 394
Oellerich-Boehme, R. 291
von Oertzen, P. 346
Oettinger, G. H. 277
Özal, T. 448
Offerhaus, K. 276
Ohnewald, H. 278
Ortleb, R. 263, 326f, 344, 437, 449, 463
Orwart, D. 286
Oschatz, G.-B. 260
Ossenkamp, H. 356
Ost, F. 252
Osthaus, M. 292
Osypka, W. 296
Ott, E. 320
Otto, H.-J. 345

Padberg, H. 288
Päsler, R. 321
Pätzold, Ch. 344
Pätzold, E. 439
Palm, J. 284
Paschen, H. 355
Paterna, P. 253
Pauli-Balleis, G. 343
Paulig, R. 280
Paulina-Mürl, L. 318
Pavlik, D. 284
Pawlow, V. 453, 468
Pech, B. 284
Pelny, St. 319
Penner, W. 253
Peres, S. 427
Pérez de Cuéllar, J. 393, 466
Pérez Rodriguez, C. A. 469
Pernice, R. 311
Perschau, H. 317
Peschel-Gutzeit, L. M. 261, 295
Peter, B. 453
Peter, H. 346
Petry, L. 311
Petzold, E. 360
Pfänder, E. 304
Pfahls, L.-H. 263
Pfarr, H. 260, 298
Pfeifer, A. 262, 470
Pfeil, D. 296
Pfennig, G. 252
Pfletschinger, W. 300
Pfordte, H. 313
Piecyk, W. 468
Pieper, C. 315f
Pieroth, E. 285, 343
Pirkl, F. 343
Platzeck, M. 288
Platzeck, M. 289

von Plottnitz, U. 345
von Plottnitz-Stockhammer, R. 297
Pöhl, K. O. 435, 466f
Pohl, G. 395
Pohl, W. 439
Pollack, P. 395
Pollehn, V. 300
Poller, H. 287
Poppen, M. 290
Porzner, K. 269, 433
Pracht, A. 288
Prachtl, R. 299
Praml, R. 298
Praxenthaler, H. 272
Preiß, M. 345
Preuss, F. 308
Preuss, M. 284
Priesnitz, W. 262
Puls, K. 302
Puschmann, H. 359
Putzrath, H. 346

Quartier, W. 356
Quayle, D. 470

Raab, R. 295
Rabe, F. 316
Raber, I. 321
Raber, W. 311
Radermacher, K. 280
Radunski, P. 257, 259, 286
Ragati, M. 358
Rahammer, S. 356
Raloff, H. 294
Ramin, L. 326
Rappe, H. 353, 474
Rau, J. 229, 258f, 305f, 336, 346, 424
Rauber, H. 311
Rauls, W. 317, 345
Rawe, W. 263
Rebhan, J. 277
Rebmann, K. 423
Reck, K.-H. 316

Reckers, H. 314
Reddemann, G. 258
Reddemann, L. 278
Reetz, Ch. 361
Regenspurger, O. 356
Rehberg, E. 299
Rehberger, H. 317, 345, 442
Rehkopf, K. 301
Rehm, St. 314
Reichardt, J. 296
Reichenbach, K. 342
Reichenberger, U. 309
Reichler, J. 270
Reihlen, E. 365
Reinelt, J. 367
Reinelt, P. 277
Reinert, E. 293
Reinfried, D. 313
Reinhard, E. 304
Reinhardt, U. 302
Reinholz, D. 357
Reiser, H. 272
Reisinger, H. 308
Reiter, H. 276
Remmers, W. 317
Repnik, H.-P. 264
Reul, H. 305
Reuther, A. 283
Rexroth, G. 345, 449
Rhode, W. 355
Richert, J. 353
Richter, B. 320
Richter, M. 253
Richter, W. 314
Ricke, H. 271
Ridder-Melchers, I. 306
Ridley, N. 429
Riedel, U. 297
Riedl, E. 262
Riege, F. 302
Rieger, P. 344
Riemer, H.-L. 305
Riemer, P. 355
Riesenhuber, H. 263, 459

Rind, H. 253
Ringstorff, H. 235, 299
Rinke, B. 365
Riotte, W. 305
Rischar, J. 310
Ritter, K. H. 296
Rixecker, R. 311
Robra, R. 317
Rocard, M. 394
Rode, F. 353
Rodenstock, R. 351
Roeloffs, B. C. 300
Rönsch, H. 263, 266
Röper, E. 291
Rösler, H. 284
Rösslein, Th. 277
Röwer, H. H. 306
Rogge, J. 365
Rohde, A. 305
Rohe, H. 304
Rohwedder, D. K. 394, 460f, 463
Roitzsch, I. 253
Roloff-Momin, U. 286
Romberg, W. 394f
Rommel, M. 357, 470
Rommerskirchen, J. 285
Ronneburger, U. 345
Rosenbauer, H. 343
Roth, R. 339
Roth, W. 253, 258, 418
Rothemund, H. 279
Rott, J. 309
von Rottenburg, I. 288
Ruckriegel, W. 288
Rudolph, Ch. 321
Rudorf, D. 312
Rüdiger, V. 290, 292
Rühe, V. 232, 258, 324, 342, 378, 450
Rühle, H. 328, 345, 471
Rühmkorf, E. 259, 319
Rüter, K. 309
Rüttgers, J. 253, 258
Ruf, R. 352

Rummer, H. 271
Rumpf, W. 309
Runde, O. 295
Ruthe, R. 299

Sackmann, M. 343f
Saddam Hussein s. Hussein el-Takriti, Saddam
Sager, K. 294
Saier, O. 367
Sakuth, P. 290, 292
Salger, H. 276
zu Salm-Horstmar, M.-T. 359
Sandig, H. 312
Sandler, K. 288, 345
Sarrazin, Th. 309
Saud al Faisal, Prinz 438
Sauer, H. 342
Sauerbrey, M. 322
Sauter, A. 282, 343
zu Sayn-Wittgenstein-Hohenstein, B. 359
Schaad, P. 322
Schäfer, B. 279, 342
Schäfer, E. 353
Schäfer, H. B. 253, 389
Schäfer, H. 262
Schäfer, R. 353
Schaefer, W. 316
Schäuble, Th. 278
Schäuble, W. 262, 342, 400f, 404, 428ff, 432, 438, 443, 445
Schalck-Golodkowski, A. 472
Schapper, C.-H. 302
Scharf, J. 316
Scharping, R. 236ff, 308, 346, 467
Schauerte, H. 305
Schaufler, H. 279
Schaumann, F. 264
Scheel, Ch. 280
Scheel, W. 344
Scheele, P.-W. 368
Scheffler, U. 316
Scheibe, R. 302

Namensregister

Scheid, J. M. 352
Schellin, B. 287
Schelter, K. 282
Schenk, Ch. 256
Schenk, H. 359
Schenk, P. 316
Scherf, H. 290f, 346
Scheringer, J. 299
Schewardnadse, E. 405ff, 418f, 423, 426, 431, 434ff, 446
Schicke, D. 345
Schiffers, C. A. 352
Schiffmann, D. 307
Schimpff, V. 313
Schindler, P. 255, 257
Schlappner, M. 296
Schlauch, R. 277
Schlee, D. 278
Schlegelberger, H. 359
Schleicher, U. 343
Schleußer, H. 260, 305
Schleyer, H.-E. 352
Schlicht, I.-C. 284
Schlichter, O. 276
Schliepack, E. 302
Schmachtenberg, H.-D. 276
Schmalstieg, H. 357
Schmalz-Jacobsen, C. 344
Schmid, E. 343
Schmid, E. 357
Schmidbauer, B. 264
Schmidhuber, P. 344
Schmidt, A. 345
Schmidt, Ch. 343
Schmidt, D. 298
Schmidt, H. 214, 376
Schmidt, H. 272
Schmidt, R. 252, 258, 336, 346, 445, 464
Schmidt, U. 304
Schmiege, E. 317
Schmitt, H. 307
Schmitt, L. S. 310
Schmitt, R. W. 281
Schmitz, H. P. 253, 258
Schmitz-Elsen, J. 359
Schmolz, W. 278
Schmude, J. 365, 474
Schmülling, H. 263
Schmurr, C. H. 291
Schnappauf, W. 343
Schneider, A. 313
Schneider, B. 312
Schneider, E. 277
Schneider, G. 272
Schneider, G. 286
Schneider, G. 312
Schneider, I. 308
Schneider, J. 302
Schneider, K. 260, 309
Schneider, N. 278
Schneider, O. 343
Schnell, P. 343
Schnieders, R. 353
Schnoor, H. 257, 305
Schnorr, S. 286
Schöfberger, R. 464
von Schoeler, A. 465
Schönberg, L. 308
Schönbohm, W. 341
Schönebeck, M. 331
Schoenen, K. 310
Schoenenburg, A. 299
Schönhuber, F. 429, 452
Schönhut-Keil, E. 296
Schöning, J. 318
Schomburg, W. 438
Schommer, K. 315
Schoppe, H. 297
Schoppe, W. 303
Schoser, F. 352
Schrader, H.-H. 295
Schramm, M. 291
Schramm, W. 366
Schreiber, F. 304

Schreiber, K.-H. 290
Schreiber, W. 260, 317
Schreier, J. 310
Schreyer, M. 224, 431
Schroeder, C. 258
Schröder, G. 259f, 302, 346, 426
Schröder, H. 366
Schröder, R. 396
Schröder, S. 318
Schröter, G. 346, 455
Schroeter, J. 292
Schuchardt, H. 302
Schütze, D. 284
Schuh, A. 282
von der Schulenburg, W. 289
Schuler, P. 307
Schuler, P.-J. 322
Schulte, B. 258
Schulte, D. 263
Schultheiß, F. 270
Schultz, H.-J. 322
Schultz, V. 305
Schultz-Hector, M. 278
Schultz-Tornau, J. 305
Schultze, W. 301
Schultze, W. 353
Schulz, A. 318
Schulz, H. 321
Schulz, W. 256, 269
Schulz, W. 235, 300
Schulz, W. 373f
Schulz-Triglaff, M. 312
Schumann, E. 281
Schurreit, W. 301
Schuster, H.-J. 316
Schwäblein, J. 321
Schwaiger, K. 317
Schwalbe, C. 253, 258
Schwandner, G. 277
Schwanitz, R. 258
Schwarz-Schilling, Ch. 263
Schwarzenberg, D. 345
Schwegler, L. 355
Schweitzer, H. 308

Schwericke, J. 305
von Schwerin, A. M. 342
Schwientek, N. 276
Schwier, H. 306
Schwierzina, T.-A. 224, 283f, 342
von Seckendorff, E. 424
Seehofer, H. 262, 344
Seelig, M. 280
Seibert, H. 273
Seidel, J. 299
Seidl, O. 273
Seiler-Albring, U. 262, 345
Seiters, R. 261, 425
Seitz, H.-P. 283
Sellach, B. 298
Selzer, H. 330, 345
Shamir, Y. 427
Sieber, M. 277
Siebert, R. 288
Sieckmann, H. 322, 345
Sievers, W. 366
Simitis, S. 297
Simon, G. 296
Simonis, H. 319
Sitarjan, S. 418f, 433
Sitte, P. 316
Skarpelis-Sperk, S. 346
Sklenar, V. 322
Skubiszewski, K. 406f, 441, 464
Sobetzko, W. 317
Söllner, A. 273
Solinger, H. 277
Solms, H.O. 253, 258, 267f, 344, 449
Soltau, R. 294
Sommer, B. 276
Sommer, Th. 220
Sonntag-Wolgast, C. 346, 458
Sorg, Th. 366
Späth, H. 352
Späth, L. 324, 342, 449f
Spatz, J. 280
Spengler, H. 366
Speth, B. 305, 346
Spethmann, D. 351

Spilker, K.-H. 343
Spindler, H. 317
Spital, H. J. 368
Spitzner, H. 280
Spöri, D. 277, 346
Spotka, A. 315
Spranger, C.-D. 264, 343, 450
Sprotte, P. 313
Stadler, M. 471
Staffelt, D. 284
von Stahl, A. 423, 452, 460
Stahmer, I. 260, 286
Stamm, B. 282, 343
Stanitzek, R. 296
Starzacher, K. 296
Staudacher, W. 342
von Stauffenberg, F. L. 344
Stavenhagen, L. 262
Steffenhagen, K. 355
Stegmüller, A. 355
Steif, E. 317
Steinberg, K.-H. 423
Steinborn, D. 355
Steinbrück, P. 320
Steinhöfel, E. 290
Steinkühler, F. 355
Steinmann, J. 299
Stelljes, G. 290
Stempell, K. 313
Stercken, H. 252
Sternebeck, S. 424
Sterzinsky, G. 367, 469
Steup, E. 276
Stier, Ch. 366
Stiering, R. 290
Stihl, H. P. 352
Stilz, E. 315
Stimpfle, J. 367
Stock, J. 302, 342, 427
Stölken, M. 294
Stöss, R. 341
Stoiber, E. 282, 343
Stolpe, M. 227, 229f, 243, 259, 288, 336, 346, 396, 425, 440, 444

Stoltenberg, G. 263, 342, 433, 450, 468
Stoph, W. 467
Stratmann, D. 301
Straub, P. 277
Strauß, F. J. 223f
Streibl, M. 222ff, 281, 325, 343, 439, 465
Ströbele, H. Ch. 328f, 455
Stroetmann, C. 264
Struck, P. 253, 258f
Stücklen, R. 344
Stump, W. 304
Stumpfe, W. 352
Suchan, J. 297
Südhofer, K. 353
Süssmuth, R. 252, 256, 258, 342, 427, 434, 445, 452, 457
Sund, O. 289
Swieter, H. 302

Tabillion, R. 310f
Tandler, G. 343
Tegtmeier, W. 262
Teiser, M. 291
Teitzel, H. 353
Teltschik, H. 443
Teufel, E. 260, 278, 342, 450
Tewes, B. 302
Thallmair, H. 358
Thatcher, M. 414, 420
Theilen, B. 302
Thielcke, G. 361
Thiele, R. 315
Thierbach, G. 287
Thierse, W. 253, 258, 332ff, 336, 346, 393f, 396
Thoben, Ch. 342
Thomae, D. 252
Thomann-Stahl, M. 305
Thomas, M. 291
Thomas, U. 319
Thon, M. 316
Tidick, M. 320

Tiedt, F. 313
Tiedt, P. 285
Tiedtke, B. 355
Tietmeyer, H. 273, 467
Tillmann, F. 252
Timm, G. 299
Tippach, St. 313
Tisch, H. 451
Tögel, T. 316
Töpfer, K. 264, 342, 389f, 423, 433, 454, 462f
Tolksdorf, M. 284
Trinius, R. 305
Trittin, J. 257, 303
von Trotha, K. 278
Trüpel, H. 291
Tschiche, H.-J. 316
Tschirch, I. 299
Tschoeltsch, H. 305
Tschoepe, A. 286
Tuckfeld, M. 345
Twenhöven, G. 304

Uhl, H. 352
Uhl, S. 290f
Uhlmann, P. 300
Uhrig, K. T. 277
Ulbrich, W. 320
Ulbricht, H. 313
Ulmcke, R. 358

Vaatz, A. 314
Vahlberg, J. 346
Vahrenholt, F. 295
Vaitl, H. 282
Verhülsdonk, R. 263
Vesper, M. 305
Vetter, E. 279
Vetter, H.-O. 438
Viehweger, A. 240, 345, 397
Viett, I. 424
Vietze, H. 288
Vogel, B. 238, 342
Vogel, D. 262, 457

Vogel, D. 278
Vogel, H.-J. 253, 258, 267f, 333ff, 374, 398, 419, 424ff, 444, 450f, 463
Vogel, R. 345
Voigt, K. 346, 451
Volkert, H. P. 307
Volkholz, S. 225
Vollmer, A. 330
Vollmer, L. 297
Volmer, L. 330, 345
Volz, E. 279
Vorndran, W. 279, 344
Voscherau, H. 260, 294, 346, 441, 474
Voss, F. 343

Wabro, G. 278
Wackernagel-Jacobs, B. 311
Waffenschmidt, H. 262, 342, 460
Wagner, B. 263
Wagner, C.-L. 236, 238, 426
Wagner, E. 296
Wagner, E. 295
Wagner, H. 357
Wagner, N. 311
Wagner, P. 287
Wagner, R. 344
Waigel, Th. 214, 218, 262, 324, 343, 371f, 400, 419, 432f, 435, 442, 449, 454, 459, 465
Waike, W. 301f
von Waldenfels, G. 282, 343
Waldhelm, M. 294
Wallmann, W. 230, 232
Walsmann, M. 342
Walter, A. 311
Walter, G. 346, 468
Walter, M. 287f
Walther, H. 394, 437, 468
Walther, R. 252
Waltner, G. 282
Wamsler, K. 351
von Wangenheim, A. 301

Namensregister

Wanke, J. 367
Warburg, W. 355
Warnke, J. 258, 343
Warnking, R. 310
von Wartenberg, L.-G. 351
Waschbüsch, R. 310, 367
Weber, H.-P. 312
Weber, W. 313
von Wechmar, R. 344
Wedemeier, K. 257, 259, 291 f
Wefelmeier, J. 298
Wegge, G. R. 289
Wehnert, D. 313
Weichsel, M. 292
Weidmann, K. 297
Weinmann, W. 277
Weinzierl, H. 361
Weise, K. 315
Weiser, G. 278
Weiske, Ch. 330, 345
Weiskirch, W. 387
Weiss, Ch. 295
Weiß, H. 281, 344
Weiss, H. 351
Weist, R. 297
von Weizsäcker, R. 261, 410 f, 418, 425 ff, 429, 433 f, 437, 439, 441, 444, 450, 454 ff, 459 f, 469 f, 473 f
Welajati, A. A. 454
Welke, H. 291
Wellmann, P. 318
Wellner, W. 341
Welteke, E. 298
Wendzinski, G. 305
Weng, W. 253, 344, 372
Wengenmeier, R. 280
Wernicke, P. 318
Wernitz, A. 258
Wernstedt, R. 302
Werthebach, E. 270
Westermann, J. 306
Westerwelle, G. 345
Wetter, F. 368
Wettig-Danielmeier, I. 346

Wetzel, R. 316
Weyel, G. 253
Weyrosta, C. 277
Wichert, P. 263
Wicke, L. 286
Wiebke, K. 287
Wieck, H.-G. 433
Wieczorek, B. 264
Wieczorek-Zeul, H. 346
Wiefelspütz, D. 252
Wieland, W. 284
Wien, G. 321
Wienhold, K.-H. 284
Wienholtz, E. 319
Wiesen, H. 319
Wiesheu, O. 282, 344
Wilcken, R. 357
Wilckens, U. 366
Wildführ, D. 313
Wilhelm, H. 361
Wilhelm, H.-O. 236, 238, 308
Wilhelm, P. 282
Wilhelmi, D. 290
Wilke, O. 296 f, 345
Willich, M. 294
Willner, M. 369
Wilz, B. 258
Wimmer, B. 277
Wimmer, H.-D. 355
Wimmer, W. 263
Winkler, R. 346
Winter, F. 367
Winter, K. 276
Wirth, G. 280
Wischer Ch. 290
Wissmann, M. 342
Wittkowsky, W. 308
Wittmann, F. 252, 344
Wittwer, G. 284
Wöstenberg, D. 345
Wohlrabe, J. 283
Woldering, M.-L. 305
Wolf, D. 282
Wolf, H. 284

Wolf, J. 261, 289
Wolf, S. 299
Wolfgramm, T. 345
Wollenberger, V. 256, 377
Woltemath, K. 346
Worms, B. 262, 342
Wrede, E. 281
Wrocklage, H. 295
Wünsche, E. M. 313
Wünsche, K. 394 f
Würfel, U. 253, 345, 442, 456
von Würzen, D. 262
Wulf-Mathies, M. 355
Wunder, D. 355
Wutzke, O. 300

Zachert, H.-L. 270
Zahrnt, A. 361
Zarneckow, R. 287
Zavelberg, H. G. 273, 379 f, 436
Zeh, K. 322

Zehetmair, H. 282, 343
Zeitler, O. 282
Zeller, A. 282
Zeller, W. 315
Zender, M. 300
Ziegler, D. 426
Ziel, A. 257, 288
Ziller, G. 263
Zimmer, G. 321
Zimmermann, E. 289
Zimmermann, F. 272, 343
Zimmermann, H. 355
Zimmermann, L. 353
Zippel, Ch. 284
Zöllner, J. 309
Zöpel, Ch. 346
Zotl, P. R. 284
Zuber, W. 309
Zumkley, B. 257, 259 f, 294
Zum Winkel, K. 272
Zwickel, K. 355

Sachregister

ABC-Waffen 361, 400, 407, 417, 430, 444, 472

Abendschulen 57, 77, 80 ff

Abfall(beseitigung) 118, 136 ff, 361, 390 f, 424, 454, 463

Abgeordnetendiäten 256 f, 278, 280 f, 285, 288, 291, 294, 297, 300, 302, 305, 308, 311, 314, 316, 319, 321

Abrüstung 141, 269, 320, 335, 377 f, 403, 419 ff, 432 f, 435, 441, 444, 458, s.a. Entspannung, Frieden(ssicherung)

Abtreibung s. Schwangerschaftsabbrüche

Abwasser 134 f

Ägypten 453

Agrarpolitik(-strukturen) 7, 23, 60, 89, 92, 102, 155, 163, 167 ff, 198 f, 353, 361, 395 f, 468, 472, s.a. Forstwirtschaft

AIDS (Acquired Immune Deficiency Syndrome) 14

Albanien 420, 429, 472 f

Alkoholkonsum 17

Alleinerziehende 30 ff, 404

Alliierte Siegermächte 399 ff, 407 f, 410, 437

Altenhilfe 358

Alternative Liste s. GRÜNE

Altersgliederung(-gruppen)(-struktur) 2, 6, 11, 14 ff, 18, 23, 25 f, 28 f, 33, 37, 39, 41, 54, 56, 64 f, 79, 149, 159, 188 f, 193, 195, 201, 206

Altersteilzeitgesetz 158 f

Altersversorgung 228, 234, 239, 241, 244, 383 ff, s.a. Rentenversicherung(spolitik), Rentner

amnesty international 360

Angestellte 6, 23, 25, 194, 221, 227, 230, 236, 241, 243, 245

Anschlagtätigkeit s. Rote Armee Fraktion, Terrorismus(-bekämpfung)

Arbeiter 6, 23, 25, 160, 165, 179, 194, 203, 221, 227, 230, 236, 241, 243, 245

Arbeiterwohlfahrt 358

Arbeitgeber 380, s.a. Bundesverband der Deutschen Industrie, Bundesvereinigung der Deutschen Arbeitgeberverbände, Tarifauseinandersetzungen(-parteien)

Arbeitnehmer 380, s.a. Angestellte, Arbeiter, Deutscher Gewerkschaftsbund, Deutsche Angestelltengewerkschaft, Tarifauseinandersetzungen(-parteien)

Arbeitsförderung s. Beschäftigungspolitik(-förderung)

Arbeitskampf s. Streik(recht)

Arbeitskosten 173

Arbeitskräfte s. Erwerbstätige

Arbeitslose s. Arbeitslosigkeit

Arbeitslosenversicherung 274, 373, 377

Arbeitslosigkeit 5, 27, 73 ff, 155 ff, 161 f, 177, 188 f, 194, 197, 203, 219, 226, 228 f, 235 f, 239 f, 241, 243 ff, 336, 381, 403, s.a. Beschäftigungspolitik(-förderung)

Arbeitsmarkt 86 f, 156 ff, 373 f, 377 f, 389, 455

Arbeitsplätze 8, 161, 167, 170, 182, 455, 458

Arbeitsvermittlung 157, 161

Sachregister

Arbeitszeit(-verkürzung) 164f, 191, s.a. Kurzarbeit, Teilzeitarbeit
Argentinien 462
Armut 17, 377f, 383, 385
Asylanten s. Ausländer(-recht, -feindlichkeit)
Atomkraft s. Kernenergie
Aufenthaltsdauer s. Ausländer (-recht, -feindlichkeit)
Ausbildung(-sförderung) 24f, 29, 80, 83, 87ff, 92, 98f, 176f, 193, 202f, 221, 227, 403
Ausbildungsvergütung s. Einkommen
Ausfuhr s. Außenhandel
Ausländer(-recht, -feindlichkeit) 2, 11, 54ff, 61f, 65f, 73ff, 155, 158, 162, 200, 219, 223, 264f, 358f, 377, 438, 440, 447, 473
Außenhandel 176, 184, 380f, 446
Außenpolitik 413ff, s.a. einzelne Länder, Abrüstung, Dritte Welt, Entwicklungshilfe, Europäische Gemeinschaft, NATO, Sicherheitspolitik, Weltwirtschaft
Außenwirtschaft s. Außenhandel
Aussiedler 12, 219, 358f, 447
Auszubildende s. Ausbildung(sförderung)
Auto, abgasarmes s. Luftreinhaltung(-verschmutzung)

Babygeld/-jahr 31f
Baden-Württemberg 16, 28, 40, 43, 55, 59f, 69, 71, 88, 104, 110, 121, 131, 170f, 246, 257, 259f, 276ff, 438, 448f, 458
Baltikum 266, 332, 417, 449
Baulandpreise 73ff, 105ff, s.a. Immobilienpreise
Bausparen s. Vermögen(-sbildung)
Bauwirtschaft 7, 60, 167, 177, 380, s.a. Immobilienpreise, Wohnungswesen(-markt)

Bayern 14, 16, 28, 40, 42f, 55, 59f, 69, 71f, 89, 104, 110, 120, 131, 170f, 222ff, 257, 259, 261, 279ff, 325, 336, 438, 438f, 454, 464, 471f
Beamte 25, 194, 204, 221, 405, 443
Behinderte(nhilfe) 205f, 358f
Beleidigung 10
Belgien 426
Bergbau 7, 60
Berlin 16, 40, 53, 55, 60, 69, 71, 104, 131, 170f, 212f, 219f, 224ff, 257, 259, 261, 283ff, 380, 400, 406ff, 425, 427f, 430ff, 439, 441f, 444, 449ff, 467, 469, 473
– Berlin als künftige Hauptstadt 327, 336, 401, 427, 456, 473
– Berliner Mauer 218, 229, 333, 404, 459
Beruf 6, 24f, 27, 58, 85ff, 90, 98f, 158
Berufsausbildung s. Ausbildung (-s-)förderung
Berufsschüler s. Ausbildung(-sförderung)
Berufsschulen s. Schulen
Berufstätigkeit s. Erwerbstätigkeit
Beschäftigte s. Erwerbstätige
Beschäftigungspolitik(-förderung) 189ff, 334ff, 377, 381ff, 390, 403, 456, 459
Betrug 10
Bevölkerung(-sdichte, -sentwicklung) 1ff, 54, 71, 73ff, 195
Bildschirmtext 48ff, 392
Bildtelefon 51
Bildung(-ssystem, -spolitik) 77, 83, s.a. Hochschulen, Schule(n)
Boden(-nutzung, -schutz) 67, 136, 403
Brandenburg 16, 42, 53, 69, 71, 104, 131, 171, 227ff, 235, 242, 245, 257, 259ff, 287ff, 336, 395f, 440, 442, 444, 456
Brandstiftung 10
Brasilien 418

Braunkohle s. Kohle
Breitbandtechnik 47ff
Bremen 16, 40, 55, 60, 69, 71, 104, 131, 170f, 246, 257, 259ff, 289ff
Bruttosozialprodukt 39, 163, 170, 176, 380, 465
Buchproduktion 45
Bündnismitgliedschaft s. NATO
Bündnis '90 215ff, 221, 227ff, 234f, 241f, 256, 269, 283f, 287ff, 313, 316, 373, 377, 384, 390, 399, 440, 472, s.a. Opposition
Bund freireligiöser Gemeinden Deutschlands 369
Bund für Umwelt und Naturschutz 360f
Bundesamt für Wirtschaft 271
Bundesbehörden, oberste 269ff, s.a. Bundesamt für Wirtschaft, Bundeskartellamt, Bundeskriminalamt, Bundesnachrichtendienst, Treuhandgesellschaft, Statistisches Bundesamt
Bundesgerichte, oberste 276, 466, s.a. Bundesverfassungsgericht
Bundeshaushalt 371ff, 428, 437, 454, 457, 470
Bundeskartellamt 271
Bundeskriminalamt 270, 392
Bundesländer 16, 28, 40, 43, 53, 55, 60, 68f, 71f, 94f, 104, 110, 122, 131, 170f, s.a. einzelne Bundesländer, Bundesrat
– Alte Bundesländer 402, 446f, 449, 452, 460, 468, s.a. einzelne Länder
– Neue Bundesländer 213, 220ff, 229f, 236, 241, 243, 264ff, 325, 327, 329f, 332, 334f, 347, 352, 354, 356ff, 373f, 378, 380ff, 387ff, 402, 405, 411, 437ff, 443, 445, 447, 449, 451ff, 460, 462ff, 468, 470f, s.a. einzelne Länder
Bundesnachrichtendienst 269, 433

Bundespräsident 261, 410f, 418, 425ff, 429, 433f, 437, 439, 441, 444, 450, 454ff, 459f, 469f, 473f
Bundespräsidialamt 261
Bundesrat 236, 256ff, 265, 398, 402, 405, 423, 425f, 436, 438, 441, 459, 463, 470
Bundesrechnungshof 272f, 379f, 436
Bundesregierung 214, 218, 256, 258, 261ff, 268f, 335, 371ff, 376, 378, 381f, 389, 398, 403, 416, 427, 439, 443, 446, 451f, 454, 456, 459, 462f, 467, 473, s.a. Regierungsmehrheit
Bundestag 211ff, 252ff, 258f, 261, 265, 272, 371, 374f, 379f, 383ff, 387, 398f, 402, 405, 420, 423, 426, 429ff, 434, 436f, 442, 445, 449ff, 456ff, 464, 472f, 474, s.a. Abgeordnetendiäten, Untersuchungsausschüsse, parlamentarische
Bundestagswahlen 211ff, 223ff, 230f, 236, 240f, 244, 264, 268, 323, 325, 327ff, 331, 334f, 342, 376, 394f, 397, 426f, 430f, 436ff, 444, 459
Bundesverband Bürgerinitiativen Umweltschutz 361
Bundesverband der Deutschen Industrie 351, 439
Bundesvereinigung der Deutschen Arbeitgeberverbände 351f
Bundesverfassungsgericht 212f, 273ff, 331, 427, 429, 435f, 438, 440, 445, 452, 457, 462, 464, 471, 474
Bundesverwaltung s. Bundesbehörden, oberste
Bundeswehr 140ff, 269, 327, 336, 374, 377, 379f, 387f, 406f, 429, 431f, 434, 439, 441, 468, 471, s.a. Wehrbeauftragter

CDU 211ff, 225ff, 252f, 258, 261ff, 267, 277, 279, 283ff, 293f, 296f, 299ff, 304f, 307f, 310ff, 315ff, 320ff, 326ff, 332f, 335, 337ff, 372, 378, 383, 391, 394, 396f, 398f, 402, 426f, 434f, 437ff, 444f, 450ff, 455, 463, 465, 469, 471f, 474, s.a. Regierungsmehrheit
Chile 464
China 410, 417
Christlich-Demokratische Union Deutschlands s. CDU
Christlich-Soziale Union in Bayern s. CSU
Christlicher Gewerkschaftsbund Deutschlands 356
Computer 33ff, 176
CSFR 12, 433, 440, 443, 462f, 466
CSSR s. CSFR
CSU 211ff, 252f, 258, 261ff, 266f, 279f, 282, 324ff, 335, 337ff, 343f, 372, 378, 383, 391, 398f, 402, 426, 429, 435, 438, 444f, 451f, 454f, 465, 467, 472, 474, s.a. Regierungsmehrheit

Dänemark 423
Datenschutz(beauftragte) 270, 279, 282, 285, 291, 295, 297, 303, 306, 308, 312, 319, 392, 445, 468
Demokratie 8, 377, 393, 403, 408, 417, 420f, 423, s.a. Partizipation
Demonstrationen 450f, 455, 458ff
Demoskopie s. Meinungsumfragen
Deponierung s. Abfall(beseitigung)
Deutsche Angestellten-Gewerkschaft 356
Deutsche Bundesbahn 272, 380, 394, 457, s.a. Deutsche Reichsbahn
Deutsche Bundesbank 273, 440, 466f

Deutsche Bundespost 264, 271f, 380, 392, 451, 463
Deutsche Caritas 359
Deutsche Demokratische Republik 326, 410, s.a. Bundesländer, Neue Länder, Wiedervereinigung
– Demonstrationen 396
– Flüchtlinge 18, 404
– Oppositionsgruppen s. Parteien
– Parteien 211ff, 323, 325f, 329, 332f, 393ff, 430, 467, s.a. Bündnis '90, CDU, F.D.P., SPD, PDS
– Regierung(-smehrheit) 211f, 324, 393ff, 396, 407f, 413, 427
– Runder Tisch 330
– Schießbefehl 394, 467
– Staatssicherheitsdienst 228f, 234, 239ff, 244, 268, 377, 385, 395ff, 402, 405, 423, 433, 438, 445, 459f, 469, 472
– Volkskammer 211ff, 243, 393ff, 402, 408, 410, 432f, 436
– Wahlen 214, 216, 227ff, 233ff, 239ff
– Zwangsadoptionen 468
Deutsche Reichsbahn 272, 443, s.a. Deutsche Bundesbahn
Deutscher Bauernverband 353
Deutscher Beamtenbund 356
Deutscher Gewerkschaftsbund 353ff, 378, 434, 436, 438, 443, 459, 465, 470, 474
Deutscher Industrie- und Handelstag 352, 439
Deutscher Landkreistag 357
Deutscher Städtetag 357, 470
Deutscher Städte- und Gemeindebund 358
Deutsches Rotes Kreuz 359
Diakonisches Werk 360
Diebstahl 10, 61
Dienstleistungen 7, 60, 155, 163, 167

Digitaltechnik 46f
Diktatur 323
Diskontsatz s. Zinspolitik
Dritte Welt 403, 418, s.a. Entwicklungshilfe
Drittes Reich 410
Drogen(-mißbrauch, -sucht) s. Rauschgift

Ehegattennachzug 63
Ehe(-scheidungen, -schließungen) 3, 23, 29f, s.a. Familienstand, Heiratsalter
Eigentum 228, 234, 239, 241, 244, 373, 402f, 425, 445, 457, 464
Eigentumsförderung s. Wohnungsbau(-förderung)
Einbrüche 10
Einbürgerung 65
Einfuhr s. Außenhandel
Einigungsvertrag 332, 347, 394ff, 401ff, 428ff, 435f, 438, 443, 445, 457, 463f, 466, s.a. Wiedervereinigung
Einkommen 17, 19, 22, 31f, 91, 165ff, 191, 196f, 201ff, 380f
Einkommensteuer 70
Einwohner s. Bevölkerung
Einzelgewerkschaften s. Deutscher Gewerkschaftsbund
Eisenbahnverkehr s. Schienenverkehr
Elbe(verschmutzung) 135f
Energie(-politik, -verbrauch) 114ff, 118, 120f, 149f, 179, 329, 334, 361, 389f, 414, s.a. Erdgas, Kernenergie, Mineralöl(-steuer), Kohle, Sonnenkraft, Umwelt(-schutz, -politik), Umweltsteuern, Wasserkraft, Windkraft
Entspannung 326, 386f, s.a. Abrüstung, Frieden(ssicherung), Konferenz für Sicherheit und Zusammenarbeit in Europa

Entwicklungshilfe 329, 358f, 433, 454, s.a. Dritte Welt
Erdgas 114, 117f, 183
Erdöl s. Mineralöl
Erwerbsquote 5f
Erwerbstätige 5, 7, 39, 58ff, 86f, 155, 168ff, 172, 174ff, 178f, 188f, 203, s.a. Beruf
Erwerbstätigkeit 5, 23ff, 31, 71, 79, 83ff, 144, 155ff, s.a. Beschäftigungspolitik(-förderung)
Erziehungsgeld(-jahr, -urlaub) 31, 264f
Europa 324, 327f, 333, 335, 378, 386f, 403, 410f, 417f, 420f, 445, 462, 465, s.a. Europäische Gemeinschaft, Osteuropa
Europäische Gemeinschaft 264, 352, 379, 393, 395, 413ff, 424, 427f, 431f, 434f, 439ff, 444, 446f, 449, 452, 455, 457f, 462f, 466, 468ff, 473f, s.a. Europäische Politische Union, Europäische Währungsunion, Europäischer Binnenmarkt, Europäisches Parlament, Europäisches Währungssystem, Europawahl
Europäische Politische Union 323, 413ff, 434f, 452, 464, 469f, 473f
Europäische Währungsunion 413ff, 428, 435, 474
Europäischer Binnenmarkt 414
Europäischer Gerichtshof 427
Europäische Verteidigungs- und Sicherheitspolitik s. Europäische Politische Union
Europäisches Währungssystem 438
Europäisches Parlament 250f, 414f, 456
Europawahl 219, 250
Export s. Außenhandel
Extremismus 10, s.a. Linksextremismus, Kommunismus, NPD, Rechtsradikalismus, Republika-

ner, Rote Armee Fraktion, Terrorismus

Fachhochschulen 7, 26, 77, 93 ff, 97, 100, 157, 202
Fachschulen s. Schulen
Fahruntauglichkeit 428
Familien(-lastenausgleich, -politik) 19, 30 ff, 63, 202, 264 f, 324, s. a. Ehegattennachzug, Ehe(-scheidungen, -schließungen), Erziehungsgeld(-jahr, -urlaub), Kinder, Kindererziehungszeiten, Kindergeld
Familienstand 4, 33, 160, 203
F.D.P. 211 ff, 220 f, 225 ff, 229 ff, 234 ff, 242 ff, 252 f, 258 f, 261 ff, 266 f, 278, 280, 284 f, 287 ff, 291, 294, 296, 299 ff, 305, 308 f, 311, 313 ff, 320 ff, 326 ff, 332 f, 337 ff, 344 f, 372, 379, 391, 398 f, 402, 419, 426, 430 f, 433, 436 ff, 444 f, 448 f, 452, 454 ff, 462 ff, 468 f, 471 f, s. a. Regierungsmehrheit
Feuchtgebiete 42
Fernmeldesatelliten s. Satellitentechnik
Finanzpolitik 273, 324, s. a. Steuerpolitik(-recht), Steuererhöhungen
Fischerei 7, 60, 171 f
Flughäfen 153, 390
Föderalismus s. Bundesländer, Bundesrat
Forschungspolitik s. Technologie(-politik)
Forstwirtschaft 7, 60, 155, 170 f
Frankfurter Allgemeine Zeitung 326
Frankreich 37, 41, 377, 393, 406 f, 417, 420, 423, 426 f, 429, 435, 442, 448, 454, 457, 459, 467, 469
Frauen(politik) 2 ff, 12, 14, 17, 19, 23 ff, 29, 32, 155, 160, 165 f, 195, 200, 206, 266, 334 f, 383 f

Freie Berufe 89, 92, 102, 167, 181 f, s. a. Selbständige
Freie Demokratische Partei s. F.D.P.
Freiheit 267, 325 f, 333, 372, 378, 393, 403, 420, 423
Freizeit 36 ff
Fremdenverkehr(sgewerbe) 36 ff
Frieden(ssicherung) 266 ff, 372, 378, 387, 403, 407, 410 f, 418, 420 f, s. a. Abrüstung, Entspannung, Sicherheitspolitik

GATT (General Agreement on Tariffs and Trade) 418, 440, 444, s. a. Außenhandel
Geburten(-ziffer) 3, 23, 29
Gemeindegrößenklassen 70, s. a. Kommunen
Gemeinden s. Kommunen
Gemeinsamer Ausschuß 256 ff
Gerechtigkeit, soziale 267, 323, 373, 378, 404, 408, 420
Gesamtdeutsche Wahlen s. Bundestagswahlen
Gesamtschulen s. Schulen
Geschlechterrelation 2
Gewässerschutz 361, 404, 447, s. a. Umwelt(-schutz, -politik)
Gewerbesteuer 70
Gewerkschaften s. Deutscher Gewerkschaftsbund
Glasfasertechnik 47 f
Gleichberechtigung 8, s. a. Frauen(politik)
Golf(-krieg, -krise) 142, 175, 230, 267 ff, 332, 371 f, 415, 430 f, 433 f, 438, 441, 444 f, 448 ff, 453 ff, 459, s. a. Irak, Israel, Nahost-Konflikt
Griechenland 37, 41, 54 f, 59, 431, 468
Großbritannien 386, 414, 417, 438, 451 ff, 456, 469, 471
GRÜNE 212, 215 ff, 221 ff, 227 ff,

234f, 237f, 241ff, 256, 277, 280, 291, 294, 296ff, 301ff, 307f, 328ff, 337ff, 345, 398f, 405, 424, 430f, 434, 436, 439, 441, 450f, 455f, 458, 462, 464, 466, 469, 471f, s.a. Opposition
Grundgesetz 211f, 255f, 258f, 265, 272, 275, 325, 327, 330, 336, 376f, 385, 405, 436, 438, 452, 463f, 468, 471, s.a. Bundesverfassungsgericht
Grundrechte 377, 420, 423, s.a. Menschenrechte
Grundschulen s. Schulen
Güterverkehr 143f
Gymnasien s. Schulen

Hamburg 16, 28, 40, 43, 55, 60, 69, 71, 89, 104, 131, 170f, 221, 247, 257, 259ff, 293ff, 323, 433, 437, 440, 469, 474
Handel 7, 60, 89, 92, 102, 155, 163, 165f, 179f, s.a. Außenhandel
Handelsbilanz s. Außenhandel
Handwerk 7, 89, 92, 102, 163, 176f, 352
Hauptschulen s. Schulen
Haushalte 3f, 19ff, 30f, 48, 113, 203
Heer s. Bundeswehr
Heiratsalter 3, 23, 29
Herz-Kreislauf-Erkrankungen 14
Hessen 16, 28, 40, 43, 55, 60, 67, 69, 71, 104, 131, 170f, 219, 230ff, 257, 259f, 296ff, 439, 450, 456, 471
Hinterbliebenenrente 192, 195
Hochschulen 7, 26, 77, 93ff, 97ff, 157, 181f, 202f
Hongkong 396

Immobilienpreise 104ff, s.a. Baulandpreise, Bauwirtschaft
Import s. Außenhandel
Indien 437

Indikationen s. Schwangerschaftsabbrüche
Industrie 7, 89, 92, 102, 155, 163, 165f, 173ff, 177f, 361, 381, 404, 459, 470
Industriegesellschaft 329f, 334
Inflation(srate) 372, 380f, 394, 449
Innerdeutsche Beziehungen s. Wiedervereinigung
Insolvenzen s. Konkurse
Interessenverbände 351ff, s.a. einzelne Verbände
Internationaler Währungsfonds 417
Investitionen 223, 229, 266f, 332, 334, 380, 389, 403f, 427, 456, 462, s.a. Wiedervereinigung – Wirtschaftliche Probleme
Irak 266, 332, 414ff, 420, 430ff, 434, 440, 442, 446ff, 452, 454, 460, s.a. Golf(-krieg, -krise), Nahost-Konflikt
Iran 454, 465
Irland 413
ISDN (Integrated Service Digital Network) 46f
Israel 266f, 410, 413, 427, 430, 433, 451, 453, 455, 458
Italien 37, 41, 54f, 59, 414f, 417, 432, 434, 444f, 474

Jahreswirtschaftsbericht 381f
Japan 417, 441
Jordanien 433, 448, 453, 460
Juden, Zentralrat der 369
Jugendarbeitslosigkeit s. Arbeitslosigkeit
Jugend(-liche, -politik) 2, 6, 11, 15f, 18, 25, 27f, 33ff, 62, 202, 403
Jugoslawien 12, 37, 54f, 59, 62, 65, 470, 474

Kabel(-fernsehen, -technik) 47f, 51, 361, 392
Kanada 405, 417, 420, 434, 472

Kernenergie 114, 121ff, 213, 224, 334, 361, 389, 423, 431, 434, 457, 459, 462, s. a. Energie(politik), Wackersdorf
Kinder 2f, 18f, 24, 27, 30f, 61, 64, 78ff, 471
Kindererziehungszeiten 192, 384
Kindergärten 77ff, 238
Kindergeld 31, 112, 201f, 427
Kindernachzug 64
Kirche, Evangelische 360, 365ff, 410, 455, 470, 474
Kirche, Katholische 359, 367ff, 410, 462
Kirchensteuer 327, 365, 367
Klima 328f
Koalition s. Regierungsmehrheit
Koalitionsverhandlungen 230, 264ff, 444
Körperschaftssteuer 70
Körperverletzung 10
Kohle 114ff, 178f, 183
Kommunalwahlen 219
Kommunen 1, 28, 70, 72, 105f, 108, 124ff, 153, 266, 357f, 376, 402
Kommunismus 324, 335, s. a. Sozialismus
Kompostierung s. Abfall(beseitigung)
Konferenz über Sicherheit und Zusammenarbeit in Europa (KSZE) 386f, 403, 406, 413, 419ff, 442, 470ff
Konjunktur(politik) 214, 380, s. a. Wirtschaft(spolitik), Wirtschaftswachstum
Konkurse 167
Kraftfahrzeuge 133, 145f
Kraftfahrzeugsteuer 265
Krankenversicherung 194, 447
Krankheitskosten 196
Krebserkrankungen 13
Kriminalität 9f, 33, 61, 265
Krisenbranchen 177ff

Kündigungsfristen 429
Kunsthochschule s. Fachhochschulen
Kurden(-hilfe) 416, 462, 465
Kuren 39, 192
Kurzarbeit 228, 234, 239, 241, 244, 439
Kuwait 266, 415, 430f, 449, 454, 458, s. a. Golf(-krieg, -krise)

Lärm(-schutz, -belastung) 139, 361
Landesregierungen s. einzelne Bundesländer
Landtage s. einzelne Bundesländer
Landtagswahlen 219, 221ff, 396, 438, 444, 450, 463
Landwirtschaft s. Agrarpolitik (-strukturen)
Lateinamerika 445
Lebenserwartung 3, 23, 29, 195
Lebenshaltung 19f, s. a. Inflation(srate)
Lebensstandard 8
Lehrer 80ff
Lehrstellen s. Ausbildung
Leitzinsen s. Zinspolitik
Libyen 425
Linksextremismus 11, s. a. Kommunismus, Rote Armee Fraktion
Löhne 381f
Lohnsteuer 70
Lombardsatz s. Zinspolitik
Lufreinhaltung(-verschmutzung) 128ff, 265, 328f, 361, 418, 424, 428, 446f, 458, s. a. Umwelt (-schutz, -politik)
Luftrettung 154
Luftverkehr 143ff, 150, 152f
Luftwaffe s. Bundeswehr
Luxemburg 416, 426, 447, 454, 463, 473f

Männer 2ff, 12, 14, 17, 19, 25, 29, 32, 155, 160, 165f, 195, 206

Malta 439
Marine s. Bundeswehr
Marktwirtschaft (soziale, ökologische) 8, 324f, 333, 381, 391, 404, 432, 436, s.a. Wirtschaft(spolitik)
Mecklenburg-Vorpommern 16, 42, 53, 69, 71, 104, 119, 131, 171, 229, 233ff, 257, 259ff, 299f, 395f, 439, 444, 463, 469
Medien 34f, 45ff, s.a. Zeitschriften, Zeitungen
Medien, neue 45ff
Medikamentensucht 16
Meinungsumfragen 8f, 19, 23ff, 33ff, 55ff, 66, 83, 97, 142, 161, 214, 219ff, 224, 226ff, 238, 240, 243, 245, s.a. Repräsentativerhebungen
Menschenrechte 360, 420, 423, s.a. Grundrechte
Mieten 20f, 98, 106, 109, 203f, 213, 223, 265, 466
Mineralöl(-steuer) 70, 114, 183, 330
Mitteleuropa s. Osteuropa
Mobilfunk 51f
Mord 10, 460
Museen 36
Mutter-Kind-Einrichtung 27f

Nahost-Konflikt 266, 413, 416, 453, 455, 457f, 460, s.a. Golf(-krieg, -krise), Irak, Israel
Nationalismus 328, s.a. NPD, Republikaner
Nationalparke 42
Nationalsozialismus s. Drittes Reich
NATO (North Atlantic Treaty Organization) 325f, 386f, 393, 400f, 420, 423, 427f, 441, 444f, 452, 467, 469f, 472
NATO-Bündnisfall 267, 431, 441, 448, 450
Naturparke 42ff

Naturschutz 42, 361, s.a. Umwelt(-schutz, -politik)
Nicaragua 454
Niederlande 426, 432, 452, 464, 474
Niedersachsen 16, 40, 42ff, 55, 60, 69, 71, 104, 131, 170f, 219, 247, 257, 259f, 301ff, 424, 426f, 429, 462, 464, 466
Nordkorea 436
Nordrhein-Westfalen 16, 28, 40, 44, 55, 59f, 67, 69, 71, 89, 104, 110, 131, 170f, 219, 245, 248, 257, 259f, 394ff, 424, 452
NPD (Nationaldemokratische Partei Deutschlands) 213, 215ff, 222, 239, 349

Oberschule, erweiterte (EOS) s. Schulen
Oder-Neiße-Grenze 325, 399, 406f, 426, 428, 435, 441, s.a. Polen
OECD (Organization for Economic Cooperation and Developement) 417
Öffentlicher Dienst 84, 86, 89, 92, 102, 163, 351, 456, 458, 464
Ökologie s. Umwelt(-schutz, -politik)
Österreich 37, 41, 432
Opposition 211, 379, 383, 431, 448, 466, 472, s.a. Bündnis '90, GRÜNE, PDS, SPD
Osteuropa 324f, 371, 379, 386, 410, 414, 417f, 425, 427, 444f, 467, s.a. einzelne Länder
Ost-West-Beziehungen s. Abrüstung, Entspannung, Konferenz über Sicherheit und Zusammenarbeit in Europa
Ozonloch 428, 437, s.a. Luftreinhaltung(-verschmutzung), Umwelt(-schutz, -politik)

Partei des Demokratischen Sozialismus s. PDS

Parteien, kleine 212f, 215ff, 222, 225, 228, 231, 234f, 237, 239f, 242ff, 246ff, 291, 319, 321, 347ff, 437, 468, s.a. NPD, Republikaner

Parteifinanzen 337ff, 440, 465

Parteimitglieder 340f

Partizipation 330

PDS 212, 215ff, 221, 225f, 228, 230, 234ff, 239, 242ff, 247, 253, 269, 283f, 287f, 299, 313, 316, 321, 329, 331ff, 341, 345, 348, 374, 377, 384, 390, 394, 397, 399, 438f, 451, 473, s.a. Opposition

Personalzusatzkosten 166

Personenverkehr 143

Pflegebedürftige 31, 206

Pflegefallversicherung 264f

Polen 12, 65, 325, 399, 403, 406f, 428, 440f, 447, 456, 462, 464, 468f, 473, s.a. Oder-Neiße-Grenze

Preisanstieg s. Inflation(srate)

Primärenergie s. Energie(-politik, -verbrauch)

Privatfernsehen s. Kabel(-fernsehen, -technik)

Produzierendes Gewerbe s. Industrie

Prognosen 85f, 116, 141, 147, 218, 380ff

Pro-Kopf-Daten 3, 17, 22, 29, 72ff, 103, 114, 134, 147, 168, 172, 196

Pyrolyse 137

Raumordnung(-sregionen) 73ff

Raub 10

Rauschgift 8, 10, 15, 61, 264f, 268, 414

Realschulen s. Schulen

Rechtsordnung 8, 408, s.a. Demokratie, Grundgesetz

Rechtsradikalismus 11, 429, 462, s.a. NPD, Republikaner

Recycling s. Abfall(beseitigung)

Regierungsmehrheit 211, 214, 219f, 230, 236, 264, 335, 374, 379, 383f, 390, 402, 431f, 448, 459, 463, 466, 472, s.a. Bundesregierung, CDU, CSU, F.D.P.

Reise(verkehr) 37ff

Rentenversicherung(spolitik) 8, 32, 191ff, 264, 329, 334, 377, 383ff, 404, 447, 462, 473, s.a. Altersversorgung

Rentner 23, 195, 203, 404

Repräsentativerhebungen 7, 13f, 16f, 19, 33ff, 38, 55ff, 83, 97, 201, s.a. Meinungsumfragen

Republikaner 215f, 222f, 225f, 228, 231f, 234, 237, 242, 244, 246ff, 348, 434, 441, 452

Rheinland-Pfalz 16, 40, 44, 55, 60, 67, 69, 71, 104, 131, 170f, 219, 236ff, 257, 259f, 307ff, 463, 467

Rohstoffe 183f, s.a. Erdgas, Mineralöl(-steuer), Stahl(industrie), Kohle

Rote Armee Fraktion 395, 424, 428, 430, 452f, 460f, 470, s.a. Terrorismus(-bekämpfung)

Rüstungsbegrenzung(-kontrolle) s. Abrüstung

Rüstung(-spolitik, -sausgaben, -sindustrie) 175, 266ff, 416f, 423, 425, 431, 438, 446, 451f, 459f, 472, s.a. Bundeswehr

Rumänien 12, 65, 447, 460, 462

Rundfunksatelliten s. Satellitentechnik

Saarland 16, 40, 44, 55, 60, 67, 69, 71, 89, 104, 131, 170f, 218f, 248, 257, 259f, 310ff, 326, 426, 442, 453, 456

Sachbeschädigung 10
Sachsen 16, 53, 69, 71, 104, 131, 171, 229, 239 ff, 245, 258 ff, 312 ff, 395 f, 410, 439, 441, 458
Sachsen-Anhalt 16, 53, 69, 71, 104, 131, 171, 241 ff, 258 ff, 315 ff, 395 f, 439, 466
Sachverständigenrat zur Begutachtung der gesamtwirtschaftlichen Entwicklung 380 f, 442
Satellitentechnik 48 f
Saudi-Arabien 438
Schadstoffreduzierung s. Luftreinhaltung (-verschmutzung)
Schengener Abkommen 426
Schienenverkehr 143 ff, 150 ff
Schiffahrt 89, 102, 150 ff, 172, 178
Schleswig-Holstein 16, 28, 40, 44, 55, 60, 67, 69, 71 f, 89, 104, 119, 131, 170 f, 249, 258 ff, 318 ff, 440, 453, 468
Schüler 57 ff, 80 ff, 203
Schulen 7, 26, 57, 77 ff, 88 ff, 202, 232
Schwangerschaftsabbrüche 32 f, 264, 267, 325, 327, 401, 429, 442
Schwarzarbeit 161 f
Schweiz 37
Schwerbehinderte 206
Sekundärenergie s. Energie(-politik, -verbrauch)
Selbständige 6, 22 f, 25, 86, 181, 204, 221, 227, 230, 236, 243, 245, 373, s.a. Freie Berufe
Selbstmorde 11
Sexualdelikte 10
Sicherheit, innere s. Terrorismus(bekämpfung)
Sicherheitspolitik 256, 333, 386 ff, 406, 415, 418, 420, 426, 436, 472, s.a. Abrüstung, Bundeswehr, Rüstung(-spolitik, -ausgaben, -industrie)
Smog(-gebiete) 129

Sonderschule s. Schulen
Sonnenkraft 119 f, s. a. Energie(-politik, -verbrauch)
Sowjetunion s. UdSSR
Sozialdemokratische Partei Deutschlands s. SPD
Sozialhilfe 32, 200 f, 203, 283
Sozialismus 325, s.a. Kommunismus
Sozialpolitik 213, 324, 351, 383 ff, 374, 377, 383 ff, 402, 473
Sozialstaat(-system) 8, s.a. einzelne Sozialleistungen, Sozialpolitik
Spanien 37, 41, 54 f, 59, 465
Sparverhalten s. Vermögen(-sbildung)
SPD 211 ff, 215 ff, 234 ff, 252 f, 258, 267 f, 277, 279 f, 283 ff, 301 ff, 315 f, 318, 320 f, 323, 326, 328, 332 ff, 345 f, 372 ff, 376, 378 f, 383 ff, 389, 391, 393 f, 396, 398 f, 401 ff, 418 f, 424 ff, 429 f, 431 ff, 436, 438 ff, 442, 444 f, 450, 454 ff, 458 f, 462 ff, 467 ff, 471, s.a. Opposition
Spiegel, Der 445, 449, 473
Staatssicherhheitsdienst s. Deutsche Demokratische Republik – Staatssicherheitsdienst
Staatsverschuldung 223, 372, 474, s.a. Wiedervereinigung – Kosten
Staatsvertrag s. Wiedervereinigung
Stabilitätspolitik s. Wirtschaft(spolitik)
Stadterneuerung(-sanierung) 8, 226
Stahl(-industrie) 177 f, 351
Standortbewertung 172 f
Statistisches Bundesamt 270, 449
Steueraufkommen 70
Steuererhöhungen 214, 220, 236, 238, 267 f, 334 f, 372, 376 f, 381, 404, 441 f, 453 ff, 466, 470 f, 474
Steuerpolitik(-recht) s. Steuererhöhungen, einzelne Steuerarten

Straßenverkehr 143 ff, 150, 264, 427, 432
Streik(recht) 451, 458, s. a. Tarifauseinandersetzungen(-parteien)
Stromerzeugung s. Energie(-politik, -verbrauch)
Studenten s. Hochschulen
Sturmschäden 171
Subventionen 374, 379, 381, 394, 418, 440
Südafrika 413, 415, 425, 463
Süddeutsche Zeitung 243, 334, 396, 401, 438
Südkorea 436, 455
Syrien 453

Tarifauseinandersetzungen(-parteien) 351, 381, 397, 451, 456, 458, s. a. Streik(recht)
Technologie(politik) 176
Teilzeitarbeit 19
Telefax 46, 48, 50, 52
Telefon 47 f, 50 ff, 238, 392, 460, 463
Telekom s. Deutsche Bundespost, Telefon
Teletex 48
Telex 48
Terrorismus(-bekämpfung) 392, 417, 460, s. a. Rote Armee Fraktion
Theater 36
Thüringen 16, 53, 69, 71, 104, 131, 171, 243 ff, 258 ff, 320 ff, 395 f, 441, 444, 449
Todesursachen 10 f, 13 ff
Treuhandanstalt 394, 439, 443, 453, 462 f, 474
Tschechoslowakei s. CSFR
Türkei 54 f, 59, 62, 65, 448, 450
Tunesien 429

UdSSR 12, 332, 386 f, 393, 399 ff, 403 ff, 410, 413 ff, 417 ff, 423 f, 426 f, 429, 436, 440 f, 443, 446 f, 453 ff, 457 f, 464, 467 ff, 472 f, s. a. Baltikum
Übernachtungen 40
Übersiedler s. Deutsche Demokratische Republik, Flüchtlinge
Umsatz(-steuer) 39, 70, 173 ff, 381, 402
Umwelt(-schutz, -politik) 8, 128 ff, 213, 219, 223, 229, 232 f, 235, 238, 240, 243, 245, 268, 326 ff, 335 f, 361, 373, 376 f, 389 ff, 398, 414, 421, 423 f, 433, 436, 447, 451, 454, 458, 471, s. a. Gewässerschutz, Lärmschutz, Luftreinhaltung(-verschmutzung), Naturschutz, Ozonloch, Umweltsteuern, Waldschäden
Umweltsteuern 213, 264 f, 334, 373
Umzüge s. Bevölkerung(-sdichte, -sentwicklung)
Unfall(-ursachen, -versicherung) 148 f, 164, 198
Ungarn 12, 414, 426, 465
Universität s. Hochschule
UNO (United Nations Organization) 336, 360, 377, 386, 393, 416, 420, 435, 468
Unterhaltspflicht 17, 65
Unternehmensgründungen 167, s. a. Industrie
Unternehmensteuern 373, 381, 455, 470 f
Unterschlagung 10
Untersuchungsausschüsse, parlamentarische 472
Urkundenfälschung 10
USA 266, 332, 377, 393, 405, 408, 415 ff, 420, 424, 429 ff, 434, 437, 440, 442, 444, 446 ff, 451, 453 ff, 457, 459 f, 466 f, 470

Venezuela 469
Verbrauch(sgewohnheiten) 114 ff, 163, 168, 172, 179, 380, 447

Verbrauchssteuern 381
Verbrennung s. Abfall(beseitigung)
Vereinigte Staaten von Amerika s. USA
Vereinte Nationen s. UNO
Verfassungsänderungen s. Grundgesetz
Verfassungsrecht s. Grundgesetz
Verfassungsschutz 270, 429
Verkehr(-swege) 7, 143 ff, 147, 163, 238, 361, 376, 389 ff
Vermittlungsausschuß 258 f, 423, 470
Vermögen(-sbildung) 21 f, 166, 205, 382
Vermögensteuer 373, 470
Verschuldung 72
Verteidigungspolitik s. Bundeswehr, Sicherheitspolitik
Verwaltungsgliederung 67 ff
Videokonferenz 50 f
Videotext 51
Völkerrecht 261, 399
Volksabstimmungen 233, 336, 405, 451, 454, 466

Wackersdorf 224
Waffenexporte s. Rüstung(-spolitik, -sausgaben, -sindustrie)
Wahl(-kampf) s. Bundestagswahlen, Landtagswahlen
Wahlbeteiligung s. Bundestagswahlen, Landtagswahlen
Wahlsoziologie s. Meinungsumfragen
Wald(-fläche, -schäden) 130 ff, 170 f, 440, s. a. Umwelt(-schutz, -politik)
Warschauer Pakt 386, 393, 397, 406, 423
Wasserkraft 114, 120, s. a. Energie(-politik, -verbrauch)
Wasserverbrauch 134
Wechselkurse 440

Wehrbeauftragter 387 f, 459, s. a. Bundeswehr
Wehrpflicht s. Bundeswehr
Weiterbildung 101 f
Weltwirtschaft 417 f
Weltwirtschaftsgipfel 417 f, 427, 429, 469, 471 f, 474
Werft(-industrie) s. Schiffahrt
Wiedervereinigung 211 ff, 218 ff, 222 f, 226, 268, 323 ff, 371 ff, 376 ff, 386, 389 ff, 417, 420 f, 423 ff, s. a. Bundesländer – Neue Länder, Einigungsvertrag
– Kosten 214, 220, 264 f, 269, 324 ff, 372, 376, 381, 401, 404, 441 f, 450, 452, 466, s. a. Steuererhöhungen
– Wirtschaftliche Probleme 264 ff, 323, 327 f, 330, 332, 334 f, 371 ff, 376 ff, 389 ff, 402 f, 427, 437 f, 443 f, 449, 452 ff, 457 ff, 462 f, 465, 470
Windkraft 118 f
Wirtschaft(spolitik) 220, 223, 232, 238 ff, 273, 324, 351, 371 ff, s. a. Wiedervereinigung – Wirtschaftliche Probleme
Wirtschafts- und Währungsunion s. Wiedervereinigung
Wirtschaftsbereiche 7, 59 f, 155
Wirtschaftswachstum 223, 229, 235, 239 f, 243, 245, 371, 380 f, 403, 465, s. a. Konjunktur(politik)
Wochenendarbeit 165
Wohnbevölkerung s. Bevölkerung
Wohngeld 32, 203 f
Wohnraum 103 f
Wohnungsbau(-förderung) 103, 110 ff, 334, 376
Wohnungswesen(-markt) 8, 103 ff, 223, 226, 232, 471

Zahlungsbilanz 185
ZEIT, DIE 220, 332

Zeitschriften 45
Zeitungen 45
Zentralverband des Deutschen Handwerks 352
Zinsbesteuerung 474
Zinspolitik 273, 439, 452
Zivildienst 12, 327, 447
Zwangsversteigerungen 110
Zwei-plus-Vier-Gespräche/-Vertrag 326, 405 ff, 418, 426, 429, 431, 434, 437, 454
Zweiter Weltkrieg 408, 410, 468, 473

Buchanzeigen

»Ein Kleinod der juristischen Literatur«

(Dr. Egon Schneider, Köln in MdR 9/1988 zur Vorauflage)

Creifelds
Rechtswörterbuch

Das Creifelds'sche Rechtswörterbuch erläutert knapp und präzise in lexikalischer Form rund **10.000 Rechtsbegriffe** aus allen Gebieten. Es ermöglicht damit Juristen wie Laien eine rasche Orientierung bei der Klärung täglicher Rechtsfragen.

Fundstellenhinweise auf Rechtsprechung und Spezialliteratur helfen zusätzlichen Informationen nachzugehen. Die Behandlung der rechtlichen Formen und Zusammenhänge wird ergänzt durch wichtige Begriffe aus den Grenzgebieten von **Recht, Wirtschaft und Politik**, deren Rechtsgrundlagen dargestellt werden.

Der Anhang enthält **nützliche Übersichten**, z. B. über den Weg der Gesetzgebung, das Gerichtswesen, Rechtsmittelzüge, die gesetzliche Erbfolge, über die Sozialversicherung und die Rentenversicherung.

Aktuell:

Die 10., neubearbeitete Auflage berücksichtigt die enorme Weiterentwicklung durch Gesetzgebung und Rechtsprechung u. a. in über **100 neue Stichwörtern.** Eingearbeitet ist jetzt eine Vielzahl **wichtiger neuer Gesetze,** wie z. B. ● das Steuerreformgesetz 1990 ● das Gesundheits-Reformgesetz ● das Sprecherausschußgesetz ● das Poststrukturgesetz ● das Gesetz zur Einführung einer Kronzeugenregelung bei terroristischen Straftaten ● das Gesetz zur Einführung eines Dienstleistungsabends ● das Bundesarchivgesetz.

Neu gefaßt und erweitert wurden ferner zahlreiche Stichwörter wegen umfangreicher Gesetzesänderungen, wie etwa ● im Betriebsverfassungsgesetz mit einer Neudefinition der leitenden Angestellten ● im Straßenverkehrsrecht (StVO und StVZO) mit weiteren Sicherheitsvorschriften und ● im Europarecht.

Der Creifelds bleibt auch in der 10. Auflage das handliche Nachschlagewerk, das den schnellen Zugriff auf alle wichtigen Rechtsfragen ermöglicht.

Begründet von Dr. Carl Creifelds, Senatsrat a. D., München.
Herausgegeben von Dr. Lutz Meyer-Goßner, Richter am BGH Karlsruhe.
Bearbeiter: Dr. Dieter Guntz, Vors. Richter am OLG München, Paul Henssler, Steuerberater, Leiter der Akademie für Wirtschaftsberatung, Bad Herrenalb, Prof. Dr. h. c. Hans Kauffmann, Ministerialdirigent, Leiter des Bayer. Landesjustizprüfungsamtes, München, Dr. Lutz Meyer-Goßner, Richter am BGH Karlsruhe, Prof. Friedrich Quack, Richter am BGH Karlsruhe, Heinz Ströer, Ministerialdirektor a. D., München

**10., neubearbeitete Auflage. 1990
XV, 1428 Seiten.
In Leinen DM 72,–**
ISBN 3-406-33964-6

VERLAG C.H.BECK

ARBEITSRECHT/

Textausgaben

ArbG · Arbeitsgesetze
mit wichtigsten Bestimmungen zum Arbeitsverhältnis, Kündigungsrecht, Arbeitsschutzrecht, Berufsbildungsrecht, Tarifrecht, Betriebsverfassungsrecht, Mitbestimmungsrecht und Verfahrensrecht.
(dtv-Band 5006, Beck-Texte)

JugR · Jugendrecht
Sozialgesetzbuch – Allgemeiner Teil (Auszug), Kinder- und Jugendhilfegesetz, Adoptionsvermittlungsgesetz, Bürgerliches Gesetzbuch (Auszug), Haager Minderjährigenschutz-Übereinkommen (Auszug), Regelunterhalt-Verordnung, Unterhaltsvorschußgesetz, Gesetz zum Schutze der Jugend in der Öffentlichkeit, Gesetz über die Verbreitung jugendgefährdender Schriften, Jugendarbeitsschutzgesetz, Berufsbildungsgesetz (Auszug), Berufsbildungsförderungsgesetz, Ausbildungsförderungsgesetz, Jugendgerichtsgesetz und andere Gesetze und Verordnungen.
(dtv-Band 5008, Beck-Texte)

AVG · Angestelltenversicherungsgesetz
mit Angestelltenversicherungs-Neuregelungsgesetz und Sozialgesetzbuch.
(dtv-Band 5020, Beck-Texte)

SGB · RVO – Sozialgesetzbuch · Reichsversicherungsordnung
mit Arbeiterrentenversicherungs-Neuregelungsgesetz und Handwerkerversicherungsgesetz.
(dtv-Band 5024, Beck-Texte)

BAföG · Bildungsförderung
Bundesausbildungsförderungsgesetz mit Durchführungsverordnungen und Ausbildungsförderungsgesetzen der Länder, Berufsbildungsgesetz, Berufsbildungsförderungsgesetz, Arbeitsförderungsgesetz (Auszug) mit Anordnungen der Bundesanstalt für Arbeit.
(dtv-Band 5033, Beck-Texte)

SchwbG · BVG Schwerbehindertengesetz, Bundesversorgungsgesetz
Durchführungsverordnungen zum Schwerbehindertengesetz, Opferentschädigungsgesetz, Sozialgerichtsgesetz, Sozialgesetzbuch – Allg. Teil, Steuervergünstigungen für Behinderte.
(dtv-Band 5035, Beck-Texte)

AFG · Arbeitsförderungsgesetz
mit AFG-LeistungsVO, ArbeitslosenhilfeVO, ZumutbarkeitsAO, MeldeAO, ArbeitnehmerüberlassungsG.
(dtv-Band 5037, Beck-Texte)

MitbestG · Mitbestimmungsgesetze
in den Unternehmen mit allen Wahlordnungen.
(dtv-Band 5524, Beck-Texte)

BeamtenR · Beamtenrecht
Bundesbeamtengesetz, Beamtenrechtsrahmengesetz, Bundesbesoldungsgesetz mit Anlagen, Beamtenversorgungsgesetz, Beihilfevorschriften, Bundespersonalvertretungsgesetz und weitere Vorschriften des Beamtenrechts.
(dtv-Band 5529, Beck-Texte)

SGB V · Gesetzliche Krankenversicherung
mit Gesundheitsreformgesetz (Auszug), Sozialgesetzbuch Allgemeiner Teil, Gemeinsame Vorschriften für die Sozialversicherung.
(dtv-Band 5559, Beck-Texte)

SGB VI · Gesetzliche Rentenversicherung
mit Fremdrentengesetz, Fremdrenten- und Auslandsrenten-Neuregelungsgesetz, Versicherungsunterlagenverordnung.
(dtv-Band 5561, Beck-Texte)

BAT-O · Bundes-Angestelltentarifvertrag-Ost
(dtv-Band 5565, Beck-Texte)

SOZIALRECHT im dtv

Rechtsberater

Schaub · Arbeitsrecht von A–Z
Aussperrung, Betriebsrat, Gewerkschaften, Gleichbehandlung, Jugendarbeitsschutz, Kündigung, Mitbestimmung, Mutterschaftsurlaub, Ruhegeld, Streik, Tarifvertrag, Zeugnis u. a. m.
(dtv-Band 5041, Beck-Rechtsberater)

Spinnarke · Arbeitssicherheit
(dtv-Band 5055, Beck-Rechtsberater)

Brühl · Sozialhilfe für Betroffene von A–Z
Alleinerziehende, Arbeitslose, Ausländer, Aussiedler, Behinderte, Ehegatten, Frauen, Heimbewohner, Kinder, Kranke, Nichtseßhafte, Pflegebedürftige, Studierende, Wohnungssuchende, Zuwanderer.
(dtv-Band 5060, Beck-Rechtsberater)

Ströer · Meine soziale Rentenversicherung
Neue Bemessungsgrundlagen, Versicherungspflicht, Freiwillige Versicherung, Höheversicherung, Anrechnungsfähige Zeiten, Renten, Rentenformel, Rentenantrag, Kuren.
(dtv-Band 5085, Beck-Rechtsberater)

Ströer · Meine soziale Krankenversicherung
Gesundheitsvorsorge, Arzt, Zahnarzt, Krankenhaus, Kur, Mutterschaft, Häusliche Pflege, Schutz im Ausland, nach der Gesundheitsreform.
(dtv-Band 5087, Beck-Rechtsberater)

Schaub · Der Betriebsrat Aufgaben, Rechte, Pflichten
Wahl und Organisation des Betriebsrats, Mitbestimmung in sozialen und personellen Angelegenheiten, Beteiligung des Betriebsrates in wirtschaftlichen Angelegenheiten, Verfahren nach dem BetrVG.
(dtv-Band 5202, Beck-Rechtsberater)

Köbl Meine Rechte und Pflichten als berufstätige Frau
Arbeitsrecht, Arbeitssicherheit, Mutterschutz, Gleichbehandlung.
(dtv-Band 5204, Beck-Rechtsberater)

Schaub Meine Rechte und Pflichten im Arbeitsgerichtsverfahren
Klagearten, Klageerhebung, Güteverhandlung, Vertretung durch Anwalt, Rechtsmittel, Vollstreckung, Einstweilige Verfügung, Beschlußverfahren, Kosten.
(dtv-Band 5205, Beck-Rechtsberater)

Schaub/Schusinski/Ströer Erfolgreiche Altersversorgung
Alles Wichtige zur Rentenversicherung, zur betrieblichen Altersversorgung, zur Alterssicherung im öffentlichen Dienst.
(dtv-Band 5207, Beck-Rechtsberater)

Wolber Gesetzliche Unfallversicherung
Alles über Arbeitsunfälle.
(dtv-Band 5223, Beck-Rechtsberater)

Francke Berufsausbildung von A–Z
Alles Wissenswerte über die Rechte und Pflichten der Auszubildenden, Ausbilder und Ausbildenden.
(dtv-Band 5228, Beck-Rechtsberater)

Schaub Meine Rechte und Pflichten als Arbeitnehmer
Anbahnung und Abschluß des Arbeitsvertrages sowie seine Beendigung, Rechte und Pflichten, der Einfluß des Betriebsrats, Betriebsnachfolge, Sonderrechte für Frauen, Auszubildende und Schwerbehinderte.
(dtv-Band 5229, Beck-Rechtsberater)

STAATS- UND VERWAL

Textausgaben

GG · Grundgesetz

mit Deutschlandvertrag, Grundvertrag, Menschenrechts-Konvention, Bundeswahlgesetz, Bundesverfassungsgerichtsgesetz, Parteiengesetz und Gesetz über den Petitionsausschuß.
(dtv-Band 5003, Beck-Texte)

WehrR · Wehrpflicht- und Soldatenrecht

Wehrpflichtgesetz, Kriegsdienstverweigerungsgesetz, Kriegsdienstverweigerungsverordnung, Zivildienstgesetz, Soldatengesetz, Soldatenlaufbahnverordnung, Soldatenurlaubsverordnung, Musterungsverordnung, Unabkömmlichstellungsverordnung, Wehrsoldgesetz, Wehrbeschwerdeordnung, Wehrstrafgesetz, Wehrdisziplinarordnung, Bundeswehrvollzugsordnung, Grundgesetz (Auszug) und andere Gesetze.
(dtv-Band 5012, Beck-Texte)

WaffR · Waffenrecht

Waffengesetz, Sprengstoffgesetz, Gesetz über die Kontrolle von Kriegswaffen und Durchführungsvorschriften.
(dtv-Band 5032, Beck-Texte)

VwVfG · VwGO Verwaltungsverfahrensgesetz, Verwaltungsgerichtsordnung

mit Verwaltungszustellungsgesetz, Verwaltungs-Vollstreckungsgesetz, Deutsches Richtergesetz, Gesetz über die Entschädigung der ehrenamtlichen Richter, Gesetz über die Entschädigung von Zeugen und Sachverständigen.
(dtv-Band 5526, Beck-Texte)

NaturschutzR Naturschutzrecht

Bundesnaturschutzgesetz, Washingtoner Artenschutzübereinkommen mit Zustimmungsgesetz und allgemeinen Verwaltungsvorschriften, Bundesartenschutzverordnung, Landesnaturschutzgesetze.
(dtv-Band 5528, Beck-Texte)

Verfassungen der deutschen Bundesländer

mit Gesetzen über die Landesverfassungsgerichte, Grundgesetz und Gesetz über das Bundesverfassungsgericht.
(dtv-Band 5530, Beck-Texte)

UmwR · Umweltrecht

UVP, Natur-, Boden- und Tierschutz, Wasserhaushalt, Abfälle, Immissionsschutz, Reaktorsicherheit, Energieeinsparung, Gefahrstoffe, Umweltstrafrecht.
(dtv-Band 5533, Beck-Texte)

AuslR Deutsches Ausländerrecht

AusländerG, DVAuslG, AuslGebV, AufenthG/EWG, ArbErlVO, AsylVfG. Die wesentlichen Vorschriften des deutschen Fremdenrechts.
(dtv-Band 5537, Beck-Texte)

Rundfunkrecht

Staatsverträge des Bundes und der Länder, Landesrundfunkgesetze, Landesmediengesetze.
(dtv-Band 5560, Beck-Texte)

TUNGSRECHT im

Rechtsberater

Wilk/Stauf
Wehrrecht von A–Z
Ausgangsbeschränkung, Befehl, Dienstbezüge, Einberufung, Gelöbnis, Musterung, Verteidigungsfall, Zapfenstreich.
(dtv-Band 5058,
Beck-Rechtsberater)

Schmidt-Bleibtreu/Fiedler
Rechtsschutz gegen den Staat
Verwaltungsverfahren, Ordnungswidrigkeiten, Sozialverwaltung, Steuerrecht, Strafprozeß, Staatshaftung, Verfassungsbeschwerde, Menschenrechte.
(dtv-Band 5092,
Beck-Rechtsberater)

Johanny · Mein Recht als Wehrpflichtiger
Ausgang, Befehl und Gehorsam, Beschwerdeordnung, Disziplinarordnung, Entlassung, Kriegsdienstverweigerung, Musterung, Wehrpflicht, Wehrsold, Wehrstrafgesetz, Wehrübungen, Zivildienst, Zurückstellung.
(dtv-Band 5098,
Beck-Rechtsberater)

Elbert/Fröbe · Kriegsdienstverweigerung und Zivildienst
Gewissensgründe, neues Anerkennungsverfahren, Heranziehung, Zivildienstausnahmen, Disziplinar- und Strafverfahren. Mit ausführlichem Sachverzeichnis.
(dtv-Band 5234,
Beck-Rechtsberater)

Engelhardt
Bürger und Umwelt
Natur und Landschaft, Immissionen, Wasserrecht, Abfallbeseitigung, Schutzmaßnahmen, Umweltrechtsschutz, Bürgerbegehren.
(dtv-Band 5244,
Beck-Rechtsberater)

Rieger
Naturschutz, Jagdschutz, Forstschutz, Fischereiaufsicht
Aufsichtsdienst in der Praxis, Erholung in der freien Natur, Aufgaben, Befugnisse, Geregelte Nutzung.
(dtv-Band 5253,
Beck-Rechtsberater)

Deutscher Taschenbuch Verlag

INTERNATIONALES RECHT/EUROPARECHT im dtv

Textausgaben

EuR · Europarecht
Verträge und Erklärungen zur Gründung der Europäischen Gemeinschaften, Abkommen über gemeinsame Organe, Satzung des Europarates, Menschenrechtskonvention, Einheitliche Europäische Akte, Europawahl-Gesetz, Europaabgeordnetengesetz.
(dtv-Band 5014, Beck-Texte)

Völkerrechtliche Verträge
UNO, Beistandspakte, Menschenrechte, See-, Luft- und Weltraumrecht, Umweltrecht, Kriegsverhütungsrecht, Deutschlandfrage.
(dtv-Band 5031, Beck-Texte)

Menschenrechte – Ihr internationaler Schutz
Menschenrechtspakte der Vereinten Nationen, Europäische Menschenrechtskonvention, Europäische Sozialcharta, Amerikanische Menschenrechtskonvention, Afrikanische Menschenrechtskonvention. Übereinkommen gegen Frauen- und Rassendiskriminierung, über Sklaverei und Zwangsarbeit, Rechtsstellung der Flüchtlinge und Staatenlosen, EG-Gleichbehandlungsrichtlinie, Europ. Datenschutzkonvention, KSZE-Schlußakte, Folterkonvention.
(dtv-Band 5531, Beck-Texte)

Abrüstung, Nachrüstung, Friedenssicherung
NATO-Doppelbeschluß, NATO-Vertrag, Stationierungsvertrag, Umweltkriegsübereinkommen, SALT I/SALT II, KSZE-Schlußakte, KSZE-Folgekonferenz.
(dtv-Band 5536, Beck-Texte)

Rechtsstellung Deutschlands Völkerrechtliche Verträge und andere rechtsgestaltende Akte
Atlantik-Charta, Potsdamer Abkommen, Deutschlandvertrag, Viermächte-Abkommen über Berlin, Transitabkommen, Moskauer Vertrag, Prager Vertrag, Grundlagenvertrag mit der DDR, Entscheidungen des BVerfG zum Grundlagenvertrag und zu einer einheitlichen deutschen Staatsangehörigkeit.
(dtv-Band 5552, Beck-Texte)

Die Verfassungen der EG-Mitgliedstaaten
Belgien, Dänemark, Bundesrepublik Deutschland, Frankreich, Griechenland, Irland, Italien, Luxemburg, Niederlande, Portugal, Spanien, Vereinigtes Königreich
(dtv-Band 5554, Beck-Texte)

Rechtsberater

von Borries Europa-Rechtslexikon
Vom Gemeinsamen Markt zur Europäischen Union.
(dtv-Band 5056, Beck-Rechtsberater)

Geiger · Recht der internationalen Beziehungen
Ein Führer durch internationale Abkommen und Organisationen:
UNO-Charta, Beistandspakte, Friedenssicherung, Rüstungsverbote, Menschenrechte, Umweltschutz, Luft- und Weltraumrecht, Vier-Mächte-Abkommen, Ostverträge, Grundlagenvertrag.
(dtv-Band 5094, Beck-Rechtsberater)

Unser · Die UNO
Aufgaben und Strukturen der Vereinten Nationen.
(dtv-Band 5254, Beck-Rechtsberater)

Wirtschaftsberater

Dichtl · Schritte zum Europäischen Binnenmarkt
Grundlagen, Grenzkontrollen, Rechtsschutz, Verbrauchsteuern, Einkommensbesteuerung, Öffentliches Auftragswesen Gewerbefreiheit, Verkehrsmarkt, Kreditgewerbe, Währung und Zentralismus.
(dtv-Band 5807, Beck-Wirtschaftsberater)

Deutscher Taschenbuch Verlag